COLECCIÓN DORADA NEVILLE GODDARD

Sus Mejores Obras en un Solo Volumen

Traducción de

MARCELA ALLEN HERRERA

WISDOM COLLECTION

Copyright © 2023
MARCELA ALLEN HERRERA
COLECCIÓN DORADA NEVILLE GODDARD
Sus Mejores Obras en un Solo Volumen
Todos los derechos reservados.

Ninguna parte de esta publicación puede ser reproducida, distribuida o transmitida en cualquier forma o por cualquier medio, incluyendo fotocopia, grabación u otros métodos electrónicos o mecánicos, sin el permiso previo por escrito del autor, excepto en el caso de breves citas incorporadas en revisiones críticas y ciertos otros usos no comerciales permitidos por la ley de derechos de autor.

WISDOM COLLECTION
Mckinney, Texas 75070

www.wisdomcollection.com

Primera Edición 2023

978-1-63934-070-5

"Con amor infinito, a todos los buscadores que hacen del crecimiento espiritual su misión de vida".

CONTENIDOS

INTRODUCCIÓN 1

A TUS ÓRDENES (1939) 3
    A TUS ÓRDENES 5

TU FE ES TU FORTUNA (1941) 25
    ANTES QUE ABRAHAM FUERA 27
    DEBES DECRETAR 28
    EL PRINCIPIO DE LA VERDAD 31
    ¿A QUIÉN BUSCAS? 36
    ¿QUIÉN SOY YO? 41
    YO SOY ÉL 47
    HÁGASE TU VOLUNTAD 52
    NINGÚN OTRO DIOS 55
    LA PIEDRA DE FUNDACIÓN 57
    PARA EL QUE TIENE 59
    NAVIDAD 61
    CRUCIFIXIÓN Y RESURRECCIÓN 65
    LAS IMPRESIONES 68
    CIRCUNCISIÓN 72
    INTERVALO DE TIEMPO 75
    EL DIOS TRIUNO 78
    LA ORACIÓN 81
    LOS DOCE DISCÍPULOS 84
    LUZ LÍQUIDA 90
    EL ALIENTO DE VIDA 92
    DANIEL EN EL FOSO DE LOS LEONES 94
    PESCAR 97
    SEAN OÍDOS QUE OYEN 100
    CLARIVIDENCIA 103
    SALMO 23 108
    GETSEMANÍ 111
    UNA FÓRMULA PARA LA VICTORIA 115

LIBERTAD PARA TODOS (1942) 119
    LA UNIDAD DE DIOS 121
    EL NOMBRE DE DIOS 125
    LA LEY DE LA CREACIÓN 129
    EL SECRETO DE SENTIR 132
    EL SABBAT 138
    SANACIÓN 143
    DESEO, LA PALABRA DE DIOS 146
    FE.. 151
    LA ANUNCIACIÓN 154

SENTIR ES EL SECRETO (1944) 157
    LA LEY Y SU OPERACIÓN.. 159
    EL SUEÑO.. 165
    LA ORACIÓN... 171
    ESPÍRITU – SENTIMIENTO 174

PLEGARIA: EL ARTE DE CREER (1945) 177
    LA LEY DE LA REVERSIBILIDAD 179
    LA NATURALEZA DUAL DE LA CONCIENCIA 182
    IMAGINACIÓN Y FE... 185
    ENSUEÑO CONTROLADO 189
    LEY DE TRANSMISIÓN DEL PENSAMIENTO..................... 191
    BUENAS NOTICIAS 198
    LA PLEGARIA MÁS GRANDE 200

LA BÚSQUEDA (1946) 203
    LA BÚSQUEDA 205

FUERA DE ESTE MUNDO (1949).. 211
    PENSANDO CUATRIDIMENSIONALMENTE 213
    LAS ASUNCIONES SE CONVIERTEN EN HECHOS 221
    EL PODER DE LA IMAGINACIÓN... 226
    NADIE A QUIEN CAMBIAR, MÁS QUE A UNO MISMO..... 231

EL PODER DE LA CONCIENCIA (1952) 235
    YO SOY 237
    LA CONCIENCIA.. 240

- EL PODER DE LA ASUNCIÓN 242
- DESEOS 245
- LA VERDAD QUE TE HACE LIBRE 247
- ATENCIÓN 250
- ACTITUD 253
- RENUNCIACIÓN 257
- PREPARA TU LUGAR 259
- CREACIÓN 261
- INTERFERENCIA 263
- CONTROL SUBJETIVO 265
- ACEPTACIÓN 267
- LA MANERA FÁCIL 270
- LA CORONA DE LOS MISTERIOS 272
- IMPOSIBILIDAD PERSONAL 274
- TODAS LAS COSAS SON POSIBLES 275
- SEAN HACEDORES 277
- PUNTOS ESENCIALES 279
- JUSTICIA 282
- LIBRE ALBEDRÍO 284
- PERSISTENCIA 287
- HISTORIAS DE CASOS REALES 290
- FRACASO 303
- FE 306
- DESTINO 309
- REVERENCIA 311

IMAGINACIÓN DESPIERTA (1954) 313
- ¿QUIÉN ES TU IMAGINACIÓN? 315
- INSTRUCCIONES SELLADAS 321
- AUTOPISTAS DEL MUNDO INTERNO 328
- LAS TIJERAS DE PODAR DE LA REVISIÓN 333
- LA MONEDA DEL CIELO 339
- ESTÁ EN EL INTERIOR 347
- LA CREACIÓN ESTÁ TERMINADA 351
- LA NIÑA DEL OJO DE DIOS 357

TIEMPO DE SIEMBRA Y COSECHA (1956) 359
- EL EXTREMO DE UNA CUERDA DORADA 361
- LOS CUATRO PODEROSOS 363
- EL DON DE LA FE 370
- LA ESCALA DEL SER 375

- EL JUEGO DE LA VIDA 380
- TIEMPO, TIEMPOS Y LA MITAD 384
- SEAN ASTUTOS COMO SERPIENTES 387
- EL AGUA Y LA SANGRE 394
- UNA VISIÓN MÍSTICA 401

LA LEY Y LA PROMESA (1961) 405
- LA LEY: IMAGINAR CREA LA REALIDAD 407
- HABITAR EN EL INTERIOR 413
- GIRA LA RUEDA HACIA ATRÁS 421
- NO ES FICCIÓN 429
- HILOS SUTILES 437
- FANTASÍA VISIONARIA 441
- ESTADO DE ÁNIMO 447
- A TRAVÉS DEL ESPEJO 453
- ENTRANDO 461
- COSAS QUE NO SE VEN 466
- EL ALFARERO 469
- ACTITUDES 476
- TRIVIALIDADES 481
- EL MOMENTO CREATIVO 487
- LA PROMESA 492

MASTER CLASS 503
- LA CONCIENCIA ES LA ÚNICA REALIDAD 505
- LAS ASUNCIONES SE MATERIALIZAN EN HECHOS 522
- PENSAR CUATRIDIMENSIONALMENTE 540
- NADIE A QUIEN CAMBIAR 560
- PERMANECE FIEL A TU IDEA 579

INTRODUCCIÓN

La enseñanza y filosofía de Neville Goddard han dejado una huella imborrable en el mundo del desarrollo personal y del nuevo pensamiento. A través de sus obras, nos brindó una visión profunda sobre el poder de la mente, la fe y la naturaleza Divina inherente en cada ser humano. Es un honor presentar en este volumen una selección de sus obras más destacadas, meticulosamente organizadas en orden cronológico, desde "A tus Órdenes" (1939) hasta "La Ley y la Promesa" (1961).

Esta organización cronológica no es un simplemente un detalle estético. Al disponer estos textos según su fecha de publicación, los lectores pueden seguir la evolución del pensamiento de Neville y ver cómo sus ideas se transformaron, maduraron y expandieron con el tiempo, desde sus primeras reflexiones sobre lo que él denominó "La Ley" hasta sus enseñanzas posteriores que llamó "La Promesa". A lo largo de los años, cultivó una conexión cada vez más profunda con su esencia Divina, dejando siempre una invitación abierta a un viaje de introspección y autodescubrimiento.

Una de las características destacadas de esta "Colección Dorada" es la inclusión de una "Clase Maestra" impartida por Neville en 1948, pieza esencial para adentrarse aún más en su filosofía y técnicas.

Mi papel en este proyecto ha sido el de traductora y compañera de viaje espiritual. He tenido el privilegio de traducir más de 100 obras del Nuevo Pensamiento, incluyendo todos los libros de Neville y numerosas conferencias. Con humildad y dedicación, he intentado capturar la esencia y afecto sincero con el que Neville transmitía sus enseñanzas. El arte de la traducción va más allá de llevar palabras de un idioma a otro; es una tarea de transportar el espíritu, la intención y el alma del mensaje original. Mi sincero deseo es que, a través de estas páginas, todos podamos acercarnos a la verdad y comprender el propósito del nuevo Pensamiento: reconocer la Unidad de Dios y la hermandad entre las personas.

Elegir esta edición es optar por una experiencia enriquecedora. No solo tendrás en tus manos las obras más significativas de Neville, sino también un ordenamiento que ilustra su evolución. Mi traducción ha sido realizada con el profundo deseo de transmitir no solo las palabras, sino también la luz, el amor Divino y las sinceras intenciones que resonaban en cada mensaje de Neville.

Te invito a sumergirte en estas páginas y a (re)descubrir la magia y la fuerza del mensaje de Neville Goddard.

Tu compañera de viaje,

Marcela Allen Herrera.

A tus Órdenes
(1939)

1

A TUS ÓRDENES

¿Es posible que una persona decrete una cosa y que se cumpla? ¡Por supuesto que sí! El individuo siempre ha decretado aquello que ha aparecido en su mundo, hoy está decretando lo que está apareciendo y continuará haciéndolo mientras el hombre o la mujer sea consciente de ser ese hombre o esa mujer. Nunca ha aparecido nada en el mundo de una persona que no haya sido decretado por ella misma. Tú puedes negar esto, pero por más que trates no podrás desmentirlo, pues esta afirmación se basa en un principio inmutable. Tú no ordenas que las cosas aparezcan en tu realidad mediante afirmaciones audibles. Tal vana repetición es más frecuentemente una confirmación de lo opuesto. Decretar siempre se hace en la conciencia. Es decir, cada individuo es consciente de ser aquello que ha decretado que es. Aquel que es necio, sin usar palabras, es consciente de ser necio. Por tanto, está decretando para sí mismo ser necio.

Cuando lees la Biblia bajo esta perspectiva te das cuenta de que es el libro científico más grandioso jamás escrito. En lugar de mirar la Biblia como el registro histórico de una civilización antigua, o como la biografía de la inusual vida de Jesús, mírala como un gran drama psicológico que ocurre en la conciencia del ser humano.

Aprópiate de su significado y súbitamente transformarás tu mundo desde los áridos desiertos de Egipto a la tierra prometida de Canaán.

Todos estarán de acuerdo con la afirmación que todo fue hecho por Dios, y que sin él nada de lo que ha sido hecho, hubiera sido hecho; pero en lo que no todos están de acuerdo es respecto a la identidad de Dios. Por el contrario, todas las iglesias y los sacerdocios del mundo están en desacuerdo respecto a la identidad y la verdadera naturaleza de Dios. La Biblia demuestra, más allá de toda duda, que Moisés y los profetas estaban ciento por ciento de acuerdo en cuanto a la identidad y naturaleza de Dios. Y la vida y las enseñanzas de Jesús están de acuerdo con las conclusiones de los profetas de la antigüedad.

Moisés descubrió que Dios era la conciencia de Ser, cuando declaró estas palabras tan poco comprendidas: "Yo Soy me ha enviado a ustedes". David cantaba en sus Salmos: "Quédense quietos y sabrán que Yo Soy Dios". Isaías declaró: "Yo Soy el Señor y no hay ningún otro. Fuera de mí no hay Dios. Yo te fortaleceré, aunque no me has conocido. Yo Soy el que hace la luz y crea la oscuridad; Yo hago la paz y creo la adversidad. Yo, el Señor, hago todo eso"

Dios, como la conciencia de Ser, es establecido cientos de veces en el Nuevo Testamento. Por mencionar solo algunas:

"Yo Soy el buen pastor, Yo Soy la puerta; Yo Soy la resurrección y la vida; Yo Soy el camino; Yo Soy el alfa y el omega; Yo Soy el principio y el fin, y también "¿Quién dicen ustedes que Soy Yo?"

No se declara: "Yo, Jesús, soy la puerta; Yo, Jesús, soy el camino", ni tampoco se dice "¿quién dicen ustedes que Yo, Jesús, Soy?" Claramente se establece: "Yo Soy el camino". La conciencia de ser es la puerta a través de la cual todas las manifestaciones de la vida pasan al mundo de la forma.

La conciencia es el poder resucitador; resucita aquello que el individuo es consciente de ser. Él siempre está manifestando aquello de lo cual tiene conciencia de ser. Esta es la verdad que libera, porque cada persona siempre se esclaviza a sí misma o se libera a sí misma.

Si tú, lector, renuncias a todas tus antiguas creencias sobre un Dios separado de ti, y aceptas que Dios es tu propia conciencia de ser —como lo hicieron Jesús y los profetas— transformarás tu mundo con la comprensión de que "Yo y mi padre somos Uno".

Esta declaración "Yo y mi padre somos Uno, pero mi padre es más grande que Yo", parece ser muy confusa, pero si se interpreta a la luz de lo que acabamos de decir sobre la identidad de Dios, descubrirás que es muy reveladora. La conciencia, siendo Dios, es como el Padre. Aquello de lo cual eres consciente de ser es el "hijo" dando testimonio de su padre. Es como el que concibe y sus concepciones. El que concibe es siempre más grande que sus concepciones, pero permanece siendo uno con ellas. Por ejemplo, antes de que seas consciente de ser un hombre o una mujer, primero eres consciente de ser. Luego, eres consciente de ser ese hombre o esa mujer. No obstante, permaneces siendo quien concibe, que es más grande que tu concepción —el hombre o la mujer.

Jesús descubrió esta gloriosa verdad y se declaró uno con Dios, no el Dios que el ser humano había creado, porque él nunca reconoció a tal Dios.

Él dijo: "Si alguien les dice, 'Mira aquí o allí', no le crean, pues el Reino de Dios está dentro de ustedes". El cielo está dentro de ti. Por tanto, cuando se dice que "Él ascendió unto a su Padre", se refiere a que él se elevó en conciencia al punto en que era solo consciente de ser, trascendiendo así las limitaciones de su presente concepción de sí mismo, el hombre llamado Jesús.

En la conciencia de ser todas las cosas son posibles; él dijo: "Decretarás una cosa y se cumplirá". Este es su decreto, elevarse en la conciencia hasta la naturalidad de ser aquello que se desea. Como él lo expresó: "Y yo, si soy levantado de la tierra, atraeré a todos a mí mismo". Si me elevo en conciencia a la naturalidad de la cosa deseada, atraeré hacia mí la manifestación de ese deseo, pues él establece: "Nadie viene a mí a menos que el Padre en mí lo traiga, y Yo y mi padre somos uno". Por tanto, la conciencia es el padre que está atrayendo las manifestaciones de la vida hacia ti.

En este preciso momento, estás atrayendo a tu mundo aquello que ahora eres consciente de ser. Ahora puedes ver lo que significa: "Tú debes nacer de nuevo". Si no estás satisfecho con tu expresión actual en la vida, la única manera de cambiarla es apartar tu atención de aquello que te parece tan real y elevar tu conciencia hacia aquello que deseas ser. No puedes servir a dos amos, por lo tanto, quitar tu atención de un estado de conciencia y ponerla en otro es morir a uno y vivir para el otro.

La pregunta: "¿Quién dices que Soy Yo?" no está dirigida a un hombre llamado "Pedro" por otro llamado "Jesús". Esta es la eterna pregunta dirigida a uno mismo por su verdadero ser. En otras palabras: "¿Quién dices que eres?", la convicción que tengas sobre ti mismo, tu opinión sobre ti mismo, determinará tu expresión en la vida. Él dijo: "Cree en Dios, cree también en mí". En otras palabras, es el yo dentro de ti, que es Dios.

Por lo tanto, orar es reconocerse a uno mismo como aquello que se desea, en lugar de aceptar la forma de petición a un Dios que no existe para que te dé aquello que ahora deseas.

Entonces, ¿puedes ver por qué hay millones de oraciones que no reciben respuesta? Las personas oran a un Dios que no existe. Por ejemplo, tener la conciencia de ser pobre y rezar a Dios por riquezas es ser recompensado con aquello que eres consciente de ser, que es la pobreza. Para que las oraciones sean efectivas deben ser una afirmación en lugar de una súplica, por lo tanto, si oras por riquezas, abandona tu imagen de pobreza, negando la evidencia misma de tus sentidos, y asume la naturaleza de ser rico. Se nos ha dicho:

"Cuando ores, entra en tu aposento, y cerrada la puerta, ora a tu Padre que está en secreto, y tu Padre que ve en lo secreto te recompensará abiertamente" (Mateo 6:6).

Hemos identificado al "Padre" con la conciencia de ser. Y también hemos identificado la "puerta" con la conciencia de ser. Entonces, "cerrar la puerta" es dejar fuera aquello de lo que actualmente soy consciente de ser y afirmar que soy lo que deseo ser. En el momento en que mi afirmación es establecida hasta el punto de la convicción, en ese mismo momento, empiezo a atraer hacia mí la evidencia de mi afirmación.

No preguntes cómo aparecerán esas cosas, porque nadie conoce la manera. Es decir, ninguna manifestación sabe cómo han de aparecer las cosas deseadas.

La conciencia es el camino o la puerta a través de la cual aparecen las cosas. Él dijo, "Yo soy el camino"; eso no quiere decir, "Yo, Juan Pérez, soy el camino", sino "Yo Soy" —la conciencia de ser— es el camino a través del cual vendrán las cosas. Las señales siempre siguen. Nunca preceden. Las cosas no tienen otra realidad más que en la conciencia. Por tanto, consigue primero la conciencia y lo deseado está obligado a aparecer. Se nos dijo:

"Busca primero el reino de los cielos y todas las cosas serán añadidas"
(Mateo 6:33).

Adquiere primero la conciencia de las cosas que estás buscando y deja las cosas solas. Esto es lo quiere decir: "Decretarás una cosa y se cumplirá". Aplica estos principios y sabrás lo que significa "pruébame y verás".

La historia de María es la historia de cada persona. María no fue una mujer que dio a luz de manera milagrosa a un ser llamado Jesús. María es la conciencia de ser, que siempre permanece en estado virginal, sin importar cuántos deseos dé a luz.

En este momento, mírate a ti mismo como esta virgen María, siendo impregnada por ti mediante el deseo, volviéndote uno con tu deseo hasta el punto de encarnar o dar a luz a tu deseo. Por ejemplo: Se dice de María (ahora sabes que eres tú mismo) que nunca conoció varón. Sin embargo, concibió. Es decir, tú, Juan Pérez, no tienes ninguna razón para creer que aquello que deseas es posible, pero habiendo descubierto que tu conciencia de ser es Dios, haces de esta conciencia tu esposo y concibes un niño (la manifestación) del Señor.

"Porque tu marido es tu hacedor; el Señor de los ejércitos es su nombre, y tu redentor, es el Santo de Israel, que se llama Dios de toda la tierra".
(Isaías 54:5).

Tu ideal u objetivo es esta concepción; la primera instrucción que se le da a ella, que ahora es para ti mismo, es: "Ve, y no le digas a nadie". Es decir, no comentes con nadie tus deseos u objetivos, porque los otros solo harán eco de tus actuales temores. El secreto es la primera ley que se debe observar para la realización de tus deseos.

La segunda ley, como se nos dice en la historia de María, es "Magnificar al Señor". Hemos identificado al Señor como tu conciencia de ser. Por lo tanto, "magnificar al Señor" es revalorizar o ampliar la concepción actual de uno mismo hasta el punto en que esta revalorización se convierte en algo natural. Cuando se alcanza esta naturalidad, das a luz, convirtiéndote en aquello con lo que eres uno en conciencia.

La historia de la creación se nos ofrece en forma resumida en el primer capítulo de Juan. "En el principio era la Palabra". Ahora, en este preciso segundo, hablamos del "principio". Es el comienzo de un impulso, de un deseo. "La palabra" es el deseo nadando en tu conciencia, buscando encarnación. El deseo en sí mismo no tiene realidad, porque la única realidad es "Yo Soy" o la conciencia de ser. Las cosas solo viven mientras yo soy consciente de ser ellas, entonces, para realizar el deseo, debe aplicarse la segunda línea de este primer versículo de Juan, esto es: "Y la palabra estaba con Dios". La palabra, o deseo, debe fijarse o unirse con la conciencia para darle realidad. La conciencia se hace consciente de ser lo deseado, clavándose a sí misma en la forma o concepción, y dando vida a su concepción, o resucitando aquello que hasta ahora era un deseo muerto o insatisfecho.

"Si dos de ustedes se ponen de acuerdo sobre cualquier cosa que pidan aquí en la tierra, les será hecho por mi Padre que está en los cielos".
(Mateo 18:19).

Este acuerdo nunca se hace entre dos personas. Se realiza entre la conciencia y la cosa deseada. Tú ahora eres consciente de ser, por lo tanto, sin usar palabras, te estás diciendo a ti mismo: "Yo Soy". Ahora bien, si es un estado de salud lo que deseas alcanzar, antes de que tengas alguna evidencia de salud en tu mundo, debes empezar a SENTIR que estás sano. En el mismo instante en que se alcanza el sentimiento: "Yo estoy sano", los dos se han puesto de acuerdo. Es decir, Yo soy y la Salud han acordado ser uno, y este acuerdo siempre da como resultado el nacimiento de un niño, que es la cosa acordada, en este caso, la salud. Entonces, porque Yo hice el acuerdo, Yo expreso la cosa acordada. De este modo, puedes ver por qué Moisés declaró: "Yo Soy me ha enviado". Porque, ¿qué otro ser, aparte de Yo Soy, podría enviarte a la expresión? Ninguno, porque Yo Soy el camino, y no hay otro.

Si alzas tus alas por la mañana y vuelas a los confines del mundo o si haces tu cama en el infierno, seguirás siendo consciente de ser. Siempre eres enviado a la expresión por tu conciencia y tu expresión es siempre lo que eres consciente de ser.

Así también, Moisés declaró: "Yo Soy el que Soy". Ahora bien, aquí hay algo que siempre debes tener en cuenta. No puedes poner vino nuevo en botellas viejas o remiendos nuevos en ropas viejas, es decir, no puedes llevar contigo a la nueva conciencia ninguna parte del antiguo individuo. Todas tus actuales creencias, miedos y limitaciones son pesos que te atan a tu actual nivel de conciencia. Si quieres trascender este nivel debes dejar atrás todo lo que es ahora tu yo actual, o concepción de ti mismo.

Para hacer esto, aparta tu atención de todo lo que ahora es tu problema o limitación y quédate simplemente en el ser. Es decir, te dices a ti mismo en silencio, pero con sentimiento: "Yo Soy". No condiciones esta conciencia todavía. Simplemente, declara que eres, y continúa haciéndolo, hasta que te pierdas en el sentimiento de solo ser —sin rostro y sin forma. Cuando alcances esta expansión de conciencia, entonces, dentro de esta profundidad sin forma de ti mismo, da forma a la nueva concepción, sintiéndote a ti mismo ser aquello que deseas ser.

Dentro de esta profundidad de ti mismo encontrarás que todas las cosas son divinamente posibles. Todo lo que puedas concebir en el mundo, es para ti, dentro de esta presente conciencia sin forma, un logro de lo más natural.

La invitación que se nos da en las Escrituras es: "Estar ausente del cuerpo y estar presente con el Señor". El "cuerpo" es tu antigua concepción de ti mismo, y "el Señor" es tu conciencia de ser. Esto es lo que se quiere decir cuando Jesús dijo a Nicodemo: "Debes nacer de nuevo, porque si no naces de nuevo, no puedes entrar en el reino de los cielos". Esto quiere decir que, a menos que dejes atrás tu actual concepción de ti mismo y asumas la naturaleza del nuevo nacimiento, continuarás manifestando tus limitaciones actuales.

La única manera de cambiar tus expresiones de vida es cambiar tu conciencia. Porque la conciencia es la realidad que eternamente se solidifica en las cosas que te rodean. El mundo en el que vive una persona, en cada uno de sus detalles, es la imagen de su conciencia. No puedes cambiar tu entorno o tu mundo destruyendo cosas, así como no puedes cambiar tu reflejo destruyendo el espejo. Tu entorno, y todo lo que hay en él, refleja lo que tú eres en conciencia. Mientras sigas siendo eso en conciencia, seguirás reflejándolo en tu mundo.

Sabiendo esto, empieza a revalorizarte. La gente se valora muy poco a sí misma. En el Libro de Números, leerás:

"Vimos allí gigantes... y éramos nosotros, a nuestro parecer, como saltamontes, y así les parecíamos también a ellos".

Esto no significa un tiempo en el oscuro pasado cuando el ser humano tenía la estatura de gigantes. Hoy es el día —el eterno ahora— cuando las condiciones a tu alrededor han alcanzado la apariencia de gigantes (como el desempleo, los ejércitos de tu enemigo, tus problemas y todas las cosas que parecen amenazarte) esos son los gigantes que te hacen sentir como un saltamontes. Pero se te dijo que primero fuiste, a tu propio parecer, un saltamontes, y debido a esto fuiste un saltamontes para los gigantes. En otras palabras, solo puedes ser para los demás lo que primero eres para ti mismo. Por lo tanto, para revalorizarte y empezar a sentirte a ti mismo ser el gigante —un centro de poder— es empequeñecer a estos antiguos gigantes y hacer de ellos saltamontes.

"Todos los habitantes de la tierra son considerados como nada; más él actúa conforme a su voluntad en el ejército del cielo y entre los habitantes de la tierra. Nadie puede detener su mano, ni decirle: ¿Qué has hecho?"
(Daniel 4:35).

Este ser del que se habla no es el Dios ortodoxo sentado en el espacio, sino el único Dios, el padre eterno, tu conciencia de ser. Así que despierta al poder que eres, no como ser humano, sino como tu verdadero ser, una conciencia sin rostro y sin forma, y libérate de tu prisión autoimpuesta.

"Yo soy el buen pastor y conozco mis ovejas. Mis ovejas oyen mi voz; yo las conozco y me siguen".

La conciencia es el buen pastor. Lo que soy consciente de ser, son las "ovejas" que me siguen. Tan buen pastor es tu conciencia, que nunca ha perdido ninguna de las "ovejas" que eres consciente de ser.

Yo soy una voz que clama en el desierto de la confusión humana por lo que soy consciente de ser, y nunca habrá un momento en que lo que estoy convencido de ser, no me encuentre. "Yo Soy" es una puerta abierta para que entre todo lo que soy. Tu conciencia de ser es señor y pastor de tu vida. Entonces, ahora: "El Señor es mi pastor; nada me faltará" es visto ahora en su verdadera luz, siendo tu conciencia. Nunca podría faltarte la prueba o carecer de la evidencia de lo que eres consciente de ser.

Siendo esto cierto, ¿por qué no hacerse consciente de ser grandioso, amante de Dios, rico, saludable, y todos los atributos que admiras?

Es tan fácil poseer la conciencia de estas cualidades como poseer sus opuestas, porque no tienes tu conciencia actual debido a tu mundo. Al contrario, tu mundo es lo que es debido a tu conciencia actual. Sencillo, ¿verdad? De hecho, demasiado simple para la sabiduría del mundo, que intenta complicarlo todo.

Refiriéndose a este principio, Pablo dijo: "Para los griegos (o sabiduría de este mundo) es necedad. Y para los judíos (o aquellos que buscan señales) una piedra de tropiezo"; el resultado es que el ser humano sigue caminando en las tinieblas en lugar de despertar al ser que es. Las personas han adorado durante tanto tiempo las imágenes de su propia creación que, al principio, esta revelación le parece blasfema, ya que supone la muerte de todas sus creencias anteriores en un Dios aparte de sí mismo. Esta revelación traerá el conocimiento de que "Yo y mi padre somos uno, pero mi padre es más grande que yo". Tú eres uno con tu actual concepto de ti mismo; pero eres más grande que lo que actualmente tienes conciencia de ser.

Antes de que puedas intentar transformar tu mundo, primero, debes establecer el fundamento: "Yo Soy el Señor". Es decir, la conciencia del individuo, su conciencia de ser, es Dios. Hasta que esto no esté firmemente establecido, de modo que ninguna sugerencia o argumento presentado por otros pueda sacudirte, te encontrarás regresando a la esclavitud de tus creencias anteriores.

"Si no creen que Yo soy, morirán en sus pecados"
(Juan 8:24).

Es decir, seguirás confundido y frustrado hasta que encuentres la causa de tu confusión. Cuando hayas elevado al hijo del hombre, entonces sabrás que Yo Soy él. Esto significa que yo, Juan Pérez, no hago nada por mí mismo, sino que mi padre, o ese estado de conciencia con el que ahora soy uno, hace las obras.

Cuando esto se haya alcanzado, todo impulso y deseo que surja dentro de ti encontrará expresión en tu mundo.

> *"He aquí, yo estoy a la puerta y llamo; si alguno oye mi voz y abre la puerta,*
> *entraré a él, y cenaré con él, y él conmigo"*
> *(Apocalipsis 3:20).*

El "Yo" que llama a la puerta es el deseo. La puerta es tu conciencia. Abrir la puerta es hacerse uno con aquello que está llamando, sintiéndose a sí mismo ser aquello que se desea. Sentir que el deseo es imposible, es cerrar la puerta o negar la expresión de ese deseo. Elevarse en conciencia a la naturalidad de lo que se siente, es abrir la puerta de par en par e invitarlo a la realización.

Es por esto que constantemente se dice que Jesús dejó el mundo de la manifestación y ascendió a su padre. Jesús, como tú y yo, encontró todas las cosas imposibles para Jesús, como hombre. Pero habiendo descubierto que su padre era el estado de conciencia de lo deseado, él dejó atrás la "conciencia de Jesús" y se elevó en conciencia a ese estado deseado y permaneció en él hasta que se hizo uno con él. Al hacerse uno con eso, se convirtió en eso, en expresión.

Este es el sencillo mensaje de Jesús a la humanidad: Las personas no son más que vestiduras en las que habita el ser impersonal, Yo Soy, la presencia que la gente llama Dios. Cada vestidura tiene ciertas limitaciones. Para trascender esas limitaciones y dar expresión a aquello que, como individuo —Juan Pérez— te encuentras incapaz de hacer, apartas tu atención de tus limitaciones actuales, o de la concepción que Juan Pérez tiene de sí mismo, y te fusionas en el sentimiento de ser aquello que deseas. ¿Cómo se encarnará este deseo o conciencia recién alcanzada? Eso nadie lo sabe. Porque Yo, o la conciencia recién alcanzada, tiene caminos que no conoces; sus maneras están más allá de lo que podemos descubrir. No especules sobre el cómo esta conciencia se encarnará a sí misma, porque nadie es lo suficientemente sabio para saber el cómo. La especulación es la prueba de que no has alcanzado la naturalidad de ser la cosa deseada y por eso estás lleno de dudas. Se te ha dicho:

> *"Y si a alguno de ustedes le falta sabiduría, que se la pida a Dios, quien da a todos abundantemente y sin reproche, y le será dada. Pero que pida con fe, sin dudar. Porque el que duda es semejante a la ola del mar, impulsada por el viento y echada de una parte a otra. No piense, pues, ese hombre, que recibirá cosa alguna del Señor".*
> *(Santiago 1:5-7).*

Puedes ver por qué se hace esta afirmación, porque solo sobre la roca de la fe puede establecerse algo. Si no tienes la conciencia de aquello, no tienes la causa o el fundamento sobre el cual se establece aquello.

Una prueba de esta conciencia establecida se da en las palabras: "Gracias, Padre". Cuando entras en la alegría de la acción de gracias, de modo que realmente te sientes agradecido por haber recibido aquello que todavía no es aparente para los sentidos, definitivamente te has convertido en uno en conciencia con aquello por la cual das gracias.

Dios (tu conciencia) no es burlada. Siempre estás recibiendo aquello que eres consciente de ser y nadie da gracias por algo que no ha recibido. "Gracias, Padre" no es una especie de fórmula mágica, como muchos la utilizan hoy en día. No necesitas pronunciar en voz alta las palabras "Gracias, Padre". Al aplicar este principio, a medida que te elevas en conciencia hasta el punto en que estás realmente agradecido y feliz por haber recibido la cosa deseada, automáticamente te regocijas y das las gracias interiormente. Ya has aceptado el regalo que no era más que un deseo antes de elevarte en conciencia, y tu fe es ahora la sustancia que revestirá tu deseo.

Esta elevación de la conciencia es el matrimonio espiritual en el que dos se ponen de acuerdo para ser uno y su semejanza o imagen se establece en la tierra. "Porque todo lo que pidas en mi nombre, lo haré". "Todo" es una medida bastante grande. Es incondicional. No señala si la sociedad considera correcto o incorrecto que lo pidas, depende de ti. ¿Realmente lo quieres? ¿Lo deseas? Eso es todo lo que hace falta. La vida te lo dará si lo pides "en su nombre".

Su nombre no es un nombre que pronuncias con los labios. Puedes pedir para siempre en el nombre de Dios, o Jehová, o Jesucristo, y pedirás en vano. 'Nombre' significa la naturaleza; así que, cuando pides en la naturaleza de una cosa, los resultados siempre siguen. Pedir en el nombre es elevarse en conciencia y hacerse uno en naturaleza con la cosa deseada, elevarse en conciencia a la naturaleza de la cosa, y te convertirás en esa cosa en expresión.

"Todas las cosas por las que oren y pidan, crean que ya las han recibido, y les serán concedidas"
(Marcos 11:24).

Como te hemos señalado antes, orar es reconocimiento, el mandato de creer que se recibe en primera persona, tiempo presente. Esto significa que debes estar en la naturaleza de las cosas pedidas antes de que puedas recibirlas.

Para entrar fácilmente en la naturaleza, se necesita amnistía general. Se nos dice:

"Perdonen si tienen algo contra alguien, para que también su Padre que está en los cielos les perdone a ustedes sus transgresiones. Pero si ustedes no perdonan, tampoco su Padre que está en los cielos perdonará sus transgresiones"
(Marcos 11:25-26).

Esto puede parecer un Dios personal que está complacido o disgustado con tus acciones, pero este no es el caso. Ya que la conciencia es Dios, si mantienes en la conciencia algo contra alguien, estás atando esa condición a tu mundo. Entonces, el hecho de liberar a los demás de toda condenación, implica liberarte a ti mismo para que puedas elevarte a cualquier nivel que sea necesario; por lo tanto, no hay condenación para aquellos que están en Cristo Jesús.

Una muy buena práctica, antes de entrar en tu meditación, es primero liberar de culpa a cada persona en el mundo. La Ley nunca es violada, de modo que puedes descansar confiadamente en el conocimiento de que la concepción que cada persona tiene de sí misma va a ser su recompensa. Por lo tanto, no tienes que preocuparte por comprobar si alguien recibe o no lo que tú consideras que debe recibir. Porque la vida no comete errores y siempre da a cada individuo aquello que él primero se da a sí mismo.

Esto nos lleva a esa afirmación tan abusada de la Biblia sobre el diezmo. Maestros de todo tipo han esclavizado a las personas con este asunto del diezmo porque no comprenden la naturaleza del diezmo y porque ellos mismos temen la carencia, han llevado a sus seguidores a creer que una décima parte de sus ingresos deben ser dados al Señor. Lo que significa, como lo dejan muy en claro, que cuando uno da una décima parte de sus ingresos a su organización particular está dando su "décima parte" al Señor (o está diezmando). Pero recuerda, "Yo Soy el Señor". Tu conciencia de ser es el Dios al que das, y siempre das de esa manera.

Por lo tanto, cuando afirmas que eres algo, has dado esa afirmación o cualidad a Dios. Y tu conciencia de ser, que no hace acepción de personas, volverá a ti "en buena medida, apretada, remecida y rebosando", con esa cualidad o atributo que afirmas para ti.

La conciencia de ser no es nada que puedas nombrar. Afirmar que Dios es rico; que es grande; que es amor; que es todo sabiduría; es definir lo que no puede ser definido. Porque Dios no es nada que pueda ser nombrado. Diezmar es necesario, y diezmas con Dios. Pero, de ahora en adelante, dale al único Dios y procura darle la cualidad que deseas expresar como persona, afirmando que tú eres el grande, el rico, el amado, el sabio.

No especules sobre cómo expresarás estas cualidades o demandas, porque la vida tiene maneras que tú, como humano, no conoces. Sus maneras son imposibles de descubrir. Pero te aseguro que el día que afirmes estas cualidades hasta el punto de la convicción, tus afirmaciones serán cumplidas. No hay nada cubierto que no sea descubierto. Lo que es pronunciado en secreto será proclamado por los tejados. Es decir, tus convicciones secretas de ti mismo, estas afirmaciones secretas que nadie conoce, cuando realmente sean creídas, serán proclamadas por los tejados en tu mundo. Porque tus convicciones de ti mismo son las palabras del Dios que hay dentro de ti, palabras que son espíritu y no pueden volver a ti vacías, sino que deben cumplir aquello para lo que han sido enviadas.

En este preciso momento tú estás llamando desde lo infinito aquello que ahora eres consciente de ser. Y ninguna palabra o convicción dejará de encontrarte.

"Yo Soy la vid y ustedes son las ramas"
(Juan 15:5)

La conciencia es la "vid" y esas cualidades que ahora eres consciente de ser son como "ramas" que alimentas y mantienes vivas. Así como una rama no tiene vida a menos que esté enraizada en la vid, del mismo modo las cosas no tienen vida a menos que seas consciente de ellas. Al igual que una rama se marchita y muere si la savia de la vid deja de fluir hacia ella, así las cosas de tu mundo se marchitan si apartas tu atención de ellas, porque tu atención es como la savia de la vida que mantiene vivas y sostiene las cosas de tu mundo.

Para resolver un problema que ahora te parece tan real, lo único que tienes que hacer es apartar tu atención de él. A pesar de su aparente realidad, apártate de él en conciencia. Vuélvete indiferente y comienza a sentirte como aquello que sería la solución del problema. Por ejemplo: si estuvieras en prisión, nadie tendría que decirte que debes desear la libertad. La libertad, o más bien el deseo de libertad, sería automático. Entonces, ¿por qué mirar detrás de las cuatro paredes de los barrotes de tu prisión? Retira tu atención de la prisión y empieza a sentirte libre. Siéntelo hasta el punto en que sea natural. En el mismo instante en que lo hagas, los barrotes de la prisión se disolverán. Aplica este mismo principio para cualquier problema.

He visto a personas que estaban endeudadas hasta las orejas aplicar este principio y en un abrir y cerrar de ojos, deudas montañosas fueron eliminadas. He visto a aquellos a quienes los médicos habían dado por incurables apartar su atención del problema de la enfermedad y han comenzado a sentirse como si estuvieran sanos, a pesar de que las evidencias de sus sentidos demostraban lo contrario. En muy poco tiempo, esa supuesta "enfermedad incurable" desapareció y no dejó ninguna marca.

Tu respuesta a la pregunta: "¿Quién dices que Soy Yo?" siempre determina tu expresión. Mientras seas consciente de estar encarcelado, o enfermo, o de ser pobre, seguirás representando o expresando estas condiciones.

Cuando el individuo se da cuenta de que ya es aquello que busca, y empiece a afirmar que lo es, tendrá la prueba de su afirmación. Esta señal se te da en las palabras:

«¿A quién buscan?». «A Jesús el Nazareno», le respondieron. Él les dijo: «Yo soy».
(Juan 18:4-5)

Aquí, "Jesús" significa salvación o salvador. Tú estás buscando ser salvado de aquello que es tu problema. "Yo Soy" es aquel que te salvará. Si tienes hambre, tu salvador es la comida. Si eres pobre, tu salvador es la riqueza. Si estás encarcelado, tu salvador es la libertad. Si estás enfermo, no será un hombre llamado Jesús quien te salve, sino que la salud se convertirá en tu salvador. Por lo tanto, afirma "Yo soy la salud", en otras palabras, afirma que tú eres la cosa deseada. Afírmalo en conciencia, no simplemente con palabras, y la conciencia te recompensará con tu afirmación.

Se te dice: "Me encontrarán, cuando me busquen de todo corazón". Bueno, siente esa cualidad en la conciencia, hasta que te sientas que la eres. Cuando te pierdes en el sentimiento de serla, la cualidad se encarnará en tu mundo.

Eres sanado de tu problema cuando tocas la solución del mismo.

> *"Alguien me tocó, porque me di cuenta de que había salido poder de mí".*
> *(Lucas 8:46).*

Sí, el día que toques este ser dentro de ti, sintiéndote curado o sanado, el poder saldrá de tu propio ser y se solidificará en tu mundo como sanación.

Se dice: "Cree en Dios. Cree también en mí, porque Yo soy él". Ten la fe de Dios. "Él se hizo uno con Dios y no encontró que era robo hacer las obras de Dios". Ve y haz lo mismo. Sí, empieza a creer que tu conciencia, tu conciencia de ser, es Dios. Afirma para ti mismo todos los atributos que hasta ahora has dado a un Dios externo y comenzarás a expresar estas afirmaciones. Porque no soy un Dios lejano. Estoy más cerca que tus manos y tus pies, más cerca que tu misma respiración. Yo soy tu conciencia de ser. Yo soy aquello en lo que comenzará y terminará toda conciencia de ser. "Porque antes que el mundo fuese, Yo Soy; Y cuando el mundo deje de ser, Yo Soy; antes que Abraham fuese, Yo Soy". Este Yo Soy es tu conciencia.

> *"Si el Señor no edifica la casa, en vano trabajan los que la edifican".*
> *(Salmos 127:1)*

"El Señor", siendo tu conciencia, a menos que aquello que buscas se establezca primero en tu conciencia, trabajarás en vano para encontrarlo. Todas las cosas deben comenzar y terminar en la conciencia.

Así pues, ciertamente, bienaventurado es el que confía en sí mismo, porque la fe de una persona en Dios se medirá siempre por su confianza en sí misma. "Tú crees en un Dios, cree también en mí". No pongas tu confianza en los demás, porque los demás reflejan el ser que eres, y solo pueden traerte o hacer por ti lo que tú primero has hecho para ti mismo.

> *"Nadie me quita la vida, sino que la doy libremente. Tengo el derecho de darla*
> *y de recibirla de nuevo".*
> *(Juan 10:18)*

No importa lo que suceda en este mundo, nunca es un accidente. Ocurre bajo la dirección de una ley exacta e inmutable. "Ningún hombre (manifestación) viene a mí a menos que el padre dentro de mí lo traiga", y "Yo y mi padre somos Uno". Cree esta verdad y serás libre.

El individuo siempre ha culpado a los demás por lo que es él, y continuará haciéndolo hasta que se encuentre a sí mismo como la causa de todo. "Yo soy" no viene a destruir, sino a cumplir. "Yo soy" la conciencia dentro de ti, no destruye nada, sino que siempre cumple los moldes o concepciones que uno tiene de sí mismo.

Es imposible que el pobre encuentre riqueza en este mundo, por más que se rodee de ella, mientras primero no se declare rico. Porque las señales siguen, no preceden. Patalear y quejarse constantemente contra las limitaciones de la pobreza mientras se permanece pobre en conciencia es jugar al juego de los tontos. Los cambios no pueden tener lugar desde ese nivel de conciencia, porque la vida está permanentemente exteriorizando todos los niveles.

Sigue el ejemplo del hijo pródigo. Comprende que tú mismo has provocado esta situación de derroche y carencia, y toma la decisión de elevarte a un nivel superior, donde el becerro engordado, el anillo y el manto esperan a que los reclames.

No hubo condenación para el hijo pródigo cuando tuvo el valor de reclamar esta herencia como suya. Los demás nos condenarán solo mientras sigamos en aquello, por lo que nos condenamos a nosotros mismos. Por eso:

"Dichoso el que no se condena a sí mismo en lo que aprueba".
(Romanos 14:22)

Porque en la vida nada es condenado. Todo es expresado. A la vida no le importa si te llamas rico o pobre; fuerte o débil. Te recompensará eternamente con aquello que consideres verdadero de ti mismo.

Las medidas de lo correcto y lo incorrecto pertenecen solo al ser humano. Para la vida no hay nada correcto o incorrecto. Como Pablo dijo en sus cartas a los Romanos:

"Yo sé, y estoy convencido en el Señor Jesús, de que nada es inmundo en sí mismo; pero para el que estima que algo es inmundo, para él lo es".

Deja de preguntarte si eres digno o indigno de recibir aquello que deseas. Tú, como ser humano, no creaste el deseo. Tus deseos siempre se forman dentro de ti debido a lo que ahora afirmas ser.

Cuando alguien tiene hambre, (sin pensar) automáticamente desea comida. Cuando es encarcelado, automáticamente desea la libertad, y así sucesivamente. Tus deseos contienen en sí mismos el plan de autoexpresión. Por lo tanto, deja todos los juicios fuera de la imagen, elévate en la conciencia al nivel de tu deseo y hazte uno con él, afirmando que es así ahora.

"Te basta mi gracia, pues mi poder se perfecciona en la debilidad"
(2 Corintios 12:9).

Ten fe en esta afirmación invisible hasta que nazca en ti la convicción de que es así. Tu confianza en esta afirmación te dará grandes recompensas. Solo un poco de tiempo y las cosas deseadas vendrán. Pero, sin fe, es imposible realizar nada. Por medio de la fe los mundos fueron enmarcados.

"La fe es la sustancia de las cosas que se esperan, la evidencia de las cosas que no se ven".
(Hebreos 11:1).

No te inquietes ni te preocupes por los resultados. Vendrán con la misma seguridad que el día sigue a la noche. Considera tus deseos —todos ellos— como las palabras de Dios, y cada palabra o deseo como una promesa.

La razón por la que la mayoría de nosotros no realizamos nuestros deseos es porque los condicionamos constantemente. No condiciones tu deseo. Solo acéptalo tal como viene a ti. Da las gracias por él hasta el punto de sentirte agradecido por haberlo recibido, y luego sigue tu camino en paz.

Esta aceptación de tu deseo es como dejar caer una semilla, una semilla fértil, en un terreno preparado. Porque cuando puedes dejar caer la cosa deseada en la conciencia, confiando en que aparecerá, has hecho todo lo que se espera de ti. Sin embargo, preocuparse o inquietarse acerca de la forma en que tu deseo puede madurar, es mantener estas semillas fértiles en un agarre mental y, por lo tanto, nunca haberlas dejado caer en el suelo de la confianza.

La razón por la que las personas condicionan sus deseos es porque juzgan constantemente según la apariencia del ser y ven las cosas como reales, olvidando que la única realidad es la conciencia que hay detrás de ellas.

Ver las cosas como reales es negar que todas las cosas son posibles para Dios. El hombre que está encarcelado y ve sus cuatro paredes como reales está negando automáticamente el deseo, o la promesa de Dios dentro de él, de libertad.

Una pregunta que se hace a menudo, cuando se hace esta declaración es: Si el deseo de uno es un regalo de Dios, ¿cómo puedes decir que, si uno desea matar a alguien, tal deseo es bueno y, por lo tanto, enviado por Dios? En respuesta a esto, permíteme decir que nadie desea matar a otro. Lo que desea es liberarse de esa persona. Pero como no cree que el deseo de liberarse de esa persona contenga en sí mismo los poderes de la libertad, condiciona ese deseo y considera que la única manera de expresar esa libertad es destruir a ese individuo; olvidando que la vida envuelta en el deseo tiene maneras que él, como individuo, no conoce. Sus maneras son imposibles de descubrir. Así, las personas distorsionan los regalos de Dios por su falta de fe.

Los problemas son las montañas de las que se habla, que pueden ser removidas si uno tiene la fe de un grano de mostaza. La gente aborda sus problemas como lo hizo la anciana que, al asistir a un servicio religioso, escuchó al sacerdote decir: "Si tuvieras la fe de un grano de mostaza, dirías a aquella montaña: 'Quítate', y se quitaría, y nada te sería imposible". Aquella noche, mientras rezaba sus oraciones, citó esta parte de las Escrituras y se retiró a la cama con lo que ella consideraba que era fe. Al levantarse por la mañana, corrió a la ventana y exclamó: "Sabía que esa vieja montaña seguiría allí".

Es así es como la gente aborda sus problemas. Sabe que van a seguir enfrentándose a ellos. Y, puesto que la vida no hace acepción de personas y no destruye nada, sigue manteniendo vivo lo que es consciente de ser.

Las cosas solo desaparecerán cuando se produzca un cambio de conciencia. Niégalo, si quieres, seguirá siendo un hecho que la conciencia es la única realidad y las cosas no son más que el reflejo de lo que eres en conciencia.

Por lo tanto, el estado celestial que estás buscando solo se encontrará en la conciencia, porque el reino de los cielos está dentro de ti.

Puesto que la voluntad del cielo siempre se cumple en la tierra, hoy vives en el cielo que has establecido dentro de ti. Porque aquí, en esta misma tierra, tu cielo se revela. El reino de los cielos está realmente cerca. Ahora es el tiempo aceptado. Entonces, crea un nuevo cielo, entra en un nuevo estado de conciencia y una nueva tierra aparecerá.

"No volverán a mencionarse las cosas pasadas, ni se traerán a la memoria."
(Isaías 65:17).

"Por tanto, Yo (tu conciencia) vengo pronto, y mi recompensa está conmigo".
(Apocalipsis 22:12)

Yo no tengo nombre, pero tomaré sobre mí todo nombre (naturaleza) que tú me llames. Recuerda que eres tú, tú mismo, de quien hablo como "yo". Así, cada concepto que tengas de ti mismo, es decir, toda convicción profunda que tengas de ti mismo, es lo que aparecerás siendo, porque yo no soy engañado; Dios no es burlado.

Ahora, déjame instruirte en el arte de la pesca. Se dice que los discípulos estuvieron pescando toda la noche y no atraparon nada. Entonces, Jesús entró en escena y les dijo que echaran las redes una vez más, en las mismas aguas que apenas un momento antes estaban estériles, y esta vez sus redes quedaron repletas de peces.

Esta historia está teniendo lugar en el mundo de hoy, justo dentro de ti, lector. Porque tienes dentro de ti todos los elementos necesarios para salir a pescar. Pero mientras no descubras que Jesucristo, (tu conciencia) es el Señor, pescarás, como lo hicieron estos discípulos, en la noche de la oscuridad humana. Es decir, saldrás de pesca buscando cosas, pensando que son reales y pescarás con el cebo humano, que es lucha y esfuerzo, tratando de entrar en contacto con este y aquel; tratando de coaccionar a este ser o al otro, y todo ese esfuerzo será en vano. Pero cuando descubras que tu conciencia de ser es Jesucristo, dejarás que él dirija tu pesca. Y pescarás en la conciencia las cosas que deseas. Tu deseo será el pez que atraparás, porque tu conciencia es la única realidad viviente que pescarás en las profundas aguas de la conciencia.

Si quieres atrapar aquello que está más allá de tu capacidad actual, debes lanzarte hacia aguas más profundas, porque dentro de tu presente conciencia tales peces o deseos no pueden nadar. Para lanzarte hacia aguas más profundas, debes dejar atrás todo lo que es ahora tu problema actual o limitación, apartando tu atención de ello. Dale la espalda completamente a cada problema y limitación que ahora posees.

Permanece en el simple hecho de ser diciéndote a ti mismo: "Yo Soy", "Yo Soy", "Yo Soy". Continúa declarándote a ti mismo que simplemente eres. No condiciones esta declaración, solo continúa sintiendo que eres y, sin darte cuenta, te encontrarás soltando el ancla que te ataba a lo superficial de tus problemas y moviéndote hacia lo profundo.

Generalmente, esto va acompañado de una sensación de expansión. Sentirás que te expandes como si realmente estuvieras creciendo. No tengas miedo, pues se requiere coraje. No vas a morir a nada más que a tus antiguas limitaciones, pero estas van a morir a medida que te alejas de ellas, porque solo viven en tu conciencia. En esta conciencia profunda o expandida encontrarás que eres un poder que nunca había soñado antes.

Las cosas que deseabas antes de alejarte de las orillas de la limitación son los peces que vas a pescar en esta profundidad. Debido a que has perdido toda conciencia de tus problemas y barreras, ahora es la cosa más fácil del mundo sentir que eres uno con las cosas deseadas.

Porque Yo Soy (tu conciencia) es la resurrección y la vida, debes unir este poder resucitador que eres a la cosa deseada si quieres hacerla aparecer y vivir en tu mundo. Ahora empieza a asumir la naturaleza de la cosa deseada sintiendo: "Yo Soy rico"; "Yo Soy libre"; "Yo Soy fuerte". Cuando este "sentir" se ha fijado en tu interior, tu ser sin-forma tomará sobre sí las formas de las cosas sentidas. Tú estás "crucificado" sobre los sentimientos de riqueza, libertad y fuerza. Permanece sepultado en la quietud de estas convicciones. Entonces, como un ladrón en la noche, y cuando menos lo esperes, estas cualidades resucitarán en tu mundo como realidades vivas.

El mundo te tocará y verá que eres de carne y hueso, porque comenzarás a dar frutos de la naturaleza de estas cualidades recién apropiadas. Este es el arte de pescar con éxito las manifestaciones de la vida.

La exitosa realización de aquello que se desea también se nos cuenta en la historia de Daniel en el foso de los leones. Aquí, se registra que Daniel, mientras estaba en el foso de los leones, dio la espalda a los leones y miró hacia la luz que venía de arriba; los leones permanecieron impotentes y la fe de Daniel en su Dios lo salvó.

Esta también es tu historia, y tú también debes hacer lo que hizo Daniel. Si te encontraras en la guarida de los leones no tendrías otra preocupación que los leones. No estarías pensando en ninguna otra cosa en el mundo, más que en tu problema —y ese problema serían los leones. Sin embargo, se nos dice que Daniel les dio la espalda y miró hacia la luz que era su Dios. Si siguiéramos el ejemplo de Daniel, mientras estamos prisioneros en la guarida de la pobreza o la enfermedad, apartaríamos nuestra atención de nuestros problemas de deudas o enfermedad y nos detendríamos en lo que buscamos. Si no miramos hacia atrás en la conciencia de nuestros problemas, sino que continuamos en la fe, creyendo que nosotros mismos somos aquello que buscamos, también encontraremos las paredes de la prisión abiertas y la cosa deseada —sí, cualquier cosa— será manifestada.

También se nos cuenta otra historia: la de la viuda y las tres gotas de aceite. El profeta le preguntó a la viuda: "¿Qué tienes en tu casa?" Y ella respondió: "Tres gotas de aceite". Él le dijo, "pide algunas vasijas prestadas. Cuando regreses a casa, cierra la puerta y comienza a llenarlas". Y de esas tres gotas de aceite, ella vertió en todas las vasijas prestadas, llenándolas a toda su capacidad y aún sobró aceite.

Tú, lector, eres esta viuda. No tienes marido que te fecunde ni te haga fructificar, pues "viuda" es un estado estéril. Tu conciencia es ahora el Señor, o el profeta que se ha convertido en tu marido. Sigue el ejemplo de la viuda que, en lugar de reconocer un vacío o la nada, reconoció algo: tres gotas de aceite.

A continuación se le ordena: "Entra y cierra la puerta," es decir, cierra la puerta de los sentidos que te hablan sobre las medidas vacías, de las deudas, de los problemas. Cuando hayas alejado completamente tu atención cerrando la evidencia de los sentidos, comienza a sentir la dicha (simbolizada por el aceite) de haber recibido las cosas deseadas.

Cuando se establezca el acuerdo dentro de ti, de manera que todas las dudas y miedos hayan desaparecido, entonces, tú también llenarás todas las medidas vacías de tu vida y tendrás una gran abundancia.

El reconocimiento es el poder que convoca en el mundo. Cada estado que has reconocido, lo has encarnado. Lo que estás reconociendo como verdadero en ti hoy es lo que estás experimentando. Así que, sé como la viuda y reconoce la alegría, no importa cuán pequeño sea el comienzo del reconocimiento, y serás generosamente recompensado, porque el mundo es un espejo magnificado, magnificando todo lo que eres consciente de ser.

"Yo soy el Señor tu Dios, que te saqué de la tierra de Egipto, de la casa de servidumbre. No tendrás otros dioses delante de mí".
(Éxodo 20:2-3)

¡Qué gloriosa revelación, tu conciencia ahora revelada como el Señor tu Dios! Ven, despierta de tu sueño de ser prisionero. Date cuenta de que "la tierra es tuya y su plenitud; el mundo y todos los que habitan en él".

Te has enredado tanto en la creencia de que eres humano, que has olvidado el glorioso Ser que eres. Ahora, con tu memoria restaurada decreta que lo invisible aparezca y aparecerá, porque todas las cosas están obligadas a responder a la Voz de Dios, tu conciencia de ser —El mundo está…

¡A tus Órdenes!

Tu Fe es tu Fortuna
(1941)

CAPÍTULO 1

ANTES QUE ABRAHAM FUERA

"En verdad, en verdad, les digo, antes que Abraham fuera, Yo Soy"
(Juan 8:58)

"En el principio era la Palabra y la Palabra estaba con Dios, y la Palabra era Dios".
En el principio era la conciencia incondicionada del ser, y la conciencia incondicionada del ser se volvió condicionada al imaginarse a sí misma siendo algo, y la conciencia incondicionada se convirtió en aquello que había imaginado ser; así comenzó la creación.

Por esta Ley primero se concibe, luego se convierte en aquello que concibe; todas las cosas evolucionan a partir de la Nada, y sin esta secuencia nada de lo que ha sido hecho, fue hecho.

Antes de Abraham o el mundo fue Yo Soy. Cuando el tiempo deje de ser, Yo Soy. Yo Soy la conciencia sin forma del ser, concibiéndome a mí mismo como la humanidad.

Por mi eterna ley de ser, estoy obligado a ser y expresar todo lo que yo creo ser.

Yo Soy la eterna Nada conteniendo dentro de mi ser sin forma, la capacidad de ser todas las cosas. Yo Soy ese en el que todos mis conceptos de mí mismo viven y se mueven y tienen su ser, y fuera del cual no son.

Yo habito dentro de cada concepto de mí mismo; desde esta interioridad yo siempre busco trascender todos los conceptos de mí mismo. Por la misma ley de mi ser yo trasciendo mis conceptos de mí mismo, solo cuando yo creo ser aquello que lo trasciende.

Yo Soy la ley del ser y al lado de mí no hay ley. Yo Soy el que Soy.

CAPÍTULO 2

DEBES DECRETAR

"Así será mi palabra que sale de mi boca; no volverá a mí vacía, sino que hará lo que yo quiero, y será prosperada en aquello para que la envié".
(Isaías 55:11)

El individuo puede decretar una cosa y hacer que suceda. Él siempre ha decretado lo que ha aparecido en su mundo. Hoy está decretando lo que está apareciendo en su mundo y seguirá haciéndolo mientras sea consciente de ser una persona.

Nunca ha aparecido nada en el mundo del individuo, sino lo que él ha decretado. Tú puedes negar esto; pero, aunque lo intentes, no puedes refutarlo porque este decreto se basa en un principio inmutable.

La persona no ordena que las cosas aparezcan por sus palabras, las cuales, la mayoría de las veces, son una confesión de sus dudas y temores. El decreto se hace siempre en la conciencia.

Todos expresan automáticamente aquello de lo que son conscientes de ser. Sin esfuerzo y sin palabras, en cada momento, la persona se ordena a sí misma ser y poseer lo que es consciente de ser y poseer.

Este inmutable principio de expresión es representado en todas las escrituras sagradas del mundo. Los escritores de nuestros libros sagrados fueron místicos iluminados, antiguos maestros en el arte de la psicología. Al contar la historia del alma, ellos personificaron este principio impersonal en la forma de un documento histórico, tanto para preservarlo como para ocultarlo de los ojos de los no-iniciados.

Hoy en día, aquellos a quienes se les ha confiado este gran tesoro, es decir, los sacerdotes del mundo, han olvidado que las Biblias son dramas psicológicos que representan la conciencia del ser humano; en su ciego olvido, ahora enseñan a sus seguidores a adorar a sus personajes como hombres y mujeres que realmente vivieron en el tiempo y el espacio.

Cuando se vea la Biblia como un gran drama psicológico, con todos sus personajes y actores como cualidades y atributos personificados de la propia conciencia, entonces —y solo entonces— la Biblia le revelará la luz de su simbología. Este principio impersonal de la vida, que hizo todas las cosas, está personificado como Dios. Este Señor Dios, creador del cielo y de la tierra, se descubre como la conciencia de ser del individuo.

Si la persona estuviera menos atada a la ortodoxia y fuera más intuitivamente observadora, no podría dejar de notar, en la lectura de la Biblia, que la conciencia de ser se revela cientos de veces a lo largo de esta literatura. Por nombrar algunos: "Yo Soy me ha enviado a ustedes"; "Quédate quieto y sabrás que Yo Soy Dios"; "Yo Soy el Señor y fuera de mí no hay Dios"; " Yo Soy el buen pastor"; "Yo Soy la puerta", "Yo Soy la resurrección y la vida"; "Yo Soy el camino"; "Yo Soy el principio y el fin".

Yo Soy, la conciencia incondicionada del ser, es revelada como Señor y Creador de cada estado condicionado del ser. Si el individuo renunciara a su creencia en un Dios aparte de sí mismo, reconocería su conciencia de ser como Dios (esta conciencia se modela a sí misma en la imagen y semejanza de su concepto de sí mismo), él podría transformar a su gusto su mundo, de un desierto estéril a un campo fértil. El día que él lo haga, sabrá que él y su Padre son Uno, pero su Padre es más grande que él. Sabrá que su conciencia de ser es una con aquello de lo que es consciente de ser, pero que su conciencia de ser incondicionada es más grande que su estado condicionado o su concepto de sí mismo.

Cuando el individuo descubra que su conciencia es el poder impersonal de expresión, cuyo poder se personifica eternamente en sus concepciones de sí mismo, asumirá y se apropiará de ese estado de conciencia que desea expresar; al hacerlo, se convertirá en la expresión de ese estado.

"Decidirás una cosa y se te cumplirá" puede decirse ahora de esta manera: Serás consciente de ser o poseer una cosa y expresarás o poseerás lo que eres consciente de ser.

La ley de la conciencia es la única ley de expresión. "Yo soy el camino"; "Yo Soy la resurrección". La conciencia es el camino así como el poder que resucita y expresa todo lo que el individuo será alguna vez consciente de ser.

Vuélvete de la ceguera del no iniciado que intenta expresar y poseer cualidades y cosas que no es consciente de ser ni poseer, y sé como el místico iluminado que decreta sobre la base de esta inmutable ley.

Conscientemente reclama ser aquello que buscas; aprópiate de la conciencia de lo que ves; y tú también conocerás la condición del verdadero místico, de la siguiente manera:

Me hice consciente de serlo. Sigo siendo consciente de serlo. Y seguiré siendo consciente de serlo hasta que lo que soy consciente de ser sea perfectamente expresado.

Sí, decretaré una cosa y se hará realidad.

CAPÍTULO 3

EL PRINCIPIO DE LA VERDAD

"Ustedes conocerán la verdad, y la verdad los hará libres"
(Juan 8:32)

La verdad que libera al ser humano es el conocimiento de que su conciencia es la resurrección y la vida, que su conciencia resucita y da vida a todo lo que es consciente de ser. Fuera de la conciencia no hay resurrección ni vida.

Cuando la persona abandone su creencia en un Dios aparte de sí misma y comience a reconocer que su conciencia de ser es Dios, como hicieron Jesús y los profetas, transformará su mundo con la comprensión de que "Yo y mi Padre somos uno, pero mi Padre es más grande que yo". Sabrá que su conciencia es Dios y que aquello de lo que es consciente de ser es el Hijo dando testimonio de Dios, el Padre.

El que concibe y la concepción son uno, pero el que concibe es más grande que su concepción. Antes que Abraham fuera, Yo Soy. Sí, yo era consciente de ser antes de hacerme consciente de ser una persona, y en aquel día, cuando deje de ser consciente de ser una persona, aun seré consciente de ser.

La conciencia de ser no depende de ser algo. Precede a todas las concepciones de sí misma y seguirá cuando todas ellas cesen. "Yo Soy el principio y el fin". Es decir, todas las cosas o concepciones de mí mismo, comienzan y terminan en mí, pero Yo, la conciencia sin forma, permanece para siempre.

Jesús descubrió esta gloriosa verdad y declaró que era uno con Dios, no con el Dios que la humanidad había creado, porque él nunca reconoció a tal Dios. Jesús reconoció a Dios como su conciencia de ser, y por eso dijo que el Reino de Dios y el Cielo estaban dentro.

Cuando se registra que Jesús dejó el mundo y fue a su Padre, simplemente se está diciendo que apartó su atención del mundo de los sentidos y se elevó en conciencia a ese nivel que deseaba expresar. Allí permaneció hasta que se hizo uno con la conciencia a la que ascendió. Cuando regresó al mundo humano, pudo actuar con la positiva seguridad de aquello de lo que era consciente de ser, un estado de conciencia que nadie más que él mismo sentía o sabía que poseía.

Quienes ignoran esta ley eterna de expresión consideran estos acontecimientos como milagros. Elevarse en la conciencia al nivel de lo deseado y permanecer allí hasta que ese nivel se vuelva tu naturaleza, es el camino de todos los aparentes milagros.

"Y yo, si soy levantado de la tierra atraeré a todos a mí mismo"
(Juan 12:32)

Si yo soy elevado en conciencia a la naturalidad de lo deseado, atraeré hacia mí la manifestación de ese deseo.

"Nadie puede venir a mí si no lo atrae el Padre que me envió" y "Yo y mi Padre somos uno". Mi conciencia es el Padre que trae la manifestación de la vida hacia mí. La naturaleza de la manifestación es determinada por el estado de conciencia en el que habito. Siempre estoy atrayendo a mi mundo aquello de lo que soy consciente de ser.

Si no estás satisfecho con tu actual expresión de vida, entonces debes nacer de nuevo. El renacimiento es la caída de ese nivel en el que estás insatisfecho y el ascenso a ese nivel de conciencia que deseas expresar y poseer. No puedes servir a dos maestros o estados de conciencia opuestos al mismo tiempo. Si quitas tu atención de un estado y la pones en el otro, mueres para aquel del que la has quitado y vives y expresas aquel con el que te has unido.

Las personas no pueden ver cómo es posible expresar lo que desean ser mediante una ley tan simple como la adquisición de la conciencia de lo deseado. La razón de esta falta de fe es que miran el estado deseado a través de la conciencia de sus actuales limitaciones. Por lo tanto, naturalmente lo ven como imposible de lograr.

Una de las primeras cosas que deben comprenderse es que, al tratar con la ley espiritual de la conciencia, es imposible poner vino nuevo en botellas viejas o parches nuevos en prendas viejas. Es decir, no puedes llevar ninguna parte de la conciencia presente al nuevo estado. Porque el estado que se busca está completo en sí mismo y no necesita parches. Cada nivel de conciencia se expresa automáticamente.

Elevarse al nivel de cualquier estado es convertirse automáticamente la expresión de ese estado. Pero, para elevarse al nivel que no estás expresando ahora, debes abandonar completamente la conciencia con la que te identificas ahora. Mientras no abandones tu conciencia actual, no podrás elevarte a otro nivel.

No te desanimes. Este abandono de tu identidad actual no es tan difícil como podría parecer. La invitación de las escrituras: "Estar ausente del cuerpo y estar presente con el Señor" no se da a unos pocos elegidos; es un llamado general a toda la humanidad. El cuerpo del cual se te invita a escapar es tu presente concepto de ti mismo, con todas sus limitaciones, mientras que el Señor con quien debes estar presente es tu conciencia de ser. Para lograr esta hazaña aparentemente imposible, debes sacar tu atención de tu problema y ponla en el simple hecho de ser. Di en silencio, pero con sentimiento: "Yo Soy". No condiciones esta conciencia sino continúa declarando silenciosamente: "Yo Soy. Yo Soy". Simplemente siente que no tienes rostro ni forma y continúa haciéndolo hasta que te sientas flotando. "Flotar" es un estado psicológico que niega completamente lo físico. A través de la práctica de la relajación y negando voluntariamente la reacción a las impresiones sensoriales, es posible desarrollar un estado de conciencia de pura receptividad. Es un logro sorprendentemente fácil. En este estado de completo desapego puede grabarse de forma indeleble en tu conciencia no modificada un pensamiento de un único propósito definido. Este estado de conciencia es necesario para la verdadera meditación.

Esta maravillosa experiencia de elevarse y flotar es la señal de que estás ausente del cuerpo o del problema y ahora estás presente con el Señor; en este estado expandido no eres consciente de ser nada más que Yo Soy–Yo Soy; solo eres consciente de ser.

Cuando se alcanza esta expansión de la conciencia, dentro de esta profundidad sin forma de ti mismo, da forma a la nueva concepción reclamando y sintiendo que eres aquello que, antes de entrar en este estado, deseabas ser. Encontrarás que dentro de esta profundidad sin forma de ti mismo todas las cosas parecen ser divinamente posibles. Cualquier cosa que sientas sinceramente que eres mientras estás en este estado expandido se convierte, con el tiempo, en tu expresión natural.

Y Dios dijo: "Que haya un firmamento en medio de las aguas". Sí, que haya firmeza o convicción en medio de esta conciencia expandida, al saber y sentir que Yo Soy eso, la cosa deseada.

Mientras reclamas y sientes que eres lo que deseas, estás cristalizando esta luz líquida sin forma que eres, en la imagen y semejanza de aquello que eres consciente de ser.

Ahora que la ley de tu ser te ha sido revelada, comienza este día a cambiar tu mundo revalorizándote a ti mismo. Durante demasiado tiempo la humanidad se ha aferrado a la creencia de que ha nacido del dolor y debe trabajar su salvación con el sudor de su frente. Dios es impersonal y no hace acepción de personas. Mientras las personas continúen caminando en esta creencia de dolor, seguirá caminando en un mundo de dolor y confusión, porque el mundo, en cada detalle, es la conciencia humana cristalizada.

En el libro de Números está registrado: "También vimos allí gigantes y éramos nosotros, a nuestro parecer, como saltamontes; y así les parecíamos a ellos". Hoy es el día, el eterno ahora, cuando las condiciones en el mundo han alcanzado la apariencia de gigantes. El desempleo, los ejércitos del enemigo, la competencia comercial, etc., son los gigantes que te hacen sentir como un saltamontes indefenso.

Se nos dice que primero fuimos ante nuestra propia vista saltamontes indefensos y debido a esta concepción de nosotros mismos fuimos ante el enemigo saltamontes indefensos. Solo podemos ser para los demás lo que somos para nosotros mismos. Por lo tanto, cuando nos revalorizamos y empezamos a sentirnos como el gigante, un centro de poder, automáticamente cambiamos nuestra relación con los gigantes, reduciendo estos antiguos monstruos a su verdadero lugar, haciendo que ellos parezcan los indefensos saltamontes.

Pablo dijo acerca de este principio: "Es necedad para los gentiles (o los llamados sabios del mundo); y piedra de tropiezo para los judíos (o aquellos que buscan señales)"; con el resultado de que el ser humano sigue caminando en la oscuridad en lugar de despertar a la comprensión: "Yo Soy la luz del mundo".

Durante tanto tiempo hemos adorado las imágenes de nuestra propia creación que, al principio, esta revelación nos parece blasfema, pero el día en que descubrimos y aceptamos este principio como la base de nuestra vida, ese día acabamos con nuestra creencia en un Dios aparte de nosotros mismos.

La historia de la traición de Jesús en el Huerto de Getsemaní es la ilustración perfecta del descubrimiento de este principio por parte del individuo. Se nos dice que la multitud, armada con palos y antorchas, buscaba a Jesús en la oscuridad de la noche. Mientras preguntaban por el paradero de Jesús (la salvación), la voz respondió: "Yo Soy", entonces toda la multitud cayó al suelo. Al recuperar la compostura, nuevamente pidieron que se les mostrará el escondite del salvador y de nuevo el Salvador dijo: "Te he dicho que Yo Soy, por lo tanto, si me buscas, deja ir todo lo demás".

En la oscuridad de la ignorancia humana, la persona emprende la búsqueda de Dios, ayudada por la luz parpadeante de la sabiduría humana. Cuando se le revela que su Yo Soy o conciencia de ser es su salvador, el impacto es tan grande que mentalmente cae al suelo, ya que toda creencia que haya albergado se derrumba al darse cuenta de que su conciencia es el único salvador.

El conocimiento de que su Yo Soy es Dios, obliga al individuo a dejar ir a todos los demás, porque le resulta imposible servir a dos dioses. Él no puede aceptar a su conciencia de ser como Dios y al mismo tiempo creer en otra deidad.

Con este descubrimiento, el oído o la audición humana (entendimiento) es cortada por la espada de la fe (Pedro), mientras su audición (comprensión) perfecta y disciplinada es restaurada por (Jesús) el conocimiento de que Yo Soy es el Señor y Salvador.

Antes de que una persona pueda transformar su mundo, primero debe poner este fundamento o entendimiento. "Yo soy el Señor".

La persona debe saber que su conciencia de ser es Dios. Mientras esto no esté firmemente establecido, de modo que ninguna sugerencia o argumento de otros pueda sacudirlo, se encontrará regresando a la esclavitud de su creencia anterior. "Si no crees que Yo Soy, morirás en tus pecados". A menos que descubra que su conciencia es la causa de cada expresión de su vida, continuará buscando la causa de su confusión en el mundo de los efectos, y así morirá en su infructuosa búsqueda.

"Yo Soy la vid y ustedes son las ramas". La conciencia es la vid y aquello de lo que eres consciente de ser son como ramas que alimentas y mantienes vivas. Así, como una rama no tiene vida a menos que esté enraizada en la vid, del mismo modo, las cosas no tienen vida a menos que seas consciente de ellas. Al igual que una rama se marchita y muere si la savia de la vid deja de fluir hacia ella, así las cosas y las cualidades desaparecen si quitas tu atención de ellas; porque tu atención es la savia de la vida que sostiene la expresión de tu vida.

CAPÍTULO 4

¿A QUIÉN BUSCAS?

"Les he dicho que Yo Soy; por tanto, si me buscan a mí, dejen ir a estos"
(Juan 18: 8).

"Cuando Jesús les dijo: «Yo soy», cayeron de espaldas al suelo"
(Juan 18: 6)

    Hoy en día se habla tanto de Maestros, Hermanos Mayores, Adeptos e iniciados, que innumerables buscadores de la verdad están siendo constantemente engañados al buscar estas falsas luces. La mayoría de estos pseudo-maestros ofrecen a sus alumnos, a cambio de un precio, la iniciación en los misterios, prometiéndoles guía y dirección. La debilidad que tienen las personas por los líderes, así como su adoración a los ídolos, las convierten en una presa fácil de estas escuelas y maestros. A la mayoría de estos alumnos inscritos les llegará algo bueno; descubrirán, tras años de espera y sacrificio, que estaban siguiendo un espejismo. Entonces se desilusionarán de sus escuelas y maestros, y esta decepción valdrá el esfuerzo y el precio que han pagado por su infructuosa búsqueda. En ese momento se apartarán de su adoración al ser humano y, al hacerlo, descubrirán que lo que buscan no se encuentra en otro, porque el Reino de los Cielos está dentro. Esta comprensión será su primera iniciación real. La lección aprendida será esta: Solo hay un Maestro y este Maestro es Dios, el YO SOY dentro de ellos mismos.
    "Yo Soy el Señor tu Dios, que te saqué de la tierra de Egipto, de la casa de servidumbre".

Yo Soy, tu conciencia, es Señor y Maestro y fuera de tu conciencia no hay ni Señor ni Maestro. Tú eres el Maestro de todo lo que serás consciente de ser.

Sabes que eres, ¿no es así? Saber que tú eres es el Señor y Maestro de aquello que sabes que eres. Tú podrías ser aislado completamente de aquello que eres consciente de ser, sin embargo, a pesar de todas las barreras humanas, sin esfuerzo atraerías hacia ti todo lo que eres consciente de ser. Aquel que es consciente de ser pobre no necesita la ayuda de nadie para expresar su pobreza. Quien es consciente de ser enfermizo, aunque esté aislado en el lugar más hermético del mundo a prueba de gérmenes, expresaría enfermedad.

No hay barrera para Dios, porque Dios es tu conciencia de ser. Sea cual sea tu conciencia de ser, puedes expresarla, y lo haces, sin esfuerzo. Deja de esperar a que venga el Maestro; él está contigo siempre. "Yo estoy contigo todos los días, hasta el fin del mundo".

En ocasiones sabrás que eres muchas cosas, pero no necesitas ser nada para saber que eres. Si lo deseas, puedes desprenderte del cuerpo que llevas; al hacerlo, te darás cuenta de que eres una conciencia sin rostro, sin forma, y que no dependes de la forma que eres en tu expresión. Sabrás que eres; también descubrirás que este saber que eres, es Dios, el Padre, que precedió a todo lo que alguna vez supiste que eras. Antes de que el mundo fuera, eras consciente de ser y entonces decías "Yo Soy"; y Yo Soy será, después de que todo lo que sabes que eres, deje de ser.

No hay Maestros Ascendidos. Destierra esa superstición. Tú siempre te elevarás de un nivel de conciencia (maestro) a otro; al hacerlo, manifiestas el nivel ascendido, expresando esta conciencia recién adquirida.

Dado que la conciencia es el Señor y el Maestro, tú eres el Maestro Mago que conjura lo que ahora eres consciente de ser. "Porque Dios (conciencia) llama a las cosas que no son, como si fueran". Las cosas que ahora no se ven se verán en el momento en que seas consciente de ser lo que ahora no es visible.

Este ascenso de un nivel de conciencia a otro es la única ascensión que experimentarás. Nadie puede elevarte al nivel que deseas. El poder de ascender está dentro de ti, es tu conciencia. Tú te apropias de la conciencia del nivel que deseas expresar, al afirmar que ahora estás expresando ese nivel. Esta es la ascensión. No tiene límites, porque nunca agotarás tu capacidad de ascender. Aléjate de la superstición humana de la ascensión con su creencia en los maestros, y encuentra al único y eterno maestro dentro de ti.

"El que está en ustedes es más grande que el que está en el mundo"

Cree esto. No continúes en la ceguera, siguiendo el espejismo de los maestros. Yo te aseguro que tu búsqueda solo puede terminar en decepción.

"Si me niegas (tu conciencia de ser) yo también te negaré a ti". "No tendrás otro Dios fuera de mí", "Quédate quieto y sabrás que Yo Soy Dios". "Pónganme ahora a prueba en esto, dice el Señor de los ejércitos, si no les abro las ventanas de los cielos, y derramo para ustedes bendición hasta que sobreabunde".

¿Crees que el Yo Soy es capaz de hacer esto? Entonces, afirma ser aquello que quieres ver derramado. Reclama ser aquello que quieres ser y lo serás. No te lo daré a causa de los maestros, sino porque te has reconocido a ti mismo ser aquello, te lo daré porque YO SOY todas las cosas para todos.

Jesús no permitió ser llamado maestro bueno. Él sabía que solo hay uno bueno y un maestro. Él sabía que este era Su Padre en el cielo, la conciencia de ser. "El Reino de Dios"(el Bien) y el Reino de los Cielos están dentro de ti.

Tu creencia en los maestros es una confesión de tu esclavitud. Solo los esclavos tienen maestros. Cambia tu concepto de ti mismo y, sin la ayuda de maestros o ninguna otra persona, automáticamente transformarás tu mundo para ajustarse a tu nueva concepción de ti mismo.

En el Libro de Números se dice que hubo un tiempo en que los hombres eran a sus propios ojos como saltamontes y, debido a esta concepción de sí mismos, veían gigantes en la tierra. Esto es tan cierto para las personas de hoy como lo fue en el día en que se registró. La concepción que el individuo tiene de sí mismo es tan parecida a la de un saltamontes, que automáticamente hace que las condiciones que le rodean parezcan gigantescas; en su ceguera clama por maestros que le ayuden a luchar contra sus gigantescos problemas.

Jesús trató de mostrar al ser humano que la salvación estaba dentro de él mismo y le advirtió que no buscara a su salvador en lugares o personas. Si alguien viene diciendo mira aquí o mira allá, no le creas, porque el Reino de los Cielos está dentro de ti.

Jesús no solo se negó a permitir que le llamaran Maestro Bueno, sino que advirtió a sus seguidores: "A nadie saluden por el camino". Dejó claro que no debían reconocer ninguna autoridad o superior que no fuera Dios, el Padre.

Jesús estableció la identidad del Padre como la conciencia de ser del individuo. "Yo y mi Padre somos Uno, pero mi Padre es más grande que Yo". Yo Soy uno con todo lo que soy consciente de ser. Yo Soy más grande que aquello de lo que soy consciente de ser. El creador es siempre más grande que su creación.

"Como Moisés levantó la serpiente en el desierto, así también debe ser levantado el Hijo del Hombre" (Juan 3:14)

La serpiente simboliza el actual concepto que el individuo tiene de sí mismo: como un gusano del polvo, que vive en el desierto de la confusión humana. Al igual que Moisés se levantó de su concepción de gusano del polvo para descubrir que Dios era su conciencia de ser, "Yo Soy, me ha enviado", así tú también debes ser levantado. El día que afirmes, como lo hizo Moisés, "Yo Soy el que Soy" ese día tu afirmación florecerá en el desierto.

Tu conciencia es el Maestro mago que conjura todas las cosas al ser aquello que conjura. Este Señor y Maestro que eres puede —y hace— que aparezca en tu mundo todo lo que tienes conciencia de ser.

"Nadie viene a Mí (manifestación) si no lo trae el Padre que me envió" y "Yo y mi Padre somos Uno". Constantemente estás atrayendo hacia ti mismo aquello que eres consciente de ser. Cambia tu concepto de ti mismo, del de esclavo al de Cristo. No te avergüences de hacer esta afirmación; solo en la medida en que afirmes: "Yo soy Cristo", harás las obras de Cristo.

"Las obras que yo hago, él las hará también, y aún mayores que estas hará, porque yo voy al Padre"
(Juan 14:12).

"No consideró el ser igual a Dios como algo a qué aferrarse"
(Filipenses 2:6)

Jesús sabía que cualquiera que se atreviera a afirmar que es Cristo asumiría automáticamente las capacidades para expresar las obras de su concepción de Cristo. Jesús también sabía que el uso exclusivo de este principio de expresión no le correspondía solo a él. Constantemente se refería a Su Padre en el Cielo. Él declaró que sus obras no solo serían igualadas, sino que serían superadas por aquel que se atreviera a concebirse a sí mismo como más grande de lo que él (Jesús) se había concebido a sí mismo.

Jesús, al afirmar que él y su Padre eran uno, pero que su Padre era más grande que él, reveló que su conciencia (Padre) era uno con aquello con lo que él era consciente de ser. Se encontró a sí mismo como Padre, o la conciencia de ser, más grande que lo que él, como Jesús, era consciente de ser. Tú y tu concepción de ti mismo son uno. Tú eres y siempre serás más grande que cualquier concepción que tengas de ti mismo.

El individuo falla en hacer las obras de Jesucristo porque intenta realizarlas desde su actual nivel de conciencia. Nunca trascenderás tus logros actuales a través del sacrificio y la lucha. Tu actual nivel de conciencia solo será trascendido cuando dejes el estado actual y te eleves a un nivel superior.

Te elevas a un nivel superior de conciencia, sacando tu atención de tus limitaciones actuales y poniéndola en aquello que deseas ser. No intentes esto soñando despierto o con simples ilusiones, sino de manera positiva. Afirma ser lo que deseas. Yo Soy eso; sin sacrificios, sin dietas, sin trucos humanos. Todo lo que se te pide es que aceptes tu deseo. Si te atreves a reclamarlo, lo expresarás.

Medita en esto: "No quieres los sacrificios de los hombres". "No por la fuerza ni por el poder, sino por el espíritu". "Pide y se te dará". "Vengan, compren vino y leche sin dinero y sin costo alguno".

Las obras están terminadas. Todo lo que se requiere de ti, para dejar que estas cualidades se expresen, es la afirmación: YO SOY eso. Afirma que eres lo que deseas ser y que serás. Las expresiones siguen las impresiones, no las preceden. La prueba de que eres, seguirá a la afirmación de que eres, no la precederá.

"Deja todo y sígueme" es una doble invitación para ti. Primero, te invita a alejarte completamente de todos los problemas y, luego, te llama a seguir caminando en la afirmación de que eres lo que deseas ser. No seas la mujer de Lot que mira hacia atrás y se convierte en sal o preservada en el pasado muerto. Sé como Lot, que no mira hacia atrás, sino que mantiene su visión enfocada en la tierra prometida, en lo deseado. Haz esto y sabrás que has encontrado al maestro, el mago, que lo invisible se haga visible, a través de la orden: "Yo Soy Eso".

CAPÍTULO 5

¿QUIÉN SOY YO?

"Y ustedes, ¿quién dicen que soy Yo?"
(Mateo 16:15)

"Yo Soy el Señor; ese es mi nombre; y mi gloria a otro no daré"
(Isaías 42-8)

"Yo Soy el Señor, el Dios de toda carne".
(Jeremías 32:27)

Este Yo Soy dentro de ti, lector, esta conciencia de ser, es el Señor, el Dios de toda carne.

Yo Soy es el que debe venir; deja de buscar a otro. Mientras creas en un Dios aparte ti mismo, continuarás transfiriendo el poder de tu expresión a tus concepciones, olvidando que tú eres el que concibe.

El poder que concibe y lo concebido son uno, pero el poder de concebir es mayor que la concepción. Jesús descubrió esta gloriosa verdad, cuando declaró: "Yo y mi Padre somos uno, pero mi Padre es más grande que Yo"

El poder que se concibe a sí mismo como ser humano, es más grande que su concepción. Todas las concepciones son limitaciones del que concibe.

"Antes de que Abraham fuera, Yo Soy". Antes que el mundo fuera, Yo Soy.

La conciencia precede a todas las manifestaciones y es el apoyo sobre el cual descansa toda manifestación. Para eliminar las manifestaciones, todo lo que se requiere de ti, el concebidor, es retirar tu atención de la concepción. De hecho, en lugar de "Fuera de la vista, fuera de la mente", es "Fuera de la mente, fuera de la vista". La manifestación permanecerá a la vista solo mientras agote la fuerza con la que el concebidor —Yo Soy— la dotó originalmente. Esto se aplica a toda la creación, desde el electrón infinitesimalmente pequeño hasta el universo infinitamente grande.

"Estén quietos, y sepan que Yo soy Dios".

Sí, este Yo Soy, tu conciencia de ser, es Dios, el único Dios. Yo Soy es el Señor, el Dios de toda Carne, de toda manifestación.

Esta presencia, tu conciencia incondicionada, no comprende ni principio ni fin; las limitaciones solo existen en la manifestación. Cuando te das cuenta de que esta conciencia es tu ser eterno, sabrás que antes de que Abraham fuera, Yo Soy.

Comienza a comprender por qué se te dijo: "Ve y haz tú lo mismo". Comienza ahora a identificarte con esta presencia, tu conciencia, como la única realidad. Todas las manifestaciones no son más que apariencias; tú, como ser humano, no tienes más realidad que la que tu ser eterno, Yo Soy, cree que es.

"¿Quién dicen que soy Yo?" Esta no es una pregunta formulada hace dos mil años. Es la eterna pregunta dirigida a la manifestación por el concebidor. Es tu verdadero yo, tu conciencia de ser, preguntándote su presente concepción de sí misma. "¿Quién crees que es tu conciencia?" Esta respuesta solo puede definirse dentro de ti mismo, independientemente de la influencia de otro.

Yo Soy (tu verdadero ser) no está interesado en la opinión del mundo. Todo su interés descansa en tu convicción de ti mismo. ¿Qué dices del Yo Soy dentro de ti? ¿Puedes responder y decir: "Yo Soy Cristo"? Tu respuesta o el grado de comprensión determinará el lugar que ocuparás en la vida.

¿Dices o crees que eres de una determinada familia, raza, nación, etc.? ¿Crees honestamente esto de ti mismo? En ese caso, la vida, tu verdadero ser, hará que estas concepciones aparezcan en tu mundo y vivirás con ellas como si fueran reales.

"Yo Soy la puerta"; "Yo soy el camino"; "Yo Soy la resurrección y la vida"; "Nadie viene al Padre sino por mí".

El Yo Soy (tu conciencia) es la única puerta a través de la cual cualquier cosa puede entrar en tu mundo. Deja de buscar señales. Los señales siguen; no preceden. Comienza a invertir la afirmación "Ver para Creer" por "Creer para Ver". Comienza ahora a creer, no con esa confianza vacilante basada en la engañosa evidencia externa, sino con una firme confianza basada en la inmutable ley de que puedes ser lo que deseas ser. Te darás cuenta que no eres una víctima del destino, sino una víctima de la fe (la tuya).

Solo a través de una puerta puede pasar lo que buscas al mundo de la manifestación. "Yo soy la puerta". Tu conciencia es la puerta, así que debes ser consciente de ser y tener aquello que deseas ser y tener. Cualquier intento de realizar tus deseos de otra manera que no sea a través de la puerta de la conciencia, te convierte en un ladrón y en un asaltante de ti mismo. Cualquier expresión que no se sienta es antinatural. Antes de que algo aparezca, Dios, Yo Soy, se siente a sí mismo como la cosa deseada; y entonces la cosa sentida aparece. Es resucitado; levantado de la nada.

Yo soy rico, pobre, saludable, enfermo, libre, confinado, fueron primero impresiones o condiciones sentidas, antes de que se convirtieran en expresiones visibles. Tu mundo es tu conciencia exteriorizada. No pierdas el tiempo tratando de cambiar el exterior; cambia el interior o la impresión, y el exterior o la expresión se encargará de sí mismo. Cuando la verdad de esta afirmación despierte en ti, sabrás que has encontrado la palabra perdida o la llave de todas las puertas. Yo Soy (tu conciencia) es la palabra mágica perdida que se hizo carne a semejanza de lo que eres consciente de ser.

Yo soy él. En este momento, te estoy cubriendo a ti, lector, mi templo viviente, con mi presencia, instándote a una nueva expresión. Tus deseos son mis palabras habladas. Mis palabras son espíritu y son verdaderas, y no volverán a mí vacías, sino que cumplirán aquello a lo que han sido enviadas. No son algo que haya que elaborar. Son prendas que el Yo —tu ser sin rostro y sin forma— utiliza. ¡He aquí! Yo, vestido con tu deseo, estoy a la puerta (tu conciencia) y llamo. Si oyes mi voz y me abres (me reconoces como tu salvador), entraré en ti y cenaré contigo y tú conmigo.

¿Cómo se cumplirán mis palabras, tus deseos? Eso no te concierne. Mis palabras tienen maneras que tú no conoces. No podemos averiguar sus maneras. Todo lo que se requiere de ti, es que creas. Cree que tus deseos son las prendas que usa tu salvador. Tu creencia de que ahora eres lo que deseas ser es la prueba de tu aceptación de los dones de la vida. Has abierto la puerta para que tu Señor, vestido con tu deseo, entre en el momento en que estableces esta creencia.

"Cuando oren, crean que han recibido y recibirán". "Todas las cosas son posibles para el que cree". Haz posible lo imposible a través de tu creencia; y lo imposible (para los demás) se materializará en tu mundo.

Todos han tenido pruebas del poder de la fe. La fe que mueve montañas es la fe en ti mismo. Nadie puede tener fe en Dios si no tiene confianza en sí mismo. Tu fe en Dios se mide por tu confianza en ti mismo. "Yo y mi Padre somos uno", el individuo y su Dios son uno, la conciencia y la manifestación son una.

Y Dios dijo: "Que haya un firmamento en medio de las aguas". En medio de todas las dudas y opiniones cambiantes de los demás, que haya una convicción, una creencia firme, y verás la tierra seca; tu creencia aparecerá. La recompensa es para el que persevera hasta el fin. Una convicción no es convicción si puede ser sacudida. Tu deseo será como nubes sin lluvia a menos que creas.

Tu conciencia incondicionada, o Yo Soy, es la Virgen María que no conoció varón, sin embargo, sin ayuda del hombre, concibió y dio a luz un hijo. María, la conciencia condicionada, deseaba y luego se hizo consciente de ser el estado condicionado que deseaba expresar, y de una manera desconocida para los demás se convirtió en eso. Ve y haz lo mismo; asume la conciencia de ser lo que deseas ser y tú también darás a luz a tu salvador.

Cuando se haga la anunciación, cuando el impulso o el deseo esté en ti, cree que es la palabra de Dios que busca encarnarse a través de ti. Ve, no le digas a nadie de esta cosa santa que has concebido. Encierra tu secreto dentro de ti y magnifica al Señor, magnifica o cree que tu deseo es tu salvador que viene a estar contigo.

Cuando esta creencia esté tan firmemente establecida que te sientas seguro de los resultados, tu deseo se encarnará. ¿Cómo se hará? Nadie lo sabe. Yo, tu deseo, tiene maneras que no conoces; mis caminos son insondables. Tu deseo puede ser comparado con una semilla; las semillas contienen en sí mismas tanto el poder como el plan de autoexpresión. Tu conciencia es el suelo. Estas semillas se plantan con éxito solamente si, después de haber afirmado ser y tener aquello que deseas, confiadamente esperas los resultados, sin ningún pensamiento ansioso.

Si me elevo en la conciencia a la naturalidad de mi deseo, automáticamente atraeré la manifestación hacia mí. La conciencia es la puerta a través de la cual se revela la vida. La conciencia siempre se exterioriza.

Ser consciente de ser o tener algo, es ser o tener aquello de lo que eres consciente de ser o tener. Por lo tanto, elévate a la conciencia de tu deseo y lo verás manifestarse automáticamente.

Para hacerlo, debes negar tu identidad actual. "Que se niegue a sí mismo". Niegas una cosa apartando tu atención de ella. Para dejar de lado una cosa, un problema o un ego de la conciencia, debes permanecer en Dios —Dios es Yo Soy.

"Quédate quieto y sabrás que Yo Soy Dios". Cree, siente que Yo Soy; sabiendo que este conocedor dentro de ti, tu conciencia de ser, es Dios. Cierra tus ojos y siéntete sin rostro, sin forma y sin figura. Acércate a esta quietud como si fuera lo más fácil del mundo. Esta actitud asegurará tu éxito.

Cuando todo pensamiento de problema o del yo se desprende de la conciencia, porque ahora estás absorto o perdido en el sentimiento de ser simplemente Yo Soy, entonces, en este estado sin forma, comienza a sentirte a ti mismo como aquello que deseas ser. "Yo Soy el que soy".

En el momento en que alcanzas un cierto grado de intensidad, de modo que realmente te sientes ser el nuevo concepto, este nuevo sentimiento o conciencia se establece y a su debido tiempo se personificará en el mundo de la forma. Esta nueva percepción se expresará con la misma naturalidad con la que ahora expresas tu identidad actual.

Para expresar naturalmente las cualidades de una conciencia, debes morar o vivir dentro de esa conciencia. Apropiarse de ella haciéndose uno con ella. Sentir una cosa intensamente y luego descansar confiadamente en que es, hace que la cosa sentida aparezca dentro de tu mundo.

"Estaré en mi puesto de guardia", y "veré la salvación del Señor". Me mantendré firme en mi sentimiento, convencido de que es así, y veré aparecer mi deseo.

"Un hombre no puede recibir nada (ninguna cosa) excepto que le sea dado desde el cielo". Recuerda que el cielo es tu conciencia; el Reino de los Cielos está dentro de ti. Por eso se te advierte que no llames a ningún hombre Padre; tu conciencia es el Padre de todo lo que eres. También se te dice: "A nadie saluden por el camino". No mires a nadie como una autoridad. ¿Por qué deberías pedir permiso para expresarte cuando te das cuenta de que tu mundo, en todos sus detalles, se originó dentro de ti y es sostenido por ti como el único centro conceptual?

Todo tu mundo puede ser comparado a un espacio solidificado que refleja las creencias y lo que aceptas, proyectado por una presencia sin forma y sin rostro, es decir, Yo Soy. Reduce el todo a su sustancia primordial y no quedará nada más que tú, una presencia sin dimensión, el concebidor.

El concebidor es una ley aparte. Bajo esa ley, las concepciones no deben medirse por los logros del pasado ni modificarse por las capacidades del presente, ya que, sin tomar en cuenta el pensamiento, la concepción se expresa de una manera desconocida para el ser humano.

Ve a tu interior en secreto y aprópiate de la nueva conciencia. Siéntete que eres ella y las antiguas limitaciones desaparecerán tan completa y fácilmente como la nieve en un caluroso día de verano. Ni siquiera recordarás las antiguas limitaciones; nunca fueron parte de esta nueva conciencia.

A ese renacimiento se refería Jesús cuando le dijo a Nicodemo: "Es necesario nacer de nuevo", esto no era más que pasar de un estado de conciencia a otro.

"Todo lo que pidan en mi nombre, yo lo haré ". Esto ciertamente no significa pedir con palabras, pronunciando con los labios los sonidos, Dios o Jesucristo, pues millones han pedido de esta manera sin resultados. Sentirse siendo algo, es haber pedido en su nombre. Yo Soy es la presencia sin nombre. Sentirse rico es pedir riqueza en su nombre. Yo Soy no está condicionado. No es ni rico ni pobre, ni fuerte ni débil. En otras palabras, en él no hay ni griego ni judío, ni atadura ni libertad, ni masculino ni femenino. Todas estas son concepciones o limitaciones de lo ilimitado y, por lo tanto, los nombres de aquello sin-nombre.

Sentir que eres algo es pedir al sin-nombre, Yo Soy, que exprese ese nombre o naturaleza. Todo lo que pidas en mi nombre, apropiándote de la naturaleza de lo deseado, yo te lo daré.

CAPÍTULO 6

YO SOY ÉL

"Porque si no creen que Yo Soy, morirán en sus pecados"
(Juan 8:24)

"Todas las cosas fueron hechas por él, y sin él nada de lo que ha sido hecho, fue hecho"
(Juan 1:3)

Este es un dicho difícil de aceptar para aquellos entrenados en los diversos sistemas de la religión ortodoxa, pero ahí está.

Todas las cosas, buenas, malas e indiferentes, fueron hechas por Dios. "Dios hizo al hombre (manifestación) a su propia imagen y semejanza". Aparentemente, añadiendo a esta confusión se dice: "Y Dios vio que su creación era buena".

¿Qué harás con esta aparente confusión? ¿Cómo es posible considerar todas las cosas como buenas cuando lo que se le enseña a la gente niega este hecho? O bien la comprensión de Dios es errónea o hay algo radicalmente equivocado en la enseñanza de la humanidad.

"Para el puro, todas las cosas son puras". Esta es otra declaración que desconcierta. Todas las personas buenas, las personas puras, las personas santas, son las mayores prohibicionistas. Ahora, si juntamos la declaración anterior con esta otra, "No hay condenación en Cristo Jesús", obtenemos una barrera infranqueable para los autoproclamados jueces del mundo. Tales declaraciones no significan nada para los jueces farisaicos que cambian y destruyen ciegamente las sombras. Continúan en la firme creencia de que están mejorando el mundo. El individuo, sin saber que su mundo es su conciencia individual manifestada, se esfuerza vanamente por ajustarse a la opinión de los demás, en lugar de ajustarse a la única opinión existente, es decir, su propio juicio sobre sí mismo.

Cuando Jesús descubrió que su conciencia era esta maravillosa ley de autogobierno, declaró: "Y por ellos yo me santifico a mí mismo, para que también ellos sean santificados en la verdad". Él sabía que la conciencia era la única realidad, que las cosas manifestadas no eran más que diferentes estados de conciencia. Jesús advirtió a sus seguidores a buscar primero el Reino de los Cielos (ese estado de conciencia que produciría lo deseado) y todas las cosas les serían añadidas. También declaró: "Yo Soy la Verdad". Él sabía que la conciencia era la verdad o la causa de todo lo que el individuo veía que era su mundo. Jesús se dio cuenta de que el mundo estaba hecho a semejanza del individuo. Sabía que la persona veía su mundo como era porque ella era la que era. En resumen, la concepción que tiene cada persona de sí misma, determina lo que ve que es su mundo.

Todas las cosas son hechas por Dios (la conciencia) y sin él nada de lo que fue hecho ha sido hecho. La creación se considera buena, y muy buena, porque es la perfecta semejanza de aquella conciencia que la produjo. Ser consciente de ser una cosa y luego verte expresando algo distinto a lo que eres consciente de ser es una violación de la ley del ser; por lo tanto, no sería bueno. La ley del ser nunca se rompe; las personas siempre se ven a sí mismas expresando lo que tienen conciencia de ser. Puede ser bueno, malo o indiferente, no obstante, es una semejanza perfecta de su concepción de sí mismas; es bueno y muy bueno.

No solo todas las cosas están hechas por Dios, todas las cosas están hechas de Dios. Todos son descendientes de Dios. Dios es Uno. Las cosas o divisiones son las proyecciones del uno. Siendo Dios uno, debe ordenarse a sí mismo ser el aparente otro porque no hay otro. El absoluto no puede contener en sí mismo algo que no sea él mismo. Si lo hiciera, no sería absoluto, el único.

Los mandatos, para que sean efectivos, deben ser para uno mismo. "Yo Soy el que Soy" es el único mandato efectivo. "Yo soy el Señor y fuera de mí no hay otro". No puedes mandar lo que no es. Y como no hay otro, debes mandarte a ti mismo ser lo que quieres que aparezca.

Déjame aclarar lo que quiero decir con un mandato efectivo. No repitas como un loro la afirmación: "Yo Soy el que Soy", tal vana repetición sería tanto necia como infructuosa. No son las palabras las que lo hacen efectivo; es la conciencia de ser aquello, lo que hace que sea efectivo. Cuando dices "Yo Soy" estás declarando que eres. La palabra "*el que*", en la declaración "Yo Soy *el que* Soy", indica lo que tú serías. El segundo "Soy" en la cita es el grito de la victoria.

Todo este drama tiene lugar internamente con o sin el uso de palabras. Quédate quieto y reconoce que eres. Esta quietud se logra observando al observador. Repite en voz baja, pero con sentimiento: "Yo Soy - Yo Soy" hasta que hayas perdido toda conciencia del mundo y te reconozcas a ti mismo solo como siendo. La conciencia, el saber que eres, es Dios Todopoderoso; Yo Soy. Después que logres esto, defínete a ti mismo como aquello que deseas ser, sintiéndote ser lo deseado: Yo Soy eso. Esta comprensión de que eres lo deseado, hará que una emoción recorra todo tu ser. Cuando se establece la convicción y realmente crees que eres aquello que deseabas ser, entonces el segundo "Yo Soy" es pronunciado como un grito de victoria. Esta revelación mística de Moisés puede verse como tres pasos distintos: Yo Soy; Yo Soy libre; Yo realmente Soy.

No importa cómo sean las apariencias a tu alrededor. Todas las cosas dan paso a la venida del Señor. Yo Soy el Señor que viene en la apariencia de lo que tengo conciencia de ser. Ni todos los habitantes de la tierra pueden detener mi venida, ni cuestionar mi autoridad de ser lo que yo soy consciente de que soy.

"Yo Soy la luz del mundo", cristalizando en la forma de mi concepción de mí mismo. La conciencia es la luz eterna que se cristaliza solo a través del medio de tu concepción de ti mismo. Cambia tu concepto de ti mismo y automáticamente cambiarás el mundo en el que vives. No intentes cambiar a la gente; solo son mensajeros que te dicen quién eres. Revalorízate a ti mismo y ellos confirmarán el cambio.

Ahora comprenderás por qué Jesús se santificó a sí mismo en lugar de a otros; por qué para el puro todas las cosas son puras; por qué en Cristo Jesús (la conciencia despierta) no hay condenación. Despierta del sueño de la condenación y prueba el principio de la vida. Deja de juzgar a los demás y de condenarte a ti mismo.

Escucha la revelación de los iluminados: "Yo sé y estoy convencido en el Señor Jesús, de que nada es inmundo en sí mismo; pero para el que estima que algo es inmundo, para él lo es". Además: "Bienaventurado el que no se condena a sí mismo en lo que aprueba".

Deja de cuestionarte si eres digno o indigno de reclamar ser lo que deseas ser. Serás condenado por el mundo solo mientras te condenes a ti mismo.

No necesitas hacer nada. Las obras están terminadas. El principio, por el cual todas las cosas son hechas y sin el cual nada de lo que ha sido hecho fue hecho, es eterno. Tú eres este principio. Tu conciencia de ser es esta ley eterna. Nunca has expresado nada que no fueras consciente de ser y nunca lo harás. Asume la conciencia de aquello que deseas expresar. Reclámalo hasta que se convierte en una manifestación natural. Siéntelo y vive dentro de ese sentimiento hasta que lo conviertas en tu naturaleza.

Aquí tienes una fórmula sencilla. Retira tu atención de tu concepción actual de ti mismo y ponla en ese ideal tuyo, el ideal que hasta ahora habías pensado que estaba fuera de tu alcance. Afirma que eres tu ideal, no como algo que serás con el tiempo, sino como lo que eres en el presente inmediato. Si lo haces, tu mundo actual de limitaciones se desintegrará mientras tu nueva afirmación se levanta como el ave fénix de sus cenizas.

"No teman, ni se acobarden delante de esta gran multitud, porque la batalla no es de ustedes, sino de Dios". No luches contra tu problema; tu problema solo vivirá mientras seas consciente de él. Saca tu atención de tu problema y de la multitud de razones por las cuales no puedes alcanzar tu ideal. Concentra tu atención completamente en lo deseado.

"Deja todo y sígueme". Ante los obstáculos aparentemente montañosos, reclama tu libertad. La conciencia de libertad es el Padre de la libertad. Tiene una forma de expresarse que nadie conoce.

"No necesitan pelear en esta batalla; tomen sus puestos y estén quietos, y vean la salvación del Señor con ustedes"
(2 crónicas 20:17)

"Yo Soy el Señor". Yo Soy (tu conciencia) es el Señor. La conciencia de que la cosa está hecha, de que el trabajo está terminado, es el Señor de cualquier situación. Escucha atentamente la promesa: "No necesitas pelear en esta batalla; toma tu puesto y quédate quieto, y ve la salvación del Señor contigo".

¡Contigo! Esa conciencia particular con la que te identificas es el Señor del acuerdo. Él establecerá, sin ayuda, lo acordado en la tierra. Ante el ejército de razones por las que no se puede hacer una cosa, ¿puedes pactar tranquilamente con el Señor que se haga? Ahora que has encontrado al Señor como tu conciencia de ser, ¿puedes ser consciente de que la batalla está ganada? Sin importar cuán cerca y amenazante parezca el enemigo, ¿puedes continuar en tu confianza, quedándote quieto, sabiendo que la victoria es tuya? Si puedes, verás la salvación del Señor. Recuerda que la recompensa es para el que perdura.

Quédate quieto. Quedarse quieto es la profunda convicción de que todo está bien; está hecho. No importa lo que se escuche o se vea, uno permanece imperturbable, consciente de salir victorioso al final.

Todas las cosas son hechas por tales acuerdos, y sin tal acuerdo, nada de lo que ha sido hecho, fue hecho. "Yo Soy el que Soy".

En el Apocalipsis se registra que aparecerán un nuevo cielo y una nueva tierra. A Juan, que se le mostró esta visión, se le dijo que escribiera: "Está hecho". El cielo es tu conciencia y la tierra su estado solidificado. Por lo tanto, acepta como lo hizo Juan: "Está hecho".

Todo lo que se requiere de ti, que buscas un cambio, es elevarte al nivel de aquello que deseas; sin detenerse en la forma de expresión, registra que está hecho, sintiendo la naturalidad de serlo.

He aquí una analogía que puede ayudarte a ver este misterio. Supongamos que entras en una sala de cine justo cuando la película llega a su fin. Todo lo que viste de la película fue el final feliz. Como quieres ver la historia completa, esperas a que se desarrolle de nuevo. Con la secuencia anticlimática, el héroe se muestra como acusado, rodeado de pruebas falsas, y todo eso sirve para arrancar lágrimas al público. Pero tú, con la seguridad de conocer el final, te quedas tranquilo sabiendo que, independientemente de la dirección aparente del cuadro, el final ya está definido.

De la misma manera, ve al final de lo que buscas; presencia el final feliz de ello sintiendo conscientemente que expresas y posees lo que deseas expresar y poseer; y tú, a través de la fe, comprendiendo ya el final, tendrás la confianza nacida de este conocimiento. Este conocimiento te sostendrá durante el intervalo de tiempo necesario para que la imagen se desarrolle. No pidas ayuda a nadie; siente: "Está hecho", afirmando conscientemente que ahora eres eso que esperas ser.

CAPÍTULO 7

HÁGASE TU VOLUNTAD

"No se haga mi voluntad, sino la tuya"
(Lucas 22:42)

"No se haga mi voluntad, sino la tuya". Esta resignación no es un ciego entendimiento de que "no puedo hacer nada por mí mismo, el Padre dentro de mí hace las obras". Cuando alguien desea, intenta hacer aparecer en el tiempo y en el espacio lo que ahora no existe. Muy a menudo no somos conscientes de lo que realmente estamos haciendo. Afirmamos inconscientemente que no poseemos las capacidades para expresarlo. Predicamos nuestro deseo con la esperanza de adquirir las capacidades necesarias en el futuro. "No soy, pero seré".

Al no comprender que la conciencia es el Padre que hace el trabajo, el individuo intenta expresar aquello que no es consciente de ser. Tales esfuerzos están condenados al fracaso; solo el presente se expresa sí mismo. A menos que sea consciente de ser aquello que busco, no lo encontraré. Dios (tu conciencia) es la sustancia y la plenitud de todo. La voluntad de Dios es el reconocimiento de lo que es, no de lo que será. En lugar de ver este dicho como "Hágase tu voluntad", míralo como "Se ha hecho tu voluntad". Las obras están terminadas.

El principio por el cual todas las cosas se hacen visibles, es eterno.

"Ningún ojo ha visto, ningún oído ha escuchado, ninguna mente humana ha concebido lo que Dios ha preparado para quienes lo aman"
(1 Corintios 2:9).

Cuando un escultor mira un trozo de mármol sin forma, está viendo, enterrada en su masa sin forma, su obra de arte terminada. El escultor, en lugar de hacer su obra maestra, se limita a revelarla quitando la parte del mármol que oculta su concepción. Lo mismo ocurre contigo. En tu conciencia sin forma está enterrado todo lo que alguna vez concebirás que eres. El reconocimiento de esta verdad te transformará de un trabajador inexperto que intenta que sea así a un gran artista que reconoce que es así.

Tu afirmación de que ahora eres lo que quieres ser, removerá el velo de la oscuridad humana y revelará perfectamente tu afirmación: Yo soy eso.

La voluntad de Dios fue expresada en las palabras de la viuda: "Está bien". La voluntad humana habría dicho: "Estará bien". Afirmar: "Estaré bien", es como decir: "Estoy enfermo". Dios, el Eterno Ahora, no es burlado por palabras o vanas repeticiones. Dios personifica continuamente lo que es. Por lo tanto, la resignación de Jesús (que se hizo a sí mismo igual a Dios) fue pasar del reconocimiento de la carencia (que el futuro indica con "yo seré") al reconocimiento del suministro, diciendo: "Yo soy eso; está hecho; gracias, Padre".

Ahora verás la sabiduría en las palabras del profeta cuando dice: "Deja que el débil diga, Yo Soy fuerte". Sin embargo, en su ceguera, la gente no quiere prestar atención al consejo del profeta; siguen afirmando que son débiles, pobres, desdichados y todas las demás expresiones indeseables de las que intentan liberarse, afirmando ignorantemente que se liberarán de estas características en un futuro. Tales pensamientos frustran la única ley que alguna vez puede liberarlos.

Solo hay una puerta por la que puede entrar en tu mundo aquello que buscas.

"Yo soy la puerta"
(Juan 10:9)

Cuando dices "Yo Soy", estás declarando que eres, en primera persona, en tiempo presente; no hay futuro. Saber que Yo Soy es tener conciencia de ser. La conciencia es la única puerta. A menos que seas consciente de ser lo que buscas, buscas en vano.

Si juzgas según las apariencias, seguirás esclavizado por la evidencia de tus sentidos. Para romper este hechizo hipnótico de los sentidos, se te dice: "Entra y cierra la puerta". La puerta de los sentidos debe estar bien cerrada antes de que tu nueva demanda pueda ser atendida. Cerrar la puerta de los sentidos no es tan difícil como parece al principio. Se hace sin esfuerzo.

Es imposible servir a dos amos al mismo tiempo. El amo al que se sirve es aquello que se tiene conciencia de ser. Yo soy Señor y Amo de lo que soy consciente de ser. No me supone ningún esfuerzo conjurar la pobreza si soy consciente de ser pobre. Mi sirviente (la pobreza) está obligado a seguirme (conciencia de pobreza) mientras Yo Soy (el Señor) consciente de ser pobre.

En lugar de luchar contra la evidencia de los sentidos, afirma que eres lo que deseas ser. Al poner tu atención en esta afirmación, las puertas de los sentidos se cierran automáticamente contra tu antiguo amo (aquello que eras consciente de ser). A medida que te pierdes en el sentimiento de ser eso que ahora afirmas que es verdad de ti mismo, las puertas de los sentidos se abren una vez más, revelando que tu mundo es la expresión perfecta de lo que eres consciente de ser.

Sigamos el ejemplo de Jesús que se dio cuenta que, como hombre, no podía hacer nada para cambiar su presente imagen de carencia. Él cerró la puerta de sus sentidos contra su problema y acudió a su Padre, aquel para quien todo es posible. Habiendo negado la evidencia de sus sentidos, afirmó ser todo lo que, un momento antes, sus sentidos le dijeron que no era. Sabiendo que la conciencia expresa su semejanza en la tierra, él permaneció en la conciencia reclamada hasta que las puertas (sus sentidos) se abrieron y confirmaron el gobierno del Señor.

Recuerda, Yo Soy es el Señor de todo. Nunca más uses la voluntad humana que afirma: "Yo seré". Sé tan resignado como Jesús y afirma: "Yo Soy eso".

CAPÍTULO 8

NINGÚN OTRO DIOS

"Yo soy el primero, y yo soy el último; y fuera de mí no hay Dios"
(Isaías 44: 6)

"Yo soy Jehová tu Dios, que te saqué de la tierra de Egipto, de la casa de servidumbre. No tendrás dioses delante de mí"
(Deuteronomio 5: 6-7)

"No tendrás otro Dios delante de mí". Mientras la persona crea en un poder aparte de sí misma, se privará del ser que es. Toda creencia en poderes ajenos a sí mismo, ya sea para el bien o para el mal, se convertirá en el molde de la imagen esculpida que se adora.

Las creencias en el poder de los medicamentos para curar, de las dietas para fortalecer, del dinero para asegurar, son los valores o cambistas que deben ser expulsados del poder, para que pueda manifestar indefectiblemente esa cualidad. Este entendimiento echa fuera a los cambistas del Templo. "Ustedes son el Templo del Dios Vivo", un templo hecho sin manos"

"Está escrito: Mi casa será llamada casa de oración, pero ustedes han hecho de ella una cueva de ladrones".

Los ladrones que te roban son tus propias creencias falsas. Es tu creencia en una cosa, no la cosa misma, la que te ayuda. Solo hay un poder: Yo Soy él. Debido a tu creencia en las cosas externas, le das poder a ellas transfiriendo el poder que tú eres a la cosa externa. Reconoce que tú mismo eres el poder que has dado erróneamente a las condiciones externas.

La Biblia compara al hombre dogmático con el camello que no podía pasar por el ojo de la aguja. El ojo de la aguja, al que se refiere, era una pequeña puerta en las murallas de Jerusalén, que era tan estrecha que un camello no podía pasar por ella hasta que fuera liberado de su carga. El rico, es decir, el que está cargado de falsos conceptos humanos, no puede entrar en el Reino de los Cielos hasta que no se libere de su carga, como tampoco podría pasar el camello por esta pequeña puerta.

La gente se siente tan segura con sus leyes, opiniones y creencias, que las inviste de una autoridad que no poseen. Convencidos de que su conocimiento lo es todo, siguen sin saber que todas las apariencias externas no son más que estados mentales exteriorizados. Cuando se da cuenta de que la conciencia de una cualidad exterioriza esa cualidad sin la ayuda de ningún otro, o de muchos valores, establece el único valor verdadero, su propia conciencia.

"El Señor está en su santo templo". La conciencia habita dentro de lo que es consciente de ser. Yo Soy es el Señor y el ser humano es su templo.

Sabiendo que la conciencia se exterioriza, el individuo debe perdonar a todos por ser lo que son. Debe darse cuenta de que todos están expresando (sin la ayuda de otro) aquello que son conscientes de ser.

Pedro, el hombre iluminado o disciplinado, sabía que un cambio de conciencia produciría un cambio de expresión. En lugar de simpatizar con los mendigos en la puerta del templo, declaró: "No tengo plata ni oro (para ti), pero lo que tengo (la conciencia de libertad) te doy".

"Aviva el don de Dios que está en ti". Deja de mendigar y afirma que eres aquello que decides ser. Haz esto y tú también saltarás de tu mundo paralizado al mundo de la libertad, cantando alabanzas al Señor, Yo Soy. "Mayor es aquel que está en ustedes que el que está en el mundo". Este es el canto de todo aquel que descubre que su conciencia de ser es Dios. Tu reconocimiento de este hecho limpiará automáticamente el templo, tu conciencia, de los ladrones y asaltantes, devolviéndote ese dominio sobre las cosas, que perdiste en el momento en que olvidaste el mandamiento: "No tendrás otro Dios fuera de mí".

CAPÍTULO 9

LA PIEDRA DE FUNDACIÓN

"Pero cada uno tenga cuidado de cómo construye, porque nadie puede poner un fundamento diferente del que ya está puesto, que es Jesucristo. Si alguien construye sobre este fundamento, ya sea con oro, plata y piedras preciosas, o con madera, heno y paja, su obra se mostrará tal cual es, pues el día del juicio la dejará al descubierto"
(1 Corintios 3:10-13)

El fundamento de toda expresión es la conciencia. Por más que lo intentes, no podrás encontrar otra causa de la manifestación que no sea tu conciencia de ser. Las personas creen haber encontrado la causa de las enfermedades en los gérmenes, la causa de las guerras en las ideologías políticas conflictivas y en la codicia. Todos estos descubrimientos de la humanidad, catalogados como la esencia de la sabiduría, son una tontería a los ojos de Dios. Solo hay un poder y este poder es Dios (la conciencia) Él mata; hace vivir; hiere; sana; hace todas las cosas, buenas, malas o indiferentes.

El individuo se mueve en un mundo que no es ni más ni menos que su conciencia exteriorizada. Sin saberlo, lucha contra sus reflejos mientras mantiene viva la luz y las imágenes que proyectan los reflejos.

"Yo Soy la luz del mundo". Yo Soy (la conciencia) es la luz. Aquello que soy consciente de ser (mi concepto de mí mismo) —como: "Yo Soy rico", "Yo Soy sano", "Yo Soy libre"— son las imágenes. El mundo es el espejo que magnifica todo lo que Yo Soy consciente de ser.

Deja de intentar cambiar el mundo, ya que solo es el espejo. El intento de cambiar el mundo por la fuerza es tan infructuoso como romper un espejo con la esperanza de cambiar la cara. Deja el espejo y cambia tu cara.

Deja el mundo y cambia tu concepto de ti mismo. El reflejo entonces será satisfactorio.

La libertad o el aprisionamiento, la satisfacción o la frustración solo pueden diferenciarse por la conciencia de ser. Independientemente de tu problema, de su duración o de su magnitud, la cuidadosa aplicación de estas instrucciones eliminará en un tiempo asombrosamente corto incluso el recuerdo del problema. Hazte la siguiente pregunta: "¿Cómo me sentiría si fuera libre?" En el mismo momento en que te haces sinceramente esta pregunta, llega la respuesta.

Nadie puede decirle a otro cómo es la satisfacción de su deseo cumplido. Le corresponde a cada uno dentro de sí mismo experimentar el sentimiento y la alegría de este cambio automático de conciencia. El sentimiento o la emoción que le llega a uno en respuesta a su autocuestionamiento es el estado de conciencia del Padre o la Piedra Fundamental sobre la que se construye el cambio de conciencia. Nadie puede saber cómo se encarnará este sentimiento, pero lo hará; el Padre (la conciencia) tiene caminos que nadie conoce; es la ley inmutable.

Todas las cosas expresan su naturaleza. Al llevar un sentimiento, éste se convierte en tu naturaleza. Puede tomar un momento o un año, depende completamente del grado de convicción. A medida que desaparecen las dudas y puedes sentir: "Yo Soy esto", comienzas a desarrollar el fruto o la naturaleza de lo que estás sintiendo que eres.

Cuando una persona se compra un sombrero o un par de zapatos, cree que todo el mundo sabe que son nuevos. Se siente poco natural con su ropa recién adquirida hasta que se convierte en una parte de ella. Lo mismo ocurre con el uso de los nuevos estados de conciencia. Cuando te haces la pregunta: "¿Cómo me sentiría si mi deseo se realizara en este momento?", la respuesta automática, hasta que no esté debidamente condicionada por el tiempo y el uso, es realmente incómoda. El período de adaptación para realizar este potencial de la conciencia es comparable al estreno de la ropa nueva. Al no saber que la conciencia siempre se está exteriorizando en las condiciones que te rodean, miras continuamente tu problema, como la mujer de Lot, y vuelves a quedar hipnotizado por su aparente naturalidad.

Presta atención a las palabras de Jesús (salvación): "Deja todo y sígueme". "Deja que los muertos entierren a los muertos". Tu problema puede tenerte tan hipnotizado por su aparente realidad y naturalidad que te resulta difícil vestir el nuevo sentimiento o conciencia de tu salvador. Debes asumir esta vestimenta si quieres tener resultados. La piedra (la conciencia) que los constructores rechazaron (no quisieron llevar) es la piedra angular y nadie puede poner otro fundamento.

CAPÍTULO 10

PARA EL QUE TIENE

"Por tanto, tengan cuidado de cómo oyen; porque al que tiene, más le será dado; y al que no tiene, aun lo que cree que tiene se le quitará"
(Lucas 8:18)

    La Biblia, que es el mayor libro psicológico jamás escrito, advierte la necesidad de estar atento de lo que se oye; luego sigue esta advertencia con la afirmación: "Al que tiene, más le será dado y al que no tiene, se le quitará". Aunque muchos consideran esta afirmación como una de las más crueles e injustas de los dichos atribuidos a Jesús, sigue siendo una ley justa y misericordiosa basada en el principio inmutable de la vida.

    La ignorancia del individuo sobre el funcionamiento de la ley no lo excusa ni lo libra de los resultados. La ley es impersonal, por lo tanto, no hace acepción de personas. Se advierte a las personas que deben ser selectivas en lo que escuchan y aceptan como verdadero. Todo lo que es aceptado como verdadero deja una impresión en la conciencia y, con el tiempo, debe definirse como prueba o refutación.

    El oído perceptivo es el medio perfecto a través del cual el individuo registra las impresiones. Él debe disciplinarse para escuchar solo lo que quiere oír, sin importar los rumores o la evidencia de sus sentidos en sentido contrario. Al condicionar su oído perceptivo, reaccionará solo a las impresiones que haya decidido. Esta ley nunca falla. Completamente condicionado, se vuelve incapaz de escuchar otra cosa que no sea lo que contribuye a su deseo.

    Como has descubierto, Dios es esa conciencia incondicionada que te da todo lo que eres consciente de ser. Ser consciente de ser o tener algo es ser o tener aquello de lo que eres consciente. Sobre este principio inmutable descansan todas las cosas. Es imposible que algo sea diferente a lo que tiene conciencia de ser. "Al que tiene (de lo que es consciente de ser) se le dará". Bueno, malo o indiferente, no importa, cada quien recibe multiplicado por cien aquello que es consciente de ser.

De acuerdo con esta ley inmutable: "Al que no tiene, se le quitará y se le añadirá al que tiene", el rico se hace más rico y el pobre más pobre. Solo se puede magnificar aquello que tienes conciencia de ser.

Todas las cosas gravitan hacia esa conciencia con la que están en sintonía. Del mismo modo, todas las cosas se apartan de la conciencia con la que no están en sintonía. Toma la riqueza del mundo y divídela de forma equitativa entre todas las personas y, en poco tiempo, esta división equitativa será tan desproporcionada como en un principio. La riqueza volverá a los bolsillos de aquellos de quienes fue tomada. En lugar de unirte al coro de los que no tienen, que insisten en destruir a los que tienen, reconoce esta inmutable ley de expresión. Defínete conscientemente como aquello que deseas.

Una vez definido y establecido tu reclamo consciente, continúa en esta confianza hasta que recibas la recompensa. Tan cierto como que el día sigue a la noche, cualquier atributo, conscientemente reclamado, se manifestará.

De este modo, lo que para el mundo ortodoxo dormido es una ley cruel e injusta, se convierte para los iluminados en una de las declaraciones más misericordiosas y justas de la verdad.

"No he venido para destruir sino para cumplir". En realidad, nada se destruye. Cualquier destrucción aparente es el resultado de un cambio de conciencia. La conciencia siempre llena por completo el estado en el que habita. A quienes no están familiarizados con esta ley, el estado del que se separa la conciencia les parece destructivo. Sin embargo, esto es solo la preparación para un nuevo estado de conciencia.

Afirma ser aquello que quieres que se cumpla. "Nada se destruye. Todo se cumple". "Al que tiene, le será dado".

CAPÍTULO 11

NAVIDAD

*"He aquí, una virgen concebirá y dará a luz un hijo, y le pondrán por nombre
Emanuel, que significa: Dios con nosotros"*
(Mateo 1:23)

Una de las declaraciones más controvertidas del Nuevo Testamento se refiere a la concepción virginal y el posterior nacimiento de Jesús, una concepción en la que el hombre no tuvo participación alguna. Se registra que una virgen concibió un hijo sin la ayuda del hombre, luego secretamente y sin esfuerzo dio a luz a su concepción. Este es el fundamento sobre el cual descansa toda la cristiandad.

Se pide al mundo cristiano que crea esta historia, pues la humanidad debe creer lo increíble para expresar plenamente la grandeza que tiene.

Científicamente, las personas podrían estar inclinadas a descartar toda la Biblia como falsa porque su razón no le permite creer que el nacimiento virginal es fisiológicamente posible, pero la Biblia es un mensaje del alma y debe ser interpretada psicológicamente si se quiere descubrir su verdadera simbología. Es necesario ver esta historia como un drama psicológico y no como una declaración de hechos físicos. Al hacerlo, se descubrirá que la Biblia se basa en una ley que, si se aplica por sí misma, dará como resultado una expresión manifiesta que trascenderá sus más increíbles sueños de realización. Para aplicar esta ley de autoexpresión, el individuo debe ser educado en la creencia y disciplinado para pararse sobre la plataforma de que "todas las cosas son posibles para Dios".

Las fechas dramáticas más destacadas del Nuevo Testamento, como el nacimiento, la muerte y la resurrección de Jesús, fueron programadas y fechadas para que coincidieran con determinados fenómenos astronómicos. Los místicos que registraron esta historia notaron que en ciertas estaciones del año los cambios beneficiosos en la tierra coincidían con los cambios astronómicos de arriba. Al escribir este drama psicológico, han personificado la historia del alma como la biografía del ser humano. Utilizando estos cambios cósmicos, han marcado el Nacimiento y la Resurrección de Jesús para transmitir que los mismos cambios beneficiosos tienen lugar psicológicamente en la conciencia del individuo cuando sigue la ley.

Incluso para aquellos que no la entienden, la historia de la Navidad es una de las más bellas que se han contado. Cuando se despliega a la luz de su simbología mística, se revela como el verdadero nacimiento de toda manifestación en el mundo.

Está registrado que este nacimiento virginal tuvo lugar el 25 de diciembre o, como lo celebran ciertas sociedades secretas, en la víspera de Navidad, a la medianoche del 24 de diciembre. Los místicos establecieron esta fecha para marcar el nacimiento de Jesús porque estaba en consonancia con los grandes beneficios terrenales que significa este cambio astronómico.

Las observaciones astronómicas que llevaron a los autores de este drama a utilizar estas fechas fueron todas realizadas en el hemisferio norte; por lo que, desde el punto de vista astronómico, lo opuesto sería cierto si se viera desde las latitudes del sur. Sin embargo, esta historia fue registrada en el norte y, por lo tanto, fue basada en la observación del norte.

El ser humano muy pronto descubrió que el sol jugaba un papel importantísimo en su vida, la vida física, tal y como la conocía, no podía existir sin el sol. Así que estas fechas más importantes en la historia de la vida de Jesús se basan en la posición del sol visto desde la tierra en las latitudes del norte.

Después de que el sol alcanza su punto más alto en los cielos en junio, cae gradualmente hacia el sur, llevándose consigo la vida del mundo vegetal, de modo que en diciembre casi toda la naturaleza se ha apagado. Si el sol continuará cayendo hacia el sur, toda la naturaleza se apagaría hasta morir. Sin embargo, el 25 de diciembre, el sol comienza su gran movimiento hacia el norte, trayendo consigo la promesa de salvación y vida renovada para el mundo. Cada día, a medida que el sol se eleva en los cielos, el individuo adquiere la confianza de salvarse de la muerte, a causa del frío y el hambre, pues sabe que, a medida que se desplaza hacia el norte y cruza el ecuador, toda la naturaleza se levantará de nuevo, resucitará de su largo sueño invernal.

Nuestro día se mide de medianoche a medianoche y, como el día visible comienza en el este y termina en el oeste, los antiguos decían que el día nacía de aquella constelación que ocupaba el horizonte oriental a medianoche. En la víspera de Navidad, o en la medianoche del 24 de diciembre, la constelación de Virgo se eleva en el horizonte oriental. Por eso consta que este Hijo y salvador del mundo nació de una virgen.

También se registra que esta madre virgen viajaba durante la noche, que se detuvo en una posada y se le dio la única habitación disponible entre los animales y allí en un pesebre, donde los animales se alimentaban, los pastores encontraron al Santo Niño.

Los animales con los que se alojó la Santísima Virgen son los animales sagrados del zodiaco. Allí, en ese círculo de animales astronómicos en constante movimiento, se encuentra la Santa Madre, Virgo, y allí la verás cada medianoche del 24 de diciembre, de pie en el horizonte oriental cuando el sol y salvador del mundo comienza su viaje hacia el norte.

Psicológicamente, este nacimiento tiene lugar en el individuo el día en que éste descubre que su conciencia es el sol y el salvador de su mundo. Cuando conozca el significado de esta afirmación mística: "Yo soy la luz del mundo", se dará cuenta de que su Yo Soy, o conciencia, es el sol de su vida, y que este sol irradia imágenes sobre la pantalla del espacio. Estas imágenes son a semejanza de lo que él, como individuo, tiene conciencia de ser. Así, las cualidades y los atributos que parecen moverse en la pantalla de su mundo son realmente proyecciones de esta luz desde su interior.

Las innumerables esperanzas y anhelos no realizados son las semillas que están enterradas dentro de la conciencia o el vientre virginal de la persona. Allí permanecen como las semillas de la tierra sostenidas en los gélidos baldíos del invierno, esperando que el sol se mueva hacia el norte o que el individuo regrese al conocimiento de quién es él. Al regresar se mueve hacia el norte, a través del reconocimiento de su verdadero ser, al afirmar: "Yo Soy la luz del mundo".

Cuando el individuo descubra que su conciencia o Yo Soy es Dios, el salvador de su mundo, será como el sol en su paso por el norte. Todos los deseos ocultos y las aspiraciones serán entonces entibiados y estimulados a nacer por este conocimiento de su verdadero ser. Afirmará que es aquello que hasta ese momento esperaba ser. Sin la ayuda de ningún hombre, se definirá a sí mismo como aquello que desea expresar. Descubrirá que su Yo Soy es la virgen que concibe sin la ayuda del hombre, que todas las concepciones de sí mismo, cuando son sentidas y fijadas en la conciencia, se materializan fácilmente como realidades vivientes en su mundo.

Un día la persona se dará cuenta de que todo este drama tiene lugar en su conciencia, que su conciencia incondicionada, o Yo Soy, es la Virgen María deseando expresarse, que a través de esta ley de autoexpresión se define a sí misma como aquello que desea expresar y que sin la ayuda o cooperación de nadie expresará aquello que conscientemente ha reclamado y definido ser. Entonces comprenderá por qué la Navidad está fija el 25 de diciembre, mientras que la Pascua es una fecha movible; por qué sobre la concepción virginal descansa toda la cristiandad; que su conciencia es el vientre virgen o la novia del Señor que recibe impresiones como autoimpregnación y luego, sin ayuda, encarna estas impresiones como las expresiones de su vida.

CAPÍTULO 12

CRUCIFIXIÓN Y RESURRECCIÓN

"Yo soy la resurrección y la vida; el que cree en mí, aunque esté muerto, vivirá"
(Juan 11:25)

El misterio de la crucifixión y la resurrección está tan entrelazado que, para entenderlo plenamente, es necesario explicarlo juntos, pues uno determina al otro.

Este misterio se simboliza en la tierra en los rituales del Viernes Santo y la Pascua. Habrás observado que el aniversario de este acontecimiento cósmico, anunciado cada año por la iglesia, no es una fecha fija como otros aniversarios que marcan los nacimientos y las muertes, sino que este día cambia de año en año, cayendo en cualquier fecha entre el 22 de marzo y el 25 de abril.

El día de la resurrección se determina de esta manera. El primer domingo después de la luna llena en Aries se celebra la Pascua. Aries comienza el 21 de marzo y termina aproximadamente el 19 de abril. La entrada del sol en Aries marca el comienzo de la primavera. La luna, en su tránsito mensual alrededor de la tierra, formará en algún momento entre el 21 de marzo y el 25 de abril una oposición al sol, dicha oposición se denomina luna llena. El primer domingo después de que se produzca este fenómeno de los cielos se celebra la Pascua; el viernes anterior a este día se observa como Viernes Santo.

Esta fecha movible debería indicarle al observador que busque alguna interpretación distinta a la comúnmente aceptada. Estos días no marcan los aniversarios de la muerte y resurrección de un individuo que vivió en la tierra.

Visto desde la tierra, el sol en su paso por el norte aparece en la estación primaveral del año para cruzar la línea imaginaria llamada comúnmente ecuador. Así, el místico dice que fue atravesado o crucificado para que el ser humano pudiera vivir. Es significativo que, poco después de este acontecimiento, toda la naturaleza comienza a levantarse o a resucitar de su largo sueño invernal. Por lo tanto, se puede concluir que esta alteración de la naturaleza, en esta estación del año, se debe directamente a este cruce. Así, se cree que el sol debe derramar su sangre en la Pascua.

Si estos días marcaran la muerte y la resurrección de un hombre, estarían fijos para que cayeran en la misma fecha cada año, como están fijos todos los demás acontecimientos históricos, pero obviamente no es el caso. Estas fechas no estaban destinadas a marcar el aniversario de la muerte y resurrección de Jesús, el hombre. Las escrituras son dramas psicológicos y revelarán su significado solo si son interpretadas psicológicamente. Estas fechas se ajustan para coincidir con el cambio cósmico que ocurre en esta época del año, marcando la muerte del año viejo y el comienzo o resurrección del año nuevo o primavera. Estas fechas simbolizan la muerte y resurrección del Señor; pero este Señor no es un hombre; es tu conciencia de ser.

Está registrado que él dio su vida para que tú pudieras vivir. "Yo he venido para que tengan vida y para que la tengan en abundancia". La conciencia se mata a sí misma separándose de lo que tiene conciencia de ser para poder vivir a lo que desea ser.

La primavera es la época del año en la que millones de semillas, que durante todo el invierno han estado enterradas en la tierra, brotan repentinamente. Debido a que el drama místico de la crucifixión y la resurrección está en la naturaleza de este cambio anual, se celebra en esta estación primaveral del año; pero, en realidad, está teniendo lugar en cada momento del tiempo. El ser que es crucificado es tu conciencia de ser. La cruz es tu concepción de ti mismo. La resurrección es el levantamiento a la visibilidad de esta concepción de ti mismo.

En lugar de ser un día de luto, el Viernes Santo debería ser un día de alegría, porque no puede haber resurrección o expresión si no hay primero una crucifixión o impresión. En tu caso, lo que debe resucitar es lo que deseas ser. Para hacer esto, debes sentir que eres aquello que deseas. Debes sentir: "Yo Soy la resurrección y la vida del deseo". Yo Soy (tu conciencia de ser) es el poder que resucita y hace vivir aquello que en tu conciencia deseas ser.

"Dos se pondrán de acuerdo sobre cualquier cosa y yo lo estableceré en la tierra". Los dos que se ponen de acuerdo son tú (tu conciencia - la conciencia que desea) y la cosa deseada. Cuando se logra este acuerdo, se completa la crucifixión; los dos se han cruzado o crucificado mutuamente.

Yo Soy y Aquello —la conciencia y aquello que eres consciente de ser— se han unido y son uno. Yo Soy ahora clavado o fijado en la creencia de que Yo Soy esta fusión. Jesús o Yo Soy está clavado en la cruz de aquello. El clavo que te une a la cruz es el clavo del sentimiento. La unión mística ahora es consumada y el resultado será el nacimiento de un niño o la resurrección de un hijo dando testimonio de su padre. La conciencia se une a aquello que es consciente de ser.

El mundo de la expresión es el hijo confirmando esta unión. El día que dejes de ser consciente de ser lo que ahora eres consciente de ser, ese día tu hijo o expresión morirá y regresará al seno de su padre, la conciencia sin rostro y sin forma.

Todas las expresiones son el resultado de tales uniones místicas. Por lo tanto, los sacerdotes tienen razón cuando dicen que los verdaderos matrimonios se contraen en el cielo y solo pueden disolverse en el cielo. Pero déjame aclarar esta afirmación diciéndote que el cielo no es una localidad; es un estado de conciencia. El Reino de los Cielos está dentro de ti. En el cielo (conciencia), Dios es tocado por aquello que es consciente de ser. "Alguien me ha tocado, porque sentí que salió virtud de mí". En el momento en que se produce este toque (sentimiento), se produce una descendencia o salida del yo hacia la visibilidad.

El día que el individuo siente: "Yo soy libre"; "Yo soy rico"; "Yo soy fuerte"; Dios (Yo Soy) es tocado o crucificado por estas cualidades o virtudes. Los resultados de tal toque o crucifixión se verán en el nacimiento o resurrección de las cualidades sentidas, ya que el individuo debe tener una confirmación visible de todo lo que tiene conciencia de ser.

Ahora sabrás por qué el ser humano o la manifestación está siempre hecha a imagen de Dios. Tu conciencia representa y exterioriza todo lo que eres consciente de ser.

"Yo Soy el Señor y fuera de mí no hay Dios". "Yo soy la resurrección y la vida". Te fijarás en la creencia de que eres lo que deseas ser. Antes de tener cualquier prueba visible de que lo eres, sabrás que lo eres, por la profunda convicción que has sentido fijada en tu interior; y así, sin esperar la confirmación de tus sentidos, exclamarás: "Todo está cumplido".

Entonces, con una fe nacida del conocimiento de esta ley inmutable, estarás como muerto y sepultado; estarás quieto e inconmovible en tu convicción y seguro de que resucitarás las cualidades que has fijado y que sientes en tu interior.

CAPÍTULO 13

LAS IMPRESIONES

"Y así como hemos traído la imagen del terrenal, traeremos también la imagen del celestial".
(1 Corintios 15:49)

Tu conciencia o tu Yo Soy es el potencial ilimitado sobre el que se hacen las impresiones. Las impresiones son estados definidos presionados sobre tu Yo Soy.

Tu conciencia o tu Yo Soy puede ser comparada con una sensible placa. En su estado virginal es potencialmente ilimitada. Puedes imprimir o grabar un mensaje de amor o un himno de odio, una maravillosa sinfonía o un discordante jazz. No importa cuál sea la naturaleza de la impresión, tu Yo Soy, sin ninguna queja, gustosamente recibirá y sustentará todas las impresiones.

Tu conciencia es la que se menciona en el capítulo 53 de Isaías:

"Fue despreciado y desechado por los hombres, varón de dolores y experimentado en el sufrimiento. Y como escondimos de él el rostro, lo menospreciamos y no lo estimamos. Ciertamente ét llevó nuestras enfermedades y sufrió nuestros dolores. Nosotros lo tuvimos por azotado, como herido por Dios y afligido. Pero él fue herido por nuestras transgresiones, molido por nuestros pecados. El castigo que nos trajo paz fue sobre él, y por sus heridas fuimos nosotros sanados. Todos nosotros nos descarriamos como ovejas; cada cual se apartó por su camino. Pero el Señor cargó en él el pecado de todos nosotros. Él fue oprimido y afligido, pero no abrió su boca. Como un cordero, fue llevado al matadero; y como una oveja que enmudece delante de sus esquiladores, tampoco él abrió su boca".
(Isaías 53:3-7)

    Tu conciencia incondicionada es impersonal; no hace acepción de personas. Sin pensamiento ni esfuerzo expresa automáticamente cada impresión que se registra en ella. No se opone a ninguna impresión que se coloque sobre ella, ya que, aunque es capaz de recibir y expresar todos y cada uno de los estados definidos, sigue siendo siempre un potencial inmaculado e ilimitado.

    Tu Yo Soy es la base sobre la cual descansa el estado definido o la concepción de ti mismo; pero no está definido por tales estados definidos ni depende de ellos para su existencia. Tu Yo Soy no se expande ni se contrae; nada lo altera ni le añade nada. Antes de que cualquier estado definido fuera, *es*. Cuando todos los estados dejan de existir, sigue siendo. Todos los estados definidos o concepciones de ti mismo no son más que expresiones efímeras de tu ser eterno.

    Ser impresionado es estar I'm-presionado (en inglés I'm significa Yo soy), entonces, si tomamos esta expresión I'm (yo soy) presionado — primera persona, tiempo presente. Todas las expresiones son el resultado de I'm-presiones. Solo cuando reclames ser aquello que deseas ser expresarás tales deseos. Deja que todos los deseos se conviertan en impresiones de cualidades que son, no de cualidades que serán. Yo Soy (tu conciencia) es Dios y Dios es la plenitud de todo, el Eterno Ahora, Yo Soy.

    No pienses en el mañana; las expresiones del mañana están determinadas por las impresiones de hoy. "Ahora es el tiempo aceptado" "El Reino de los Cielos está cerca". Jesús (la salvación) dijo: "Yo estoy contigo siempre". Tu conciencia es el salvador que está contigo siempre; pero, si lo niegas, él también te negará. Tú lo niegas al afirmar que él aparecerá, como millones de personas hoy en día afirman que la salvación vendrá; esto es el equivalente a decir: "No estamos salvados". Debes dejar de buscar que aparezca tu salvador y comienza a afirmar que ya estás salvado, entonces las señales de tus afirmaciones seguirán.

Cuando le preguntaron a la viuda qué tenía en su casa, hubo un reconocimiento de la sustancia; su declaración fue: "Unas cuantas gotas de aceite". Unas pocas gotas se convertirán en un pozo, si se pide adecuadamente. Tu reconocimiento magnifica toda la conciencia. Afirmar que tendré aceite (alegría) es confesar que tengo medidas vacías. Tales impresiones de carencia producen carencia. Dios, tu conciencia, no hace acepción de personas. Perfectamente impersonal, Dios, esta conciencia de toda la existencia, recibe impresiones, cualidades y atributos que definen la conciencia, es decir, tus impresiones.

Cada uno de tus deseos debe estar determinado por la necesidad. Las necesidades, ya sean aparentes o reales, serán automáticamente satisfechas cuando sean acogidas con suficiente intensidad de propósito como deseos definidos. Sabiendo que tu conciencia es Dios, deberías mirar cada deseo como la palabra hablada de Dios, diciéndote lo que es.

"Deja de considerar al hombre, cuyo soplo de vida está en su nariz, pues ¿en qué ha de ser él estimado?
(Isaías 2:22)

Siempre somos aquello que se define por nuestra conciencia. Nunca afirmes: "Seré eso", deja que todas las afirmaciones a partir de ahora sean: "Yo Soy el que Soy". Antes de pedir, recibimos. La solución de cualquier problema asociado con el deseo es obvia. Cada problema produce automáticamente el deseo de solución.

El ser humano está educado en la creencia de que sus deseos son cosas contra las que debe luchar. En su ignorancia, niega a su salvador que está constantemente llamando a la puerta de la conciencia para que le dejen entrar (Yo Soy la puerta).

Si se realizara tu deseo, ¿no te salvaría de tu problema? Dejar entrar a tu salvador es lo más fácil del mundo. Las cosas deben ser, para dejarse entrar. Eres consciente de un deseo; el deseo es algo de lo que eres consciente ahora. Tu deseo, aunque invisible, debe ser afirmado por ti como algo que es real. "Dios llama a las cosas que no son (no se ven) como si fueran".

Afirmando que Yo Soy lo deseado, dejo entrar al salvador.

"He aquí, yo estoy a la puerta y llamo; si alguno oye mi voz y abre la puerta, entraré a él, y cenaré con él, y él conmigo"
(Apocalipsis 3:20).

Cada deseo es la llamada a la puerta del Salvador. Esta llamada la escuchan todos La persona abre la puerta cuando afirma: "Yo soy".

Asegúrate de dejar entrar a tu salvador. Deja que la cosa deseada te presione hasta que te sientas impresionado por el conocimiento de tu salvador; entonces pronuncia el grito de victoria: "Todo está cumplido".

CAPÍTULO 14

CIRCUNCISIÓN

"También en el ustedes fueron circuncidados con una circuncisión no hecha por manos, al quitar el cuerpo de la carne mediante la circuncisión de Cristo"
(Colosenses 2: 11)

La circuncisión es la operación que remueve el velo que oculta la cabeza de la creación. El acto físico no tiene nada que ver con el acto espiritual. Todo el mundo podría ser físicamente circuncidado y, sin embargo, seguir siendo impuro y ciego líder de los ciegos. Los circuncidados espiritualmente han removido el velo de la oscuridad y saben que ellos mismos son Cristo, la luz del mundo.

Déjame ahora realizar la operación espiritual en ti, lector. Este acto se realiza en el octavo día después del nacimiento, no porque este día tenga un significado especial o se diferencie en algo de los demás días, sino que se realiza en este octavo día porque ocho es el número que no tiene principio ni fin. Además, los antiguos simbolizaban el octavo número o letra como un cerco o velo, dentro y detrás del cual estaba enterrado el misterio de la creación.

Por lo tanto, el secreto de la operación en el octavo día está en consonancia con la naturaleza del acto, que es revelar la cabeza eterna de la creación, ese algo inmutable en el que todas las cosas tienen su principio y su fin, y que, sin embargo, permanece siendo su ser eterno cuando todas las cosas dejan de ser. Este misterioso algo es tu conciencia de ser. En este momento, eres consciente de ser, pero también eres consciente de ser alguien. Este alguien es el velo que oculta el ser que realmente eres. Primero, eres consciente de ser, luego, eres consciente de ser una persona.

Después de que el velo humano es colocado sobre tu ser sin rostro, te vuelves consciente de ser un miembro de cierta raza, nación, familia, credo, etc. El velo que se levanta en la circuncisión espiritual es el velo humano. Pero antes de que esto pueda hacerse, debes cortar las adhesiones de raza, nación, familia, etc. En Cristo no hay ni griego ni judío, esclavo ni libre, masculino ni femenino. "Debes dejar padre, madre, hermano y seguirme". Para lograr esto, debes dejar de identificarte con estas divisiones volviéndote indiferente a tales afirmaciones. La indiferencia es el cuchillo que corta. El sentimiento es el lazo que ata. Cuando puedas considerar a la humanidad como una gran hermandad, sin distinción de raza o credo, entonces sabrás que has cortado estas ataduras. Con estos lazos cortados, todo lo que ahora te separa de tu verdadero ser es tu creencia de que eres humano.

Para remover este último velo, abandonas tu concepción de ti mismo como una persona, sabiendo simplemente que *eres*. En lugar de la conciencia de "Yo soy una persona", deja que haya solo "Yo Soy", sin rostro, sin forma y sin figura. Estás espiritualmente circuncidado cuando la conciencia de ser humano es abandonada y tu conciencia incondicionada de ser se te revela como la cabeza eterna de la creación, una presencia omnisciente, sin forma, sin rostro. Entonces, sin el velo y despierto, declararás y sabrás que Yo Soy es Dios y, fuera de mí, esta conciencia, no hay Dios.

Este misterio es narrado simbólicamente en la historia bíblica de Jesús lavando los pies de sus discípulos. Se registra que Jesús se despojó de sus vestiduras, tomó una toalla y se la ciñó. Luego, después de lavar los pies de sus discípulos, los secó con la toalla que tenía ceñida. Pedro protestó por el lavado de sus pies y se le dijo que si no se le lavaban los pies no tendría parte con Jesús. Pedro, al oír esto, respondió: "Señor, no solo mis pies, sino también mis manos y mi cabeza". Jesús le dijo: "El que está lavado no necesita sino que lavarse los pies, pues está todo limpio".

El sentido común le diría al lector que no se puede decir que alguien está completamente limpio solo porque se le hayan lavado los pies. Por lo tanto, debería descartar esta historia como fantasiosa o buscar su significado oculto.

Cada historia de la Biblia es un drama psicológico que tiene lugar en la conciencia de la persona, y esta no es una excepción. Este lavado de los pies de los discípulos es la historia mística de la circuncisión espiritual o la revelación de los secretos del Señor.

Jesús es llamado el Señor. Se dice que el nombre del Señor es Yo Soy.

"Yo Soy el Señor, ese es mi nombre"
(Isaías 42:8)

La historia señala que Jesús estaba desnudo, salvo por una toalla que cubría sus entrañas o secretos. Jesús, o el Señor, simboliza tu conciencia de ser cuyos secretos están ocultos por la toalla (conciencia del ser humano). El pie simboliza el entendimiento que debe ser lavado de todas las creencias o concepciones humanas de sí mismo por el Señor. Cuando se retira la toalla para secar los pies, los secretos del Señor son revelados.

En resumen, al remover la creencia de que eres humano se revela tu conciencia como la cabeza de la creación. El ser humano es el prepucio que oculta la cabeza de la creación. Yo Soy el Señor oculto por el velo humano.

CAPÍTULO 15

INTERVALO DE TIEMPO

"No se turbe su corazón; crean en Dios, crean también en Mí. En la casa de Mi Padre hay muchas moradas; si no fuera así, se lo hubiera dicho; porque voy a preparar un lugar para ustedes. Y si me voy y les preparo un lugar, vendré otra vez y los tomaré adonde Yo voy; para que donde Yo esté, allí estén ustedes también"
(Juan 14:1-3)

El 'Mí' en quien debes creer es tu conciencia, el Yo Soy es Dios. Es también la casa del Padre que contiene dentro de sí todos los estados de conciencia concebibles. Cada estado de conciencia condicionado se llama mansión.

Esta conversación tiene lugar dentro de ti. Tu Yo Soy, la conciencia incondicionada, es Jesucristo hablando al ser condicionado o la conciencia de Juan Pérez. "Yo Soy Juan" desde un punto de vista místico son dos seres: Cristo y Juan. Así que voy a preparar un lugar para ti, pasando de tu actual estado de conciencia a ese estado deseado. Es una promesa de tu Cristo, o conciencia de ser, a tu presente concepto de ti mismo de que dejarás tu conciencia presente y te apropiarás de otra.

El ser humano es tan esclavo del tiempo que, si después de haberse apropiado de un estado de conciencia que ahora no es visto por el mundo, el estado apropiado no se manifiesta inmediatamente, pierde la fe en su demanda invisible; la abandona enseguida y vuelve a su anterior estado estático de ser. Debido a esta limitación humana, he encontrado muy útil emplear un intervalo de tiempo específico para hacer este viaje a una mansión preparada.

"Ten un poco de paciencia"
(Job 36:2)

Todos hemos catalogado los diferentes días de la semana, los meses del año y las estaciones. Con esto quiero decir que tú y yo hemos dicho una y otra vez: "Hoy parece domingo" o "lunes" o "sábado". También hemos dicho en pleno verano: "Parece y se siente como si fuera otoño". Esto es una prueba positiva de que tú y yo tenemos sentimientos definidos asociados a estos diferentes días, meses y estaciones del año. Debido a esta asociación, en cualquier momento podemos conscientemente vivir en ese día o temporada que hemos seleccionado. No definas egoístamente este intervalo en días y horas porque estás ansioso por recibir, sino que simplemente permanece en la convicción de que está hecho. El tiempo, siendo puramente relativo, debe ser eliminado por completo y tu deseo se cumplirá.

Esta capacidad de habitar en cualquier punto del tiempo nos permite emplear el tiempo en nuestro viaje a la mansión deseada. Ahora yo (conciencia) voy a un punto en el tiempo y allí preparo un lugar. Si voy a tal punto en el tiempo y preparo un lugar, regresaré a este punto en el tiempo de donde me he ido y te recogeré y te llevaré conmigo a ese lugar que he preparado, para que donde Yo estoy, allí estés tú también.

Déjame darte un ejemplo de este viaje. Supongamos que tienes un deseo intenso. Como la mayoría es esclava del tiempo, podrías sentir que no podrías realizar un deseo tan grande en un intervalo limitado. Pero admitiendo que todas las cosas son posibles para Dios, creyendo que Dios es el Yo dentro de ti o tu conciencia de ser, puedes decir: "Como Juan, yo no puedo hacer nada; pero como todas las cosas son posibles para Dios y sé que Dios es mi conciencia de ser, puedo realizar mi deseo dentro de poco. Cómo se realizará mi deseo, no lo sé (como Juan), pero por la propia ley de mi ser sé que se realizará".

Con esta creencia firmemente establecida, decide cuál sería un intervalo de tiempo relativamente racional en el que ese deseo podría realizarse. Una vez más, te recuerdo que no debes acortar el intervalo de tiempo porque estés ansioso por recibir tu deseo; haz que sea un intervalo natural. Nadie puede darte el intervalo de tiempo. Solo tú puedes decir cuál sería el intervalo natural para ti. El intervalo de tiempo es relativo, es decir, no hay dos individuos que den la misma medida de tiempo para la realización de su deseo.

El tiempo siempre está condicionado por la concepción que cada persona tiene de sí misma. La confianza en uno mismo, determinada por la conciencia condicionada, siempre acorta el intervalo de tiempo. Si estuvieras acostumbrado a grandes logros, te darías un tiempo mucho más corto para realizar tu deseo que aquel educado en la derrota.

Si hoy fuera miércoles y decidieras que sería muy posible que tu deseo encarnara una nueva concepción de ti mismo para el domingo, entonces el domingo se convierte en el punto de tiempo que visitarías. Para hacer esta visita, excluyes el miércoles y dejas entrar el domingo. Esto se logra simplemente sintiendo que es domingo. Comienza a escuchar las campanas de la iglesia; comienza a sentir la tranquilidad del día y todo lo que el domingo significa para ti; siente realmente que es domingo.

Cuando se logre esto, siente la alegría de haber recibido aquello que el miércoles era solo un deseo. Siente la completa emoción de haberlo recibido. Luego, regresa al miércoles, el punto en el tiempo que habías dejado atrás. Al hacer esto, has creado un vacío en la conciencia al pasar del miércoles al domingo. La naturaleza, que aborrece los vacíos, se apresura a llenarlo, formando así un molde a semejanza de lo que tú creas potencialmente, es decir, la alegría de haber realizado tu deseo definido.

Cuando vuelvas al miércoles, estarás lleno de una alegre expectación, porque has establecido la conciencia de lo que debe tener lugar el domingo siguiente. A medida que avanzas en el intervalo de jueves, viernes y sábado, nada te perturba, independientemente de las condiciones, porque predeterminaste aquello que serás en el Sabbath y eso permanece como una convicción inalterable.

Habiendo ido antes y preparado el lugar, tú has regresado a Juan y ahora lo llevas a través del intervalo de tres días al lugar preparado para que pueda compartir tu alegría contigo, porque donde Yo estoy, allí estarás tú también.

CAPÍTULO 16

EL DIOS TRIUNO

"Y Dios dijo: Hagamos al hombre a nuestra imagen, conforme a nuestra semejanza"
(Genesis 1: 26)

Habiendo descubierto que Dios es nuestra conciencia del ser y que esta realidad incondicional e inmutable (el Yo Soy) es el único creador, veamos por qué la Biblia registra una trinidad como creadora del mundo.

En el versículo veintiséis del primer capítulo del Génesis se dice: "Y Dios dijo: Hagamos al hombre a nuestra imagen y semejanza". Las iglesias se refieren a esta pluralidad de dioses como Dios el Padre, Dios el Hijo y Dios el Espíritu Santo. Pero nunca han intentado explicar lo que significa "Dios Padre, Dios Hijo y Dios Espíritu Santo", ya que están en la oscuridad con respecto a este misterio.

El Padre, el Hijo y el Espíritu Santo son tres aspectos o condiciones de la conciencia incondicionada del ser llamada Dios. La conciencia de ser precede a la conciencia de ser algo. Esa conciencia incondicionada que precede a todos los estados de conciencia es Dios —Yo Soy. Los tres aspectos condicionados o divisiones de sí mismo se pueden explicar mejor de esta manera:

La actitud receptiva de la mente es ese aspecto que recibe impresiones y, por lo tanto, puede compararse con un útero o una madre.

Lo que hace la impresión es el aspecto masculino o presionante, por lo tanto, se conoce como Padre.

La impresión se convierte con el tiempo en una expresión, cuya expresión es siempre la semejanza y la imagen de la impresión; por eso se dice que este aspecto exteriorizado es el Hijo que da testimonio de su Padre-Madre.

La comprensión de este misterio de la trinidad permite, a quien lo entiende, transformar completamente su mundo y modelarlo a su gusto.

Aquí hay una aplicación práctica de este misterio. Siéntate en silencio y decide qué es lo que más te gustaría expresar o poseer. Después de decidirlo, cierra los ojos y aparta completamente tu atención de todo lo que pueda negar la realización de lo deseado; luego asume una actitud mental receptiva y juega al juego de la suposición, imaginando cómo te sentirías si ahora realizaras tu deseo. Comienza a escuchar como si el espacio te hablara y te dijera que ahora eres lo que deseas ser. Esta actitud receptiva es el estado de conciencia que debes asumir antes de que pueda producirse una impresión.

Cuando se alcanza este estado mental flexible e impresionable, entonces comienza a imprimir en ti mismo el hecho de que eres lo que deseas ser, afirmando y sintiendo que ahora estás expresando y en posesión de lo que habías decidido ser y tener. Continúa en esta actitud hasta que la impresión esté hecha.

Mientras contemplas ser y poseer aquello que has decidido ser y tener, notarás que con cada inhalación de aliento una alegre emoción recorre todo tu ser. Esta emoción aumenta en intensidad a medida que sientes más y más la alegría de ser aquello que afirmas ser. Luego, en una última y profunda inhalación, todo tu ser estallará con la alegría del logro y sabrás por tu sentimiento que estás impregnado de Dios, el Padre. Tan pronto como la impresión esté hecha, abre los ojos y vuelve al mundo que unos momentos antes habías dejado fuera.

En esta actitud receptiva tuya, mientras contemplabas ser lo que deseabas ser, estabas realizando realmente el acto espiritual de la engendración, de modo que ahora, al regresar de esta meditación silenciosa, eres un ser en gestación que lleva un hijo o impresión, cuyo hijo fue concebido inmaculadamente sin la ayuda del hombre.

La duda es la única fuerza capaz de perturbar la semilla o impresión; para evitar el aborto involuntario de un hijo tan maravilloso, camina en secreto durante el intervalo de tiempo necesario que tardará la impresión en convertirse en expresión. No le cuentes a nadie tu romance espiritual. Encierra tu secreto dentro de ti con alegría, confiado y feliz de que algún día darás a luz al hijo de tu amante expresando y poseyendo la naturaleza de tu impresión. Entonces conocerás el misterio de "Dios dijo: Hagamos al hombre a nuestra imagen".

Sabrás que la pluralidad de Dioses a la que se hace referencia son los tres aspectos de tu propia conciencia y que tú eres la trinidad, reunida en un cónclave espiritual para modelar un mundo a imagen y semejanza de lo que tienes conciencia de ser.

CAPÍTULO 17

LA ORACIÓN

"Cuando ores, entra en tu aposento, y cerrada la puerta, ora a tu Padre que está en secreto; y tu Padre que ve en lo secreto te recompensará abiertamente"
(Mateo 6: 6)

"Todo lo que ustedes pidan en oración, crean que ya lo han conseguido, y lo recibirán"
(Marcos 11:24)

La oración es la experiencia más maravillosa que se puede tener. A diferencia de los murmullos diarios de la inmensa mayoría de la humanidad, en todas las tierras, que con sus vanas repeticiones esperan ganar el oído de Dios, la oración es el éxtasis de una boda espiritual que tiene lugar en la profunda y silenciosa quietud de la conciencia. En su verdadero sentido, la oración es la ceremonia matrimonial de Dios. Al igual que una doncella en el día de su boda renuncia al nombre de su familia para asumir el nombre de su marido, de la misma manera, el que ora debe renunciar a su nombre o naturaleza actual y asumir la naturaleza de aquello por lo que ora.

Los evangelios han instruido claramente en cuanto a la realización de esta ceremonia de la siguiente manera: "Cuando ores, entra en secreto y cierra la puerta, y tu Padre que ve en secreto, te recompensará abiertamente".

La entrada en el interior es la entrada en la cámara nupcial. La noche de la ceremonia matrimonial, nadie más que los novios pueden entrar en una habitación tan sagrada como la suite nupcial, de la misma manera, nadie más que el que ora y aquello por lo que ora puede entrar en la hora sagrada de la oración. Al igual que los novios, al entrar en la suite nupcial, cierran con firmeza la puerta contra el mundo exterior, también el que entra en la hora santa de la oración debe cerrar la puerta de los sentidos y apartar por completo el mundo que le rodea. Esto se consigue apartando completamente la atención de todas las cosas que no sean aquello de lo que se está enamorado (la cosa deseada).

La segunda fase de esta ceremonia espiritual se define con estas palabras: "Cuando oren, crean que ya lo han conseguido, y lo recibirán". Al contemplar alegremente ser y poseer aquello que deseas ser y tener, has dado este segundo paso y, por tanto, estás realizando espiritualmente los actos del matrimonio y la engendración.

Tu actitud mental receptiva mientras oras, o contemplas, puede compararse con una novia o un vientre, pues es ese aspecto de la mente el que recibe las impresiones. Aquello que contemplas ser es el novio, porque es el nombre o naturaleza que asumes y por lo tanto es lo que deja su impregnación. Así, uno muere a la doncella o naturaleza actual al asumir el nombre y la naturaleza de la impregnación.

Perdido en la contemplación y habiendo asumido el nombre y la naturaleza de lo contemplado, todo tu ser se emociona con la alegría de serlo. Esta emoción que recorre todo tu ser, a medida que te apropias de la conciencia de tu deseo, es la prueba de que estás casado y fecundado. Cuando regresas de esta meditación silenciosa, la puerta se abre de nuevo al mundo que habías dejado atrás. Pero esta vez vuelves como una novia embarazada. Entras al mundo como un ser cambiado y, aunque nadie más que tú sabe de este maravilloso romance, el mundo verá muy pronto los signos de tu embarazo, ya que comenzarás a expresar lo que en tu hora de silencio sentiste que eras.

La madre del mundo o la novia del Señor deliberadamente se llama María, o agua, porque el agua pierde su identidad al asumir la naturaleza de aquello con lo que se mezcla; de igual modo, María, la actitud receptiva de la mente, debe perder su identidad al asumir la naturaleza de la cosa deseada. Solo en la medida en que uno está dispuesto a renunciar a sus limitaciones e identidad actuales, puede convertirse en lo que desea ser. La oración es la fórmula por la cual se logran tales divorcios y matrimonios.

"Dos se pondrán de acuerdo sobre cualquier cosa y se establecerá en la tierra". Los dos que se ponen de acuerdo son tú, la novia, y la cosa deseada, el novio. Cuando se logre este acuerdo, nacerá un hijo que será testigo de esta unión. Comenzarás a expresar y poseer aquello que eres consciente de ser. Por tanto, orar es reconocerse a sí mismo como lo que se desea ser, en lugar de rogar a Dios por lo que se desea.

Millones de oraciones quedan diariamente sin respuesta porque se reza a un Dios que no existe. Puesto que la conciencia es Dios, uno debe buscar en la conciencia la cosa deseada asumiendo la conciencia de la cualidad deseada. Solo cuando uno hace esto, sus oraciones serán respondidas. Ser consciente de ser pobre mientras se ora por riquezas es ser recompensado con aquello que se es consciente de ser, es decir, la pobreza. Para que las oraciones sean exitosas, deben ser reclamadas y apropiadas. Asume la conciencia positiva de lo que deseas.

Una vez definido tu deseo, entra tranquilamente en tu interior y cierra la puerta detrás de ti. Piérdete en tu deseo; siente que eres uno con él; permanece en esta fijación hasta que hayas absorbido la vida y el nombre reclamando y sintiendo que eres y tienes lo que deseas. Cuando salgas de la hora de oración, debes hacerlo consciente de ser y poseer lo que hasta ahora has deseado.

CAPÍTULO 18

LOS DOCE DISCÍPULOS

"Entonces llamando a sus doce discípulos, les dio autoridad sobre los espíritus inmundos, para que los echasen fuera, y para sanar toda enfermedad y toda dolencia"
(Mateo 10:1)

Los doce discípulos representan las doce cualidades de la mente que pueden ser controladas y disciplinadas por el individuo. Si son disciplinadas, obedecerán en todo momento el mandato de quien las ha disciplinado.

Estas doce cualidades son potenciales de cada mente. Indisciplinadas, sus acciones se parecen más a las de una muchedumbre que a un ejército entrenado y disciplinado. Todas las tormentas y confusiones que afectan a las personas pueden atribuirse directamente a estas doce características mal orientadas de la mente humana en su actual estado de adormecimiento. Hasta que sean despertadas y disciplinadas, permitirán que todo rumor y emoción sensorial las mueva.

En el momento en que estas doce sean disciplinadas y puestas bajo control, el que logra este control, les dirá: "En adelante, ya no los llamaré siervos, sino amigos". Él sabe que, a partir de ese momento, cada atributo mental disciplinado será su amigo y lo protegerá.

Los nombres de las doce cualidades revelan su naturaleza. Estos nombres no se les dan hasta que son llamados al discipulado. Estos son: Simón (que más tarde fue llamado Pedro), Andrés, Santiago, Juan, Felipe, Bartolomé, Tomás, Mateo, Santiago el hijo de Alfeo, Tadeo, Simón el cananeo y Judas.

La primera cualidad que debe ser llamada y disciplinada es Simón, o el atributo de la audición. Esta facultad, cuando se eleva al nivel de un discípulo, solo permite que lleguen a la conciencia aquellas impresiones que su oído le ha ordenado dejar entrar. No importa lo que la sabiduría humana pueda sugerir o lo que la evidencia de sus sentidos transmita, si tales sugestiones e ideas no están en consonancia con lo que escucha, permanece impasible. Este ha sido instruido por su Señor y se le ha hecho comprender que toda sugerencia que permita pasar por su puerta, al llegar a su Señor y Maestro (su conciencia), dejará allí su impresión, la cual debe convertirse con el tiempo en una expresión.

La instrucción para Simón es que debe permitir que solo visitantes o impresiones dignas y honorables entren en la casa (conciencia) de su Señor. Ningún error puede ser encubierto u ocultado a su Maestro, ya que cada expresión de vida le dice a su Señor a quien consciente o inconscientemente recibió.

Cuando Simón, mediante sus obras, demuestra ser un discípulo verdadero y fiel, recibe el nombre de Pedro, o la roca, el discípulo inamovible, el que no puede ser sobornado ni coaccionado por ningún visitante. Es llamado por su Señor Simón Pedro, el que escucha fielmente los mandatos de su Señor y además conoce qué mandatos no debe escuchar.

Simón Pedro es quien descubre que el Yo Soy es Cristo, como consecuencia de su descubrimiento, se le entregan las llaves del cielo y se le hace la piedra fundamental sobre la que descansa el Templo de Dios. Los edificios deben tener bases firmes y solo la audición disciplinada, al saber que el Yo Soy es Cristo, puede permanecer firme e inmutable en el conocimiento de que Yo Soy Cristo y que fuera de mí no hay salvador.

La segunda cualidad que debe ser llamada al discipulado es Andrés, o el coraje. A medida que se desarrolla la primera cualidad, la fe en uno mismo, automáticamente surge su hermano, el coraje. La fe en uno mismo, la cual no pide ayuda a nadie, sino que se apropia tranquila y solitariamente de la conciencia de la cualidad deseada y, a pesar de que la razón o la evidencia de sus sentidos muestren lo contrario, continúa esperando fielmente, con la certeza de que su demanda invisible, si es sostenida, debe ser realizada. Esta fe desarrolla un valor y una fuerza de carácter que van más allá de los sueños más increíbles del ser disciplinado, cuya fe está en las cosas que se ven.

La fe del ser indisciplinado no puede llamarse fe. Porque si se le quitan los ejércitos, las medicinas o la sabiduría humana en la que está depositada su fe, su fe y su valor se van con ellos. Pero al ser disciplinado se le podría quitar el mundo entero y, sin embargo, permanecería fiel sabiendo que el estado de conciencia en el que habita debe encarnarse a su debido tiempo. Este coraje es el hermano de Pedro, Andrés, el discípulo, que sabe lo que es atreverse, hacer y guardar silencio.

Los dos siguientes (tercero y cuarto) que son llamados, también están relacionados. Estos son los hermanos, Santiago y Juan. Santiago el justo, el juez justo, y su hermano Juan, el amado. La justicia para ser sabia debe ser administrada con amor, poniendo siempre la otra mejilla y devolviendo en todo momento bien por mal, amor por odio, no violencia por violencia.

El discípulo Santiago, símbolo de un juicio disciplinado, cuando es elevado al alto cargo de juez supremo, debe tener los ojos vendados para no dejarse influenciar por la carne ni juzgar según las apariencias del ser. El juicio disciplinado es administrado por alguien que no está influenciado por las apariencias.

El que ha llamado a estos hermanos al discipulado, continúa fiel a su mandato de escuchar solo lo que se le ha ordenado escuchar, es decir, el Bien. La persona que tiene esta cualidad de su mente disciplinada es incapaz de escuchar y aceptar como verdadero cualquier cosa, ya sea de sí mismo o de otro, que no llene su corazón de amor al escucharla.

Estos dos discípulos o aspectos de la mente son uno e inseparables cuando están despiertos. Tal persona disciplinada perdona a todos por ser lo que son. Como juez sabio, sabe que cada persona expresa perfectamente lo que es consciente de ser. Sabe que sobre la base inmutable de la conciencia descansa toda manifestación, que los cambios de expresión solo pueden producirse a través de cambios de conciencia.

Sin condenas ni críticas, estas cualidades disciplinadas de la mente permiten a cada uno ser lo que es. Sin embargo, aunque permiten esta perfecta libertad de elección a todos, están siempre vigilantes para ver que ellos mismos profesan y hacen, tanto para los demás como para sí mismos, solo aquellas cosas que, cuando se expresan, glorifican, dignifican y dan alegría a quien las expresa.

La quinta cualidad llamada al discipulado es Felipe. Este pidió que se le mostrara el Padre. El ser despierto sabe que el Padre es el estado de conciencia en el que habita la persona, y que este estado o Padre solo puede ser visto a medida que se expresa. Él se conoce a sí mismo como la perfecta semejanza o imagen de esa conciencia con la que se identifica. Por eso declara: "Nadie ha visto jamás a mi Padre, pero yo, el hijo que está en su seno, lo he revelado. Por eso, cuando me ves a mí, el hijo, ves a mi Padre, porque yo vengo a dar testimonio de mi Padre". Yo y mi Padre, la conciencia y su expresión, Dios y la persona, son uno.

Este aspecto de la mente, cuando es disciplinado, persiste hasta que las ideas, las ambiciones y los deseos se convierten en realidades manifestadas. Esta es la cualidad que dice "Aun en mi carne veré a Dios".

Sabe cómo hacer que la palabra se haga carne, cómo dar forma a lo que no tiene forma.

El sexto discípulo se llama Bartolomé. Esta cualidad es la facultad imaginativa, cuando se despierta esta cualidad de la mente, lo distingue de las masas. Una imaginación despierta coloca a aquel que está despierto por encima de la persona promedio, dándole la apariencia de un faro de luz en un mundo de oscuridad.

Ninguna cualidad diferencia tanto una persona de otra como la imaginación disciplinada. Esta es la separación del trigo de la paja. Los que más han aportado a la sociedad son nuestros artistas, científicos, inventores y otras personas con una imaginación viva. Si se realizara una encuesta para determinar la razón por la que tantos hombres y mujeres aparentemente educados fracasan en sus años posteriores a la universidad o para determinar la razón de los diferentes niveles de ingresos de las masas, no habría duda de que la imaginación juega un papel importante. Un estudio de este tipo mostraría que es la imaginación la que hace que uno sea un líder, mientras que la falta de ella lo convierte en un seguidor.

Nuestro sistema educativo, en lugar de desarrollar la imaginación, a menudo la reprime intentando poner en la mente la sabiduría que busca. Le obliga a memorizar una serie de libros de texto que, demasiado pronto, son refutados por libros de texto posteriores. La educación no se logra poniendo algo en el individuo, su propósito es sacar de él la sabiduría que está latente en su interior.

Que el lector llame a Bartolomé al discipulado, pues solo en la medida en que esta cualidad se eleve al discipulado tendrá la capacidad de concebir ideas que lo eleven más allá de las limitaciones humanas.

El séptimo se llama Tomás. Esta cualidad disciplinada duda o niega todo rumor y sugerencia que no esté en armonía con lo que se le ha ordenado a Simón Pedro que deje entrar. Quien es consciente de ser sano (no a causa de la salud heredada, las dietas o el clima, sino porque está despierto y conoce el estado de conciencia en el que vive) continuará expresando salud, a pesar de las condiciones del mundo. Podría escuchar, a través de la prensa, la radio y los sabios del mundo, que una plaga estaba arrasando la tierra y, sin embargo, permanecería imperturbable e inalterable. Cuando Tomás, el escéptico, es disciplinado, negará que la enfermedad o cualquier otra cosa que no esté en armonía con la conciencia a la que pertenece, tenga algún poder para afectarle.

Cuando esta cualidad de negación es disciplinada, protege a la persona de recibir impresiones que no están en armonía con su naturaleza. Adopta una actitud de total indiferencia ante todas las sugerencias que son ajenas a lo que desea expresar. La negación disciplinada no es una lucha o un combate, sino una indiferencia total.

Mateo, el octavo, es el don de Dios. Esta cualidad de la mente revela los deseos que tiene la persona como dones de Dios. El que ha llamado a este discípulo sabe que cada deseo de su corazón es un regalo del cielo y que contiene tanto el poder como el plan de su autoexpresión. Esta persona nunca cuestiona la manera en que se expresará. Sabe que el plan de expresión nunca se revela al individuo, porque los caminos de Dios son inescrutables. Él acepta plenamente sus deseos como dones ya recibidos y sigue su camino en paz, confiando en que aparecerán.

El noveno discípulo se llama Santiago, el hijo de Alfeo. Esta es la cualidad de discernimiento. Una mente clara y ordenada es la voz que llama a este discípulo. Esta facultad percibe lo que no se revela al ojo humano. Este discípulo no juzga por las apariencias, ya que tiene la capacidad de funcionar en el reino de las causas y, por lo tanto, nunca se deja engañar por las apariencias.

La clarividencia es la facultad que se despierta cuando se desarrolla y disciplina esta cualidad, no la clarividencia de las sesiones espiritistas, sino la verdadera clarividencia o la clara visión del místico. Es decir, este aspecto de la mente tiene la capacidad de interpretar lo que se ve. El discernimiento o la capacidad de interpretar es la cualidad de Santiago, hijo de Alfeo.

Tadeo, el décimo, es el discípulo de la alabanza, una cualidad que lamentablemente no posee el ser indisciplinado. Cuando esta cualidad de alabanza y acción de gracias se despierta en la persona, ésta camina siempre con las palabras "Gracias, Padre" en los labios. Sabe que su agradecimiento por las cosas que no se ven abre las ventanas del cielo y permite que se derramen sobre ella dones que van más allá de su capacidad de recibir.

El que no agradece las cosas recibidas probablemente no recibirá muchos regalos de la misma fuente. Hasta que esta cualidad de la mente sea disciplinada, el individuo no verá florecer el desierto como la rosa. La alabanza y el agradecimiento son para los dones invisibles de Dios (los deseos de uno) lo que la lluvia y el sol son para las semillas invisibles en el seno de la tierra.

La undécima cualidad llamada es Simón el Cananeo. Una frase clave para este discípulo es: "Escuchar buenas noticias". Al ser llamado al discipulado Simón de Canaán, o Simón de la tierra de la leche y la miel, es una prueba de que se ha tomado conciencia de la vida abundante. Tal persona puede decir con el salmista David: "Preparas mesa delante de mí en presencia de mis enemigos; has ungido mi cabeza con aceite, mi copa está rebosando". Este aspecto disciplinado de la mente es incapaz de escuchar otra cosa que no sea una buena noticia, por lo que está bien calificado para predicar el Evangelio o la buena nueva.

La duodécima y última de las cualidades disciplinadas de la mente se llama Judas. Cuando esta cualidad está despierta, el individuo sabe que debe morir a lo que es para poder convertirse en lo que desea ser. Por eso, se dice de este discípulo que se suicidó, siendo ésta la forma que tiene el místico de decir a los iniciados que Judas es el aspecto disciplinado del desapego. Este sabe que su Yo Soy o conciencia es su salvador, por lo que deja ir a todos los demás salvadores. Cuando se disciplina esta cualidad le da a uno la fuerza para dejar ir.

El que ha llamado a Judas ha aprendido a apartar su atención de los problemas o limitaciones y a ponerla en aquello que es la solución o el salvador. "A menos que nazcas de nuevo, no puedes ver el Reino de los Cielos". "No hay un amor más grande que el dar la vida por los amigos". Cuando la persona se da cuenta de que si se realizara la cualidad deseada, le salvaría y le ayudaría, renuncia voluntariamente a su vida (a la concepción actual de sí mismo) por su amigo, desprendiendo su conciencia de lo que es consciente de ser y asumiendo la conciencia de lo que desea ser.

Cuando el individuo despierte de su estado indisciplinado, Judas, a quien el mundo ha ensombrecido, será colocado en lo alto, porque Dios es amor y no hay un amor más grande que el dar la vida por los amigos. Mientras el individuo no deje ir lo que ahora es consciente de ser, no se convertirá en lo que desea ser; y Judas es quien lo consigue mediante el suicidio o separación.

Estas son las doce cualidades que fueron dadas la humanidad en la fundación del mundo. El deber de cada persona es elevarlas al nivel de discipulado. Cuando esto se logre, la persona dirá:

"Yo te glorifiqué en la tierra, habiendo terminado la obra que me diste que hiciera. Y ahora, glorifícame Tú, Padre, junto a Ti, con la gloria que tenía contigo antes que el mundo existiera"
(Juan 17:4-5)

CAPÍTULO 19

LUZ LÍQUIDA

"En él vivimos, nos movemos y existimos"
(Hechos 17:28)

Psíquicamente, este mundo aparece como un océano de luz que contiene en sí mismo todas las cosas, incluido el ser humano, como cuerpos pulsantes envueltos en luz líquida. La historia bíblica del diluvio es el estado en el cual vive el ser humano. En realidad, se encuentra inundado en un océano de luz líquida en el que se mueven innumerables seres de luz.

La historia del diluvio realmente está siendo representada hoy. El individuo es el arca que contiene dentro de sí mismo los principios masculino-femeninos de todo ser viviente. La paloma o idea que es enviada a buscar tierra firme es el esfuerzo que hace la persona por encarnar sus ideas. Las ideas se asemejan a los pájaros que vuelan, como la paloma de la historia, que regresan sin encontrar un lugar donde descansar. Si no permite que esas búsquedas infructuosas le desanimen, un día el pájaro volverá con una ramita verde. Después de asumir la conciencia de la cosa deseada, se convencerá de que es así; y sentirá y sabrá que es aquello de lo que se ha apropiado conscientemente, aunque aún no lo confirmen sus sentidos.

Un día la persona se identificará tanto con su concepción que sabrá que es ella misma y declarará: "Yo Soy; Yo Soy aquello que deseo ser (Yo Soy lo que soy)". Descubrirá que, al hacerlo, comenzará a encarnar su deseo (la paloma o el deseo encontrarán esta vez tierra firme), realizando así el misterio de la palabra hecha carne.

Todo en el mundo es una cristalización de esta luz líquida. "Yo soy la luz del mundo". Tu conciencia de ser es la luz líquida del mundo, que se cristaliza en las concepciones que tienes de ti mismo.

Tu conciencia de ser incondicionada se concibió primero en la luz líquida (que es la velocidad inicial del universo). Todas las cosas, desde las más altas hasta las más bajas vibraciones o expresiones de la vida, no son más que las diferentes vibraciones de velocidades de esta velocidad inicial; el oro, la plata, el hierro, la madera, la carne, etc., son solo diferentes expresiones o velocidades de esta única sustancia-luz líquida.

Todas las cosas son luz líquida cristalizada, la diferenciación o la infinidad de expresiones es causada por el deseo del concebidor de conocerse a sí mismo. Tu concepción de ti mismo determina automáticamente la velocidad necesaria para expresar lo que has concebido que eres.

El mundo es un océano de luz líquida en innumerables estados diferentes de cristalización.

CAPÍTULO 20

EL ALIENTO DE VIDA

"Después de estas cosas aconteció que cayó enfermo el hijo del ama de la casa; y la enfermedad fue tan grave que no quedó en él aliento"
(1 Reyes 17:17)

"Y él subió y se tendió sobre el niño, poniendo su boca sobre la boca de él, y sus ojos sobre sus ojos, y sus manos sobre las manos suyas; así se tendió sobre él, y el cuerpo del niño entró en calor"
(2 Reyes 4:34)

¿Realmente el profeta Elías devolvió la vida al hijo muerto de la viuda? Esta historia, junto con todas las demás historias de la Biblia, es un drama psicológico que tiene lugar en la conciencia humana.

La viuda simboliza a todos los hombres y mujeres del mundo; el niño muerto representa los deseos y ambiciones frustrados del individuo; mientras que el profeta, Elías, simboliza el poder de Dios dentro del ser humano, o la conciencia de ser de la persona.

La historia nos dice que el profeta tomó al niño muerto del regazo de la viuda y lo llevó a un aposento superior. Cuando entró en el aposento superior, cerró la puerta detrás de ellos, colocando al niño sobre una cama, él sopló el aliento de vida en él. Volviendo a la madre, le dio el niño y le dijo: "Mira, tu hijo vive".

Los deseos de una persona pueden simbolizarse como un niño muerto. El simple hecho de que desee es una prueba positiva de que la cosa deseada no es todavía una realidad viva en su mundo. Intenta, de todas las maneras posibles, hacer realidad este deseo, hacerlo vivir, pero al final descubre que todos los intentos son infructuosos.

La mayoría de las personas no son conscientes de la existencia del poder infinito dentro de ellas mismas como el profeta. Permanecen indefinidamente con un niño muerto en sus brazos, sin darse cuenta de que el deseo es la indicación positiva de capacidades ilimitadas para su realización.

Cuando la persona reconozca que su conciencia es un profeta que infunde vida a todo lo que tiene conciencia de ser, cerrará la puerta de sus sentidos contra su problema y fijará su atención únicamente en lo que desea, sabiendo que al hacerlo, sus deseos se realizarán con seguridad. Descubrirá que el reconocimiento es el aliento de vida, porque percibirá que, al afirmar conscientemente que ahora expresa o posee todo lo que desea ser o tener, estará respirando el aliento de vida en su deseo. La cualidad reclamada por el deseo (de una manera desconocida) comenzará a moverse y a convertirse en una realidad viva en su mundo.

Sí, el Profeta Elías vive para siempre como la conciencia de ser ilimitada; la viuda como su conciencia de ser limitada y el niño como lo que desea ser.

CAPÍTULO 21

DANIEL EN EL FOSO DE LOS LEONES

"Tu Dios, a quien sirves con perseverancia, él te librará"
(Daniel 6: 16)

La historia de Daniel es la historia de ser humano. Se registra que Daniel, mientras estaba encerrado en el foso de los leones, dio la espalda a las bestias hambrientas y con su vista dirigida hacia la luz que venía de lo alto, oró al único Dios. Los leones, que intencionalmente fueron privados de comida para este festín, permanecieron inofensivos, no tuvieron poder para herir al profeta. La fe de Daniel en Dios era tan grande que, finalmente, consiguió su libertad y su nombramiento para un alto cargo en el gobierno de su país.

Esta historia fue escrita para instruirte en el arte de liberarte de cualquier problema o prisión en el mundo. La mayoría de nosotros, al encontrarnos en el foso de los leones, nos preocuparíamos solo de los leones, no pensaríamos en ningún otro problema en todo el mundo que no fuera el de los leones. Sin embargo, se nos dice que Daniel les dio la espalda y miró hacia la luz que era Dios. Si pudiéramos seguir el ejemplo de Daniel cuando estuviésemos amenazados por cualquier desastre terrible, como leones, pobreza o enfermedad, si, al igual que Daniel, pudiésemos desviar nuestra atención hacia la luz que es Dios, nuestras soluciones serían igualmente sencillas.

Por ejemplo, si fueras encarcelado, nadie tendría que decirte que deberías desear la libertad. La libertad, o más bien el deseo de ser libre, sería automático. Lo mismo ocurriría si te encontraras enfermo o endeudado o en cualquier otra dificultad. Los leones representan situaciones amenazantes, que aparentemente son irremediables. Cada problema produce automáticamente su solución en forma de un deseo de liberarse del problema. Por lo tanto, dale la espalda a tu problema y centra tu atención en la solución deseada, sintiéndote ser aquello que deseas. Continúa con esta creencia y verás que el muro de tu prisión desaparecerá a medida que comienzas a expresar aquello que te has hecho consciente de ser.

He visto a personas, aparentemente endeudadas sin remedio, aplicar este principio y en muy poco tiempo se eliminaron deudas montañosas. También he visto aplicar este principio a quienes los médicos habían diagnosticado como incurable y, en un tiempo increíblemente corto, su supuesta enfermedad incurable desapareció y no dejó ninguna secuela.

Considera tus deseos como las palabras habladas de Dios y cada palabra como profecía de lo que eres capaz de ser. No preguntes si eres digno o indigno de realizar estos deseos, acéptalos cuando vengan a ti. Agradece por ellos como si fueran regalos. Siéntete feliz y agradecido por haber recibido tan maravillosos regalos. Luego sigue tu camino en paz.

Esta simple aceptación de tus deseos es como dejar caer una semilla fértil en una tierra siempre preparada. Cuando dejas caer tu deseo como una semilla en la conciencia, confiando en que aparecerá en todo su potencial, has hecho todo lo que se espera de ti. Preocuparse o inquietarse por la forma en que se desarrollará, es retener estas fértiles semillas en un agarre mental y, por lo tanto, impedir que maduren realmente hasta su plena cosecha. No estés ansioso o preocupado por los resultados. Los resultados llegarán con la misma seguridad que el día sigue a la noche. Deposita tu fe en esta siembra hasta que se manifieste la evidencia de que es así. Tu confianza en este procedimiento te dará grandes recompensas. Solo esperas un poco en la conciencia de la cosa deseada; de pronto, y cuando menos lo esperas, lo sentido se convierte en tu expresión.

La vida no hace acepción de personas y no destruye nada; sigue manteniendo vivo lo que el individuo es consciente de ser. Las cosas desaparecerán solo cuando él cambie su conciencia. Niégalo si quieres, aún sigue siendo un hecho que la conciencia es la única realidad y las cosas no son más que el reflejo de lo que eres consciente de ser. El estado celestial que buscas se encontrará solo en la conciencia porque el Reino de los Cielos está dentro de ti.

Tu conciencia es la única realidad viva, la cabeza eterna de la creación. Lo que eres consciente de ser es el cuerpo temporal que llevas. Apartar tu atención de aquello que eres consciente de ser es decapitar ese cuerpo; pero, al igual que una gallina o una serpiente sigue saltando y estremeciéndose durante un tiempo después de que se le ha quitado la cabeza, de la misma manera, las cualidades y las condiciones parecen vivir durante un tiempo después de que tu atención ha sido apartada de ellas.

Al no conocer esta ley de la conciencia, las personas piensan constantemente en sus condiciones habituales anteriores y, al estar atentas a ellas, colocan sobre estos cuerpos muertos la cabeza eterna de la creación; así los reaniman y los resucitan. Debe dejar en paz estos cuerpos muertos y dejar que los muertos entierren a los muertos.

El individuo, después de haber puesto la mano en el arado (es decir, después de haber asumido la conciencia de la cualidad deseada), si mira hacia atrás dejará de ser apto para el Reino de los Cielos. Como la voluntad del cielo siempre se hace en la tierra, hoy estás en el cielo que has establecido dentro de ti, porque aquí, en esta misma tierra, se revela tu cielo. El Reino de los Cielos está realmente cerca. Ahora es el tiempo aceptado. Así que crea un cielo nuevo, entra en un nuevo estado de conciencia y aparecerá una nueva tierra.

CAPÍTULO 22

PESCAR

"Salieron de allí y se embarcaron, pero esa noche no pescaron nada"
(Juan 21: 3).

"Él les dijo: Echen la red al lado derecho de la barca, y hallarán pesca. Entonces la echaron, y no podían sacarla por la gran cantidad de peces"
(Juan 21: 6)

Se registra que los discípulos salieron de pesca toda la noche, pero no pescaron nada. Entonces Jesús apareció en escena y les dijo que volvieran a echar las redes, pero que esta vez lo hicieran por el lado derecho. Pedro obedeció la voz de Jesús y echó de nuevo las redes a las aguas. Donde un momento antes el agua estaba completamente vacía de peces, las redes casi se rompieron con el número de la captura resultante.

Las personas, pescando durante toda la noche de la ignorancia humana, intentan realizar sus deseos mediante el esfuerzo y la lucha, solo para descubrir al final que su búsqueda es infructuosa. Cuando el individuo descubra que su conciencia de ser es Jesucristo, obedecerá su voz y dejará que dirija su pesca. Lanzará su anzuelo en el lado derecho; aplicará la ley de la manera correcta y buscará en la conciencia la cosa deseada. Al encontrarlo, sabrá que se multiplicará en el mundo de la forma.

Los que han tenido el placer de pescar saben lo emocionante que es sentir al pez en el anzuelo. La mordida del pez es seguida por el juego del pez; este juego, a su vez, es seguido por el desembarque del pez. Algo similar ocurre en la conciencia humana mientras pesca las manifestaciones de la vida.

Los pescadores saben que, si desean atrapar peces grandes, deben pescar en aguas profundas; si quieres atrapar una gran medida de vida, debes dejar atrás las aguas poco profundas con sus numerosos arrecifes y barreras y lanzarte a las aguas azules y profundas donde juegan los grandes. Para atrapar las grandes manifestaciones de la vida, debes entrar en estados de conciencia más profundos y más libres; solo en estas profundidades viven las grandes expresiones de la vida.

Aquí hay una fórmula sencilla para una pesca exitosa:

Primero, decide qué es lo que quieres expresar o poseer. Esto es esencial. Debes saber claramente lo que quieres de la vida antes de poder pescarlo. Una vez tomada tu decisión, apártate del mundo de los sentidos, retira tu atención del problema y colócala en el simple hecho de ser, repitiendo en voz baja, pero con sentimiento: "Yo Soy". A medida que tu atención se retira del mundo que te rodea y se coloca en el Yo Soy, de modo que te pierdes en la sensación de simplemente ser, te encontrarás soltando el ancla que te ataba a las aguas poco profundas de tu problema; y sin esfuerzo, te encontrarás moviéndote hacia las profundidades.

Es una sensación de expansión la que acompaña a este acto. Sentirás que te elevas y te expandes como si realmente estuvieras creciendo. No tengas miedo de esta experiencia de flotación y crecimiento, porque no vas a morir a nada más que a tus limitaciones. Sin embargo, tus limitaciones van a morir a medida que te alejes de ellas, ya que solo viven en tu conciencia.

En esta conciencia profunda o expandida, te sentirás como un poderoso poder pulsante, tan profundo y rítmico como el océano. Este sentimiento expandido es la señal de que ahora estás en las profundas aguas azules donde nadan los peces grandes. Supongamos que los peces que has decidido atrapar son la salud y la libertad; empiezas a pescar estas cualidades o estados de conciencia en esta profundidad pulsante sin forma de ti mismo sintiendo: "Yo soy sano"—"Yo soy libre". Continúa afirmando y sintiendo que estás sano y libre hasta que te posea la convicción de que lo estás.

En el momento en que nace en ti la convicción, todas las dudas desaparecen, tú sabes y sientes que estás libre de las limitaciones del pasado, entonces sabrás que has atrapado a estos peces. La alegría que recorre todo tu ser al sentir que eres lo que deseabas ser es igual a la emoción del pescador cuando atrapa su pez.

Ahora viene el juego del pez. Esto se logra volviendo al mundo de los sentidos. Al abrir los ojos en el mundo que te rodea, la convicción y la conciencia de que eres sano y libre deben establecerse en ti de tal manera que todo tu ser se estremezca en anticipación. Luego, al atravesar el intervalo de tiempo necesario que tardarán las cosas sentidas en encarnarse, sentirás una secreta emoción al saber que dentro de poco desembarcará lo que nadie ve, pero que tú sientes y sabes que eres.

En un momento y cuando menos lo pienses, mientras caminas fielmente en esta conciencia, comenzarás a expresar y poseer aquello que eres consciente de ser y poseer; experimentando con el pescador la alegría de atrapar el pez grande.

Ahora, ve y pesca las manifestaciones de la vida echando tus redes en el lado derecho (el lado correcto).

CAPÍTULO 23

SEAN OÍDOS QUE OYEN

"Hagan que estas palabras penetren en sus oídos, porque el Hijo del Hombre va a ser entregado en manos de los hombres"
(Lucas 9:44)

No seas como aquellos que tienen ojos que no ven y oídos que no oyen. Deja que estas revelaciones penetren profundamente en tus oídos, porque después de que el Hijo (idea) es concebido, el individuo con sus falsos valores (razón) intentará explicar el cómo y el porqué de la expresión del Hijo y, al hacerlo lo desgarrará.

Después de que las personas han acordado que cierta cosa es humanamente imposible y, por lo tanto, no se puede hacer, deja que alguien logre la cosa imposible; los sabios que dijeron que no se podía hacer comenzarán a decirte por qué y cómo sucedió. Cuando hayan terminado de desgarrar la túnica sin costura (la causa de la manifestación), estarán tan lejos de la verdad como lo estaban cuando lo proclamaron imposible. Mientras se busque la causa de la expresión en lugares que no sean dentro de quien expresa, se buscará en vano.

Durante miles de años se ha dicho: "Yo Soy la resurrección y la vida". "Ninguna manifestación viene a mí salvo que yo la llame", pero la gente no lo cree. Prefieren creer en causas ajenas a ellos. En el momento en que se hace visible aquello que no se veía, el individuo está listo para explicar la causa y el propósito de su aparición. Así, el Hijo del hombre (la idea que desea manifestación) constantemente está siendo destruido en manos (la explicación razonable o sabiduría) del hombre.

Ahora que tu conciencia se te revela como la causa de toda expresión, no vuelvas a la oscuridad de Egipto con sus muchos dioses. Solo hay un Dios. El único Dios es tu conciencia.

"Todos los habitantes de la tierra son considerados como nada, más él actúa conforme a su voluntad en el ejército del cielo, y entre los habitantes de la tierra; y nadie puede detener su mano, ni decirle: ¿qué has hecho?"
(Daniel 4:35)

Si el mundo entero estuviera de acuerdo en que una determinada cosa no puede ser expresada y, sin embargo, tú fueras consciente de ser aquello que ellos habían acordado que no podía ser expresado, lo expresarías. Tu conciencia nunca pide permiso para expresar lo que eres consciente de ser. Lo hace, naturalmente y sin esfuerzo, a pesar de la sabiduría humana y de toda oposición.

"No saluden a nadie por el camino". Esto no es un mandato para ser insolente o antipático, sino un recordatorio de no reconocer a un superior, de no ver en nadie una barrera a tu expresión. Nadie puede detener tu mano o cuestionar tu capacidad de expresar lo que eres consciente de ser.

No juzgues por las apariencias de una cosa, "porque todas son como nada a los ojos de Dios". Cuando los discípulos, por su juicio de apariencias, vieron al niño poseído, pensaron que era un problema más difícil de resolver que otros que habían visto; por eso no lograron curarlo. Al juzgar por las apariencias, olvidaron que todo es posible para Dios. Hipnotizados como estaban por la realidad de las apariencias, no pudieron sentir la naturalidad de la sanidad.

La única manera de evitar tales fracasos es tener constantemente presente que tu conciencia es el Todopoderoso, la presencia omnisciente. Esta presencia desconocida dentro de ti, sin ayuda, exterioriza fácilmente lo que eres consciente de ser. Permanece perfectamente indiferente a la evidencia de los sentidos, para que puedas sentir la naturalidad de tu deseo, y tu deseo se realizará. Vuélvete de las apariencias y siente la naturalidad de esa percepción perfecta dentro de ti, una cualidad de la que nunca debes desconfiar ni dudar. Su comprensión nunca te guiará por mal camino.

Tu deseo es la solución de tu problema. A medida que se realiza el deseo, el problema se disuelve.

No puedes forzar nada externamente por el poderoso esfuerzo de la voluntad. Solo hay una manera de ordenar las cosas que deseas y es asumiendo la conciencia de las cosas deseadas.

Existe una gran diferencia entre sentir una cosa y simplemente conocerla intelectualmente. Debes aceptar sin reservas el hecho de que al poseer (sentir) una cosa en la conciencia, has ordenado la realidad que hace que surja en forma concreta. Debes estar absolutamente convencido de la inquebrantable conexión entre la realidad invisible y su manifestación visible. Tu aceptación interna debe convertirse en una convicción intensa e inalterable que trascienda tanto la razón como el intelecto, renunciando por completo a cualquier creencia en la realidad de la exteriorización salvo como reflejo de un estado interno de conciencia. Cuando realmente comprendas y creas estas cosas, habrás construido una certeza tan profunda que nada podrá sacudirte.

Tus deseos son las realidades invisibles que responden solo a las órdenes de Dios. Dios ordena que lo invisible aparezca afirmando que él mismo es aquello que ordena. "Él siendo en forma de Dios, no consideró un robo hacer las obras de Dios".

Ahora, deja que esta frase penetre profundamente en tus oídos: Sé consciente de ser aquello que quieres que aparezca.

CAPÍTULO 24

CLARIVIDENCIA

"Teniendo ojos, ¿no ven? y teniendo oídos, ¿no oyen? ¿no recuerdan?"
(Marcos 8: 18)

La verdadera clarividencia no se basa en tu capacidad de ver cosas más allá del alcance de la visión humana, sino en tu capacidad de entender lo que ves.

Cualquiera puede ver un estado financiero, pero muy pocos pueden leerlo. La capacidad de interpretar el estado financiero es la marca de la visión clara o clarividencia.

Nadie sabe mejor que el autor que todo objeto, tanto animado como inanimado, está envuelto en una luz líquida que se mueve y pulsa con una energía mucho más radiante que los propios objetos; pero también sabe que la capacidad de ver tales auras no equivale a la capacidad de comprender lo que uno ve en el mundo que le rodea.

Para ilustrar este punto, a continuación, se presenta una historia con la que todo el mundo está familiarizado, pero que solo los verdaderos místicos o clarividentes han visto realmente.

SINOPSIS

La historia del "Conde de Montecristo" de Dumas representa, para el místico y verdadero clarividente, la biografía del ser humano.

I

Edmond Dantés, un joven marinero, encuentra muerto al capitán de su barco. Tomando el mando de la nave en medio de un mar azotado por la tormenta, intenta dirigir el barco hacia un anclaje seguro.

Comentario

La vida misma es un mar agitado por la tormenta con el que la persona lucha cuando intenta dirigirse a un puerto de descanso.

II

Dantés tiene un documento secreto que debe entregar a un hombre que no conoce, pero que se dará a conocer al joven marinero a su debido tiempo. Este documento es un plan para liberar al emperador Napoleón de su prisión en la isla de Elba.

Comentario

Dentro de cada persona está el plan secreto que liberará al poderoso emperador que lleva dentro.

III

Cuando Dantés llega a puerto, tres hombres (que con sus halagos y alabanzas han conseguido ganarse la simpatía del actual rey), temiendo cualquier cambio que altere sus posiciones en el gobierno, hacen que el joven marino sea arrestado y confinado en las catacumbas.

Comentario

El individuo, en su intento por encontrar seguridad en este mundo, se deja engañar por las falsas luces de la codicia, la vanidad y el poder.
La mayoría cree que la fama, las grandes riquezas o el poder político los protegerán de las tormentas de la vida. Así que buscan adquirirlos como anclas de su vida, solo para encontrar que en su búsqueda de estos pierden gradualmente el conocimiento de su verdadero ser. Si el individuo pone su fe en otras cosas que no son él mismo, aquello en lo que está puesta su fe, con el tiempo lo destruirá; en ese momento estará como uno preso en la confusión y la desesperación.

IV

Aquí, en esta tumba, Dantés es olvidado y abandonado a su suerte. Pasan muchos años. Un día, Dantés (que ya es un esqueleto viviente) oye llamar a su pared. Al responder a este golpe, escucha la voz de alguien al otro lado de la piedra. En respuesta a esta voz, Dantés retira la piedra y descubre a un viejo sacerdote que lleva tanto tiempo en prisión que ya nadie sabe el motivo de su encarcelamiento ni el tiempo que lleva allí.

Comentario

Aquí, tras estos muros de oscuridad mental, el individuo permanece en lo que parece ser una muerte en vida. Después de años de decepción, se aleja de estos falsos amigos y descubre en sí mismo al ser ancestral (su conciencia de ser) que ha estado oculto desde el día en que creyó por primera vez que era un ser humano y olvidó que era Dios.

V

El anciano sacerdote había pasado muchos años cavando su salida de esta tumba viviente solo para descubrir que había cavado su camino hacia la tumba de Dantés. Entonces se resigna a su destino y decide encontrar su alegría y su libertad instruyendo a Dantés en todo lo que sabe sobre los misterios de la vida y ayudándole a escapar también.

Dantes, al principio, está impaciente por adquirir toda esta información, pero el anciano sacerdote, con una paciencia infinita cosechada a través de su largo encarcelamiento, le muestra a Dantés lo incapaz que es de recibir este conocimiento en su mente actual, poco preparada y ansiosa. Entonces, con filosófica calma, lentamente le revela al joven los misterios de la vida y el tiempo.

Comentario

Esta revelación es tan maravillosa que cuando el individuo la escucha por primera vez quiere adquirirla de una vez; pero descubre que, después de innumerables años pasados en la creencia de ser un humano, ha olvidado tan completamente su verdadera identidad que ahora es incapaz de absorber este recuerdo de una vez. También descubre que solo puede hacerlo en proporción a su desprendimiento de todos los valores y opiniones humanas.

VI

A medida que Dantés madura bajo las instrucciones del viejo sacerdote, el anciano se encuentra viviendo cada vez más en la conciencia de Dantés. Finalmente, imparte a Dantés su última pizca de sabiduría, haciéndole competente para ocupar puestos de confianza. Luego le habla de un tesoro inagotable enterrado en la isla de Montecristo.

Comentario

A medida que el individuo abandona estos preciados valores humanos, absorbe cada vez más la luz (el antiguo sacerdote), hasta que finalmente se convierte en la luz y sabe que él mismo es el anciano. Yo Soy la luz del mundo.

VII

Ante esta revelación, las paredes de la catacumba que los separaba del océano en lo alto se derrumbaron, aplastando al anciano a muerte. Los guardias, al descubrir el accidente, echan el cuerpo del viejo sacerdote en un saco y se preparan para echarlo al mar. Cuando salen a buscar una camilla, Dantés retira el cuerpo del viejo sacerdote y se introduce él mismo en el saco. Los guardias, sin saber de este cambio de cuerpos, y creyendo que es el anciano, arrojan a Dantés al agua.

Comentario

El fluir tanto de la sangre como del agua en la muerte del anciano sacerdote es comparable al fluir de la sangre y el agua del costado de Jesús cuando los soldados romanos lo traspasaron, fenómeno que siempre se produce en el nacimiento (aquí simboliza el nacimiento de una conciencia superior).

VIII

Dantés se libera del saco, se dirige a la isla de Montecristo y descubre el tesoro enterrado. Entonces, armado con esta fabulosa riqueza y esta sabiduría sobrehumana, abandona su identidad humana de Edmond Dantés y asume el título de Conde de Montecristo.

Comentario

El individuo descubre que su conciencia de ser es el tesoro inagotable del universo. Ese día, cuando realiza este descubrimiento, muere como ser humano y despierta como Dios.

CAPÍTULO 25

SALMO 23

I

El Señor es mi pastor; nada me faltará.

Comentario

Mi conciencia es mi Señor y mi Pastor. Lo que Yo Soy consciente de ser son las ovejas que me siguen. Tan buen pastor es mi conciencia de ser, que nunca ha perdido una sola oveja o cosa que soy consciente de ser.

Mi conciencia es una voz que llama en el desierto de la confusión humana; llamando a todo lo que soy consciente de ser para que me siga.

Tan bien mis ovejas conocen mi voz, que nunca han dejado de responder a mi llamada; ni llegará el momento en que lo que estoy convencido de ser, deje de encontrarme.

Soy una puerta abierta para que entre todo lo que Yo Soy.

Mi conciencia de ser es Señor y Pastor de mi vida. Ahora sé que nunca necesitaré pruebas ni me faltará la evidencia de lo que soy consciente de ser. Sabiendo esto, seré consciente de ser grande, amoroso, rico, saludable y todos los demás atributos que admiro.

II

En lugares de verdes pastos me hace descansar.

Comentario

Mi conciencia de ser magnifica todo lo que soy consciente de ser, de modo que siempre hay abundancia de lo que soy consciente de ser.

No importa qué sea lo que el individuo tenga conciencia de ser, lo encontrará eternamente brotando en su mundo.

La medida del Señor (la concepción que el individuo tiene de sí mismo) siempre es buena, apretada, remecida y rebosante.

III

Junto a aguas de reposo me conduce.

Comentario

No hay necesidad de luchar por lo que soy consciente de ser, pues todo lo que soy consciente de ser será conducido hacia mí tan fácilmente como un pastor conduce su rebaño a las aguas tranquilas de un manantial.

IV

Él restaura mi alma; me conduce por senderos de justicia por amor de su Nombre.

Comentario

Ahora que mi memoria ha sido restaurada —para que yo sepa que soy el Señor y que fuera de mí no hay Dios— mi reino ha sido restaurado.

Mi reino, que se desmembró en el día en que creí en poderes aparte de mí, está ahora totalmente restaurado.

Ahora que sé que mi conciencia de ser es Dios, haré buen uso correcto de este conocimiento, haciéndome consciente de ser lo que deseo ser.

V

Aunque pase por el valle de sombra de muerte, no temeré mal alguno, porque tú estás conmigo; tu vara y tu cayado me infunden aliento.

Comentario

Sí, aunque camine a través de toda la confusión y las cambiantes opiniones humanas, no temeré ningún mal, porque he descubierto que es la conciencia la que crea la confusión. En mi caso, habiéndola devuelto a su legítimo lugar y dignidad, a pesar de la confusión, manifestaré lo que ahora soy consciente de ser. Y la confusión misma hará eco y reflejará mi propia dignidad.

VI

Tú preparas mesa delante de mí en presencia de mis enemigos; has ungido mi cabeza con aceite; mi copa está rebosando.

Comentario

Frente a la aparente oposición y el conflicto, tendré éxito, pues seguiré manifestando la abundancia que ahora soy consciente de ser.
Mi cabeza (conciencia) seguirá rebosando de la alegría de ser Dios.

VII

Ciertamente el bien y la misericordia me seguirán todos los días de mi vida, y en la casa del Señor moraré por largos días.

Comentario

Ya que ahora soy consciente de ser bueno y misericordioso, los signos de bondad y misericordia están obligados a seguirme todos los días de mi vida, porque seguiré habitando en la casa (o conciencia) de ser Dios (el bien) para siempre.

CAPÍTULO 26

GETSEMANÍ

"Entonces Jesús llegó con ellos a un lugar que se llama Getsemaní, y dijo a sus discípulos: "Siéntense aquí mientras Yo voy allá y oro"
(Mateo 26:36)

Un maravilloso romance místico se cuenta en la historia de Jesús en el Huerto de Getsemaní, pero la humanidad no ha visto la luz de su simbología y ha interpretado erróneamente esta unión mística como una experiencia agónica en la que Jesús suplicó en vano a su Padre que cambiara su destino.

Para el místico, Getsemaní es el Jardín de la Creación, el lugar en la conciencia donde el individuo va a realizar sus objetivos definidos. Getsemaní (Gethsemane) es una palabra compuesta que significa expulsar una sustancia aceitosa: Geth, expulsar, y Shemen, una sustancia aceitosa. La historia de Getsemaní revela al místico, en una simbología dramática, el acto de la creación.

Del mismo modo que el hombre contiene en sí mismo una sustancia aceitosa que, en el acto de la creación, es expulsada hasta convertirse en una semejanza de sí mismo, también tiene en su interior un principio divino (su conciencia) que se condiciona a sí mismo como un estado de conciencia y, sin ayuda, se expulsa o materializa.

Un jardín es un terreno cultivado, un campo especialmente preparado, donde se siembran y cultivan las semillas que el jardinero elige. Getsemaní es un jardín de este tipo, el lugar en la conciencia donde el místico va con sus objetivos claramente definidos. La entrada a este jardín se produce cuando la persona aparta su atención del mundo que le rodea y la deposita en sus objetivos.

Los deseos claramente definidos son semillas que contienen el poder y los planes de autoexpresión y, al igual que las semillas dentro del hombre, también están enterradas en una sustancia aceitosa (una actitud mental alegre y agradecida). Cuando la persona contempla ser y poseer lo que desea ser y poseer, ha comenzado el proceso de expulsión o el acto espiritual de la creación. Estas semillas son expulsadas y plantadas cuando se pierde en un exuberante estado de alegría, sintiendo y afirmando conscientemente que es aquello que antes deseaba ser.

Los deseos expresados, o expulsados, hacen que desaparezca ese deseo en particular. El individuo no puede poseer una cosa y a la vez desear su posesión. Por lo tanto, cuando uno se apropia conscientemente del sentimiento de ser lo deseado, este deseo de ser aquello, desaparece —se realiza.

La actitud mental receptiva, sintiendo y recibiendo la impresión de ser aquello que se desea, es el terreno fértil o vientre que recibe la semilla (definida como objetivo).

La semilla que es expulsada de un hombre crece a semejanza del hombre del que fue expulsada. Del mismo modo, la semilla mística, tu demanda consciente de que eres lo que hasta ahora deseabas ser, crecerá a semejanza de ti, de quien y en quien es expulsada.

Sí, Getsemaní es el jardín cultivado del romance donde el sujeto disciplinado va a depositar desde sí mismo las semillas de alegría (deseos definidos) en su actitud mental receptiva, para cuidarlas y nutrirlas caminando conscientemente en la alegría de ser todo lo que antes deseaba ser.

Comparte con el Gran Jardinero la emoción secreta de saber que las cosas y cualidades que ahora no se ven se verán tan pronto como estas impresiones conscientes crezcan y maduren.

Tu conciencia es Señor y esposo; el estado consciente en el que habitas es esposa o amada. Este estado hecho visible es tu hijo dando testimonio de ti, su padre y madre, porque tu mundo visible está hecho a imagen y semejanza del estado de conciencia en el que vives; tu mundo y su plenitud no son otra cosa que tu conciencia definida exteriorizada.

Sabiendo que esto es verdad, procura elegir bien a la madre de tus hijos —ese estado de conciencia en el que vives, tu concepción de ti mismo. El hombre sabio elige a su esposa con gran discreción. Él se da cuenta de que sus hijos deben heredar las cualidades de sus padres, razón por la cual, dedica mucho tiempo y cuidado a la selección de su madre. El místico sabe que el estado consciente en el que vive es la elección que ha hecho de una esposa, la madre de sus hijos, pues este estado, con el tiempo, debe encarnarse dentro de su mundo; por eso es muy selectivo en su elección y siempre afirma ser su ideal más elevado. Él se define conscientemente como aquello que desea ser.

Cuando la persona se dé cuenta de que el estado consciente en el que vive es la elección que hace de una pareja, será más cuidadosa con sus estados de ánimo y sentimientos. No se permitirá reaccionar a las sugerencias de miedo, carencia o cualquier impresión indeseable. Tales sugerencias de carencia nunca podrían pasar la vigilancia de la mente disciplinada del místico, porque él sabe que cada demanda consciente debe expresarse en su momento como una condición de su mundo, de su entorno. Por lo tanto, permanece fiel a su amado, su objetivo definido, afirmando y sintiéndose a sí mismo ser aquello que desea expresar.

Preguntémonos si nuestro objetivo definido sería una cosa de alegría y belleza si se realizara. Si la respuesta es afirmativa, entonces sabrás que tu elección de novia es una princesa de Israel, una hija de Judá, pues todo objetivo definido que expresa alegría cuando se realiza es una hija de Judá, el rey de la alabanza.

Jesús llevó consigo, en su hora de oración, a sus discípulos, o atributos mentales disciplinados, y les ordenó que vigilaran mientras él oraba, para que no entrara en su conciencia ningún pensamiento o creencia que pudiera negar la realización de su deseo.

Sigue el ejemplo de Jesús, quien, con sus deseos claramente definidos, entró en el Jardín de Getsemaní (el estado de alegría) acompañado por sus discípulos (su mente disciplinada) para perderse en una exuberante alegría de realización. La fijación de su atención en su objetivo fue su mandato a su mente disciplinada de vigilar y permanecer fiel a esa fijación. Contemplando la alegría que sería suya al realizar su deseo, comenzó el acto espiritual de generación, el acto de expulsar la semilla mística —su deseo definido. En esta fijación permaneció, afirmando y sintiendo ser lo que él (antes de entrar en Getsemaní) deseaba ser, hasta que todo su ser (conciencia) estuvo bañado en un sudor aceitoso (alegría) parecido a la sangre (vida), en resumen, hasta que toda su conciencia estuvo impregnada de la alegría viva y sostenida de ser su objetivo definido.

Cuando se logra esta fijación, de modo que el místico sabe, por su sentimiento de alegría, que ha pasado de su estado de conciencia anterior a su conciencia actual, se alcanza la Pascua o Crucifixión.

A esta crucifixión o fijación de la nueva demanda consciente le sigue el Sabbath, un tiempo de reposo. Siempre hay un intervalo de tiempo entre la impresión y su expresión, entre la demanda consciente y su encarnación. Este intervalo se llama el Sabbath, el período de descanso o de no esfuerzo (el día de la sepultura). Caminar inmovible en la conciencia de ser o poseer un determinado estado es guardar el Sabbath.

La historia de la crucifixión expresa bellamente esta quietud o descanso místico. Se nos dice que después de que Jesús exclamó: "¡Todo está cumplido!", fue colocado en una tumba. Allí permaneció durante todo el Sabbath. Cuando te apropies del nuevo estado o conciencia, de modo que sientas, por esta apropiación, que estás fijo y seguro en el conocimiento de que está terminado, entonces tú también exclamarás: "¡Todo está cumplido!" y entrarás en la tumba o en el día de reposo (Sabbath), un intervalo de tiempo en el que caminarás inamovible en la convicción de que tu nueva conciencia debe resucitar (hacerse visible).

La Pascua, el día de la resurrección, cae el primer domingo después de la luna llena en Aries. La razón mística para esto es simple. Un área definida no se precipitará en forma de lluvia hasta que esta área alcance el punto de saturación; del mismo modo, el estado en el que habitas no se expresará hasta que el todo sea impregnado por la conciencia de que es así —que está cumplido.

Tu objetivo definido es el estado imaginario, al igual que el ecuador es la línea imaginaria por la que el sol debe pasar para marcar el comienzo de la primavera. Este estado, como la luna, no tiene luz o vida en sí mismo; pero reflejará la luz de la conciencia o el sol. "Yo soy la luz del mundo" - "Yo soy la resurrección y la vida".

Así como la Pascua está determinada por la luna llena en Aries, también la resurrección de tu demanda consciente está determinada por la plena conciencia de tu demanda, por vivir realmente como esta nueva concepción. La mayoría de las personas no consiguen resucitar sus objetivos porque no se mantienen fieles a su nuevo estado definido hasta que se alcanza esta plenitud. Si tuviera en cuenta el hecho de que no puede haber Pascua o día de resurrección hasta después de la luna llena, se daría cuenta de que el estado al que ha pasado conscientemente se expresará o resucitará solo después de que haya permanecido dentro del estado de ser su objetivo definido. Hasta que todo su ser se estremezca con el sentimiento de ser realmente su demanda consciente, al vivir conscientemente en este estado de serlo, y solo de esta manera, resucitará o realizará su deseo.

CAPÍTULO 27

UNA FÓRMULA PARA LA VICTORIA

"Todo lugar que pise la planta de su pie les he dado a ustedes"
(Josué 1: 3)

La mayoría de las personas están familiarizadas con la historia de Josué conquistando la ciudad de Jericó. Lo que no saben es que esta historia es la fórmula perfecta para la victoria, bajo cualquier circunstancia y contra todo tipo de adversidad.

Se registra que Josué estaba armado solo con el conocimiento de que cada lugar que pisara la planta de su pie le sería dado; él deseaba conquistar o pisar la ciudad de Jericó, pero encontró infranqueables muros que lo separaban de la ciudad. Parecía físicamente imposible para Josué ir más allá de estos enormes muros y pararse sobre la ciudad de Jericó. Sin embargo, se sintió impulsado por el conocimiento de la promesa de que, a pesar de las barreras y obstáculos que lo separaban de sus deseos, si tan solo conseguía pisar la ciudad, ésta le sería otorgada.

El Libro de Josué registra además que, en lugar de luchar contra este gigantesco problema del muro, Josué empleó los servicios de la prostituta, Rahab, y la envió a la ciudad como espía. Cuando Rahab entró en su casa, que estaba en medio de la ciudad, Josué —quien estaba bloqueado por los infranqueables muros de Jericó— tocó la trompeta siete veces. Al séptimo toque, los muros se derrumbaron y Josué entró victorioso en la ciudad.

Para los no iniciados, esta historia no tiene sentido. Para el que lo ve como un drama psicológico, en lugar de un registro histórico, es más reveladora.

Si siguiéramos el ejemplo de Josué, nuestra victoria sería igualmente sencilla. Josué simboliza para ti, el lector, tu estado actual; la ciudad de Jericó simboliza tu deseo u objetivo definido. Los muros de Jericó simbolizan los obstáculos que se interponen entre tú y la realización de tus objetivos. El pie simboliza el entendimiento; poner la planta del pie en un lugar definido indica fijar un estado psicológico definido. Rahab, la espía, es tu capacidad de viajar en secreto o psicológicamente a cualquier lugar del espacio. La conciencia no conoce fronteras. Nadie puede impedir que habites psicológicamente en cualquier punto, o en cualquier estado en el tiempo o el espacio.

Independientemente de las barreras físicas que te separan de tu objetivo, sin esfuerzo o ayuda de nadie, puedes aniquilar el tiempo, el espacio y las barreras. De este modo, puedes habitar psicológicamente en el estado deseado. Así, aunque no puedas pisar físicamente un estado o una ciudad, siempre puedes pisar psicológicamente cualquier estado deseado. Cuando digo "pisar psicológicamente", me refiero a que en este momento puedes cerrar los ojos y, después de visualizar o imaginar un lugar o estado distinto al actual, sentir realmente que estás en ese lugar o estado. Puedes sentir que esta condición es tan real que al abrir los ojos te sorprendes al descubrir que no estás físicamente allí.

Como ya sabes, una prostituta da a todos los hombres lo que le piden. Rahab, la prostituta, simboliza tu infinita capacidad de asumir psicológicamente cualquier estado deseable, sin cuestionar si estás o no en condiciones físicas o morales de hacerlo. Hoy puedes conquistar la flamante ciudad de Jericó, o tu objetivo definido, si recreas psicológicamente esta historia de Josué; pero para conquistar la ciudad y realizar tus deseos, debes seguir cuidadosamente la fórmula de la victoria, tal como se establece en este libro de Josué.

Esta es la aplicación de esta fórmula victoriosa según la revela hoy un místico moderno:

Primero: define tu objetivo (no la manera de obtenerlo), sino tu objetivo, puro y simple. Debes saber exactamente qué es lo que deseas para que tengas una imagen mental clara de ello.

Segundo: retira tu atención de los obstáculos que te separan de tu objetivo y pone tu pensamiento en el objetivo mismo.

Tercero: cierra los ojos y siente que ya estás en la ciudad o estado que deseas conquistar. Permanece en este estado psicológico hasta que obtengas una reacción consciente de completa satisfacción por esta victoria. Luego, simplemente abriendo los ojos, regresa a tu estado consciente anterior.

Este viaje secreto al estado deseado, con su posterior reacción psicológica de completa satisfacción, es todo lo que se necesita para lograr la victoria total. Este estado psíquico victorioso se encarnará a pesar de toda oposición. Tiene el plan y el poder de autoexpresión.

De aquí en adelante, sigue el ejemplo de Josué, quien, después de habitar psicológicamente en el estado deseado hasta recibir una completa reacción consciente de victoria, no hizo nada más para lograr esta victoria que tocar siete veces su trompeta.

El séptimo toque simboliza el séptimo día, un tiempo de quietud o descanso, el intervalo entre los estados subjetivo y objetivo, un período de embarazo o de alegre expectación. Esta quietud no es la quietud del cuerpo, sino más bien la quietud de la mente, una perfecta pasividad que no es indolencia, sino una quietud viva, nacida de la confianza en esta inmutable ley de la conciencia.

Aquellos que no están familiarizados con esta ley o fórmula para la victoria, al intentar aquietar sus mentes, solo logran adquirir una silenciosa tensión que no es nada más que ansiedad comprimida. Pero tú, que conoces esta ley, descubrirás que después de capturar el estado psicológico que te correspondería si ya estuvieras victorioso y realmente asentado en esa ciudad, avanzarás hacia la realización física de tus deseos. Lo harás sin dudas ni temores, en un estado mental fijo en el conocimiento de una victoria preestablecida.

No tendrás miedo del enemigo porque el resultado ha sido determinado por el estado psicológico que precedió a la ofensiva física; y ni todas las fuerzas del cielo ni de la tierra pueden detener el victorioso cumplimiento de ese estado.

Quédate quieto en el estado psicológico definido como tu objetivo hasta que sientas la emoción de la victoria. Entonces, con la confianza nacida del conocimiento de esta ley, observa la realización física de tu objetivo.

Toma tu puesto, quédate quieto y ve la salvación de la Ley contigo ...

Libertad para Todos
Aplicación Práctica de la Biblia
(1942)

CAPÍTULO 1

LA UNIDAD DE DIOS

Escucha, Oh Israel: El Señor nuestro Dios es un solo Señor.
Escucha, Oh Israel:
Escucha, Oh, hombre hecho de la misma sustancia de Dios:
¡Tú y Dios son uno e indivisible!
El hombre, el mundo y todo lo que hay en el son estados condicionados del único incondicionado, Dios.
Tú eres éste único;
Tú eres Dios condicionado como hombre.
Todo lo que crees que Dios es, tú lo eres;
Pero tú nunca sabrás que esto es cierto
mientras no dejes de declararlo como si fuera otro,
Y reconozcas que este aparente otro, eres tú mismo.
Dios y el hombre,
espíritu y materia,
lo sin-forma y lo formado,
el creador y la creación,
la causa y el efecto,
tu Padre y tú son Uno.
Este uno, en quien todos los estados condicionados viven y se mueven y tienen su ser,
es tu Yo Soy,
Tu conciencia incondicionada.

La conciencia incondicionada es Dios, la única realidad. Por conciencia incondicionada me refiero a un sentido de conciencia; un sentido de saber que Soy, diferente de saber quién soy; la conciencia de ser, separada de aquello de lo que soy consciente de ser.

Yo Soy consciente de ser un hombre, pero no necesito ser un hombre para ser consciente de ser. Antes de hacerme consciente de ser alguien, Yo, la conciencia incondicionada, era consciente de ser, y esta conciencia no depende de ser alguien. Yo Soy autoexistente, conciencia incondicionada; me hice consciente de ser alguien, y me haré consciente de ser otro distinto de quien ahora soy consciente de ser; pero Yo Soy eternamente consciente de ser, tanto si soy incondicionado sin forma como si soy forma condicionada.

Como estado condicionado, Yo (el hombre), podría olvidar quién soy, o dónde estoy, pero no puedo olvidar que Soy. Este saber que Yo Soy, esta conciencia de ser, es la única realidad.

Esta conciencia incondicionada, el Yo Soy, es esa realidad conocedora en la que todos los estados condicionados —conceptos de mí mismo— comienzan y terminan, pero que siempre permanece como el conocedor desconocido cuando todo lo conocido deja de ser.

Todo lo que he creído ser, todo lo que ahora creo ser y todo lo que creeré que seré, no son más que intentos de conocerme a mí mismo, la desconocida e indefinida realidad.

Este conocedor desconocido, o conciencia incondicionada, es mi verdadero ser, la única realidad. Yo Soy la realidad incondicionada, condicionada como aquello que creo ser. Yo Soy el creyente limitado por mis creencias, el conocedor definido por lo conocido. El mundo es mi conciencia condicionada, materializada.

Lo que siento y creo que es verdad de mí mismo está ahora proyectado en el espacio como mi mundo. El mundo —mi yo reflejado— siempre da testimonio del estado de conciencia en el que vivo.

No hay casualidad o accidente responsable de las cosas que me suceden o del entorno en el que me encuentro. Tampoco es el destino predestinado el autor de mis fortunas o desgracias. La inocencia y la culpa son simples palabras que no significan nada para la ley de la conciencia, excepto en la medida en que reflejan el estado de conciencia mismo.

La conciencia de culpa llama a la condenación. La conciencia de carencia produce pobreza. El individuo eternamente materializa el estado de conciencia en el que permanece, sin embargo, de alguna manera se ha confundido en la interpretación de la ley de causa y efecto. Ha olvidado que el estado interno es la causa de la manifestación externa, «como es adentro, así es afuera» ("Correspondencia", el segundo de Los Siete Principios de Hermes Trismegisto) y en su olvido, cree que un Dios externo tiene sus propias razones particulares para hacer las cosas, y que tales razones están más allá de la comprensión humana; o cree que la gente está sufriendo a causa de errores pasados que han sido olvidados por la mente consciente; o que el ciego azar desempeña el papel de Dios.

Un día, las personas se darán cuenta de que su propio Yo Soy es el Dios que han estado buscando a lo largo de los siglos, y que su propio sentido de conciencia —su conciencia de ser— es la única realidad.

Lo que más le cuesta comprender al individuo es esto: Que el "Yo Soy" en sí mismo es Dios. Es su verdadero ser, o estado Padre, el único estado del que puede estar seguro. El Hijo, su concepto de sí mismo, es una ilusión. Él siempre sabe que es, pero aquello que es, es una ilusión creada por él mismo (el Padre) en un intento por autodefinirse.

Este descubrimiento revela que todo lo que he creído que Dios es, Yo Soy.

"Yo soy la resurrección y la vida" (Juan 11:25), esta es una afirmación relativa a mi conciencia, ya que mi conciencia resucita o hace visiblemente vivo lo que yo soy consciente de ser.

"Yo soy la puerta... Todos los que vinieron antes de mí son ladrones y salteadores"
(Juan 10:7-8).

Esto me muestra que mi conciencia es la única entrada al mundo de la expresión, que asumir la conciencia de ser o poseer aquello que deseo ser o poseer es la única manera en que puedo serlo o poseerlo; que cualquier intento por expresar este estado deseado por otros medios que no sean asumiendo la conciencia de serlo o poseerlo, es ser despojado de la alegría de la expresión y la posesión.

"Yo Soy el principio y el fin"
(Revelaciones 1: 8; Revelaciones 22:13)

Esto revela mi conciencia como la causa del nacimiento y la muerte de toda expresión.

"Yo Soy me ha enviado"
(Éxodo 3: 14).

Revela que mi conciencia es el Señor que me envía al mundo a imagen y semejanza de aquello que soy consciente de ser para vivir en un mundo compuesto por todo lo que soy consciente de ser.

"Yo soy el Señor, y no hay ningún otro; fuera de mí no hay Dios"
(Isaías 45: 5).

Declara que mi conciencia es el único Señor y que fuera de mi conciencia no hay Dios.

"Quédense quietos y sepan que yo soy Dios"
(Salmo 46:10)

Significa que debo aquietar la mente y saber que esa conciencia es Dios.

"No tomarás el nombre del Señor tu Dios en vano"
(Éxodo 20:7).

"Yo Soy el Señor, ese es mi Nombre"
(Isaías 42:8).

Ahora que has descubierto que tu Yo Soy, que tu conciencia es Dios, no afirmes como verdad de ti mismo, nada que no afirmarías como verdad de Dios, porque al definirte a ti mismo, estás definiendo a Dios. Aquello que eres consciente de ser, es aquello con lo que has nombrado a Dios.

Dios y el ser humano son uno. Tú y tu Padre son uno. Tu conciencia incondicionada, o Yo Soy, y aquello que eres consciente de ser, son Uno.

El que concibe y la concepción son uno. Si el concepto que tienes de ti mismo es inferior a lo que afirmas que es verdad de Dios, has robado a Dios el Padre, (véase Filipenses 2:6), porque tú (el Hijo o concepción) das testimonio del Padre o el que concibe. No tomes en vano el mágico nombre de Dios, Yo Soy, porque no serás considerado sin culpa; debes expresar todo lo que afirmas ser.

Nombra a Dios definiéndote conscientemente como tu más alto ideal.

CAPÍTULO 2

EL NOMBRE DE DIOS

No se puede afirmar con demasiada frecuencia que la conciencia es la única realidad, porque esta es la verdad que libera a la humanidad.

Este es el fundamento sobre el que descansa toda la estructura de la literatura bíblica. Los relatos de la Biblia son todos revelaciones místicas escritas en un simbolismo oriental que revela al intuitivo el secreto de la creación y la fórmula de escape. La Biblia es el intento del individuo por expresar con palabras la causa y la manera de la creación. Él descubrió que su conciencia era la causa o el creador de su mundo, entonces procedió a contar la historia de la creación en una serie de relatos simbólicos que hoy conocemos como la Biblia.

Para entender este grandioso libro, se requiere un poco de inteligencia y mucha intuición —inteligencia suficiente para poder leer el libro, e intuición suficiente para interpretar y comprender lo que se lee.

Te preguntarás por qué la Biblia fue escrita de forma simbólica. ¿Por qué no se escribió en un estilo claro y sencillo para que todos los que la leyeran pudieran entenderla? A estas preguntas respondo que todas las personas hablan simbólicamente a esa parte del mundo que difiere de la suya.

El lenguaje de occidente es claro para nosotros los occidentales, pero es simbólico para los orientales; y viceversa. Un ejemplo de esto lo encontramos en esta instrucción del oriental: "Si tu mano te hace pecar, córtala" (Marcos 9: 43). Él habla de la mano, no como la mano del cuerpo, sino como cualquier forma de expresión, y con ello te advierte que te apartes de esa expresión en tu mundo que te resulta agraviante. Al mismo tiempo, la persona de Occidente podría engañar involuntariamente a la de Oriente diciendo: "Este banco está en las rocas". Pues la expresión "en las rocas" para el occidental equivale a la quiebra, mientras que una roca para un oriental es símbolo de fe y seguridad.

> *"Por tanto, cualquiera que oye estas palabras mías y las pone en práctica, será semejante a un hombre sabio que edificó su casa sobre roca; y cayó la lluvia, vinieron los torrentes, soplaron los vientos y azotaron aquella casa; pero no se cayó, porque había sido fundada sobre roca"*
> *(Mateo 7: 24-25).*

Para entender realmente el mensaje de la Biblia debes tener en cuenta que fue escrita por la mente oriental y, por lo tanto, no puede ser tomada literalmente por los occidentales. Biológicamente, no existe diferencia entre oriente y occidente. El amor y el odio son iguales; el hambre y la sed son iguales; la aspiración y el deseo son iguales; pero la técnica de expresión es enormemente diferente.

Si quieres desvelar el secreto de la Biblia, lo primero que debes descubrir es el significado del nombre simbólico del creador, conocido por todos como Jehová. Esta palabra "Jehová" está compuesta por las cuatro letras hebreas —Yod He Vau He. Todo el secreto de la creación está escondido en este nombre.

La primera letra, Yod, representa el estado absoluto o conciencia incondicionada; el sentido de conciencia indefinida; esa inclusividad total de la que procede toda creación o estado de conciencia condicionado.

En la terminología actual, Yod es: Yo Soy, o conciencia incondicionada.

La segunda letra, He, representa al único Hijo engendrado, un deseo, un estado imaginado. Simboliza una idea; un estado subjetivo definido o una imagen mental clarificada.

La tercera letra, Vau, simboliza el acto de unificar o juntar al que concibe (Yod), la conciencia que desea, con la concepción (He), el estado deseado, para que quien concibe y la concepción se conviertan en uno.

Fijar un estado mental, definirte conscientemente como el estado deseado, impresionar en ti mismo el hecho de que ahora eres aquello que has imaginado o concebido como tu objetivo, es la función de Vau. Clava o une la conciencia que desea con la cosa deseada. El proceso de cementar o unir es logrado subjetivamente al sentir la realidad de aquello que todavía no ha sido materializado.

La cuarta letra, He, representa la materialización de este acuerdo subjetivo. El Yod He Vau, hace a la persona o al mundo manifestado (HE), a imagen y semejanza de sí mismo, el estado subjetivo consciente. Por lo tanto, la función de la He final es la de atestiguar objetivamente el estado subjetivo: Yod He Vau.

La conciencia condicionada continuamente está manifestándose en la pantalla del espacio. El mundo es la imagen y semejanza del estado consciente subjetivo que lo creó.

El mundo visible no puede hacer nada por sí mismo; solo da testimonio de su creador, el estado subjetivo. Es el Hijo visible (He) dando testimonio de su Padre, Hijo y Madre invisibles —Yod He Vau— una Santa Trinidad que solo puede ser vista cuando se hace visible como persona o manifestación.

Tu conciencia incondicionada (Yod) es tu Yo Soy que visualiza o imagina un estado deseado (He), y luego se hace consciente de ser ese estado imaginado al sentir y creer ser el estado imaginado. La unión consciente entre tú, quien desea, y aquello que deseas ser, se hace posible a través del Vau, o tu capacidad de sentir y creer.

Creer es simplemente vivir en el sentimiento de realmente ser el estado imaginado —asumiendo la conciencia de ser el estado deseado. El estado subjetivo, simbolizado como Yod He Vau, se materializa entonces como He, completando así el misterio del nombre del creador y su naturaleza, Yod He Vau He (Jehová).

Yod, es ser consciente; He, es ser consciente de algo; Vau, es ser consciente como, o ser consciente de ser aquello de lo que solo eras consciente. El segundo He es tu mundo visible, materializado, que está hecho a imagen y semejanza del Yod He Vau, o aquello de lo que eres consciente de ser.

"Y dijo Dios: Hagamos al hombre a nuestra imagen, conforme a nuestra semejanza"
(Génesis 1: 26).

Hagamos, Yod He Vau, la manifestación objetiva, (He), a nuestra imagen, la imagen del estado subjetivo.

El mundo es la semejanza objetiva del estado consciente subjetivo en el que habita la conciencia.

Esta comprensión de que la conciencia es la única realidad es el fundamento de la Biblia.

Las historias de la Biblia son intentos por revelar los secretos de la creación en lenguaje simbólico, además de mostrar al individuo la única fórmula para escapar de todas sus propias creaciones.

Este es el verdadero significado del nombre de Jehová, el nombre por el que "están hechas todas las cosas, y sin el cual nada de lo que ha sido hecho fue hecho" (Juan 1: 3).

Primero, eres consciente. Luego te haces consciente de algo. Después, te haces consciente de ser aquello de lo que eras consciente. Entonces, contemplas objetivamente aquello que eres consciente de ser.

CAPÍTULO 3

LA LEY DE LA CREACIÓN

Tomemos una de las historias de la Biblia y veamos cómo los profetas y escritores de la antigüedad revelaron la historia de la creación mediante este extraño simbolismo oriental.

Todos conocemos la historia del Arca de Noé; que Noé fue elegido para crear un nuevo mundo después de que el mundo fuera destruido por el diluvio.

La Biblia nos cuenta que Noé tenía tres hijos: Sem, Cam y Jafet (Génesis 6: 10).

El primer hijo se llama Sem, que significa nombre. Cam, el segundo hijo, significa cálido, vivo. El tercer hijo se llama Jafet, que significa extensión. Observarás que Noé y sus tres hijos, Sem, Cam y Jafet, contienen la misma fórmula de la creación que contiene el nombre divino de Yod He Vau He.

Noé, el Padre, el que concibe, el constructor de un nuevo mundo, equivale al Yod, o conciencia incondicionada, Yo Soy. Tu deseo es Sem, aquello de lo que eres consciente, aquello que nombras y defines como tu objetivo, y equivale a la segunda letra en el nombre divino (He). Cam es el estado cálido y vivo del sentimiento, el cual une o junta la conciencia que desea y la cosa deseada y, por lo tanto, equivale a la tercera letra en el nombre Divino, el Vau. El último hijo, Jafet, significa extensión, es el estado extendido o materializado dando testimonio del estado subjetivo, y equivale a la última letra del nombre divino, HE.

Tú eres Noé, el conocedor, el creador. Lo primero que engendras es una idea, un impulso, un deseo, la palabra, o tu primer hijo, Sem (nombre).

Tu segundo hijo, Cam (cálido, vivo) es el secreto del sentimiento mediante el cual te unes subjetivamente a tu deseo para que tú, la conciencia que desea, seas consciente de ser o poseer la cosa deseada.

Tu tercer hijo, Jafet, es la confirmación, la prueba visible de que conoces el secreto de la creación. Él es el estado extendido o materializado, dando testimonio del estado invisible o subjetivo en el que habitas.

En la historia de Noé se registra que Cam vio los secretos de su Padre (Génesis 9: 22) y, a causa de dicho descubrimiento, fue obligado a servir a sus hermanos, Sem y Jafet (Génesis 9: 25). Cam, o el sentimiento, es el secreto del Padre, tu Yo Soy, porque a través del sentimiento la conciencia que desea se une a la cosa deseada.

La unión consciente o el matrimonio místico solo es posible a través del sentimiento. Es el sentimiento el que realiza esta unión celestial del Padre y el Hijo, Noé y Sem, la conciencia incondicionada y la conciencia condicionada.

Al realizar este servicio, el sentimiento automáticamente sirve a Jafet, el estado extendido o expresado, pues no puede haber expresión objetiva si no hay primero una impresión subjetiva.

Sentir la presencia de la cosa deseada, reconocer subjetivamente un estado, impresionando en ti un estado consciente definido a través del sentimiento, es el secreto de la creación.

Tu presente mundo materializado es Jafet, el cual se hizo visible por Cam. Por lo tanto, Cam sirve a sus hermanos, Sem y Jafet, pues sin el sentimiento simbolizado en Cam, la idea o cosa deseada (Sem) no podría hacerse visible como Jafet.

La capacidad de sentir lo invisible, la capacidad de reconocer y hacer realidad un estado subjetivo definido a través del sentimiento, es el secreto de la creación, el secreto por el cual la palabra o el deseo invisible se hace visible, "se hace carne" (Juan 1: 14).

"Y Dios llama a las cosas que no son, como si fueran"
(Romanos 4: 17).

La conciencia llama a las cosas que no se ven como si se vieran, y lo hace primero definiéndose como aquello que desea expresar, y segundo permaneciendo dentro del estado definido hasta que lo invisible se hace visible.

Aquí está el perfecto funcionamiento de la ley según la historia de Noé. En este mismo momento eres consciente de ser. Esta conciencia de ser, este saber que eres, es Noé, el creador.

Ahora, con la identidad de Noé establecida como tu propia conciencia de ser, nombra algo que te gustaría poseer o expresar; define algún objetivo (Sem), y con tu deseo claramente definido, cierra los ojos y siente que ya lo tienes o que ya lo estás expresando.

No te preguntes cómo se puede conseguir; simplemente siente que ya lo tienes. Asume la actitud mental que tendrías si ya estuvieras en posesión de aquello, para que sientas que ya está hecho. Sentir es el secreto de la creación.

Sé tan sabio como Cam y haz este descubrimiento para que tú también tengas la alegría de servir a tus hermanos Sem y Jafet; la alegría de hacer carne, la palabra o el nombre.

CAPÍTULO 4

EL SECRETO DE SENTIR

El secreto de sentir o la llamada de lo invisible a los estados visibles está bellamente relatado en la historia de Isaac bendiciendo a su segundo hijo, Jacob, por la creencia, basada únicamente en el sentir, de que estaba bendiciendo a su primer hijo Esaú (Génesis 27: 1-35).

Está registrado que Isaac, que era viejo y ciego, sintió que estaba a punto de dejar este mundo y deseando bendecir a su primer hijo Esaú antes de morir, envió a Esaú a cazar un venado con la promesa de que a su regreso de la cacería recibiría la bendición de su padre.

Ahora bien, Jacob, que deseaba la primogenitura o el derecho de nacimiento, por medio de la bendición de su padre, escuchó la petición de venado de su padre ciego y su promesa a Esaú. Así que, mientras Esaú iba a cazar el venado, Jacob mató y preparó un cabrito del rebaño de su padre.

Colocando las pieles sobre su cuerpo lampiño, para dar la sensación de su peludo y áspero hermano Esaú, llevó el cabrito sabrosamente preparado a su padre ciego Isaac. Entonces, Isaac, que dependía únicamente de su sentido del tacto, confundió a su segundo hijo, Jacob, con su primer hijo, Esaú, y pronunció su bendición sobre Jacob. Esaú, al regresar de la cacería, se enteró de que su hermano Jacob, de piel suave, lo había suplantado, así que apeló a su padre para que se le hiciera justicia; pero Isaac le respondió y dijo:

"Tu hermano vino con engaño y se ha llevado tu bendición"
(Génesis 27: 35)

"He aquí, yo lo he puesto por señor tuyo y le he dado por siervos a todos sus parientes".
(Génesis 27: 37)

La simple decencia humana nos debería decir que esta historia no puede ser tomada literalmente. En alguna parte de este acto traicionero y despreciable de Jacob debe haber un mensaje oculto. El mensaje oculto, la fórmula del éxito escondida en esta historia, fue intuitivamente revelada al escritor de esta manera. Isaac, el padre ciego, es tu conciencia, tu conciencia de ser. Esaú, el hijo peludo, es tu presente mundo objetivo, lo áspero o sensorialmente sentido: el momento presente; el entorno presente; tu concepción actual de ti mismo; en definitiva, el mundo que conoces en razón de tus sentidos objetivos. Jacob, el joven de piel suave, el segundo hijo, es tu deseo o estado subjetivo, una idea aún no encarnada, un estado subjetivo que se percibe y se siente, pero que no se conoce ni se ve objetivamente; un punto en el tiempo y en el espacio removido del presente. En resumen, Jacob es tu objetivo definido. Jacob, el joven de piel suave, o estado subjetivo buscando la encarnación o el derecho de nacimiento, cuando es sentido o bendecido adecuadamente por su padre (cuando es sentido y fijado conscientemente como real) se materializa; y al hacerlo suplanta al peludo y áspero Esaú, o al anterior estado materializado. Dos cosas no pueden ocupar un mismo lugar al mismo tiempo, así que cuando lo invisible se hace visible, el estado anteriormente visible se desvanece.

Tu conciencia es la causa de tu mundo. El estado de conciencia en el que habitas determina el tipo de mundo en el que vives. Tu presente concepto de ti mismo está ahora materializado como tu entorno, y este estado es simbolizado como Esaú, el peludo, el sensorialmente sentido; el primer hijo. Aquello que deseas ser o poseer es simbolizado como tu segundo hijo, Jacob, el joven de piel suave que aún no se ve, pero que es subjetivamente sentido y palpado, y que, si se toca adecuadamente, suplantará a su hermano Esaú, o a tu mundo actual.

Hay que tener siempre presente el hecho de que Isaac, el padre de estos dos hijos, o estados, es ciego. No ve a su hijo Jacob, de piel lisa, solo lo siente. A través del sentido del tacto, cree realmente que Jacob, lo subjetivo, es Esaú, lo real, lo materializado.

No ves tu deseo objetivamente; simplemente lo percibes (lo sientes) subjetivamente. No andas a tientas en el espacio en busca de un estado deseado. Al igual que Isaac, te quedas quieto y mandas a tu primer hijo a cazar retirando tu atención de tu mundo objetivo. Luego, en ausencia de tu primer hijo, Esaú, invitas al estado deseado, tu segundo hijo, Jacob, a acercarse para que puedas sentirlo.

"Te ruego que te acerques para tocarte, hijo mío"
(Génesis 27: 21).

Primero, eres consciente de él en tu entorno inmediato; luego lo acercas cada vez más hasta que lo percibes y lo sientes en tu presencia inmediata, de modo que es real y natural para ti.

"Si dos de ustedes se ponen de acuerdo sobre cualquier cosa que pidan aquí en la tierra, les será hecho por mi Padre que está en los cielos"
(Mateo 18: 19)

Los dos se ponen de acuerdo a través del sentido del tacto, y el acuerdo se establece en la tierra —se hace objetivo; se hace real.

Los dos que se ponen de acuerdo son Isaac y Jacob —tú y lo que deseas— y el acuerdo se establece únicamente basándose en el sentir.

Esaú simboliza tu mundo presente objetivo, ya sea agradable o no.

Jacob simboliza todos y cada uno de los deseos de tu corazón.

Isaac simboliza tu verdadero ser —con los ojos cerrados al mundo presente— en el acto de sentir y percibir que eres o posees lo que deseas ser o poseer.

El secreto de Isaac —el estado de sentir y percibir— es simplemente el acto de separar mentalmente lo sensorialmente sentido (tu estado físico actual) de lo que no es sensorialmente sentido (aquello que te gustaría ser).

Con los sentidos objetivos firmemente cerrados, Isaac lo hizo; y tú puedes hacer que lo que no es sensorialmente sentido (el estado subjetivo) parezca real o sensorialmente conocido, pues la fe es conocimiento.

Pero no basta con conocer la ley de la autoexpresión, la ley por la que lo invisible se hace visible. Es necesario aplicarla; y este es el método de aplicación:

Primero: Envía de caza a tu primer hijo, Esaú —tu actual mundo objetivo o problema. Esto se logra simplemente cerrando los ojos y apartando tu atención de las limitaciones objetivas. Al alejar tus sentidos de tu mundo objetivo, este se desvanece de tu conciencia o sale de caza.

Segundo: Con tus ojos aún cerrados y tu atención retirada del mundo que te rodea, fija conscientemente el momento y el lugar natural para la realización de tu deseo.

Con tus sentidos objetivos cerrados a tu entorno actual puedes percibir y sentir la realidad de cualquier punto en el tiempo o en el espacio, ya que ambos son psicológicos y pueden ser creados a voluntad. Es de vital importancia que la condición natural de tiempo-espacio de Jacob, es decir, el tiempo y el lugar natural para la realización de tu deseo, se fijen primero en tu conciencia.

Si el domingo es el día en que debe realizarse la cosa deseada, entonces el domingo debe fijarse ahora en la conciencia. Simplemente, comienza a sentir que es domingo hasta que la tranquilidad y la naturalidad del domingo se establezcan conscientemente.

Tenemos asociaciones definidas con los días, las semanas, los meses y las estaciones del año. Muchas veces has dicho: "Hoy parece domingo, o lunes, o sábado; o esto parece primavera, o verano, u otoño, o invierno". Esto debería convencerte de que tienes impresiones definidas y conscientes que asocias con los días, las semanas y las estaciones del año. Entonces, debido a estas asociaciones, puedes seleccionar cualquier tiempo deseable y, recordando la impresión consciente asociada con dicho tiempo, puedes hacer ahora una realidad subjetiva de ese tiempo.

Haz lo mismo con el espacio. Si la habitación en la que está sentado no es la habitación en la que se colocaría o realizaría naturalmente la cosa deseada, siente que estés sentado en la habitación o lugar donde sería natural. Fija conscientemente esta impresión de tiempo y espacio antes de comenzar el acto de percibir y sentir la cercanía, la realidad y la posesión de la cosa deseada. No importa si el lugar deseado está a quince mil kilómetros de distancia o tan solo en la puerta de al lado, debes fijar en la conciencia el hecho de que justo donde estás sentado es el lugar deseado.

Tú no haces un viaje mental; tú colapsas el espacio. Siéntate tranquilamente donde estás y haz que el "allí" sea el "aquí". Cierra los ojos y siente que el mismo lugar donde estás es el lugar deseado; siente y percibe la realidad de ello hasta que te impresiones conscientemente de este hecho, pues tu conocimiento de este hecho se basa únicamente en tu percepción subjetiva.

Tercero: En ausencia de Esaú (el problema) y con el tiempo-espacio natural ya establecido, invitas a Jacob (la solución) para que venga y llene este espacio —para que venga y suplante a su hermano.

En tu imaginación mira la cosa deseada. Si no puedes visualizarla, percibe su aspecto general; contémplala. Luego, acércala mentalmente. "Acércate, hijo mío, para que pueda tocarte". Siente su cercanía; siente que está en tu presencia inmediata; siente su realidad y solidez; siéntela y obsérvala naturalmente ubicada en la habitación en la que estás sentado, siente la emoción de la realización real y la alegría de la posesión.

Ahora, abre los ojos. Esto te devuelve al mundo objetivo —el mundo áspero o sensorialmente sentido. Tu hijo peludo, Esaú, ha regresado de la cacería y con su presencia te dice que has sido traicionado por tu hijo de piel lisa Jacob —el subjetivo, psicológicamente sentido.

Pero, al igual que Isaac, cuya confianza se basaba en el conocimiento de esta ley inmutable, tú también dirás: "Lo he puesto por señor tuyo y le he dado por siervos a todos sus parientes".

Es decir, aunque tus problemas parezcan fijos y reales, has sentido que el estado subjetivo, psicológico, es real hasta el punto de recibir la emoción de esa realidad; has experimentado el secreto de la creación porque has sentido la realidad de lo subjetivo. Has fijado un estado psicológico definido que, a pesar de toda oposición o precedente, se exteriorizará, satisfaciendo así el nombre de Jacob —el suplantador.

A continuación, algunos ejemplos prácticos de este drama.

Primero: La bendición o la realización de una cosa.

Siéntate en tu sala de estar y nombra algún mueble, alfombra o lámpara que te gustaría tener en esa habitación en particular. Observa esa zona de la habitación donde la colocarías si la tuvieras. Cierra los ojos y deja que se desvanezca todo lo que ahora ocupa esa zona de la habitación. En tu imaginación observa esta zona como un espacio vacío, no hay absolutamente nada allí. Ahora comienza a llenar este espacio con el mueble deseado; siente y percibe que lo tienes en esta misma zona, imagina que estás viendo aquello que deseas ver. Continúa en esta conciencia hasta que sientas la emoción de su posesión.

Segundo: La bendición o hacer realidad un lugar.

Ahora estás sentado en tu departamento en la ciudad de Nueva York, contemplando la alegría que sería tuya si estuvieras en un crucero navegando a través del gran Atlántico.

> *"Y si me voy y les preparo un lugar, vendré otra vez y los tomaré adonde Yo voy; para que donde Yo esté, allí estén ustedes también"*
> *(Juan 14: 3)*

Tus ojos están cerrados; has abandonado conscientemente el departamento de Nueva York y en su lugar sientes y percibes que estás en un crucero trasatlántico. Estás sentado en una reposera; no hay nada alrededor tuyo, más que el vasto Atlántico. Fija la realidad de este barco y del océano para que, en este estado, puedas recordar mentalmente el día en que estabas sentado en tu departamento de Nueva York soñando con este día en el mar. Recuerda la imagen mental de ti mismo sentado allí en Nueva York soñando con este día. En tu imaginación mira la imagen del recuerdo de ti mismo allí en tu departamento de Nueva York. Si consigues mirar hacia atrás en tu apartamento de Nueva York sin volver allí conscientemente, entonces has preparado con éxito la realidad de este viaje.

Permanece en este estado consciente, sintiendo la realidad del barco y del océano, siente la alegría de este logro; luego abre los ojos.

Has ido y preparado el lugar; has fijado un estado psicológico definido y donde estás en la conciencia, allí también estarás en el cuerpo.

Tercero: La bendición o hacer realidad un punto en el tiempo.

Dejas ir conscientemente este día, mes o año, según sea el caso, y te imaginas que ahora es ese día, mes o año que deseas experimentar. Percibes y sientes la realidad del tiempo deseado, imprimiendo en ti mismo el hecho de que ya se ha cumplido. A medida que percibes la naturalidad de este tiempo, comienzas a sentir la emoción de haber realizado plenamente aquello que antes de comenzar este viaje psicológico en el tiempo deseabas experimentar en este momento.

Con el conocimiento de tu poder para bendecir, puedes abrir las puertas de cualquier prisión —la prisión de la enfermedad o de la pobreza o de una existencia monótona.

> *"El Espíritu del Señor Dios está sobre mí, porque me ha ungido el Señor para traer buenas nuevas a los afligidos; me ha enviado para vendar a los quebrantados de corazón, para proclamar libertad a los cautivos y liberación a los prisioneros".*
> *(Isaías 61: 1; Lucas 4: 18)*

CAPÍTULO 5

EL SABBAT

"Durante seis días se trabajará, pero el séptimo día será día de reposo, consagrado al Señor"
(Éxodo 31: 15; Levítico 23: 3)

Estos seis días no son períodos de tiempo de veinticuatro horas. Simbolizan el momento psicológico en que se fija un estado subjetivo definido. Estos seis días de trabajo son experiencias subjetivas, y, en consecuencia, no pueden medirse por el tiempo sideral, porque el verdadero trabajo de fijar un estado psicológico definido se realiza en la conciencia. La medida de estos seis días es el tiempo dedicado a definirte conscientemente como lo que deseas ser.

Un cambio de conciencia es el trabajo realizado en estos seis días creativos; un ajuste psicológico, que no se mide por el tiempo sideral, sino por la realización real (subjetiva). Al igual que una vida en retrospectiva no se mide por los años, sino por el contenido de esos años, así también se mide este intervalo psicológico, no por el tiempo empleado en hacer el ajuste, sino por el logro de ese intervalo.

El verdadero significado de estos seis días de trabajo (creación) es revelado en el misterio de Vau, que es la sexta letra en el alfabeto hebreo, y la tercera letra en el nombre divino —Yod He Vau He.

Como se explicó anteriormente en el misterio del nombre de Jehová, VAU significa clavar o unir. El creador se une a su creación a través del sentimiento, y el tiempo que te lleva fijar un sentimiento definido es la verdadera medida de estos seis días de creación.

Separarse mentalmente del mundo objetivo y unirse mediante el secreto del sentimiento al estado subjetivo es la función de la sexta letra del alfabeto hebreo, VAU, o los seis días de trabajo. Siempre hay un intervalo entre la impresión fijada, o estado subjetivo, y la expresión externa de ese estado. Este intervalo se denomina Sabbat.

El Sabbat, o día de reposo, es el descanso mental que sigue al estado psicológico fijado; es el resultado de sus seis días de trabajo.

"El día de reposo se hizo para el hombre, y no el hombre para el día de reposo"
(Marcos 2: 27)

Este descanso mental que sigue a una impregnación consciente exitosa es el período de embarazo mental; un período que está hecho con el propósito de incubar la manifestación. Fue hecho para la manifestación, no la manifestación para él.

Automáticamente, mantendrás el Sabbat como un día de descanso, un período de descanso mental, si logras cumplir con tus seis días de trabajo. No puede haber día de reposo, ni séptimo día, ni período de descanso mental, hasta que los seis días hayan terminado, hasta que el ajuste psicológico se haya realizado y la impresión mental esté completamente efectuada.

Se advierte que si no se guarda el Sabbat, si no se entra en el descanso de Dios, no se recibirá la promesa, no se realizarán los deseos. La razón de esto es simple y obvia. No puede haber descanso mental mientras no se produzca una impresión consciente. Si una persona no logra grabar en su mente el hecho de que ahora tiene lo que antes deseaba poseer, seguirá deseándolo y, por lo tanto, no estará mentalmente en reposo o satisfecha.

Por el contrario, si logra hacer este ajuste consciente, de modo que al salir del período de silencio o de sus seis días subjetivos de trabajo, sabe por su sentimiento que tiene la cosa deseada, entonces entra automáticamente en el Sabbat o en el período de reposo mental.

El embarazo sigue a la impregnación. El individuo no continúa deseando aquello que ya ha obtenido. El Sabbat puede ser guardado como un día de reposo solo después de que consiga ser consciente de ser lo que antes de entrar en el silencio deseaba ser. El día de reposo es el resultado de los seis días de trabajo.

Quien conoce el verdadero significado de estos seis días de trabajo se da cuenta de que la observancia de un día de la semana como día de quietud física no es guardar el Sabbat. La paz y la quietud del día de reposo solo pueden experimentarse cuando la persona ha logrado ser consciente de ser lo que desea ser. Si no logra esta impresión consciente, ha errado el blanco; ha pecado, porque pecar es errar el blanco, no alcanzar nuestro objetivo; un estado en el que no hay paz mental.

"Si yo no hubiera venido y no les hubiera hablado, no tendrían pecado"
(Juan 15: 22).

Si al individuo no se le hubiera presentado un estado ideal hacia el que aspirar, un estado que desear y alcanzar, se habría dado por satisfecho con su suerte en la vida y no habría conocido el pecado. Ahora que sabe que sus capacidades son infinitas, que sabe que trabajando seis días o haciendo un ajuste psicológico puede realizar sus deseos, no se dará por satisfecho hasta que consiga su objetivo.

Con el verdadero conocimiento de estos seis días de trabajo, definirá su objetivo y comenzará a ser consciente de serlo. Cuando se produce esta impresión consciente, le sigue automáticamente un período de descanso mental, un período que el místico llama el Sabbat, un intervalo en el que la impresión consciente se gestará y se expresará físicamente. La palabra se hará carne. Pero eso no es el final.

El Sabbat o reposo, que será interrumpido por la encarnación de la idea, tarde o temprano, dará lugar a otros seis días de trabajo cuando el individuo defina otro objetivo y comience de nuevo el acto de definirse como aquello que desea ser.

A través del deseo, la persona ha sido despertada de su sueño y no puede encontrar descanso hasta que no realice su deseo.

Pero antes de que pueda entrar en el reposo de Dios, o guardar el Sabbat, antes de que pueda caminar sin miedo y en paz, debe convertirse en un buen tirador espiritual y aprender el secreto de dar en el blanco o trabajar seis días, el secreto por el cual deja ir el estado objetivo y se ajusta al subjetivo.

Este secreto fue revelado en el nombre Divino, Jehová, y asimismo en la historia de Isaac, bendiciendo a su hijo Jacob. Si aplicas la fórmula tal y como se revela en estos dramas bíblicos, acertarás siempre en el blanco espiritual, pues sabrás que solo se entra en el reposo mental o el Sabbat cuando consigues hacer un ajuste psicológico.

La historia de la crucifixión dramatiza hermosamente estos seis días (período psicológico) y el séptimo día de descanso.

Se registra que era costumbre de los judíos liberar a alguien de la cárcel en la fiesta de la Pascua; y que se les dio la opción de liberar a Barrabás el ladrón, o a Jesús el salvador. Y ellos gritaron:

"¡Suelta a Barrabás!"
(Juan 18: 40).

Entonces Barrabás fue liberado y Jesús fue crucificado.

Asimismo, se registra que Jesús el Salvador fue crucificado en el sexto día, enterrado o sepultado en el séptimo, y resucitado en el primer día.

En tu caso, el salvador es aquello que te salvaría de lo que no eres consciente de ser, mientras que Barrabás, el ladrón, es tu actual concepción de ti mismo que te roba lo que te gustaría ser.

Al definir a tu salvador defines aquello que te salvaría, pero no cómo serías salvado. Tu salvador, o deseo, tiene maneras que tú no conoces; sus maneras van más allá de nuestro entendimiento.

Cada problema revela su propia solución. Si estuvieras en prisión, automáticamente desearías ser libre. Por lo tanto, la libertad es lo que te salvaría. Es tu salvador.

Habiendo descubierto a tu salvador, el siguiente paso en este gran drama de la resurrección es liberar a Barrabás, el ladrón —tu actual concepto de ti mismo— y crucificar a tu salvador, o fijar la conciencia de ser o tener aquello que te salvaría.

Barrabás representa tu problema actual. Tu salvador es aquello que te liberaría de ese problema. Liberas a Barrabás alejando tu atención de tu problema, de tu sentido de limitación, porque te roba la libertad que buscas. Y crucificas a tu salvador fijando un estado psicológico definido, mediante el sentimiento de que estás libre de la limitación del pasado.

Niegas la evidencia de los sentidos y comienzas a sentir subjetivamente la alegría de ser libre. Sientes que este estado de libertad es tan real que tú también gritas: "¡Soy libre!"

"Todo está cumplido"
(Juan 19:30)

La fijación de este estado subjetivo —la crucifixión— tiene lugar el sexto día. Este día, antes de que se ponga el sol, debes haber completado la fijación al sentir: "Así es."— "Todo está cumplido".

El conocimiento subjetivo es seguido por el Sabbat o el reposo mental. Estarás como alguien enterrado o sepultado porque sabrás que por muy montañosas que sean las barreras, por muy infranqueables que parezcan los muros, tu salvador crucificado y enterrado (tu fijación subjetiva actual) resucitará.

Manteniendo el Sabbat como un período de descanso mental, asumiendo la actitud mental que sería tuya si ya expresaras visiblemente esta libertad, recibirás la promesa del Señor, pues la Palabra se hará carne —la fijación subjetiva se encarnará.

"Y Dios reposó en el séptimo día de todas sus obras"
(Hebreos 4: 4).

Tu conciencia es Dios reposando en el conocimiento de que "Está bien"—"Está terminado". Y tus sentidos objetivos confirmarán que es así porque el día lo revelará.

CAPÍTULO 6

SANACIÓN

La fórmula para la cura de la lepra, revelada en el capítulo decimocuarto del libro de Levítico, es de lo más iluminadora cuando se ve a través de los ojos de un místico. Esta fórmula puede ser prescrita como la efectiva cura de cualquier enfermedad, ya sea física, mental, financiera, social, moral, lo que sea.

No importa la naturaleza de la enfermedad ni su duración, pues la fórmula puede aplicarse con éxito a todas y cada una de ellas.

Aquí está la fórmula tal como se registra en el libro del Levítico:

"El sacerdote mandará tomar dos avecillas vivas y limpias... Después el sacerdote mandará degollar una de las avecillas... En cuanto a la avecilla viva, la tomará y la mojará en la sangre del ave muerta... Después rociará siete veces al que ha de ser purificado de la lepra, lo declarará limpio, y soltará al ave viva en campo abierto... Y quedará limpio"
(Levítico 14: 4 -8).

Una aplicación literal de esta historia sería estúpida e infructuosa, en cambio, una aplicación psicológica de la fórmula es sabia y fructífera.

Un ave es el símbolo de una idea. Cada persona que tiene un problema o que desea expresar algo distinto de lo que está expresando ahora, puede decirse que tiene dos avecillas. Estas dos avecillas o concepciones pueden definirse de la siguiente manera: la primera avecilla es el actual concepto que tienes de ti mismo, exteriorizado; es la descripción que darías si te pidieran que te describieras a ti mismo —tu condición física, tus ingresos, tus obligaciones, tu nacionalidad, tu familia, tu raza, etc. Tu respuesta sincera a estas preguntas estaría basada únicamente en la evidencia de tus sentidos, y no en ningún deseo. Este verdadero concepto de ti mismo (basado enteramente en las evidencias de tus sentidos) define la primera avecilla.

La segunda avecilla se define por la respuesta que desearías dar a estas preguntas de autodefinición. En resumen, estas dos aves pueden definirse como lo que eres consciente de ser y lo que deseas ser.

Otra definición de las dos aves sería: la primera, tu problema actual, independientemente de su naturaleza, y la segunda, la solución a ese problema. Por ejemplo, si estuvieras enfermo, la solución sería tener buena salud. Si estuvieras endeudado, la solución sería liberarte de las deudas. Si tuvieras hambre, la solución sería la comida. Como habrás notado, no se considera el cómo, la forma de realizar la solución. Solo se consideran el problema y la solución.

Cada problema revela su propia solución. Para la enfermedad es la salud; para la pobreza es la riqueza; para la debilidad es la fuerza, para el confinamiento es la libertad.

Por lo tanto, estos dos estados, tu problema y su solución, son las dos aves que llevas al sacerdote. Tú eres el sacerdote que ahora efectúa el drama de la curación de la lepra: tú y tu problema. Tú eres el sacerdote, y con la fórmula para la cura de la lepra, ahora te liberas de tu problema.

Primero: Toma una de las avecillas (tu problema) y mátala extrayendo su sangre. La sangre es la conciencia del individuo.

"Y de una sangre ha hecho todo el linaje de los hombres, para que habitaran sobre toda la faz de la tierra"
(Hechos 17: 26).

Tu conciencia es la única realidad que anima y hace real aquello que eres consciente de ser. Así que apartar tu atención del problema equivale a extraer la sangre del ave. Tu conciencia es la única sangre que hace que todos los estados sean realidades vivas. Al retirar tu atención de cualquier estado dado, has drenado la sangre vital de ese estado. Matas o eliminas la primera avecilla, (tu problema) quitando tu atención de él. En esta sangre (tu conciencia) mojas la avecilla viva (la solución), o aquello que hasta ahora deseabas ser o poseer. Esto lo haces liberándote para ser ahora el estado deseado.

La inmersión de la avecilla viva en la sangre del ave muerta es similar a la bendición de Jacob dada por su padre ciego, Isaac. Como recordarás, Isaac era ciego y no podía ver su mundo objetivo, su hijo Esaú. Tú también estás ciego a tu problema —la primera avecilla— porque has quitado tu atención de él y, por lo tanto, no lo ves. Tu atención (la sangre) está ahora puesta en la segunda ave (estado subjetivo), y sientes y percibes su realidad.

Se te dice que rocíes siete veces al que va a ser limpiado. Esto significa que debes permanecer dentro del nuevo concepto de ti mismo hasta que mentalmente entres en el séptimo día (el día de reposo); hasta que la mente se aquiete o se fije en la creencia de que realmente estás expresando o poseyendo aquello que deseas ser o poseer. Tras la séptima rociada, se te instruye que sueltes a la avecilla viva y declares que el hombre está limpio.

Cuando impresionas plenamente en ti mismo el hecho de que eres lo que deseas ser, te has rociado simbólicamente siete veces; entonces eres tan libre como el ave que se suelta. Y al igual que el ave en vuelo, que debe regresar a la tierra en poco tiempo, así tus impresiones subjetivas o afirmación deben encarnarse en tu mundo en poco tiempo.

Esta historia, y todas las otras historias de la Biblia, son obras psicológicas dramatizadas dentro de la conciencia del individuo.

Tú eres el sumo sacerdote, tú eres el leproso y tú eres esas aves.

Tu conciencia, o Yo Soy, es el sumo sacerdote; tú, la persona con el problema, eres el leproso. El problema, tu presente concepto de ti mismo, es la avecilla que es sacrificada; la solución del problema, lo que deseas ser, es la avecilla viva que es liberada.

Tú recreas este gran drama dentro de ti mismo, apartando tu atención de tu problema y poniéndola en aquello que deseas expresar. Impresionas en ti mismo el hecho de que eres lo que deseas ser hasta que tu mente se aquieta en la creencia de que es así.

Vivir en esta actitud mental fija, vivir en la conciencia de que ahora eres lo que antes deseabas ser, es el ave en vuelo, libre de las limitaciones del pasado y moviéndose hacia la encarnación de tu deseo.

CAPÍTULO 7

DESEO, LA PALABRA DE DIOS

"Así será mi palabra que sale de mi boca; no volverá a mí vacía sin haber realizado lo que deseo, y logrado el propósito para el cual la envié"
(Isaías 55: 11)

    Dios te habla a través de tus deseos básicos. Tus deseos básicos son palabras de promesa o profecías que contienen en sí mismas el plan y el poder de expresión.

    Por deseos básicos me refiero a tu verdadero objetivo. Los deseos secundarios se refieren a la forma de realización. A través de tus deseos básicos, Dios, tu Yo Soy, te habla a ti, el estado consciente, condicionado. Los deseos secundarios o formas de expresión son los secretos de tu Yo Soy, el Padre omnisciente. Tu Padre, Yo Soy, revela el primero y el último.

"Yo soy el principio y el fin"
(Apocalipsis 1: 8; Apocalipsis 22: 13)

    Pero él nunca revela el medio o el secreto de sus maneras; es decir, el primero se revela como la palabra, tu deseo básico. El último es su cumplimiento, la palabra hecha carne. El segundo o medio (el plan de despliegue) nunca es revelado al individuo, sino que permanece para siempre como secreto del Padre.

> *"Yo testifico a todos los que oyen las palabras de la profecía de este libro: si alguien añade a ellas, Dios traerá sobre él las plagas que están escritas en este libro. Y si alguien quita de las palabras del libro de esta profecía, Dios quitará su parte del árbol de la vida y de la ciudad santa descritos en este libro".*
> *(Apocalipsis 22: 18-19)*

Las palabras de la profecía mencionadas en el libro de Apocalipsis, son tus deseos básicos que no deben ser condicionados. El individuo está constantemente añadiendo y quitando a estas palabras. Al no saber que el deseo básico contiene el plan y el poder de expresión, él siempre está comprometiendo y complicando su deseo. Aquí hay una ilustración de lo que hace a la palabra de la profecía —sus deseos.

La persona desea liberarse de su limitación o problema. Lo primero que hace después de definir su objetivo es condicionarlo a otra cosa. Comienza a especular sobre la manera de conseguirlo. Sin saber que la cosa deseada tiene su propia forma de expresión, empieza a planear cómo va a conseguirla, añadiendo así a la palabra de Dios.

Por otro lado, si no tiene ningún plan o concepción en cuanto a la realización de su deseo, entonces compromete su deseo modificándolo. Piensa que si se conforma con menos que su deseo básico, entonces tendrá más posibilidades de realizarlo. Al hacerlo, se aleja de la palabra de Dios. Tanto los individuos como las naciones violan constantemente esta ley de su deseo básico al conspirar y planear la realización de sus ambiciones; de este modo añaden a la palabra de la profecía, o comprometen sus ideales, quitando así de la palabra de Dios. El resultado inevitable es la muerte y las plagas o el fracaso y la frustración que se promete para tales transgresiones.

Dios habla a las personas solo por medio de sus deseos básicos. Tus deseos están determinados por tu concepción de ti mismo. Por sí mismos no son ni buenos ni malos.

> *"Yo sé, y estoy convencido en el Señor Jesús, de que nada es inmundo en sí mismo; pero para el que estima que algo es inmundo, para él lo es"*
> *(Romanos 14: 14)*

Tus deseos son el resultado natural y automático de tu actual concepto de ti mismo.

Dios, tu conciencia incondicionada, es impersonal y no hace acepción de personas.

A través de tus deseos básicos, tu conciencia incondicionada, Dios, le da a tu conciencia condicionada, el individuo, lo que tu estado condicionado (tu actual concepto de ti mismo) cree que necesita.

Mientras permanezcas en tu actual estado de conciencia, seguirás deseando lo que ahora deseas. Cambia tu concepto de ti mismo y automáticamente cambiarás la naturaleza de tus deseos.

Los deseos son estados de conciencia buscando encarnación. Son formados por la conciencia del individuo y pueden ser expresados fácilmente por quien los ha concebido.

Los deseos se expresan cuando la persona que los ha concebido asume la actitud mental que le correspondería si los estados deseados ya estuvieran expresados. Ahora bien, dado que los deseos, independientemente de su naturaleza, pueden expresarse fácilmente mediante actitudes mentales fijas, hay que dar una palabra de advertencia a aquellos que aún no han reconocido la unidad de la vida, y que no conocen la verdad fundamental de que la conciencia es Dios, la única realidad.

Esta advertencia fue entregada en la famosa regla de oro:

"Así que, todo lo que quieran que la gente haga con ustedes, eso mismo hagan ustedes con ellos"
(Mateo 7: 12)

Puedes desear algo para ti o para otro. Si tu deseo se refiere a otro, asegúrate de que lo que deseas es aceptable para ese otro. La razón de esta advertencia es que tu conciencia es Dios, el dador de todos los regalos. Por lo tanto, lo que sientes y crees que es verdad de otro es un regalo que le has dado. Si el regalo no es aceptado, volverá a quien lo da.

Entonces, asegúrate de que te gustaría poseer el regalo, porque si fijas una creencia dentro de ti como verdadera de otro y él no acepta este estado como verdadero de sí mismo, este regalo no aceptado se encarnará dentro de tu mundo.

Siempre escucha y acepta como verdadero de los demás lo que desearías para ti. Al hacerlo, estás construyendo el cielo en la tierra. "Todo lo que quieran que la gente haga con ustedes, eso mismo hagan ustedes con ellos", está basado en esta ley.

Solo acepta como verdad de otros aquellos estados que con gusto aceptarías como verdad de ti mismo, para poder crear constantemente el cielo en la tierra. Tu cielo se define por el estado de conciencia en el que vives, el cual se compone de todo lo que aceptas como verdadero de ti mismo y verdadero de los demás.

Tu entorno inmediato está definido por tu propio concepto de ti mismo, más tus convicciones respecto a los demás que no han sido aceptadas por ellos. Tu concepto de otro, el cual no es su concepto de sí mismo, es un regalo que vuelve a ti. Las sugerencias, al igual que la propaganda, son bumeranes a menos que sean aceptadas por aquellos a quienes se envían. Así que tu mundo es un regalo que te has dado a ti mismo.

La naturaleza de este regalo está determinada por tu concepto de ti mismo más los regalos no aceptados que ofreciste a los demás. No te equivoques en esto: la ley no hace acepción de personas.

Descubre la ley de la autoexpresión y vive por ella; entonces serás libre. Con esta comprensión de la ley, define tu deseo, debes saber exactamente lo que quieres; y asegúrate de que es deseable y aceptable.

La persona sabia y disciplinada no ve ninguna barrera para la realización de su deseo; no ve nada que destruir. Con una actitud mental fija, reconoce que la cosa deseada ya está plenamente expresada, pues sabe que un estado subjetivo fijo tiene formas y medios de expresarse que nadie conoce.

"Antes de que clamen, yo les responderé"
(Isaías 65: 24)

"Yo tengo maneras que tú no conoces". "Mis caminos son inescrutables".

Por el contrario, la persona indisciplinada ve constantemente la oposición al cumplimiento de su deseo y, a causa de la frustración, forma deseos de destrucción que cree firmemente que deben expresarse antes de que su deseo básico pueda realizarse. Cuando el individuo descubra esta ley de la única conciencia, comprenderá la gran sabiduría de la regla de oro, por lo que vivirá según ella y se demostrará a sí mismo que el reino de los cielos está en la tierra.

Te darás cuenta de por qué debes "hacer a los demás lo que quieres que te hagan a ti". Sabrás por qué debes vivir según esta regla de oro, ya que descubrirás que hacerlo es simplemente sentido común, porque la regla se basa en la ley inmutable de la vida y no hace acepción de personas.

La conciencia es la única realidad. El mundo y todo lo que hay en él son estados de conciencia materializados. Tu mundo está definido por tu concepto de ti mismo, más tus conceptos de otros, que no son los conceptos que tienen de sí mismos.

La historia de la Pascua es para ayudarte a dar la espalda a las limitaciones del presente y pasar a un estado mejor y más libre.

La sugerencia de "seguir al hombre que lleva un cántaro de agua" (Marcos 14: 13; Lucas 22: 10), fue dada a los discípulos para guiarlos hacia la última cena o la fiesta de la Pascua. El hombre con el cántaro de agua es el undécimo discípulo, Simón de Canaán, la cualidad disciplinada de la mente que solo escucha estados dignos, nobles y amables.

La mente que está disciplinada para escuchar solo lo bueno se deleita con los buenos estados y así encarna el bien en la tierra.

Si tú también quieres asistir a la última cena —la gran fiesta de la Pascua— sigue a este hombre. Asume esta actitud mental simbolizada como el "hombre con el cántaro de agua" y vivirás en un mundo que es realmente el cielo en la tierra.

La fiesta de la Pascua es el secreto del cambio de conciencia. Apartas tu atención de tu actual concepto de ti mismo y asumes la conciencia de ser aquello que quieres ser, pasando así de un estado a otro.

Esta hazaña se realiza con la ayuda de los doce discípulos, que son las doce cualidades disciplinadas de la mente. (Ver el libro "Tu fe es tu fortuna", capítulo 18).

CAPÍTULO 8

FE

"Y Jesús les dijo: Por la poca fe de ustedes; porque en verdad les digo que si tienen fe como un grano de mostaza, dirán a este monte: 'Pásate de aquí allá', y se pasará; y nada les será imposible".
(Mateo 17: 20)

Esta fe como un grano de mostaza ha resultado ser una piedra de tropiezo para las personas. Se les ha enseñado a creer que un grano de mostaza significa un pequeño grado de fe. Así que naturalmente se preguntan por qué ellos, siendo personas maduras, carecen de esta insignificante medida de fe cuando una cantidad tan pequeña asegura el éxito. Según se nos dice:

"La fe es la certeza de lo que se espera, la convicción de lo que no se ve"
(Hebreos 11: 1).

"Por la fe... el universo fue preparado por la palabra de Dios, de modo que lo que se ve no fue hecho de cosas visibles"
(Hebreos 11: 3).

Las cosas invisibles se hicieron visibles. El grano de mostaza no es la medida de una pequeña cantidad de fe. Al contrario, es lo absoluto en la fe.

Un grano de mostaza es consciente de ser un grano de mostaza y solo un grano de mostaza. No es consciente de ninguna otra semilla en el mundo. Está sellada en la convicción de que es una semilla de mostaza, de la misma manera que el espermatozoide sellado en el vientre es consciente de ser persona y solamente persona.

Un grano de mostaza es realmente la medida de la fe necesaria para lograr todos tus objetivos; pero al igual que el grano de mostaza, tú también debes perderte en la conciencia de ser solo la cosa deseada. Permaneces dentro de este estado sellado hasta que irrumpe y revela tu demanda consciente.

La fe es sentir o vivir en la conciencia de ser la cosa deseada; la fe es el secreto de la creación, el Vau en el nombre Divino: Yod He Vau He; la fe es el Cam en la familia de Noé; la fe es el sentido del tacto por el cual Isaac bendijo e hizo realidad a su hijo Jacob. Por la fe Dios —tu conciencia— llama a las cosas que no se ven como si se vieran y las hace visibles.

Es la fe la que te permite ser consciente de ser la cosa deseada; asimismo, es la fe la que te sella en este estado consciente hasta que tu demanda invisible madura y se expresa, se hace visible. La fe o el sentimiento es el secreto de esta apropiación. A través del sentimiento, la conciencia que desea se une a la cosa deseada. ¿Cómo te sentirías si fueras aquello que deseas ser?

Lleva el estado de ánimo, este sentimiento que sería tuyo si ya fueras lo que deseas ser; y en poco tiempo estarás sellado en la creencia de que lo eres. Entonces, sin esfuerzo, este estado invisible se manifestará; lo invisible se hará visible.

Si tuvieras la fe de un grano de mostaza, mediante la sustancia mágica del sentimiento, hoy mismo te sellarías en la conciencia de ser lo que deseas ser. Permanecerías en esta quietud mental o estado de tumba, confiado en que no necesitas a nadie para remover la piedra; porque todas las montañas, las piedras y los habitantes de la tierra "son como nada delante de ti".

Lo que ahora reconoces como verdad de ti mismo (tu actual estado de conciencia) actuará conforme a su naturaleza entre todos los habitantes de la tierra, y "nadie podrá detener su mano ni decirle, ¿Qué has hecho?" (Daniel 4: 35). Nadie puede impedir la encarnación de este estado consciente en el que estás sellado, ni cuestionar su derecho a ser.

Cuando este estado consciente está debidamente sellado por la fe, es una Palabra de Dios, Yo Soy, porque el individuo así establecido está diciendo: "Yo soy así y así", y la Palabra de Dios (mi estado consciente fijo) es espíritu y no puede volver a mi vacía, sino que debe cumplir aquello para lo que ha sido enviada. La palabra de Dios (tu estado consciente) debe encarnarse para que puedas saber:

"Yo soy el Señor, y no hay ningún otro; fuera de mí no hay Dios"
(Isaías 45: 5)
"Y el verbo se hizo carne, y habitó entre nosotros"
(Juan 1: 14)

"Él envió su palabra y los sanó"
(Salmos 107: 20)

Tú también puedes enviar tu palabra, la Palabra de Dios, y sanar a un amigo. ¿Hay algo que te gustaría escuchar de un amigo? Define ese algo que sabes que le gustaría ser o poseer. Ahora, con tu deseo bien definido, tienes una Palabra de Dios. Para enviar esta Palabra en su camino, para que esta Palabra se haga realidad, simplemente debes hacer lo siguiente:

Siéntate tranquilamente donde estás y asume la actitud mental de escuchar; recuerda la voz de tu amigo. Con esta voz familiar establecida en tu conciencia, imagina que realmente estás escuchando su voz y que te está diciendo que es o tiene lo que tú querías que fuera o tuviera. Impresiona en tu conciencia el hecho de que realmente le has escuchado y que te ha dicho lo que querías oír; siente la emoción de haberlo escuchado. Luego suéltalo por completo.

Este es el secreto del místico para enviar las palabras a la expresión, para hacer que la palabra se haga carne. Formas dentro de ti la palabra, lo que quieres oír; luego lo escuchas, y te lo dices a ti mismo.

"Habla, Señor, que tu siervo escucha".
(1 Samuel 3: 9,10).

Tu conciencia es el Señor hablando a través de la voz familiar de un amigo e imprimiendo en ti lo que deseas escuchar. Esta autoimpregnación, el estado impresionado en ti mismo, la Palabra, siempre tiene formas y medios de expresarse que nadie conoce. Cuando consigas producir esa impresión, no te importarán las apariencias, porque esa autoimpresión está sellada como un grano de mostaza y, a su debido tiempo, madurará hasta alcanzar su plena expresión.

CAPÍTULO 9

LA ANUNCIACIÓN

El uso de la voz de un amigo para impregnarse con el estado deseado está bellamente relatado en la historia de la Inmaculada Concepción.

Está registrado que Dios envió un ángel a María para anunciarle el nacimiento de su hijo.

> *"Y el ángel le dijo... Concebirás en tu seno y darás a luz un Hijo... Entonces María dijo al ángel: «¿Cómo será esto?, porque no conozco varón». Y el ángel le respondió: «El Espíritu Santo vendrá sobre ti, y el poder del Altísimo te cubrirá con su sombra; por eso el niño que nacerá será llamado Hijo de Dios... Porque ninguna cosa es imposible para Dios»"*
> (*Lucas 1: 30-37*)

Esta es la historia que se ha contado durante siglos en todo el mundo, pero no se dijo que era sobre uno mismo, por lo que no se ha recibido el beneficio que se pretendía dar.

La historia revela el método por el cual la idea o la Palabra se hizo carne. Se nos dice que Dios germinó o engendró una idea, un hijo, sin la ayuda de otro. Luego colocó su idea germinal en el vientre de María con la ayuda de un ángel, quien le hizo el anuncio y la impregnó con la idea. Nunca se registró un método más simple de impregnación de la conciencia que el que se encuentra en la historia de la Inmaculada Concepción.

Los cuatro personajes en este drama de la creación son: el Padre, el Hijo, María y el Ángel. El Padre simboliza tu conciencia; el Hijo simboliza tu deseo; María simboliza tu actitud mental receptiva y el Ángel simboliza el método utilizado para realizar la impregnación.

El drama se desarrolla de esta manera. El Padre engendra un Hijo sin la ayuda de otro. Tú defines tu objetivo, clarificas tu deseo sin la ayuda o sugerencia de otro.

Luego, el Padre selecciona al ángel que está mejor calificado para llevar este mensaje o posibilidad germinal a María. Tú seleccionas a la persona en tu mundo que estaría sinceramente emocionada de presenciar el cumplimiento de tu deseo.

Entonces, a través del ángel, María se entera de que ya ha concebido un Hijo sin la ayuda del hombre. Tú asumes una actitud mental receptiva, una actitud de escucha, e imagina que oyes la voz de quien has elegido para que te diga lo que deseas saber. Imagina que le oyes decir que eres y tienes lo que deseas ser y tener. Permanece en este estado receptivo hasta que sientas la emoción de haber escuchado la buena y maravillosa noticia.

Entonces, como María en la historia, sigues con tus asuntos en secreto sin decirle a nadie de esta magnífica e inmaculada autoimpregnación, confiando en que a su debido tiempo expresarás esta impresión.

El Padre genera la semilla o posibilidad germinal de un Hijo, pero en una impregnación artificial; no transmite el espermatozoide desde sí mismo hasta el vientre. Lo hace pasar por otro medio.

La conciencia que desea es el Padre que genera la semilla o la idea. Un deseo clarificado es la semilla perfectamente formada, o el Hijo unigénito. Luego, esta semilla es llevada del Padre (conciencia que desea) a la Madre (conciencia de ser y tener el estado deseado).

Este cambio de conciencia se realiza mediante el ángel o la voz imaginaria de un amigo que te dice que ya has conseguido tu objetivo.

El uso de un ángel o de la voz de un amigo para hacer una impresión consciente es la forma más corta, segura y confiable de autoimpregnarse.

Con tu deseo bien definido, asume una actitud de escucha. Imagina que estás escuchando la voz de un amigo; entonces haz que te diga (imagina que te lo está diciendo) lo afortunado que eres por haber realizado plenamente tu deseo.

En esta actitud mental receptiva estás recibiendo el mensaje de un ángel; estás recibiendo la impresión de que eres y tienes aquello que deseas ser y tener. La emoción de haber escuchado lo que deseas escuchar es el momento de la concepción. Es el momento en que te autoimpregnas, el momento en que realmente sientes que ahora eres o tienes aquello que hasta ahora solo deseabas ser o poseer.

Cuando salgas de esta experiencia subjetiva, tú, como María en la historia, sabrás por tu cambio de actitud mental que has concebido un Hijo;

que has fijado un estado subjetivo definido y que dentro de poco expresarás o materializarás este estado.

Este libro ha sido escrito para mostrarte cómo lograr tus objetivos. Aplica el principio aquí expresado y ni todos los habitantes de la tierra podrán impedir que realices tus deseos.

Sentir es el Secreto
(1944)

CAPÍTULO 1

LA LEY Y SU OPERACIÓN

El mundo y todo lo que está dentro de él, es la conciencia condicionada del individuo exteriorizada. La conciencia es la causa y también la sustancia del mundo entero. Por lo tanto, es a la conciencia a la que debemos dirigirnos si queremos descubrir el secreto de la creación.

El conocimiento de la ley de la conciencia y el método de funcionamiento de esta ley te permitirá lograr todo lo que deseas en la vida. Armado con un conocimiento práctico de esta ley, puedes construir y mantener un mundo ideal. La conciencia es la única realidad, y no en sentido figurado, sino verdaderamente.

Para mayor claridad, esta realidad puede compararse con una corriente que se divide en dos partes, el consciente y el subconsciente. Para operar inteligentemente la ley de la conciencia, es necesario comprender la relación entre el consciente y el subconsciente.

El consciente es personal y selectivo, el subconsciente es impersonal y no selectivo. El consciente es el reino del efecto; el subconsciente es el reino de la causa. Estos dos aspectos son las divisiones masculina y femenina de la conciencia. El consciente es masculino; el subconsciente es femenino. El consciente genera ideas e impresiona estas ideas en el subconsciente; el subconsciente recibe las ideas y les da forma y expresión.

Por esta ley, primero se concibe una idea y luego se impresiona la idea concebida en el subconsciente. Todas las cosas evolucionan a partir de la conciencia, y sin esta secuencia, nada de lo que ha sido hecho fue hecho. El consciente impresiona al subconsciente, mientras que el subconsciente expresa todo lo que se le impresiona. El subconsciente no origina ideas, sino que acepta como verdadero lo que la mente consciente siente como verdadero y, de una manera que solo ella conoce, manifiesta las ideas aceptadas. Por lo tanto, a través de su poder de imaginar y sentir, así como de su libertad para elegir la idea que va a albergar, la persona tiene el control sobre la creación. El control del subconsciente se logra mediante el control de sus ideas y sentimientos.

El mecanismo de la creación está escondido en lo más profundo del subconsciente, el aspecto femenino o matriz de la creación. El subconsciente trasciende la razón y es independiente de la inducción. Contempla un sentimiento como un hecho que existe en sí mismo, y sobre esta suposición procede a darle expresión. El proceso creativo comienza con una idea y su ciclo sigue su curso como un sentimiento y termina en la voluntad de actuar.

Las ideas se impresionan en el subconsciente a través del sentimiento. Ninguna idea puede impresionarse en el subconsciente hasta que es sentida, pero una vez sentida —sea buena, mala o indiferente— debe ser expresada.

El sentimiento es el único medio a través del cual las ideas se transmiten al subconsciente. Por lo tanto, quien no controle sus sentimientos puede fácilmente impresionar el subconsciente con estados no deseados. El control de los sentimientos no significa la restricción o supresión de los sentimientos, sino más bien la disciplina de uno mismo para imaginar y mantener solo aquellos sentimientos que contribuyan a nuestra felicidad. El control de los sentimientos es muy importante para una vida plena y feliz.

Nunca albergues un sentimiento indeseable ni pienses en el mal en ninguna forma o manera. No te detengas en la imperfección de ti mismo o de los demás. Hacerlo es impresionar al subconsciente con estas limitaciones. Lo que no quieres que te hagan, no sientas que te lo hacen a ti o a otro. Esta es toda la ley de una vida plena y feliz. Todo lo demás son comentarios.

Cada sentimiento hace una impresión subconsciente y, a menos que sea contrarrestado con un sentimiento más fuerte de una naturaleza opuesta, debe ser expresado. El sentimiento más dominante de los dos es el que se expresa. «Estoy sano» es un sentimiento más fuerte en comparación con «estaré sano». Sentir que «seré» es confesar que «no soy». Yo soy, es más poderoso que yo no soy. Lo que sientes que eres siempre domina lo que sientes que te gustaría ser; por lo tanto, para ser manifestado, el deseo debe ser sentido como un estado que es, en lugar de un estado que no es.

El sentimiento precede a la manifestación y es la base sobre la cual descansa toda manifestación. Ten cuidado con tus estados de ánimo y tus sentimientos, porque existe una conexión ininterrumpida entre tus sentimientos y tu mundo visible.

Tu cuerpo es un filtro emocional y lleva las marcas inconfundibles de tus emociones predominantes. Las perturbaciones emocionales, especialmente las emociones reprimidas, son las causas de todas las enfermedades. El hecho de sentir intensamente algo malo, sin decir o expresar ese sentimiento, es el comienzo del malestar —"mal-estar"— tanto en el cuerpo como en el entorno. No albergues el sentimiento de arrepentimiento o de fracaso, porque la frustración o el distanciamiento de tu objetivo se traduce en malestar.

Piensa con sentimiento únicamente en el estado que deseas manifestar. Sentir la realidad del estado deseado, vivir y actuar sobre esa convicción, es la forma de todos los aparentes milagros. Todos los cambios de expresión se producen a través de un cambio de sentimiento. Un cambio de sentimiento es un cambio de destino.

Toda creación se produce en el dominio del subconsciente. En consecuencia, lo que debes adquirir es un control reflexivo del funcionamiento del subconsciente, es decir, el control de tus ideas y sentimientos.

El azar o el accidente no son los responsables de las cosas que te suceden, ni tampoco el destino predestinado es el autor de tu fortuna o desgracia. Tus impresiones subconscientes determinan las condiciones de tu mundo. El subconsciente no es selectivo, es impersonal y no hace acepción de personas. El subconsciente no se preocupa por la verdad o la falsedad de tus sentimientos. Siempre acepta como verdadero lo que tú sientes como verdadero. El sentimiento es el consentimiento del subconsciente a la verdad de lo que se declara como verdadero.

Debido a esta cualidad del subconsciente no hay nada imposible para el ser humano. Todo lo que la mente puede concebir y sentir como verdadero, el subconsciente puede y debe exteriorizarlo. Tus sentimientos crean el patrón a partir del cual se modela tu mundo, y un cambio de sentimiento es un cambio de patrón.

El subconsciente nunca deja de expresar lo que se le ha impresionado. En el momento en que recibe una impresión, comienza a elaborar las formas de su expresión. Acepta el sentimiento impreso en él —tu sentimiento— como un hecho que existe dentro de sí mismo e inmediatamente se pone a producir la semejanza exacta de ese sentimiento en el mundo exterior u objetivo. El subconsciente nunca altera las creencias aceptadas. Las reproduce hasta el último detalle, sean o no beneficiosas.

Para impresionar el subconsciente con el estado deseado debes asumir el sentimiento que sería tuyo si ya hubieras realizado tu deseo. Al definir tu objetivo, debes preocuparte solo por el objetivo en sí. La forma de expresión o las dificultades que conlleva no deben ser consideradas por ti. Pensar con sentimiento en cualquier estado, lo imprime en el subconsciente. Por lo tanto, si te quedas pensando en las dificultades, las barreras o los retrasos, el subconsciente, por su propia naturaleza no selectiva, acepta el sentimiento de las dificultades y los obstáculos como tu petición y procede a producirlos en tu mundo exterior.

El subconsciente es la matriz de la creación. Recibe la idea para sí mismo a través de los sentimientos. Nunca cambia la idea recibida, pero siempre le da forma. Por lo tanto, el subconsciente reproduce la idea a imagen y semejanza del sentimiento recibido. Sentir un estado como irremediable o imposible es impresionar al subconsciente con la idea de fracaso.

Aunque el subconsciente sirve fielmente a la persona, no debe inferirse que la relación es la de un sirviente con un amo, como se concebía antiguamente. Los antiguos profetas lo llamaban esclavo y siervo del hombre. San Pablo la personificó como "mujer" y dijo:

"La mujer debe estar sujeta al hombre en todo"
(Efesios 5:24)

El subconsciente sirve al individuo y fielmente da forma a sus sentimientos. Sin embargo, el subconsciente tiene una clara aversión a la obligación y responde a la persuasión más que a la orden; en consecuencia, se asemeja más a la esposa amada que a la sierva.

"El marido es cabeza de la mujer"
(Efesios 5:23)

Puede que esto no sea cierto para el hombre y la mujer en su relación terrenal, pero sí lo es para el consciente y el subconsciente, o los aspectos masculino y femenino de la conciencia. El misterio al que se refería Pablo cuando escribió:

Grande es este misterio... El que ama a su mujer a sí mismo se ama... Y los dos serán una sola carne.

Esto es simplemente el misterio de la conciencia. La conciencia es realmente una e indivisible, pero por el bien de la creación parece estar dividida en dos.

sentir es el secreto

El consciente (objetivo) o aspecto masculino es realmente la cabeza y domina al subconsciente (subjetivo) o aspecto femenino. Sin embargo, este liderazgo no es el del tirano, sino el del amante. Entonces, al asumir el sentimiento que sería tuyo si ya estuvieras en posesión de tu objetivo, el subconsciente es movido a construir la semejanza exacta de tu asunción.

Tus deseos no son aceptados subconscientemente hasta que asumes el sentimiento de su realidad, porque solo a través del sentimiento se acepta subconscientemente una idea, y solo a través de esta aceptación subconsciente puede ser expresada.

Es más fácil atribuir tus sentimientos a los acontecimientos del mundo que admitir que las condiciones del mundo reflejan tus sentimientos. Sin embargo, es eternamente cierto que el exterior refleja el interior. "Como es adentro, así es afuera".

"Un hombre no puede recibir nada si no le es dado del cielo"
(Juan 3:27)

"El reino de los cielos está dentro de ustedes"
(Lucas 17:21)

Nada viene desde afuera, todas las cosas vienen desde adentro, del subconsciente. Es imposible que veas otra cosa que no sea el contenido de tu conciencia. Tu mundo, en todos sus detalles, es tu conciencia exteriorizada. Los estados objetivos dan testimonio de las impresiones subconscientes. Un cambio de impresión da como resultado un cambio de expresión.

El subconsciente acepta como verdadero lo que tú sientes como verdadero, y como la creación es el resultado de las impresiones subconscientes, tú, por tu sentimiento, determinas la creación. Tú ya eres lo que quieres ser, y tu negativa a creerlo es la única razón por la cual no lo ves.

Buscar en el exterior lo que no sientes que eres es buscar en vano, porque nunca encontramos lo que queremos, solo encontramos lo que somos. En resumen, solo expresas y tienes lo que eres consciente de ser o poseer.

"Al que tiene se le dará más"
(Mateo 13:12; Lucas 8:18; Marcos 4:25)

Negar la evidencia de los sentidos y apropiarse del sentimiento del deseo cumplido es el camino para la realización de tu deseo. El dominio y control de tus pensamientos y sentimientos es tu mayor logro. Debes alcanzar perfecto dominio de ti mismo, de modo que, a pesar de las apariencias, sientas todo lo que quieras sentir. Utiliza el sueño y la oración para ayudarte a realizar tus estados deseados. Estas son las dos puertas de entrada al subconsciente.

CAPÍTULO 2

EL SUEÑO

El sueño, la vida que ocupa un tercio de nuestra estancia en la tierra, es la puerta natural al subconsciente. Por lo tanto, ahora nos ocuparemos del sueño.

Los dos tercios conscientes de nuestra vida en la tierra se miden por el grado de atención que le damos al sueño. Nuestra comprensión y deleite en lo que el sueño tiene para otorgarnos, hará que, noche tras noche, nos dirijamos hacia él como si estuviéramos cumpliendo una cita con un amante.

> *"En un sueño, en una visión nocturna, cuando un sueño profundo cae sobre los hombres, mientras dormitan en sus lechos, entonces él abre el oído de los hombres y sella su instrucción".*
> *(Job 33:15-16).*

Es en el sueño y en la oración, un estado semejante al sueño, el individuo accede al subconsciente para hacer sus impresiones y recibir sus instrucciones.

En estos estados el consciente y el subconsciente se unen creativamente. Lo masculino y lo femenino se convierten en una sola carne. El sueño es el momento en que lo masculino, o mente consciente, se aparta del mundo de los sentidos para buscar a su amante o ser subconsciente.

El subconsciente —a diferencia de la mujer del mundo, que se casa con su marido para cambiarlo— no tiene ningún deseo de cambiar el estado de vigilia consciente, sino que lo ama tal como es y reproduce fielmente su semejanza en el mundo exterior de la forma.

Las condiciones y los acontecimientos de tu vida son tus hijos formados a partir de los moldes de tus impresiones subconscientes en el sueño. Están hechos a imagen y semejanza de tu sentimiento más íntimo para que te revelen a ti mismo.

"Como en el cielo, así también en la Tierra"
(Mateo 6:10; Lucas 11:2)

Como en el subconsciente, así también en la tierra. Lo que tengas en la conciencia al irte a dormir es la medida de tu expresión en los dos tercios de tu vida terrenal en vigilia.

Nada te impide realizar tu objetivo, excepto tu incapacidad de sentir que ya eres lo que deseas ser, o que ya estás en posesión de lo que buscas. Tu subconsciente da forma a tus deseos solo cuando sientes que tu deseo se ha cumplido.

La inconsciencia del sueño es el estado normal del subconsciente. Debido a que todas las cosas provienen desde tu interior, y tu concepción de ti mismo determina lo que viene, siempre debes sentir el deseo cumplido antes de quedarte dormido.

Nunca atraes de lo más profundo de ti mismo lo que deseas; siempre atraes lo que eres, y eres lo que sientes que eres, así como lo que sientes que es verdad en los demás.

Por lo tanto, para ser manifestado, el deseo debe resolverse en el sentimiento de ser, o tener, o presenciar el estado buscado. Esto se logra asumiendo el sentimiento del deseo cumplido. El sentimiento que surge en respuesta a la pregunta: "¿Cómo me sentiría si se cumpliera mi deseo?" es el sentimiento que debe monopolizar e inmovilizar tu atención mientras te relajas en el sueño. Debes estar en la conciencia de ser o tener aquello que deseas ser o tener, antes de quedarte dormido.

Una vez dormido, ya no hay libertad de elección. Todo el sueño está dominado por su último concepto de sí mismo en estado de vigilia. Por lo tanto, se deduce que siempre se debe asumir el sentimiento de realización y satisfacción antes de dormir.

"Vengamos ante su presencia con acción de gracias" (Salmos 95:2).

"Entren por sus puertas con acción de gracias, y a sus atrios con alabanza".
(Salmos 100:4)

Tu estado de ánimo antes de dormir define tu estado de conciencia cuando entras en presencia de tu amante eterno, el subconsciente. Te ve exactamente cómo sientes que eres. Si al prepararte para dormir asumes y mantienes la conciencia del éxito, sintiendo: "soy exitoso", debes tener éxito.

Acuéstate bocarriba, con la cabeza al mismo nivel que el cuerpo. Siente como si estuvieras en posesión de tu deseo y relájate tranquilamente en la inconsciencia.

"Jamás duerme ni se adormece el que cuida de Israel"
(Salmos 121:4)

"Él da a su amado aún mientras duerme"
(Salmos 127:2)

El subconsciente nunca duerme. El sueño es la puerta por la que pasa la mente consciente despierta para unirse creativamente al subconsciente. El sueño oculta el acto creativo, mientras que el mundo objetivo lo revela.

En el sueño, el individuo impresiona al subconsciente con la concepción que tiene de sí mismo. Una hermosa descripción de este romance entre el consciente y el subconsciente es la que se relata en el "Cantar de los Cantares":

"En mi lecho, por las noches, he buscado al que ama mi alma... Hallé al que ama mi alma; lo agarré y no quise soltarlo, hasta que lo llevé a la casa de mi madre y a la alcoba de la que me concibió".

Al prepararte para dormir, debes sentirte en el estado del deseo realizado, y luego relajarte en la inconsciencia. Tu deseo realizado es aquel a quien buscas. Por la noche, en tu cama, buscas el sentimiento del deseo realizado para llevarlo contigo a la alcoba de la que te concibió, al sueño o al subconsciente que te dio forma, para que este deseo también pueda ser expresado. Esta es la manera de descubrir y conducir tus deseos al subconsciente. Siéntete en el estado del deseo realizado y déjate caer tranquilamente en el sueño.

Noche tras noche, debes asumir el sentimiento de ser, tener y presenciar aquello que buscas ser, poseer y ver manifestado. Nunca te vayas a dormir sintiéndote desanimado o insatisfecho. Nunca duermas en la conciencia del fracaso. Tu subconsciente, cuyo estado natural es el sueño, te ve como crees que eres, y ya sea bueno, malo o indiferente, el subconsciente encarnará fielmente tu creencia. Tal como te sientes, así será la impresión que harás, y ella, la amante perfecta, dará forma a estas impresiones y las exteriorizará como hijos de su amado.

> *"Toda tú eres hermosa, amada mía, y no hay defecto en ti"*
> *(Cantares 4:7)*

Esa es la actitud mental que se debe adoptar antes de dormir. No hagas caso de las apariencias y siente que las cosas son como quieres que sean, porque:

> *"Él llama las cosas que no son, como si fueran"*
> *(Romanos 4:17)*

Asumir el sentimiento de satisfacción es llamar a la existencia aquellas condiciones que reflejarán la satisfacción. "Las señales siguen, no preceden". La prueba de que eres seguirá a la conciencia de que eres; no lo precederá.

Eres un soñador eterno, soñando sueños, no eternos. Tus sueños toman forma a medida que asumes el sentimiento de su realidad. No te limites al pasado. Sabiendo que nada es imposible para la conciencia, comienza a imaginar estados más allá de las experiencias del pasado.

Todo lo que la mente puede imaginar, lo puede realizar. Todos los estados objetivos (visibles) fueron primero estados subjetivos (invisibles) y tú los hiciste visibles asumiendo el sentimiento de su realidad. El proceso creativo consiste primero en imaginar y luego en creer el estado imaginado. Imagina y espera siempre lo mejor.

El mundo no puede cambiar mientras no cambies tu concepto de él. "Como es adentro, así es afuera". Las naciones, al igual que las personas, solo son lo que tú crees que son. No importa cuál sea el problema, no importa dónde esté, no importa a quién concierne, no tienes a nadie a quien cambiar, excepto a ti mismo, y no tienes ni oponente ni ayudante para llevar a cabo el cambio dentro de ti mismo. No tienes nada más que hacer que convencerte de la verdad de aquello que deseas ver manifestado. En cuanto consigues convencerte de la realidad del estado que buscas, los resultados confirman tu convicción. Uno nunca sugiere a otro el estado que desea verle expresar, sino que se convence de que ya es lo que uno desea que sea.

La realización de tu deseo se logra asumiendo el sentimiento del deseo cumplido. No puedes fracasar a menos que no te convenzas de la realidad de tu deseo. Un cambio de creencia se confirma con un cambio de expresión.

Cada noche, cuando caigas en el sueño, siéntete satisfecho y sin defecto, porque tu amante subjetiva siempre forma el mundo objetivo a imagen y semejanza de tu concepción de él, la concepción definida por tu sentimiento.

Los dos tercios de tu vida terrenal en vigilia siempre corroboran o dan testimonio de tus impresiones subconscientes. Las acciones y los acontecimientos del día son efectos; no son causas.

El libre albedrío es solo la libertad de elección.

"Escojan hoy a quién han de servir"
(Josué 24:15)

Es tu libertad de elegir el estado de ánimo que asumirás; pero la expresión del estado de ánimo es el secreto del subconsciente. El subconsciente solo recibe impresiones a través de los sentimientos y, de una manera que solo él conoce, da forma y expresión a estas impresiones.

Las acciones que realiza cada persona están determinadas por sus impresiones subconscientes. Su ilusión del libre albedrío, su creencia en la libertad de acción, no es más que la ignorancia de las causas que le hacen actuar. Piensa que es un ser libre porque ha olvidado el vínculo entre él y el acontecimiento.

La persona despierta está obligada a expresar sus impresiones subconscientes. Si en el pasado hizo impresiones erróneas, que empiece a cambiar su pensamiento y su sentimiento, pues únicamente así cambiará su mundo.

No pierdas ni un momento en remordimientos, porque pensar con sentimiento en los errores del pasado es volver a infectarse.

"Deja que los muertos entierren a sus muertos"
(Mateo 8:22; Lucas 9:60)

Olvida las apariencias y asume el sentimiento que sería tuyo si ya fueras quien deseas ser. Sentir un estado produce ese estado.

El papel que desempeñas en el escenario del mundo está determinado por la concepción que tienes de ti mismo. Al sentir tu deseo cumplido y relajarte tranquilamente en el sueño, te pones en el papel de estrella que representarás mañana en la Tierra y, mientras duermes, ensayas y te instruyes en tu papel.

La aceptación del final automáticamente dispone los medios para su realización. No te equivoques en esto. Si mientras te preparas para dormir no te sientes conscientemente en el estado del deseo cumplido, entonces, llevarás contigo a la alcoba de la que te concibió, la suma total de las reacciones y sentimientos del día de vigilia; y mientras duermes, serás instruido en la forma en que se expresarán mañana. Te levantarás creyendo que eres un agente libre, sin darte cuenta de que cada acción y acontecimiento del día está predeterminado por el concepto que tenías de ti mismo mientras te dormías. Por lo tanto, tu única libertad es tu libertad de reacción. Eres libre de elegir cómo te sientes y cómo reaccionas ante el drama del día, pero el drama —las acciones, eventos y circunstancias del día— ya han sido determinados.

A menos que definas consciente y deliberadamente la actitud mental con la que te vas a dormir, inconscientemente, te vas a dormir con la actitud mental compuesta por todos los sentimientos y reacciones del día. Cada reacción produce una impresión subconsciente y, a menos que sea contrarrestada por un sentimiento opuesto y más dominante, es la causa de la acción futura.

Las ideas envueltas en sentimientos son acciones creativas. Utiliza tu derecho divino sabiamente. A través de tu capacidad de pensar y sentir, tienes dominio sobre toda la creación. Mientras estás despierto eres un jardinero seleccionando semillas para tu jardín, pero:

"Si el grano de trigo no cae en tierra y muere, queda solo; pero si muere, da abundante fruto"
(Juan 12:24)

El concepto que tienes de ti mismo cuando te duermes es la semilla que dejas caer en el suelo del subconsciente. Dormirte sintiéndote satisfecho y feliz hace que aparezcan en tu mundo condiciones y acontecimientos que confirman estas actitudes mentales.

El sueño es la puerta al cielo. Lo que tomas como un sentimiento lo sacas como una condición, acción u objeto en el espacio. Así que duerme en el sentimiento del deseo cumplido.

CAPÍTULO 3

LA ORACIÓN

La oración, al igual que el sueño, es también una entrada al subconsciente.

"Cuando ores, entra en tu aposento, y cuando hayas cerrado la puerta, ora a tu Padre que está en secreto, y tu Padre, que ve en lo secreto, te recompensará abiertamente"
(Mateo 6:6)

La oración es una apariencia de sueño que disminuye la impresión del mundo exterior y hace que la mente sea más receptiva a las sugerencias del interior. Durante la oración, la mente se encuentra en un estado de relajación y receptividad similar al que se alcanza justo antes de dormirse.

La oración no es tanto lo que pides, sino cómo te preparas para recibirlo.

"Todas las cosas por las que oren y pidan, crean que ya las han recibido, y les serán concedidas"
(Marcos 11:24)

La única condición requerida es que creas que tus oraciones ya fueron atendidas. Tu oración debe ser respondida si asumes el sentimiento que sería tuyo si ya estuvieras en posesión de tu objetivo. En el momento en que aceptas el deseo como un hecho consumado, el subconsciente encuentra los medios para su realización. Para orar con éxito, entonces, debes ceder al deseo, es decir, sentir el deseo cumplido.

La persona perfectamente disciplinada está siempre sintonizada con el deseo como un hecho cumplido. Sabe que la conciencia es la única realidad, que las ideas y los sentimientos son hechos de la conciencia y son tan reales como los objetos en el espacio. Por consiguiente, nunca alberga un sentimiento que no contribuya a su felicidad, ya que los sentimientos son las causas de las acciones y circunstancias de su vida.

Por otra parte, la persona indisciplinada tiene dificultades para creer lo que niegan los sentidos y suele aceptar o rechazar únicamente basándose en las apariencias de los sentidos.

Debido a esta tendencia a confiar en la evidencia de los sentidos, es necesario apartarlos antes de comenzar a orar, antes de intentar sentir lo que ellos niegan. Siempre que te encuentres en el estado mental: "Me gustaría, pero no puedo", cuanto más te esfuerces, menos serás capaz de ceder al deseo. Nunca atraes aquello que deseas, sino que siempre atraes aquello que eres consciente de ser.

La oración es el arte de asumir el sentimiento de ser y tener aquello que deseas. Cuando los sentidos confirman la ausencia de tu deseo, todo esfuerzo consciente para contrarrestar esta sugestión es inútil y tiende a intensificar la sugestión.

La oración es el arte de dar paso al deseo y no de forzarlo. Siempre que tu sentimiento esté en conflicto con tu deseo, el sentimiento será el vencedor. El sentimiento dominante se expresa invariablemente. La oración debe ser sin esfuerzo. Al intentar fijar una actitud mental negada por los sentidos, el esfuerzo es fatal.

Para dar paso exitosamente al deseo como un hecho cumplido, debes crear un estado pasivo, una especie de ensueño o reflexión meditativa, similar a la sensación que precede al sueño. En ese estado de relajación, la mente se aparta del mundo objetivo y percibe fácilmente la realidad de un estado subjetivo. Es un estado en el cual eres consciente y bastante capaz de moverte o abrir los ojos, pero no tienes ningún deseo de hacerlo.

Una forma sencilla de producir este estado pasivo es relajarse en una silla cómoda o en una cama. Si estás en la cama, acuéstate bocarriba con la cabeza a la altura del cuerpo, cierra los ojos e imagina que tienes sueño. Siente: "Tengo sueño, mucho sueño, mucho sueño".

Al cabo de un rato, te envuelve una sensación de lejanía acompañada de una lasitud general y la pérdida de todo deseo de moverte, te sientes en un descanso agradable y confortable. No te sientes inclinado a alterar tu posición, aunque en otras circunstancias no estarías nada cómodo. Cuando alcances este estado pasivo, imagina que has realizado tu deseo; no cómo se ha realizado, sino simplemente el deseo cumplido.

Imagina, en forma de imagen, lo que deseas conseguir en la vida; luego, siente que ya lo has conseguido. Los pensamientos producen pequeños movimientos del habla que pueden ser escuchados en el estado pasivo de la oración como pronunciamientos desde el exterior. Sin embargo, este grado de pasividad no es esencial para la realización de tus oraciones. Todo lo que es necesario es crear un estado pasivo y sentir el deseo cumplido.

Todo lo que puedas necesitar o desear ya es tuyo. No necesitas ningún ayudante para conseguirlo; ya es tuyo. Haz realidad tus deseos imaginando y sintiendo tu deseo cumplido. Al aceptar el final, te vuelves totalmente indiferente a un posible fracaso, ya que la aceptación del final determina los medios para alcanzarlo.

Cuando sales del momento de oración, es como si te mostraran el final feliz y exitoso de una obra de teatro, aunque no te mostraran cómo se logró ese final. Sin embargo, habiendo presenciado el final, independientemente de cualquier secuencia anticlimática, permaneces tranquilo y seguro sabiendo que el final ha sido perfectamente definido.

CAPÍTULO 4

ESPÍRITU – SENTIMIENTO

"No por el poder ni por la fuerza, sino por mi espíritu, dice el Señor de los ejércitos".
(Zacarías 4:6)

Entra en el espíritu del estado deseado, asumiendo el sentimiento que sería tuyo si ya fueras quien quieres ser. Al captar el sentimiento del estado deseado, te liberas de todo esfuerzo por conseguirlo, porque ya lo tienes.

Hay un sentimiento definido asociado con cada idea en la mente. Capta el sentimiento asociado con tu deseo realizado, asumiendo el sentimiento que sería tuyo si ya estuvieras en posesión de aquello que deseas, y tu deseo se manifestará.

La fe es sentimiento.

"Conforme a tu fe (sentimiento) te sea hecho".
(Mateo 9:29)

Nunca atraes lo que quieres, sino siempre lo que eres. Como una persona es, así ve.

"Porque al que tiene, se le dará más y al que no tiene, aun lo que tiene se le quitará".
(Mateo 13:12)

Aquello que sientes que eres, eso eres, y se te da aquello que eres. Por lo tanto, asume el sentimiento que sería tuyo si ya estuvieras en posesión de tu deseo, y tu deseo debe realizarse.

"Dios creó a los seres humanos a su propia imagen. A imagen de Dios los creó".
(Génesis 1:27)

"Haya, pues, en ustedes esta actitud (esta manera de pensar) que hubo también en Cristo Jesús, el cual, aunque existía en forma de Dios, no consideró el ser igual a Dios como algo a qué aferrarse".
(Filipenses 2:5,6)

Tú eres lo que crees que eres. En lugar de creer en Dios o en Jesús, cree que eres Dios o que eres Jesús.

"El que en mí cree, las obras que yo hago, él las hará también"
(Juan 14:12).

Esto debería ser: "El que cree como yo creo, las obras que yo hago él las hará también". A Jesús no le pareció extraño hacer las obras de Dios, porque creía que él mismo era Dios.

"Yo y mi Padre somos uno" (Juan 10:30)

Es natural hacer las obras de quien crees ser. Por eso, vive en el sentimiento de ser quien quieres ser y lo serás.

Cuando una persona cree en el valor del consejo que se le da y lo aplica, establece en sí misma la realidad del éxito.

Plegaria: El Arte de Creer
(1945)

CAPÍTULO 1

LA LEY DE LA REVERSIBILIDAD

"Reza por mi alma, más cosas son hechas por la oración que lo que este mundo sueña".
(Tennyson)

Rezar es un arte y requiere práctica. El primer requisito es una imaginación controlada. El alarde y las vanas repeticiones son ajenos a la oración. Su ejercicio requiere tranquilidad y paz mental. "No uses vanas repeticiones" (Mateo 6:7), pues la oración se hace en secreto y "Tu Padre que ve en lo secreto te recompensará abiertamente" (Mateo 6:6).

Las ceremonias que habitualmente se emplean en la oración son simples supersticiones y se han inventado para dar a la oración un aire de solemnidad. Los que practican el arte de la oración a menudo ignoran las leyes que la rigen. Atribuyen los resultados obtenidos a las ceremonias y confunden la letra con el espíritu.

La esencia de la oración es la fe, pero la fe debe estar impregnada de entendimiento para que adquiera esa cualidad activa que no posee cuando está sola.

"Adquiere sabiduría. Y antes que toda posesión, adquiere entendimiento"
(Proverbios 4:7)

Este libro es un intento de reducir lo desconocido a lo conocido, señalando las condiciones en las cuales las oraciones son respondidas, y sin las cuales no pueden ser respondidas. Define las condiciones que rigen la oración en leyes que no son más que una generalización de nuestras observaciones.

La ley universal de la reversibilidad es el fundamento sobre el que se basan sus afirmaciones.

El movimiento mecánico causado por el habla se conocía desde mucho antes de que nadie soñara con la posibilidad de una transformación inversa, es decir, la reproducción del habla por el movimiento mecánico (el fonógrafo). Durante mucho tiempo la electricidad fue producida por la fricción, sin que jamás se pensara que la fricción, a su vez, pudiera ser producida por la electricidad.

Independientemente de que el individuo consiga o no invertir la transformación de una fuerza, sin embargo, sabe que todas las transformaciones de fuerza son reversibles. Si el calor puede producir movimiento mecánico, el movimiento mecánico puede producir calor. Si la electricidad produce magnetismo, también el magnetismo puede desarrollar corrientes eléctricas. Si la voz puede provocar corrientes ondulatorias, también tales corrientes pueden reproducir la voz, y así sucesivamente. Causa y efecto, energía y materia, acción y reacción son lo mismo e interconvertibles.

Esta ley es de extrema importancia, porque te permite prever la transformación inversa una vez verificada la transformación directa. Si supieras cómo te sentirías si alcanzaras tu objetivo, entonces, inversamente, sabrías qué estado podrías alcanzar si despertaras en ti mismo tal sentimiento. El mandato de orar creyendo que ya posees aquello por lo que oras, está basado en el conocimiento de la ley de la transformación inversa. Si tu oración realizada produce en ti un determinado sentimiento o estado de conciencia, entonces, inversamente, ese determinado sentimiento o estado de conciencia debe producir la realización de tu oración.

Ya que todas las transformaciones de fuerza son reversibles, debes asumir siempre el sentimiento de tu deseo realizado. Debes despertar en ti el sentimiento de que eres y tienes aquello que hasta entonces deseabas ser y poseer. Esto se hace fácilmente contemplando la alegría que sería tuya si tu objetivo fuera un hecho cumplido, de modo que vivas y te muevas y tengas tu ser en el sentimiento de que tu deseo se ha realizado. El sentimiento del deseo cumplido, si es asumido y sostenido, debe manifestar el estado que lo habría creado. Esta ley explica por qué:

"La Fe es la sustancia de las cosas que se esperan, la evidencia de las cosas que no se ven"
(Hebreos 11:1).

Y por qué "Él llama a las cosas que no se ven como si se vieran y las cosas que no se ven son vistas".

Asume el sentimiento de tu deseo cumplido y continúa sintiendo que se cumple hasta que aquello que sientes se vuelva objetivo.

Si un hecho físico puede producir un estado psicológico, un estado psicológico puede producir un hecho físico. Si el efecto (A) puede ser producido por la causa (B), entonces, inversamente, el efecto (B) puede ser producido por la causa (A).

"Por eso les digo que todas las cosas por las que oren y pidan, crean que ya las han recibido, y les serán concedidas".
(Marcos 11:24).

CAPÍTULO 2

LA NATURALEZA DUAL DE LA CONCIENCIA

Un claro concepto de la naturaleza dual de la conciencia debe ser la base de toda oración verdadera. La conciencia incluye tanto una parte subconsciente como una parte consciente. La parte infinitamente mayor de la conciencia se encuentra por debajo de la esfera de la conciencia objetiva. El subconsciente es la parte más importante de la conciencia. Es la causa de la acción voluntaria. El subconsciente es lo que el individuo es. El consciente es lo que individuo sabe.

"Yo y mi Padre somos uno, pero mi Padre es más grande que yo".

El consciente y el subconsciente son uno, pero el subconsciente es más grande que el consciente.

"Yo por mí mismo no puedo hacer nada, el Padre dentro de mí, él hace el trabajo".

Yo, la conciencia objetiva, no puedo hacer nada por mí mismo; el Padre, el subconsciente, él hace el trabajo. El subconsciente es aquello en lo que todo se conoce, en lo que todo es posible, a lo que todo va, de lo que todo viene, que pertenece a todos, a lo que todos tienen acceso.

Aquello de lo que somos conscientes se construye a partir de aquello de lo que no somos conscientes. Nuestras asunciones subconscientes no solamente influyen en nuestro comportamiento, sino que también configuran el patrón de nuestra existencia objetiva. Ellas tienen el poder de decir: "Hagamos al hombre —manifestaciones objetivas— a nuestra imagen y semejanza".

Toda la creación está dormida dentro de la profundidad del individuo y es despertada a la existencia objetiva por sus asunciones subconscientes. Dentro de esa ceguera que llamamos sueño hay una conciencia vigilante que no duerme, y mientras el cuerpo duerme, este ser que no duerme libera del tesoro de la eternidad las suposiciones subconscientes del individuo.

La oración es la llave que abre el almacén infinito.

> *"Póngame ahora a prueba en esto, dice el Señor de los ejércitos, si no les abro las ventanas de los cielos y derramo para ustedes bendición hasta que sobreabunde"*
> *(Malaquías 3:10)*

La oración modifica o cambia completamente nuestras asunciones subconscientes, y un cambio de asunción es un cambio de expresión.

La mente consciente razona inductivamente a partir de la observación, la experiencia y la educación. Por lo tanto, le resulta difícil creer lo que los cinco sentidos y la razón inductiva niegan. El subconsciente razona deductivamente y nunca se preocupa por la verdad o falsedad de la premisa, sino que procede sobre la suposición de la veracidad de la premisa y materializa resultados que son consistentes con la premisa.

Esta distinción debe ser claramente percibida por todos los que quieran dominar el arte de orar. No se puede obtener una verdadera comprensión de la ciencia de la oración hasta que se comprendan las leyes que rigen la naturaleza dual de la conciencia y se comprenda la importancia del subconsciente.

La oración —el arte de creer aquello que los sentidos niegan— trata casi completamente con el subconsciente. A través de la oración, el subconsciente es inducido a aceptar el deseo cumplido y, razonando deductivamente, lo despliega lógicamente hasta su fin legítimo.

> *"Mayor es aquel que está en ustedes, que el que está en el mundo"*
> *(1 Juan 4:4).*

La mente subjetiva es la conciencia difusa que anima el mundo; es el espíritu que da vida. En toda sustancia hay una sola alma: la mente subjetiva. A través de toda la creación corre esta única mente subjetiva inquebrantable. El pensamiento y el sentimiento fundidos en creencias le imprimen modificaciones, le encargan una misión, que ejecuta fielmente.

La mente consciente origina premisas. La mente subjetiva las despliega hasta sus fines lógicos. Si la mente subjetiva no estuviera tan limitada en su poder de iniciativa para razonar, el ser objetivo no podría ser considerado responsable de sus acciones en el mundo. El individuo transmite ideas al subconsciente a través de sus sentimientos. El subconsciente transmite ideas de mente a mente, a través de la telepatía. Tus convicciones no expresadas sobre los demás se transmiten a ellos sin su conocimiento consciente ni su consentimiento y, si son aceptadas subconscientemente por ellos, influirán en su comportamiento.

Las únicas ideas que ellos rechazan subconscientemente son tus ideas sobre ellos, que no podrían desear que fueran ciertas para nadie. Cualquier cosa que puedan desear para otros puede ser creída por ellos, y por la ley de la creencia que gobierna el razonamiento subjetivo, están obligados a aceptar subjetivamente y, por lo tanto, expresar objetivamente, en consecuencia.

La mente subjetiva está completamente controlada por la sugestión. Las ideas se sugieren mejor cuando la mente objetiva es parcialmente subjetiva, es decir, cuando los sentidos objetivos están disminuidos o mantenidos en suspensión. Este estado parcialmente subjetivo puede describirse mejor como una ensoñación controlada, en la que la mente es pasiva pero capaz de funcionar con absorción. Se trata de una concentración de la atención.

No debe haber ningún conflicto en tu mente mientras rezas. Cambia de lo que es a lo que debería ser. Asume el estado de ánimo del deseo cumplido y, por la ley universal de la reversibilidad, realizarás tu deseo.

CAPÍTULO 3

IMAGINACIÓN Y FE

Las oraciones no se realizan con éxito a menos que exista una compenetración entre la mente consciente y subconsciente del operador. Esto se consigue mediante la imaginación y la fe.

Por el poder de imaginación, todas las personas, ciertamente las imaginativas, están siempre lanzando encantamientos; y todas las personas, especialmente las no imaginativas, están continuamente cayendo bajo su poder. ¿Podemos alguna vez estar seguros de que no fue nuestra madre, mientras zurcía nuestros calcetines, quien inició ese sutil cambio en nuestras mentes? Si puedo hechizar involuntariamente a las personas, no hay razón para dudar de que soy capaz de hechizar intencionadamente a alguien con un hechizo mucho más fuerte.

Todo lo que puede ser visto, tocado, explicado, discutido, para el ser imaginativo no es más que un medio, ya que él trabaja, gracias a su imaginación controlada, en lo más profundo de sí mismo, donde cada idea existe en sí misma y no en relación con otra cosa. En él no hay necesidad de las restricciones de la razón. La única restricción que puede obedecer es el instinto misterioso que le enseña a eliminar todos los estados de ánimo que no sean el estado de ánimo del deseo cumplido.

La imaginación y la fe son las únicas facultades de la mente necesarias para crear condiciones objetivas. La fe requerida para la exitosa operación de la ley de la conciencia, es una fe puramente subjetiva, la cual se alcanza al cesar la oposición activa por parte de la mente objetiva del operador. Depende de tu capacidad para sentir y aceptar como verdadero lo que tus sentidos objetivos niegan. No es necesaria ni la pasividad del sujeto ni su acuerdo consciente con tu sugerencia, pues sin su consentimiento o conocimiento se le puede dar una orden subjetiva que debe expresar objetivamente. Es una ley fundamental de la conciencia que por telepatía podamos tener comunión inmediata con otro.

Para establecer la conexión, llama mentalmente al sujeto. Enfoca tu atención en él y grita mentalmente su nombre como lo harías para atraer la atención de cualquier persona. Imagina que responde y escucha mentalmente su voz. Represéntalo interiormente en el estado que quieres que obtenga. Luego imagina que te está diciendo en el tono de una conversación común lo que quieres oír. Respóndele mentalmente. Háblale de tu alegría al ser testigo de su buena fortuna. Habiendo oído mentalmente con toda la nitidez de la realidad lo que querías oír y habiéndote emocionado con la noticia oída, vuelve a la conciencia objetiva. Tu conversación subjetiva debe despertar lo que afirmó.

"Decidirás una cosa y se te cumplirá".
(Job 22:28)

No es una fuerte voluntad la que envía la palabra subjetiva en su misión, sino un claro pensamiento y el sentimiento de la verdad del estado afirmado. Cuando la creencia y la voluntad están en conflicto, la creencia vence invariablemente.

"No por el poder ni por la fuerza, sino por mi espíritu, dice el Señor de los ejércitos".
(Zacarías 4:6).

No es lo que quieres lo que atraes; atraes lo que crees que es verdad. Por lo tanto, entra en el espíritu de estas conversaciones mentales y dales el mismo grado de realidad que le darías a una conversación telefónica. Si puedes creer, todas las cosas son posibles para el que cree.

"Por eso les digo que todas las cosas por las que oren y pidan, crean que ya las han recibido, y les serán concedidas"
(Marcos 11:24).

La aceptación del fin determina los medios. Ni la más sabia reflexión podría concebir medios más eficaces que los que son ordenados por la aceptación del fin. Habla mentalmente con tus amigos como si tus deseos para ellos estuvieran ya realizados.

La imaginación es el principio del crecimiento de todas las formas, y la fe es la sustancia de la que se forman. Por la imaginación, lo que existe en estado latente, o está dormido en lo profundo de la conciencia, se despierta y se le da forma. Las sanaciones atribuidas a la influencia de ciertas medicinas, reliquias y lugares, son efectos de la imaginación y la fe. El poder curativo no está en el espíritu que hay en ellos, sino en el espíritu con que se aceptan.

"La letra mata, pero el espíritu da vida"
(2 Corintios 3:6).

La mente subjetiva está completamente controlada por la sugestión, así que, sea verdadero o falso el objeto de tu fe, obtendrás los mismos resultados. No hay nada infundado en la teoría de la medicina ni en las reivindicaciones del sacerdocio por sus reliquias y lugares santos. La mente subjetiva del paciente acepta la sugestión de salud condicionada a tales estados, y tan pronto como se cumplen estas condiciones procede a realizar la salud. "Conforme a tu fe te sea hecho porque todo es posible para el que cree". La expectativa confiada de un estado es el medio más potente para conseguirlo. La espera confiada de una sanación hace lo que ningún tratamiento médico puede lograr.

El fracaso se debe siempre a una autosugestión antagónica por parte del paciente, derivada de la duda objetiva del poder de la medicina o de la reliquia, o de la duda de la verdad de la teoría. Muchos de nosotros, ya sea por falta de emoción o por exceso de intelecto, ambos obstáculos en el camino de la oración, no podemos creer lo que nuestros sentidos niegan. Forzarnos a creer acabará en mayores dudas. Para evitar tales contra-sugestiones, el paciente debe ser inconsciente, objetivamente, de las sugestiones que se le hacen.

El método más efectivo para sanar o influir en el comportamiento de los demás consiste en lo que se conoce como "el tratamiento silencioso o ausente". Cuando el sujeto objetivamente no es consciente de la sugestión que se le hace, no hay posibilidad de que establezca una creencia antagónica. No es necesario que el paciente sepa, objetivamente, que se está haciendo algo por él. Por lo que se sabe de los procesos subjetivos y objetivos del razonamiento, es mejor que no sepa objetivamente lo que se está haciendo por él. Cuanto más completamente se mantenga la mente objetiva en la ignorancia de la sugestión, mejor desempeñará sus funciones la mente subjetiva. El sujeto acepta subconscientemente la sugestión y piensa que él la origina, demostrando la verdad del dicho de Spinoza de que desconocemos las causas que determinan nuestros actos.

La mente subconsciente es el conductor universal que el operador modifica con sus pensamientos y sentimientos. Los estados visibles son, o bien, los efectos vibratorios de las vibraciones subconscientes dentro de ti, o son las causas vibratorias de las correspondientes vibraciones dentro de ti. Una persona disciplinada nunca permite que sean causas, a menos que despierten en ella los estados de conciencia deseables.

Con el conocimiento de la ley de la reversibilidad, el ser disciplinado transforma su mundo imaginando y sintiendo solo lo que es amable y de buen nombre. La bella idea que despierta en su interior no dejará de despertar su afinidad en los demás. Él sabe que el salvador del mundo no es un hombre, sino la manifestación que salvaría. El salvador del enfermo es la salud, el del hambriento es el alimento, el del sediento es el agua. Él camina en compañía del salvador asumiendo el sentimiento de su deseo cumplido.

Por la ley de la reversibilidad, de que todas las transformaciones de la fuerza son reversibles, la energía o el sentimiento despertado se transforma en el estado imaginado. Él nunca espera cuatro meses para la cosecha. Si dentro de cuatro meses la cosecha despertará en él un estado de dicha, entonces, inversamente, la dicha de la cosecha ahora, despertará la cosecha ahora.

"Ahora es el tiempo aceptable para dar diadema en lugar de ceniza, aceite de regocijo en lugar de luto, y manto de alabanza en lugar de espíritu abatido. Para que sean llamados robles de justicia, plantío del Señor, para manifestar su gloria"
(Isaías 61:3)

CAPÍTULO 4

ENSUEÑO CONTROLADO

Todo el mundo es susceptible a las mismas leyes psicológicas que gobiernan el tema hipnótico común. El sujeto es susceptible de ser controlado por sugestión.

En la hipnosis, los sentidos objetivos están parcial o totalmente suspendidos. Sin embargo, no importa cuán profundamente estén bloqueados los sentidos objetivos en la hipnosis, las facultades subjetivas están alerta, y el sujeto reconoce todo lo que sucede a su alrededor.

La actividad y el poder de la mente subjetiva son proporcionales al sueño de la mente objetiva. Las sugestiones, que parecen carentes de poder cuando son presentadas directamente a la conciencia objetiva, son altamente eficaces cuando el sujeto está en estado hipnótico. El estado hipnótico es simplemente estar objetivamente inconsciente.

En el hipnotismo, se hace dormir a la mente consciente y se exponen los poderes subconscientes para ser alcanzados directamente por la sugestión. De aquí se desprende fácilmente, siempre que aceptes la verdad de las sugestiones mentales, que cualquiera que no sea objetivamente consciente de ti se encuentra en un profundo estado hipnótico en relación contigo. Por lo tanto:

"Ni aun en tu pensamiento maldigas al rey, ni en los secretos de tu cámara maldigas al rico; porque las aves del cielo llevarán la voz, y las que tienen alas harán saber la palabra"
(Eclesiastés 10:20).

Lo que creas sinceramente como verdad de otro lo despertarás en él.

No es necesario que una persona esté en trance, de la manera corriente, para ser ayudada. Si el individuo no es consciente de la sugestión, y si la sugestión es dada con convicción y aceptada con confianza por el operador como verdadera, entonces tienes el escenario ideal para una oración exitosa.

Imagina mentalmente al sujeto como si ya hubiera hecho lo que deseas que haga. Háblale mentalmente y felicítalo por haber hecho lo que quieres que haga. Visualízalo mentalmente en el estado que deseas que obtenga. Dentro del círculo de su acción, cada palabra dicha subjetivamente despierta objetivamente, lo que afirma.

La incredulidad por parte del sujeto no es obstáculo cuando tú controlas tu ensueño. Una afirmación enérgica por tu parte, mientras te encuentras en un estado parcialmente subjetivo, despierta lo que afirmas. La confianza en ti mismo y la creencia plena en la verdad de tu afirmación mental son todo lo que se necesita para producir resultados.

Visualiza el sujeto e imagina que escuchas su voz. Esto establece el contacto con su mente subjetiva. A continuación, imagina que te dice lo que quieres oír. Si quieres enviarle palabras de salud y riqueza, imagina que te dice: "Nunca me he sentido mejor, y nunca he tenido tanto". Mentalmente, cuéntale de tu alegría al ser testigo de su buena fortuna. Imagina que ves y escuchas su alegría.

Una conversación mental con la imagen subjetiva de otro debe ser de una manera que no exprese ni la más minina duda en cuanto a la verdad de lo que escuchas y dices.

Si tienes la más mínima noción de que no crees lo que has imaginado que has oído y visto, el sujeto no obedecerá, pues tu mente subjetiva solo transmitirá tus ideas fijas. Solo las ideas fijas pueden despertar sus correlatos vibratorios en aquellos hacia quienes se dirigen.

En el ensueño controlado, las ideas deben ser sugeridas con el máximo cuidado. Si no controlas tu imaginación en el ensueño, tu imaginación te controlará a ti.

Cualquier cosa que sugieras con confianza es ley para la mente subjetiva; está obligada a exteriorizar lo que afirmas mentalmente. El sujeto no solo ejecuta el estado afirmado, sino que lo hace como si la decisión hubiera surgido de sí mismo, o la idea o la idea hubiera sido originada por él.

El control del subconsciente es el dominio sobre todo. Cada estado obedece al control de una mente. El control del subconsciente se logra mediante el control de tus creencias, que a su vez es el factor todopoderoso en los estados visibles. La imaginación y la fe son los secretos de la creación.

CAPÍTULO 5

LEY DE TRANSMISIÓN DEL PENSAMIENTO

"Él envió su palabra y los sanó, y los libró de su ruina"
(Salmos 107:20)

Él transmitió la conciencia de salud y despertó su correspondencia vibracional en aquel hacia quien iba dirigida. Representó mentalmente al sujeto en estado de salud e imaginó que escuchaba al sujeto confirmarlo. Porque ninguna palabra de Dios está desprovista de poder, "retén la norma de las sanas palabras que has oído".

Para orar con éxito debes tener objetivos claramente definidos. Debes saber lo que quieres antes de pedirlo. Debes saber lo que quieres antes de poder sentir que lo tienes, y la oración es el sentimiento del deseo cumplido.

No importa qué es lo que buscas en la oración, ni dónde está, ni a quién concierne. No tienes nada más que hacer que convencerte de la verdad de aquello que deseas ver manifestado. Cuando sales de la oración, ya no buscas, porque —si has orado correctamente— has asumido subconscientemente la realidad del estado buscado, y por la ley de reversibilidad tu subconsciente debe manifestar aquello que afirma.

Para transmitir una fuerza es necesario un conductor. Puedes emplear un cable, un chorro de agua, una corriente de aire, un rayo de luz o cualquier otro intermediario. El principio del fotófono, o de la transmisión de la voz por la luz, te ayudará a comprender la transmisión del pensamiento, o el envío de una palabra para sanar a otro. Existe una fuerte analogía entre la voz hablada y la voz mental. Pensar es hablar en voz baja, hablar es pensar en voz alta.

El principio del fotófono es el siguiente: Un rayo de luz es reflejado por un espejo y proyectado a un receptor en un punto distante. Detrás del espejo hay una boquilla. Al hablar por la boquilla se hace vibrar el espejo. Un espejo que vibra modifica la luz que se refleja en él. La luz modificada tiene que transportar tu habla, no como habla, sino como representada en su correspondiente mecánico. Esta alcanza la estación distante y repercute en un disco dentro del receptor, hace que el disco vibre según la modificación que experimenta, y reproduce tu voz.

"Yo soy la luz del mundo". Yo soy, el conocimiento de que existo, es una luz mediante la cual se hace visible lo que pasa por mi mente. La memoria, o mi capacidad de ver mentalmente lo que está objetivamente presente, prueba que mi mente es un espejo, un espejo tan sensible que puede reflejar un pensamiento. La percepción de una imagen en la memoria no difiere en absoluto, como acto visual, de la percepción de mi imagen en un espejo. En ambos casos interviene el mismo principio de visión.

Tu conciencia es la luz reflejada en el espejo de tu mente y proyectada en el espacio hacia aquel en quién piensas. Al hablar mentalmente a la imagen subjetiva en tu mente, haces que el espejo de tu mente vibre. La vibración de tu mente modifica la luz de la conciencia que se refleja en ella. La luz de la conciencia modificada llega a aquel hacia quien se dirige e incide en el espejo de su mente; hace que su mente vibre de acuerdo con la modificación que experimenta. Así, reproduce en él lo que fue afirmado mentalmente por ti.

Tus creencias, tus actitudes mentales fijas, modifican constantemente tu conciencia al reflejarse en el espejo de tu mente. Tu conciencia, modificada por tus creencias, se exterioriza en las condiciones de tu mundo. Para cambiar tu mundo, primero debes cambiar tu concepto de él. Para cambiar a una persona, debes cambiar tu concepto de ella. Primero debes creer que es la persona que quieres que sea y hablarle mentalmente como si lo fuera. Todas las personas son suficientemente susceptibles para reproducir tus creencias sobre ellas. Por lo tanto, si tu palabra no se reproduce visiblemente en aquel hacia quien es enviada, la causa hay que buscarla en ti, no en el sujeto. En cuanto crees en la verdad del estado afirmado, los resultados siguen. Todo el mundo puede transformarse; todo pensamiento puede transmitirse; todo pensamiento puede encarnarse visiblemente.

Las palabras subjetivas —asunciones subconscientes— despiertan aquello que afirman. Ellas están vivas y activas, y "no volverán a mí vacías, sin haber realizado lo que deseo y logrado el propósito para el cual las envié". Están dotadas de la inteligencia correspondiente a su misión y persistirán hasta que se realice el objetivo de su existencia; persisten hasta que despiertan los correspondientes vibratorios de sí mismas dentro de aquel hacia quien se dirigen, pero en el momento en que se cumple el objeto de su creación desaparecen. La palabra pronunciada subjetivamente, con confianza y serenidad, siempre despertará un estado correspondiente en aquel por quien fue pronunciada; pero en el momento en que su tarea se cumple, desaparece, permitiendo a quien la recibió permanecer en la conciencia del estado afirmado o regresar a su estado anterior.

Cualquier estado que tenga tu atención mantiene tu vida. Por lo tanto, prestar atención a un estado anterior es volver a esa condición.

"Olviden las cosas de antaño; ya no vivan en el pasado"
(Isaías 43:18).

Nada puede añadirse al ser humano, pues toda la creación está ya perfeccionada en él. "El reino de los cielos está dentro de ti".

"Ningún hombre puede recibir nada si no le es dado del cielo"
(Juan 3:27).

El cielo es tu subconsciente. Ni siquiera una insolación viene de fuera. Los rayos externos solo despiertan los correspondientes rayos internos. Si los quemantes rayos no estuvieran contenidos dentro del individuo, ni todos los rayos concentrados del universo podrían quemarlo. Si los tonos de la salud no estuvieran contenidos dentro de la conciencia de aquel de quien se afirman, no podrían vibrar por la palabra que es enviada. En realidad, no le das a otro, sino que resucitas lo que está dormido en él. "La niña no ha muerto, sino que está dormida". La muerte es simplemente dormir y olvidar. La edad y la decadencia son el sueño —no la muerte— de la juventud y la salud. El reconocimiento de un estado lo hace vibrar o despertar.

La distancia, tal como es conocida por tus sentidos objetivos, no existe para la mente subjetiva.

"Si tomo las alas del alba, y si habito en lo más remoto del mar, aún allí me guiará tu mano".
(Salmos 139:9-10)

El tiempo y el espacio son condiciones del pensamiento; la imaginación puede trascenderlos y moverse en un tiempo y espacio psicológicos.

Aunque estés físicamente separado de un lugar por miles de kilómetros, puedes vivir mentalmente en el lugar lejano como si estuviera aquí. Tu imaginación puede transformar fácilmente el invierno en verano, Nueva York en Florida, o cualquier otra cosa. Ya sea que el objeto de tu deseo esté cerca o lejos, los resultados serán los mismos. Subjetivamente, el objeto de tu deseo nunca está lejos; su intensa cercanía lo convierte en algo alejado de la observación de los sentidos. Habita en la conciencia, y la conciencia está más cerca que la respiración y más cerca que las manos y los pies.

La conciencia es la única realidad. Todos los fenómenos están formados por la misma sustancia que vibra a diferentes velocidades. De la conciencia salí yo como hombre, y a la conciencia regreso yo como hombre. En la conciencia todos los estados existen subjetivamente, y son despertados a su existencia objetiva por la creencia. Lo único que nos impide hacer una impresión subjetiva exitosa en alguien a gran distancia, o de transformar allí en aquí, es nuestro hábito de considerar el espacio como un obstáculo.

Un amigo que se encuentra a miles de kilómetros de distancia está arraigado en tu conciencia a través de las ideas fijas que tienes sobre él. Pensar en él y representarlo interiormente en el estado que deseas que se encuentre, confiando en que esta imagen subjetiva es tan verdadera como si ya estuviera manifestada, despierta en él un estado correspondiente que debe manifestar.

Los resultados serán tan evidentes como oculta era la causa. El sujeto expresará el estado despertado en su interior y permanecerá inconsciente de la verdadera causa de su acción. Tu ilusión de libre albedrío no es más que la ignorancia de las causas que te hacen actuar.

El éxito de las oraciones depende de tu actitud mental y no de la actitud del sujeto. El sujeto no tiene poder para resistir tus ideas subjetivas controladas sobre él, a menos que el estado afirmado por ti como verdadero de él sea un estado que él sea incapaz de desear como verdadero en otro. En tal caso, vuelve a ti, el emisor, y se realizará en ti.

Siempre que la idea sea aceptable, el éxito depende enteramente del operador y no del sujeto que, como las agujas de una brújula en sus ejes, son bastante indiferentes en cuanto a la dirección que decidas darles. Si tu idea fija no es aceptada subjetivamente por aquel a quien va dirigida, rebota hacia ti, de quien provino.

"¿Quién les podrá hacer daño a ustedes si demuestran tener celo por lo bueno?"
(1 Pedro 3:13)

"Yo fui joven, y ya soy viejo; y no he visto al justo desamparado, ni a su descendencia mendigando pan"
(Salmos 37:25)

"Ningún daño sobreviene al justo"
(Proverbios 12:21)

No nos ocurre nada que no sea de nuestra propia naturaleza. Una persona que dirige un pensamiento malicioso a otra se verá perjudicada por su rebote si no consigue la aceptación subconsciente de la otra. "Como siembres, así cosecharás." Además, lo que puedes desear y creer de otro puede ser deseado y creído de ti, y no tienes poder para rechazarlo si el que lo desea para ti lo acepta como verdadero para ti.

El único poder para rechazar una palabra subjetiva es ser incapaz de desear un estado similar en otro —dar presupone la capacidad de recibir. La posibilidad de imprimir una idea sobre otra mente presupone la capacidad de esa mente de recibir esa impresión. Los necios explotan el mundo; los sabios lo transforman.

Es la más alta sabiduría saber que en el universo viviente no hay más destino que el creado por la imaginación humana. No hay ninguna influencia fuera de la mente del individuo.

"Todo lo que es verdadero, todo lo honorable, todo lo justo, todo lo puro, todo lo amable, todo lo que es de buen nombre, si hay virtud alguna, si hay algo que merece alabanza, en esto piensen"
(Filipenses 4:8)

Nunca aceptes como verdad de los demás lo que no te gustaría que fuera verdad para ti.

Para despertar un estado en otro, primero debe estar despierto en ti. El estado que transmitirías a otro solo puede ser transmitido si es creído por ti. Por lo tanto, dar es recibir. No puedes dar lo que no tienes y solo tienes lo que crees. Entonces, creer que un estado es verdadero en otro, no solamente despierta ese estado dentro del otro, sino que lo hace vivir dentro de ti. Eres lo que crees.

"Den, y les será dado; medida buena, apretada, remecida y rebosante"
(Lucas 6:38)

Dar es simplemente creer, porque lo que realmente crees de los demás lo despertarás en ellos. El estado vibratorio transmitido por tu creencia persiste hasta que despierta su vibración correspondiente en aquel de quien se cree.

Pero antes de que pueda ser transmitido, debe primero estar despierto dentro del transmisor. Todo lo que está despierto en tu conciencia, eso eres.

No importa si la creencia pertenece a uno mismo o a otro, porque el creyente se define por la suma total de sus creencias o asunciones subconscientes.

"Como un hombre piensa en su corazón" —en lo más profundo de su subconsciente— "así es él."

Ignora las apariencias y afirma subjetivamente como verdadero lo que deseas que sea verdad. Esto despierta en ti el tono del estado afirmado, el cual, a su vez, se manifiesta en ti y en aquel de quien se afirma. Da y recibirás. Invariablemente, las creencias despiertan aquello que afirman. El mundo es un espejo en el que cada uno se ve a sí mismo reflejado. El mundo objetivo refleja las creencias de la mente subjetiva.

Algunas personas se impresionan mejor con imágenes visuales, otras con sonidos mentales y otras con acciones mentales. La forma de actividad mental que permite que todo el poder de tu atención se concentre en una dirección elegida es la que debes cultivar, hasta que puedas hacer que todas ellas actúen al mismo tiempo en tu objetivo.

Si tienes dificultades para entender los términos "imágenes visuales", "sonidos mentales" y "acciones mentales", aquí tienes una ilustración que te aclarará su significado: (X) imagina que ve una pieza musical, sin saber nada sobre las notaciones musicales. La impresión en su mente es puramente una imagen visual. (Y) imagina que ve la misma pieza, pero sabe leer música y puede imaginar como sonaría al tocarla al piano; esa imaginación es sonido mental. (Z) también lee música y es un pianista; mientras lee, se imagina tocando la pieza. La acción imaginaria es acción mental.

Las imágenes visuales, los sonidos mentales y las acciones mentales son creaciones de tu imaginación, y aunque parecen venir de fuera, en realidad vienen de dentro de ti mismo. Se mueven como si las moviera otro, pero en realidad las lanza tu propio espíritu desde el almacén mágico de la imaginación. Se proyectan en el espacio por la misma ley vibratoria que gobierna el envío de una voz o una imagen. El habla y las imágenes se proyectan no como habla o imágenes, sino como correspondencias vibratorias. La mente subjetiva vibra según las modificaciones que sufre por el pensamiento y los sentimientos del operador. El estado visible creado es el efecto de las vibraciones subjetivas. Un sentimiento va siempre acompañado de una vibración correspondiente, es decir, de un cambio de expresión o de sensación en el operador.

No hay pensamiento ni sentimiento sin expresión. Por muy carente de emociones que parezcas estar si reflexionas con cualquier grado de intensidad, siempre hay una ejecución de ligeros movimientos musculares. Los ojos, aunque cerrados, siguen los movimientos de los objetos imaginarios y la pupila se dilata o se contrae según el brillo o la lejanía de esos objetos; la respiración se acelera o se retarda, según el curso de tus pensamientos; los músculos se contraen correspondientemente a tus movimientos mentales.

Este cambio de vibración persiste hasta que despierta una vibración correspondiente en el sujeto, vibración que se expresa entonces en un hecho físico.

"Y la palabra se hizo carne"
(Juan 1:14)

La energía, como ves en el caso de la radio, se transmite y se recibe en un "campo", un lugar donde se producen cambios en el espacio. El campo y la energía son uno e inseparables. El campo o sujeto se convierte en la encarnación de la palabra o energía recibida. El pensador y el pensamiento, el operador y el sujeto, la energía y el campo son uno. Si estuvieras lo suficientemente quieto para escuchar el sonido de tus creencias, sabrías lo que significa "la música de las esferas". El sonido mental que escuchas en la oración como si viniera de fuera, en realidad lo produces tú mismo. La autoobservación revelará este hecho.

Del mismo modo que la música de las esferas se define como la armonía que solo escuchan los dioses, y se supone que es producida por los movimientos de las esferas celestiales, así también la armonía que escuchas subjetivamente para los demás, solo la escuchas tú y es producida por los movimientos de tus pensamientos y sentimientos en el verdadero reino o "cielo dentro de ti".

CAPÍTULO 6

BUENAS NOTICIAS

"Qué hermosos son sobre los montes los pies de aquel que trae buenas nuevas, del que anuncia la paz, del que trae las buenas nuevas de gozo, del que anuncia la salvación"
(Isaías 52:7).

Una manera muy eficaz de llevar buenas noticias a otro es llamar ante los ojos de tu mente la imagen subjetiva de la persona a la que deseas ayudar y hacer que afirme lo que deseas que haga. Escúchale mentalmente decirte que lo ha hecho. Esto despertará en su interior el correspondiente vibracional del estado afirmado, cuya vibración persistirá hasta que su misión se cumpla. No importa lo que desees que se haga, ni a quién elijas para hacerlo. Tan pronto como afirmas subjetivamente que está hecho, los resultados siguen.

El fracaso solo puede producirse si no aceptas la verdad de tu afirmación o si el estado afirmado no fuera deseado por el sujeto para sí mismo o para otro. En este último caso, el estado se realizaría en ti, el operador.

El hábito aparentemente inofensivo de "hablar consigo mismo" es la forma más fructífera de oración. Una discusión mental con la imagen subjetiva de otro es la forma más segura de orar por una discusión. Estás pidiendo ser ofendido por el otro cuando lo encuentres objetivamente. Él se ve obligado a actuar de una manera desagradable hacia ti, a menos que, antes del encuentro, anules o modifiques tu orden, afirmando subjetivamente un cambio.

Desafortunadamente, el individuo olvida sus discusiones subjetivas, sus conversaciones mentales cotidianas con los demás, y así pierde la explicación de los conflictos y desgracias de su vida.

Así como las discusiones mentales producen conflictos, las conversaciones mentales felices producen los correspondientes estados visibles de buenas nuevas. El individuo se crea a sí mismo a partir de su propia imaginación.

Si el estado deseado es para ti mismo, y te resulta difícil aceptar como verdadero lo que tus sentidos niegan, trae ante el ojo de tu mente la imagen subjetiva de un amigo y mentalmente hazle afirmar que eres aquello que deseas ser. Esto establece en él, sin su consentimiento o conocimiento consciente, la asunción subconsciente de que eres eso que él afirmó mentalmente. Esta asunción, al ser asumida inconscientemente, persistirá hasta que cumpla su misión. Su misión es despertar en ti correspondiente vibratorio, cuya vibración al despertarse en ti se realiza como un hecho objetivo.

Otra forma muy eficaz de orar por uno mismo es utilizar la fórmula de Job, que comprobó que su propio cautiverio desaparecía cuando oraba por sus amigos. Fija tu atención en un amigo y haz que la voz imaginaria de tu amigo te diga que él es o tiene aquello que es comparable a lo que tú deseas ser o tener. Mientras lo escuchas y lo ves mentalmente, siente la emoción de su buena suerte y deséale sinceramente lo mejor. Esto despierta en él la vibración correspondiente al estado afirmado, vibración que debe entonces manifestarse como un hecho físico. Descubrirás la verdad de la declaración:

"Bienaventurados los misericordiosos, pues ellos recibirán misericordia"
(Mateo 5:7)

"La cualidad de la misericordia es doblemente bendita: bendice a quien la toma y a quien la da". El bien que aceptas subjetivamente como verdadero de los demás no solo será expresado por ellos, sino que una parte completa será realizada por ti.

Las transformaciones nunca son totales. La fuerza A siempre transforma en algo más que una fuerza B. Un golpe con un martillo no solo produce una conmoción mecánica, sino también calor, electricidad, un sonido, un cambio magnético, etcétera. El correlativo vibratorio en el sujeto no es toda la transformación del sentimiento comunicado. El regalo transmitido a otro es como la medida divina, fluyendo, rebosando, de modo que, después de alimentar a cinco mil con los cinco panes y los dos peces, sobran doce canastos llenos.

CAPÍTULO 7

LA PLEGARIA MÁS GRANDE

La imaginación es el principio de la creación. Imaginas lo que deseas y luego crees que es verdad.

Todo sueño puede hacerse realidad si se tiene la autodisciplina suficiente para creer en él. Las personas son lo que tú decides que sean; una persona es lo que es según cómo la mires. Debes mirarla con otros ojos antes de que cambie objetivamente.

"Dos hombres miraban desde los barrotes de la prisión, uno miraba el barro y el otro miraba las estrellas".

Hace siglos, Isaías preguntó:

"¿Quién es ciego, sino mi siervo, o tan sordo como el mensajero a quien envío?
¿Quién es tan ciego como el que está en paz conmigo, o tan ciego como el siervo
del Señor?"
(Isaías 42:19)

El ser perfecto no juzga por las apariencias, sino que juzga correctamente. Ve a los demás como desea que sean; oye solo lo que quiere oír. Solo ve el bien en los demás. En él no hay condenación porque transforma el mundo con ver y escuchar.

"El rey que se sienta sobre el trono del juicio, disipa con sus ojos todo mal"
(Proverbios 20:8)

La lástima por los seres vivos —el acuerdo con las limitaciones humanas— no está en la conciencia del rey, porque ha aprendido a separar sus falsos conceptos de su verdadero ser. Para él, la pobreza no es más que el sueño de la riqueza. No ve orugas, sino pintorescas mariposas por nacer;

no ve el invierno, sino el verano dormido; no ve una persona necesitada, sino a Jesús dormido.

Jesús de Nazaret, que dispersó el mal con su mirada, está dormido en la imaginación de cada ser humano, y cada persona debe despertarlo de su propia imaginación afirmando subjetivamente: "Yo Soy Jesús". Entonces, y solo entonces, podrá ver a Jesús, porque el individuo solo puede ver lo que está despierto dentro de sí mismo.

El vientre santo es la imaginación del individuo. El santo niño es ese concepto de sí mismo que se ajusta a la definición de perfección de Isaías. Presta atención a las palabras de San Agustín:

"Demasiado tarde te he amado, porque he aquí que estabas dentro y fue fuera que te busqué".

Es a tu propia conciencia a la que debes dirigirte como a la única realidad. Allí, y solo allí, despiertas lo que está dormido. "Aunque naciera mil veces Cristo en Belén, si no nace de en ti, tu alma sigue desamparada".

La creación está terminada. Tú llamas a tu creación, sintiendo la realidad del estado que convocas. Un estado de ánimo atrae sus afinidades, pero no crea lo que atrae. Así como el sueño es llamado sintiendo "tengo sueño", así también Jesucristo es llamado sintiendo "yo soy Jesucristo".

El individuo solo se ve a sí mismo. Nada le sucede que no sea de su propia naturaleza. Las personas emergen de la masa traicionando su estrecha afinidad con sus estados de ánimo, a medida que se engendran. Las encuentras aparentemente por casualidad, pero descubres que son íntimas de tu estado de ánimo. Dado que tus estados de ánimo se exteriorizan continuamente, a partir de ellos, podrías profetizar que, sin buscarlos, pronto conocerías a ciertos individuos y te encontrarías con ciertas condiciones. Por lo tanto, llama al ser perfecto, viviendo en el sentimiento "Yo Soy Cristo", pues Cristo es el único concepto del ser a través del cual pueden verse las realidades desveladas de la eternidad.

Nuestro comportamiento está influenciado por nuestra asunción subconsciente con respecto a nuestro propio rango social e intelectual, y el de aquel a quien nos dirigimos. Busquemos y evoquemos el mayor rango, y el más noble de todos es el que despoja al individuo de su mortalidad y lo viste de soberana gloria inmortal.

Asumamos el sentimiento "Yo Soy Cristo", y todo nuestro comportamiento cambiará sutil e inconscientemente de acuerdo con la asunción.

Nuestras asunciones subconscientes se exteriorizan continuamente para que otros puedan vernos conscientemente como nos vemos subconscientemente a nosotros mismos, y nos digan por sus acciones lo que subconscientemente hemos supuesto que somos. Por lo tanto, asumamos el sentimiento "Yo Soy Cristo", hasta que nuestra afirmación consciente se convierta en nuestra asunción subconsciente de que:

"Todos nosotros, con el rostro descubierto, contemplando como en un espejo la gloria del Señor, estamos siendo transformados en la misma imagen de gloria en gloria".
(2 Corintios 3:18)

Dejemos que Dios despierte y que sus enemigos sean destruidos. No hay plegaria más grande para el ser humano.

La Búsqueda
(1946)

1

LA BÚSQUEDA

Una vez, en un intervalo de ocio en el mar, medité sobre el "estado perfecto", y me pregunté cómo sería si yo tuviera ojos demasiados puros para contemplar la iniquidad, si para mí todas las cosas fueran puras y estuviera libre de condenación. Mientras me perdía en esta intensa meditación, me encontré elevado por encima del oscuro entorno de los sentidos. Tan intensa era la sensación, que me sentía un ser de fuego habitando en un cuerpo de aire. Voces como de un coro celestial, con la exaltación de los que han sido vencedores en un conflicto con la muerte, cantaban: "Ha resucitado, ha resucitado", e intuitivamente supe que se referían a mí.

Luego me pareció estar caminando en la noche. Pronto llegué a una escena que podría haber sido el antiguo estanque de Betesda, pues en ese lugar había una gran multitud de personas impedidas —ciegas, paralizadas, atrofiadas— pero no esperaban el movimiento del agua como de costumbre, sino que me esperaban a mí. A medida que me acercaba, sin pensamiento ni esfuerzo de mi parte, uno tras otro, iban siendo moldeados como por el Mago de la Belleza. Los ojos, las manos, los pies —todos los miembros que faltaban— eran atraídos desde algún depósito invisible y moldeados en armonía con esa perfección que sentía brotar dentro de mí. Cuando todos fueron perfeccionados, el coro clamó: "Está terminado". Entonces, la escena se disolvió y me desperté.

Sé que esta visión fue el resultado de mi intensa meditación sobre la idea de perfección, ya que mis meditaciones invariablemente traen consigo la unión con el estado contemplado. Había estado tan completamente absorto en la idea, que durante un tiempo me había convertido en lo que contemplaba, y el elevado propósito con el que me había identificado en ese momento atrajo la compañía de las cosas elevadas y modeló la visión en armonía con mi naturaleza interior. El ideal con el que estamos unidos actúa por asociación de ideas para despertar mil estados de ánimo y crear un drama acorde con la idea central.

Descubrí esta estrecha relación entre los estados de ánimo y la visión cuando tenía unos siete años. Empecé a ser consciente de que una misteriosa vida se agitaba dentro de mí, como un océano tormentoso de una fuerza aterradora. Siempre sabía cuándo me uniría a esta identidad oculta, pues mis sentidos estaban expectantes en las noches de estas visitas y sabía, con certeza, que antes de la mañana estaría a solas con la inmensidad. Temía tanto estas visitas que me quedaba despierto hasta que se me cerraban los ojos de puro cansancio. Cuando mis ojos se cerraban en el sueño, ya no estaba solo, sino que me sentía completamente unido a otro ser, sin embargo, sabía que era yo mismo. Parecía más viejo que la vida, pero más cercano a mí que mi niñez. Si cuento lo que descubrí en estas noches, no lo hago para imponer mis ideas a los demás, sino para dar esperanza a los que buscan la ley de la vida.

Descubrí que mi estado de ánimo expectante funcionaba como un imán para unirme a este Gran Yo, mientras que mis temores lo hacían aparecer como un mar tormentoso. Como niño, concebí a este misterioso ser como poder, y en mi unión con él sentí su majestuosidad como un mar tempestuoso que me empapaba, y luego me revolcaba y arrojaba como una ola indefensa.

Como hombre, lo concebí como amor y a mí mismo como hijo de él, y en mi unión con él, ahora, ¡qué amor me envuelve! Es un espejo para todos. Todo lo que concebimos que es, eso es para nosotros. Creo que es el centro a través del cual se trazan todos los hilos del universo; por lo tanto, he alterado mis valores y he cambiado mis ideas para que ahora dependan de esta única causa de todo lo que existe y estén en armonía con ella. Para mí, es esa realidad inmutable que moldea las circunstancias en armonía con el concepto que tenemos de nosotros mismos.

Mis experiencias místicas me han convencido de que no hay otra manera de alcanzar la perfección exterior que buscamos, que no sea mediante la transformación de nosotros mismos. En cuanto conseguimos transformarnos, el mundo se disuelve mágicamente ante nuestros ojos y se remodela en armonía con aquello que afirma nuestra transformación.

Contaré otras dos visiones porque confirman la verdad de mi afirmación de que, por la intensidad del amor y del odio, nos convertimos en lo que contemplamos.

la búsqueda

Una vez, con los ojos cerrados y radiantes de contemplación, medité sobre la eterna pregunta: "¿Quién soy yo?", y sentí que me disolvía gradualmente en un mar infinito de luz vibrante, y que la imaginación pasaba más allá de todo miedo a la muerte. En este estado no existía nada más que yo mismo, un océano ilimitado de luz líquida. Nunca me había sentido tan íntimo con el Ser. No sé cuánto duró esta experiencia, pero mi regreso a la tierra estuvo acompañado por una clara sensación de cristalizarme nuevamente en forma humana.

En otra ocasión, me recosté en mi cama y con los ojos cerrados como si estuviera dormido, medité sobre el misterio de Buda. Poco después, las oscuras cavernas de mi cerebro comenzaron a volverse luminosas. Me parecía estar rodeado de nubes luminosas que emanaban de mi cabeza como anillos ardientes y pulsantes. Durante un momento no vi nada más que estos anillos luminosos. Entonces, apareció ante mis ojos una roca de cristal de cuarzo. Mientras la contemplaba, el cristal se rompió en pedazos y unas manos invisibles le dieron rápidamente la forma de un Buda viviente. Al contemplar esta figura meditativa, vi que era yo mismo. Yo era el Buda viviente que contemplaba. Una luz como la del sol resplandeció desde esta imagen viva de mí mismo con una intensidad creciente hasta que explotó. Entonces, la luz se desvaneció gradualmente y una vez más me encontré en la oscuridad de mi habitación.

¿De qué esfera o tesoro de designio salió este ser más poderoso que el humano, sus vestimentas, el cristal, la luz? Si veía, oía y me movía en un mundo de seres reales, cuando me parecía caminar en la noche, cuando los cojos, los paralíticos, los ciegos se transformaban en armonía con mi naturaleza interior, entonces, estoy justificado en suponer que tengo un cuerpo más sutil que el físico, un cuerpo que puede desprenderse del físico y utilizarse en otras esferas; porque ver, oír, moverse son funciones de un organismo aunque sea etéreo. Si medito sobre la alternativa de que mis experiencias psíquicas fueran fantasías que yo mismo he concebido, no deja de asombrarme este ser más poderoso que proyecta en mi mente un drama tan real como los que experimento cuando estoy completamente despierto.

He entrado en estas encendidas meditaciones una y otra vez, y sé más allá de toda duda que ambas asunciones son ciertas. Dentro de esta forma de tierra hay un cuerpo sintonizado con un mundo de luz, y yo, mediante una intensa meditación, lo he levantado como con un imán a través del cráneo de esta oscura casa de carne.

La primera vez que desperté los fuegos dentro de mí pensé que mi cabeza iba a explotar. Hubo una intensa vibración en la base de mi cráneo, y luego un repentino olvido de todo. A continuación, me encontré vestido con una prenda de luz y unido por un cordón elástico plateado al cuerpo adormecido en la cama. Mis sentimientos eran tan exaltados que me sentía relacionado con las estrellas. Con esta vestimenta recorrí esferas más familiares que la tierra, pero descubrí que, como en la tierra, las condiciones se moldeaban en armonía con mi naturaleza. "Fantasía autogenerada", te escucho decir. No más que las cosas de la tierra. Soy un ser inmortal concibiéndome como hombre y formando mundos a imagen y semejanza de mi concepto de mí mismo.

Lo que imaginamos, eso somos. Por nuestra imaginación hemos creado este sueño de vida, y por nuestra imaginación volveremos a entrar en ese mundo eterno de luz, convirtiéndonos en aquello que éramos antes de imaginar el mundo. En la economía divina nada se pierde. No podemos perder nada salvo por el descenso de la esfera donde la cosa tiene su vida natural. No hay poder transformador en la muerte y, estemos aquí o allá, modelamos el mundo que nos rodea por la intensidad de nuestra imaginación y sentimiento, e iluminamos u oscurecemos nuestras vidas por los conceptos que tenemos de nosotros mismos. Nada es más importante para nosotros que la concepción que tenemos de nosotros mismos, y esto es especialmente cierto en lo que respecta a nuestro concepto del Ser profundo y oculto dentro de nosotros.

Aquellos que nos ayudan o nos obstaculizan, lo sepan o no, son los servidores de esa ley que moldea las circunstancias externas en armonía con nuestra naturaleza interior. Es la concepción que tenemos de nosotros mismos la que nos libera o nos limita, aunque pueda utilizar organismos materiales para lograr su propósito.

Ya que la vida moldea el mundo externo para reflejar la disposición interior de nuestra mente, no hay manera de lograr la perfección externa que buscamos, sino mediante la transformación de nosotros mismos. Ninguna ayuda viene de fuera; las colinas a las que alzamos nuestros ojos son las de un rango interno. Por lo tanto, es a nuestra propia conciencia a la que debemos dirigirnos como la única realidad, el único fundamento sobre el que pueden explicarse todos los fenómenos. Podemos confiar absolutamente en la justicia de esta ley que nos dará solo lo que es de nuestra propia naturaleza.

Intentar cambiar el mundo antes de cambiar nuestro concepto de nosotros mismos es luchar contra la naturaleza de las cosas. No puede haber un cambio externo mientras no haya primero un cambio interno. Como es adentro, así es fuera. No estoy abogando por la indiferencia filosófica cuando sugiero que nos imaginemos que ya somos lo que queremos ser, viviendo en una atmósfera mental de grandeza, en lugar de

la búsqueda

utilizar medios físicos y argumentos para provocar el cambio deseado. Todo lo que hacemos, si no va acompañado de un cambio de conciencia, no es más que un fútil reajuste de superficies. Por mucho que nos esforcemos o luchemos, no podemos recibir más de lo que afirman nuestras premisas subconscientes. Protestar contra cualquier cosa que nos ocurra es protestar contra la ley de nuestro ser y contra el dominio que ejercemos sobre nuestro propio destino.

Las circunstancias de mi vida están demasiado relacionadas con mi concepto de mí mismo como para no haber sido lanzadas por mi propio espíritu desde algún almacén mágico de mi ser. Si hay dolor para mí en estos acontecimientos, debo buscar la causa en mi interior, pues soy movido aquí y allá y hecho para vivir en un mundo en armonía con el concepto que tengo de mí mismo.

La meditación intensa produce una unión con el estado contemplado, y durante esta unión vemos visiones, tenemos experiencias y nos comportamos de acuerdo con nuestro cambio de conciencia. Esto nos muestra que una transformación de la conciencia dará lugar a un cambio de entorno y de comportamiento.

Sin embargo, nuestras alteraciones comunes de conciencia, al pasar de un estado a otro, no son transformaciones, porque a cada una de ellas le sucede rápidamente otra en sentido inverso; pero siempre que un estado se estabiliza tanto como para expulsar definitivamente a sus rivales, entonces, ese estado habitual central define el carácter y es una verdadera transformación. Decir que nos hemos transformado significa que las ideas que antes eran periféricas en nuestra conciencia ahora ocupan un lugar central y forman el centro habitual de nuestra energía.

Todas las guerras demuestran que las emociones violentas son extremadamente potentes para precipitar reorganizaciones mentales. A cada gran conflicto le ha seguido una era de materialismo y codicia en la que quedan sumergidos los ideales por los que aparentemente se libró el conflicto. Esto es inevitable porque la guerra evoca el odio, que impulsa un descenso de la conciencia desde el plano del ideal al nivel donde se libra el conflicto.

Si nos emocionáramos tanto por nuestros ideales como lo hacemos por nuestras aversiones, ascenderíamos al plano de nuestros ideales con la misma facilidad con la que ahora descendemos al nivel de nuestros odios.

El amor y el odio tienen un mágico poder transformador y mediante su ejercicio nos convertimos en la semejanza de lo que contemplamos. Por la intensidad del odio creamos en nosotros mismos el carácter que imaginamos en nuestros enemigos. Las cualidades mueren por falta de atención, de modo que los estados desagradables podrían ser eliminados imaginando "belleza por cenizas y alegría por luto", en vez de atacar directamente el estado del que queremos liberarnos. "Todo lo bello y lo que es digno de admiración, piensa en esas cosas", porque nos convertimos en aquello con lo que somos afines.

No hay nada que cambiar, sino nuestro concepto de nosotros mismos. La humanidad es un solo ser, a pesar de sus múltiples formas y rostros, y en ella solo existe la aparente separación que encontramos en nuestro propio ser cuando soñamos. Las imágenes y las circunstancias que vemos en los sueños son creaciones de nuestra propia imaginación y no tienen existencia más que en nosotros mismos. Lo mismo ocurre con las imágenes y circunstancias que vemos en este sueño de vida. Ellas revelan el concepto que tenemos de nosotros mismos. Tan pronto como consigamos transformar el yo, nuestro mundo se disolverá y se remodelará en armonía con aquello que afirma nuestro cambio.

El universo que estudiamos con tanto cuidado es un sueño, y nosotros somos los soñadores del sueño, soñadores eternos soñando sueños no eternos.

Un día, como Nabucodonosor, despertaremos del sueño, de la pesadilla en la que luchamos con demonios, para descubrir que, en realidad, nunca abandonamos nuestro hogar eterno; que nunca nacimos y nunca hemos muerto, salvo en nuestro sueño.

Fuera de Este Mundo
(1949)

CAPÍTULO 1

PENSANDO CUATRIDIMENSIONALMENTE

"Y les he dicho ahora, antes que suceda, para que cuando suceda, crean"
(Juan 14:29)

Muchas personas, entre las que me incluyo, han observado acontecimientos antes de que ocurrieran, es decir, antes de que ocurrieran en este mundo de tres dimensiones. Ya que es posible observar un evento antes de que ocurra dentro del espacio tridimensional, la vida en la Tierra debe desarrollarse según un plan, y este plan debe existir en otro lugar, en otra dimensión, y desplazarse lentamente a través de nuestro espacio.

Si los acontecimientos que ocurren no estaban en este mundo cuando fueron observados, entonces, para ser perfectamente lógico, deben haber estado fuera de este mundo. Y todo lo que está allí para ser visto antes de que ocurra aquí debe estar "predeterminado" desde el punto de vista del ser despierto en un mundo tridimensional.

Entonces, surge la pregunta: ¿somos capaces de alterar nuestro futuro? Mi objetivo en escribir estas páginas es indicar las posibilidades inherentes al ser humano, para demostrar que él sí puede alterar su futuro; pero, una vez alterado, forma nuevamente una secuencia predeterminada a partir del punto de interferencia—un futuro que será consistente con la alteración.

La característica más notable del futuro del individuo es su flexibilidad. Está determinado por sus actitudes, más que por sus actos. La piedra angular en la que se basan todas las cosas es el concepto que el individuo tiene de sí mismo. Él actúa de la manera en que lo hace y tiene las experiencias que tiene, por el concepto que tiene de sí mismo, y por ninguna otra razón. Si tuviera un concepto diferente de sí mismo, actuaría de manera diferente. Un cambio en el concepto de sí mismo, automáticamente altera su futuro: y un cambio en cualquier término de sus futuras series de experiencias, recíprocamente altera su concepto de sí mismo.

Las asunciones del individuo, que él considera insignificantes, producen efectos que son considerables; por lo tanto, debería revisar la valorización que le da a una asunción y reconocer su poder creativo.

Todos los cambios tienen lugar en la conciencia. El futuro, aunque esté preparado de antemano en todos sus detalles, tiene varios desenlaces. En cada momento de nuestras vidas tenemos ante nosotros la elección de cuál de los varios futuros elegiremos.

Hay dos perspectivas reales del mundo que posee cada uno: un enfoque natural y un enfoque espiritual. Los antiguos maestros llamaban a uno "la mente carnal", y al otro "la mente de Cristo". Podemos diferenciarlos como: la conciencia despierta común —gobernada por nuestros sentidos; y una imaginación controlada —gobernada por el deseo.

Reconocemos estos dos distintos centros de pensamiento en esta declaración:

"Pero el hombre natural no acepta las cosas del Espíritu de Dios, porque para él son necedad; y no las puede entender, porque son cosas que se disciernen espiritualmente"
(1 Corintios 2:14)

La visión natural limita la realidad al momento llamado "ahora". Para la visión natural, el pasado y el futuro son solamente imaginarios. La visión espiritual, en cambio, ve los contenidos del tiempo. Ve los acontecimientos como objetos distintos y separados en el espacio. El pasado y el futuro son un todo presente para el punto de vista espiritual. Lo que es mental y subjetivo para el ser natural es concreto y objetivo para el ser espiritual.

El hábito de ver solo lo que nuestros sentidos nos permiten, nos deja completamente ciegos a lo que de otra manera podríamos ver. Para cultivar la facultad de ver lo invisible, con frecuencia debemos desapegar deliberadamente nuestra mente de la evidencia de los sentidos y enfocar nuestra atención en un estado invisible, sintiéndolo y percibiéndolo mentalmente hasta que tenga toda la nitidez de la realidad.

El pensamiento serio y concentrado, enfocado en una dirección particular, excluye otras sensaciones y las hace desaparecer. Solo debemos concentrarnos en el estado deseado para poder verlo. El hábito de retirar la atención de la región de la sensación y concentrarla en lo invisible desarrolla nuestra perspectiva espiritual y nos permite penetrar más allá del mundo de los sentidos y ver lo que es invisible.

"Porque desde la creación del mundo, sus atributos invisibles, su eterno poder y divinidad, se han visto con toda claridad" (Romanos 1:20).

Esta visión es completamente independiente de las facultades naturales. Ábrela y vivifícala. Sin ella, estas instrucciones son inútiles, porque "las cosas del espíritu se disciernen espiritualmente".

Un poco de práctica nos convencerá de que, al controlar nuestra imaginación, podemos reestructurar nuestro futuro en armonía con nuestro deseo. El deseo es el motor de la acción. No podríamos mover ni un solo dedo si no tuviéramos el deseo de moverlo. No importa lo que hagamos, seguimos el deseo que en ese momento domina nuestra mente. Cuando rompemos un hábito, nuestro deseo de romperlo es más grande que nuestro deseo de continuar con el hábito.

Los deseos que nos impulsan a la acción son los que mantienen nuestra atención. Un deseo no es más que ser conscientes de algo que nos falta o que necesitamos para hacer nuestra vida más agradable. Los deseos siempre tienen alguna ganancia personal en vista, cuanto mayor sea la ganancia esperada, más intenso es el deseo. No hay ningún deseo absolutamente desinteresado. Donde no hay nada que ganar, no hay deseo y, en consecuencia, no hay acción.

El ser espiritual le habla al ser natural a través del lenguaje del deseo. La clave del progreso en la vida y de la realización de los sueños reside en la obediencia inmediata a su voz. La obediencia sin vacilaciones a su voz es la asunción inmediata del deseo cumplido. Desear un estado es tenerlo. Desear un estado es tenerlo. Como dijo Pascal: "No me habrías buscado si no me hubieras encontrado".

El individuo, al asumir el sentimiento de su deseo cumplido, y luego al vivir y actuar de acuerdo con esta convicción, altera el futuro en armonía con su asunción.

Las asunciones despiertan lo que afirman. Tan pronto como la persona asume el sentimiento de su deseo cumplido, su ser cuatridimensional encuentra los medios para alcanzar ese fin, descubre los métodos para su realización. No conozco ninguna definición más clara de los medios por los que realizamos nuestros deseos que experimentar en la imaginación lo que experimentaríamos en la carne si cumpliéramos nuestro objetivo. Esta experiencia del final, determina los medios. Con su perspectiva más amplia, el yo cuatridimensional construye los medios necesarios para realizar el final aceptado.

A la mente indisciplinada le parece muy difícil asumir un estado que es negado por los sentidos. Aquí hay una técnica que facilita el encuentro con los acontecimientos antes de que ocurran, para:

"Llamar a las cosas que no existen, como si existieran"
(Romanos 4:17)

La gente tiene la costumbre de menospreciar la importancia de las cosas simples, pero esta sencilla fórmula para cambiar el futuro fue descubierta después de años de búsqueda y experimentación:

El primer paso para cambiar el futuro es el deseo, es decir, debes definir tu objetivo, debes saber definitivamente lo que quieres.

El segundo paso es construir acontecimiento con el que creas que te encontrarías tras la realización de tu deseo —un evento que implique el cumplimiento de tu deseo— algo en que tenga la acción del yo predominante.

El tercer paso es inmovilizar el cuerpo físico e inducir una condición parecida al sueño. Recuéstate en una cama o relájate en una silla e imagina que tienes sueño, luego, con los ojos cerrados y tu atención enfocada en la acción que pretendes experimentar —en la imaginación— siente mentalmente que estás justo en medio de la acción propuesta, imaginando todo el tiempo que realmente estás realizando la acción aquí y ahora. Siempre debes participar en la acción imaginaria, no simplemente quedarte mirando, sino que debes sentir que realmente estás haciendo la acción para que la sensación imaginaria sea real para ti.

Es importante recordar siempre que la acción propuesta debe ser aquella que sigue al cumplimiento de tu deseo y, además, debes sentirte dentro de la acción hasta que tenga toda la vivacidad y distinción de la realidad. Por ejemplo, supongamos que deseas una promoción en la oficina. Ser felicitado sería un acontecimiento que se produciría tras la realización de tu deseo. Habiendo seleccionado esta acción como la que experimentarás en la imaginación, inmoviliza el cuerpo físico e induce un estado próximo al sueño — un estado somnoliento— pero en el que todavía eres capaz de controlar la dirección de tus pensamientos, un estado en el que estás atento sin esfuerzo. Ahora, imagina que tienes delante a un amigo. Pon tu mano imaginaria en la suya. Primero siéntela como sólida y real, luego mantén una conversación imaginaria con él en armonía con la acción. No te visualices a distancia en un punto en el espacio, ni a distancia en un punto en el tiempo, siendo felicitado por tu buena fortuna. En lugar de eso, haz que ese lugar sea aquí, y que el futuro sea ahora. El acontecimiento futuro es ahora una realidad en un mundo dimensionalmente más grande y, aunque parezca increíble, ahora, en un mundo dimensionalmente más grande, es equivalente a aquí, en el espacio tridimensional común de la vida cotidiana.

La diferencia entre sentirte en la acción, aquí y ahora, y visualizarte en acción, como si estuvieras en una pantalla cinematográfica, es la diferencia entre el éxito y el fracaso. Se apreciará la diferencia si ahora te visualizas subiendo una escalera. Luego, con los ojos cerrados, imagina que hay una escalera justo delante de ti y siente que realmente la estás subiendo.

El deseo, la inmovilidad física bordeando el sueño y la acción imaginaria, en la que predomina el sentimiento del yo, aquí y ahora, no son solo factores importantes para alterar el futuro, sino que son condiciones esenciales para proyectar conscientemente el yo espiritual. Si nos apoderamos de la idea de hacer algo, cuando el cuerpo físico está inmovilizado, e imaginamos que lo estamos haciendo aquí y ahora, y mantenemos esa acción imaginaria con sentimiento hasta que nos quedemos dormidos, es probable que despertemos fuera del cuerpo físico y nos encontremos en un mundo dimensionalmente más grande, con un enfoque dimensionalmente más grande, y realmente haciendo lo que deseábamos e imaginábamos que estábamos haciendo en la carne. Sin embargo, tanto si despertamos allí como si no, en realidad estamos realizando la acción en el mundo cuatridimensional, y la volveremos a representar en el futuro, aquí en el mundo tridimensional.

La experiencia me ha enseñado a restringir la acción imaginaria, a condensar la idea que será el objeto de nuestra meditación en un solo acto, y a recrearlo una y otra vez hasta que tenga la sensación de realidad. De lo contrario, la atención divagará en una vía asociativa y se presentarán a nuestra atención una multitud de imágenes asociadas. En unos pocos segundos nos llevarán a cientos de kilómetros de nuestro objetivo en un punto en el espacio, y a años de distancia en el tiempo. Si decidimos subir un determinado tramo de escaleras, porque es lo que probablemente seguirá a la realización de nuestro deseo, debemos limitar la acción a subir ese tramo en concreto. Si nuestra atención se desvía, debemos volver a la tarea de subir las escaleras y seguir haciéndolo hasta que la acción imaginaria tenga toda la solidez y la nitidez de la realidad. La idea debe mantenerse en el campo de la atención sin ningún tipo de esfuerzo sensorial de nuestra parte. Con el mínimo esfuerzo, debemos impregnar la mente con el sentimiento del deseo cumplido.

La somnolencia facilita el cambio porque favorece la atención sin esfuerzo, pero no debe llevarse al estado de sueño, en el que ya no seremos capaces de controlar los movimientos de nuestra atención, sino a un grado moderado de somnolencia en el que aún seamos capaces de dirigir nuestros pensamientos.

La manera más efectiva de encarnar un deseo es asumir el sentimiento del deseo cumplido y luego, en un estado relajado y somnoliento, repetir una y otra vez, como una canción de cuna, cualquier frase corta que implique el cumplimiento de nuestro deseo, como, por ejemplo: "Gracias", como si nos dirigiéramos a un poder superior, por haberlo hecho por nosotros. No obstante, si buscamos una proyección consciente en un mundo dimensionalmente más grande, entonces debemos mantener la acción hasta que nos quedemos dormidos.

Experimenta en la imaginación, con toda la nitidez de la realidad, lo que experimentarías en la carne si lograras tu objetivo y, con el tiempo, lo encontrarás en la carne como lo encontraste en tu imaginación.

Alimenta la mente con premisas, es decir, con afirmaciones que se presumen verdaderas, porque las asunciones, aunque sean irreales para los sentidos, si se persiste en ellas hasta que tengan la sensación de realidad, se convertirán en hechos. Para una asunción, todos los medios que promueven su realización son buenos. Influye en el comportamiento de todos, inspirando los movimientos, las acciones y las palabras que tienden a su realización.

Para comprender cómo el individuo moldea su futuro en armonía con su asunción, debemos saber a qué nos referimos cuando hablamos de un mundo dimensionalmente más grande, porque es a un mundo dimensionalmente más grande al que nos dirigimos para alterar nuestro futuro. La observación de un acontecimiento antes de que ocurra implica que el acontecimiento está predeterminado desde el punto de vista de la persona en el mundo tridimensional. Por lo tanto, para cambiar las condiciones aquí en las tres dimensiones del espacio, primero debemos cambiarlas en las cuatro dimensiones del espacio.

La gente no sabe exactamente lo que significa un mundo dimensionalmente más grande, y sin duda negaría la existencia de un yo dimensionalmente más grande. Conoce perfectamente las tres dimensiones de longitud, anchura y altura, y cree que si existiera una cuarta dimensión, le resultaría tan evidente como las dimensiones de longitud, anchura y altura.

Una dimensión no es una línea, sino cualquier forma en la que pueda medirse una cosa que sea totalmente distinta de todas las demás formas. Es decir, para medir a un sólido cuatridimensionalmente, basta con medirlo en cualquier dirección, excepto la de su longitud, anchura y altura.

¿Existe otra forma de medir un objeto que no sea su longitud, anchura y altura? El tiempo mide mi vida sin emplear las tres dimensiones de longitud, anchura y altura. No existe algo así como un objeto instantáneo.

Su aparición y desaparición son medibles. Tiene una duración determinada. Podemos medir su duración sin utilizar las dimensiones de longitud, anchura y altura. Definitivamente, el tiempo es una cuarta forma de medir un objeto.

Cuantas más dimensiones tenga un objeto, más sustancial y real se convierte. Una línea recta, que se encuentra enteramente en una dimensión, adquiere forma, masa y sustancia mediante la adición de dimensiones. ¿Qué cualidad nueva aportaría el tiempo, la cuarta dimensión, que lo haría muy superior a los sólidos, como los sólidos lo son a las superficies y las superficies a las líneas? El tiempo es un medio para los cambios en la experiencia, porque todos los cambios requieren tiempo. La nueva cualidad es la cambiabilidad.

Observa que si bisecamos un sólido, su sección transversal será una superficie; bisecando una superficie, obtenemos una línea, y bisecando una línea, obtenemos un punto. Esto significa que un punto no es más que la sección transversal de una línea, lo que, a su vez, no es más que una sección transversal de una superficie, lo que, a su vez, no es más que la sección transversal de un sólido, lo que, a su vez, si se lleva a su conclusión lógica, no es más que la sección transversal de un objeto cuatridimensional.

No podemos evitar la conclusión de que todos los objetos tridimensionales no son más que secciones transversales de cuerpos cuatridimensionales. Lo que significa que cuando me encuentro contigo, me encuentro con una sección transversal de tu ser cuatridimensional —el ser cuatridimensional que no se ve.

Para ver el ser cuatridimensional, debo ver cada sección transversal o momentos de tu vida, desde el nacimiento hasta la muerte, y verlos todos como coexistentes. Mi enfoque debería abarcar toda la gama de impresiones sensoriales que has experimentado en la Tierra, además de aquellas con las que podrías encontrarte. Debería verlas, no en el orden en que las experimentaste, sino como un todo presente. Puesto que el cambio es la característica de la cuarta dimensión, debería verlas en un estado de flujo como un todo vivo y animado.

Si tenemos todo esto claramente fijo en nuestra mente, ¿qué significa para nosotros en este mundo tridimensional? Significa que, si podemos movernos en la longitud del tiempo, podemos ver el futuro y alterarlo como queramos. Este mundo, que nos parece tan sólidamente real, es una sombra de la que podemos salir y más allá de la cual podemos pasar en cualquier momento. Es una abstracción de un mundo más fundamental y dimensionalmente más grande, un mundo más fundamental abstraído de un mundo aún más fundamental y dimensionalmente aún más grande, y así sucesivamente hasta el infinito. El absoluto es inalcanzable bajo cualquier medio o análisis, no importa cuántas dimensiones añadamos al mundo.

El individuo puede probar la existencia de un mundo dimensionalmente más grande simplemente enfocando su atención en un estado invisible e imaginando que lo ve y lo siente. Si permanece concentrado en ese estado, su entorno actual desaparecerá y despertará en un mundo dimensionalmente más grande, donde el objeto de su contemplación será visto como una realidad objetiva concreta. Intuitivamente, siento que si abstrajera sus pensamientos de este mundo dimensionalmente más grande y se retirara aún más adentro de su mente, volvería a producir una exteriorización del tiempo. Descubriría que cada vez que se retira a su mente interior y trae una exteriorización del tiempo, el espacio se vuelve dimensionalmente más grande. Por lo tanto, concluiría que tanto el tiempo como el espacio son seriales, y que el drama de la vida no es más que la escalada de un multitudinario bloque de tiempo dimensional.

Los científicos algún día explicarán por qué existe un universo serial. Pero, en la práctica, es más importante cómo utilizamos este universo serial para cambiar el futuro. Para cambiar el futuro, solo tenemos que ocuparnos de dos mundos en la serie infinita, el mundo que conocemos en razón de nuestros órganos corporales, y el mundo que percibimos independientemente de nuestros órganos corporales.

CAPÍTULO 2

LAS ASUNCIONES SE CONVIERTEN EN HECHOS

Las personas creen en la realidad del mundo exterior porque no saben cómo enfocar y condensar sus poderes para penetrar su fina corteza. Este libro tiene un solo propósito: remover el velo de los sentidos —el viaje a otro mundo.

Para remover el velo de los sentidos no empleamos un gran esfuerzo; el mundo objetivo se desvanece al quitar nuestra atención de él. Solo tenemos que concentrarnos en el estado deseado, para verlo mentalmente, pero para darle realidad, para que se convierta en un hecho objetivo. Debemos enfocar nuestra atención en el estado invisible hasta que tenga la sensación de realidad.

En el momento en que, mediante la atención concentrada, nuestro deseo parece poseer la nitidez y el sentimiento de la realidad, le hemos otorgado el derecho a convertirse en un hecho concreto visible.

Si te resulta difícil controlar la dirección de tu atención mientras estás en un estado próximo al sueño, te será de gran ayuda observar fijamente a un objeto. No mires su superficie, sino dentro y más allá de cualquier objeto plano, como una pared, una alfombra, o cualquier otro objeto que posea profundidad. Arréglalo para que devuelva el menor reflejo posible. Imagina entonces que en esta profundidad estás viendo y escuchando lo que quieres ver y escuchar hasta que tu atención esté exclusivamente ocupada por el estado imaginario.

Al final de tu meditación, cuando despiertes de tu ensueño controlado, te sentirás como si hubieras regresado de una gran distancia. El mundo visible que habías dejado afuera, ahora vuelve a la conciencia y con su sola presencia te informa que has sido autoengañado al creer que el objeto de tu contemplación era real. No obstante, si sabes que la conciencia es la única realidad, permanecerás fiel a tu visión y, con esta actitud mental sostenida, confirmarás tu don de realidad, y demostrarás que tienes el poder de dar realidad a tus deseos para que se conviertan en hechos concretos visibles.

Define tu ideal y concentra tu atención en la idea de identificarte con tu ideal. Asume el sentimiento de serlo, el sentimiento que sería tuyo si ya fueras la encarnación de tu ideal. Luego, vive y actúa según esta convicción. Esta asunción, aunque sea negada por los sentidos, si se persiste en ella, se convertirá en un hecho. Sabrás cuando hayas tenido éxito en fijar el estado deseado en la conciencia, simplemente mirando mentalmente a las personas que conoces. En los diálogos contigo mismo eres menos inhibido y más sincero que en las conversaciones reales con los demás, por lo tanto, la oportunidad de autoanálisis surge cuando te sorprendes en tus conversaciones mentales con los demás. Si los ves como los veías anteriormente, no has cambiado tu concepto de ti mismo, porque todos los cambios en el concepto de ti mismo tienen como resultado un cambio en la relación con tu mundo.

En tu meditación, permite que los demás te vean como te verían si este nuevo concepto de ti mismo ya fuera un hecho concreto. Siempre parecerás a los demás una encarnación del ideal que inspiras. Por lo tanto, en la meditación, cuando contemples a los demás, debes ser visto por ellos mentalmente como te verían físicamente si tu concepto de ti mismo fuera un hecho objetivo; es decir, en la meditación imagina que te ven expresando aquello que deseas ser.

Si asumes que eres lo que quieres ser, tu deseo se realiza y, con la realización, se neutraliza todo anhelo. No puedes seguir deseando lo que ya has conseguido. Tu deseo no es algo que te esfuerzas por conseguir, es reconocer algo que ya posees. Es asumir el sentimiento de ser aquello que deseas ser. Creer y ser son una sola cosa. El que concibe y su concepción son uno, por lo tanto, aquello que tú concibes que eres nunca puede estar tan lejos, ni tampoco tan cerca, pues la cercanía implica separación.

"Si puedes creer, al que cree todo le es posible"
(Marcos 9: 23)

El ser es la sustancia de las cosas que se esperan, la evidencia de las cosas que aún no se ven. Si asumes que ya eres aquello que deseas ser, entonces verás a los demás relacionados con tu asunción.

Ahora bien, si lo que deseas es el bien de los demás, entonces, en la meditación, debes representarlos ante ti mismo como si ya fueran aquello que deseas que sean. A través del deseo te elevas por encima de tu esfera actual y el camino que va del anhelo al cumplimiento se acorta a medida que experimentas en la imaginación lo que experimentarías en la carne si ya fueras la encarnación del ideal que deseas ser.

He afirmado que el individuo tiene ante sí, en cada momento del tiempo, la elección de cuál de varios futuros encontrará; pero surge la pregunta: ¿Cómo es posible si las experiencias del individuo despierto en el mundo tridimensional, están predeterminadas? Tal como se deduce de su observación de un acontecimiento antes de que se produzca.

Esta capacidad de cambiar el futuro se verá si comparamos las experiencias de la vida en la tierra con esta página impresa. El individuo experimenta los acontecimientos en la tierra de forma individual y sucesivamente, de la misma manera que tú estás experimentando ahora las letras de esta página.

Imagina que cada palabra en esta página representa una impresión sensorial en particular. Para captar el contexto, para entender lo que quiero decir, debes enfocar la vista en la primera palabra, en la esquina superior izquierda, y luego desplazar tu mirada por la página de izquierda a derecha, dejándola caer sobre las palabras de forma individual y sucesivamente. En el momento en que tus ojos lleguen a la última palabra en esta página, habrás extraído mi significado. Sin embargo, supongamos que al mirar la página, con todas las palabras impresas tal como están, decidieras reorganizarlas. Al hacerlo, podrías contar una historia completamente diferente, de hecho, podrías contar muchas historias diferentes.

Un sueño no es nada más que un pensamiento cuatridimensional incontrolado, o la reorganización de impresiones sensoriales pasadas y futuras. El individuo rara vez sueña con los acontecimientos en el orden en que los experimenta cuando está despierto. Por lo general, sueña con dos o más acontecimientos separados en el tiempo, que se funden en una sola impresión sensorial; o bien, en su sueño, reorganiza tan completamente sus impresiones sensoriales de vigilia, que no las reconoce cuando las encuentra en su estado de vigilia. Por ejemplo: Soñé que entregaba un paquete en el restaurante de mi edificio. La anfitriona me decía: "No puedes dejar eso ahí". A continuación, el ascensorista me entregaba unas cartas y yo se las agradecía, él, a su vez, me agradecía a mí. En ese momento, apareció el ascensorista del turno de noche y me saludó con la mano.

Al día siguiente, al salir de mi departamento, recogí unas cartas que habían dejado en mi puerta. Al bajar, le di una propina al ascensorista y le agradecí que se hubiera ocupado de mi correspondencia, y él me dio las gracias por la propina. Al regresar a casa ese día, por casualidad escuché a un portero decirle a un repartidor: "No puedes dejar eso ahí". Cuando me disponía a tomar el ascensor para subir a mi departamento, me llamó la atención una cara conocida en el restaurante y, cuando miré dentro, la anfitriona me saludó con una sonrisa. Esa misma noche, acompañé a mis invitados al ascensor y, al despedirme de ellos, el ascensorista del turno de noche me saludó con la mano.

Simplemente reorganizando algunas de las impresiones sensoriales que estaba destinado a encontrar, y fusionando dos o más de ellas en impresiones sensoriales únicas, construí un sueño que difería bastante de mi experiencia de vigilia.

Cuando hayamos aprendido a controlar los movimientos de nuestra atención en el mundo cuatridimensional, seremos capaces de crear conscientemente las circunstancias en el mundo tridimensional. Aprendemos este control a través del sueño despierto, donde nuestra atención puede mantenerse sin esfuerzo, ya que la atención sin esfuerzo es indispensable para cambiar el futuro. En un sueño de vigilia controlado, podemos construir conscientemente un acontecimiento que deseamos experimentar en el mundo tridimensional.

Las impresiones sensoriales que utilizamos para construir nuestro sueño despierto son realidades presentes, desplazadas en el tiempo o en el mundo cuatridimensional. Todo lo que hacemos al construir el sueño de vigilia es seleccionar de la vasta gama de impresiones sensoriales aquellas que, cuando están bien ordenadas, implican que hemos realizado nuestro deseo.

Con el sueño claramente definido, nos relajamos en una silla e inducimos un estado de conciencia próximo al sueño, un estado que, aunque bordeando el sueño, nos permite controlar conscientemente los movimientos de nuestra atención. Cuando hemos alcanzado ese estado, experimentamos en la imaginación lo que experimentaríamos en la realidad si este sueño despierto fuera un hecho objetivo. Al aplicar esta técnica para cambiar el futuro es importante recordar siempre que lo único que ocupa la mente durante el sueño de vigilia es el sueño de vigilia, la acción predeterminada que implica el cumplimiento de nuestro deseo.

La forma en que el sueño despierto se convierte en un hecho físico no nos concierne. Nuestra aceptación del sueño despierto como una realidad física, genera los medios para su cumplimiento.

Permíteme establecer nuevamente las bases para cambiar el futuro, que no es más que un sueño controlado de vigilia:

1. Define tu objetivo. Debes saber definitivamente lo que deseas.

2. Construye un acontecimiento que creas que encontrarás tras la realización de tu deseo, algo que tenga la acción del yo predominante, un acontecimiento que implique la realización de tu deseo.

3. Inmoviliza el cuerpo físico e induce un estado de conciencia próximo al sueño. Luego, mentalmente siéntete dentro de la acción propuesta, imaginando todo el tiempo que realmente estás realizando la acción, aquí y ahora, de modo que experimentes en la imaginación lo que experimentarías en la carne si ya hubieras realizado tu objetivo.

La experiencia me ha convencido de que esta es la manera perfecta de alcanzar mi objetivo. Sin embargo, mis numerosos fracasos me condenarían si diera a entender que he dominado completamente los movimientos de mi atención. No obstante, puedo decir con el antiguo maestro:

"Esta única cosa hago: olvidando lo que queda atrás y extendiéndome a lo que está delante, prosigo hacia la meta para obtener el premio"
(Filipenses 3: 13-14)

CAPÍTULO 3

EL PODER DE LA IMAGINACIÓN

"Conocerán la verdad, y la verdad les hará libres"
(Juan 8: 32)

Se dice que un juicio verdadero debe ajustarse a la realidad exterior con la que se relaciona. Esto significa que si yo, estando encarcelado, me sugiero a mí mismo que soy libre y consigo creer que lo soy, es verdad que creo en mi libertad; pero eso no significa que sea libre, pues sería víctima de una ilusión. No obstante, debido a mis propias experiencias, he llegado a creer en tantas cosas extrañas que veo pocas razones para dudar de la verdad de las cosas que están más allá de mi experiencia.

Los antiguos maestros nos advirtieron que no juzgáramos por las apariencias porque, según decían, la verdad no tiene por qué ajustarse a la realidad externa con la que se relaciona. Ellos afirmaban que damos falso testimonio si imaginamos el mal contra otro, que no importa qué tan real parezca nuestra creencia, qué tan verdaderamente se ajusta a la realidad externa con la que se relaciona, si no hace libre a aquel de quien sostenemos esa creencia, es falsa y, por lo tanto, un juicio falso.

Estamos llamados a negar la evidencia de nuestros sentidos e imaginar como verdad de nuestro prójimo aquello que lo hace libre.

"Conocerán la verdad y la verdad les hará libres".

Para conocer la verdad de nuestro prójimo debemos asumir que ya es lo que desea ser. Cualquier concepto que tengamos de otro que no se ajuste a su deseo cumplido, no lo hará libre y, por lo tanto, no puede ser la verdad.

En lugar de aprender mi oficio en escuelas, donde la asistencia a cursos y seminarios se considera un sustituto del conocimiento adquirido por uno mismo, mi formación académica se basó casi exclusivamente en el poder de la imaginación. Me quedaba horas imaginando que era distinto de lo que dictaban mi razón y mis sentidos hasta que los estados imaginados eran vívidos como la realidad, tan vívidos que los transeúntes se convertían en parte de mi imaginación y actuaban como yo quería que lo hicieran. Por el poder de la imaginación, mi fantasía guiaba la suya y les dictaba su comportamiento y las conversaciones que mantenían, mientras yo me identificaba con mi estado imaginado.

La imaginación humana es el individuo mismo, y el mundo tal como lo ve la imaginación es el mundo real, pero es nuestro deber imaginar todo lo amable y de buen nombre.

"Dios no ve como el hombre ve, pues el hombre mira la apariencia exterior, pero el Señor mira el corazón"
(1 Samuel 16: 7)

"Como el hombre piensa en su corazón, así es él"
(Proverbios 23: 7)

En la meditación, cuando el cerebro se vuelve luminoso, encuentro mi imaginación dotada del poder magnético de atraer hacia mí todo lo que deseo. El deseo es el poder que la imaginación utiliza para modelar la vida a mi alrededor, tal como yo la modelo en mi interior. Primero deseo ver a cierta persona o una escena determinada, y luego miro como si estuviera viendo aquello que quiero ver, y el estado imaginado se vuelve objetivamente real. Deseo escuchar, y entonces escucho como si estuviera oyendo, y la voz imaginada dice lo que yo dicto, como si hubiera iniciado el mensaje.

Podría darte muchos ejemplos para probar mis argumentos, para probar que estos estados imaginados se convierten en realidades físicas, pero sé que mis ejemplos despertarán una incredulidad natural en todos aquellos que no se hayan encontrado con algo semejante o que no están inclinados hacia mis argumentos. De todos modos, la experiencia me ha convencido de la verdad de la afirmación:

"Él llama a las cosas que no existen, como si existieran"
(Romanos 4:17)

En intensa meditación, he llamado a las cosas que no se veían como si existieran, y lo que no se veía, no solo se hizo visible, sino que finalmente se convirtió en realidades físicas.

Con este método, primero deseando y luego imaginando que estamos experimentando aquello que deseamos experimentar, podemos moldear el futuro en armonía con nuestro deseo. Pero sigamos el consejo del profeta y pensemos solo en aquello que es amable y de buen nombre, porque la imaginación nos espera con la misma indiferencia y rapidez cuando nuestra naturaleza es mala que cuando es buena. De nosotros brotan el bien y el mal.

"Yo he puesto delante de ti hoy la vida y el bien, la muerte y el mal"
(Deuteronomio 30: 15)

El deseo y la imaginación son la varita mágica de los cuentos y atraen hacia sí sus propias afinidades. Se manifiestan mejor cuando la mente está en un estado próximo al sueño. He escrito con cierto cuidado y detalle el método que utilizo para entrar al mundo dimensionalmente más grande, pero daré una fórmula más para abrir la puerta del mundo más grande.

"En un sueño, en una visión nocturna, cuando un sueño profundo cae sobre los hombres, mientras dormitan en sus lechos, entonces él abre el oído de los hombres y sella su instrucción"
(Job 33: 15-16)

En el sueño generalmente somos el sirviente de nuestra visión, en lugar de su maestro, pero la fantasía interna del sueño puede convertirse en una realidad externa. En el sueño, como en la meditación, nos desplazamos de este mundo a un mundo dimensionalmente más grande, y sé que las formas en el sueño no son imágenes planas de dos dimensiones, como creen los psicólogos modernos. Son realidades sustanciales de un mundo dimensionalmente más grande, y puedo apoderarme de ellas. He descubierto que, si me sorprendo a mí mismo soñando, puedo sujetarme de cualquier forma inanimada o inmóvil del sueño (una silla, una mesa, una escalera, un árbol) y ordenarme despertar. Al dar la orden de despertar, mientras sostengo firmemente el objeto del sueño, soy empujado a través de mí mismo con la clara sensación de estar despertando de un sueño. Despierto en otra esfera sosteniendo el objeto de mi sueño, para descubrir que ya no soy más el sirviente de mi visión, sino su amo, porque estoy completamente consciente y en control de los movimientos de mi atención.

Es en este estado completamente consciente cuando controlamos la dirección del pensamiento, es cuando llamamos a las cosas que no se ven como si se vieran. En este estado llamamos a las cosas deseándolas y asumiendo el sentimiento de nuestro deseo cumplido. A diferencia del mundo de tres dimensiones, donde hay un intervalo entre nuestra asunción y su cumplimiento, en el mundo dimensionalmente más grande hay una realización inmediata de nuestra asunción. La realidad externa refleja instantáneamente nuestra asunción. Aquí no hay necesidad de esperar cuatro meses hasta la cosecha. Vemos otra vez como si hubiéramos visto, y he aquí, los campos ya están blancos para la cosecha. En este mundo dimensionalmente más grande:

"No necesitan pelear en esta batalla; tomen sus puestos y estén quietos, y vean la salvación del Señor con ustedes"
(2 Crónicas 20: 17)

Y como ese mundo más grande está pasando lentamente a través de nuestro mundo tridimensional, mediante el poder de la imaginación podemos moldear nuestro mundo en armonía con nuestro deseo. Mira como si hubieras visto; escucha como si hubieras escuchado; extiende tu mano imaginaria como si hubieras tocado, y tus asunciones se convertirán en hechos.

Para aquellos que creen que un juicio verdadero debe ajustarse a la realidad externa con la que se relaciona, esto será necedad y piedra de tropiezo. Pero yo predico y practico la fijación en la conciencia de aquello que el individuo desea manifestar.

La experiencia me convence de que las actitudes mentales fijas que no se ajustan a la realidad externa con la que se relacionan y que, por tanto, son llamadas imaginarias —"cosas que no son"— serán las que van a "deshacer lo que es" (1 Corintios 1:28).

No deseo escribir un libro de prodigios, sino volver la mente de las personas hacia la única realidad que los antiguos maestros adoraban como Dios. Todo lo que se dijo de Dios, en realidad, se dijo de la conciencia del ser humano, de modo que podemos decir: "tal como está escrito, el que se gloríe, que se gloríe en su propia conciencia".

"Más el que se gloríe, gloríese de esto: de que me entiende y me conoce, pues yo soy el Señor que hago misericordia, juicio y justicia en la tierra"
(Jeremías 9:24)

Nadie necesita ayuda para ser dirigido en la aplicación de esta ley de la conciencia. "Yo Soy" es la autodefinición de lo absoluto. La raíz de la cual surge todo. "Yo soy la vid".

¿Cuál es tu respuesta a la eterna pregunta: "Quién soy yo"? Tu respuesta determina el papel que desempeñas en el drama del mundo. Tu respuesta, es decir, tu concepto de ti mismo, no tiene por qué ajustarse a la realidad externa con la que se relaciona. Esta gran verdad es revelada en la declaración:

"Que el débil diga, yo soy fuerte"
(Joel 3:10)

Mira atrás y repasa todas las buenas resoluciones con las que se cargaron muchos años nuevos pasados. Vivieron un poco y luego murieron. ¿Por qué? Porque fueron cortados de raíz. Asume que eres lo que quieres ser. Experimenta en la imaginación aquello que experimentarías en la carne si ya fueras aquello que deseas ser. Permanece fiel a tu asunción, de modo que te definas como aquello que has asumido. Las cosas no tienen vida si son cortadas de sus raíces, y nuestra conciencia, nuestro "Yo Soy", es la raíz de todo lo que brota en nuestro mundo.

"Si no creen que Yo Soy, morirán en sus pecados" (Juan 8: 24).

Eso significa que si yo no creo que ya soy aquello que deseo ser, entonces permanezco como soy y muero en mi actual concepto de mí mismo. No hay ningún poder fuera de la conciencia del individuo para resucitar y dar vida a aquello que él desea experimentar. El que se acostumbre a evocar a voluntad las imágenes que desee, por virtud del poder de su imaginación, será el amo de su destino.

"Yo soy la resurrección y la vida: el que cree en mí, aunque muera, vivirá"
(Juan 11:25)

"Conocerán la verdad, y la verdad les hará libres"
(Juan 8: 32)

CAPÍTULO 4

NADIE A QUIEN CAMBIAR, MÁS QUE A UNO MISMO

"Y por ellos yo me santifico, para que ellos también sean santificados en la verdad"
(Juan 17: 19)

El ideal al que servimos y por el que nos esforzamos por alcanzar nunca podría evolucionar a partir de nosotros si no estuviera potencialmente implicado en nuestra naturaleza.

Mi propósito ahora es volver a contar y enfatizar una experiencia mía que imprimí hace dos años. Creo que estas citas de "La Búsqueda" nos ayudarán a comprender el funcionamiento de la ley de la conciencia, y nos mostrarán que no tenemos que cambiar a nadie más que a nosotros mismos.

Una vez, en un intervalo de ocio en el mar, medité sobre el "estado perfecto" y me pregunté cómo sería yo si tuviera ojos demasiados puros para contemplar la iniquidad, si para mí todas las cosas fueran puras y estuviera libre de condenación. Mientras me perdía en esta intensa cavilación, me encontré elevado por encima del oscuro ambiente de los sentidos. Tan intensa fue la sensación que sentí que era un ser de fuego habitando en un cuerpo de aire. Voces como de un coro celestial, con la exaltación de los que han sido vencedores en un conflicto con la muerte, cantaban: "Ha resucitado, ha resucitado". Intuitivamente, supe que se referían a mí.

Luego me pareció estar caminando en la noche. Pronto me encontré con una escena que podría haber sido el antiguo estanque de Betesda, pues en aquel lugar había una gran multitud de personas inválidas —ciegos, paralíticos, lisiados— que no esperaban el movimiento del agua, como es tradición, sino que me esperaban a mí. A medida que me acercaba, sin pensamiento ni esfuerzo por mi parte, se iban moldeando, uno tras otro, como por el Mago de la Belleza. Ojos, manos, pies, —todos los miembros que faltaban— eran tomados de algún depósito invisible y moldeados en armonía con aquella perfección que yo sentía brotar dentro de mí. Cuando todo quedó perfecto, el coro exclamó: "Está terminado". Entonces la escena se disolvió y desperté.

Sé que esta visión fue el resultado de mi intensa meditación sobre la idea de la perfección, ya que mis meditaciones invariablemente producen la unión con el estado contemplado. Había estado tan completamente absorto en la idea que durante un tiempo me había convertido en lo que contemplaba, y el elevado propósito con el que me había identificado en aquel momento atrajo la compañía de las cosas elevadas y modeló la visión en armonía con mi naturaleza interior. El ideal con el cual estamos unidos trabaja por asociación de ideas para despertar miles de estados de ánimo y crear un drama acorde con la idea central.

Mis experiencias místicas me han convencido de que no hay otra forma de alcanzar la perfección externa que buscamos que no sea transformándonos a nosotros mismos. En el momento en que conseguimos transformarnos a nosotros mismos, el mundo se desvanecerá mágicamente ante nuestros ojos y se remodelará en armonía con lo que afirma nuestra transformación.

En la economía divina nada se pierde. No podemos perder nada sino por el descenso de la esfera donde la cosa tiene su vida natural. No hay poder transformador en la muerte y, estemos aquí o allá, modelamos el mundo que nos rodea por la intensidad de nuestra imaginación y sentimiento, e iluminamos u oscurecemos nuestra vida por los conceptos que tenemos de nosotros mismos. No hay nada más importante para nosotros que la concepción que tenemos de nosotros mismos, y esto es especialmente cierto en lo que respecta a nuestro concepto del ser dimensionalmente más grande dentro nuestro.

Aquellos que nos ayudan o nos obstaculizan, ya sea que lo sepan o no, son los sirvientes de esa ley que moldea las circunstancias externas en armonía con nuestra naturaleza interior. Es el concepto que tenemos de nosotros mismos lo que nos libera o nos limita, aunque pueda utilizar medios materiales para lograr su propósito.

Ya que la vida moldea el mundo exterior para reflejar la disposición interna de nuestra mente, no hay manera de lograr la perfección externa que buscamos, si no es mediante la transformación de nosotros mismos. Ninguna ayuda viene de afuera; las colinas a las que alzamos nuestros ojos son las de un rango interno. Es a nuestra propia conciencia a la que debemos dirigirnos como a la única realidad, al único fundamento sobre el que pueden explicarse todos los fenómenos. Podemos confiar absolutamente en la justicia de esta ley que nos dará solo lo que es de la naturaleza de nosotros mismos.

Intentar cambiar el mundo antes de cambiar nuestro concepto de nosotros mismos es luchar contra la naturaleza de las cosas. No puede haber un cambio externo mientras no haya primero un cambio interno. Como es adentro, así es fuera.

Yo no estoy abogando por la indiferencia filosófica cuando sugiero que nos imaginemos que ya somos lo que queremos ser, viviendo en una atmósfera mental de grandeza, en lugar de utilizar medios físicos y argumentos para provocar el cambio deseado. Todo lo que hacemos, si no va acompañado de un cambio de conciencia, no es más que un inútil reajuste de superficies. Por mucho que nos esforcemos o luchemos, no podemos recibir más de lo que afirman nuestras asunciones. Protestar contra cualquier cosa que nos suceda es protestar contra la ley de nuestro ser y contra el dominio que ejercemos sobre nuestro propio destino.

Las circunstancias de mi vida están demasiado relacionadas con el concepto que tengo de mí mismo como para no haber sido formadas por mi propio espíritu desde algún almacén dimensionalmente más grande de mi ser. Si hay dolor para mí en estos acontecimientos, debo buscar la causa dentro de mí, porque soy movido aquí y allá y hecho para vivir en un mundo en armonía con el concepto que tengo de mí mismo.

La meditación intensa produce una unión con el estado contemplado. Durante esta unión, vemos visiones, tenemos experiencias y nos comportamos de acuerdo con nuestro cambio de conciencia. Esto nos demuestra que una transformación de la conciencia tendrá como resultado un cambio del entorno y del comportamiento.

Todas las guerras demuestran que las emociones violentas son extremadamente potentes para precipitar reajustes mentales. A cada gran conflicto le ha seguido una era de materialismo y codicia en la que los ideales por los que aparentemente se libró el conflicto quedan sumergidos. Esto es inevitable porque la guerra evoca el odio que impulsa un descenso de la conciencia, desde el plano del ideal al nivel en el que se libra el conflicto.

Si pudiéramos emocionarnos tanto por nuestros ideales como por nuestras aversiones, ascenderíamos al plano de nuestro ideal con la misma facilidad con la que ahora descendemos al nivel de nuestros odios.

El amor y el odio tienen un mágico poder transformador y mediante su ejercicio nos convertimos en la semejanza de lo que contemplamos.

Mediante la intensidad del odio creamos en nosotros el carácter que imaginamos en nuestros enemigos. Las cualidades mueren por falta de atención, por tanto, los estados desagradables pueden ser eliminados imaginando "belleza en lugar de cenizas y alegría en lugar de luto", en lugar de atacar directamente el estado del que queremos liberarnos. "Todo lo que es bello y de buen nombre, piensa en ello" porque nos convertimos en aquello con lo que estamos en sintonía.

No hay nada que cambiar, excepto el concepto que tenemos de nosotros mismos. En cuanto consigamos transformarnos a nosotros mismos, nuestro mundo se disolverá y remodelará en armonía con aquello que nuestro cambio afirma.

El Poder de la Conciencia
(1952)

CAPÍTULO 1

YO SOY

"Todas las cosas, cuando son admitidas, son manifestadas por la luz: porque todo lo manifestado está hecho por la luz".
(Efesios 5:13)

La "luz" es la conciencia. La conciencia es una, manifestándose en legiones de formas o niveles de conciencia.

No hay nadie que no sea todo lo que existe, porque la conciencia, aunque expresada en una infinita serie de niveles, no es divisional. No hay separación real o división en la conciencia. Yo Soy no puede ser dividido. Yo puedo considerarme rico, pobre, un mendigo o un ladrón, pero el centro de mi ser permanece siendo el mismo, independiente del concepto que mantengo de mí mismo. En el centro de la manifestación hay un solo Yo Soy manifestándose en legiones de formas o conceptos de sí mismo, y "Yo soy el que Soy".

Yo Soy es la autodefinición del absoluto, la fundación en la cual todo descansa. Yo Soy es la primera causa-sustancia. Yo Soy es la autodefinición de Dios.

"Yo Soy me ha enviado a ustedes"
(Éxodo 3:14)

"Yo Soy el que Soy"
(Éxodo 3:14)

"Quédate quieto y sabrás que Yo Soy Dios"
(Salmos 46:10)

Yo Soy es un sentimiento de conciencia permanente. El centro mismo de la conciencia es el sentimiento de Yo Soy. Yo puedo olvidar quien soy, dónde estoy, qué soy, pero no puedo olvidar que Yo Soy. La conciencia de ser permanece, sin importar el grado de olvido de quién, dónde y qué soy. Yo Soy es aquello que, en medio de innumerables formas, es siempre el mismo.

Este gran descubrimiento de causa revela que, bueno o malo, el individuo es realmente el árbitro de su propio destino y que el concepto que él tenga de sí mismo determina el mundo en el que él vive (y su concepto de sí mismo son sus reacciones hacia la vida). En otras palabras, si tú estás experimentando problemas de salud, sabiendo la verdad de la causa, no puedes atribuir la enfermedad a ninguna otra cosa más que a tu particular arreglo de la causa-sustancia básica, un arreglo que fue producido por tus reacciones a la vida y es definido por tu concepto "Yo estoy enfermo". Es por esto que se te ha dicho "Deja que el hombre débil diga "Yo soy fuerte" (Joel 3:10) ya que, por su asunción, la causa-sustancia —Yo Soy— es reorganizada y, por lo tanto, debe manifestar aquello que la reorganización afirma. Este principio gobierna todos los aspectos de tu vida, ya sea social, financiero, intelectual o espiritual.

Yo Soy es esa realidad a la cual, pase lo que pase, debemos volvernos para una explicación del fenómeno de la vida. Es el concepto del Yo Soy el que determina la forma y escenario de tu existencia.

Todo depende de tu actitud hacia ti mismo; aquello que no afirmes como verdadero de ti mismo no puede ser despertado en tu mundo.

Tu concepto de ti mismo, tal como: "Yo soy fuerte", "Yo soy seguro", "Yo soy amado", determina el mundo en el que vives. En otras palabras, cuando dices "Yo soy un hombre, Yo soy padre, Yo soy americano", no estás definiendo distintos Yo soy, estás definiendo conceptos o arreglos de la única causa-sustancia —el único Yo Soy. Aun en el fenómeno de la naturaleza, si el árbol pudiera hablar diría "Yo soy un árbol, un árbol de manzanas, un árbol fructífero".

Cuando sabes que la conciencia es la única realidad, concibiéndose a sí misma como siendo algo bueno, malo o indiferente y convirtiéndose en aquello que concibe ser, tú eres libre de la tiranía de las causas secundarias, libre de la creencia que hay causas fuera de tu propia mente que pueden afectar tu vida.

En el estado de conciencia del individuo es donde se encuentra la explicación del fenómeno de la vida. Si el concepto sobre sí mismo fuera diferente, todo en su mundo sería diferente. Su concepto de sí mismo siendo lo que es, entonces, todo en su mundo debe ser como es. Por lo tanto, es muy claro que hay un solo Yo Soy y que tú eres ese Yo Soy.

Y aunque Yo Soy es infinito, tú, por tu concepto de ti mismo, estás exponiendo solo un aspecto limitado de tu infinito Yo Soy.

Construyan ustedes mansiones más estables,
Oh, mi alma,
Mientras las ligeras estaciones circulan,
Abandona tu pasado de techo bajo,
Permite que cada templo nuevo,
sea más noble que el anterior,
Te cierre desde cielo con una
doma más grande
Hasta que tú finalmente seas libre,
Dejando así tu pequeña cáscara,
Ya trascendida por el incansable mar de la vida.
(Oliver Wendell Holmes | "The Chambered Nautilus")

CAPÍTULO 2

LA CONCIENCIA

Solamente a través del cambio de conciencia, es decir, realmente cambiando el concepto de ti mismo, podrás "construir mansiones más majestuosas", las manifestaciones de conceptos cada vez más elevados (y manifestar se refiere a experimentar los resultados de estos conceptos en tu mundo).

La razón yace en el hecho de que la conciencia es la única realidad, es la primera y única causa-sustancia del fenómeno de la vida. Nada tiene existencia para el individuo, salvo a través de la conciencia que él tiene sobre ello. Por lo tanto, es a la conciencia a la que debes acudir, porque es el único fundamento por el cual el fenómeno de la vida puede ser explicado.

Si aceptamos la idea de una primera causa, esto implicaría que la evolución de esa causa nunca podría dar lugar a nada ajeno a ella misma. Es decir, si la primera causa-sustancia es luz, todas sus evoluciones, frutos y manifestaciones permanecerían siendo luz.

Siendo la primera causa-sustancia la conciencia, todas sus evoluciones, frutos y fenómenos deben seguir siendo la conciencia. Todo lo que pudiera observarse sería una forma más alta o más baja, o una variación de la misma cosa. En otras palabras, si tu conciencia es la única realidad, entonces, debe ser también la única sustancia.

En consecuencia, lo que aparece ante ti como circunstancias, condiciones e incluso objetos materiales, realmente solo son el producto de tu propia conciencia.

Por lo tanto, la naturaleza, como una cosa o un conjunto de cosas externas a tu mente, debe ser rechazada. No se puede considerar que tú y tu entorno existan por separado. Tú y tu mundo son uno.

De este modo, debes pasar de la apariencia objetiva de las cosas al centro subjetivo de las mismas, es decir, a tu conciencia, si realmente deseas conocer la causa de los fenómenos de la vida, y cómo utilizar este conocimiento para realizar tus más anhelados sueños.

En medio de aparentes contradicciones, antagonismos y contrastes de tu vida, existe solo un principio en funcionamiento, solamente tu conciencia operando.

La diferencia no consiste en una variedad de sustancia, sino en una variedad en la disposición de la misma causa-sustancia, tu conciencia.

El mundo se mueve con necesidad, sin motivo. Con esto quiero decir que no tiene un motivo propio, sino que está bajo la necesidad de manifestar tu concepto, o sea la organización de tu mente, y tu mente siempre está organizada a imagen de todo lo que crees y aceptas como verdadero.

El rico, el pobre, el mendigo o el ladrón para nada son mentes diferentes, sino diferentes arreglos de la misma mente, en el mismo sentido que un trozo de acero, cuando se magnetiza, no difiere en sustancia de su estado desmagnetizado, sino en la disposición y el orden de sus moléculas. Un solo electrón girando en una órbita determinada constituye la unidad del magnetismo. Cuando se desmagnetiza una pieza de acero o cualquier otra cosa, los electrones que giran no se han detenido. Por tanto, el magnetismo no ha dejado de existir. Solamente hay una reordenación de las partículas, de modo que no producen ningún efecto exterior o perceptible. Cuando las partículas están distribuidas al azar, mezcladas en todas las direcciones, se dice que la sustancia está desmagnetizada; pero cuando las partículas se agrupan en filas de forma que un número de ellas se orienta en una dirección, la sustancia es un imán. El magnetismo no se genera, solo se manifiesta.

La salud, la riqueza, la belleza y el genio no se crean; solo se manifiestan por la disposición de tu mente, es decir, por tu concepto de ti mismo (y tu concepto de ti mismo es todo lo que aceptas y consientes como verdadero. Lo que consientes solo puede descubrirse mediante una observación acrítica de tus reacciones ante la vida. Tus reacciones revelan dónde vives psicológicamente, y donde vives psicológicamente, determina cómo vives aquí en el mundo externo visible.)

La importancia de esto en tu vida diaria debería ser inmediatamente evidente. La naturaleza básica de la causa primaria es la conciencia. Por tanto, la sustancia última de todas las cosas es la conciencia.

CAPÍTULO 3

EL PODER DE LA ASUNCIÓN

El principal engaño o confusión de las personas es su convicción de que existen causas distintas a su propio estado de conciencia.

Todo lo que le sucede a una persona, todo lo que hace, todo lo que proviene de él, sucede como resultado de su estado de conciencia.

La conciencia del individuo es todo lo que piensa, desea y ama, todo lo que cree y consiente como verdadero. Por esta razón, es necesario un cambio de conciencia antes de que puedas cambiar tu mundo externo.

La lluvia cae como resultado de un cambio de temperatura en las regiones superiores de la atmósfera, de igual manera, un cambio de circunstancias ocurre como resultado de un cambio en tu estado de conciencia.

> *"Sean transformados mediante la renovación de su mente"*
> *(Romanos 12:2)*

Para ser transformado, debe cambiar toda la base de tus pensamientos. Pero tus pensamientos no pueden cambiar a menos que tengas nuevas ideas, ya que piensas a partir de tus ideas.

Toda transformación comienza con un deseo intenso y ferviente de ser transformado. El primer paso en la "renovación de la mente" es el deseo. Tú debes querer ser diferente (y tener la intención de serlo) antes de poder empezar a cambiarte a ti mismo.

A continuación, debes convertir tu sueño futuro en un hecho presente. Esto lo haces asumiendo el sentimiento de tu deseo cumplido. Al desear ser distinto de lo que eres, puedes crear un ideal de la persona que quieres ser y asumir que ya eres esa persona. Si se persiste en esta suposición hasta que se convierte en tu sentimiento dominante, la consecución de tu ideal es inevitable.

El ideal que deseas alcanzar está siempre listo para ser encarnado, pero a menos que tú mismo le ofrezcas una filiación humana, es incapaz de nacer. Por lo tanto, tu actitud debería ser aquella en la que, habiendo deseado expresar un estado más elevado, tú solo aceptas la tarea de encarnar este nuevo y mayor valor de ti mismo.

Al dar a luz a tu ideal, debes tener en cuenta que los métodos de conocimiento mental y espiritual son totalmente diferentes. Este es un punto que probablemente no comprenda más que una persona entre un millón.

Tú conoces una cosa mentalmente mirándola desde afuera, comparándola con otras cosas, analizándola y definiéndola (pensando en ella); en cambio, solo puedes conocer una cosa espiritualmente convirtiéndote en ella (pensando desde ella).

Tú debes ser la cosa en sí misma y no tan solo hablar de ella o mirarla. Debes ser como la polilla en busca de su ídolo —la llama— que impulsada por el verdadero deseo, sumergiéndose de inmediato en el fuego sagrado, plegó sus alas en su interior, hasta convertirse en un solo color y una sola sustancia con la llama.

Él solo conocía la llama que en ella ardía,
Y solo él podía decir quién no había regresado.
("El Lenguaje de los Pájaros" - Farid ud-Din -Attar)

Al igual que la polilla, en su deseo de conocer la llama, estaba dispuesta a destruirse a sí misma, también tú, al convertirte en una persona nueva, debes estar dispuesto a morir a tu yo actual.

Debes ser consciente de ser sano si quieres saber lo que es la salud. Debes ser consciente de ser seguro si quieres saber lo que es la seguridad. Por lo tanto, para encarnar un nuevo y mayor valor de ti mismo, debes asumir que ya eres lo que deseas ser y, a continuación, vivir por fe en esta suposición —que aún no está encarnada en el cuerpo de tu vida— en la confianza de que este nuevo valor o estado de conciencia se encarnará a través de tu absoluta fidelidad a la asunción de que ya eres aquello que deseas ser.

Esto es lo que significa la totalidad, lo que significa la integridad. Significan la sumisión de todo el ser al sentimiento del deseo cumplido con la certeza de que ese nuevo estado de conciencia es la renovación de la mente, la cual transforma.

No hay ningún orden en la naturaleza que se corresponda con esta sumisión voluntaria del yo al ideal más allá del yo. Por eso, es el colmo de la insensatez esperar que la encarnación de un nuevo y mayor concepto de sí mismo se produzca por un proceso evolutivo natural. Aquello que requiere un estado de conciencia para producir sus resultados, obviamente, no puede efectuarse sin dicho estado de conciencia. En tu habilidad de asumir el sentimiento de una vida mejor, de asumir un nuevo concepto de ti mismo, posees lo que el resto de la naturaleza no posee —imaginación— el instrumento por el cual creas tu mundo.

Tu imaginación es el instrumento, el medio, por el cual se efectúa tu redención de la esclavitud, la enfermedad y la pobreza.

Si te niegas a asumir la responsabilidad de la encarnación de un concepto nuevo y más elevado de ti mismo, entonces rechazas el medio, el único medio, por el que puede efectuarse tu redención, es decir, la obtención de tu ideal.

La imaginación es el único poder redentor del universo. Sin embargo, tu naturaleza permite que sea opcional para ti permanecer en tu actual concepto de ti mismo (un ser hambriento que anhela la libertad, la salud y la seguridad) o elegir convertirte en el instrumento de tu propia redención, imaginándote como aquello que quieres ser, y así satisfacer tu hambre y redimirte.

Oh, entonces, sé fuerte y valiente,
Puro, paciente y verdadero;
El trabajo que es tuyo,
No dejes que otra mano lo haga.
Porque la fuerza para toda necesidad es
Fielmente dada,
Desde la Fuente dentro de ti:
El Reino de Los Cielos.

CAPÍTULO 4

DESEOS

Los cambios que se producen en tu vida, como consecuencia del cambio de tu concepto de ti mismo, siempre les parecen a los no iluminados que son el resultado de la suerte, de alguna causa externa o casualidad, pero no un cambio de tu conciencia. Sin embargo, el único destino que gobierna tu vida es el destino determinado por tus propios conceptos, tus propias asunciones; porque si se persiste en una asunción, aunque sea falsa, se convertirá en un hecho.

El ideal que buscas y esperas alcanzar no se manifestará, no será realizado por ti, hasta que no imagines que ya eres ese ideal.

No hay escapatoria para ti, excepto por una transformación psicológica radical de ti mismo; excepto por tu asunción del sentimiento de tu deseo cumplido.

Por lo tanto, haz que los resultados o los logros sean la prueba crucial de tu capacidad para utilizar tu imaginación. Todo depende de tu actitud hacia ti mismo.

Aquello que no afirmas como verdad de ti mismo, nunca podrá ser realizado por ti, porque solo esa actitud es la condición necesaria para que realices tu objetivo.

Toda transformación se basa en la sugestión y ésta solo puede funcionar cuando te abres completamente a una influencia. Debes entregarte a tu ideal como una mujer se entrega al amor, porque la entrega total de uno mismo es el camino hacia la unión con tu ideal.

Debes asumir el sentimiento del deseo cumplido hasta que tu asunción tenga toda la vivacidad sensorial de la realidad. Debes imaginar que ya estás experimentando lo que deseas. Es decir, debes asumir el sentimiento del cumplimiento de tu deseo hasta que estés poseído por él y este sentimiento expulse todas las demás ideas de tu conciencia.

La persona que no está preparada para sumergirse conscientemente en la asunción del deseo cumplido con la fe de que es el único camino hacia la realización de su sueño, aún no está preparada para vivir conscientemente por la ley de la asunción, aunque no hay duda de que vive por la ley de la asunción inconscientemente.

Pero para ti, que aceptas este principio y estás dispuesto a vivir asumiendo conscientemente que tu deseo ya se ha cumplido, comienza la aventura de la vida.

Para alcanzar un nivel superior del ser, debes asumir un concepto superior de ti mismo. Si no te imaginas a ti mismo como algo distinto de lo que eres, entonces seguirás siendo como eres, porque:

> *"El que no cree que Yo soy él, morirá en sus pecados"*
> *(Juan 8:24)*

Si no crees que eres él (la persona que quieres ser), entonces sigues siendo como eres. Mediante el fiel cultivo sistemático del sentimiento del deseo cumplido, el deseo se convierte en la promesa de su propia realización. La asunción del sentimiento del deseo cumplido convierte el sueño futuro en un hecho presente.

CAPÍTULO 5

LA VERDAD QUE TE HACE LIBRE

El drama de la vida es un drama psicológico, donde todas las condiciones, circunstancias y acontecimientos de tu vida se producen por tus asunciones.

Ya que tu vida está determinada por tus asunciones, te ves obligado a reconocer el hecho de que puedes ser un esclavo de tus suposiciones o su amo.

Convertirte en el amo de tus asunciones es la clave de una libertad y una felicidad jamás soñadas.

Puedes conseguir este dominio mediante el control consciente y deliberado de tu imaginación. Determina tus asunciones de esta manera:

Forma una imagen mental, una visión del estado deseado, de la persona que quieres ser. Concentra tu atención en el sentimiento de que ya eres esa persona. Primero, visualiza la imagen en tu conciencia. Luego, siente que estás dentro de ese estado, como si realmente formara el mundo que te rodea. Mediante tu imaginación, lo que era una simple imagen mental se convierte en una realidad aparentemente sólida.

El gran secreto es una imaginación controlada y una atención bien sostenida, enfocada firme y repetidamente en el objetivo que se desea alcanzar. No puedo enfatizar lo suficiente que, al crear el ideal dentro de tu esfera mental, al asumir que ya eres ese ideal, te identificas con él y de ese modo te transformas en su imagen. Debes pensar desde el ideal, en vez de pensar en el ideal. Todos los estados ya existen como "simples posibilidades" mientras pensemos en ellos, pero son poderosamente reales cuando pensamos desde ellos.

Esto fue llamado por los antiguos maestros "Someterse a la Voluntad de Dios" o "Descansar en el Señor". La única verdadera prueba de

"Descansar en el Señor" es que todos aquellos que descansan se transforman inevitablemente en la imagen de aquello en lo que descansan (pensando desde el deseo cumplido).

Te transformas según tu voluntad resignada, y tu voluntad resignada es el concepto que tienes de ti mismo y de todo lo que consientes y aceptas como verdadero. Tú, asumiendo el sentimiento de tu deseo cumplido y continuando en él, tomas sobre ti los resultados de ese estado; si no asumes el sentimiento del deseo cumplido, no obtendrás los resultados.

Cuando comprendas la función redentora de la imaginación, tendrás en tus manos la clave de la solución de todos tus problemas. Cada fase de tu vida se realiza mediante el ejercicio de tu imaginación. La imaginación decidida es el único medio de tu progreso, de la realización de tus sueños. Es el principio y el fin de toda creación.

El gran secreto es una imaginación controlada y una atención bien sostenida, enfocada firme y repetidamente en el sentimiento del deseo cumplido, hasta que llene la mente y desplace todas las demás ideas fuera de la conciencia.

¿Qué otro mayor regalo se te podría haber dado, que el decirte que: "La Verdad te hará libre?"
(Juan 8:32)

La Verdad que te hace libre es que puedes experimentar en la imaginación lo que deseas experimentar en la realidad, y al mantener esta experiencia en la imaginación, tu deseo se convertirá en una realidad.

Solamente estás limitado por tu imaginación incontrolada y por la falta de atención al sentimiento de tu deseo cumplido. Cuando la imaginación no está controlada y la atención no se mantiene en el sentimiento del deseo cumplido, entonces ninguna cantidad de oración o súplica o invocación producirá el efecto deseado.

Cuando puedes invocar a voluntad cualquier imagen que desees, cuando las formas de tu imaginación son tan vívidas para ti como las formas de la naturaleza, eres dueño de tu destino.

Debes dejar de gastar tus pensamientos, tu tiempo y tu dinero. Todo en la vida tiene que ser una inversión.

el poder de la conciencia

Visiones de belleza y esplendor,
Formas de una raza perdida hace tiempo,
Sonidos, rostros y voces,
Desde la cuarta dimensión del espacio
Y a través del universo ilimitado,
Nuestros pensamientos van como un rayo
Algunos lo llaman imaginación,
Y otros lo llaman Dios.
("El Nuevo Nombre", Dr. George W. Carey)

CAPÍTULO 6

ATENCIÓN

"El hombre de doble ánimo es inconstante en todos sus caminos"
(Santiago 1:8)

La atención es poderosa en proporción a la estrechez de su enfoque, es decir, cuando está dominada por una sola idea o sentimiento. Se estabiliza y se enfoca poderosamente solo mediante un ajuste de la mente que te permita ver una sola cosa, ya que estabilizas la atención y aumentas su poder al limitarla. El deseo que se realiza a sí mismo es siempre un deseo en el cual la atención está exclusivamente concentrada, ya que una idea está dotada con poder solo en proporción al grado de atención fijada en ella.

La observación concentrada es la actitud atenta dirigida desde algún fin específico. La actitud atenta involucra selección, ya que cuando prestas atención significa que has decidido enfocar tu atención en un objeto o estado en vez de en otro.

Por lo tanto, cuando sepas lo que quieres, debes enfocar deliberadamente tu atención en el sentimiento de tu deseo cumplido hasta que ese sentimiento llene tu mente y desplace todas las demás ideas fuera de la conciencia. El poder de la atención es la medida de tu fuerza interna. La observación concentrada en una cosa excluye todas las demás y hace que desaparezcan.

El gran secreto del éxito es enfocar la atención en el sentimiento del deseo cumplido sin permitir ninguna distracción. Todo progreso depende de un aumento de la atención. Las ideas que te impulsan a la acción son aquellas que dominan tu conciencia, aquellas que poseen tu atención. (La idea que excluye todas las demás del campo de tu atención deriva en acción).

> *"Una cosa hago: olvidando lo que queda atrás, prosigo
> hacia la meta".*
> *(Filipenses 3:13-14)*

Esto significa que tú, esta única cosa puedes hacer, "olvidando aquellas cosas que quedaron atrás", puedes proseguir hacia la meta de llenar tu mente con el sentimiento del deseo cumplido.

Para el ser no-iluminado, esto parecerá ser todo fantasía, sin embargo, todo el progreso proviene de aquellos que no adoptan el punto de vista aceptado, ni aceptan el mundo tal y como es. Como ya se ha dicho, si puedes imaginar lo que quieras, y si las formas de tus pensamientos son tan vívidas como las formas de la naturaleza, por virtud del poder de tu imaginación, tú eres amo de tu destino.

Tú mismo eres tu imaginación y el mundo tal como lo ve tu imaginación es el mundo real.

Cuando te dispongas a dominar los movimientos de la atención —lo cual debe hacerse si quieres alterar con éxito el curso de los acontecimientos observados— en ese momento, te darás cuenta del poco control que ejerces sobre tu imaginación y de lo mucho que está dominada por las impresiones sensoriales y se deja llevar por las mareas de los estados de ánimo ociosos.

Para ayudarte a dominar el control de tu atención, practica este ejercicio:

Noche tras noche, justo antes de dormirte, esfuérzate por mantener tu atención en las actividades del día en orden inverso. Centra tu atención en la última cosa que hiciste, eso sería, acostarse en la cama, luego retrocede hacia atrás en el tiempo viendo todos los acontecimientos hasta que llegues al primer evento del día, salir de la cama. Este no es un ejercicio fácil, pero de la misma forma que los ejercicios específicos ayudan a desarrollar músculos específicos, esto ayudará mucho a desarrollar el "músculo" de tu atención.

Tu atención debe ser desarrollada, controlada y concentrada para que puedas cambiar exitosamente el concepto que tienes de ti mismo y así cambiar tu futuro.

La imaginación es capaz de hacer cualquier cosa, pero solo según la dirección interna de tu atención.

Si persistes noche tras noche, tarde o temprano despertarás en ti un centro de poder y te harás consciente de tu Gran Ser, el verdadero tú.

La atención se desarrolla mediante el ejercicio repetido o el hábito. A través del hábito, una acción se vuelve más fácil y así, en el transcurso del tiempo, da lugar a una habilidad o facultad, la cual puede destinarse a usos más elevados.

Cuando consigas controlar la dirección interna de tu atención, ya no te quedarás en aguas poco profundas, sino que te lanzarás a las profundidades de la vida.

Caminarás en la asunción del deseo cumplido como si estuvieras sobre una base más sólida incluso que la tierra.

CAPÍTULO 7

ACTITUD

Experimentos realizados recientemente por Merle Lawrence (Universidad Princeton) y Adelbert Ames (Universidad Darmouth) en el laboratorio de psicología en Hanover, N.H., han demostrado que lo que se ve al mirar algo no depende tanto de lo que hay allí, sino de la asunción que haces cuando miras.

Ya que lo que creemos que es el mundo físico "real" es solo un mundo "supuesto", no es de extrañar que estos experimentos demuestren que lo que parece ser una realidad sólida es en realidad el resultado de "expectativas" o "asunciones".

Tus asunciones determinan no solo lo que ves, sino también lo que haces, porque ellas gobiernan todos tus movimientos conscientes e inconscientes dirigidos hacia el cumplimiento de las mismas.

Hace más de un siglo, esta verdad fue expresada por Emerson de la siguiente manera:

"Así como el mundo era plástico y fluido en las manos de Dios, así es siempre a tantos de sus atributos cuando los traemos. Para la ignorancia y el pecado, es un pedernal. Se adaptan a ellos como pueden, pero en proporción a la divinidad que haya en el hombre, el firmamento fluye ante él y toma su sello y forma".

Tu asunción es la mano de Dios moldeando el firmamento a la imagen de lo que tú asumes. La asunción del deseo cumplido es la marea alta que te levanta fácilmente de la barra de los sentidos donde has permanecido estancado durante tanto tiempo.

Eleva la mente a la profecía, en el pleno sentido de la palabra; y si tienes esa imaginación controlada y esa atención concentrada que es posible alcanzar, puedes estar seguro de que todo lo que implica tu asunción, se hará realidad.

Cuando William Blake escribió: "Lo que parece ser es para aquellos a quienes les parece ser", solo repetía la verdad eterna.

> *"No hay nada inmundo en sí mismo; pero para el que*
> *piensa que algo es inmundo, para él, lo es".*
> *(Romanos 14:14)*

Porque no hay nada inmundo en sí mismo (o puro en sí mismo), debes asumir lo mejor y "Pensar solo en aquello que es amable y en todo lo que es de buen nombre" (Filipenses 4:8).

No es una visión superior, sino ignorancia de esta ley de la asunción, si lees en la grandeza de las personas alguna pequeñez con la cual puedes estar familiarizado, o una condición desfavorable en alguna situación o circunstancia. Tu relación particular hacia otro influye tu asunción con respecto a ese otro y te hace ver en él aquello que ves Si puedes cambiar tu opinión respecto a otro, entonces, lo que ahora crees de él no puede ser absolutamente cierto, sino que es solo relativamente cierto. A continuación se presenta un caso real que ilustra cómo funciona la ley de la asunción:

Un día, una diseñadora de vestuario me describió sus dificultades para trabajar con un prominente productor teatral. Ella estaba convencida de que éste criticaba y rechazaba injustamente sus mejores trabajos, y que a menudo era deliberadamente grosero e injusto con ella.

Después de escuchar su historia, le expliqué que si encontraba al otro grosero e injusto, era una señal segura de que ella misma tenía carencias, y que no era el productor, sino ella misma la que necesitaba una nueva actitud.

Le dije que el poder de esta ley de la asunción y su aplicación práctica solo podía descubrirse a través de la experiencia, y que solo asumiendo que la situación ya era como ella quería que fuera podría demostrar que era capaz de provocar el cambio deseado.

Su empleador estaba simplemente dando testimonio, diciéndole a través de su comportamiento, cuál era el concepto que ella tenía de él.

Sugerí que era muy probable que ella mantuviera conversaciones con él en su mente, llenas de críticas y recriminaciones.

No cabía duda de que ella estaba discutiendo mentalmente con el productor, ya que los otros solo hacen eco de lo que les susurramos en secreto.

Le pregunté si no era cierto que hablaba con él mentalmente, y si era así, cómo eran esas conversaciones.

Ella me confesó que cada mañana, en su camino al teatro, le decía todo lo que pensaba de él de una manera que nunca se hubiese atrevido a decirle en persona. La intensidad y la fuerza de sus discusiones mentales con él establecían automáticamente su comportamiento hacia ella.

Ella comenzó a darse cuenta de que todos mantenemos conversaciones mentales, pero que, lamentablemente, en la mayoría de las ocasiones, estas conversaciones son discusiones... que tan solo debemos observar a los transeúntes en la calle para comprobar esta afirmación... que mucha gente está mentalmente absorta en conversaciones y muy pocos parecen estar felices con ellas, pero la propia intensidad de sus sentimientos los lleva rápidamente al incidente desagradable que ellos mismos han creado mentalmente y que, por lo tanto, ahora deben enfrentar.

Cuando ella se dio cuenta de lo que había estado haciendo, aceptó cambiar su actitud y vivir esta ley fielmente, asumiendo que su trabajo era altamente satisfactorio y que su relación con el productor era muy agradable. Para ello, acordó que, antes de irse a dormir por la noche, de camino al trabajo y en otros intervalos durante el día, imaginaría que él la había felicitado por sus buenos diseños y que ella, a su vez, le había agradecido sus elogios y su amabilidad.

Para su gran sorpresa, pronto descubrió por sí misma que su propia actitud era la causa de todo lo que le ocurría.

El comportamiento de su empleador se revirtió milagrosamente. Su actitud, como siempre, haciendo eco de aquello que ella asumía, reflejaba ahora su cambiado concepto sobre él.

Lo que ella hizo fue por el poder de su imaginación. Su persistente asunción influenció su comportamiento y determinó su actitud hacia ella.

Con el pasaporte del deseo en las alas de una imaginación controlada, ella viajó hacia el futuro de su propia experiencia predeterminada. Así vemos que no son los hechos, sino aquello que creamos en nuestra imaginación, lo que da forma a nuestras vidas, ya que la mayoría de los conflictos del día se deben a la falta de un poco de imaginación para sacar la viga de nuestro propio ojo.

Es el de mente exacta y literal quien vive en un mundo ficticio.

Al igual que esta diseñadora, que mediante su imaginación controlada comenzó un sutil cambio en la mente de su empleador, nosotros también, mediante el control de nuestra propia imaginación y el sentimiento sabiamente dirigido, podemos resolver nuestros problemas.

Por la intensidad de su imaginación y sentimiento, la diseñadora sacó una especie de hechizo de la mente del productor y lo hizo pensar que sus generosos halagos se originaban en él.

A menudo, nuestros pensamientos más elaborados y originales están determinados por otro.

"Nunca estaremos seguros de que no fue alguna mujer que pisaba el lagar la que inició ese sutil cambio en la mente de los hombres, o que la pasión no comenzó en la mente de algún pastorcillo, iluminando sus ojos por un momento antes de seguir su camino".
(William Butler Yeats)

CAPÍTULO 8

RENUNCIACIÓN

No hay carbón de carácter tan muerto que no resplandezca y se encienda si se gira ligeramente.

"No resistan al que es malo; antes bien, a cualquiera que te abofetee en la mejilla derecha, vuélvele también la otra"
(Mateo 5:39)

Existe una gran diferencia entre resistirse al mal y renunciar a él. Cuando te resistes al mal, le prestas atención; sigues haciéndolo realidad. Cuando renuncias al mal, le quitas tu atención y le das tu atención a lo que quieres. Ahora es el momento de controlar tu imaginación y...

"Dar belleza en lugar de cenizas, júbilo en lugar de luto, alabanza en lugar de espíritu abatido, para que sean llamados árbol de justicia, plantío del Señor para que él sea glorificado"
(Ver Isaías 61:3)

Das belleza en lugar de cenizas cuando concentras tu atención en las cosas como te gustaría que fueran en lugar de hacerlo en las cosas como son. Tú das júbilo en lugar de luto cuando mantienes una actitud alegre a pesar de las circunstancias desfavorables. Tú das alabanza en lugar de espíritu abatido cuando mantienes una actitud confiada en vez de sucumbir al desánimo.

En esta cita, la Biblia utiliza la palabra árbol como sinónimo de ser humano. Tú te conviertes en un árbol de justicia cuando los estados mentales mencionados forman parte permanente de tu conciencia. Eres un plantío del Señor cuando todos tus pensamientos son pensamientos verdaderos.

Él es "Yo Soy", como fue descrito en el capítulo uno. "Yo Soy" es glorificado cuando se manifiesta el concepto más elevado de ti mismo.

Cuando hayas descubierto que tu propia imaginación controlada es tu salvadora, tu actitud se alterará completamente sin que disminuya el sentimiento religioso, y dirás de tu imaginación controlada:

"Contempla esta vid. La encontré como un árbol silvestre, cuya fuerza desenfrenada había crecido en ramas irregulares. Pero podé la planta y creció moderadamente en su vano gasto de hojas inútiles, y se convirtió, como ves, en estos limpios racimos llenos para recompensar a la mano que la hirió sabiamente".
(Robert Southey - "Thalaba El Destructor")

Esta vid significa tu imaginación que, en su estado incontrolado, gasta su energía en pensamientos y sentimientos inútiles o destructivos. Pero tú, del mismo modo que se poda la vid cortando sus ramas y raíces inútiles, debes podar tu imaginación retirando tu atención de todas las ideas desagradables y destructivas y concentrándote en el ideal que deseas alcanzar.

La vida más noble y feliz que experimentarás será resultado de haber podado sabiamente tu propia imaginación. Sí, poda todos los pensamientos y sentimientos desagradables.

"Piensa con verdad y tus pensamientos alimentarán el hambre del mundo; habla con verdad y cada palabra tuya será una semilla fructífera; vive con verdad y tu vida será un credo grande y noble.
(Horacio Bonar - "Himnos de Fe y Esperanza".)

CAPÍTULO 9

PREPARA TU LUGAR

"Todo lo mío es tuyo, y todo lo tuyo es mío".
(Juan 17:10)

"Mete tu hoz y siega, porque la hora de segar ha llegado, pues la mies de la tierra está madura"
(Apocalipsis 14:15)

Todo es tuyo. No salgas a buscar aquello que eres. Aprópiate de ello, reclámalo, asúmelo. Todo depende del concepto que tengas de ti mismo. Lo que no reclamas como verdadero de ti mismo no puede ser realizado por ti. La promesa es:

"A todo el que tiene, más se le dará, y tendrá en abundancia; pero al que no tiene, aun lo que tiene se le quitará"
(Mateo 25:29; Lucas 8:18)

Aférrate firmemente en tu imaginación a todo lo que es bello y de buen nombre, porque lo bello y lo bueno son esenciales en tu vida, si ha de ser valiosa.

Asúmelo. Esto se consigue imaginando que ya eres lo que quieres ser, y que ya tienes lo que quieres tener.

"Como el hombre piensa en su corazón, así es él".
(Proverbios 23:7)

Quédate quieto y reconoce que ya eres aquello que deseas ser, y nunca tendrás que buscarlo.

A pesar de tu apariencia de libertad de acción, tú obedeces, como todo lo demás, a la ley de la asunción.

Independientemente de lo que pienses sobre el tema del libre albedrío, lo cierto es que tus experiencias a lo largo de tu vida están determinadas por tus asunciones, ya sean conscientes o inconscientes.

Una asunción construye un puente de incidentes que conducen inevitablemente al cumplimiento de sí misma.

Las personas creen que el futuro es el desarrollo natural del pasado. Pero la ley de la asunción demuestra claramente que este no es el caso. Tu asunción te sitúa psicológicamente donde no estás físicamente; luego tus sentidos te devuelven desde donde estabas psicológicamente hacia donde estás físicamente. Son estos movimientos psicológicos hacia adelante los que producen tus movimientos físicos hacia adelante en el tiempo. La precognición penetra todas las escrituras del mundo.

> *"En la casa de mi Padre hay muchas moradas, si no fuera así, se lo hubiera dicho; porque voy a preparar un lugar para ustedes. Y si me voy y preparo un lugar para ustedes, vendré otra vez y los tomaré conmigo; para que donde yo esté, allí estén también ustedes... Y se lo he dicho ahora, antes que suceda, para que cuando suceda, crean".*
> *(Juan 14: 2-3; 29)*

El "Yo" en estos versículos es tu imaginación que va al futuro, a una de las muchas moradas.

La morada es el estado deseado... hablar de un acontecimiento antes de que ocurra físicamente es simplemente sentirte en el estado deseado hasta que tenga el tono de la realidad.

Tú vas y preparas un lugar para ti mismo imaginándote en el sentimiento de tu deseo cumplido. Luego, pasas rápidamente de este estado del deseo cumplido —donde no has estado físicamente— de regreso hacia dónde estabas físicamente hace un momento. Entonces, con un movimiento irresistible hacia delante, avanzas a través de una serie de acontecimientos hacia la realización física de tu deseo, porque donde hayas estado en tu imaginación, allí estarás también en la carne.

> *"Al lugar donde los ríos fluyen, allí vuelven a fluir".*
> *(Eclesiastés 1:7)*

CAPÍTULO 10

CREACIÓN

"Yo soy Dios y no hay ningún otro. Yo declaro el fin desde el principio, y desde la antigüedad lo que no ha sido hecho".
(Isaías 46: 9-10)

La creación está terminada. La creatividad es solo una receptividad más profunda, pues todo el contenido de todo el tiempo y todo el espacio, aunque se experimenta en una secuencia temporal, en realidad, coexiste en un ahora infinito y eterno. En otras palabras, todo lo que has sido o serás, de hecho, todo lo que la humanidad fue o será, existe ahora.

Esto es lo que se entiende por creación, y la afirmación de que la creación está terminada significa que nunca hay que crear nada, solo hay que manifestarlo.

Lo que se llama creatividad es tan solo tomar conciencia de lo que ya existe. Simplemente te haces consciente de porciones cada vez mayores de lo que ya existe.

El hecho de que nunca puedas ser algo que no seas ya o experimentar algo que no exista ya, explica la experiencia de tener un agudo sentimiento de haber escuchado antes lo que se está diciendo, o de haber conocido antes a la persona que encuentras por primera vez, o haber visto anteriormente un lugar o una cosa que estás viendo por primera vez.

Toda la creación existe en ti y tu destino es ser cada vez más consciente de sus infinitas maravillas y experimentar porciones cada vez más grandes de ella.

Si la creación está terminada y todos los acontecimientos están sucediendo ahora, la pregunta que surge naturalmente en la mente es, ¿qué determina tu trayectoria temporal? Es decir, ¿qué determina los acontecimientos que encuentras? Y la respuesta es: el concepto que tienes de ti mismo.

Los conceptos son los que determinan la ruta que sigue tu atención. Veamos una buena prueba para comprobar este hecho. Asume el sentimiento de tu deseo cumplido y observa la ruta que sigue tu atención. Observarás que mientras permanezcas fiel a tu asunción, tu atención se verá confrontada con imágenes claramente relacionadas con esa asunción. Por ejemplo, si asumes que tienes un maravilloso negocio, notarás cómo en tu imaginación tu atención se enfoca en un incidente tras otro relacionado con esa asunción. Los amigos te felicitan, te dicen lo afortunado que eres. Otros se muestran envidiosos y críticos. A partir de ahí, tu atención se dirige a oficinas más grandes, a mayores saldos bancarios y a muchos otros acontecimientos similares relacionados.

La persistencia en esa asunción hará que experimentes realmente aquello que asumiste. Lo mismo ocurre con cualquier concepto.

Si el concepto que tienes de ti mismo es que eres un fracasado, encontrarás en tu imaginación toda una serie de incidentes en conformidad con ese concepto. De este modo, se ve claramente cómo tú, por el concepto que tienes de ti mismo, determinas tu presente, es decir, esa porción particular de la creación que experimentas ahora, y así también tu futuro, es decir, esa porción particular de la creación que experimentarás.

CAPÍTULO 11

INTERFERENCIA

Tú eres libre de elegir el concepto que vas a aceptar de ti mismo. Por lo tanto, posees el poder de intervención, el poder que te permite alterar el curso de tu futuro. El proceso de elevarte desde tu concepto actual a un concepto más elevado de ti mismo es el medio de todo progreso verdadero. El concepto más alto está esperando por ti para que lo encarnes en el mundo de la experiencia.

"Y a aquel que es poderoso para hacer todas las cosas mucho más abundantemente de lo que pedimos o entendemos, según el poder que obra en nosotros, a él sea la gloria".
(Efesios 3:20)

Aquel que es capaz de hacer más de lo que puedes pedir o pensar, es tu imaginación, y el poder que obra en nosotros es tu atención. Entendiendo que la imaginación es Él, que es capaz de hacer todo lo que pides, y que la atención es el poder por el que creas tu mundo, ahora puedes construir tu mundo ideal.

Imagina que eres el ideal que sueñas y deseas. Permanece atento a este estado imaginado y, tan pronto como sientas completamente que ya eres este ideal, se manifestará como realidad en tu mundo.

"Él estaba en el mundo, y el mundo fue hecho por medio de él, y el mundo no lo conoció"
(Juan 1:10)

"El misterio que había estado oculto desde los siglos... Cristo en ustedes, la esperanza de gloria".
(Colosenses 1:26,27)

Este "Él" de la primera cita, es tu imaginación. Como se ha explicado anteriormente, solo existe una sustancia. Esta sustancia es la conciencia. Es tu imaginación la que moldea esta sustancia en conceptos, los cuales se manifiestan posteriormente como condiciones, circunstancias y objetos físicos. De este modo, la imaginación ha creado tu mundo.

Las personas no son conscientes de esta verdad suprema, salvo contadas excepciones.

El misterio, Cristo en ti, al que se refiere la segunda cita, es tu imaginación, por la que se moldea tu mundo. La esperanza de gloria es ser consciente de la habilidad de elevarte eternamente hacia niveles más altos.

Cristo no se encuentra en la historia, ni en las formas externas. Solo encuentras a Cristo cuando te haces consciente del hecho de que tu imaginación es el único poder redentor. Cuando se descubra esto, las "torres del dogma habrán oído las trompetas de la Verdad y, como los muros de Jericó, se derrumbarán".

CAPÍTULO 12

CONTROL SUBJETIVO

Tu imaginación es capaz de hacer todo lo que le pides en proporción al grado de tu atención. Todo el progreso y toda la realización del deseo dependen del control y la concentración de tu atención.

La atención puede ser atraída desde el exterior o dirigida desde el interior.

La atención es atraída desde el exterior cuando estás conscientemente ocupado con las impresiones externas del presente inmediato. Las líneas de esta página están atrayendo tu atención desde afuera.

Tu atención es dirigida desde adentro cuando deliberadamente eliges en qué estarás ocupado mentalmente.

Es obvio que, en el mundo objetivo, tu atención no solo es atraída por las impresiones externas, sino que se dirige constantemente hacia ellas. El control que ejerces en el estado subjetivo es casi inexistente, ya que en este estado la atención suele ser el sirviente y no el amo —el pasajero y no el navegante— de tu mundo.

Existe una enorme diferencia entre la atención dirigida objetivamente y la atención dirigida subjetivamente, y la capacidad de cambiar tu futuro depende de ésta última.

Cuando eres capaz de controlar los movimientos de tu atención en el mundo subjetivo, puedes modificar o alterar tu vida como te plazca. Pero este control no puede ser alcanzado si permites que tu atención sea atraída constantemente desde el exterior.

Cada día, fíjate en la tarea de retirar deliberadamente tu atención del mundo objetivo y de enfocarla subjetivamente. En otras palabras, concéntrate en aquellos pensamientos o estados de ánimos que deliberadamente determines. Entonces, esas cosas que ahora te limitan se desvanecerán y desaparecerán.

El día que consigas controlar los movimientos de tu atención en el mundo subjetivo, serás el amo de tu destino.

Ya no aceptarás el dominio de las condiciones o circunstancias externas. Ya no aceptarás la vida sobre la base del mundo exterior.

Habiendo obtenido el control de los movimientos de tu atención y habiendo descubierto el misterio escondido desde los siglos, que Cristo en ti es tu imaginación, afirmarás la supremacía de la imaginación y someterás todas las cosas a ella.

CAPÍTULO 13

ACEPTACIÓN

"Las percepciones del hombre no están limitadas por los órganos de la percepción: él percibe más de lo que el sentido (aunque sea tan agudo) puede descubrir".
(William Blake)

Aunque parezca que vives en un mundo material, en realidad vives en un mundo de imaginación. Los acontecimientos externos y físicos de la vida son el fruto de tiempos de florecimiento olvidados, resultados de estados de conciencia anteriores y normalmente olvidados. Son los finales que se ajustan fielmente a los orígenes imaginativos, a menudo olvidados.

Cuando te vuelves completamente absorto en un estado emocional, en ese momento, estás asumiendo el sentimiento del estado realizado. Si persistes en ello —todo lo que te emociona intensamente— lo experimentarás en tu mundo.

Estos períodos de absorción, de atención concentrada, son los comienzos de las cosas que cosechas. En estos momentos estás ejerciendo tu poder creativo, el único poder creativo que existe. Al final de estos periodos o momentos de absorción, pasas rápidamente de estos estados imaginativos (en los que no has estado físicamente) hacia donde estabas físicamente hace un instante. En estos períodos, el estado imaginado es tan real que, cuando regresas al mundo objetivo y descubres que no es el mismo que el estado imaginado, es un verdadero impacto. En la imaginación has visto algo tan vívido, que te preguntas si ahora puedes creer en la evidencia de tus sentidos y, al igual que Keats, te preguntas:

> *"¿Fue una visión o un sueño despierto?*
> *La música se ha desvanecido...*
> *¿Estoy despierto o dormido?"*

Este impacto invierte tu sentido del tiempo. Con esto quiero decir que, en lugar de que tu experiencia sea el resultado de tu pasado, ahora se convierte en el resultado de estar en la imaginación donde aún no has estado físicamente. En efecto, esto te lleva a través de un puente de incidentes hacia la manifestación física de tu estado imaginado.

Todo aquel que pueda asumir a voluntad cualquier estado que desee, ha encontrado las llaves del Reino de los Cielos. Las llaves son el deseo, la imaginación y una atención constantemente centrada en el sentimiento del deseo cumplido. Para una persona así, cualquier hecho objetivo indeseable deja de ser una realidad y el ferviente deseo deja de ser un sueño.

> *"Pónganme ahora a prueba en esto, dice el Señor de los ejércitos, y vean si no les abro las ventanas del cielo y derramo sobre ustedes bendición hasta que sobreabunde".*
> *(Malaquías 3:10)*

Las ventanas del cielo no pueden abrirse ni apoderarse de los tesoros mediante una fuerte voluntad, en cambio se abren por sí solas y presentan sus tesoros como un regalo gratuito —un regalo que llega cuando la absorción alcanza un grado tal que da lugar a un sentimiento de aceptación completa.

El paso desde tu estado actual al sentimiento de tu deseo cumplido, no es a través de un espacio. Existe una continuidad entre lo llamado real e irreal. Para cruzar de un estado a otro, tú simplemente extiendes tus sentidos, confías en tu tacto y entras completamente en el espíritu de lo que estás haciendo.

> *"No por el poder ni por la fuerza, sino por mi Espíritu, dice el Señor de los ejércitos".*
> *(Zacarías 4:6)*

Asume el espíritu, el sentimiento del deseo cumplido y habrás abierto las ventanas para recibir la bendición. Asumir un estado es entrar en el espíritu de él.

Tus triunfos serán una sorpresa solo para aquellos que no conocían tu pasaje secreto desde el estado de anhelo hasta la asunción del deseo cumplido.

El Señor de los ejércitos no responderá a tu deseo hasta que no hayas asumido el sentimiento de ya ser aquello que quieres ser, porque la aceptación es el canal de su acción. La aceptación es el Señor de los ejércitos en acción.

CAPÍTULO 14

LA MANERA FÁCIL

El principio de la "mínima acción" lo rige todo en la física, desde la trayectoria de un planeta hasta la trayectoria de un impulso de luz. La mínima acción es la mínima energía, multiplicada por el mínimo de tiempo. Por tanto, al desplazarte de tu estado actual al estado deseado, debes emplear el mínimo de energía y tardar el menor tiempo posible.

Tu viaje de un estado de conciencia a otro es un viaje psicológico, entonces, para realizar el viaje, debes emplear el equivalente psicológico de la "mínima acción" y el equivalente psicológico es la simple asunción.

El día que te des cuenta plenamente del poder de la asunción, descubrirás que funciona en total conformidad con este principio. Funciona mediante la atención, con el mínimo esfuerzo. Por lo tanto, con la mínima acción, a través de la asunción, te apresuras sin precipitarte y alcanzas tu objetivo sin esfuerzo.

Debido a que la creación está terminada, lo que deseas ya existe. Está excluido de la vista porque solo puedes ver el contenido de tu propia conciencia.

La función de una asunción es recuperar la visión excluida y restablecer la visión completa. No es el mundo, sino tus asunciones las que cambian.

La asunción trae a la vista lo invisible. No es ni más ni menos que ver con el ojo de Dios, es decir, con la imaginación.

> *"Porque Dios no ve como el hombre ve, pues el hombre mira la apariencia exterior, pero el Señor mira el corazón".*
> *(1 Samuel 16:7)*

El corazón es el principal órgano del sentido, de ahí que sea la primera causa de la experiencia. Cuando miras "al corazón", estás observando tus asunciones: las asunciones determinan tu experiencia.

Observa tus asunciones con total diligencia, ya que de ellas salen los asuntos de la vida. Las asunciones tienen el poder de la realización objetiva. Todo acontecimiento en el mundo visible es el resultado de una asunción o idea en el mundo invisible.

El momento presente es lo más importante, porque solo en el momento presente se pueden controlar nuestras asunciones. Si quieres aplicar sabiamente la ley de la asunción, el futuro debe convertirse en el presente en tu mente.

El futuro se convierte en el presente cuando te imaginas que ya eres aquello que serás cuando tu asunción se cumpla.

Quédate quieto (menor acción) y sabrás que ya eres aquello que deseas ser. El fin del deseo debería ser el Ser.

Traduce tu sueño en Ser. La construcción eterna de estados futuros sin la conciencia de ya serlos, es decir, imaginar tu deseo sin realmente asumir el sentimiento del deseo cumplido, es la falacia y el espejismo de la humanidad. Eso es simplemente una ensoñación inútil.

CAPÍTULO 15

LA CORONA DE LOS MISTERIOS

La asunción del deseo cumplido es el barco que te lleva a través de los mares desconocidos hacia el cumplimiento de tu sueño. La asunción lo es todo; la realización es subconsciente y sin esfuerzo.

> *"Asume una virtud si no la tienes".*
> ("Hamlet" - William Shakespeare).

Actúa en la asunción de que ya posees aquello que buscas.

> *"Bienaventurada la que creyó, porque se cumplirá lo que le fue dicho de parte del Señor"*
> *(Lucas 1:45)*

Así como la Inmaculada Concepción es el fundamento de los misterios cristianos, la Asunción es su corona. Psicológicamente, la Inmaculada Concepción significa el nacimiento de una idea en tu propia conciencia, sin ayuda de otro. Por ejemplo, cuando tienes un deseo específico, o una necesidad, o un anhelo concreto, es una inmaculada concepción en el sentido de que no fue ninguna persona o cosa física que la plantó en tu mente. Es autoconcebida. Cada persona es María de la Inmaculada Concepción y debe dar nacimiento a su idea.

La asunción es la corona de los misterios porque es el uso más elevado de la conciencia. Cuando en la imaginación asumes el sentimiento del deseo cumplido, te elevas mentalmente a un nivel superior.

En el momento en que, mediante tu persistencia, esta suposición se convierte en un hecho real, te encuentras automáticamente en un nivel superior (es decir, has conseguido tu deseo) en tu mundo objetivo.

Tu asunción guía todos tus movimientos conscientes y subconscientes hacia el fin sugerido de forma tan inevitable que realmente dicta los acontecimientos.

El drama de la vida es psicológico y todo está escrito y producido por tus asunciones.

Aprende el arte de la asunción, ya que solo de esta manera podrás crear tu propia felicidad.

CAPÍTULO 16

IMPOSIBILIDAD PERSONAL

La entrega de sí mismo es esencial, y esto significa la confesión de imposibilidad personal.

"Yo no puedo hacer nada por mí mismo".
(Juan 5:30)

Ya que la creación está terminada, es imposible forzar la existencia de algo. El ejemplo del magnetismo, citado anteriormente, es una buena ilustración. Tú no puedes hacer el magnetismo, solo puede ser exhibido. Tú no puedes crear la ley del magnetismo. Si quieres construir un imán, solo puedes hacerlo ajustándote a la ley del magnetismo. En otras palabras, te rindes, o te entregas a la ley.

De la misma manera, cuando utilizas la facultad de la asunción, te ajustas a una ley tan real como la ley que rige el magnetismo. Tú no puedes crear ni cambiar la ley de la asunción.

En este sentido eres impotente. Solo puedes ceder o adaptarte, y ya que todas tus experiencias son el resultado de tus asunciones (consciente o inconscientemente), el valor de utilizar conscientemente el poder de la asunción seguramente debe ser algo evidente.

Identifícate voluntariamente con aquello que más deseas, sabiendo que encontrará su expresión a través de ti. Ríndete al sentimiento del deseo cumplido y déjate consumir como su víctima, para luego elevarte como el profeta de la ley de la asunción.

CAPÍTULO 17

TODAS LAS COSAS SON POSIBLES

Es muy importante señalar que la verdad de los principios expuestos en este libro ha sido comprobada una y otra vez por las experiencias personales del autor. Durante los últimos veinticinco años, él ha aplicado estos principios y los ha comprobado exitosamente en innumerables instancias. Todos los éxitos que ha alcanzado, los atribuye a la inquebrantable asunción de que su deseo ya se ha cumplido.

Él confiaba en que sus deseos estaban predestinados a ser manifestados por estas asunciones fijas. Una y otra vez, asumía el sentimiento de su deseo cumplido y continuaba en su asunción hasta que lo que deseaba se realizaba completamente.

Vive tu vida con un sublime espíritu de confianza y determinación; ignora las apariencias, las condiciones, de hecho, toda evidencia de tus sentidos que niegue el cumplimiento de tu deseo. Descansa en la asunción de que ya eres lo que quieres ser, porque en esa determinada asunción tú y tu Ser Infinito son fusionados en unidad creativa, y con tu Ser Infinito (Dios) todas las cosas son posibles. Dios nunca falla.

"Nadie puede detener su mano, ni decirle: ¿Qué has hecho?"
(Daniel 4:35)

Mediante el dominio de tus asunciones, estarás realmente capacitado para dominar la vida. Es así como se asciende en la escalera de la vida: de este modo se realiza el ideal.

La clave del verdadero propósito de la vida es entregarte a tu ideal con tal conciencia de su realidad que empieces a vivir la vida del ideal y ya no tu propia vida como era antes de esta entrega.

"Él llama a las cosas que no se ven como si se vieran", y lo que no se ve se hace visible.

Cada asunción tiene su correspondiente mundo. Si eres verdaderamente observador, te darás cuenta del poder de tus asunciones para cambiar circunstancias que parecen totalmente inmutables. Por tus asunciones conscientes, tú determinas la naturaleza del mundo en el que vives.

Ignora el estado actual y asume el deseo cumplido. Reclámalo, él responderá. La ley de la asunción es el medio por el cual se puede realizar el cumplimiento de tus deseos.

En cada momento de tu vida, consciente o inconscientemente, estás asumiendo un sentimiento. No puedes evitar asumir un sentimiento, así como no puedes evitar comer o beber. Lo único que puedes hacer es controlar la naturaleza de tus asunciones.

De este modo, se ve claramente que el control de tu asunción es la llave que tienes ahora para una vida cada vez más amplia, más feliz y más noble.

CAPÍTULO 18

SEAN HACEDORES

"Sean hacedores de la palabra y no solamente oidores que se engañan a sí mismos. Porque si alguno es oidor de la palabra, pero no hacedor de ella, es semejante a un hombre que mira su rostro en un espejo y después de mirarse a sí mismo, se va y se olvida inmediatamente qué clase de persona es. Pero el que mira atentamente a la ley perfecta, la ley de la libertad, y permanece en ella, no habiéndose vuelto un oidor olvidadizo sino un hacedor eficaz, éste será bienaventurado en lo que hace".
(Santiago 1:22-25)

La Palabra, en este versículo, significa idea, concepto o deseo. Te engañas a ti mismo cuando eres "solamente oidor" cuando esperas que tu deseo se cumpla mediante simples ilusiones. Tu deseo es lo que quieres ser, y mirarte a ti mismo en un "espejo" es verte a ti mismo en la imaginación como esa persona.

Olvidar "qué clase de persona eres" significa no persistir en tu asunción.

La "ley perfecta de la libertad" es la ley que hace posible la liberación de la limitación, es decir, la ley de la asunción. Continuar en la ley perfecta de la libertad es persistir en la asunción de que tu deseo ya se ha cumplido.

Tú no eres un "oidor olvidadizo" cuando mantienes constantemente vivo en tu conciencia el sentimiento de que tu deseo se ha cumplido. Esto te convierte en un "hacedor de la palabra" y eres bendecido en tu acción por la inevitable realización de tu deseo.

Debes ser hacedor de la ley de la asunción, ya que sin su aplicación, ni siquiera la comprensión más profunda producirá el resultado deseado.

A través de estas páginas se reiteran y repiten con frecuencia importantes verdades básicas. En lo que respecta a la ley de la asunción —

la ley que libera al individuo— esto es algo beneficioso, pues conviene aclararla una y otra vez, incluso a riesgo de sonar repetitivo.

El verdadero buscador de la verdad agradecerá esta ayuda para concentrar su atención en la ley que le hace libre.

La parábola sobre la condena del Maestro al siervo que descuidó el talento que se le dio, es muy clara e inequívoca. Habiendo descubierto en ti mismo la llave de la Casa del Tesoro, debes ser como el buen siervo que, mediante un uso sabio, multiplicó los talentos que le fueron dados. El talento que se te ha confiado es el poder de determinar conscientemente tu asunción.

El talento no utilizado, al igual que una parte del cuerpo no ejercitada, se debilita y finalmente se atrofia.

Lo que tienes que conseguir es Ser. Para poder hacer, es necesario Ser. El fin del anhelo es Ser.

Tu concepto de ti mismo solo puede ser expulsado de la conciencia mediante otro concepto de ti mismo.

Al crear un ideal en tu mente, tú puedes identificarte con él hasta que te conviertas en uno y lo mismo con tu ideal, transformándote así en él.

Lo dinámico prevalece por encima de lo estático; lo activo por encima de lo pasivo. Quien es un hacedor es magnético y, por tanto, infinitamente más creativo que quien se limita a escuchar. Tú debes estar entre los hacedores.

CAPÍTULO 19

PUNTOS ESENCIALES

Los puntos esenciales en el uso exitoso de la ley de la asunción son estos:

En primer lugar, y por encima de todo, el anhelo; el deseo intenso y ferviente. De todo corazón debes querer ser diferente de lo que eres. El deseo intenso y ferviente —combinado con la intención de hacer el bien— es el impulso de la acción, el principio de todas las actividades exitosas. En toda gran pasión que alcanza su objetivo, el deseo está concentrado y tiene intención. Primero debes desear y luego tener la intención de conseguirlo.

"Como el ciervo anhela las corrientes de agua, así suspira por ti, oh Dios, el alma mía"
(Salmos 42:1)

"Bienaventurados los que tienen hambre y sed de justicia, pues ellos serán saciados"
(Mateo 5:6)

Aquí, el alma se interpreta como la suma total de todo lo que crees, piensas, sientes y aceptas como verdadero; en otras palabras, tu nivel actual de conciencia, Dios, Yo Soy, la fuente y el cumplimiento de todo deseo. Entendido psicológicamente, Yo Soy una infinita serie de niveles de conciencia, y Yo Soy lo que Soy, de acuerdo al lugar que ocupe en la serie. Este pasaje describe cómo tu nivel actual de conciencia anhela trascenderse a sí mismo. La justicia es la conciencia de ya ser lo que deseas ser.

En segundo lugar, cultiva la inmovilidad física, una incapacidad física similar al estado descrito por Keats en su "Oda a un ruiseñor":

*"Un pesado letargo aflige a mis sentidos,
es como si hubiera bebido cicuta"*

Es un estado parecido al sueño, pero en el que sigues teniendo el control de la dirección de la atención. Debes aprender a inducir este estado a voluntad; la experiencia me ha enseñado que es más fácil inducirlo luego de una gran comida, o cuando te despiertas por la mañana sintiéndote reacio a levantarte. Entonces estarás naturalmente dispuesto a entrar en este estado. El valor de la inmovilidad física se muestra en la acumulación de fuerza mental que trae la absoluta quietud. Incrementa tu poder de concentración.

*"Quédate quieto y sabrás que Yo soy Dios"
(Salmos 46:10)*

De hecho, las mayores energías de la mente rara vez irrumpen hasta que el cuerpo se aquieta y la puerta de los sentidos se cierra al mundo objetivo.

La tercera y última cosa que hay que hacer, es experimentar en tu imaginación lo que experimentarías en la realidad si consiguieras tu objetivo. Debes conseguirlo primero en tu imaginación, ya que la imaginación es la puerta a la realidad de aquello que buscas. Pero utiliza tu imaginación con maestría y no como un espectador que piensa en el final, sino como un participante pensando desde el final.

Imagina que posees una cualidad o algo que deseas, que hasta ahora no ha sido tuyo. Entrégate completamente a este sentimiento hasta que todo tu ser esté poseído por él. Este estado difiere del ensueño en este aspecto: es el resultado de una imaginación controlada y de una atención constante y concentrada, mientras que el ensueño es el resultado de una imaginación incontrolada, que suele ser una simple ensoñación.

En el estado controlado basta un mínimo esfuerzo para mantener tu conciencia llena del sentimiento del deseo cumplido. La inmovilidad física y mental de este estado es una poderosa ayuda para la atención voluntaria y el mayor factor del menor esfuerzo.

La aplicación de estos tres puntos:
(1) Deseo
(2) Inmovilidad física
(3) La asunción del deseo cumplido.

Este es el camino hacia la unificación con tu objetivo. El primer punto es pensar en el final deseado con la intención de realizarlo. El tercer punto es pensar desde el final con el sentimiento de haberlo cumplido. El secreto de pensar desde el final es disfrutar serlo. En el momento en que lo haces placentero, imaginándote que ya lo eres, empiezas a pensar desde el final.

Uno de los malentendidos más comunes es que se piensa que esta ley funciona solo para aquellos que tienen un objetivo devoto o religioso. Esto es una falacia. Funciona de forma tan impersonal como la ley de la electricidad.

Puede utilizarse tanto para fines codiciosos y egoístas como para fines nobles. Pero siempre hay que tener en cuenta que los pensamientos y las acciones innobles, inevitablemente, producen consecuencias desagradables.

CAPÍTULO 20

JUSTICIA

En un capítulo anterior se definió "Justicia" como la conciencia de ya ser aquello que deseas ser. Este es el verdadero significado psicológico y, evidentemente, no se refiere a la adhesión a códigos morales, a la ley civil o a los preceptos religiosos. No puedes hacer demasiado hincapié en la necesidad de ser justo. De hecho, la Biblia entera está llena de advertencias y exhortaciones respecto a este tema.

"Pon fin a tus pecados haciendo justicia"
(Daniel 4:27)

"Me aferraré a mi justicia y no la soltaré. Mi corazón no reprocha ninguno de mis días"
(Job 27:6)

"Mi justicia responderá por mí el día de mañana".
(Génesis 30:33)

Muy a menudo las palabras pecado y justicia se utilizan en la misma cita. Se trata de un contraste lógico de opuestos y adquiere un enorme significado a la luz del significado psicológico de la justicia y del significado psicológico del pecado.

Pecar significa no alcanzar el objetivo. No alcanzar tu deseo, no ser la persona que quieres ser es pecar. La justicia es la conciencia de ya ser lo que quieres ser.

Es una ley educativa inmutable que los efectos deben seguir a las causas. Solo mediante la justicia puedes ser salvado del pecado.

Existe una malinterpretación generalizada en cuanto a lo que significa "ser salvado del pecado". El siguiente ejemplo será suficiente para demostrar la malinterpretación y establecer la verdad:

Una persona que vive en la más absoluta pobreza puede creer que mediante alguna actividad religiosa o filosófica puede ser "salvada del pecado" y que su vida mejorará como consecuencia de ello. Sin embargo, si continúa viviendo en el mismo estado de pobreza, es obvio que lo que creía no era verdad y, de hecho, no se ha "salvado".

Por otro lado, puede salvarse mediante la justicia. El uso exitoso de la ley de la asunción tendría como resultado inevitable un cambio real en su vida. Ya no viviría en la pobreza. No volvería a fallar a su objetivo. Se salvaría del pecado.

"Si su justicia no supera la de los escribas y fariseos, no entrarán en el reino de los cielos"
(Mateo 5:20)

Los escribas y los fariseos son aquellos que están influenciados y gobernados por las apariencias externas, las normas y las costumbres de la sociedad en la que viven, el vano deseo de ser bien visto por los demás. A menos que se supere este estado mental, tu vida será una vida de limitación, o de fracaso en obtener tus deseos, de no alcanzar el objetivo, de pecado. Esta justicia es superada por la verdadera justicia, que es siempre la conciencia de ya ser aquello que deseas ser.

Uno de los mayores obstáculos al intentar utilizar la ley de la asunción es centrar tu atención en las cosas, en una nueva casa, un mejor trabajo, un mayor saldo bancario.

Esta no es la justicia, sin la cual "morirás en tus pecados". La justicia no es la cosa en sí; es la conciencia, el sentimiento de ya ser la persona que quieres ser, de ya tener el objeto que quieres tener.

"Pero busquen primero el Reino de Dios y su justicia, y todas estas cosas serán añadidas"
(Mateo 6:33)

El reino, toda la creación, de Dios (tu Yo Soy) está dentro de ti. La justicia es la conciencia de que ya lo posees todo.

CAPÍTULO 21

LIBRE ALBEDRÍO

A menudo se plantea la siguiente pregunta: "¿Qué hay que hacer entre la asunción del deseo cumplido y su realización?"

Nada. Es una ilusión pensar que, además de asumir el sentimiento del deseo cumplido, puedas hacer algo para ayudar a la realización de tu deseo.

Tú crees que puedes hacer algo, tú quieres hacer algo; pero realmente no puedes hacer nada. La ilusión del libre albedrío no es más que la ignorancia de la ley de la asunción, sobre la cual se basa toda acción. Todo sucede automáticamente. Todo lo que te ocurre, todo lo que haces, sucede.

Tus asunciones, conscientes o inconscientes, dirigen todo el pensamiento y la acción hacia su cumplimiento.

Comprender la ley de la asunción, convencerse de su verdad, significa deshacerse de todas las ilusiones sobre el libre albedrío de actuar. En realidad, el libre albedrío significa la libertad de seleccionar cualquier idea que desees.

Al asumir la idea ya como un hecho, se convierte en realidad. Más allá de eso, el libre albedrío termina y todo sucede en armonía con el concepto asumido.

"Yo no puedo hacer nada por mí mismo... porque no busco mi voluntad, sino la voluntad del Padre, que me envió"
(Juan 5:30)

En este versículo, evidentemente, el Padre se refiere a Dios. En un capítulo anterior, se define a Dios como Yo Soy.

Ya que la creación está terminada, el Padre nunca está en posición de decir "Yo seré". En otras palabras, todo existe y la infinita conciencia Yo Soy solo puede hablar en tiempo presente.

el poder de la conciencia

"No se haga mi voluntad, sino la tuya"
(Lucas 22:42)

"Yo seré" es una confesión que "Yo no soy". La voluntad del Padre es siempre "Yo Soy".

Mientras no te des cuenta de que Tú eres el Padre (solo hay un Yo Soy, y tu Ser infinito es ese Yo Soy), tu voluntad siempre será "Yo seré".

En la ley de la asunción, tu conciencia de ser es la voluntad del Padre. El simple deseo, sin esta conciencia, es "mi voluntad". Esta gran cita, tan poco comprendida, es una declaración perfecta de la ley de la asunción.

Es imposible hacer algo. Tú debes ser, para poder hacer. Si tuvieras un concepto diferente de ti mismo, todo sería diferente. Tú eres lo que eres, por lo tanto, todo es como es.

Los acontecimientos que observas están determinados por el concepto que tienes de ti mismo. Si cambias el concepto que tienes de ti mismo, los acontecimientos que te esperan en el tiempo se alteran, pero, una vez alterados, vuelven a formar una secuencia determinada, a partir del momento de este cambio de concepto. Tú eres un ser con poderes de intervención, los cuales te permiten, mediante un cambio de conciencia, alterar el curso de los acontecimientos observados, de hecho, cambiar tu futuro.

Niega la evidencia de los sentidos y asume el sentimiento de tu deseo cumplido. Ya que tu asunción es creativa y forma una atmósfera, tu asunción, si es noble, aumenta tu seguridad y te ayuda a alcanzar un nivel más elevado del ser.

Por el contrario, si tu asunción tiene un carácter negativo, te obstaculiza y hace que tu camino descendente sea más rápido. Así como las asunciones agradables crean una atmósfera armoniosa, los sentimientos duros y amargos crean una atmósfera dura y amarga.

"Todo lo que es puro, justo, amable, honesto, piensa en estas cosas"
(Ver Filipenses 4:8)

Esto significa hacer de tus asunciones los conceptos más elevados, más nobles y más felices. No hay mejor momento para comenzar que ahora. El momento presente es siempre el más oportuno para eliminar todas las asunciones desagradables y concentrarse solo en lo bueno.

Reclama para los demás, al igual que para ti, su herencia divina. Mira solo su bien y lo bueno que hay en ellos. Estimula lo más elevado de los demás, a la confianza y seguridad en sí mismos, mediante tu sincera asunción de su bien, y serás su profeta y su sanador, ya que a toda asunción sostenida le espera un cumplimiento inevitable.

De esta manera, ganarás mediante la asunción lo que nunca podrás ganar por la fuerza.

Una asunción es un cierto movimiento de la conciencia. Este movimiento, como todo movimiento, ejerce una influencia en la sustancia que lo rodea causando que ésta adopte la forma, haga eco y refleje la asunción. Un cambio de fortuna es una nueva dirección y perspectiva, simplemente un cambio en la organización de la misma sustancia mental — la conciencia.

Si quieres cambiar tu vida, debes empezar en la propia fuente con tu propio concepto básico del ser.

No es suficiente el cambio externo, ser parte de organizaciones, de cuerpos políticos, de cuerpos religiosos. La causa es más profunda. El cambio esencial debe producirse en ti mismo, en tu propio concepto de ti mismo.

Debes asumir que ya eres lo que quieres ser y continuar en ello, porque la realidad de tu asunción es completamente independiente de los hechos objetivos y se vestirá en la carne si persistes en el sentimiento del deseo cumplido.

Cuando sabes que las asunciones, si se persiste en ellas, se materializan en hechos, entonces, los acontecimientos que para los no-iniciados parecen ser simples accidentes, son para ti los efectos lógicos e inevitables de tu asunción.

Lo importante es que tengas en cuenta que tienes infinito libre albedrío para elegir tus asunciones, pero no tienes ningún poder para determinar las condiciones y los acontecimientos.

Tú no puedes crear nada, pero tus asunciones determinan qué porciones de la creación vas a experimentar.

CAPÍTULO 22

PERSISTENCIA

"También les dijo: «Supongamos que uno de ustedes tiene un amigo, y a medianoche él va y le dice: "Amigo, préstame tres panes, porque un amigo mío ha llegado de viaje a mi casa, y no tengo nada que ofrecerle"; y aquel, respondiendo desde adentro, le dice: "No me molestes; la puerta ya está cerrada, y mis hijos y yo estamos acostados; no puedo levantarme para darte nada". Les digo que aunque no se levante a darle algo por ser su amigo, no obstante, por su importunidad se levantará y le dará cuanto necesite». Así que yo les digo: pidan y se les dará; busquen y hallarán; llamen y se les abrirá"
(Lucas 11: 5-9)

Aquí encontramos tres personajes principales: tú y los dos amigos mencionados.

El primer amigo es un estado de conciencia deseado.

El segundo amigo es un deseo que busca cumplimiento.

El tres es el símbolo de la totalidad, de la terminación.

Los panes simbolizan la sustancia.

La puerta cerrada simboliza los sentidos que separan lo visible de lo invisible.

Los niños en la cama significan las ideas que están dormidas.

La incapacidad para levantarse significa que el estado de conciencia deseado no puede elevarse hacia ti, tú debes elevarte hacia él.

La importunidad significa demandar con persistencia; una especie de atrevida imprudencia.

Pedir, buscar, llamar, significan asumir la conciencia de ya tener lo que deseas.

De esta manera, las escrituras te dicen que debes persistir en elevarte hacia (asumir) la conciencia de que tu deseo ya se ha cumplido. La promesa es definitiva: si eres atrevido en tu impudencia de asumir que ya eres aquello que tus sentidos niegan, se te dará —tu deseo será obtenido.

La Biblia enseña la necesidad de la persistencia mediante el uso de muchas historias. Cuando Jacob pidió una bendición al Ángel con el que luchaba, le dijo:

"No te soltaré si no me bendices"
(Génesis 32:26)

Cuando la sunamita buscó la ayuda de Elíseo, ella dijo:

"Vive el Señor y vive su alma, que no me apartaré de usted. Entonces Eliseo se levantó y la siguió"
(2 Reyes 4:30)

La misma idea se expresa en otro pasaje:

Jesús les contó una parábola para enseñarles que ellos debían orar en todo tiempo, y no desfallecer: «Había en cierta ciudad un juez que ni temía a Dios ni respetaba a hombre alguno. También había en aquella ciudad una viuda, la cual venía a él constantemente, diciendo: "Hágame usted justicia de mi adversario". Por algún tiempo el juez no quiso, pero después dijo para sí: "Aunque ni temo a Dios, ni respeto a hombre alguno, sin embargo, porque esta viuda me molesta, le haré justicia, no sea que por venir continuamente me agote la paciencia»
(Lucas 18: 1-5)

La verdad básica que subyace en cada una de estas historias es que el deseo emerge de la conciencia del logro final y que la persistencia en mantener la conciencia de que el deseo ya se ha cumplido da lugar a su realización.

No es suficiente sentirte en el estado de la oración respondida; debes persistir en ese estado. Esa es la razón del mandato:

"El hombre debe orar siempre y no desfallecer"
(Lucas 18:1)

Aquí, orar significa dar gracias por ya tener aquello que deseas.

Solo la persistencia en la asunción del deseo cumplido puede provocar esos sutiles cambios en tu mente y que dan lugar al cambio deseado en tu vida. No importa si son "ángeles", "Eliseos", o "jueces reacios"; todos deben responder en armonía con tu persistente asunción.

el poder de la conciencia

Cuando parece que las demás personas en tu mundo no actúan contigo como te gustaría, no se debe a la renuencia por su parte, sino a la falta de persistencia en tu asunción de que tu vida ya es como quieres que sea.

Para que tu asunción sea efectiva, no puede ser un solo acto aislado, debe ser una actitud mantenida del deseo cumplido. Y esa actitud mantenida que te lleva allí, a pensar desde tu deseo cumplido en vez de pensar en tu deseo, se ve favorecida al asumir el sentimiento del deseo cumplido con frecuencia. Es la frecuencia, no la duración del tiempo, lo que lo hace natural. Aquello a lo que constantemente vuelves, constituye tu verdadero ser. La frecuente ocupación del sentimiento del deseo cumplido es el secreto del éxito.

CAPÍTULO 23

HISTORIAS DE CASOS REALES

Llegados a este punto, será muy útil citar una serie de ejemplos concretos de la aplicación exitosa de esta ley. A continuación, se presentan casos reales. En cada uno de ellos, se define claramente el problema y se describe completamente la forma en que se utilizó la imaginación para alcanzar el estado de conciencia requerido. En cada uno de estos casos, el autor de este libro estuvo involucrado personalmente o fue informado de los hechos por la persona implicada.

CASO 1

Esta es una historia con todos los detalles, con los cuales estoy personalmente familiarizado.

En la primavera de 1943, un soldado recién reclutado fue destinado a un gran campamento del ejército en Luisiana. Él estaba intensamente deseoso de salir del ejército, pero solo de una manera completamente honorable.

La única manera de hacerlo era solicitar ser dado de baja. La solicitud requería, entonces, la aprobación de su oficial al mando para hacerse efectiva. Según el reglamento del ejército, la decisión del oficial al mando era definitiva y no podía ser apelada. El soldado, siguiendo todo el procedimiento necesario, solicitó ser dado de baja.

Dentro de las cuatro horas siguientes, esta solicitud le fue devuelta, marcada como "rechazada". Convencido de que no podía apelar la decisión a ninguna autoridad superior, militar o civil, él se volvió hacia su propia conciencia, decidido a confiar en la ley de la asunción.

el poder de la conciencia

El soldado comprendía que su conciencia era la única realidad, que su estado particular de conciencia determinaba los acontecimientos que iba a encontrar.

Aquella noche, en el intervalo entre el momento de acostarse y quedarse dormido, se concentró en utilizar conscientemente la ley de la asunción. En la imaginación, se sintió dentro de su departamento en la ciudad de Nueva York. Él visualizó su departamento, es decir, en el ojo de su mente realmente vio su propio departamento, imaginando mentalmente cada una de las habitaciones familiares con todo el mobiliario vívidamente real.

Con esta imagen claramente visualizada y acostado de espalda, se relajó por completo físicamente. De esta manera, indujo un estado próximo al sueño, al mismo tiempo que mantenía el control de la dirección de su atención. Cuando su cuerpo estaba completamente inmovilizado, él asumió que estaba en su propia habitación y sintió que estaba acostado en su propia cama —una sensación muy diferente a la de estar acostado en un catre del ejército.

En la imaginación, él se levantó de la cama, caminó de una habitación a otra, tocando varios muebles. Luego se dirigió a la ventana y, con las manos apoyadas en el alféizar, miró hacia la calle a la que daba su apartamento. Todo esto era tan vívido en su imaginación que vio con detalle la acera, las barandillas, los árboles y el familiar ladrillo rojo del edificio que estaba en la acera de enfrente. Luego volvió a su cama y sintió que se dormía.

Él sabía que lo más importante para utilizar con éxito esta ley era que, en el momento de quedarse dormido, su conciencia estuviera llena de la asunción de que ya era lo que quería ser. Todo lo que hacía en la imaginación se basaba en la asunción de que ya no estaba en el ejército. Noche tras noche, el soldado representaba este drama. Noche tras noche, en la imaginación, se sentía a sí mismo, honorablemente dado de baja, de vuelta en su casa, viendo todo el entorno familiar y quedándose dormido en su propia cama. Esto continuó durante ocho noches.

Durante ocho días, su experiencia objetiva continuaba siendo directamente opuesta a su experiencia subjetiva en la conciencia cada noche, antes de irse a dormir. Al noveno día, vinieron órdenes del cuartel general para que el soldado llenara una nueva solicitud para ser dado de baja.

Poco tiempo después de esto, se le ordenó reportarse en la oficina del coronel. Durante la conversación, el coronel le preguntó si todavía deseaba salir del ejército. Al recibir una respuesta afirmativa, el coronel dijo que personalmente no estaba de acuerdo, y que aunque tenía fuertes objeciones en cuanto a la aprobación de la baja, había decidido pasar por alto estas objeciones y aprobarla. A las pocas horas, la solicitud fue aprobada y el soldado, ahora civil, estaba en un tren con destino a casa.

CASO 2

Esta es la sorprendente historia de un hombre de negocios, extremadamente exitoso, demostrando el poder de la imaginación y la ley de la asunción. Conozco a esta familia íntimamente y todos los detalles me los contó el hijo que aquí se menciona.

La historia comienza cuando él tenía veinte años de edad. Él era el segundo hijo mayor de una extensa familia de nueve hermanos y una hermana. El padre era uno de los socios de un pequeño negocio de comercio. A los dieciocho años, el hermano al que se refiere esta historia dejó el país en el que vivían y viajó más de tres mil kilómetros de distancia para entrar en la universidad y completar su educación. Poco después de su primer año en la universidad, fue llamado para que regresara a casa debido a un trágico evento relacionado con el negocio de su padre. Mediante maquinaciones de sus socios, el padre no solo se vio obligado a abandonar su negocio, sino que fue objeto de falsas acusaciones que impugnaban su carácter e integridad. Al mismo tiempo, se le privó de su legítima participación en el patrimonio del negocio. El resultado fue que se encontró muy desacreditado y casi sin dinero.

Fue en estas circunstancias cuando el hijo fue llamado para que regresara a casa desde la universidad. Él volvió, con su corazón lleno de una gran resolución. Estaba decidido a tener un éxito extraordinario en los negocios. Lo primero que hicieron él y su padre fue utilizar el poco dinero que tenían para abrir su propio negocio. Arrendaron una pequeña tienda en una calle lateral, no lejos del gran negocio donde el padre había sido uno de los principales propietarios. Allí pusieron en marcha un negocio destinado a prestar un verdadero servicio a la comunidad. Poco después, el hijo, con la conciencia instintiva de que estaba destinado a funcionar, utilizó deliberadamente la imaginación para alcanzar un objetivo casi fantástico.

Todos los días, en su camino de ida y vuelta al trabajo, pasaba por delante del edificio del antiguo negocio de su padre —el mayor negocio de su clase en el país. Era uno de los edificios más grandes, con la ubicación más destacada en el corazón de la ciudad. Afuera del edificio había un enorme letrero en el que estaba pintado el nombre de la empresa con grandes letras llamativas.

Día tras día, cuando pasaba por ahí, un gran sueño tomaba forma en la mente del hijo. Él pensaba en lo maravilloso que sería que fuera su familia la que tuviera este gran edificio, que fuera su familia la que tuviera y gestionara este gran negocio.

Un día, mientras contemplaba el edificio, en su imaginación, vio un nombre completamente diferente en el enorme cartel de la entrada. Ahora las grandes letras deletreaban el nombre de su familia (en estas historias no se utilizan los nombres reales; por razones de claridad, en esta historia utilizaremos nombres hipotéticos y supondremos que el apellido del hijo era Lordard).

Donde el cartel decía F.N. Moth y Co., en la imaginación, él realmente vio el nombre, letra por letra, N. Lordard e Hijos. Él permaneció mirando al cartel con los ojos bien abiertos, imaginando que decía N. Lordard e hijos. Dos veces al día, semana tras semana, mes tras mes, durante dos años, vio el nombre de su familia sobre la fachada de aquel edificio. Estaba convencido de que si sentía con suficiente fuerza que una cosa era cierta, estaba destinada a serlo, y al ver en la imaginación el nombre de su familia en el letrero —lo que implicaba que ellos eran dueños del negocio— se convenció de que un día ellos serían los dueños.

Durante este período, solo le contó a una persona lo que estaba haciendo. Se lo confió a su madre, que con afectuosa preocupación trató de desanimarle para protegerle de lo que podría ser una gran decepción. A pesar de ello, él persistió día tras día.

Dos años después, la gran empresa fracasó y el codiciado edificio se puso en venta.

Al llegar el día de la venta, él no estaba ni un poco más cerca de ser el propietario de lo que estaba dos años antes, cuando empezó a aplicar la ley de la asunción. Durante este periodo, habían trabajado duro y sus clientes tenían una confianza implícita en ellos. Sin embargo, no habían ganado nada parecido a la cantidad de dinero necesaria para la compra de la propiedad. Tampoco tenían ninguna fuente de la que pudieran pedir prestado el capital necesario. Lo que hacía aún más remota su posibilidad de conseguirlo era el hecho de que ésta se consideraba la propiedad más deseada de la ciudad y varios empresarios ricos estaban dispuestos a comprarla. El mismo día de la venta, para su total sorpresa, un hombre, casi un completo desconocido, entró en su tienda y se ofreció a comprarles la propiedad. Debido a algunas condiciones inusuales involucradas en esta transacción, la familia del hijo no podía ni siquiera hacer una oferta por la propiedad.

Ellos pensaron que este hombre les estaba haciendo una broma. Sin embargo, este no era el caso. El hombre les explicó que los había observado durante algún tiempo, que admiraba su habilidad, creía en su integridad y que suministrarles el capital para que emprendieran un negocio a gran escala era una inversión sumamente sólida para él. Ese mismo día, la propiedad fue suya. Lo que el hijo había persistido en ver en su imaginación ahora era una realidad. El presentimiento de aquel desconocido estaba más que justificado.

En la actualidad, esta familia no solo es propietaria del negocio en particular al que se hace referencia, sino que también poseen muchas de las mayores industrias del país en el que viven.

El hijo, al ver el nombre de su familia en la entrada de este gran edificio, mucho antes de que estuviera realmente allí, estaba utilizando exactamente la técnica que produce resultados. Al asumir el sentimiento de que ya tenía lo que deseaba, haciendo que esto fuera una realidad vívida en su imaginación, mediante una determinada persistencia, independientemente de la apariencia o las circunstancias, provocó inevitablemente que su sueño se hiciera realidad.

CASO 3

Esta es la historia de un resultado muy inesperado tras una entrevista con una señora que vino a consultarme.

Una tarde, una joven abuela, una mujer de negocios de Nueva York, vino a verme. Traía consigo a su nieto de nueve años, que había venido a visitarla desde Pensilvania. En respuesta a sus preguntas, yo le expliqué la ley de la asunción, describiendo en detalle el procedimiento a seguir para alcanzar un objetivo. El niño se sentó tranquilamente, aparentemente absorto en un pequeño camión de juguete, mientras yo le explicaba a la abuela el método para asumir el estado de conciencia que le correspondería si su deseo ya se hubiera cumplido.

Le conté la historia del soldado en el campamento, que cada noche se quedaba dormido imaginando que estaba en su propia cama, en su propia casa.

Cuando el niño y su abuela ya se marchaban, él me miró con gran entusiasmo y me dijo: "Yo sé lo que quiero, y ahora sé cómo conseguirlo". Sorprendido, le pregunté qué era lo que quería; me dijo que tenía el corazón puesto en un cachorro.

Ante esto, su abuela protestó vigorosamente, diciéndole al niño que ya le habían dejado muy en claro, en repetidas ocasiones, que no podía tener un perro bajo ninguna circunstancia... que su padre y su madre no lo permitirían, que el niño era muy pequeño para cuidarlo adecuadamente, y aún más, su padre sentía un profunda aversión por los perros —realmente detestaba tener uno cerca.

El niño, profundamente deseoso de tener un perro, se negó a entender todos estos argumentos. Él dijo:

—"Ahora ya sé lo que hay que hacer. Todas las noches, cuando me vaya a dormir, voy a pretender que tengo un perro y que vamos a dar un paseo".

—"No. Eso no es lo que quiere decir el señor Neville. Esto no era para ti. No puedes tener un perro" —dijo la abuela.

Aproximadamente seis semanas después, la abuela me contó lo que para ella era una historia asombrosa. El deseo del niño de tener un perro era tan intenso que él había asimilado todo lo que yo le había dicho a su abuela sobre cómo conseguir su deseo, y creía implícitamente que por fin sabía cómo conseguir un perro.

Poniendo en práctica esta creencia, durante varias noches, el niño imaginó que un perro estaba recostado en su cama junto a él. En la imaginación, acariciaba al perro, sintiendo realmente su pelaje. Cosas como jugar con el perro y sacarlo a pasear llenaban su mente.

Dentro de unas semanas, sucedió. Un periódico de la ciudad en la que vivía el niño organizó un programa especial en relación con la "semana de la bondad hacia los animales". Se les pidió a todos los estudiantes que escribieran una redacción sobre "Por qué me gustaría tener un perro".

Después de que se presentaran y juzgaran las redacciones de todos los colegios, se anunció al ganador del concurso. El mismo niño que semanas antes en mi apartamento de Nueva York me había dicho "Ahora sé cómo conseguir un perro" fue el ganador. En una elaborada ceremonia, a la que se dio publicidad con historias y fotos en el periódico, el chico recibió un hermoso cachorrito Collie.

Al relatar esta historia, la abuela me dijo que si al niño le hubieran dado el dinero para comprar un perro, los padres se habrían negado a hacerlo y lo habrían utilizado para comprar un bono para el niño o lo hubiesen depositado en una cuenta de ahorro para él. Por otra parte, si alguien le hubiera regalado un perro al niño, lo habrían rechazado o lo habrían regalado.

Pero la manera dramática en la que el niño recibió el perro, la manera en que ganó el concurso de la ciudad, las historias y las fotos en el periódico, el orgullo del logro y la alegría del niño, todo ello se combinó para provocar un cambio en el corazón de los padres, y se encontraron haciendo lo que nunca concibieron posible: le permitieron quedarse con el perro.

La abuela me explicó todo esto y concluyó diciendo que había una clase particular de perro en la que el niño había puesto su corazón. Era un collie.

CASO 4

Esta historia fue contada por la tía de la historia a todo el público al final de una de mis conferencias.

Durante el período de preguntas que siguió a mi conferencia sobre la ley de la asunción, una señora que había asistido a muchas conferencias y había tenido consultas personales conmigo en varias ocasiones, se levantó y pidió permiso para contar una historia que ilustraba cómo había utilizado exitosamente esta ley.

Contó que, al volver a casa de la conferencia de la semana anterior, había encontrado a su sobrina angustiada y tremendamente alterada. El marido de la sobrina, que era oficial de las Fuerzas Aéreas del Ejército destinado en Atlantic City, acababa de recibir la orden de ir al servicio activo en Europa, junto con el resto de su unidad. Entre lágrimas le dijo a su tía que el motivo de su descontento era porque esperaba que su marido fuera asignado a Florida como instructor.

Ambos amaban Florida y estaban ansiosos por ser asignados allí y no separarse. Al escuchar esta historia, la tía le dijo que había solo una cosa por hacer y era aplicar inmediatamente la ley de la asunción. Ella le dijo:

—"Vamos a actualizarla. Si estuvieras realmente en Florida, ¿qué harías? Sentirías la cálida brisa. Olerías el aire salado. Sentirías los dedos de tus pies hundirse en la arena. Bueno, hagamos todo eso ahora mismo".

Se quitaron los zapatos y, apagando las luces, en la imaginación se sintieron realmente en Florida, sintiendo la brisa cálida, oliendo el aire del mar, hundiendo los dedos de los pies en la arena.

Cuarenta y ocho horas después, el marido recibió un cambio de órdenes. Sus nuevas instrucciones eran reportarse inmediatamente en Florida como instructor de la Fuerza Aérea. Cinco días después, su esposa estaba en un tren para reunirse con él. Aunque la tía, para ayudar a su sobrina a conseguir su deseo, se unió a ella para asumir el estado de conciencia requerido, no fue a Florida. Ese no era su deseo. En cambio, ése era el intenso anhelo de la sobrina.

CASO 5

Este caso es especialmente interesante por el corto intervalo de tiempo entre la aplicación de la ley de la asunción y su manifestación visible.

el poder de la conciencia

Una mujer muy prominente vino a mí con una gran preocupación. Ella tenía un hermoso departamento en la ciudad y una gran casa de campo; sin embargo, debido a que las numerosas exigencias que se le presentaban eran mayores que sus modestos ingresos, era absolutamente necesario arrendar su departamento para poder pasar el verano con su familia en su casa de campo.

En años anteriores, el departamento se había arrendado sin dificultad a principios de la primavera, pero el día en que acudió a mí, la temporada de alquiler de subarriendos de verano había terminado. El departamento había estado en manos de los mejores agentes inmobiliarios durante meses, pero nadie se había interesado ni siquiera en ir a verlo.

Cuando me describió su situación, le expliqué cómo podía aplicarse la ley de la asunción para resolver su problema. Le sugerí que, imaginando que el departamento ya había sido arrendado por una persona que deseaba ocuparlo inmediatamente y, asumiendo que esto ya había sucedido, su departamento sería realmente arrendado. Para crear el sentimiento de naturalidad necesario —el sentimiento de que ya era un hecho que su departamento estaba arrendado— le sugerí que, esa misma noche, se durmiera imaginándose a sí misma, no en su apartamento, sino en el lugar en el que dormiría si el apartamento fuera arrendado repentinamente. Enseguida captó la idea y dijo que en tal situación ella dormiría en su casa de campo, aunque aún no estuviera abierta para el verano.

Esta entrevista tuvo lugar el jueves. A las nueve de la mañana del sábado siguiente, me llamó por teléfono desde su casa de campo, emocionada y feliz. Me dijo que ese jueves por la noche se había quedado dormida imaginando y sintiendo que estaba durmiendo en su otra cama en la casa de campo, a muchos kilómetros de distancia del departamento de la ciudad que estaba ocupando. Al día siguiente, el viernes, un inquilino muy recomendable, que cumplía todos sus requisitos como una persona responsable, no solo arrendó el departamento, sino que lo arrendó con la condición de que pudiera ocuparlo ese mismo día.

CASO 6

Solo el uso más completo e intenso de la ley de asunción podría haber producido tales resultados en esta situación extrema.

Hace cuatro años, un amigo de nuestra familia me pidió que hablara con su hijo de veintiocho años, el cual no se esperaba que sobreviviera.

Padecía una extraña enfermedad del corazón. Esta enfermedad provocaba la desintegración del órgano. Los largos y costosos tratamientos médicos no habían servico de nada; y los médicos no daban esperanzas de recuperación. Durante mucho tiempo, el hijo había estado postrado en su cama. Su cuerpo se había reducido hasta convertirse casi en un esqueleto, y hablaba y respiraba con gran dificultad. Su esposa y dos hijos pequeños estaban en casa cuando llegué, y su esposa estuvo presente durante toda nuestra conversación.

Empecé diciéndole que solo había una solución para cualquier problema y esa solución era un cambio de actitud. Puesto que hablar lo agotaba, le pedí que asintiera con la cabeza si entendía claramente lo que yo le decía. Él aceptó hacerlo.

Le describí los hechos subyacentes a la ley de la conciencia, de hecho, que la conciencia era la única realidad. Le dije que la manera de cambiar cualquier condición era cambiar su estado de conciencia respecto a ella. Para ayudarle específicamente a asumir el sentimiento de que ya estaba recuperado, le sugerí que, en la imaginación, viera la cara del médico con una expresión de increíble asombro al comprobar que se había recuperado, contrario a todo lo imaginable en las últimas instancias de una enfermedad incurable; que le viera hacer una doble comprobación en su examen y que le oyera decir una y otra vez: "Es un milagro, es un milagro".

Él no solo entendió todo esto claramente, sino que también lo creyó implícitamente. Prometió seguir fielmente este procedimiento. Su esposa, que había estado escuchando atentamente, me aseguró que ella también utilizaría diligentemente la ley de la asunción y su imaginación de la misma manera que su marido.

Al día siguiente me embarqué hacia Nueva York, todo esto ocurrió durante unas vacaciones de invierno en el trópico.

Varios meses después, recibí una carta en la que me decían que el hijo se había recuperado milagrosamente. En mi siguiente visita, me reuní con él en persona. Se encontraba en perfecto estado de salud, activamente involucrado en sus negocios y disfrutando plenamente de las numerosas actividades sociales con sus amigos y familiares.

Me dijo que, desde el día en que me fui, nunca tuvo ninguna duda de que "eso" funcionaría. Describió cómo había seguido fielmente la sugerencia que le había hecho y día tras día había vivido completamente en la asunción de que ya estaba sano y fuerte.

Ahora, cuatro años después de su recuperación, está convencido de que la única razón por la cual él está aquí hoy se debe a que utilizó con éxito la ley de la asunción.

CASO 7

Esta historia ilustra el exitoso uso de la ley por parte de un ejecutivo de negocios de Nueva York.

En el otoño de 1950, un ejecutivo de uno de los principales bancos de Nueva York me comentó un grave problema al que se enfrentaba.

Me dijo que las perspectivas de su progreso y avance personal eran muy escasas. Habiendo alcanzado la mediana edad y sintiendo que estaba justificada una notable mejora de su posición y de sus ingresos, tuvo una conversación al respecto con sus superiores. Éstos le dijeron francamente que era imposible cualquier mejora importante y le insinuaron que, si no estaba satisfecho, podía buscar otro trabajo. Por supuesto, esto solo aumentó su malestar.

En nuestra conversación, me explicó que él no deseaba grandes cantidades de dinero, pero que quería tener un ingreso sustancial para poder mantener su hogar confortablemente y proveer para la educación de sus hijos en buenas escuelas y universidades. Esto le resultaba imposible con sus ingresos actuales. La negativa del banco de asegurarle un ascenso en un futuro próximo le produjo un sentimiento de descontento y un intenso deseo de conseguir una posición mejor y con mucho más dinero.

Me confesó que el tipo de trabajo que le gustaría más que nada en el mundo, sería uno en el que gestionara los fondos de inversión de una gran institución, como una fundación o una gran universidad.

Al explicarle la ley de la asunción, le dije que su situación actual era solo la manifestación del concepto que tenía de sí mismo y le declaré que si quería cambiar las circunstancias en las que se encontraba, podía hacerlo cambiando el concepto que tenía de sí mismo. Para provocar este cambio de conciencia y, por tanto, un cambio en su situación, le pedí que siguiera este procedimiento cada noche justo antes de dormirse: En la imaginación, debía sentir que se retiraba al final de uno de los días más importantes y exitosos de su vida. Debía imaginar que ese mismo día había cerrado un acuerdo para incorporarse a la clase de organización en la que anhelaba estar y exactamente en el puesto que deseaba.

Le sugerí que si conseguía llenar completamente su mente con este sentimiento, experimentaría una sensación definitiva de alivio. En este estado de ánimo, su malestar y descontento serían cosa del pasado. Sentiría la satisfacción que conlleva el cumplimiento del deseo. Terminé asegurándole que, si lo hacía fielmente, conseguiría inevitablemente el puesto que deseaba.

Esto ocurrió la primera semana de diciembre. Noche tras noche, sin excepción, siguió este procedimiento.

A principios de febrero, un director de una de las fundaciones más ricas del mundo le preguntó a este ejecutivo si estaría interesado en incorporarse a la fundación en calidad de ejecutivo encargado de las inversiones. Tras una breve conversación, él acepto.

Actualmente, con unos ingresos sustancialmente superiores y con la seguridad de un progreso constante, este hombre se encuentra en una posición que supera con creces todo lo que había esperado.

CASO 8

El hombre y la mujer de esta historia han asistido a mis conferencias durante varios años. Es una interesante ilustración del uso consciente de esta ley por parte de dos personas que se concentran en el mismo objetivo simultáneamente.

Este hombre y su esposa eran una pareja excepcionalmente devota. Su vida era completamente feliz y estaba totalmente libre de problemas y frustraciones.

Durante algún tiempo, habían planeado mudarse a un departamento más grande. Cuanto más pensaban en ello, más se daban cuenta de que lo que más deseaban en su corazón era vivir en un hermoso penthouse. Al discutirlo juntos, el esposo dijo que quería uno con una enorme ventana que diera a una magnífica vista. La esposa dijo que quería que una de las paredes con espejo de arriba abajo. Ambos querían tener una chimenea de leña. Y era un requisito indispensable que el departamento estuviera en Nueva York.

Durante meses buscaron en vano un apartamento de este tipo. De hecho, la situación en la ciudad era tal que conseguir cualquier tipo de apartamento era casi imposible. Eran tan escasos que no solo había listas de espera para conseguirlos, sino que había todo tipo de acuerdos especiales que incluían primas, la compra de muebles, etc. Los departamentos nuevos se arrendaban muchos antes de que estuvieran terminados, algunos de ellos se arrendaban a partir de los planos del edificio.

A principios de la primavera, después de meses de infructuosa búsqueda, finalmente encontraron uno que consideraron seriamente. Se trataba de un penthouse en un edificio que se acababa de construir, en la parte alta de la Quinta Avenida, frente a Central Park. Pero tenía un serio inconveniente. Al ser un edificio nuevo, no estaba sujeto al control de renta y la pareja consideraba que el alquiler anual era desorbitante. De hecho, era varios miles de dólares al año más de lo que habían considerado pagar.

Durante los meses de primavera de marzo y abril, continuaron mirando varios penthouses por toda la ciudad, pero siempre volvían a éste.

Finalmente, decidieron incrementar sustancialmente la cantidad que pagarían e hicieron una propuesta que el agente del edificio aceptó remitir a los propietarios para que la consideraran.

Fue entonces cuando, sin discutirlo entre ellos, cada uno decidió aplicar la ley de asunción. No fue hasta más tarde que cada uno se enteró de lo que había hecho el otro.

Noche tras noche, ambos se quedaban dormidos imaginando que estaban en el departamento que estaban considerando. El esposo, acostado y con los ojos cerrados se imaginaba que las ventanas de su dormitorio daban al parque. Se imaginaba que se acercaba a la ventana, a primera hora de la mañana, y disfrutaba de la vista. Se imaginaba a sí mismo sentado en la terraza con vista al parque, tomando unos tragos con su esposa y sus amigos, disfrutando plenamente. Él llenó su mente con el sentimiento de estar realmente en el penthouse y en la terraza. Durante todo este tiempo, sin saberlo, su esposa estaba haciendo lo mismo.

Pasaron varias semanas sin que los propietarios tomaran ninguna decisión, sin embargo, ellos siguieron imaginando cada noche, al dormirse, que realmente dormían en el penthouse.

Un día, para su completa sorpresa, uno de los empleados del edificio en el que vivían les dijo que el penthouse en su edificio estaba disponible. Se quedaron asombrados, porque su edificio era uno de los más deseados de la ciudad, con una ubicación perfecta justo en Central Park. Sabían que había una larga lista de espera de personas que intentaban conseguir un departamento en su edificio. El hecho de que un penthouse quedara disponible de forma inesperada fue mantenido en secreto por la administración, ya que no estaban en condiciones de considerar a ningún solicitante para el mismo. Al enterarse de que estaba disponible, esta pareja inmediatamente hizo una petición para que se les arrendara a ellos, pero se les dijo que era imposible. La razón era que, no solo había varias personas en lista de espera para un penthouse en el edificio, sino que, además, ya se lo habían prometido a una familia. A pesar de esto, la pareja tuvo varias reuniones con la administración, al término de las cuales el departamento finalmente fue para ellos.

Este edificio sí estaba sometido a control de rentas, por lo que el alquiler era más o menos lo que habían previsto pagar cuando empezaron a buscar un penthouse. La ubicación, el departamento en sí y la gran terraza que lo rodea por el Sur, el Oeste y el Norte superaban todas sus expectativas; y en el salón, en uno de los costados, hay un gigantesco ventanal de cuatro metros por dos metros, con una magnífica vista de Central Park; una de las paredes tiene espejos desde el suelo hasta el techo, y hay una chimenea de leña.

CAPÍTULO 24

FRACASO

Este libro no estaría completo sin una discusión sobre el fracaso en el intento de utilizar la ley de la asunción.

Es absolutamente posible que hayas tenido o tengas varios fracasos en este sentido —muchos de ellos en asuntos realmente importantes.

Si después de haber leído este libro, teniendo un conocimiento profundo de la aplicación y el funcionamiento de la ley de la asunción, la aplicas fielmente en un esfuerzo por alcanzar algún deseo intenso y fracasas, ¿cuál es la razón? Si, a la pregunta: "¿Persististe lo suficiente?", puedes responder "Sí", y aun así no has obtenido la realización de tu deseo, ¿cuál es la razón del fracaso?

La respuesta a esto es el factor más importante en el uso exitoso de la ley de la asunción.

El tiempo que toma tu asunción en convertirse en un hecho, en cumplirse tu deseo, es directamente proporcional a la naturalidad de tu sentimiento de ya ser lo que deseas ser —de ya tener lo que deseas.

El hecho de que no se sienta natural para ti ser aquello que imaginas ser, es el secreto de tu fracaso.

Independientemente de tu deseo, independiente de que tan fielmente e inteligentemente sigas la ley, si no sientes natural aquello que deseas ser, no lo serás. Si no sientes que es natural conseguir un trabajo mejor, no conseguirás un trabajo mejor. Todo este principio se expresa vívidamente en la frase bíblica "Morirás en tus pecados" (Juan 8:24), no trasciendes de tu nivel actual al estado deseado.

¿Cómo se puede conseguir esta sensación de naturalidad? El secreto está en una palabra: imaginación. Por ejemplo, ésta es una ilustración muy sencilla: imagina que estás firmemente encadenado a un pesado banco de hierro. No podrías correr, de hecho, ni siquiera podrías caminar. En estas circunstancias, no sería natural que corrieras. Ni siquiera podrías sentir que es natural para ti correr. Pero fácilmente podrías imaginarte corriendo. En ese instante, mientras tu conciencia está llena de tu carrera imaginada, has olvidado que estás encadenado. En tu imaginación, correr era completamente natural.

El sentimiento esencial de naturalidad puede alcanzarse llenando persistentemente tu conciencia con la imaginación —imaginándote a ti mismo siendo lo que quieres ser o teniendo lo que deseas.

El progreso solo puede surgir de tu imaginación, de tu deseo de trascender tu nivel actual. Lo que realmente y literalmente debes sentir es que, con tu imaginación, todas las cosas son posibles.

Debes darte cuenta de que los cambios no se producen por capricho, sino por un cambio de conciencia. Puede que no consigas alcanzar o mantener el particular estado de conciencia necesario para producir el efecto que deseas. Pero, una vez que sabes que la conciencia es la única realidad y es el único creador de tu mundo particular, y has grabado esta verdad en todo tu ser, entonces sabes que el éxito o el fracaso están completamente en tus manos.

El hecho de que seas o no lo suficientemente disciplinado para mantener el estado de conciencia necesario en determinados casos no influye en la verdad de la ley en sí —que una asunción, si se persiste en ella, se convertirá en un hecho.

La certeza de la verdad de esta ley debe permanecer a pesar de las grandes decepciones y tragedias —aun cuando "veas que la luz de la vida se apaga y que todo el mundo sigue como si todavía fuera de día". No debes creer que, porque tu asunción no se materializó, la verdad de que las asunciones se materializan es una mentira. Si tus asunciones no se cumplen, se debe a algún error o debilidad en tu conciencia. No obstante, estos errores y debilidades pueden superarse.

Por lo tanto, avanza hacia la consecución de niveles cada vez más altos sintiendo que ya eres la persona que quieres ser. Y recuerda que el tiempo que tarda tu asunción en hacerse realidad es proporcional a la naturalidad de serlo.

el poder de la conciencia

"El hombre se rodea de la verdadera imagen de sí mismo. Cada espíritu construye para sí mismo una casa; y más allá de su casa, un mundo; y más allá de su mundo, un cielo. Entonces, debes saber que el mundo existe para ti. Para ti el fenómeno es perfecto. Lo que somos, solo eso podemos ver. Todo lo que tenía Adán, todo lo que podía el César, tú lo tienes y lo puedes hacer. Adán llamó a su casa, cielo y tierra. El César llamó a su casa, Roma; tú quizás llames a la tuya un oficio de zapatero, cien acres de tierra, o el desván de un intelectual. Aun así, línea por línea y punto por punto, tu dominio es tan grande como el de ellos, aunque sin un gran nombre. Construye, por tanto, tu propio mundo. Tan pronto como ajustes tu vida a la idea pura en tu mente, se desplegará su gran proporción"
(Emerson)

CAPÍTULO 25

FE

Un milagro es el nombre que le dan los que no tienen fe, a las obras de la fe.

"La fe es la certeza de lo que se espera, la convicción de lo que no se ve"
(Hebreos 11:1)

La verdadera razón de la ley de la asunción está contenida en esta cita.

Si no existiera una conciencia profunda de que lo que esperas tiene sustancia y es posible de alcanzar, sería imposible asumir la conciencia de ser o tenerlo. Lo que te hace tener esperanza es el hecho de que la creación ya está terminada y que todo ya existe —a su vez, la esperanza implica una expectativa, y sin la expectativa de éxito sería imposible utilizar conscientemente la ley de la asunción. La "evidencia" es un signo de realidad.

Por lo tanto, esta cita significa que la fe es la conciencia de la realidad de lo que asumes; una convicción de la realidad de las cosas que no ves, la percepción mental de la realidad de lo invisible.

Por consiguiente, es evidente que la falta de fe significa la incredulidad en la existencia de aquello que deseas.

Ya que aquello que experimentas es la fiel reproducción de tu estado de conciencia, la falta de fe significará el constante fracaso en cualquier uso consciente de la ley de la asunción.

En todas las épocas de la historia, la fe ha desempeñado un papel muy importante. Está presente en todas las grandes religiones del mundo, está entretejida en toda la mitología y, sin embargo, hoy en día es casi universalmente malinterpretada.

Contrariamente a la opinión popular, la eficacia de la fe no se debe a la obra de ningún agente externo. De principio a fin es una actividad de tu propia conciencia.

La Biblia está llena de muchas afirmaciones sobre la fe, de cuyo verdadero significado pocos son conscientes. He aquí algunos ejemplos típicos:

"Porque en verdad, a nosotros se nos ha anunciado la buena nueva, como también a ellos; pero la palabra que ellos oyeron no les aprovechó por no ir acompañada por la fe en los que la oyeron"
(Hebreos 4:2)

Aquí, el "nosotros" y el "ellos" deja en claro que todos escuchamos el evangelio.

"Evangelio" significa "buenas noticias". Evidentemente, una buena noticia para ti significaría que has obtenido tu deseo. Esto es siempre "predicado" por tu ser infinito. Escuchar que aquello que deseas ya existe y que solo necesitas aceptarlo en la conciencia, son buenas noticias.

"No ir acompañada por la fe" significa negar la realidad de aquello que deseas. Por lo tanto, "no les aprovechó", no hubo logro.

"¡Oh generación incrédula y perversa! ¿Hasta cuándo estaré con ustedes?"
(Mateo 17:17)

El significado de "incrédula" es bastante claro. "Perversa" significa volverse en la dirección equivocada, en otras palabras, la conciencia de no ser lo que deseas ser. Ser incrédulo, es decir, no creer en la realidad de aquello que asumes, es ser perverso.

"¿Hasta cuándo estaré con ustedes?" significa que el cumplimiento de tu deseo está condicionado a que cambies hacia el estado de conciencia correcto. Es como si aquello que deseas te estuviera diciendo que no será tuyo hasta que te vuelvas de ser incrédulo y perverso a la justicia. Como ya se ha dicho, la justicia es la conciencia de ya ser lo que deseas ser.

"Por la fe él salió de Egipto sin temer la ira del rey, porque se mantuvo firme como viendo al Invisible"
(Hebreos 11:27)

"Egipto" significa oscuridad, creencia en muchos dioses (causas). El "rey" simboliza el poder de las condiciones o circunstancias externas. "Él" es tu concepto de ti mismo como si ya fueras lo que quieres ser. "Se mantuvo firme como viendo al Invisible" significa persistir en la asunción de que tu deseo ya se ha cumplido. Por lo tanto, esta cita significa que, al persistir en la asunción de que ya eres la persona que quieres ser, te elevas por encima de toda duda, miedo y creencia en el poder de las condiciones o circunstancias externas; y tu mundo se ajusta inevitablemente a tu asunción.

Las definiciones del diccionario sobre la fe:

"El ascenso de la mente o el entendimiento de la verdad. "La adhesión inquebrantable a los principios".

Resultan tan acertadas que bien podrían haber sido escritas pensando en la ley de la asunción.

La Fe no cuestiona —la Fe sabe.

CAPÍTULO 26

DESTINO

Tu destino es aquello que inevitablemente debes experimentar. En realidad hay un número infinito de destinos individuales, cada uno de los cuales, cuando se alcanza, es el punto de partida de un nuevo destino.

Ya que la vida es infinita, el concepto de un destino último es inconcebible. Cuando comprendemos que la conciencia es la única realidad, sabemos que es el único creador. Esto significa que tu propia conciencia es la creadora de tu destino. El hecho es que tú estás creando tu destino a cada momento, lo sepas o no.

Muchas cosas buenas e incluso maravillosas han llegado a tu vida sin que tuvieras la menor idea de que eras su creador. Sin embargo, la comprensión de las causas de tu experiencia y el conocimiento de que eres el único creador de los contenidos de tu vida, tanto buenos como malos, no solo te convierten en un observador mucho más agudo de todos los fenómenos, sino que, mediante el conocimiento del poder de tu propia conciencia, intensificas tu apreciación de la riqueza y la grandeza de la vida.

Independientemente de las experiencias ocasionales en sentido contrario, tu destino es elevarte a estados de conciencia cada vez más altos y manifestar cada vez más las infinitas maravillas de la creación.

En realidad, estás destinado a alcanzar el punto en el que te das cuenta de que, a través de tu propio deseo, puedes crear conscientemente tus destinos sucesivos.

El estudio de este libro, con su detallada exposición de la conciencia y del funcionamiento de la ley de la asunción, es la llave maestra para alcanzar conscientemente tu destino más elevado.

Comienza tu nueva vida hoy mismo. Aborda cada experiencia con un nuevo estado mental —con un nuevo estado de conciencia.

Asume lo más noble y lo mejor para ti en todos los aspectos y continúa haciéndolo.

Cree: las grandes maravillas son posibles.

CAPÍTULO 27

REVERENCIA

"No aborreces nada de lo que has hecho; si hubieras odiado alguna cosa, no la habrías creado"
(Sabiduría 11:24)

En toda la creación, en toda la eternidad, en todos los reinos de tu ser infinito, el hecho más maravilloso es el que se destaca en el primer capítulo de este libro. Tú eres Dios. Tú eres el "Yo Soy el que Soy"

Tú eres la conciencia. Tú eres el creador. Este es el misterio, este es el gran secreto conocido por los sabios, los profetas y los místicos a través de los tiempos. Esta es la verdad que nunca podrás conocer intelectualmente.

¿Quién es este "Tú"? Que tú eres Juan Pérez o María Gómez, es absurdo. Es la conciencia la que sabe que eres Juan Pérez o María Gómez. Es tu Yo más grande, tu Yo más profundo, tu Ser Infinito. Llámalo como quieras. Lo importante es que está dentro de ti, es tú, es tu mundo.

Este hecho es el que subyace a la ley inmutable de la asunción. Sobre este hecho se construye tu propia existencia. Es este hecho el que constituye el fundamento de cada capítulo de este libro. No, no puedes saber esto intelectualmente, no puedes debatirlo, no puedes fundamentarlo. Solo puedes sentirlo. Solo puedes ser consciente de ello.

Al ser consciente de ello, una gran emoción invade tu ser. Vives con un permanente sentimiento de reverencia. El conocimiento de que tu creador es el propio ser de ti mismo y que nunca te habría hecho si no te hubiera amado debe llenar tu corazón de devoción, sí, de adoración.

Una mirada consciente del mundo que te rodea en cualquier instante de tiempo es suficiente para llenarte de un profundo asombro y de un sentimiento de adoración. Cuando tu sentimiento de reverencia es más intenso es cuando estás más cerca de Dios, y cuando estás más cerca de Dios, tu vida se enriquece.

Nuestros sentimientos más profundos son precisamente los que menos podemos expresar, e incluso en el acto de adoración, el silencio es nuestra mayor alabanza.

Imaginación Despierta
(1954)

CAPÍTULO 1

¿QUIÉN ES TU IMAGINACIÓN?

> *"No descanso de mi gran tarea,*
> *Abrir los Mundos Eternos,*
> *abrir los ojos inmortales del Hombre*
> *hacia los Mundos del Pensamiento:*
> *hacia la eternidad, siempre expandiéndose*
> *en el seno de Dios, la Imaginación Humana"*
> *(Blake, Jerusalén 5: 18-20)*

Ciertas palabras, al ser utilizadas durante mucho tiempo, adquieren tantas connotaciones extrañas que casi dejan de tener algún significado. Una de esas palabras es: imaginación. Esta palabra está hecha para servir a todo tipo de ideas, algunas de ellas directamente opuestas entre sí. Fantasía, pensamiento, alucinación, sospecha; ciertamente, su uso es tan amplio y sus significados tan variados, que la palabra imaginación no tiene una categoría ni un significado fijo. Por ejemplo, le pedimos a alguien que "use su imaginación", lo que significa que su perspectiva actual es demasiado restringida y, por tanto, no está a la altura de la tarea. A continuación, le decimos que sus ideas son "pura imaginación", lo que implica que sus ideas no son sólidas. Hablamos de una persona celosa o desconfiada como "víctima de su propia imaginación", lo que significa que sus pensamientos son falsos. Un minuto después, rendimos el más alto homenaje a una persona describiéndola como una "persona de imaginación". Por lo tanto, la palabra imaginación no tiene un significado definitivo. Ni siquiera el diccionario nos ayuda. Define la imaginación como:

(1) El poder de representación o acto de la mente, el principio constructivo o creativo.

(2) Un fantasma.

(3) Una noción o creencia irracional.

(4) la planificación, la conspiración o la maquinación que implica una construcción mental.

Yo identifico a la figura central de los Evangelios con la imaginación humana, el poder que hace inevitable el perdón de los pecados y el logro de nuestros objetivos.

"Todas las cosas fueron hechas por medio de él, y sin él nada de lo que ha sido hecho, fue hecho" (Juan 1: 3)

Solo hay una sola cosa en el mundo. La Imaginación, y todas nuestras distorsiones de ella.

"Fue despreciado y desechado de los hombres, varón de dolores y experimentado en aflicción"
(Isaías 53: 3)

La imaginación es la puerta misma de la realidad. Blake dijo: "El hombre es bien el arca de Dios o un fantasma de la tierra y del agua". "Naturalmente, él es solo un órgano natural sujeto al Sentido". "El Cuerpo Eterno del Hombre es La Imaginación: eso es Dios mismo. El Cuerpo Divino, Yod, Shin, Ayin: Jesús: nosotros somos sus miembros".

No conozco ninguna definición más grande y verdadera de la imaginación que la de Blake. Por la imaginación tenemos el poder de ser cualquier cosa que deseamos ser. Mediante la imaginación desarmamos y transformamos la violencia del mundo. Nuestras relaciones más íntimas, así como las más casuales, se vuelven imaginativas cuando despertamos al "misterio oculto desde los siglos", que Cristo en nosotros es nuestra imaginación. Entonces nos damos cuenta de que solo en la medida en que vivimos de la imaginación podemos decir que vivimos de verdad.

Quiero que este libro sea la obra más sencilla, clara y franca que pueda hacer, para animarte a funcionar imaginativamente, para que puedas abrir tus "Ojos Inmortales hacia el interior, a los Mundos del Pensamiento", donde contemplas cada deseo de tu corazón como un grano maduro "blanco, listo para la cosecha".

"He venido para que tengan vida, y para que la tengan en abundancia"
(Juan 10: 10)

La vida abundante que Cristo nos prometió es nuestra para ser experimentada ahora, pero no podremos experimentarla hasta que no tengamos el sentido de Cristo como nuestra imaginación.

"El misterio que ha estado oculto desde los siglos… Cristo en ustedes, la esperanza de gloria"
(Colosenses 1: 26-27)

Es tu imaginación. Este es el misterio que siempre me esfuerzo por comprender más profundamente y por instar a los demás a hacerlo.

La imaginación es nuestro redentor, "el Señor del cielo" nacido del hombre, pero no engendrado por el hombre.

Todas las personas son María y deben dar a luz a Cristo. Si la historia de la inmaculada concepción[1] y el nacimiento de Cristo parece irracional, es solo porque se lee erróneamente como biografía, historia y cosmología, y los exploradores modernos de la imaginación no ayudan llamándola mente inconsciente o subconsciente. El nacimiento y crecimiento de la imaginación es la transición gradual de un Dios de tradición a un Dios de experiencia. Si el nacimiento de Cristo en el individuo parece lento, es solo porque no está dispuesto a abandonar el cómodo, pero falso anclaje de la tradición.

Cuando la imaginación sea descubierta como el primer principio de la religión, la piedra del entendimiento literal habrá sentido la vara de Moisés y, como la roca de Sion, emitirá el agua del significado psicológico para saciar la sed de la humanidad; y todos los que tomen la copa ofrecida y vivan una vida de acuerdo con esta verdad transformarán el agua del significado psicológico en el vino del perdón. Entonces, como el buen samaritano, lo derramarán sobre las heridas de todos.

El Hijo de Dios no se encuentra en la historia ni en ninguna forma externa. Solo se le puede encontrar como la imaginación de aquel en quien se manifiesta su presencia.

¡Ojalá tu corazón fuera un pesebre para su nacimiento! Dios volvería a ser un niño en la tierra.

El ser humano es el jardín en el que duerme este Hijo unigénito de Dios. Despierta a este Hijo elevando su imaginación al cielo y vistiendo a la humanidad como si fuera un dios. Debemos seguir imaginando mejor de lo que conocemos.

En el momento de su despertar a la vida imaginativa, el individuo debe superar la prueba de la filiación.

---

[1] Neville utiliza este término en referencia a lo que tradicionalmente se llama el nacimiento virginal. —Ed.

"Padre, revela a Tu Hijo en mí"
"Tuvo a bien revelar a su Hijo en mí"
(Gálatas 1: 15-16)

La prueba suprema de la filiación es el perdón del pecado. La prueba de que tu imaginación es Jesucristo, el Hijo de Dios, es tu capacidad de perdonar el pecado. Pecado significa fallar en la vida, no alcanzar el ideal, no lograr el objetivo. El perdón significa la identificación del individuo con su ideal o meta en la vida. Este es el trabajo de la imaginación despierta, el trabajo supremo, porque pone a prueba la capacidad de la persona de entrar y tomar parte de la naturaleza de su opuesto.

"Que el débil diga: ¡Soy fuerte!"
(Joel 3: 10)

Razonablemente, esto es imposible. Solo la imaginación despierta puede entrar y participar de la naturaleza de su opuesto.

Esta concepción de Jesucristo como imaginación humana plantea estas interrogantes fundamentales: ¿Es la imaginación un poder suficiente, no solamente para permitirme asumir que soy fuerte, sino que también es capaz de ejecutar la idea por sí misma? Supongamos que deseo estar en otro lugar o situación. Si me imagino en ese estado y lugar, ¿podría llevar a cabo su realización física? Supongamos que no puedo costear el viaje y supongamos que mi actual situación social y económica se opone a la idea que quiero realizar. ¿Sería la imaginación capaz de encarnar por sí misma estos deseos? ¿La imaginación comprende la razón? Por razón, me refiero a las deducciones de las observaciones de los sentidos. ¿La imaginación reconoce el mundo externo de los hechos? En la práctica de la vida cotidiana, ¿es la imaginación una guía completa del comportamiento? Supongamos que soy capaz de actuar con una imaginación continua, es decir, supongamos que soy capaz de mantener el sentimiento de mi deseo cumplido, ¿se convertirá en un hecho mi asunción? Y, si se convierte en un hecho, al analizarlo, ¿encontraré que mis acciones durante el período de incubación han sido razonables? ¿Es mi imaginación un poder suficiente, no solo para asumir el sentimiento del deseo cumplido, sino que es también por sí misma capaz de encarnar la idea? Después de asumir que ya soy lo que deseo ser, ¿debo continuamente guiarme por ideas y acciones razonables para poder traer el cumplimiento de mi asunción?

La experiencia me ha convencido de que una asunción, aunque sea falsa, si se persiste en ella se convertirá en un hecho, que la imaginación continua es suficiente para todas las cosas, y todos mis planes y acciones razonables nunca compensarán mi falta de imaginación continua.

¿No es verdad que las enseñanzas de los Evangelios solo pueden ser recibidas en términos de fe y que el Hijo de Dios está constantemente buscando señales de fe en la gente, es decir, fe en su propia imaginación? La promesa:

"Cree que has recibido, y recibirás"
(Marcos 11: 24)

¿Acaso no es lo mismo que "imagina que ya eres, y lo serás"? ¿No era un estado imaginado en el que Moisés:

"Se mantuvo firme como si estuviera viendo al invisible"?
(Hebreos 11: 27)

¿No fue por el poder de su propia imaginación que él se mantuvo firme?

La Verdad depende de la intensidad de la imaginación, no de los hechos externos. Los hechos son el fruto que atestigua el uso o el mal uso de la imaginación. La persona se convierte en lo que imagina. Tiene una historia autodeterminada. La imaginación es el camino, la verdad, la vida revelada.

No podemos encontrar la verdad con la mente lógica. Donde el ser natural de los sentidos ve un capullo, la imaginación ve una rosa completamente florecida. La verdad no puede ser contenida por los hechos. Al despertar a la vida imaginativa, descubrimos que imaginar que una cosa es así la convierte en tal, que un juicio verdadero no tiene por qué ajustarse a la realidad externa con la que se relaciona.

El imaginativo no niega la realidad del mundo exterior sensorial del Devenir, pero sabe que es el mundo interior de la continua imaginación la fuerza por la que el mundo exterior sensual del Devenir se hace realidad. Ve el mundo externo y todos sus acontecimientos como proyecciones del mundo interno de la imaginación. Para él, todo es una manifestación de la actividad mental que se desarrolla en la imaginación humana, sin que el razonable ser de los sentidos sea consciente de ello. Pero se da cuenta de que es preciso que cada uno tome conciencia de esta actividad interior y vea la relación entre el mundo causal interior de la imaginación y el mundo exterior sensorial de los efectos.

Es algo maravilloso descubrir que uno puede imaginarse a sí mismo en el estado de su deseo cumplido y escapar de la cárcel que la ignorancia construyó.

El ser Real es una magnífica imaginación. Es este ser el que debe ser despertado.

> *"Despierta, tú que duermes, levántate de entre los muertos, y Cristo te alumbrará"*
> *(Efesios 5: 14)*

En el momento en que el individuo descubre que su imaginación es Cristo, realiza actos que a este nivel solo pueden llamarse milagrosos.

> *"Tú no me escogiste a mí, yo te he escogido".*
> *(Juan 15: 16)*

Pero mientras no tenga el sentido de Cristo como su imaginación, verá todo en pura objetividad, sin ninguna relación subjetiva. Al no darse cuenta de que todo lo que encuentra forma parte de sí mismo, se rebela ante la idea de que ha elegido las condiciones de su vida, que están relacionadas por afinidad con su propia actividad mental. El individuo debe creer firmemente que la realidad está dentro de él y no fuera.

Aunque los demás tengan cuerpos, una vida propia, su realidad está enraizada en ti, termina en ti, como la tuya termina en Dios.

CAPÍTULO 2

INSTRUCCIONES SELLADAS

"El primer poder que nos encuentra en el umbral del dominio del alma, es el poder de la Imaginación"
(Dr. Franz Hartmann)

La primera vez que fui consciente del poder, la naturaleza y la función redentora de la imaginación fue a través de las enseñanzas de mi amigo Abdullah. Posteriormente, a través de algunas experiencias, aprendí que Jesús era un símbolo de la llegada de la imaginación al individuo, que la prueba de su nacimiento en el ser humano era la capacidad del individuo para perdonar el pecado; es decir, su capacidad para identificarse a sí mismo o a otro con su objetivo en la vida.

Sin la identificación del individuo con su objetivo, el perdón del pecado es imposible, y solamente el Hijo de Dios puede perdonar el pecado. Por tanto, la capacidad que tiene la persona de identificarse con su objetivo, aunque la razón y sus sentidos lo nieguen, es una prueba del nacimiento de Cristo en ella. Rendirse pasivamente a las apariencias e inclinarse ante la evidencia de los hechos es confesar que Cristo aún no ha nacido en ti.

Esta enseñanza me chocó y disgustó al principio —pues yo era un cristiano comprometido y ferviente, y en ese momento no sabía que el cristianismo no puede ser heredado por el simple accidente del nacimiento, sino que debe ser adoptado conscientemente como una forma de vida. Sin embargo, más tarde, a través de visiones, revelaciones místicas y experiencias prácticas, se introdujo en mi entendimiento y encontró su interpretación en un estado de ánimo más profundo. Pero debo confesar que es un momento difícil cuando se sacuden aquellas cosas que uno siempre ha dado por sentadas.

"¿Ves todos estos grandes edificios? No quedará piedra sobre piedra que no sea derribada"
(Marcos 13: 2)

No quedará ni una piedra de entendimiento literal después de beber el agua del significado psicológico. Todo lo que ha sido construido por la religión natural es arrojado a las llamas del fuego mental. No obstante, ¿qué mejor manera hay de entender a Jesucristo que identificar al personaje central de los Evangelios con la imaginación humana, sabiendo que cada vez que uno ejerce su imaginación con amor a favor de otro está literalmente mediando entre Dios y la persona y, por tanto, alimentando y vistiendo a Jesucristo, y que cada vez que imagina el mal contra otro está literalmente golpeando y crucificando a Jesucristo? Cada imaginación humana es el vaso de agua fría o la esponja de vinagre para los labios secos de Cristo.

El profeta Zacarías advirtió: "Ninguno de ustedes piense mal en su corazón contra su prójimo". Cuando las personas atiendan a este consejo, despertarán del sueño impuesto en Adán a la plena conciencia del Hijo de Dios. Él está en el mundo, y el mundo está hecho por él, y el mundo no lo conoce: La imaginación humana.

Muchas veces me he preguntado: "Si mi imaginación es Jesucristo y todas las cosas son posibles para Jesucristo, ¿todas las cosas son posibles para mí?".

Mediante la experiencia aprendí que cuando me identifico con mi objetivo en la vida, entonces Cristo está despierto en mí. Cristo es suficiente para todas las cosas.

"Yo doy mi vida para tomarla de nuevo. Nadie me la quita, sino que yo la doy de mi propia voluntad"
(Juan 10: 17-18)

¡Qué alivio es saber que todo lo que experimento es el resultado de mi propio sistema de creencias; que soy el centro de mi propia red de circunstancias y que, a medida que cambio, también lo hace mi mundo exterior!

El mundo presenta diferentes apariencias según difieren nuestros estados de conciencia. Lo que vemos cuando estamos identificados con un estado no puede verse cuando ya no estamos fusionados con él. Por estado se entiende todo lo que la persona cree y consiente como verdadero. Ninguna idea presentada a la mente puede hacerse realidad a menos que la mente la acepte. Depende de la aceptación, del estado con el que nos

imaginación despierta

identificamos, cómo se presentan las cosas. En la fusión de la imaginación y los estados se encuentra la formación del mundo como aparece. El mundo es una revelación de los estados con los que se fusiona la imaginación. Es el estado desde el que pensamos, el que determina el mundo objetivo en el que vivimos. El rico, el pobre, el bueno y el ladrón son lo que son en virtud de los estados desde los que ven el mundo. En la distinción entre estos estados depende la distinción entre los mundos de estas personas. Este mismo mundo es muy diferente a nivel individual. No son las acciones y el comportamiento de las personas de bien las que hay que igualar, sino su punto de vista. Las reformas externas son inútiles si no se cambia el estado interno. El éxito no se obtiene imitando las acciones externas de los exitosos, sino con acciones internas y conversaciones internas correctas.

Si nos separamos de un estado, y podemos hacerlo en cualquier momento, las condiciones y circunstancias a las que dio lugar esa unión se desvanecen.

Fue en el otoño de 1933, en la ciudad de Nueva York, cuando me acerqué a Abdullah con un problema. Me hizo una simple pregunta: "¿Qué quieres?". Le dije que me gustaría pasar el invierno en Barbados, pero que no tenía dinero. Literalmente, no tenía ni un céntimo.

Él dijo: "Si te imaginas que estás en Barbados, pensando y viendo el mundo *desde* ese estado de conciencia, en lugar de pensar *en* Barbados, pasarás el inverno allí. No es necesario que te preocupes por los medios para llegar allí, pues el estado de conciencia de estar ya en Barbados, si lo ocupa tu imaginación, ideará los medios más adecuados para la realización".

Las personas viven comprometiéndose con estados invisibles, fusionando su imaginación con aquello que conocen como algo distinto a ellas mismas, y en esta unión experimentan los resultados de esa fusión. Nadie puede perder lo que tiene sino desprendiéndose del estado en que las cosas experimentadas tienen su vida natural.

Abdullah me dijo: "Debes imaginarte en el estado de tu deseo realizado, y quedarte dormido observando el mundo desde Barbados".

El mundo que describimos a partir de la observación debe ser como lo describimos en relación con nosotros mismos. Nuestra imaginación nos conecta con el estado deseado. Pero debemos utilizar la imaginación con maestría, no como un espectador pensando *en* el final, sino como un participante pensando *desde* el final. Debemos realmente estar allí en la imaginación. Si lo hacemos, nuestra experiencia subjetiva se materializará objetivamente.

"Esto no es una simple fantasía" —señaló— "sino una verdad que puede ser verificada por la experiencia".

Su llamado a entrar en el deseo cumplido era el secreto de pensar *desde* el final. Todo estado está ya ahí como "mera posibilidad" mientras se piensa en él, pero es poderosamente real cuando se piensa desde él. Pensar desde el final es el camino de Cristo.

Enseguida empecé a fijar mis pensamientos más allá de los límites del sentido, más allá de ese aspecto al que daba lugar mi estado actual, hacia el sentimiento de estar ya en Barbados y ver el mundo *desde* ese punto de vista.

Él enfatizó la importancia del estado desde el cual la persona ve el mundo cuando se duerme. Todos los profetas afirman que la voz de Dios es escuchada principalmente por el individuo en los sueños.

"En un sueño, en una visión nocturna, cuando un sueño profundo cae sobre los hombres, mientras dormitan en sus lechos, entonces él abre el oído de los hombres, y sella su instrucción"
(Job 33: 15-16)

Aquella noche, y varias noches después, me dormí pensando que estaba en casa de mi padre en Barbados. Al cabo de un mes recibí una carta de mi hermano diciéndome que tenía un gran deseo de tener a la familia reunida en Navidad y pidiéndome que utilizara el boleto de barco que adjuntaba para ir a Barbados. Me embarqué dos días después de recibir la carta de mi hermano y pasé un maravilloso invierno en Barbados.

Esta experiencia me convenció de que las personas pueden ser lo que quieran, si hacen de la idea algo habitual y piensan desde el final. También me ha mostrado que ya no puedo justificarme culpando al mundo de las cosas externas: que mi bien y mi mal dependen solo de mí mismo, porque la forma en que se presentan las cosas depende del estado desde el que veo el mundo.

El ser humano, que es libre en su elección, actúa a partir de las concepciones que elige libremente, aunque no siempre sabiamente. Todos los estados concebibles están esperando que los elijamos y los ocupemos, pero ningún racionamiento nos dará por sí mismo el estado de conciencia, que es lo único que vale la pena tener.

La imagen imaginativa es lo único que hay que buscar. El objetivo último de la imaginación es crear en nosotros "el espíritu de Jesús", que es la continua renuncia al pecado, la continua identificación del individuo con su ideal. Solo identificándonos con nuestra meta podemos perdonarnos por no haberla alcanzado. Todo lo demás es trabajo en vano. Por este camino, a cualquier lugar o estado que llevemos nuestra imaginación, a ese lugar o estado también gravitaremos físicamente.

imaginación despierta

"En la casa de mi Padre hay muchas moradas; si no fuera así, se lo hubiera dicho; porque voy a preparar un lugar para ustedes. Y si me voy y les preparo un lugar, vendré otra vez y los tomaré adonde Yo voy; para que donde Yo esté, allí estén ustedes también".
(Juan 14: 2-3)

Al dormir en la casa de mi padre, en mi imaginación, como si durmiera allí en la carne, fusioné mi imaginación con ese estado y me vi obligado a experimentar ese estado también en la carne.

Este estado era tan vívido para mí, que podría haber sido visto en la casa de mi padre si alguien sensitivo hubiera entrado en la habitación en la que estaba durmiendo en la imaginación. Una persona puede ser vista donde está en la imaginación, porque la persona debe estar donde está su imaginación, ya que su imaginación es ella misma. Esto lo sé por experiencia, pues he sido visto por algunos que deseaba que me vieran, cuando físicamente estaba a cientos de kilómetros de distancia.

Por la intensidad de mi imaginación y sentimiento, imaginando y sintiendo que estaba en Barbados y no simplemente pensando en Barbados, había cruzado el vasto Atlántico y había influido para que mi hermano deseara mi presencia para completar el círculo familiar en Navidad. Pensar desde el final, desde el sentimiento de mi deseo cumplido, fue lo que originó todo lo que sucedió como causa externa, como el impulso de mi hermano de enviarme un boleto de barco, asimismo, fue la causa de todo lo que apareció como resultado.

En el libro "Ideas sobre el bien y el mal", W.B. Yeats, tras describir algunas experiencias similares a las mías, escribe:

Si todos los que han descrito sucesos como este no hubieran soñado, deberíamos reescribir nuestras historias, pues todos los hombres, ciertamente todos los hombres imaginativos, deben estar siempre lanzando encantamientos, encantos, ilusiones; y todos los hombres, especialmente los hombres tranquilos que no tienen una vida egocéntrica poderosa, deben estar pasando continuamente bajo su poder.

La imaginación decidida, pensando desde el final, es el principio de todos los milagros.

Me gustaría darte una inmensa creencia en los milagros, pero un milagro es solo el nombre que dan los que no conocen el poder y la función de la imaginación a las obras de la imaginación. Imaginarse en el sentimiento del deseo cumplido es el medio por el cual se entra en un nuevo estado. Esto le da al estado la cualidad de ser. Hermes nos dice:

Lo que es, se manifiesta; lo que ha sido o será, no se manifiesta, pero no está muerto; porque el Alma, la actividad eterna de Dios, anima todas las cosas.

El futuro debe convertirse en el presente, en la imaginación de quien crea sabia y conscientemente las circunstancias. Debemos traducir la visión en Ser, en lugar de pensar *en*, debemos pensar *desde*. La imaginación debe centrarse en algún estado y ver el mundo desde ese estado. Pensar desde el final es una intensa percepción del mundo del deseo cumplido. Pensar desde el estado deseado es la vida creativa. La ignorancia de esta capacidad de pensar desde el final es esclavitud. Es la raíz de todas las ataduras que encuentra el ser humano. Rendirse pasivamente a la evidencia de los sentidos subestima las capacidades del Ser Interior. Cuando la persona acepta el hecho de pensar desde el final como un principio creativo en el que puede cooperar, entonces se redime del absurdo de intentar alcanzar su objetivo simplemente pensando en él.

Construye todos los finales de acuerdo al patrón del deseo cumplido.

Toda la vida no es más que el apaciguamiento del hambre, y los infinitos estados de conciencia desde los que una persona puede ver el mundo son puramente un medio para satisfacer esa hambre. El principio sobre el que se organiza cada estado es alguna forma de hambre para elevar la pasión por la autogratificación a niveles de experiencia cada vez más altos. El deseo es el resorte principal de la maquinaria mental. Es algo bendito. Es un anhelo correcto y natural que tiene un estado de conciencia como su satisfacción correcta y natural.

"Pero una cosa hago: olvidando lo que queda atrás y extendiéndome a lo que está adelante, prosigo hacia la meta"
(Filipenses 3: 13-14)

Es necesario tener un objetivo en la vida. Sin un objetivo vamos a la deriva. "¿Qué quieres de mí?", es la pregunta que más impone el personaje central de los Evangelios. Al definir tu objetivo, debes desearlo.

"Como el ciervo anhela las corrientes de agua, así suspira por ti, oh Dios, el alma mía"
(Salmos 42: 1)

La falta de esta dirección apasionada hacia la vida es lo que hace que las personas fracasen en su realización.

Es muy importante establecer el puente entre el deseo —pensar en— y la realización —pensar desde. Debemos pasar mentalmente de pensar en el final, a pensar desde el final. Esto es algo que la razón nunca podría hacer. Por su naturaleza, está restringida a la evidencia de los sentidos; pero la imaginación, al no tener tal limitación, puede hacerlo. El deseo existe para ser gratificado en la actividad de la imaginación. A través de la imaginación, el individuo escapa de la limitación de los sentidos y de la esclavitud de la razón.

No hay nada que detenga a quien puede pensar desde el final. Nada puede detenerlo. Él crea los medios y se abre camino fuera de la limitación hacia mansiones más y más grandes del Señor. No importa lo que él haya sido o lo que es. Lo único que importa es "¿qué quiere?". Él sabe que el mundo es una manifestación de la actividad mental que se desarrolla en su interior, por lo que se esfuerza en determinar y controlar los finales desde los cuales piensa. En su imaginación, habita en el final, confiando en que también habitará allí en la carne. Pone toda su confianza en el sentimiento del deseo cumplido y vive comprometido con ese estado, porque el arte de la fortuna lo tienta a hacerlo. Como el hombre del estanque de Betesda, está preparado para el movimiento de las aguas de la imaginación. Sabiendo que todo deseo es grano maduro para el que sabe pensar desde el final, es indiferente a la simple probabilidad razonable y confía en que, a través de la continua imaginación, sus asunciones se materializarán en hechos.

Pero cómo convencer a las personas de todo el mundo de que pensar desde el final es el único modo de vivir, cómo fomentarlo en todas las actividades humanas, cómo revelarlo como la plenitud de la vida y no como la compensación de los decepcionados: ese es el problema.

La vida es algo controlable. Puedes experimentar lo que quieras una vez que te des cuenta de que tú eres su Hijo, y que eres lo que eres en virtud del estado de conciencia desde el cual piensas y ves el mundo.

"Hijo mío, tú siempre has estado conmigo, y todo lo mío es tuyo"
(Lucas 15: 31)

CAPÍTULO 3

AUTOPISTAS DEL MUNDO INTERNO

"Los hijos luchaban dentro de ella...
Y el Señor le dijo: Dos naciones hay en tu seno,
y dos pueblos se dividirán desde tus entrañas;
un pueblo será más fuerte que el otro
y el mayor servirá al menor"
(Génesis 25: 22-23)

La dualidad es una condición inherente a la vida. Todo lo que existe es dual. El ser humano es una criatura dual con principios contradictorios integrados en su naturaleza. Estos se enfrentan en su interior y presentan actitudes antagónicas ante la vida. Este conflicto constituye la eterna tarea, la guerra en el cielo, la interminable lucha entre el más joven, o el ser interior de la imaginación, para afirmar su supremacía sobre el más viejo, o el ser exterior de los sentidos.

imaginación despierta

"Así, los últimos serán primeros, y los primeros, últimos"
(Mateo 19: 30)

"Este es el que ha de venir tras mí, el cual es antes de mí"
(Juan 1: 27)
"El segundo hombre es del cielo".
(1 Corintios 15: 47)

El individuo comienza a despertar a la vida imaginativa en el momento en que siente la presencia de otro ser dentro de él.

Dos naciones hay en tu seno, razas rivales desde nacimiento; una ganará el dominio y la menor reinará sobre la mayor.

Hay dos centros distintos de pensamiento o perspectivas sobre el mundo que posee cada persona. La Biblia habla de estas dos perspectivas como natural y espiritual.

"El hombre natural no acepta las cosas del Espíritu de Dios, porque para él son necedad; y no las puede entender, porque se disciernen espiritualmente"
(1 Corintios 2: 14)

El cuerpo interior del ser humano es tan real en el mundo de la experiencia subjetiva, como su cuerpo físico exterior es real en el mundo de realidades externas, pero el cuerpo interior expresa una parte más fundamental de la realidad. Este cuerpo interior existente debe ser ejercitado y dirigido conscientemente. El mundo interior del pensamiento y del sentimiento con el que el cuerpo interior está en consonancia tiene su estructura real y existe en su propio espacio superior.

Hay dos tipos de movimiento, uno que está de acuerdo con el cuerpo interior y otro que está de acuerdo con el cuerpo exterior. El movimiento que está de acuerdo con el cuerpo interior es causal, mientras que el movimiento exterior está bajo coacción. El movimiento interior determina el exterior, que está unido a él, llevando al exterior un movimiento que es similar a las acciones del cuerpo interior. El movimiento interior es la fuerza por la que se producen todos los acontecimientos. El movimiento exterior está sujeto a la coacción que le aplica el movimiento del cuerpo interior.

Cuando las acciones del cuerpo interior coinciden con las acciones que el cuerpo exterior debe realizar para satisfacer el deseo, ese deseo se realizará.

Construye mentalmente un drama que implique que tu deseo ya se ha realizado, y haz que implique un movimiento del yo. Inmoviliza tu ser físico externo. Actúa precisamente como si fueras a tomar una siesta, y comienza la acción predeterminada en la imaginación. Una representación vívida de la acción es el comienzo de esa acción. Luego, mientras te duermes, imagínate conscientemente en la escena. La duración del sueño no es importante, una siesta corta es suficiente, pero llevar la acción al sueño hace que la fantasía se convierta en realidad.

Al principio tus pensamientos pueden ser como ovejas descarriadas que no tienen pastor. No te desesperes. Si tu atención se desvía setenta veces siete, devuélvela setenta veces siete a su curso predeterminado hasta que, por cansancio, siga el camino señalado. El viaje interno nunca debe estar sin dirección. Cuando emprendes el camino interno, es para hacer lo que hiciste mentalmente antes de empezar. Vas por el premio que ya has visto y aceptado.

En "La Ruta a Xanadu", el profesor John Livingston Lowes dice:

Pero desde hace tiempo había tenido la sensación, la cual este estudio ha convertido en una convicción, de que la fantasía y la imaginación no son dos poderes en absoluto, sino uno solo. La distinción válida que existe entre ellas radica, no en los materiales con los que operan, sino en el grado de intensidad del propio poder operante. Trabajando a alta tensión, la energía imaginativa asimila y transmuta; a baja intensidad, la misma energía agrega y une las imágenes que, en su tono más alto, se funden indisolublemente en una.

La fantasía ensambla, la imaginación fusiona.

A continuación, se presenta una aplicación práctica de esta teoría. Hace un año, una chica ciega que vivía en la ciudad de San Francisco se encontró con un problema de transporte. Un cambio en la ruta de los autobuses la obligaba a hacer tres transbordos entre su casa y su oficina. Esto alargaba su viaje de quince minutos a dos horas y quince minutos. Pensó seriamente en este problema y llegó a la conclusión de que la solución era un automóvil. Sabía que no podía conducir un vehículo, pero sentía que podía ser conducida en uno. Poniendo a prueba la teoría de que, "siempre que las acciones del yo interior se correspondan con las acciones que el yo físico exterior debe realizar para satisfacer el deseo, ese deseo se hará realidad", se dijo a sí misma: "Me sentaré aquí e imaginaré que me llevan a mi oficina".

Sentada en su sala de estar, empezó a imaginarse sentada en un automóvil. Sintió el ritmo del motor. Imaginó que olía el olor de la gasolina, sintió el movimiento del vehículo, tocó la manga del conductor y sintió que este era un hombre. Sintió que el auto se detenía y, dirigiéndose a su acompañante, dijo: "Muchas gracias, señor". A lo que él respondió: "El placer es todo mío". Luego bajó del auto y escuchó el golpe de la puerta al cerrarla.

Ella me dijo que centró su imaginación en estar en un automóvil y que, aunque era ciega, veía la ciudad desde su paseo imaginario. No pensaba en el viaje. Pensaba desde el viaje y todo lo que este implicaba. Este viaje controlado y dirigido subjetivamente al propósito elevó su imaginación a su máxima potencia. Ella mantuvo su propósito siempre delante de ella, sabiendo que había cohesión en el movimiento interior intencional. En estos viajes mentales hay que mantener una continuidad emocional: la emoción del deseo cumplido. La expectativa y el deseo se unieron tan intensamente que pasaron de inmediato de un estado mental a un acto físico.

El yo interior se mueve a lo largo del curso predeterminado mejor cuando colaboran las emociones. El ser interior debe ser encendido, y se enciende mejor con el pensamiento de grandes obras y ganancias personales. Debemos sentir placer en nuestras acciones.

Durante dos días consecutivos, la joven ciega realizó su paseo imaginario, dándole toda la alegría y la vivacidad sensorial de la realidad. Unas horas después de su segundo paseo imaginario, una amiga le habló de una historia publicada en el periódico de la tarde. Era la historia de un hombre que se interesaba por los ciegos. La joven ciega lo llamó por teléfono y le expuso su problema. Al día siguiente, de camino a casa, él se detuvo en un bar y, mientras estaba allí, tuvo el impulso de contar la historia de la chica ciega a su amigo, el propietario. Un total desconocido, al oír la historia, se ofreció a llevar a la chica ciega a casa todos los días. Entonces, el hombre que había contado la historia, le dijo: "Si la llevas a casa, yo la llevaré al trabajo".

Esto ocurrió hace más de un año y, desde ese día, esta joven ciega ha sido conducida hacia y desde su oficina por estos dos caballeros. Ahora, en lugar de pasar dos horas y quince minutos en tres autobuses, está en su oficina en menos de quince minutos. Y en ese primer trayecto a su oficina se dirigió a su buen samaritano y le dijo: "Muchas gracias, señor"; y él respondió: "El placer es todo mío".

Así, los objetos de su imaginación eran para ella las realidades de las que la manifestación física era solo el testigo. El principio animador determinante fue el viaje imaginario. Su triunfo solo podía sorprender a quienes no sabían de su viaje interno. Ella veía mentalmente el mundo desde este viaje imaginativo con tal claridad de visión que cada aspecto de la ciudad adquiría identidad. Estos movimientos internos no solamente producen los correspondientes movimientos externos: son la ley que opera por debajo de todas las apariencias físicas. La persona que practique estos ejercicios de bilocación desarrollará inusuales poderes de concentración y quietud, e inevitablemente alcanzará la conciencia despierta en el mundo interno y dimensionalmente más grande. Realizando con fuerza, ella cumplió su deseo, ya que, viendo la ciudad desde el sentimiento de su deseo cumplido, igualó el estado deseado y se concedió a sí misma lo que las personas dormidas piden a Dios.

Para cumplir tu deseo, es necesario que se inicie una acción en tu imaginación, independiente de la evidencia de los sentidos, que implique el movimiento del yo y que suponga la realización de tu deseo. Siempre que la acción sea la que efectúa el ser externo para satisfacer el deseo, ese deseo se realizará.

El movimiento de cada objeto visible no es causado por cosas externas al cuerpo, sino por cosas internas que operan de adentro hacia afuera. El viaje se efectúa dentro de ti mismo. Viajas por las autopistas del mundo interior. Sin movimiento interior es imposible producir algo. La acción interna es una sensación introvertida. Si construyes mentalmente un drama que implica que has realizado tu objetivo, luego cierras los ojos y sueltas tus pensamientos hacia el interior, centrando tu imaginación todo el tiempo en la acción predeterminada y participando en esa acción, te convertirás en un ser autodeterminado.

La acción interna ordena todas las cosas de acuerdo con su propia naturaleza. Inténtalo y comprueba que es posible alcanzar un ideal deseable una vez formulado, pues solo mediante este proceso de experimentación puedes realizar tus potencialidades. Es así como se efectúa este principio creativo. Por lo tanto, la clave para una vida con propósito es centrar tu imaginación en la acción y el sentimiento del deseo cumplido con tal conciencia, tal sensibilidad, que inicies y experimentes el movimiento en el mundo interior.

Las ideas solo actúan si se sienten, si despiertan el movimiento interior. El movimiento interior está condicionado por la automotivación, el movimiento exterior por la coacción.

"Todo lugar que pise la planta de su pie les he dado a ustedes"
(Josué 1: 3)

"El Señor tu Dios está en medio de ti, él es poderoso"
(Sofonías 3:17)

CAPÍTULO 4

LAS TIJERAS DE PODAR DE LA REVISIÓN

"El segundo hombre es del cielo".
(1 Corintios 15: 47)

"Él nunca dirá orugas. Él dirá: «Hay muchas mariposas por nacer en nuestros cultivos, Prue». Él no dirá: «Es invierno». Él dirá: «El verano está durmiendo». Y no hay capullo demasiado pequeño, ni demasiado descolorido como para que Kester no lo llame el comienzo del florecimiento".
(Mary Webb, Precious Bane)

El primer acto de corrección o cura es siempre "revisar". Hay que empezar por uno mismo. Es la propia actitud la que hay que cambiar.
"Lo que somos, solo eso podemos ver"
(Emerson)

Es un ejercicio muy saludable y productivo revivir diariamente el día como te gustaría haberlo vivido, revisando las escenas para que se ajusten a tus ideales. Por ejemplo, supongamos que el correo de hoy nos ha traído una noticia decepcionante. Revisa la carta. Reescríbela mentalmente y haz que se ajuste a las noticias que desearías haber recibido. Luego, en la imaginación, lee la carta revisada una y otra vez. Esta es la esencia de la revisión, y la revisión tiene como resultado la revocación.

El único requisito es estimular tu atención de una manera y con una intensidad tal que quedes totalmente absorto en la acción revisada. Mediante este ejercicio imaginativo experimentarás una expansión y un refinamiento de los sentidos, y eventualmente alcanzarás la visión. Pero recuerda siempre que el fin último de este ejercicio es crear en ti "el Espíritu de Jesús", que es continuo perdón de los pecados.

La revisión es de gran importancia cuando el propósito es cambiarse a sí mismo, cuando hay un deseo sincero de ser algo diferente, cuando el anhelo es despertar el espíritu activo ideal del perdón. Sin imaginación, el individuo permanece siendo un ser de pecado. Entonces, podemos avanzar hacia la imaginación o permanecer presos en nuestros sentidos. Avanzar hacia la imaginación es perdonar. El perdón es la vida de la imaginación. El arte de vivir es el arte de perdonar. De hecho, el perdón es experimentar en la imaginación la versión revisada del día, experimentar en la imaginación lo que desearías haber experimentado en la carne. Cada vez que uno realmente perdona, es decir, cada vez que uno revive el acontecimiento como debería haber sido vivido, uno nace de nuevo.

"Padre, perdónalos" no es la súplica que llega una vez al año, sino la oportunidad que se presenta cada día. La idea del perdón es una posibilidad diaria y, si se hace sinceramente, elevará al individuo a niveles cada vez más altos del ser. Experimentará una Pascua diaria. La Pascua es la idea de levantarse transformado, y eso debe ser casi un proceso continuo.

La libertad y el perdón están indisolublemente unidos. No perdonar es estar en guerra con nosotros mismos, pues somos liberados según nuestra capacidad de perdonar.

"Perdonen y serán perdonados"
(Lucas 6: 37)

Perdona, no simplemente desde un sentido de deber o servicio; perdona porque quieres.

"Sus caminos son caminos agradables y todas sus sendas son paz"
(Proverbios 3: 17)

Debes deleitarte con la revisión. Solo puedes perdonar a los demás de forma efectiva cuando tienes un sincero deseo de identificarlos con su ideal. El deber no tiene impulso. El perdón es una cuestión de retirar deliberadamente la atención del día no revisado y entregarla con toda la fuerza, y con alegría, al día revisado. Si una persona comienza a revisar, aunque sea un poco, las contrariedades y los problemas del día, entonces comienza a trabajar prácticamente sobre sí misma. Cada revisión es una victoria sobre sí misma y, por lo tanto, una victoria sobre su enemigo.

> *"Los enemigos del hombre serán los de su misma casa"*
> *(Mateo 10: 36)*

Y su casa es su estado mental. Él cambia su futuro cuando revisa su día.

Cuando una persona practica el arte del perdón, de la revisión, por muy real que sea la escena sobre la que descansa su vista, la revisa con su imaginación y contempla una escena nunca antes presenciada. La magnitud del cambio que implica cualquier acto de revisión hace que dicho cambio parezca totalmente improbable para el realista —la persona no imaginativa; pero los cambios radicales en las fortunas del Pródigo fueron todos producidos por un "cambio de corazón".

La batalla que lucha la persona se desarrolla en su propia imaginación. Aquel que no revisa el día ha perdido la visión de esa vida, a cuya semejanza es la verdadera labor del "Espíritu de Jesús" transformar esta vida.

> *"Todo cuanto quieran que los hombres les hagan, así también hagan ustedes con ellos, porque esta es la ley"*
> *(Mateo 7: 12)*

Veamos la forma en que una amiga artista se perdonó a sí misma y se liberó del dolor, la molestia y la incomodidad. Reconociendo que solo el olvido y el perdón nos llevarán a nuevos valores, ella se entregó a su imaginación y escapó de la prisión de sus sentidos. Ella escribe:

"El jueves enseñé todo el día en la escuela de arte. Solo una pequeña cosa perturbó el día. Al entrar en mi sala de clase de la tarde descubrí que el conserje había dejado todas las sillas encima de los pupitres después de limpiar el piso. Al levantar una silla, se me cayó de las manos y me dio un fuerte golpe en el empeine del pie derecho. Inmediatamente, examiné mis pensamientos y descubrí que había criticado al hombre por no hacer bien su trabajo. Dado que había perdido a su ayudante, comprendí que probablemente él consideraba que había hecho más que suficiente, y esto fue un regalo no deseado que había rebotado y me había golpeado en el pie. Al mirar mi pie, vi que tanto la piel como las medias estaban intactas, así que olvidé el asunto.

"Esa noche, después de haber trabajado intensamente durante unas tres horas en un dibujo, decidí prepararme una taza de café. Para mi total asombro, no podía mover el pie derecho en absoluto y estaba dando grandes golpes de dolor. Fui saltando hasta una silla y me quité la pantufla para mirarlo. Todo el pie era de un extraño color rosa púrpura, hinchado y caliente. Intenté caminar sobre él y me di cuenta de que únicamente temblaba. No tenía ningún control sobre él. Parecía una de estas dos cosas: o bien me había roto un hueso al dejar caer la silla sobre él, o bien se había dislocado algo.

"No servía de nada especular qué era. Mejor solucionarlo lo antes posible. Así que me quedé en silencio, preparada para fundirme en la luz. Para mi completo desconcierto, mi imaginación se negó a cooperar. Simplemente dijo: «No».

Este tipo de cosas me ocurren a menudo cuando estoy pintando. Empecé a argumentar: «¿Por qué no?»

Y seguía diciendo: «No».

Finalmente, me rendí y dije: «Sabes que me duele. Me estoy esforzando por no asustarme, pero tú eres quien manda. ¿Qué quieres hacer?»

La respuesta: «Ir a la cama y revisar los acontecimientos del día».

Le dije: «De acuerdo. Pero déjame decirte que si mi pie no está perfecto mañana por la mañana, solo podrás culparte a ti misma».

"Después de arreglar la ropa de cama para que no me tocara el pie, empecé a revisar el día. Fue un proceso lento, ya que me costaba mantener la atención alejada de mi pie. Repasé todo el día y no vi nada que añadir al incidente de la silla. Pero cuando llegué a las primeras horas de la tarde me encontré cara a cara con un hombre que desde hace un año se ha propuesto no hablarme. La primera vez que esto ocurrió pensé que se había quedado sordo. Le conocía desde los tiempos del colegio, sin embargo, nunca habíamos hecho más que saludarnos y hacer comentarios sobre el clima. Algunos amigos en común me aseguraron que yo no había hecho nada, que él había dicho que nunca le había caído bien y que finalmente había decidido que no valía la pena hablarme. Yo le había dicho "¡hola!", y él no había contestado. Descubrí que yo había pensado: 'Pobre hombre, qué estado tan horrible en el que está'. Voy a hacer algo para remediar esta ridícula situación. Entonces, en mi imaginación, me detuve ahí mismo y rehíce la escena. Le dije: "¡Hola!" —él respondió: "¡Hola!", y sonrió. Ahora pensé: "El buen Ed". Repetí la escena un par de veces, continué con el siguiente incidente y terminé el día.

"'Ahora qué, ¿hacemos mi pie o el concierto?'

Había estado preparando y envolviendo un hermoso regalo de valor y éxito para una amiga que iba a debutar al día siguiente y estaba ilusionada con dárselo esta noche.

Mi imaginación sonaba algo solemne mientras decía: 'Vamos al concierto. Será más divertido'.

Pero antes, ¿no podríamos sacar mi pie perfecto de la imaginación a este físico antes de empezar? —le supliqué.

'Por supuesto'.

"Hecho esto, me divertí mucho en el concierto y mi amiga recibió una tremenda ovación.

"En ese momento tenía mucho sueño y me quedé dormida haciendo mi proyecto. A la mañana siguiente, mientras me ponía la pantufla, de pronto me vino a la memoria la imagen de haber sacado un pie descolorido e hinchado de la misma pantufla. Saqué el pie y lo miré. Estaba perfectamente normal en todo aspecto. Había una pequeña mancha rosada en el empeine donde recordaba que me había golpeado con la silla. ¡Qué sueño tan vívido! —pensé— y me vestí. Mientras esperaba mi café, me acerqué hacia mi mesa de dibujo y vi que todos mis pinceles estaban desordenados y sin lavar. '¿Qué te ha hecho dejar los pinceles así?'

'¿No te acuerdas? Fue por tu pie".

Entonces no había sido un sueño después de todo, sino una hermosa curación".

Con el arte de la revisión ella había ganado lo que nunca habría ganado por la fuerza.

"En el cielo el único arte de vivir es olvidar y perdonar especialmente a la mujer"
(Blake)

Debemos tomar nuestra vida, no como aparenta ser, sino desde la visión de este artista, desde la visión del mundo perfeccionando, que está enterrado bajo todas las mentes —enterrado y esperando que revisemos el día.

"Nos llevan a creer una mentira cuando miramos con los ojos y no a través de ellos"
(Blake)

Una revisión del día y aquello que consideraba tan obstinadamente real ya no lo era para ella y, como un sueño, se había desvanecido silenciosamente.

Puedes revisar el día de forma que te complazca y, al experimentar en la imaginación las palabras y acciones revisadas, no solo modificas la tendencia de la historia de tu vida, sino que conviertes todas sus discordias en armonías. El que descubre el secreto de la revisión no puede hacer otra cosa que dejarse guiar por el amor. Los resultados aumentarán con la práctica. La revisión es el camino por el cual lo correcto puede encontrar su correspondiente poder. "No resistan al mal", ya que todos los conflictos pasionales dan como resultado un intercambio de características.

"El que sabe hacer el bien y no lo hace, comete pecado"
(Santiago 4: 17)

Para conocer la verdad debes vivir la verdad, y para vivir la verdad, tus acciones internas deben coincidir con las acciones de tu deseo cumplido. La expectativa y el deseo deben convertirse en uno. Tu mundo externo es solo un movimiento interno actualizado. Por la ignorancia de la ley de revisión, los que emprenden la guerra son perpetuamente derrotados.

Solo los conceptos que idealizan describen la verdad.

Tu ideal del ser humano es su ser más verdadero. Porque creo firmemente que todo lo que es más profundamente imaginativo es, en realidad, más directamente práctico, te pido que vivas imaginativamente y que pienses y te apropies personalmente del trascendental dicho "Cristo en ti, la esperanza de gloria".

No culpes; solo resuelve. No es lo más hermoso de la humanidad y de la tierra lo que hace el paraíso, sino tú practicando el arte de la revisión. La prueba de esta verdad solamente puede estar en tu propia experiencia. Intenta revisar el día. Nuestro mejor fruto se lo debemos a las tijeras de podar de la revisión.

CAPÍTULO 5

LA MONEDA DEL CIELO

"¿Una firme persuasión de que una cosa es así, la hace así?" Y el profeta respondió: "Todos los poetas creen que sí. Y en épocas de imaginación esta firme persuasión removía montañas: pero muchos no son capaces de una firme persuasión de nada".
(Blake, Matrimonio del Cielo y el Infierno)

"Cada uno debe estar convencido de lo que cree"
(Romanos 14: 5)

La persuasión es un esfuerzo interno de intensa atención. Escuchar atentamente como si hubieras oído es evocar, activar. Al escuchar, puedes oír lo que quieres oír y persuadir a los que están más allá del alcance del oído externo. Háblalo interiormente solo en tu imaginación. Haz que tu conversación interior coincida con tu deseo cumplido. Lo que deseas oír afuera, debes oírlo adentro. Toma lo externo en lo interno, conviértete en alguien que solo escucha aquello que implica el cumplimiento de su deseo y todos los acontecimientos externos del mundo se convertirán en un puente que conduce a la realización objetiva de tu deseo.

Tu conversación interna se escribe perpetuamente a tu alrededor en los acontecimientos. Aprende a relacionar estos acontecimientos con tu conversación interna y te volverás autodidacta. Por conversación interna me refiero a las conversaciones mentales que mantenemos con nosotros mismos. Pueden ser inaudibles cuando estás despierto debido al ruido y a las distracciones del mundo exterior del devenir, pero son bastante audibles en la meditación profunda y en el sueño. Sin embargo, ya sean audibles o inaudibles, tú eres su autor y formas tu mundo a su semejanza.

> *"Hay un Dios en el cielo (y el cielo está dentro de ti) que revela los misterios, y él ha dado a conocer al rey Nabucodonosor lo que sucederá al fin de los días. Tu sueño y las visiones que has tenido en tu cama eran estos"*
> (Daniel 2: 28)

Las conversaciones internas, desde las premisas del deseo cumplido, son el camino para crear un mundo inteligible para ti. Observa tu conversación interna porque es la causa de la acción futura. La conversación interna revela el estado de conciencia desde el cual ves el mundo. Haz que tu conversación interna coincida con tu deseo cumplido, porque tu conversación interna se manifiesta a tu alrededor en los acontecimientos.

> *"Si alguien no falla en lo que dice, es un hombre perfecto, capaz también de refrenar todo el cuerpo. Ahora bien, si ponemos el freno en la boca de los caballos para que nos obedezcan, dirigimos también todo su cuerpo. Miren también las naves; aunque son tan grandes e impulsadas por fuertes vientos, sin embargo, son dirigidas mediante un timón muy pequeño por donde la voluntad del piloto quiere. Así también la lengua es un miembro pequeño, sin embargo, se jacta de grandes cosas. ¡Pues qué gran bosque se incendia con tan pequeño fuego!"*
> (Santiago 3: 2-5)

Todo el mundo manifestado nos muestra el uso que hemos hecho de la Palabra —el habla interna. Una observación acrítica de nuestra conversación interna nos revelará las ideas desde las que vemos el mundo. Las conversaciones internas reflejan nuestra imaginación, y nuestra imaginación refleja el estado con el cual está fusionada. Si el estado con el que estamos fusionados es la causa del fenómeno de nuestra vida, entonces estamos liberados de la carga de preguntarnos qué hacer, ya que no tenemos otra alternativa más que identificarnos con nuestro objetivo. Dado que el estado con el que nos identificamos se refleja en nuestra conversación interna, para cambiar el estado con el que estamos fusionados, primero debemos cambiar nuestra conversación interna. Son nuestras conversaciones internas las que hacen los acontecimientos del mañana.

"Que en cuanto a la anterior manera de vivir, ustedes se despojen del viejo hombre, que se corrompe según los deseos engañosos, y que sean renovados en el espíritu de su mente, y se vistan del nuevo hombre, el cual, en la semejanza de Dios, ha sido creado en la justicia y santidad de la verdad"
(Efesios 4: 22-24)

"Nuestra mente, al igual que nuestro estómago, se despierta con el cambio de comida"
(Quintillan)

Detén toda la antigua y mecánica conversación interior negativa y comienza una nueva conversación interna positiva y constructiva, desde las premisas del deseo cumplido. La conversación interna es el comienzo, la siembra de las semillas de la acción futura. Para determinar la acción, debes iniciar y controlar conscientemente tu conversación interna. Construye una frase que implique el cumplimiento de tu objetivo, como: "tengo un gran ingreso, estable y confiable, consistente con la integridad y el beneficio mutuo"; o "estoy felizmente casado"; "soy querido"; "estoy contribuyendo al bien del mundo", y repite esa frase una y otra vez hasta que te influya interiormente. Nuestra conversación interna representa de diversas maneras el mundo en el que vivimos.

"En el principio ya existía la Palabra"
(Juan 1: 1)

"Lo que siembras cosechas. Mira aquellos campos. El sésamo era sésamo, el maíz era maíz. ¡El silencio y la oscuridad lo sabían! Así nace el destino del hombre"
(La Luz de Asia)

Los finales son fieles a los orígenes.

"Los que van en busca del amor solo ponen de manifiesto su propio desamor. Y el desamor nunca encuentra el amor, solo los que aman encuentran el amor, y nunca tienen que buscarlo".
(D.H. Lawrence)

Todo el mundo atrae lo que es. El arte de la vida es sostener el sentimiento del deseo cumplido y dejar que las cosas vengan a ti, no ir tras ellas, ni pensar que se escapan.

Observa tu conversación interna y recuerda tu objetivo. ¿Coinciden? ¿Coincide tu conversación interna con lo que dirías audiblemente si hubieras conseguido tu objetivo? La conversación y las acciones internas del individuo atraen las condiciones de su vida. A través de la autoobservación acrítica de tus conversaciones internas descubrirás dónde estás en el mundo interno, y dónde estás en el mundo interno es lo que eres en el mundo externo. Te vistes del nuevo ser cuando los ideales y la conversación interna coinciden. Solamente de esta manera puede nacer el nuevo ser.

La conversación interna madura en la oscuridad. Desde la oscuridad sale a la luz. La conversación interna correcta es la conversación que sería tuya si realizaras tu ideal. En otras palabras, es la conversación del deseo cumplido. "Yo soy eso".

> *"Hay dos dones que Dios ha concedido únicamente al ser humano, y a ninguna otra criatura mortal. Estos dos son la mente y la palabra; y el don de la mente y la palabra es equivalente al de la inmortalidad. Si alguien utiliza estos dos dones correctamente, no se diferenciará en nada de los inmortales... y cuando deje el cuerpo, la mente y la palabra serán sus guías, y por ellas será llevado a las tropas de los dioses y las almas que han alcanzado la beatitud".*
> (Hermética, traducción de Walter Scott)

Las circunstancias y condiciones de la vida son conversaciones internas proyectadas afuera, sonido solidificado. El habla interna llama a los acontecimientos a la existencia. En cada evento está el sonido creativo que es su vida y su ser. Todo lo que una persona cree y consiente como verdadero se revela en su habla interna. Es su Palabra, su vida.

Intenta notar lo que estás diciendo en ti en este momento, a qué pensamientos y sentimientos estás dando tu consentimiento. Se tejerán perfectamente en el tapiz de tu vida. Para cambiar tu vida debes cambiar tu habla interna porque, como dijo Hermes, "la vida es la unión de la Palabra y la Mente". Cuando la imaginación haga coincidir tu habla interna con el deseo cumplido, habrá entonces un camino recto en ti mismo desde adentro hacia afuera, y lo externo reflejará instantáneamente lo que hay dentro de ti, así sabrás que la realidad es solo el habla interna materializada.

> *"Reciban con humildad la palabra implantada, que es poderosa para salvar*
> *sus almas"*
> *(Santiago 1: 21)*

Cada etapa del progreso de una persona se lleva a cabo mediante el ejercicio consciente de su imaginación, haciendo coincidir su habla interna con su deseo realizado. Debido a que no los hace coincidir perfectamente, los resultados son inciertos, cuando podrían ser perfectamente seguros. La persistente asunción del deseo cumplido es el medio de realizar la intención. A medida que controlamos nuestra conversación interna, haciéndola coincidir con nuestros deseos realizados, podemos dejar de lado todos los demás procesos. Entonces simplemente actuamos con una imaginación e intención claras. Imaginamos el deseo cumplido y mantenemos conversaciones mentales a partir de esa premisa.

A través de la conversación interna controlada, desde las premisas del deseo cumplido, se realizan aparentes milagros. El futuro se convierte en el presente y se revela en nuestra habla interna. Estar sostenido por el habla interna del deseo cumplido es estar anclado con seguridad en la vida. Nuestra vida puede parecer destrozada por los acontecimientos, pero nunca se destrozará mientras mantengamos el habla interna de nuestro deseo cumplido. Toda la felicidad depende del uso activo y voluntario de la imaginación para construir y afirmar internamente que somos lo que queremos ser. Nos ajustamos a nuestros ideales, recordando constantemente nuestro objetivo e identificándonos con él. Nos fundimos con nuestros objetivos ocupando con frecuencia el sentimiento de nuestro deseo cumplido. El secreto del éxito es la frecuencia, la ocupación habitual. Cuanto más a menudo lo hagamos, más natural será. La fantasía ensambla. La continua imaginación fusiona.

Es posible resolver cualquier situación mediante el uso adecuado de la imaginación. Nuestra tarea es conseguir la frase adecuada, la que implica que nuestro deseo ya está realizado, y encender la imaginación con ella. Todo esto está íntimamente relacionado con el misterio de "la pequeña voz silenciosa".

La conversación interna revela las actividades de la imaginación, actividades que son la causa de las circunstancias de la vida. Por lo general, las personas son totalmente inconscientes de su habla interna y, por lo tanto, no se ven a sí mismas como la causa, sino como la víctima de las circunstancias. Para crear conscientemente las circunstancias es necesario dirigir conscientemente el habla interna, haciendo coincidir "la pequeña voz silenciosa" al deseo cumplido.

> "Él llama a las cosas que no existen, como si existieran"
> *(Romanos 4: 17)*

La conversación interna correcta es esencial. Es la mayor de las artes. Es el camino para salir de la limitación hacia la libertad. La ignorancia de este arte ha hecho del mundo un campo de batalla y una penitenciaría donde solo se espera sangre y sudor, cuando debería ser un lugar de maravilla y asombro. La conversación interna correcta es el primer paso para convertirse en lo que se quiere ser.

> *"El habla es una imagen de la mente,*
> *y la mente es una imagen de Dios"*
> (Hermética, traducción de W. Scott)

En la mañana del 12 de abril de 1953, mi esposa fue despertada por el sonido de una gran voz de autoridad que hablaba dentro de ella y decía: "Debes dejar de gastar tus pensamientos, tu tiempo y tu dinero. Todo en la vida debe ser una inversión".

Gastar es desperdiciar, derrochar, gastar sin retorno. Invertir es gastar para un fin del que se espera un beneficio. Esta revelación de mi esposa se refiere a la importancia del momento. Se trata de la transformación del momento. Lo que deseamos no está en el futuro, sino en nosotros mismos en este momento. En cualquier momento de nuestra vida nos enfrentamos a una elección infinita: "lo que somos y lo que queremos ser". Y lo que queremos ser ya existe, pero para manifestarlo debemos hacer coincidir nuestras conversaciones internas y nuestras acciones con ello.

> *"Si dos de ustedes se ponen de acuerdo aquí en la tierra para pedir algo en oración, mi Padre que está en el cielo se lo dará"*
> *(Mateo 18: 19)*

Lo único que cuenta es lo que se hace ahora. El momento presente no retrocede al pasado. Avanza hacia el futuro para confrontarnos, gastado o invertido. El pensamiento es la moneda del cielo. El dinero es su símbolo terrenal. Cada momento debe ser invertido, y nuestra conversación interna revela si estamos gastando o invirtiendo. Interésate por lo que estás "diciendo ahora" internamente más que por lo que has "dicho", eligiendo sabiamente lo que piensas y lo que sientes ahora.

Cada vez que nos sentimos incomprendidos, maltratados, abandonados, desconfiados, temerosos, estamos gastando nuestros pensamientos y perdiendo el tiempo. Cada vez que asumimos el sentimiento de ser lo que queremos ser, estamos invirtiendo. No podemos entregar el momento a una charla interna negativa y esperar mantener el dominio de la vida. Delante de nosotros van los resultados de todo lo que aparentemente queda atrás. El último momento no se ha ido, sino que se acerca.

> *"Así será mi palabra que sale de mi boca, no volverá a mí vacía sin haber realizado lo que deseo, y logrado el propósito para el cual la envié"*
> *(Isaías 55: 11)*

Las circunstancias de la vida son las expresiones silenciadas del habla interna que las hizo —la palabra hecha visible.
Hermes dijo:
"La Palabra es el Hijo, y la Mente es el Padre de la Palabra. No están separados el uno del otro; porque la vida es la unión de la Palabra y la Mente".

> *"Él nos hizo nacer por la palabra de verdad"*
> *(Santiago 1: 18)*

Seamos, pues:

> *"Imitadores de Dios como hijos amados"*
> *(Efesios 5: 1)*

y usemos nuestra conversación interna sabiamente para moldear el mundo externo en armonía con nuestro ideal.

> *"El Espíritu del Señor habló por mí, y su palabra estuvo en mi lengua"*
> *(2 Samuel 23: 2)*

La boca de Dios es la mente humana. Alimenta a Dios solo con lo mejor.

> "Todo lo que es de buen nombre... piensen en esas cosas"
> *(Filipenses 4: 8)*

El momento presente es siempre precisamente el adecuado para invertir, para hablar internamente la palabra correcta.

> *"La palabra está muy cerca de ti, en tu boca y en tu corazón, para que la guardes. Mira, yo he puesto hoy delante de ti la vida y el bien, la muerte y el mal... la bendición y la maldición. Escoge, pues, la vida"*
> *(Deuteronomio 30: 14, 15, 19)*

Eliges la vida, el bien y las bendiciones siendo lo que eliges. Solo los iguales se reconocen entre sí. Haz que tu habla interna bendiga y dé buenos reportes. La ignorancia de la humanidad sobre el futuro es el resultado de su ignorancia sobre su conversación interna. Su habla interna refleja su imaginación, y su imaginación es un gobierno en el que la oposición nunca llega al poder.

Si el lector se pregunta: "¿Qué pasa si el habla interna permanece subjetiva y es incapaz de encontrar un objeto para su amor?". La respuesta es que no permanecerá subjetiva, por la sencilla razón de que el habla interna siempre se exterioriza. Lo que frustra y amarga, y se convierte en la enfermedad que aflige a la humanidad, es la ignorancia del arte de hacer coincidir las palabras internas con el deseo cumplido. El habla interna refleja la imaginación, y la imaginación es Cristo.

Modifica tu habla interna y tu mundo de percepción cambiará. Cuando el habla interna y el deseo están en conflicto, el habla interna invariablemente gana. Puesto que el habla interior se materializa, es fácil ver que si coincide con el deseo, este se realizará objetivamente. Si no fuera así, diría con Blake:

"Antes de matar a un niño en su cuna que alimentar deseos no expresados"

Pero yo sé por experiencia,

> *"La lengua...inflama la rueda de la creación"*
> *(Santiago 3: 6)*

CAPÍTULO 6

ESTÁ EN EL INTERIOR

...Ríos, Montañas, Ciudades, Pueblos,

Todos son Humanos, y cuando entras en sus senos caminas en cielos y tierras, así como en tu propio seno llevas tu Cielo y tu Tierra y todo lo que contemplas; aunque parezca que está fuera, está dentro, en tu imaginación, de la que este mundo de la mortalidad no es más que una sombra.
(Blake, Jerusalem)

Para Blake, el mundo interno era tan real como la tierra externa de la vida de vigilia. Consideraba sus sueños y visiones como las realidades de las formas de la naturaleza. Blake redujo todo a la base de su propia conciencia.

"El Reino de Dios está dentro de ustedes"
(Lucas 17: 21)

El ser real, el ser imaginativo, ha investido al mundo exterior con todas sus propiedades. La aparente realidad del mundo externo, que tanto le cuesta disolver, es solo una prueba de la realidad absoluta del mundo interno de su propia imaginación.

"Nadie puede venir a mí si no lo trae el Padre que me envió... El Padre y yo somos uno"
(Juan 6: 44; 10: 30)

El mundo que se describe a partir de la observación es una manifestación de la actividad mental del observador. Cuando el individuo descubre que su mundo es su propia actividad mental hecha visible, que ningún hombre puede venir a él a menos que él lo atraiga, y que no hay nadie a quien cambiar, sino a sí mismo, a su propio yo imaginativo, su primer impulso es remodelar el mundo a la imagen de su ideal. Pero su ideal no se encarna tan fácilmente. En el momento en que deja de ajustarse a la disciplina externa, debe imponerse una disciplina mucho más rigurosa, la autodisciplina de la que depende la realización de su ideal.

La imaginación no es totalmente ilimitada y libre de moverse a su voluntad sin ninguna regla que la limite. De hecho, es lo contrario. La imaginación se mueve según el hábito. La imaginación puede elegir, pero elige de acuerdo con el hábito. Despierto o dormido, la imaginación del individuo está obligada a seguir ciertos patrones definidos. Por eso, es necesario que cambie la influencia del hábito; si no lo hace, sus sueños se desvanecerán bajo la parálisis de la costumbre.

La imaginación, que es Cristo en el ser humano, no está sujeta a la necesidad de producir solo lo que es perfecto y bueno. Ejerce su absoluta libertad de la necesidad, dotando al ser físico externo de libre albedrío para elegir seguir el bien o el mal, el orden o el desorden.

"Escojan hoy a quién han de servir"
(Josué 24: 15)

Pero una vez hecha y aceptada la elección, de modo que forme la conciencia habitual del individuo, entonces la imaginación manifiesta su infinito poder y sabiduría, moldeando el mundo sensorial exterior del devenir a imagen del habla y las acciones internas habituales del individuo.

Para realizar su ideal, las personas primero deben cambiar el patrón que ha seguido su imaginación. El pensamiento habitual es indicativo del carácter. La manera de cambiar el mundo externo es que el habla y la acción interna coincidan con el habla y la acción externa del deseo cumplido.

Nuestros ideales están esperando ser encarnados, pero a menos que nosotros mismos hagamos coincidir el habla y la acción interna con el habla y la acción del deseo cumplido, son incapaces de nacer. El habla y la acción interna son los canales de la acción de Dios. Él no puede responder a nuestras plegarias a menos que se ofrezcan estos caminos. El comportamiento externo del individuo es mecánico. Está sujeto a la coacción que le aplica el comportamiento del ser interno, y los antiguos hábitos del ser interno se mantienen hasta que son reemplazados por otros nuevos. Es una propiedad peculiar del segundo ser, o el ser interior, que da al ser exterior algo similar a su propia realidad de ser. Cualquier cambio en el comportamiento del ser interior dará lugar a los correspondientes cambios exteriores.

imaginación despierta

El místico llama a un cambio de conciencia "muerte". Por muerte se refiere, no a la destrucción de la imaginación y del estado con el que estaba fusionado, sino a la disolución de su unión. La fusión es unión más que unicidad. Por lo tanto, las condiciones a las que dio lugar esa unión se desvanecen. "Yo muero cada día", dijo Pablo a los corintios. Blake le dijo a su amigo, Crabbe Robinson:

No hay nada como la muerte. La muerte es lo mejor que puede pasar en la vida, pero la mayoría de la gente muere muy tarde y toma un tiempo muy despiadado en morir. Dios sabe que sus vecinos nunca los ven levantarse de entre los muertos.

Para el ser externo de los sentidos, que no sabe nada del ser interno, esto es pura tontería. No obstante, Blake dejó muy claro lo anterior cuando el año anterior a su muerte escribió:

William Blake —uno que se deleita con la buena compañía. Nació el 28 de noviembre de 1757 en Londres y ha muerto varias veces desde entonces.

Cuando la persona tiene el sentido de Cristo como su imaginación, ve por qué Cristo debe morir y resucitar de entre los muertos para salvar a las personas — porque debe separar su imaginación de su estado actual y hacerla coincidir con un concepto más elevado de sí mismo si quiere elevarse por encima de sus limitaciones actuales y así salvarse.

A continuación, una bonita historia de una muerte mística que fue presenciada por una "vecina". La "resucitada" escribe:

"La semana pasada, una amiga me ofreció su casa en las montañas para las vacaciones de Navidad, ya que ella pensaba ir al Este. Me dijo que me confirmaría esta semana. Tuvimos una conversación muy agradable y le hablé sobre ti y tus enseñanzas, a propósito de una discusión sobre el libro "Un experimento con el tiempo" de Dunne que ella había estado leyendo.

"Su carta llegó el lunes. Al recogerla tuve una repentina sensación de depresión. Sin embargo, cuando la leí, me dijo que podía quedarme con la casa y me dijo dónde conseguir las llaves. En lugar de alegrarme, me deprimí aún más, tanto que decidí que debía haber algo entre líneas que estaba percibiendo intuitivamente. Abrí la carta y leí toda la primera hoja, al pasar a la segunda, me di cuenta de que había escrito una posdata en el reverso de la primera hoja. Consistía en una descripción extremadamente directa y contundente de un rasgo desagradable de mi carácter que había luchado durante años por superar, y durante los últimos dos años creía haberlo conseguido. Sin embargo, aquí estaba de nuevo, descrito con exactitud clínica.

"Me quedé sorprendida y desolada. Pensé: '¿Qué está tratando de decirme esta carta? En primer lugar, me invitó a usar su casa, ya que me había estado imaginado en algún lugar encantador durante las vacaciones. En segundo lugar, nada viene a mí a menos que yo lo atraiga. Y en tercer lugar, no he escuchado más que buenas noticias. Por lo tanto, la conclusión obvia es que algo en mí se corresponde con esta carta y no importa lo que parezca, son buenas noticias'.

"Volví a leer la carta, y al hacerlo me pregunté: '¿Qué es lo que debo ver aquí?' Y entonces lo vi. Empezaba así: "Después de nuestra conversación de la semana pasada, creo que puedo decirte..." y el resto de la página estaba tan salpicada de 'era' y 'estaba' como pasas en un pastel de semillas. Entonces me invadió una gran sensación de euforia. Todo había quedado en el pasado. Lo que tanto me había costado corregir estaba hecho. De repente me di cuenta de que mi amiga era testigo de mi resurrección. Di vueltas por el estudio exclamando: "¡Todo es cosa del pasado! Ya está hecho. Gracias, ya está hecho". Reuní toda mi gratitud en una gran bola de luz y la proyecté directamente hacia ti, y si viste un relámpago el lunes por la tarde, poco después de las seis, fue esto.

"Ahora, en lugar de escribir una carta cortés porque es lo correcto, puedo escribir agradeciendo sinceramente su franqueza y dándole las gracias por el préstamo de su casa. Muchas gracias por estas enseñanzas que han hecho de mi amada imaginación mi verdadero Salvador".

Y ahora, si alguien le dice:

"Mira, aquí está el Cristo", o "Allí está"

Ella no le creerá, porque sabe que el Reino de Dios está dentro de ella y que ella misma debe asumir toda la responsabilidad de la encarnación de su ideal y que nada más que la muerte y la resurrección la llevarán a él. Ha encontrado a su Salvador, su amada imaginación, expandiéndose para siempre en el seno de Dios.

Solo hay una realidad, y es Cristo —la Imaginación Humana, la herencia y el logro final de toda la humanidad.

"Para que... hablando la verdad en amor, crezcamos en todos los aspectos en aquel que es la cabeza, es decir, Cristo"
(Efesios 4: 14-15)

CAPÍTULO 7

LA CREACIÓN ESTÁ TERMINADA

"Nada existe que no haya existido antes, y nada existirá que no exista ya"
(Eclesiastés 3: 15)

Blake veía todas las posibles situaciones humanas como estados "ya creados". Veía cada aspecto, cada argumento y cada drama como ya elaborados, como "meras posibilidades" mientras no estemos en ellas, pero como potentes realidades cuando estamos en ellas. Describió estos estados como "Esculturas de los salones de Los".

Por lo tanto, hay que distinguir los estados y los individuos de esos estados. Los estados cambian, pero las identidades individuales nunca cambian ni cesan... La imaginación no es un estado.

Blake dijo:

Es la existencia humana misma. El afecto o el amor se convierten en un estado cuando se separan de la imaginación.

No es posible decir lo importante que es recordar esto, pues cuando el individuo se da cuenta de ello por primera vez, es el momento más importante de su vida, y ser animado a sentir esto es la forma más alta de estímulo que es posible dar.

Esta verdad es común para todos, pero la conciencia de ella, y aún más, la autoconsciencia de ella, es otro tema.

El día en que me di cuenta de esta gran verdad —que todo en mi mundo es una manifestación de la actividad mental que se desarrolla en mi interior, y que las condiciones y circunstancias de mi vida solo reflejan el estado de conciencia con el que estoy fusionado— fue el más trascendental de mi vida. Pero la experiencia que me llevó a esta certeza es tan alejada de la existencia común, que por mucho tiempo he dudado en contarla, porque mi razón se negaba a admitir las conclusiones a las que la experiencia me llevaba. Sin embargo, esta experiencia me reveló que soy supremo dentro del círculo de mi propio estado de conciencia, y que es el estado con el que me identifico el que determina lo que experimento. Por lo tanto, debería compartirse con todos, ya que saber esto es liberarse de la mayor tiranía del mundo, la creencia en una segunda causa.

"Bienaventurados los de limpio corazón, pues ellos verán a Dios"
(Mateo 5: 8)

Bienaventurados aquellos cuya imaginación ha sido tan purgada de las creencias en segundas causas que saben que la imaginación es todo, y todo es imaginación.

Un día, me desplacé silenciosamente desde mi apartamento en la ciudad de Nueva York hasta algún remoto campo de antaño. Al entrar en el comedor de una gran posada, tomé plena conciencia. Sabía que mi cuerpo físico estaba inmovilizado en mi cama de Nueva York. Sin embargo, aquí estaba tan despierto y consciente como nunca lo había estado. Supe intuitivamente que si podía detener la actividad de mi mente, todo lo que tenía delante se congelaría. Tan pronto como surgió ese pensamiento, me invadió el impulso de intentarlo. Sentí que mi cabeza se tensaba y luego se espesaba hasta llegar a la quietud. Mi atención se concentró en un enfoque claro como el cristal, y la mesera que estaba caminando, ya no caminaba. Miré por la ventana y las hojas que caían, dejaron de caer. La familia con cuatro personas comiendo, ya no comía. Y ellos recogiendo la comida, ya no la recogían. Luego, mi atención se relajó, la tensión se alivió, y de repente todo siguió su curso. Las hojas cayeron, la camarera caminó y la familia comió. Entonces comprendí la visión de Blake de las "Esculturas de los Salones de Los".

"Yo los envié a ustedes a segar lo que no han trabajado"
(Juan 4:38)

La Creación está terminada.
"Nada existe que no haya existido antes, y nada existirá que no exista ya"
(Eclesiastés 3: 15)
El mundo de la creación está terminado, y su original está dentro de nosotros. Lo vimos antes de partir, y desde entonces hemos tratado de recordarlo y de activar secciones del mismo. Hay infinitas visiones de él. Nuestra tarea es conseguir la visión correcta y mediante una determinada dirección de nuestra atención hacerla pasar en procesión ante el ojo interior. Si ensamblamos la secuencia correcta y la experimentamos en la

imaginación hasta que tenga el tono de la realidad, entonces creamos conscientemente las circunstancias. Esta procesión interna es la actividad de la imaginación que debe ser dirigida conscientemente. Mediante una serie de transformaciones mentales, nos hacemos conscientes de porciones crecientes de lo que ya es, y al hacer coincidir nuestra propia actividad mental con la porción de la creación que deseamos experimentar, la activamos, la resucitamos y le damos vida.

Esta experiencia mía no solo muestra el mundo como una manifestación de la actividad mental del observador individual, sino que también revela nuestro curso del tiempo como saltos de atención entre momentos eternos. Un abismo infinito separa dos momentos cualquiera de los nuestros. A través de los movimientos de nuestra atención, damos vida a las "Esculturas de los salones de Los".

Piensa en el mundo como si contuviera un número infinito de estados de conciencia desde los cuales se pudiera mirar. Considera estos estados como habitaciones o mansiones en la Casa de Dios y que, al igual que las habitaciones de cualquier casa, están fijas unas en relación con otras. Ahora, piensa en ti mismo, en el Yo Real, en el Tú Imaginativo, como el ocupante viviente y en movimiento de la Casa de Dios. Cada habitación contiene algunas de las Esculturas de Los, con infinitas historias, dramas y situaciones ya elaboradas pero no activadas. Se activan en cuanto la Imaginación Humana entra y se fusiona con ellas. Cada una representa ciertas actividades mentales y emocionales. Para entrar en un estado, la persona debe aceptar las ideas y los sentimientos que este representa. Estos estados representan un número infinito de posibles transformaciones mentales que se pueden experimentar. Para pasar a otro estado o mansión es necesario un cambio de creencias. Todo lo que podrías desear ya está presente y solo espera ser igualado por tus creencias. Pero debe ser igualado, porque esa es la condición necesaria por la cual puede ser activado y materializado. La correspondencia con las creencias de un estado es la búsqueda que encuentra, la llamada a la que se abre, la petición que recibe. "Entra y toma posesión de la tierra".

Cuando una persona coincide con las creencias de cualquier estado, se fusiona con él, y esta unión da lugar a la activación y proyección de sus tramas, planes, dramas y situaciones. Se convierte en el hogar del individuo desde el que ve el mundo. Es su taller y, si es observador, verá que la realidad exterior se está formando sobre el modelo de su imaginación.

Precisamente con el propósito de instruirnos en la creación de imágenes, fuimos sometidos a las limitaciones de los sentidos y revestidos de cuerpos de carne. Es el despertar de la imaginación, el regreso de su Hijo, lo que nuestro Padre espera.

"La creación fue sometida a vanidad, no de su propia voluntad, sino por causa de Aquel que la sometió"
(Romanos 8: 20)

Pero la victoria del Hijo, el retorno del pródigo, nos asegura que:

"La creación será liberada de la esclavitud, de la corrupción a la libertad, de la gloria de los hijos de Dios"
(Romanos 8: 21)

Fuimos sometidos a esta experiencia biológica porque nadie que no haya estado sometido a las vanidades y limitaciones de la carne, que no haya tomado su parte de la filiación y se haya vuelto pródigo, que no haya experimentado y probado esta copa de experiencia, puede conocer la imaginación. Pero la confusión continuará mientras no se restablezca una visión fundamentalmente imaginativa de la vida y se reconozca como algo básico.

"A mí... se me concedió esta gracia: anunciar a los gentiles las inescrutables riquezas de Cristo, y sacar a la luz cuál es la dispensación del misterio que por los siglos ha estado oculto en Dios, creador de todas las cosas"
(Efesios 3: 8-9)

Ten en cuenta que Cristo en ti es tu imaginación.

Así como la apariencia de nuestro mundo está determinada por el estado particular con el que estamos fusionados, así podemos determinar nuestro destino como individuos fusionando nuestra imaginación con los ideales que buscamos realizar. De la distinción entre nuestros estados de conciencia depende la distinción entre las circunstancias y condiciones de nuestra vida. El individuo, que es libre para elegir su estado, a menudo clama para ser salvado del estado que ha elegido.

"Ese día clamarán por causa de su rey a quien escogieron para ustedes, pero el Señor no les responderá en ese día. No obstante, el pueblo rehusó oír la voz de Samuel, y dijeron: No, sino que habrá rey sobre nosotros"
(1 Samuel 8: 18-19)

Elige sabiamente el estado al que servirás. Todos los estados carecen de vida hasta que la imaginación se funde con ellos.

"Todas las cosas se hacen visibles cuando son expuestas por la luz, pues lo que hace que todo sea visible es la luz"
(Efesios 5: 13)

También,

"Ustedes son la luz del mundo"
(Mateo 5: 14)

Por la que se manifiestan las ideas que has consentido.

Aférrate a tu ideal. Nada puede arrebatártelo sino tu imaginación. No pienses en tu ideal, piensa desde él. Solamente se realizan los ideales desde los que piensas.

"No solo de pan vivirá el hombre, sino de toda palabra que sale de la boca de Dios"
(Mateo 4: 4)

y "la boca de Dios" es la mente del individuo.

Conviértete en un bebedor y un comedor de los ideales que deseas realizar. Ten un objetivo fijo y definido o tu mente divagará, y al divagar se comerá toda sugestión negativa. Si vives bien mentalmente, todo lo demás estará bien. Mediante un cambio de dieta mental, puedes alterar el curso de los acontecimientos observados. Pero a menos que haya un cambio de dieta mental, tu historia personal seguirá siendo la misma. Tú iluminas u oscureces tu vida por las ideas que consientes. Nada es más importante para ti que las ideas de las que te alimentas. Y te alimentas de las ideas de las que piensas. Si observas que el mundo no cambia, es una señal segura de que te falta fidelidad a la nueva dieta mental, la cual descuidas para condenar a tu entorno. Necesitas una actitud nueva y sostenida. Puedes ser lo que quieras si haces que la concepción sea habitual, pues cualquier idea que excluya todas las demás del campo de atención desemboca en la acción. Las ideas y los estados de ánimo a los que regresas constantemente definen el estado con el que estás fusionado. Por lo tanto, entrénate para ocupar más frecuentemente el sentimiento de tu deseo cumplido. Esto es magia creativa. Es la manera de trabajar hacia la fusión con el estado deseado.

Si asumieras el sentimiento de tu deseo cumplido con más frecuencia, serías dueño de tu destino, pero desgraciadamente la mayor parte del tiempo apartas tu asunción. Practica haciendo real para ti el sentimiento del deseo cumplido. Una vez que hayas asumido el sentimiento del deseo cumplido, no cierres la experiencia como lo harías con un libro, sino que llévala contigo como una fragancia. En lugar de olvidarlo por completo, deja que permanezca en la atmósfera comunicando su influencia automáticamente a tus acciones y reacciones. Un estado de ánimo, repetido con frecuencia, adquiere un impulso que es difícil de romper o controlar. Por lo tanto, ten cuidado con los sentimientos que albergas. Los estados de ánimo habituales revelan el estado con el que estás fusionado.

Siempre es posible pasar de pensar en el final que deseas realizar, a pensar desde el final.

Lo fundamental es pensar desde el final, porque pensar *desde* significa unificación o fusión con la idea, mientras que en el pensamiento del final siempre hay sujeto y objeto, el individuo que piensa y la cosa pensada. Debes imaginarte en el estado de tu deseo cumplido, en tu amor por ese estado, y al hacerlo, vives y piensas desde él y no más en él. Pasas de pensar *en* a pensar *desde* centrando tu imaginación en el sentimiento del deseo cumplido.

CAPÍTULO 8

LA NIÑA DEL OJO DE DIOS

¿Cuál es la opinión de ustedes sobre el Cristo? ¿De quién es hijo?
(Mateo 22: 42)

Cuando se te haga esta pregunta, que tu respuesta sea: "Cristo es mi imaginación" y, aunque

"Ahora no vemos aún todas las cosas sujetas a él"
(Hebreos 2: 8)

Sin embargo, sé que soy María, de quien tarde o temprano él nacerá, y finalmente
"Todo lo puedo en Cristo"

El nacimiento de Cristo es el despertar del ser interno o segundo hombre. Es hacerse consciente de la actividad mental dentro de uno mismo, actividad que continúa independientemente de que seamos conscientes de ella o no.

El nacimiento de Cristo no trae a ninguna persona desde la distancia, ni hace nada que no haya estado allí antes. Es la revelación del Hijo de Dios en el individuo. El Señor "viene en las nubes" es la descripción que hace el profeta sobre los anillos pulsantes de luz líquida dorada sobre la cabeza de aquel en quien se despierta. La venida es desde adentro y no desde afuera, ya que Cristo está en nosotros.

Este gran misterio:
"Dios fue manifestado en la carne"
comienza con el Adviento, y es apropiado que la limpieza del Templo...

> *"Y ese templo son ustedes"*
> *(1 Corintios 3: 17)*

...se sitúe en el primer plano de los misterios cristianos.

> *"El Reino de Dios está dentro de ustedes".*
> *(Lucas 17: 21)*

El Adviento es la revelación del misterio de tu ser. Si practicas el arte de la revisión, viviendo de acuerdo con el uso sabio e imaginativo de tu habla interna y tus acciones internas, confiando en que por el uso consciente del "poder que obra en nosotros" Cristo despertará en ti; si lo crees, confías en ello y actúas en consecuencia, Cristo despertará en ti. Esto es el Adviento.

> *"Grande es el misterio, Dios fue manifestado en la carne".*
> *(1 Timoteo 3: 16)*

Desde el Adviento,

> "Cualquiera que toca a mi pueblo, toca a la niña de mis ojos"
> *(Zacarías 2: 8)*.

Tiempo de Siembra y Cosecha
(1956)

CAPÍTULO 1

EL EXTREMO DE UNA CUERDA DORADA

Te doy el extremo de una cuerda dorada;
hazla un ovillo,
te llevará a la puerta del cielo,
construida en el Muro de Jerusalén.
(Blake)

En los siguientes escritos, he tratado de indicar ciertas formas de abordar la comprensión de la Biblia y la realización de tus sueños.

"Para que no sean perezosos, sino imitadores de aquellos que por fe y paciencia
heredan las promesas"
(Hebreos 6:12)

Muchos de quienes disfrutan de los antiguos versículos familiares de las Escrituras se desalientan cuando intentan leer la Biblia de la forma en que leerían cualquier otro libro porque, de manera bastante excusable, no entienden que la Biblia está escrita en lenguaje simbólico. No saben que todos sus personajes son personificaciones de las leyes y funciones de la mente; que la Biblia es psicología más que historia, entonces, ellos desconciertan s

us cerebros por un tiempo y luego se dan por vencidos. Es demasiado desconcertante.

Para comprender el significado de sus metáforas, el lector de la Biblia debe estar imaginativamente despierto. De acuerdo con las Escrituras, nosotros nos dormimos con Adán y nos despertamos con Cristo. Es decir, dormimos colectivamente y despertamos individualmente.

"Y el Señor Dios hizo caer un sueño profundo sobre el hombre, y este se durmió".
(Génesis 2:21)

Si Adán, o el ser genérico, está en un sueño profundo, entonces sus experiencias, tal como están registradas en las Escrituras, deben ser un sueño. Solo el que está despierto puede contar su sueño, y solo el que pueda entender el simbolismo de los sueños podría interpretar el sueño.

"Y se decían el uno al otro, ¿No ardía nuestro corazón dentro de nosotros, mientras nos hablaba en el camino, y cuando nos abría las Escrituras?"
(Lucas 24:32)

La Biblia es una revelación de las leyes y las funciones de la mente expresadas en el lenguaje de ese reino indefinido al cual vamos cuando dormimos. Ya que el lenguaje simbólico de este reino indefinido es muy similar para todos, los recientes exploradores de este reino —la imaginación humana— lo llaman el "inconsciente colectivo".

Sin embargo, no es el propósito de este libro darte una definición completa de los símbolos bíblicos o exhaustivas interpretaciones de sus historias. Todo lo que espero hacer es indicar el camino por el cual es más probable que tengas éxito en la realización de tus deseos. Lo que sea que desees puede obtenerse solo a través del ejercicio consciente y voluntario de la imaginación, en directa obediencia a las leyes de la mente.

En algún lugar dentro de este reino de la imaginación hay un estado de ánimo, un sentimiento del deseo cumplido, si te apropias de él, significa éxito para ti.

Este reino, este Edén —tu imaginación— es más vasto de lo que crees y su exploración te compensará.

"Yo te doy el extremo de una cuerda dorada; tú debes hacerla un ovillo".

CAPÍTULO 2

LOS CUATRO PODEROSOS

"Y salía del Edén un río para regar el huerto, y de allí se repartía en cuatro cabezas"
(Génesis 2:10)

"Y tenía cada uno cuatro caras"
(Ezequiel 10:14)

"Veo a cuatro hombres sueltos que se pasean en medio del fuego sin sufrir daño alguno, y el aspecto del cuarto es semejante al de un hijo de los dioses"
(Daniel 3:25)

"Cuatro Poderosos están en cada hombre"
(Blake).

Los "Cuatro Poderosos" constituyen la individualidad del ser humano, o Dios en el ser humano. Hay "Cuatro Poderosos" en cada persona, pero estos "Cuatro Poderosos" no son cuatro seres separados, no están separados unos de otros como lo están los dedos de tu mano. Los "Cuatro Poderosos" son cuatro aspectos diferentes de tu mente y difieren entre sí en función y carácter, pero no son cuatro seres separados habitando el cuerpo de una persona.

Los "Cuatro Poderosos" se pueden equiparar con los cuatro caracteres hebreos: (Yod, He, Vau, He) que forman el misterioso nombre de cuatro letras del poder creativo, y combinando en sí mismo las formas pasada, presente y futura del verbo "ser".

El Tetragrámaton es venerado como el símbolo del Poder Creativo en el individuo —Yo Soy— las cuatro funciones creativas en el individuo que se extienden para realizar las cualidades latentes en sí mismo en los fenómenos materiales reales.

Podemos comprender mejor a los "Cuatro Poderosos" comparándolos con los cuatro personajes más importantes en la producción de una obra de teatro.

> *"Todo el mundo es un gran teatro, y todos los hombres y mujeres simplemente actores; ellos hacen sus entradas y sus salidas, y un hombre en su tiempo actúa diversos papeles."*
> ("Como Gustes" Acto II, Escena VII)

El productor, el autor, el director y el actor son los cuatro personajes más importantes en la producción de una obra de teatro. En el drama de la vida, la función del productor es sugerir el tema de la obra. Esto lo hace en forma de un deseo, tal como: "Me gustaría ser exitoso"; "Me gustaría hacer un viaje"; "Me gustaría estar casado", etc.

Ahora bien, para aparecer en el escenario del mundo, estos temas generales deben especificarse de alguna manera y elaborarse en detalle. No es suficiente decir: "Me gustaría ser exitoso". Eso es demasiado indefinido. ¿Exitoso en qué? Sin embargo, el primer "Poderoso" solo sugiere un tema. La dramatización del tema se deja a la originalidad del segundo "Poderoso", el autor.

Para dramatizar el tema, el autor solo escribe la última escena de la obra, pero esta escena la escribe en detalle. La escena debe dramatizar el deseo cumplido. El autor construye mentalmente una escena lo más realista posible de lo que experimentaría si cumpliera su deseo. Cuando la escena es claramente visualizada, el trabajo del autor está hecho.

El tercer "Poderoso" en la producción de la obra de la vida, es el director. La tarea del director consiste en vigilar que el actor se mantenga fiel al guion y ensayarlo una y otra vez hasta que se sienta natural en su papel. Esta función puede compararse a una atención controlada y conscientemente dirigida, una atención centrada exclusivamente en la acción que implica que el deseo ya se ha realizado.

"La forma del Cuarto es como el Hijo de Dios", la imaginación humana, el actor. Este cuarto "Poderoso" realiza dentro de sí mismo, en la imaginación, la acción predeterminada que implica el cumplimiento del deseo. Esta función no visualiza ni observa la acción. Esta función en realidad representa el drama, y lo hace una y otra vez, hasta que adquiere los tonos de la realidad.

Sin la visión dramatizada del deseo cumplido, el tema sigue siendo un simple tema y duerme para siempre en las vastas cámaras de los temas que no han nacido. Tampoco la visión percibida alcanzará la realidad objetiva sin la atención cooperante, obediente a la visión dramatizada del deseo cumplido.

Los "Cuatro Poderosos" son los cuatro cuartos del alma humana. El primero es el Rey de Jehová, quien sugiere el tema; el segundo es el siervo de Jehová, que elabora fielmente el tema en una visión dramatizada; el tercero es el hombre de Jehová, que está atento y obediente a la visión del deseo cumplido, que devuelve la imaginación errante al guion "setenta veces siete". La "Forma del Cuarto" es Jehová mismo, que representa el tema dramatizado en el escenario de la mente.

"Deja que esta manera de pensar esté en ti, que también estaba en Cristo Jesús, el cual, estando en la forma de Dios, no pensó que era robo ser igual a Dios"
(Filipenses 2: 5- 6 (KJ21))

El drama de la vida es un esfuerzo conjunto de las cuatro partes del alma humana.

"Todo lo que contemplas, aunque aparece afuera, está dentro, en tu imaginación, de la cual este mundo de mortalidad no es más que una sombra"
(Blake).

Todo lo que contemplamos es una construcción visual concebida para expresar un tema, un tema que ha sido dramatizado, ensayado y representado en otro lugar. Lo que presenciamos en el escenario del mundo es una construcción óptica ideada para expresar los temas que han sido dramatizados, ensayados y representados en la imaginación de las personas.

Los "Cuatro Poderosos" constituyen la individualidad de la persona, o Dios en el individuo; y todo lo que el individuo contempla, aunque aparezca fuera, no son más que sombras proyectadas sobre la pantalla del espacio, construcciones ópticas ideadas por el Yo para informarle sobre los temas que ha concebido, dramatizado, ensayado y representado dentro de sí mismo.

"La criatura quedó sujeta a la vanidad" para poder hacerse consciente de su Yo y de las funciones que desempeña, ya que con la conciencia de su Yo y las funciones que desempeña, puede actuar con un propósito; puede tener una historia autodeterminada conscientemente. Sin conciencia, actúa inconscientemente, y clama a un Dios objetivo que lo salve de su propia creación.

"¡Oh Señor! ¿Hasta cuándo he de pedirte ayuda sin que tú me escuches?
¿Hasta cuándo he de quejarme de la violencia sin que tú nos salves?"
(Habacuc 1: 2)

Cuando el individuo descubra que la vida es una obra que él mismo está escribiendo consciente o inconscientemente, dejará de torturarse a sí mismo emitiendo juicios sobre los demás. En lugar de eso, reescribirá la obra para que se ajuste a su ideal, porque se dará cuenta de que todos los cambios en la obra deben provenir de la cooperación de los "Cuatro Poderosos" dentro de sí mismo. Solo ellos pueden alterar el guion y producir el cambio. Todos los hombres y mujeres de su mundo son simplemente actores y son tan incapaces de cambiar su obra, como los actores son incapaces de cambiar la imagen de la pantalla.

El cambio deseado debe ser concebido, dramatizado, ensayado y representado en el teatro de su mente. Cuando la cuarta función, la imaginación, ha completado su tarea de ensayar la versión revisada de la obra hasta que resulte natural, entonces se levantará el telón sobre este mundo tan aparentemente sólido y los "Cuatro Poderosos" proyectarán una sombra de la obra real sobre la pantalla del espacio. Hombres y mujeres interpretarán automáticamente sus papeles para que se cumpla el tema dramatizado. Los actores, por razón de sus diversos papeles en el drama del mundo, se vuelven relevantes para el tema dramatizado del individuo y, por ser relevantes, son atraídos a su drama. Interpretarán sus papeles, creyendo fielmente todo el tiempo que fueron ellos mismos quienes iniciaron los papeles que interpretan. Esto lo hacen porque:

"Tú, Padre, estás en mí, y yo en ti... Yo en ellos, y tú en mí"
(Juan 17:21, 23)

Yo estoy implicado en la humanidad. Somos uno. Todos desempeñamos los cuatro papeles de productor, autor, director y actor en el drama de la vida. Algunos lo hacemos conscientemente, otros inconscientemente. Es necesario que lo hagamos conscientemente. Solamente así podremos estar seguros de un final perfecto para nuestra obra. Entonces comprenderemos por qué debemos hacernos conscientes de las cuatro funciones del único Dios dentro nuestro, para que podamos tener la compañía de Dios como sus Hijos.

"El ser humano no debería quedarse
como un ser humano.
Su objetivo debería ser más alto.
Porque Dios solo a dioses
Acepta como compañía".
(Ángelus Silesius)

En enero de 1946, llevé a mi esposa y a mi pequeña hija de vacaciones a Barbados, en las Antillas Británicas. Como no sabía que hubiera dificultades para conseguir un pasaje de vuelta, no había reservado el nuestro antes de salir de Nueva York. A nuestra llegada a Barbados descubrí que solo había dos barcos que hacían escala en las islas, uno desde Boston y otro desde Nueva York. Me dijeron que no había disponibilidad en ninguno de los barcos antes de septiembre. Puesto que tenía compromisos en Nueva York para la primera semana de mayo, me inscribí en la larga lista de espera para el barco de abril.

Unos días más tarde, el barco de Nueva York estaba anclado en el puerto. Lo observé con mucho cuidado y decidí que ese era el barco que debíamos tomar. Regresé a mi hotel y determiné una acción interna que sería mía si realmente navegáramos en ese barco. Me acomodé en un sillón de mi habitación, para perderme en esta acción imaginativa.

En Barbados, cuando embarcamos en un gran barco de vapor, tomamos una lancha a motor o una barca de remos para adentrarnos en el puerto. Sabía que debía captar el sentimiento de estar navegando en ese barco. Elegí la acción interna de bajar del pequeño bote y subir por la pasarela del vapor. La primera vez que lo intenté, mi atención se desvió al llegar a lo alto de la pasarela. Regresé abajo, y lo intenté una y otra vez. No recuerdo cuántas veces realicé esta acción en mi imaginación hasta que llegué a la cubierta y volví la vista al puerto con el sentimiento de la dulce tristeza de partir. Me sentía feliz de regresar a mi hogar en Nueva York, pero nostálgico al despedirme de la encantadora isla y de nuestra familia y amigos. Recuerdo que en uno de mis muchos intentos de subir por la pasarela con la sensación de estar navegando, me quedé dormido. Después de despertarme, me dediqué a las actividades sociales habituales del día y de la noche.

A la mañana siguiente, recibí una llamada de la compañía de barcos pidiéndome que fuera a su oficina a recoger los pasajes para el viaje de abril. Tenía curiosidad por saber por qué Barbados había sido elegida para recibir la cancelación y por qué yo, al final de la larga lista de espera, iba a tener la reserva. Sin embargo, todo lo que la agente pudo decirme fue que esa mañana se había recibido un telegrama de Nueva York ofreciendo pasaje para tres. Yo no fui el primero al que llamó la agente, pero, por razones que no podía explicar, aquellos a los que había llamado dijeron que ahora les parecía inconveniente embarcarse en abril. Embarcamos el 20 de abril y llegamos a Nueva York la mañana del Primero de Mayo.

En la producción de mi obra —la salida en un barco que me llevaría a Nueva York el Primero de Mayo— interpreté los cuatro personajes más importantes de mi drama. Como productor, decidí navegar en un barco específico en un tiempo determinado. Interpretando el papel del autor, escribí el guion — visualicé la acción interior que se ajustaba a la acción exterior que yo llevaría a cabo si mi deseo se hiciera realidad. Como director, ensayé yo mismo, el actor, en esa acción imaginaria de subir la pasarela hasta que esa acción se sintió completamente natural.

Una vez hecho esto, los acontecimientos y las personas en el mundo exterior se movieron rápidamente para adaptarse a la obra que yo había construido y representado en mi imaginación.

"Vi el flujo de la visión mística
Y vive en hombres y bosques y arroyos.
Hasta que ya no pude conocer
La corriente de la vida de mis propios sueños".
—George William Russell (AE)

Relaté esta historia a una audiencia mía en San Francisco, y una señora del público me contó cómo ella había utilizado inconscientemente la misma técnica, cuando era una jovencita. El hecho ocurrió en Nochebuena. Ella se sentía muy triste, cansada y con lástima de sí misma. Su padre, a quien adoraba, había muerto repentinamente. No solo sentía la pérdida en esta época de Navidad, sino que, además, la necesidad la había obligado a renunciar a los años de universidad que había planeado y ponerse a trabajar. Esta lluviosa Nochebuena, se dirigía a casa en un tranvía de San Diego. El vagón estaba lleno de alegres conversaciones de jóvenes felices que iban a sus casas para las fiestas. Para ocultar sus lágrimas de quienes la rodeaban, se puso de pie en la parte descubierta delante del vagón y volvió la cara hacia el cielo para mezclar sus lágrimas con la lluvia. Con los ojos cerrados y sosteniendo firmemente la barandilla del vagón, esto es lo que se dijo a sí misma:

—"Esta no es la sal de las lágrimas lo que saboreo, sino la sal del mar en el viento. Esto no es San Diego, es el Pacífico Sur y estoy navegando hacia la bahía de Samoa".

Y mirando hacia arriba, construyó en su imaginación lo que ella imaginaba que era la Cruz del Sur. Se perdió en esta contemplación de tal manera que todo se desvaneció a su alrededor. De pronto, estaba al final de la línea, y en casa.

Dos semanas más tarde, recibió un mensaje de un abogado de Chicago diciendo que tenía tres mil dólares en bonos americanos para ella. Varios años antes, una tía suya se había ido a Europa, dejando instrucciones de que si no regresaba a Estados Unidos estos bonos fueran entregados a su sobrina. El abogado acababa de recibir la noticia de la muerte de la tía y ahora estaba llevando a cabo sus instrucciones.

Un mes más tarde, la muchacha se embarcó rumbo a las islas del Pacífico Sur. Era de noche cuando entró en la bahía de Samoa. Mirando hacia abajo, pudo ver la espuma blanca como un "hueso en la boca de la dama" mientras el barco surcaba las olas y traía la sal del mar en el viento. Un oficial de guardia le dijo: "Ahí está la Cruz del Sur", y al mirar hacia arriba, vio la Cruz del Sur tal y como se la había imaginado.

En los años posteriores, tuvo muchas oportunidades de utilizar su imaginación de forma constructiva, pero como lo había hecho inconscientemente, no se dio cuenta de que había una Ley detrás de todo ello. Ahora que lo comprende, ella también está interpretando conscientemente sus cuatro papeles principales en el drama diario de su vida, produciendo obras para el bien de los demás y de sí misma.

"Cuando los soldados hubieron crucificado a Jesús, tomaron sus vestiduras e hicieron cuatro partes, una para cada soldado. Tomaron también su túnica, la cual era sin costura, de un solo tejido de arriba abajo"
(Juan 19:23)

CAPÍTULO 3

EL DON DE LA FE

"Y el Señor miró con agrado a Abel y a su ofrenda; pero a Caín y su ofrenda no miró con agrado"
(Génesis 4:4-5)

Si examinamos las Escrituras, nos haremos conscientes de un significado mucho más profundo, en la cita anterior, que el que nos daría una lectura literal. El Señor no es otro que tu propia conciencia.

"Así dirás a los hijos de Israel: Yo Soy me ha enviado a ustedes".
(Éxodo 3:14)

"Yo Soy" es la autodefinición del Señor.

Caín y Abel, como nietos del Señor, solo pueden ser personificaciones de dos funciones distintas de tu propia conciencia. El autor está realmente preocupado por mostrar los "Dos estados contrarios del alma humana", y ha utilizado a dos hermanos para mostrar estos estados. Los dos hermanos representan dos perspectivas distintas del mundo que posee cada uno. Una es la limitada percepción de los sentidos y la otra es una visión imaginativa del mundo.

Caín —la primera perspectiva— es una rendición pasiva a las apariencias y una aceptación de la vida sobre la base del mundo externo, una perspectiva que conduce inevitablemente a un anhelo insatisfecho o a una satisfacción con desilusión.

Abel —la segunda perspectiva— es una visión del deseo cumplido, elevando al individuo por encima de la evidencia de los sentidos hacia ese estado de satisfacción donde ya no anhela el deseo.

La ignorancia de la segunda perspectiva es un alma en llamas. El conocimiento de la segunda perspectiva es el ala con la que vuela al Cielo del deseo cumplido.

"Ven, come mi pan y bebe del vino que yo he mezclado. Abandona la necedad y vivirás"
(Proverbios 9:5-6)

En la epístola a los hebreos, el escritor nos dice que la ofrenda de Abel era la fe y el autor afirma:

"Sin fe es imposible agradar a Dios".
(Hechos 11: 6)

"Ahora bien, la fe es la sustancia de lo que se espera, la convicción de lo que no se ve. Por la fe entendemos que los mundos fueron enmarcados por la palabra de Dios, de modo que lo que se ve no fue hecho de cosas visibles".
(Hebreos 11: 1, 3)

Caín ofrece la evidencia de los sentidos que la conciencia, el Señor, rechaza, porque la aceptación de este regalo como molde del futuro significaría la fijación y la perpetuación del presente estado para siempre. El enfermo estaría enfermo, el pobre sería pobre, el ladrón sería un ladrón, el asesino un asesino, y así sucesivamente, sin esperanza de redención.

El Señor, o la conciencia, no considera ese uso pasivo de la imaginación, que es el regalo de Caín. Él se deleita con el regalo de Abel, el ejercicio activo, voluntario y amoroso de la imaginación a beneficio del individuo, para sí mismo y para los demás.

"Diga el hombre débil: Yo Soy fuerte"
(Joel 3:10)

Deja que el individuo ignore las apariencias y se declare a sí mismo como la persona que quiere ser. Déjalo imaginar belleza donde sus sentidos revelan cenizas, alegría donde testifican duelo, riquezas donde dan testimonio de pobreza. Solamente mediante este uso activo y voluntario de la imaginación, puede ser elevado y el Edén restaurado.

El ideal está siempre esperando ser encarnado, pero a menos que nosotros mismos ofrezcamos el ideal al Señor, nuestra conciencia, asumiendo que ya somos aquello que buscamos encarnar, es incapaz de nacer. El Señor necesita su pan diario de fe para moldear el mundo en armonía con nuestros sueños.

"Por la fe Abel ofreció a Dios un sacrificio más excelente que Caín"
(Hebreos 11: 4)

La fe sacrifica el hecho aparente por la verdad no aparente. La fe se aferra a la verdad fundamental de que, a través de una suposición, los estados invisibles se convierten en hechos visibles.

"Porque ¿qué es la fe a menos que sea para creer lo que no se ve?"
(San Agustín)

Recientemente, tuve la oportunidad de observar los maravillosos resultados de alguien que tuvo la fe de creer lo que no veía.

Una joven me pidió que conociera a su hermana y a su sobrino de tres años. Era un niño lindo y saludable, con ojos azules claros y una piel excepcionalmente fina y sin manchas. Entonces, ella me contó su historia. Al nacer, el niño era perfecto en todos los aspectos, excepto por una enorme y fea marca de nacimiento que le cubría un lado del rostro. Su médico les indicó que no se podía hacer nada para este tipo de cicatriz. Las visitas a numerosos especialistas no hicieron más que confirmar su afirmación.

Al escuchar el veredicto la tía se propuso demostrar su fe —que una asunción, aunque sea negada por la evidencia de los sentidos, si se persiste en ella, se convertirá en un hecho. Entonces, cada vez que pensaba en el bebé, que era muy a menudo, veía en su imaginación un bebé de ocho meses con un rostro perfecto, sin ningún rastro de cicatriz. Esto no era fácil, pero ella sabía que, en este caso, ese era el regalo de Abel que agradaba a Dios. Ella persistió en su fe: creyó en lo que no se veía. El resultado fue que visitó a su hermana el día en que el niño cumplía ocho meses y lo encontró con una piel perfecta y sin marcas, sin rastro de ninguna marca de nacimiento que haya estado presente. ¡Suerte! ¡Coincidencia! Grita Caín. No. Abel sabe que estos son nombres dados por aquellos que no tienen fe, en las obras de la fe.

"Caminamos por fe, no por vista"
(2 Corintios 5: 7)

Cuando la razón y los hechos de la vida se oponen a la idea que deseas realizar y aceptas la evidencia de tus sentidos y los dictados de la razón como la verdad, has traído al Señor —tu conciencia— el regalo de Caín. Es obvio que tales ofrendas no le agradan. La vida en la tierra es un campo de entrenamiento para la creación de imágenes. Si solo utilizas los moldes que te dictan tus sentidos, no habrá ningún cambio en tu vida. Tú estás aquí para vivir la vida más abundante, así que debes utilizar los moldes invisibles de la imaginación y hacer de los resultados y los logros la prueba crucial de tu poder de creación. Solo cuando asumes el sentimiento del deseo cumplido y continúas en él, estás ofreciendo el regalo que le agrada. "Cuando el regalo de Abel sea mi atuendo, entonces realizaré mi deseo".

El profeta Malaquías se queja de que el hombre ha robado a Dios:

"Pero dicen: ¿En qué te hemos robado? En los diezmos y las ofrendas"
(Malaquías 3: 8).

Los hechos basados en la razón y la evidencia de los sentidos, que se oponen a la idea que busca expresión, te roban la creencia en la realidad del estado invisible. Pero "la fe es la evidencia de las cosas que no se ven", y por medio de ella "Llama a las cosas que no son, como si fuesen". (Romanos 4:17). Llama a lo que no se ve, asume que ya se ha cumplido tu deseo.

"Para que haya alimento en mi casa, y pruébenme ahora en esto, dice Jehová de los ejércitos, si no te abro las ventanas del cielo y derramo tanta bendición, que no habrá espacio suficiente para recibirla"
(Malaquías 3:10)

Esta es la historia de una pareja que vive en Sacramento, California, que se negó a aceptar la evidencia de sus sentidos, que se negó a ser robada, a pesar de una aparente pérdida. La esposa le había regalado a su marido un reloj de pulsera muy valioso. El regalo duplicó su valor por el sentimiento adjunto. Ellos tenían un pequeño ritual con el reloj. Cada noche, cuando él se quitaba el reloj, se lo daba a ella y lo guardaba en una caja especial en la cómoda. Cada mañana, ella tomaba el reloj y se lo entregaba para que se lo pusiera.

Una mañana, el reloj desapareció. Ambos recordaron haber realizado sus partes habituales la noche anterior, por lo tanto, el reloj no se había perdido ni extraviado, sino que había sido robado. En ese momento, decidieron no aceptar el hecho de que realmente había desaparecido. Se dijeron el uno al otro: "Esta es una oportunidad para practicar lo que creemos". Decidieron que, en su imaginación, llevarían a cabo su acostumbrado ritual, como si el reloj estuviera realmente allí. En su imaginación, cada noche el marido se quitaba el reloj y se lo daba a su mujer, mientras que en la imaginación de ella, aceptaba el reloj y lo guardaba cuidadosamente. Cada mañana, ella sacaba el reloj de su caja y se lo daba a su marido, quien, a su vez, se lo ponía. Así lo hicieron fielmente durante dos semanas.

Al cabo de catorce días, un hombre entró en la única joyería de Sacramento, donde fue reconocido el reloj. Mientras ofrecía una joya para su evaluación, el dueño de la tienda notó el reloj de pulsera que llevaba puesto. Con el pretexto de necesitar un examen más detallado de la piedra, entró en una oficina interior y llamó a la policía. Después de que la policía detuviera al hombre, encontraron en su apartamento joyas robadas, valoradas en más de diez mil dólares. Al caminar "por fe, no por vista", esta pareja logró su deseo —el reloj— y también ayudó a muchos otros a recuperar lo que parecía haberse perdido para siempre.

"Si uno avanza confiadamente en la dirección de su sueño y se esfuerza por vivir la vida que ha imaginado, se encontrará con un éxito inesperado en horas comunes"
(Thoreau).

CAPÍTULO 4

LA ESCALA DEL SER

"Y tuvo un sueño, y he aquí, había una escalera apoyada en la tierra cuyo extremo superior alcanzaba hasta el cielo; y he aquí los ángeles de Dios subían y bajaban por ella. Y, he aquí, el Señor estaba sobre ella"
(Génesis 28:12-13)

En un sueño, en una visión nocturna, cuando el sueño profundo cayó sobre Jacob, se abrió su ojo interior y vio el mundo como una serie de niveles de conciencia ascendentes y descendentes. Fue una revelación de la más profunda comprensión de los misterios del mundo. Jacob vio una escala vertical de valores ascendentes y descendentes, o estados de conciencia. Esto daba sentido a todo lo que había en el mundo exterior, pues sin esa escala de valores la vida no tendría sentido.

En cada momento del tiempo, el individuo se sitúa en la escala eterna del significado. No hay ningún objeto o acontecimiento que haya tenido lugar alguna vez o esté teniendo lugar ahora, que no tenga significado. El significado de un objeto o acontecimiento para el individuo es un índice directo del nivel de su conciencia. Por ejemplo, tienes este libro en la mano. En un nivel de conciencia, es un objeto en el espacio. En un nivel superior, es una serie de letras en papel, organizadas según ciertas reglas. En un nivel aún más elevado, es una expresión de un significado.

Mirando externamente, primero ves el libro, pero, en realidad, el significado viene primero. Ocupa un mayor grado de importancia que la disposición de las letras en el papel o el libro como un objeto en el espacio. El significado determina la disposición de las letras; la disposición de las letras solo expresa el significado. El significado es invisible y está por encima del nivel de la disposición visible de las letras. Si no hubiera un significado que expresar, no se habría escrito ni publicado ningún libro.

"Y, he aquí, el Señor estaba sobre ella".

El Señor y el significado son uno: el Creador, la causa de los fenómenos de la vida.

"En el principio era la Palabra, y la Palabra estaba con Dios, y la Palabra era Dios"
(Juan 1: 1)

En el principio era la intención —el significado— y la intención estaba con el intencionado, y la intención era el intencionado. Los objetos y los acontecimientos en el tiempo y en el espacio ocupan un nivel de significancia inferior al nivel del significado que los produjo. Todas las cosas fueron hechas por el significado, y sin significado no fue hecho nada de lo que fue hecho.

Es muy importante comprender que todo lo que se ve puede ser considerado como el efecto, en un nivel inferior de significación, de un orden superior de significación que no se ve.

Nuestro modo habitual de proceder consiste en intentar explicar los niveles superiores de significación —por qué suceden las cosas— en términos de los inferiores —qué y cómo suceden las cosas. Por ejemplo, tomemos un accidente real y tratemos de explicarlo:

La mayoría de las personas vive en el nivel de lo que sucedió: el accidente fue un evento en el espacio, un automóvil chocó con otro y prácticamente lo destrozó.

Algunos viven en el nivel superior del "cómo" sucedió el accidente: era una noche lluviosa, los caminos estaban resbaladizos y el segundo automóvil patinó contra el primero.

En raras ocasiones, unos pocos alcanzamos el nivel superior o causal del "por qué" se produce un accidente de este tipo. Entonces, nos hacemos conscientes de lo invisible, el estado de conciencia que produjo el acontecimiento visible.

En este caso, el automóvil destrozado era conducido por una viuda que, aunque creía que no podía permitírselo, deseaba enormemente cambiar de entorno. Esta viuda, que había oído que con el uso adecuado de la imaginación podía hacer y ser todo lo que deseara, se imaginaba a sí misma viviendo en la ciudad que deseaba. Al mismo tiempo, estaba viviendo en la conciencia de pérdida, tanto personal como financiera. Por lo tanto, provocó un acontecimiento que aparentemente era otra pérdida, pero la suma de dinero que le pagó la compañía de seguros le permitió realizar el cambio deseado en su vida.

Cuando vemos el "por qué" detrás del aparente accidente, el estado de conciencia que produjo el accidente, llegamos a la conclusión de que no hay accidente. Todo en la vida tiene su significado invisible.

La persona que se entera de un accidente, la que sabe "cómo" ocurrió y la que sabe "por qué" ocurrió, se encuentran en tres niveles diferentes de conciencia con respecto a ese accidente. En la escala ascendente, cada nivel superior nos lleva un paso más adelante hacia la verdad del accidente. Debemos esforzarnos constantemente por elevarnos al nivel superior del significado, el significado que es siempre invisible y está por encima del acontecimiento físico. Pero recuerda, el significado o la causa del fenómeno de la vida solo puede encontrarse dentro de la conciencia del individuo.

Las personas están tan absortas en el lado visible del drama de la vida —el lado de "qué" ha sucedido y "cómo" ha sucedido— que rara vez se elevan al lado invisible del "por qué" ha sucedido. Se niegan a aceptar la advertencia del Profeta de que:

"Lo que se ve fue hecho de lo que no se veía"
(Hebreos 11: 3)

Sus descripciones de "qué" ha sucedido y "cómo" ha sucedido son verdaderas en cuanto a su correspondiente nivel de pensamiento, pero cuando se pregunta "por qué" ha sucedido, todas las explicaciones físicas se desmoronan y se ve obligado a buscar el "por qué", o el significado de ello, en el nivel invisible y superior.

El análisis mecánico de los acontecimientos se ocupa solo de las relaciones externas de las cosas. Tal curso nunca alcanzará el nivel que encierra el secreto de por qué suceden los acontecimientos. El individuo debe reconocer que los lados inferiores y visibles fluyen desde el nivel de significado superior e invisible.

Se necesita intuición para elevarnos al nivel del significado, al nivel de por qué suceden las cosas. Sigamos el consejo del antiguo profeta hebreo y "levantemos nuestros ojos a los montes" dentro de nosotros mismos y observemos lo que está sucediendo allí. Veamos qué ideas hemos aceptado como verdaderas, a qué estados hemos dado nuestro consentimiento, qué sueños, qué deseos y, sobre todo, qué intenciones. Desde estas colinas todas las cosas vienen a revelar nuestra estatura —nuestra altura— en la escala vertical del significado. Si levantamos nuestros ojos hacia el "Tú en mí, que trabaja detrás del velo", veremos el significado de los fenómenos de la vida.

Los acontecimientos aparecen en la pantalla del espacio para expresar los diferentes niveles de conciencia de la persona. Un cambio en el nivel de su conciencia provoca automáticamente un cambio de los acontecimientos de su vida. Intentar cambiar las condiciones antes de cambiar el nivel de conciencia del que proceden, es luchar en vano. El individuo redime el mundo a medida que asciende en la escala vertical del significado.

En la analogía del libro, vimos que a medida que la conciencia se elevaba hasta el nivel en que se podía ver el significado expresado en la disposición de sus letras, también se incluía el conocimiento de que las letras estaban dispuestas de acuerdo con ciertas reglas. Cuando se imprimían en papel y se encuadernaban, formaban un libro. Lo que es cierto del libro es cierto de todos los acontecimientos del mundo.

"No harán mal ni dañarán en todo mi santo monte; porque la tierra estará llena del conocimiento del Señor, como las aguas cubren el mar"
(Isaías 11: 9)

Nada debe ser desechado; todo debe ser redimido. El ascenso de nuestras vidas por la escala vertical del significado hacia una conciencia cada vez mayor —una conciencia de las cosas de significado superior— es el proceso por el que se lleva a cabo esta redención. Del mismo modo que organizamos las letras en palabras y las palabras en oraciones para expresar un significado, la vida organiza las circunstancias, las condiciones y los acontecimientos para expresar los significados ocultos o las actitudes de las personas. Nada carece de significado.

Sin embargo, al desconocer el nivel superior del significado interior, contemplamos un panorama de acontecimientos en movimiento y parecen no tener significado para la vida. Siempre hay un nivel de significado que determina los acontecimientos y su relación esencial con nuestra vida.

A continuación, una historia que nos permitirá ver lo bueno en las cosas que parecen malas, retener el juicio y actuar correctamente en medio de problemas sin resolver.

Hace apenas unos años, nuestro país se vio conmocionado por una aparente injusticia en nuestro medio. La historia se contó en la radio y la televisión, así como en los periódicos. Tal vez recuerdas el incidente. El cuerpo de un joven soldado estadounidense muerto en Corea fue devuelto a su casa para ser enterrado. Justo antes del servicio, a su mujer le hicieron una pregunta rutinaria: ¿Era su marido caucásico? Cuando ella respondió que era indio, se le denegó el entierro. Esta negativa se ajustaba a las leyes de esa comunidad, pero despertó a toda la nación. Nos indignó que a alguien que había muerto al servicio de su país se le negara el entierro en cualquier lugar de su país. La historia llegó a oídos del presidente de los Estados Unidos, que ofreció un entierro con todos los honores militares en el Cementerio Nacional de Arlington. Después del servicio, la esposa dijo a los periodistas que su esposo siempre había soñado con morir como un héroe y tener un servicio funerario de héroe con todos los honores militares.

Cuando, en Estados Unidos, tuvimos que explicar por qué personas progresistas e inteligentes como nosotros, no solo promulgamos, sino que además apoyamos tales leyes, en nuestra gran tierra de libres y valientes, nos costó encontrar una explicación. Nosotros, como observadores, solo habíamos visto "qué" sucedió y "cómo" sucedió. No logramos ver "por qué" sucedió.

Era necesario rechazar ese entierro para que aquel muchacho pudiera hacer realidad su sueño. Intentamos explicar el drama en términos del nivel inferior de "cómo" sucedió, explicación que no podía satisfacer a quien había preguntado "por qué" sucedió. La verdadera respuesta, vista desde el nivel de significado superior, sería una inversión tan grande de nuestros hábitos comunes de pensamiento que sería rechazada al instante. La verdad es que los estados futuros son causantes de los hechos presentes —el joven indio que soñaba con una muerte de héroe, con todos los honores militares, era como Lady Macbeth transportada "más allá de este presente ignorante", y podía "sentir ahora el futuro en el instante."

"Y por eso él estando muerto aún habla"
(Hebreos 11: 4)

CAPÍTULO 5

EL JUEGO DE LA VIDA

"Puedo más fácilmente enseñar a veinte lo que es bueno hacer, que ser uno de los veinte en seguir mis propias enseñanzas"
(Shakespeare).

Con esta confesión fuera de mi mente, ahora te enseñaré cómo jugar el juego de la vida. La vida es un juego y, como todos los juegos, tiene sus objetivos y sus reglas.

En los pequeños juegos que inventan las personas, como el críquet, el tenis, el béisbol, el fútbol, etc., las reglas pueden cambiar de vez en cuando. Una vez acordados los cambios es necesario aprender las nuevas reglas y jugar el juego dentro del marco de las reglas aceptadas. Sin embargo, en el juego de la vida, las reglas no pueden cambiarse ni romperse.

El juego de la vida solo se puede jugar dentro del marco de sus reglas universales y eternamente fijas. El juego de la vida se juega en el campo de juego de la mente.

Al jugar un juego, lo primero que nos preguntamos es: "¿Cuál es su objetivo y propósito?" Y lo segundo: "¿Cuáles son las reglas que rigen el juego?"

En el juego de la vida, nuestro objetivo principal es aumentar la conciencia, una conciencia de cosas de mayor significado; y nuestro segundo objetivo es alcanzar nuestras metas, realizar nuestros deseos.

En cuanto a nuestros deseos, las reglas solo nos indican el camino que debemos seguir para realizarlos, pero los deseos en sí deben ser asunto del individuo. Las reglas que rigen el juego de la vida son sencillas, pero se necesita toda una vida de práctica para utilizarlas sabiamente. He aquí una de las reglas:

"Como piensa en su corazón, así es él".
(Proverbios 23: 7).

Normalmente, se cree que el pensamiento es una función totalmente libre y sin trabas, sin reglas que lo limiten. Pero eso no es cierto. El pensamiento se mueve por sus propios procesos en un territorio delimitado, con caminos y patrones definidos. "El pensamiento sigue los caminos trazados en las propias conversaciones internas".

Todos podemos realizar nuestros objetivos mediante el sabio uso de la mente y la palabra. La mayoría de nosotros somos totalmente inconscientes de la actividad mental que se desarrolla en nuestro interior. Sin embargo, para jugar el juego de la vida exitosamente, debemos ser conscientes de cada una de nuestras actividades mentales, porque esta actividad, en forma de conversaciones internas, es la causa de los acontecimientos externos de nuestra vida.

"Toda palabra ociosa que el hombre hable, dará cuenta de ella en el día del juicio. Porque por tus palabras serás justificado, y por tus palabras serás condenado"
(Mateo 12:36-37).

La ley de la Palabra no se puede romper.

"No será quebrado hueso suyo"
(Juan 19:36).

La ley de la Palabra nunca pasa por alto una palabra interior ni hace la menor concesión a nuestra ignorancia de su poder. Modela la vida a nuestro alrededor de la misma manera que nosotros, por medio de nuestras conversaciones interiores, modelamos la vida dentro de nosotros mismos. Esto se hace para revelarnos nuestra posición en el campo de juego de la vida. En el juego de la vida no hay adversario; solo está el objetivo.

No hace mucho tiempo, conversaba sobre este tema con un exitoso y filantrópico hombre de negocios. Me contó una historia sobre sí mismo que me hizo reflexionar. Me dijo:

"Sabes, Neville, aprendí por primera vez sobre las metas en la vida cuando tenía catorce años, y fue en el campo de juego de la escuela. Yo era bueno en atletismo y había tenido un buen día, pero había una carrera más que correr y tenía una dura competencia en otro chico. Estaba decidido a ganarle. Le gané, es cierto, pero, mientras lo vigilaba, un tercer chico, que no se consideraba competencia en absoluto, ganó la carrera.

"Esa experiencia me enseñó una lección que he utilizado a lo largo de mi vida. Cuando la gente me pregunta acerca de mi éxito, debo decir que creo que se debe a que nunca he hecho que mi objetivo sea 'ganar dinero'. Mi objetivo es el uso sabio y productivo del dinero".

Las conversaciones internas de este hombre son basadas en la premisa de que ya tiene dinero, su constante pregunta interna es: el uso adecuado del mismo. Las conversaciones internas del que lucha por obtener dinero solo demuestran su falta de dinero. En su ignorancia del poder de la palabra está construyendo barreras en el camino hacia el logro de su objetivo; tiene la vista puesta en la competencia más que en el objetivo en sí.

"La culpa, querido Brutus, no está en las estrellas, sino en nosotros mismos, que estamos por debajo".
(Julio César: Acto I, Escena II)

Del mismo modo que "los mundos fueron creados por la Palabra de Dios", también nosotros como "imitadores de Dios como hijos amados" creamos las condiciones y circunstancias de nuestra vida mediante nuestras poderosas palabras humanas internas. Sin práctica, ni el más profundo conocimiento del juego producirá los resultados deseados. "Al que sabe hacer lo correcto —es decir, que conoce las reglas y no lo hace— para él es pecado". En otras palabras, fallará el blanco y no logrará su objetivo.

En la parábola de los talentos, la condena del maestro al siervo que no utilizó su don es clara e inequívoca, y habiendo descubierto una de las reglas del juego de la vida, corremos el riesgo de fracasar si la ignoramos. El talento no utilizado, como la extremidad no ejercitada, se adormece y finalmente se atrofia. Debemos ser "hacedores de la palabra y no solo oidores". Ya que el pensamiento sigue los caminos trazados en las propias conversaciones internas, no solo podemos ver hacia dónde nos dirigimos en el juego de la vida, observando nuestras conversaciones internas, sino que también podemos determinar hacia dónde iremos, controlando y dirigiendo nuestra conversación interna.

¿Qué pensarías, dirías y harías si ya fueras quien quieres ser? Comienza a pensar, decir y hacer eso interiormente. Se te ha dicho que "Hay un Dios en el cielo que revela los secretos" y siempre debes recordar que el cielo está dentro de ti. Y para dejar bien en claro quién es Dios, dónde está y cuáles son sus secretos, Daniel continúa: "Tu sueño y las visiones que has tenido son estos". Revelan los caminos a los cuales estás atado y señalan la dirección a la cual te diriges.

Esto es lo que hizo una mujer para cambiar el camino al cual lamentablemente había estado atada, hacia la dirección en la que ella quería ir.

Durante dos años se había mantenido alejada de las tres personas que más quería. Se había peleado con su nuera, quien la echó de su casa. Durante esos dos años, no había visto ni había tenido noticias de su hijo, de su nuera, ni de su nieto, aunque entretanto le había enviado numerosos regalos. Cada vez que pensaba en su familia, que era a diario, mantenía una conversación mental con su nuera, culpándola de la disputa y acusándola de egoísta.

Una noche, al escuchar una conferencia mía —era esta misma conferencia sobre el juego de la vida y cómo jugarlo— de pronto se dio cuenta de que ella era la causa del prolongado silencio, y que ella, y solo ella, debía hacer algo al respecto.

Reconociendo que su objetivo era volver a tener esa afectuosa relación de antes, se propuso la tarea de cambiar por completo su conversación interna. Esa misma noche, en su imaginación, construyó dos cartas tiernas y cariñosas dirigidas a ella, una de su nuera y la otra de su nieto. En su imaginación, las leyó una y otra vez hasta que se durmió con la alegría de haber recibido las cartas. Repitió este acto imaginario cada noche durante ocho noches. En la mañana del noveno día, recibió un sobre que contenía dos cartas, una de su nuera y otra de su nieto. Eran cartas tiernas y cariñosas que la invitaban a visitarlos, casi réplicas de las que había construido mentalmente.

Utilizando su imaginación de forma consciente y cariñosa, había cambiado el camino al cual había estado atada, hacia la dirección que quería ir, hacia una feliz reunión familiar.

Un cambio de actitud es un cambio de posición en el campo de juego de la vida. El juego de la vida no se juega ahí fuera, en lo que se llama tiempo y espacio; los verdaderos movimientos en el juego de la vida tienen lugar dentro, en el campo de juego de la mente.

"Perdiendo tu alma, tu alma
De nuevo para encontrarla;
Rendida hacia esa meta
Tu mente separada"
(Laurence Housman).

CAPÍTULO 6

TIEMPO, TIEMPOS Y LA MITAD

"Y uno de ellos dijo al hombre vestido de lino que estaba sobre las aguas del río, ¿Cuándo será el fin de estas maravillas? Y oí al hombre vestido de lino, que estaba sobre las aguas del río, que levantando su mano derecha y su mano izquierda al cielo, juró por aquel que vive para siempre, que será por un tiempo, tiempos y la mitad"
(Daniel 12: 6-7)

En una de las conferencias que di en Los Ángeles sobre el tema del significado oculto tras las historias de la Biblia, alguien me pidió que interpretara la cita anterior del Libro de Daniel.

Después de confesar que no conocía el significado de ese pasaje en particular, una señora del público se dijo a sí misma: "Si la mente se comporta de acuerdo con la asunción con la que comienza, entonces encontraré la verdadera respuesta a esa pregunta y se la diré a Neville". Y esto es lo que ella me dijo:

"Anoche se hizo la pregunta: ¿Cuál es el significado de "tiempo, tiempos y la mitad", como se registra en Daniel 12: 7? Anoche, antes de irme a dormir, me dije: Ahora, hay una simple respuesta a esta pregunta, así que asumiré que yo la sé y, mientras duermo, mi ser superior encontrará la respuesta y la revelará a mi ser inferior en un sueño o en una visión.

"Alrededor de las cinco de la mañana me desperté. Era demasiado temprano para levantarme, así que permanecí en la cama y caí rápidamente en ese estado medio somnoliento, entre despierta y dormida, y mientras estaba en ese estado, me vino a la mente la imagen de una anciana. Estaba sentada en una mecedora y se mecía hacia delante y hacia atrás, hacia delante y hacia atrás. Entonces, una voz que sonaba como tu voz, me dijo: "Hazlo una y otra y otra vez hasta que adquiera los tonos de la realidad".

"Salté de la cama y volví a leer el capítulo duodécimo de Daniel, y esta es la respuesta intuitiva que recibí. Tomando los versículos sexto y séptimo, ya que constituían la pregunta de anoche, sentí que, si las prendas con las que se visten los personajes bíblicos corresponden a su nivel de conciencia, como tú enseñas, entonces, el lino debe representar un nivel de conciencia muy elevado, porque el "hombre vestido de lino estaba parado sobre las aguas del río". Y si, de acuerdo con lo que enseñas, el agua simboliza un alto nivel de verdad psicológica, entonces el individuo que pueda caminar sobre ella, verdaderamente, debe representar un exaltado estado de conciencia. Por lo tanto, sentí que lo que él tenía que decir realmente debía ser muy significativo. Ahora, la pregunta que se le hacía era: "¿Cuándo será el fin de estas maravillas?" Y su respuesta fue: "Un tiempo, tiempos y la mitad".

Recordando mi visión de la anciana meciéndose hacia delante y hacia atrás, y su voz diciéndome "hazlo una y otra vez hasta que adquiera los tonos de la realidad", y recordando que esta visión y su instrucción vinieron a mí en respuesta a mi asunción de que conocía la respuesta, intuitivamente sentí que la pregunta que se le hacía al "hombre vestido de lino" significaba: cuánto tiempo hasta que los maravillosos sueños que estoy soñando se conviertan en realidad. Y su respuesta es: "Hazlo una y otra y otra vez hasta que adquiera los tonos de la realidad". 'Un tiempo' significa realizar la acción imaginaria que implica el cumplimiento del deseo; 'Tiempos' significa repetir la acción imaginaria una y otra vez, y 'la mitad' significa el momento de quedarse dormido mientras se realiza la acción imaginaria, porque tal momento generalmente llega antes de que se complete la acción predeterminada y, por lo tanto, se puede decir que es la mitad o parte de un tiempo".

Obtener tal comprensión interna de las Escrituras por la simple asunción de que ella sabía la respuesta fue una maravillosa experiencia para esta mujer. Sin embargo, para conocer el verdadero significado de "tiempo, tiempos y la mitad", debe aplicar su comprensión en su vida diaria. Nunca debemos perder una oportunidad de poner a prueba esta comprensión, ya sea para nosotros mismos o para los demás.

Hace algunos años, una viuda que vivía en el mismo edificio que nosotros, vino a verme para consultarme sobre su gato. Este gato era su compañero inseparable y muy querido. Sin embargo, tenía ocho años, estaba muy enfermo y dolorido. Llevaba días sin comer y no se movía de debajo de la cama. Dos veterinarios habían visto al gato y le habían dicho a la mujer que no podría recuperarse y que había que sacrificarlo inmediatamente. Yo le sugerí que esa noche, antes de acostarse, creara en su imaginación alguna acción que indicara que el gato volvía a estar sano. Le aconsejé que lo hiciera una y otra vez hasta que adquiriera el tono de la realidad. Ella prometió hacerlo. Sin embargo, ya sea por falta de fe en mi consejo o por falta de fe en su propia capacidad para llevar a cabo la acción imaginaria, le pidió a su sobrina que pasara la noche con ella. Esta petición la hizo con el fin de que, si el gato no se encontraba bien por la mañana, la sobrina pudiera llevarlo al veterinario y ella, la dueña, no tuviera que enfrentarse a la temida tarea.

Esa noche, se acomodó en un sillón y comenzó a imaginar que el gato jugueteaba a su lado, arañaba los muebles y hacía muchas cosas que normalmente ella no habría permitido. Cada vez que se daba cuenta de que su mente se había desviado de su tarea predeterminada de ver un gato normal, sano y juguetón, volvía a centrar su atención en la habitación e iniciaba de nuevo la acción imaginaria. Esto lo hizo una y otra vez hasta que, finalmente, aliviada, se quedó dormida, todavía sentada en su silla.

Alrededor de las cuatro de la mañana, la despertó el gemido de su gato. Estaba junto a su silla. Tras llamar su atención, la condujo a la cocina, donde le pidió comida. Ella le preparó un poco de leche caliente, que bebió rápidamente, y gimió pidiendo más. Ese gato vivió cómodamente durante cinco años más, cuando, sin dolor ni enfermedad, murió naturalmente mientras dormía.

"¿Cuándo será el fin de estas maravillas?... Será por tiempo, tiempos y la mitad".

"En un sueño, en una visión nocturna, cuando un sueño profundo cae sobre los hombres, mientras dormitan en sus lechos, entonces Él abre el oído de los hombres, y sella su instrucción"
(Job 33:15-16)

CAPÍTULO 7

SEAN ASTUTOS COMO SERPIENTES

"Sean, pues, astutos como serpientes e inocentes como palomas"
(Mateo 10:16).

La capacidad de la serpiente para formar su piel mediante la osificación de una parte de sí misma, y su habilidad para desprenderse de cada piel a medida que le quedaba pequeña, hizo que se considerara a este reptil como un símbolo del poder de crecimiento infinito y la autorreproducción. Por lo tanto, al individuo se le dice que sea "astuto como la serpiente" y aprenda a desprenderse de su piel —su entorno— que es su yo solidificado; él debe aprender a "soltarlo y dejarlo ir"; "despojarse del antiguo ser"; a morir a lo viejo y, sin embargo, saber, al igual que la serpiente, que "no morirá".

El individuo aún no ha aprendido que todo lo que está fuera de su cuerpo físico también es una parte de sí mismo, que su mundo y todas las condiciones de su vida no son más que la proyección de su estado de conciencia. Cuando conozca esta verdad, detendrá la inútil lucha de la autocontienda y, como la serpiente, dejará ir lo viejo y desarrollará un nuevo entorno.

"El hombre es inmortal, por lo tanto, debe morir eternamente. Porque la vida es una idea creativa, solo puede encontrarse a sí misma en formas cambiantes"
(Tagore)

En la antigüedad, las serpientes también fueron asociadas con la custodia del tesoro o la riqueza. El mandato de ser "astuto como serpiente" es el consejo al individuo para que despierte el poder de su cuerpo sutil —

su imaginación— para que él, como la serpiente, pueda crecer y crecer más, morir sin morir, porque solo de tales muertes y resurrecciones, despojándose de lo viejo y vistiéndose de lo nuevo, vendrá el cumplimiento de sus sueños y el hallazgo de sus tesoros.

"La serpiente era más astuta que cualquiera de los animales del campo que el Señor Dios había hecho"
(Génesis 3:1).

Así también, la imaginación, es más sutil que cualquier criatura de los cielos que el Señor Dios había creado. La imaginación es la criatura que:

"Fue sometida a vanidad, no voluntariamente, sino por causa de aquel que la sometió en la esperanza... Porque en esperanza hemos sido salvos; pero la esperanza que se ve, no es esperanza; pues, ¿Por qué esperar lo que uno ve? Pero si esperamos lo que no vemos, con paciencia lo aguardamos"
(Romanos 8:20,24,25).

Aunque el ser exterior o "natural", el ser de los sentidos, está entrelazado con su entorno, el ser interior o espiritual, el ser de la imaginación, no está así entrelazado. Si estuviera completamente entrelazado, el mandato de ser "sabios como serpientes" sería en vano. Si estuviéramos completamente entrelazados con nuestro entorno, no podríamos retirar nuestra atención de la evidencia de los sentidos y sentirnos en la situación de nuestro deseo cumplido, con la esperanza de que ese estado invisible se solidificara como nuestro nuevo entorno. Pero:

"Hay un cuerpo natural, y hay también un cuerpo espiritual"
(1 Corintios 15:44).

El cuerpo espiritual de la imaginación no está entrelazado con el entorno del individuo. El cuerpo espiritual puede apartarse del ser externo de los sentidos y del entorno, e imaginarse a sí mismo como lo que quiere ser. Y si permanece fiel a la visión, la imaginación construirá para él un nuevo entorno en el cual vivir. Esto es lo que significa la declaración:

"Voy a preparar un lugar para ti. Y si voy y preparo un lugar para ti, vendré otra vez y te tomaré conmigo; para que donde yo estoy, allí también estés tú"
(Juan 14: 2-3).

El lugar que está preparado para ti no necesita ser un lugar en el espacio. Puede ser salud, riqueza, compañía, cualquier cosa que desees en este mundo.

Ahora bien, ¿cómo se prepara el lugar? Primero, debes construir una representación lo más realista posible de lo que verías, oirías y harías si estuvieras físicamente presente y te movieras por ese "lugar". Luego, con tu cuerpo físico inmovilizado, debes imaginar que en realidad te encuentras en ese "lugar" y estás viendo, oyendo y haciendo todo lo que verías, oirías y harías si estuvieras allí físicamente.

Debes hacer esto una y otra vez hasta que adquiera los tonos de la realidad. Cuando se sienta natural, el "lugar" ha sido preparado como el nuevo entorno para tu ser exterior o físico. Ahora puedes abrir tus ojos físicos y regresar a tu estado anterior. El "lugar" está preparado, y donde has estado en la imaginación, allí también estarás en el cuerpo.

¿Cómo se manifestará físicamente este estado imaginado? Eso no es asunto tuyo —del ser natural o exterior. El cuerpo espiritual, al regresar del estado imaginado a su anterior estado físico, crea un puente invisible de incidentes para vincular los dos estados.

Si bien la curiosa sensación de que realmente estuviste allí y de que el estado era real desaparece tan pronto como abres los ojos sobre el antiguo entorno familiar, sin embargo, te persigue la sensación de una doble identidad, con el conocimiento de que "hay un cuerpo natural y hay un cuerpo espiritual".

Cuando tú, el ser natural, ha tenido esta experiencia, atravesarás automáticamente el puente de acontecimientos que conduce a la realización física de tu lugar invisiblemente preparado.

Este concepto —que el ser humano es dual, y que el ser interior de la imaginación puede habitar en estados futuros y regresar al momento presente con un puente de acontecimientos para vincular ambos— choca violentamente con la visión ampliamente aceptada sobre la personalidad humana y la causa y naturaleza de los fenómenos. Tal concepto exige una revolución en las actuales ideas sobre la personalidad humana, y sobre el espacio, el tiempo y la materia.

El concepto de que el individuo, consciente o inconscientemente, determina las condiciones de la vida al imaginarse a sí mismo en estos estados mentales, lleva a la conclusión de que este mundo supuestamente sólido es una construcción de la mente, un concepto que, en principio, el sentido común rechaza. No obstante, debemos recordar que la mayoría de los conceptos que el sentido común rechazó en un principio, más tarde el mundo se vio obligado a aceptarlos. Estos interminables cambios de opinión que la experiencia ha impuesto al individuo, llevaron al profesor Whitehead a escribir: "El cielo sabe que lo que parece una tontería mañana puede ser una verdad demostrada".

El poder creativo en el individuo duerme y necesita ser despertado.

"Despierta, tú que duermes, y levántate de entre los muertos"
(Efesios 5:14)

Despierta del sueño que te dice que el mundo exterior es la causa de las condiciones de tu vida. Levántate del pasado muerto y crea un nuevo entorno.

"¿No saben que ustedes son el templo de Dios, y que el Espíritu de Dios habita en ustedes?"
(1 Corintios 3:16)

El Espíritu de Dios en ti es tu imaginación, pero duerme y necesita ser despertado para que pueda elevarte de la barra de los sentidos donde has permanecido atrapado tanto tiempo. Las ilimitadas posibilidades que se abren ante ti cuando te vuelves "astuto como serpiente" son inconmensurables. Seleccionarás las condiciones ideales que deseas experimentar y el entorno ideal en el que quieres vivir. Al experimentar estos estados en la imaginación hasta que adquieran una viveza sensorial, los exteriorizarás con la misma certeza que la serpiente exterioriza su piel. Y luego, cuando te hayan quedado pequeños, te desprenderás de ellos tan fácilmente como "la serpiente arroja su piel esmaltada".

La vida más abundante —el propósito de la Creación— no puede conseguirse mediante la muerte y la resurrección. Dios deseaba la forma, por eso se convirtió en ser humano; y no basta con que reconozcamos su espíritu obrando en la creación, debemos ver su obra en la forma y decir que es buena, aun cuando superemos la forma, por siempre y para siempre.

"Y, yo, si soy levantado de la tierra, atraeré a todos los hombres hacia mí"
(Juan 12:32)

Si yo soy elevado de la evidencia de los sentidos al estado de conciencia que deseo manifestar, y permanezco en ese estado hasta que se sienta natural, formaré ese estado a mi alrededor y todos lo verán. Pero, cómo persuadir a las personas de que esto es verdad —que la vida imaginativa es la única vida; que asumir el sentimiento del deseo cumplido es el camino hacia la vida más abundante y no la compensación del escapista— ese es el problema.

Para ver como "ensanchadas cámaras de deleite" lo que significa vivir en los reinos de la imaginación, para apreciar y disfrutar del mundo, uno debe vivir imaginativamente; uno debe soñar y ocupar su sueño, luego crecer y sobrepasar el sueño, por siempre y para siempre.

La persona no imaginativa, que no quiere perder su vida en un nivel para encontrarla en un nivel superior, no es más que la mujer de Lot —una columna de sal autosatisfecha. Por otra parte, los que rechazan la forma, como algo no espiritual, y los que rechazan la encarnación, como algo separado de Dios, ignoran el gran misterio: "Grande es el misterio, Dios se ha manifestado en la carne".

Tu vida expresa una cosa, y solamente una cosa, tu estado de conciencia. Todo depende de eso. A medida que, por medio de la imaginación, asumes un estado de conciencia, ese estado comienza a revestirse de forma, se solidifica a tu alrededor como la piel de la serpiente se osifica a su alrededor. Pero debes ser fiel al estado. No debes ir de estado en estado, sino esperar pacientemente en el único estado invisible hasta que tome forma y se convierta en un hecho objetivo.

Es necesario tener paciencia, pero la paciencia será fácil después de tu primer éxito en despojarte de lo viejo y hacer crecer lo nuevo, porque somos capaces de esperar según hayamos sido recompensados por la comprensión en el pasado. La comprensión es el secreto de la paciencia. Como dice Blake:

¡Qué alegría natural y qué deleite espontáneo hay en ver el mundo, no con los ojos, sino a través de los ojos!

Imagina que estás viendo lo que quieres ver y permanece fiel a tu visión. Tu imaginación creará por sí misma una forma correspondiente en la cual vivir.

Todas las cosas están hechas por el poder de la imaginación. Nada comienza excepto en la imaginación humana. "De adentro hacia afuera" es la ley del universo. "Como es adentro, es afuera". El individuo se vuelve hacia fuera en su búsqueda por la verdad, pero lo esencial es mirar hacia dentro.

> *"La verdad está dentro de nosotros mismos, no surge de las cosas externas, aunque lo creas. Hay un centro más profundo en todos nosotros, donde la verdad permanece en plenitud... Y saber, consiste más bien en abrir una vía por donde pueda escapar el esplendor aprisionado, que en hacer una entrada para una luz que supuestamente está fuera".*
> (Robert Browning: "Paracelsus").

Creo que te interesará conocer un ejemplo de cómo una joven se despojó de la piel del resentimiento y se puso una piel muy diferente. Los padres de esta mujer se habían separado cuando ella tenía seis años y había vivido con su madre. Rara vez veía a su padre, sin embargo, una vez al año, él le enviaba un cheque por cinco dólares para Navidad. Después de su matrimonio, él aumentó su regalo de Navidad a diez dólares.

Un día, después de una de mis conferencias, ella se quedó pensando en mi declaración de que la desconfianza de una persona hacia otra no es más que una medida de su propia falsedad, y reconoció que había estado albergando resentimiento hacia su padre, durante años. Aquella noche decidió soltar su resentimiento y poner en su lugar una reacción de afecto. En su imaginación, sintió que abrazaba a su padre de una manera afectuosa. Lo hizo una y otra vez, hasta que captó el espíritu de su acto imaginario, y luego se durmió muy contenta.

Al día siguiente pasó por casualidad por el departamento de pieles de una de nuestras grandes tiendas de California. Desde hacía algún tiempo había estado pensando en comprarse una bufanda de piel, pero sentía que no podía permitírselo. Esta vez le llamó la atención una bufanda de garduña, la tomó y se la probó. Después de sentirla y verse a sí misma con ella, se quitó la bufanda de mala gana y se la devolvió al vendedor, diciéndose a sí misma que realmente no podía permitírsela. Cuando salía del departamento, se detuvo y pensó: "Neville dice que podemos tener lo que deseamos si tan solo capturamos el sentimiento de ya tenerlo". En su imaginación, se volvió a poner la bufanda, sintió su realidad, y continuó con sus compras, mientras disfrutaba imaginando que la llevaba puesta.

Esta joven nunca asoció estos dos actos imaginarios. De hecho, casi había olvidado lo que había hecho hasta que, unas semanas más tarde, en el Día de la Madre, sonó inesperadamente el timbre de la puerta. Allí estaba su padre. Mientras lo abrazaba, recordó su primera acción imaginaria. Al abrir el paquete que le había traído —el primer regalo en tantos años— recordó su segunda acción imaginaria, pues la caja contenía una hermosa bufanda de garduña.

tiempo de siembra y cosecha

"Ustedes son dioses, y todos ustedes son hijos del Altísimo"
(Salmos 82: 6)

"Sean ustedes, por lo tanto, astutos como serpientes e inocentes como palomas"
(Mateo 10:16).

CAPÍTULO 8

EL AGUA Y LA SANGRE

"El que no nace de nuevo no puede ver el reino de Dios"
(Juan 3: 3)

"Pero uno de los soldados le abrió el costado con una lanza, y al instante salió sangre y agua"

(Juan 19:34).

"Este es el que vino mediante agua y sangre, Jesucristo; no solo por agua, sino por agua y sangre"
(1 Juan 5: 6)

    Según el evangelio y la epístola de Juan, no solo debemos "nacer de nuevo", sino que debemos nacer de nuevo de agua y sangre. Estas dos experiencias internas están vinculadas a dos ritos externos: el bautismo y la comunión. Pero los dos ritos externos —el bautismo para simbolizar el nacimiento por agua, y el vino de la comunión para simbolizar la aceptación de la sangre del Salvador— no pueden producir el nacimiento real o la transformación radical que se promete al individuo. El uso externo del agua y el vino no puede provocar el cambio de mentalidad deseado. Por lo tanto, debemos buscar el significado oculto detrás de los símbolos del agua y la sangre.

    La Biblia utiliza muchas imágenes para simbolizar la verdad, pero las imágenes utilizadas simbolizan la verdad en diferentes niveles de significado. En el nivel más bajo, la imagen utilizada es la piedra. Por ejemplo:

> *"... Había una gran piedra sobre la boca del pozo. Cuando todos los rebaños se juntaban allí, entonces rodaban la piedra de la boca del pozo y daban de beber a las ovejas..."*
> *(Génesis 29: 2, 3)*

> *"Descendieron a las profundidades como piedra"*
> *(Éxodo 15: 5)*

Cuando una piedra bloquea el pozo, significa que la gente ha tomado literalmente estas grandes revelaciones simbólicas de la verdad. Cuando alguien hace rodar la piedra, significa que un individuo ha descubierto debajo de la alegoría o parábola su germen de vida psicológica, o significado. Este significado oculto que se esconde tras las palabras literales está simbolizado por el agua. Es esta agua, en forma de verdad psicológica, que luego ofrece a la humanidad.

> *"El rebaño de mi prado, son los hombres"*
> *(Ezequiel 34:31)*

La persona de mente literal que rechaza la "copa de agua" —la Verdad psicológica— que se le ofrece, "desciende a las profundidades como una piedra". Permanece en el nivel donde ve todo en pura objetividad, sin ninguna relación subjetiva, él puede mantener literalmente todos los mandamientos —escritos en piedra— sin embargo, los rompe psicológicamente todo el día. Por ejemplo, puede que literalmente no robe la propiedad de otro, sin embargo, ver al otro en la necesidad. Ver a otro en necesidad es robarle su derecho como hijo de Dios. Porque todos somos "hijos del Altísimo".

> *"Y si hijos, también herederos; herederos de Dios y coherederos con Cristo"*
> *(Romanos 8:17)*

Saber qué hacer ante una aparente desgracia es tener la "copa de agua", la verdad psicológica, que podría salvar la situación. Pero tal conocimiento no es suficiente. El individuo no solo debe "llenar las vasijas de piedra con agua", es decir, descubrir la verdad psicológica, sino que debe convertirla en vino. Esto lo hace viviendo una vida de acuerdo con la verdad que ha descubierto. Solo mediante ese uso de la verdad puede

> *"Probar el agua hecha vino..."*
> *(Juan 2: 9)*

El derecho de nacimiento del ser humano es ser Jesús. Ha nacido para "salvar a su pueblo de sus pecados" (Mateo 1: 21). Pero la salvación humana "no es solo por agua, sino por agua y sangre". No basta con saber lo que hay que hacer para salvarse o salvar a otro; hay que hacerlo. Saber lo que hay que hacer es agua; hacerlo es sangre.

> *"Este es el que vino mediante agua y sangre; no solo con agua, sino con agua y con sangre".*
> *(1 Juan 5:6)*

Todo este misterio está en el uso consciente y activo de la imaginación para apropiarse de ese estado particular de conciencia que te salvaría a ti o a otro de la limitación actual. Las ceremonias externas no pueden lograr esto.

> *"Allí se encontrarán con un hombre que lleva un cántaro de agua; síganlo a la casa donde entre. Y dirán al dueño de casa: "El Maestro te dice: ¿Dónde está la habitación en la cual pueda comer la Pascua con mis discípulos?" Entonces, él les mostrará un gran aposento alto, ya dispuesto y preparado"*
> *(Lucas 22:10-12)*

Cualquier cosa que desees ya está "dispuesta y preparada". Tu imaginación puede ponerte en contacto interiormente con ese estado de conciencia. Si imaginas que ya eres el que quieres ser, estás siguiendo al "hombre que lleva un cántaro de agua". Si permaneces en ese estado, has entrado en la habitación —la Pascua— y has entregado tu espíritu a las manos de Dios, tu conciencia.

El estado de conciencia de una persona es su demanda en el almacén infinito de Dios y, como en la ley del comercio, una demanda crea un suministro. Para cambiar el suministro, cambias la demanda —tu estado de conciencia.

Debes sentir que ya eres lo que deseas ser. Tu estado de conciencia crea las condiciones de tu vida, en lugar de que las condiciones creen tu estado de conciencia. Conocer esta verdad es tener el "agua de vida".

Pero tu salvador —la solución de tu problema— no puede manifestarse solo con ese conocimiento. Solo puede realizarse cuando se aplica dicho conocimiento. Solo cuando asumes el sentimiento de tu deseo cumplido y continúas en él, tu costado es traspasado; de ahí viene la sangre y el agua. Solo de esta manera se manifiesta Jesús —la solución de tu problema.

"Porque debes saber que en el gobierno de la mente tú eres tu propio señor y maestro, que no se levantará ningún fuego en el círculo o en toda la circunferencia de tu cuerpo y tu espíritu, a menos que lo despiertes tú mismo"
(Jakob Böhme)

Dios es tu conciencia. Sus promesas son condicionales. A menos que cambie la demanda —tu estado de conciencia— el suministro, las condiciones actuales de tu vida, permanecerán como están.

"A medida que perdonamos", a medida que cambiamos nuestra mente, la ley es automática. Tu estado de conciencia es el resorte de la acción, la fuerza que dirige y que crea el suministro.

"Si esa nación contra la que he hablado se vuelve de su maldad, me arrepentiré del mal que pensaba traer sobre ella. O en otro momento puedo hablar acerca de una nación o un reino, de edificar y plantar, pero si hace mal ante mis ojos, no obedeciendo mi voz, entonces me arrepentiré del bien con que había prometido bendecirlo"
(Jeremías 18: 8 -10)

Esta declaración de Jeremías sugiere que existe un compromiso implícito, si el individuo o la nación desean alcanzar el objetivo: un compromiso con ciertas actitudes mentales fijas. El sentimiento del deseo cumplido es una condición necesaria en la búsqueda del objetivo por parte del individuo.

La historia que voy a contarles muestra que el individuo es lo que el observador tiene la capacidad de ver en él; lo que se ve es un índice directo del estado de conciencia del observador. Esta historia también es un desafío para todos nosotros, para que "derramemos nuestra sangre", para que usemos nuestra imaginación noblemente en nombre de otro. No hay ningún día que no nos brinde la oportunidad de transformar una vida mediante el derramamiento de nuestra sangre.

"Sin el derramamiento de sangre no hay remisión"
(Hebreos 9:22)

Una noche, en la ciudad de Nueva York, pude revelar el misterio del "agua y la sangre" a una maestra de escuela. Yo había citado la declaración anterior de Hebreos 9:22, y continué explicando que la comprensión de que no tenemos ninguna esperanza salvo en nosotros mismos es el descubrimiento de que Dios está dentro de nosotros, que este descubrimiento hace que las oscuras cavernas del cráneo se vuelvan luminosas, y sabemos que:

"La lámpara del Señor es el espíritu del hombre"
(Proverbios 20:27)

Este reconocimiento es la luz que nos guía con seguridad sobre la tierra.

"Su lámpara resplandecía sobre mi cabeza, y a su luz caminaba yo en la oscuridad"
(Job 29:3)

Sin embargo, no debemos considerar a esta luz radiante de la cabeza como Dios, pues el ser humano es la imagen de Dios.

"Dios aparece y Dios es luz
a esas pobres almas que moran en la noche;
Pero muestra una forma humana
a quienes habitan en los reinos del día"
(Blake).

Pero para conocer esto hay que experimentarlo. No hay otra manera, y ninguna experiencia ajena puede sustituir a la nuestra.

Le dije a la maestra que su cambio de actitud con respecto a otro produciría un cambio correspondiente en el otro; que tal conocimiento era el verdadero significado del agua mencionada en 1 Juan 5:6, pero que tal conocimiento por sí solo no era suficiente para producir el renacimiento deseado; que tal renacimiento solo podía producirse por "agua y sangre", o la aplicación de esta verdad. El conocimiento de lo que hay que hacer es el agua de vida, sin embargo, hacerlo es la sangre del salvador. En otras palabras, un poco de conocimiento, si se lleva a cabo en la acción, es más beneficioso que mucho conocimiento que no llevamos a cabo en la acción.

Mientras hablaba, en la mente de la profesora no dejaba de aparecer una alumna. Pero pensó que este sería un caso demasiado difícil para poner a prueba la verdad de lo que le estaba diciendo sobre el misterio del renacimiento. Todos sabían, profesores y alumnos por igual, que esta alumna en particular era incorregible.

Los hechos externos de su caso eran estos: Los profesores, incluidos el director y el psiquiatra de la escuela, habían discutido sobre la alumna unos días antes. Habían llegado a la decisión unánime de que, por el bien de la escuela, la chica debía ser expulsada al cumplir los dieciséis años. Era maleducada, grosera, poco ética y utilizaba el lenguaje más vil. Solo faltaba un mes para la expulsión.

Mientras volvía a casa esa noche, la profesora no dejaba de preguntarse si realmente podría cambiar lo que pensaba de la chica y, en caso afirmativo, si la alumna experimentaría un cambio de comportamiento porque ella misma había experimentado un cambio de actitud. La única forma de averiguarlo era intentarlo. Esto sería una gran tarea porque significaba asumir plena responsabilidad por la encarnación de los nuevos valores en la alumna. ¿Se atrevería a asumir un poder tan grande, un poder tan creativo, semejante al de Dios? Esto significaba una completa inversión de la actitud normal del individuo hacia la vida de "le amaré si él me ama primero", a "Él me ama, porque yo lo amé primero". Esto era demasiado parecido a jugar a ser Dios.

"Nosotros lo amamos a él, porque él nos amó primero"
(1 Juan 4:19)

Sin embargo, por mucho que intentara argumentar en contra, persistía la sensación de que mi interpretación daba sentido al misterio del renacimiento por "agua y sangre". La profesora decidió aceptar el reto. Y esto es lo que hizo: Trajo el rostro de la niña ante el ojo de su mente y la vio sonreír. Escuchó e imaginó que oía a la niña decir "Buenos días". Esto era algo que la alumna nunca había hecho desde que llegó a esa escuela. La profesora imaginó lo mejor de la chica, y luego escuchó y miró como si oyera y viera todo lo que oiría y vería después de que estas cosas sucedieran. La profesora hizo esto una y otra vez hasta que se convenció de que era verdad, y se quedó dormida.

A la mañana siguiente, la estudiante entró en su clase y sonriendo dijo: "Buenos días". La profesora estaba tan sorprendida que casi no respondió y, según su propia confesión, durante todo el día buscó signos de que la chica volviera a su comportamiento anterior. Sin embargo, la niña continuó en su estado transformado. Al final de la semana, todos notaron el cambio; se convocó una segunda reunión de personal y fue revocada la decisión de expulsión. Como la chica seguía siendo cordial y amable, la profesora tuvo que preguntarse: "¿Dónde estaba la niña mala en primer lugar?"

"Porque misericordia, piedad, paz y amor es Dios, nuestro padre querido.
Y misericordia, piedad, paz y amor es el hombre,
su hijo y cuidado".
("La Imagen Divina" —Blake).

En principio, la transformación siempre es posible, porque el ser transformado vive en nosotros, y solo se trata de tomar conciencia de ello. La profesora tuvo que experimentar esa transformación para conocer el misterio de "la sangre y el agua"; no había otra manera, y ninguna experiencia humana podría haber sido un sustituto de la suya.

"Tenemos redención a través de su sangre"
(Efesios 1: 7)

Sin la decisión de cambiar de opinión con respecto a la chica, y el poder imaginativo para llevarla a cabo, la profesora nunca habría podido redimir a la alumna. Nadie puede conocer el poder redentor de la imaginación si no ha "derramado su sangre", y probado el cáliz de la experiencia.

Una vez que lees bien tu propio pecho
ya has terminado con los miedos.
El hombre no obtiene otra luz,
Aunque busque por mil años.
(Matthew Arnold).

CAPÍTULO 9

UNA VISIÓN MÍSTICA

Con muchas parábolas como estas, Jesús les hablaba la palabra, según podían oírla; y sin parábola no les hablaba; pero a sus propios discípulos les explicaba todo en privado.
(Marcos 4:33- 34)

Esta colección de parábolas, que se llama la Biblia, es una revelación de la verdad expresada en simbolismo para revelar las leyes y los propósitos de la mente humana. A medida que nos hacemos conscientes de los significados más profundos de las parábolas, por encima de los que habitualmente se les asignan, las vamos aprehendiendo místicamente.

Por ejemplo, tomemos una visión mística del consejo dado a los discípulos en Mateo 10:10. Leemos que cuando los discípulos estaban listos para enseñar y practicar las grandes leyes mentales que les habían sido reveladas, se les dijo que no se aprovisionaran de calzado para el viaje. Un discípulo es alguien que disciplina su mente para que pueda funcionar conscientemente y actuar en niveles de conciencia cada vez más elevados. Se eligió el calzado como símbolo de la expiación indirecta o del espíritu de "déjame hacerlo por ti", porque el calzado protege al portador y lo resguarda de las impurezas al tomarlas sobre sí mismo. El objetivo del discípulo es siempre conducirse a sí mismo y a los demás de la esclavitud de la dependencia hacia la libertad de los hijos de Dios. De ahí el consejo de no llevar calzado. No aceptes intermediarios entre tú y Dios. Aléjate de todos los que se ofrezcan a hacer por ti lo que tú deberías hacer, y que podrías hacer mucho mejor por ti mismo.

> *"La Tierra está atiborrada de Cielo,*
> *y cada arbusto común encendido con Dios,*
> *pero solo el que ve se quita los zapatos"*
> (Elizabeth Barrett Browning).

> *"En verdad les digo que en cuanto lo hicieron a uno de estos hermanos míos,*
> *aun a los más pequeños, a mí me lo hicieron"*
> *(Mateo 25:40)*

Cada vez que ejercitas tu imaginación en nombre de otro, ya sea bueno, malo o indiferente, literalmente se lo has hecho a Cristo, porque Cristo es la imaginación humana despierta. Mediante el uso sabio y amoroso de la imaginación, el individuo viste y alimenta a Cristo, y mediante el uso ignorante y temeroso de la imaginación, desnuda y azota a Cristo.

> *"Que ninguno de ustedes piense mal en su corazón contra su prójimo"*
> *(Zacarías 8:17)*

Ese es un consejo sensato pero negativo. Es posible que una persona deje de utilizar mal su imaginación por consejo de un amigo; puede servirse negativamente de la experiencia de otros y aprender a no imaginar, pero eso no basta. Tal falta de utilización del poder creativo de la imaginación nunca podría vestir y alimentar a Cristo. La túnica púrpura del hijo de Dios se teje, no al no imaginar el mal, sino al imaginar el bien; por el uso activo, voluntario y amoroso de la imaginación.

> *"Todo lo que es de buen nombre, si hay alguna virtud, y si hay algo digno de*
> *alabanza, piensa en estas cosas"*
> *(Filipenses 4: 8)*

> *"El rey Salomón se hizo un carruaje de madera del Líbano. Hizo sus*
> *columnas de plata, su respaldo de oro y su asiento de púrpura, su interior*
> *tapizado con amor"*
> *(Canción de Salomón 3: 9-10)*

Lo primero que notamos es que "el rey Salomón se hizo para sí mismo". Eso es lo que todos eventualmente deben hacer: hacerse un carro de madera del Líbano. El escritor de esta alegoría utiliza el término carro para referirse a la Mente, en la que se encuentra el espíritu de la Sabiduría —Salomón— que controla las cuatro funciones de la mente para construir un mundo de amor y verdad.

"José preparó su carro y subió a Gosén para ir al encuentro de su padre Israel"
(Génesis 46:29)

"¿Qué tributarios le acompañan a Roma adornando con lazos de cautiverio las ruedas de su carroza?"
(Shakespeare. "Julio Cesar"—Acto I)

Si el individuo no se hace un carro de madera del Líbano, entonces su carro será como el de la reina Mab: "Ella es la nodriza de las hadas... su carroza es una cáscara de avellana".

La madera del Líbano era el símbolo místico de la incorruptibilidad. Para un místico, es evidente lo que el rey Salomón se hizo. La plata tipificaba el conocimiento, el oro simbolizaba la sabiduría y el púrpura vestía o cubría la mente incorruptible con el rojo del amor y el azul de la verdad.

"Le pusieron un manto de color púrpura"
(Marcos 15:17)

Sabiduría cuádruple encarnada e incorruptible, vestida de púrpura —amor y verdad— el propósito de la experiencia del ser humano en la tierra.

El amor es la piedra del sabio;
Saca oro del terrón;
Convierte la nada en algo,
Me transforma en Dios.
(Ángelus Silesius).

La Ley y La Promesa
(1961)

CAPÍTULO 1

LA LEY: IMAGINAR CREA LA REALIDAD

El hombre es toda imaginación. Dios es el hombre y existe en nosotros y nosotros en él ... El cuerpo eterno del hombre es la imaginación, que es Dios mismo.
– Blake.

El propósito de la primera parte de este libro es mostrar, a través de historias reales, cómo la imaginación crea la realidad.

La ciencia progresa a través de hipótesis probadas tentativamente y luego aceptadas o rechazadas según los hechos de la experiencia. La afirmación de que la imaginación crea la realidad no necesita más consideración de lo que permite la ciencia. Se demuestra a sí misma en la ejecución.

El mundo en el cual vivimos, es un mundo de imaginación. De hecho, la vida misma es una actividad de la imaginación. El profesor Morrison, de la Universidad San Andrés, escribió:

Para Blake, el mundo se origina en una actividad divina idéntica a lo que nosotros conocemos como la actividad de la imaginación; su tarea es abrir los ojos inmortales del hombre hacia adentro, en los mundos del pensamiento, hacia la eternidad, siempre expandiéndose en el seno de Dios, la Imaginación Humana.

Nada aparece o continúa existiendo por un poder propio. Los eventos suceden porque actividades imaginativas comparativamente estables los crearon, y continúan existiendo solo mientras reciban tal apoyo.

Douglas Fawcett escribe:

El secreto de la imaginación es el mayor de todos los problemas, a cuya solución aspira el místico. El poder supremo, la sabiduría suprema, el deleite supremo, se encuentran en la remota solución de este misterio.

Cuando el individuo resuelva el misterio de la imaginación, habrá descubierto el secreto de la causalidad, que es: La imaginación crea la realidad. Por lo tanto, aquel que es consciente de lo que está imaginando, sabe lo que está creando; reconoce cada vez más que el drama de la vida es imaginario, no físico. Toda actividad en el fondo es imaginaria. Una imaginación despierta trabaja con un propósito. Crea y conserva lo deseable, y transforma o destruye lo indeseable.

La imaginación divina y la imaginación humana no son en absoluto dos poderes, sino Uno. La válida distinción que existe entre los aparentes dos, no se encuentra en la sustancia con la cual operan, sino en el grado de intensidad del poder operante en sí. Actuando en un alto tono, un acto imaginario es un hecho objetivo, inmediato. En tono menor, un acto imaginario es realizado en un proceso de tiempo. Pero ya sea que la imaginación tenga un nivel alto o bajo, es la "Realidad última, esencialmente no objetiva, de la cual los objetos se vierten como repentinas fantasías". Ningún objeto es independiente de la imaginación en algún nivel o niveles. Todo en el mundo debe su carácter a la imaginación en uno de sus diversos niveles. Fitche escribe: "La realidad objetiva se produce exclusivamente a través de la imaginación".

Los objetos parecen tan independientes de nuestra percepción de ellos, que tendemos a olvidar que deben su origen a la imaginación. El mundo en el que vivimos es un mundo de imaginación, y el individuo, a través de sus actividades imaginarias, crea las realidades y las circunstancias de su vida; esto lo hace consciente o inconscientemente.

La gente le presta muy poca atención a este don invaluable —la imaginación humana— y un don es prácticamente inexistente, a menos que haya una posesión consciente de él y una disposición para usarlo. Todos poseen el poder de crear la realidad, pero cuando no se ejerce conscientemente, este poder duerme como si estuviera muerto. Las personas viven en el corazón mismo de la creación: la imaginación humana. Sin embargo, no adquieren mayor sabiduría a partir de lo que acontece allí. El futuro no será fundamentalmente diferente de las actividades imaginarias del individuo; por lo tanto, quien puede convocar a voluntad cualquier actividad imaginaria que desee, se erige como el maestro de su destino, y para él las visiones de su imaginación son tan reales como las formas de la naturaleza.

El futuro es la actividad imaginaria en su marcha creativa. La imaginación es el poder creativo no solo del poeta, el artista, el actor y el orador, sino también del científico, el inventor, el comerciante y el artesano. Su mal uso en la creación desenfrenada de imágenes desagradables es evidente; no obstante, su mal uso en la represión indebida genera una esterilidad que despoja al individuo de la auténtica riqueza de la experiencia. Imaginar nuevas soluciones para problemas cada vez más complejos, es mucho más noble que evadir los problemas.

La vida es una constante resolución de problemas continuamente artificiales. La imaginación crea acontecimientos. El mundo, creado a partir de la imaginación de las personas, comprende innumerables creencias en conflicto; por ende, jamás puede establecerse un estado perfectamente inmutable o estático. Los sucesos de hoy están destinados a perturbar el orden establecido ayer. Los hombres y las mujeres de imaginación, invariablemente, desestabilizan una paz mental preexistente.

No te sometas al dictamen de los acontecimientos ni aceptes la vida sobre la base del mundo externo. Afirma la supremacía de tus actos imaginarios por encima de los hechos y somete todas las cosas a su influencia. Aférrate con firmeza a tu ideal en tu imaginación. Nada puede arrebatarlo de ti, salvo tu incapacidad para persistir en la visualización del ideal hecho realidad. Imagina solo aquellos estados que son valiosos o prometedores.

Intentar cambiar las circunstancias antes de cambiar tu actividad imaginativa es luchar contra la naturaleza misma de las cosas. No puede haber cambio externo si antes no ocurre un cambio en el ámbito de la imaginación. Todo lo que haces, sin acompañarlo de un cambio imaginario, no es más que el inútil reajuste de las superficies. Visualizar la realización del deseo provoca una conexión con ese estado, y durante esa conexión, te comportas en consonancia con tu cambio imaginario. Esto demuestra que un cambio en el plano imaginativo conlleva un cambio en el comportamiento. No obstante, las modificaciones imaginarias que comúnmente experimentas al pasar de un estado a otro no constituyen transformaciones, pues cada una de ellas rápidamente cede paso a otra en sentido contrario. No obstante, cuando un estado se vuelve lo suficientemente estable como para convertirse en tu estado de ánimo constante, tu actitud habitual, entonces ese estado habitual define tu carácter y marca una verdadera transformación.

¿Cómo lograrlo? ¡Abandono de uno mismo! Ese es el secreto. Debes entregarte mentalmente a tu deseo cumplido, amando ese estado y, al hacerlo, habitar en el nuevo estado y ya no en el antiguo. No puedes comprometerte con lo que no amas, de modo que el secreto del autocompromiso radica en la fe sumada al amor. La fe es creer en lo que parece increíble. Comprométete a sentir la realización del deseo, con la fe de que este acto de autoentrega se convertirá en realidad. Y debe convertirse en realidad porque la imaginación crea la realidad.

La imaginación es a la vez conservadora y transformadora. Es conservadora cuando construye su mundo a partir de imágenes provistas por la memoria y la evidencia de los sentidos. Es creativamente transformadora cuando imagina las cosas como deberían ser, construyendo su mundo de los generosos sueños de la fantasía.

En la procesión de imágenes, aquellas que tienen prioridad son, naturalmente, las que involucran los sentidos. Sin embargo, una impresión sensorial presente es solo una imagen. No difiere en su esencia de una imagen de la memoria o de la imagen de un deseo. Lo que hace que una impresión sensorial presente sea tan objetivamente real es la imaginación del individuo, actuando en ella y pensando desde ella; mientras que, en una imagen de la memoria o un deseo, la imaginación del individuo no está operando dentro de ella, ni pensando desde ella, sino que está operando fuera de ella y pensando en ella.

Si entraras en la imagen en tu imaginación, comprenderías lo que es ser creativamente transformador. Entonces, lograrías tu deseo y experimentarías la felicidad. Cada imagen puede ser materializada. Sin embargo, a menos que tú mismo entres en la imagen y pienses a partir de ella, no podrá cobrar vida. En consecuencia, es una completa insensatez esperar que el deseo se realice por el simple paso del tiempo. Aquello que requiere ocupación imaginativa para producir su efecto, claramente, no puede lograrse sin dicha participación. No puedes habitar una imagen sin experimentar las consecuencias de no habitar otra.

La imaginación es una sensación espiritual. Entra en la imagen del deseo cumplido, luego otórgale vivacidad sensorial y los tonos de realidad, actuando mentalmente tal como lo harías si ya fuera un hecho físico. Ahora, esto es lo que quiero decir con sensación espiritual. Imagina que sostienes una rosa en tu mano. Percíbela con tus sentidos. ¿Puedes percibir el aroma de las rosas? Bueno, si la rosa no está presente, ¿por qué está su fragancia en el aire? A través de la sensación espiritual, es decir, a través de la vista, el sonido, el aroma, el gusto y el tacto imaginarios, puedes dotar a la imagen de una vivacidad sensorial. Si haces esto, todas las cosas colaborarán para ayudar a tu cosecha y, al reflexionar, verás cuán sutiles fueron los hilos que te llevaron a tu objetivo. No podrías haber previsto los medios que la actividad imaginativa empleó para manifestarse.

Si deseas liberarte de tu actual limitación sensorial y transformar tu vida en el sueño de lo que podría ser, necesitas imaginar que ya eres lo que quieres ser y sentirte tal como esperarías sentirte en tales circunstancias. Al igual que las fantasías de un niño que recrea el mundo según su corazón, crea tu mundo a partir puros sueños de fantasía. Mentalmente, entra en tu sueño; actúa mentalmente como realmente lo harías si ese sueño fuera una realidad física. Descubrirás que los sueños no son realizados por los ricos, sino por los imaginativos Nada se interpone entre tú y el cumplimiento de tus sueños, salvo los hechos, y estos hechos son creaciones de la imaginación. Cambiando tu imaginación, cambiarás los hechos.

El individuo y su pasado conforman una estructura continua. Esta estructura contiene todos los hechos que se han conservado y aún operan por debajo del umbral de su mente superficial. Para él, es simplemente historia. Aparentemente inmutable: un pasado muerto y firmemente fijo. Sin embargo, en sí mismo está vivo, formando parte de la corriente de la vida. No puede deshacerse de los errores del pasado porque nada desaparece. Todo lo que ha sido sigue existiendo. El pasado aún perdura y continúa produciendo resultados. El individuo debe retroceder en la memoria, buscar y eliminar las causas del mal, no importa cuán atrás se remonten. A esta acción de retroceder al pasado y recrear mentalmente una escena del pasado como debería haber ocurrido inicialmente, lo denomino "revisión", y la revisión resulta en "revocación".

Modificar tu vida significa cambiar el pasado. Las causas de cualquier dificultad presente residen en las escenas no revisadas del pasado. El pasado y el presente conforman la estructura total del individuo; llevan consigo todos sus contenidos. Cualquier alteración en el contenido resultará en una alteración en el presente y el futuro.

Vive de manera noble, de modo que tu mente almacene un pasado digno de recordar. Si no logras hacerlo, entonces recuerda que el primer acto de corrección o sanación siempre es la "revisión". Si el pasado es recreado en el presente, así también el pasado revisado será recreado en el presente, recordando la declaración:

"Aunque sus pecados sean como la grana, como la nieve serán emblanquecidos"
(Isaías 1:18)

El propósito del siguiente comentario, de historia en historia, es conectar lo más concisamente posible los distintos, pero siempre interconectados, temas de los catorce capítulos en los que he dividido la primera parte de este libro. Espero que sirva como un hilo de pensamiento coherente que une la totalidad, respaldando la afirmación: "Imaginar Crea la Realidad". Realizar tal afirmación es sencillo. Demostrarla en la experiencia de otros es mucho más complicado. La intención de este libro es motivarte a utilizar esta "Ley" de manera constructiva en tu propia vida.

CAPÍTULO 2

HABITAR EN EL INTERIOR

Dios mío, escuché este día, que nadie construye una habitación majestuosa, sino aquel que pretende habitar allí adentro. ¿Qué casa más majestuosa ha habido, o puede haber, que el ser humano? A cuya creación todas las cosas están en decadencia.
—George Herbert.

Desearía que fuera cierto para los nobles sueños del individuo, pero lamentablemente, la falla común es la construcción perpetua y la ocupación diferida. Para qué "construir una habitación majestuosa" a menos que pretendas "habitar en ella" ¿Por qué construir una casa de ensueño y no "habitar en ella"?

Este es el secreto de aquellos que permanecen despiertos en la cama mientras sueñan con cosas reales. Saben cómo vivir en sus sueños hasta que, de hecho, logran precisamente eso. A través de un ensueño controlado, el individuo puede predeterminar su futuro. La acción imaginativa de vivir en el sentimiento del deseo cumplido lo lleva a través de una serie de eventos hacia el cumplimiento del sueño. Si vivimos en el sueño, desde él y no en él, el poder creativo de la imaginación responderá a nuestra intrépida fantasía y el deseo realizado irrumpirá en nosotros, sorprendiéndonos.

El individuo es pura imaginación; por lo tanto, debe estar donde está en la imaginación, ya que su imaginación es él mismo. Lo más importante es comprender que la imaginación no es algo vinculado a los sentidos ni limitada al espacio que ocupa el cuerpo físico. Aunque el individuo se desplaza en el espacio debido al movimiento de su cuerpo físico, no está confinado a esa restricción. Puede moverse a través de un cambio en su conciencia. Por más vívida que sea la escena que captura su atención visual, puede dirigir su mirada hacia algo que nunca antes había presenciado.

Siempre puede trasladar la montaña si altera su concepción de cómo debería ser la vida. La capacidad de trasladarse mentalmente desde la realidad tal como es hacia la realidad tal como debería ser, representa uno de los descubrimientos más significativos que un individuo puede hacer. Esto lo revela como un centro de imaginación con el poder de intervenir, permitiéndole modificar el curso de los eventos observados y avanzar de éxito en éxito a través de una serie de transformaciones mentales de la naturaleza, de los demás y de sí mismo.

Durante muchos años, un médico y su esposa "soñaron" con su "majestuosa morada", pero solo lo manifestaron cuando comenzaron a vivir imaginativamente en ella. Aquí se narra su historia:

«Hace aproximadamente quince años, mi esposa y yo adquirimos un terreno en el cual construimos un edificio de dos pisos que albergaba tanto nuestra oficina como nuestra vivienda. Dejamos un espacio considerable en el terreno para la futura construcción de un edificio de apartamentos, en el momento en que nuestras finanzas lo permitieran. A lo largo de esos años, estábamos ocupados pagando nuestra hipoteca, y al final de ese tiempo, carecíamos de los fondos necesarios para el edificio adicional que anhelábamos. Es cierto que disponíamos de un sólido ahorro, lo que brindaba seguridad a nuestro negocio, pero emplear cualquier porción de esos fondos en un nuevo edificio pondría en riesgo esa estabilidad.

Sin embargo, tu enseñanza nos introdujo un nuevo concepto, dejándonos claro que podíamos materializar lo que más deseábamos mediante el uso controlado de nuestra imaginación y que la manifestación de un deseo se tornaba más convincente 'sin dinero'. Decidimos poner esto a prueba, relegamos el dinero a un segundo plano y enfocamos nuestra atención en lo que más anhelábamos en este mundo: el nuevo edificio de apartamentos.

Guiados por este principio, construimos mentalmente el nuevo edificio según nuestras preferencias. De hecho, diseñamos planos físicos para solidificar nuestra imagen mental de la estructura en su totalidad. Jamás perdimos de vista la idea de pensar desde el final, en nuestro caso, la edificación concluida y ocupada. Realizamos numerosos viajes imaginarios a través del edificio, arrendando las unidades a inquilinos imaginarios, examinando minuciosamente cada habitación y disfrutando del sentimiento de orgullo cuando nuestros amigos nos felicitaban por la excepcional planificación. Trajimos a nuestra escena imaginaria a una amiga en particular (a quien llamaré Sra. X) una dama que no habíamos visto en un tiempo, ya que nos había marginado socialmente, creyéndonos un poco peculiares por nuestra nueva forma de pensar. En nuestra escena imaginaria, la llevamos por el edificio y le preguntamos si le gustaba. Escuchando su voz claramente, le hicimos responder: "Doctor, me perece hermoso".

En una conversación sobre nuestro edificio, mi esposa mencionó a un contratista que había edificado varios edificios de apartamentos en nuestro vecindario. Solo conocíamos su nombre a través de los carteles adyacentes a los edificios en construcción. No obstante, al darnos cuenta de que, si viviéramos en el final, no estaríamos buscando un contratista, de inmediato olvidamos ese punto. Mantuvimos estos períodos de imaginación diaria durante varias semanas, y ambos sentimos que ahora estábamos 'fusionados' con nuestro deseo y que habíamos logrado vivir en el final.

Un día, un desconocido entró en nuestra oficina y se presentó como el contratista cuyo nombre mi esposa había mencionado semanas atrás. Con tono de disculpa, comentó: "No sé por qué decidí detenerme aquí. Por lo general, no visito a las personas; son ellas las que vienen a verme". Explicó que pasaba frecuentemente frente a nuestra oficina y se había preguntado por qué no había un edificio de apartamentos en el terreno de la esquina. Le aseguramos que nos encantaría tener un edificio de ese tipo allí, pero que carecíamos de los fondos para llevar adelante el proyecto, ni siquiera teníamos los pocos cientos de dólares necesarios para los planos preliminares.

Nuestra respuesta negativa no pareció molestarlo en absoluto. Como si se sintiera obligado, comenzó a idear formas y medios para llevar a cabo el proyecto no solicitado y no fomentado por nosotros. A pesar de que pasamos por alto este incidente, nos tomó por sorpresa unos días después cuando este individuo nos llamó para informarnos que los planos estaban listos y que el costo estimado del edificio sería de treinta mil dólares. Agradecimos cortésmente y no tomamos ninguna medida. Sabíamos que habíamos estado viviendo imaginativamente en el "final" de un edificio terminado y confiábamos en que la imaginación armaría ese edificio de manera impecable, sin ninguna intervención externa de nuestra parte. Por lo tanto, no nos sorprendió cuando el contratista nos llamó nuevamente al día siguiente para comunicarnos que había encontrado un conjunto de planos en sus archivos que se adaptaba perfectamente a nuestras necesidades, con solo algunas modificaciones menores. Según nos informaron, esto nos ahorraría los honorarios del arquitecto por los nuevos planos. Una vez más, le agradecimos, pero no emprendimos ninguna acción.

Desde la perspectiva de un pensador lógico, una respuesta negativa tan tajante por parte de potenciales clientes terminaría definitivamente el asunto. Sin embargo, dos días después, el contratista nos llamó nuevamente, anunciando que había logrado encontrar una compañía financiera dispuesta a cubrir la mayor parte del préstamo necesario, con la excepción de algunos miles de dólares. Aunque suene increíble, persistimos en no tomar ninguna medida. Porque, recuerda, desde nuestra perspectiva, el edificio ya estaba construido y alquilado en nuestra imaginación, y no habíamos invertido ni un solo centavo en su construcción.

La continuación de esta historia podría compararse a una secuela de 'Alicia en el país de las maravillas'. Al día siguiente, el contratista se presentó en nuestra oficina como si trajera un regalo, y nos dijo: "Ustedes van a tener ese nuevo edificio de todos modos. He decidido financiar el saldo del préstamo yo mismo. Si están de acuerdo, haré que mi abogado redacte los documentos necesarios y podrán pagarme con las ganancias netas de los alquileres obtenidos".

¡Esta vez, sin duda, tomamos acción! Firmamos los documentos y la construcción comenzó inmediatamente. La mayoría de los apartamentos fueron alquilados antes de la finalización, y todos, excepto uno, se encontraban ocupados el día en que se completó la edificación. Estábamos tan emocionados por los eventos aparentemente milagrosos de los últimos meses que, por un tiempo, no captamos esta aparente 'falla' en nuestra representación imaginaria. Sin embargo, conscientes de lo que ya habíamos logrado a través del poder de la imaginación, pronto concebimos otra escena imaginaria. En esta ocasión, en lugar de mostrar el apartamento y oír las palabras "lo tomaremos", nosotros mismos nos imaginamos visitando a los inquilinos que ya se habían mudado a ese apartamento. Les permitimos que nos llevaran a través de las habitaciones y escuchamos sus comentarios llenos de satisfacción y alegría. Tres días más tarde, ese apartamento fue alquilado.

Nuestro drama imaginario original se había manifestado en todos los detalles, excepto uno, y finalmente se completó cuando, un mes después, nuestra amiga, la Sra. X, nos sorprendió con una visita largamente esperada. Expresó su deseo de ver nuestro nuevo edificio, y con gusto la guiamos por el lugar. Al final de la visita, escuchamos pronunciar las mismas palabras que habíamos imaginado muchas semanas atrás, cuando ella exclamó con énfasis en cada palabra: "Doctor, me parece hermoso".

Nuestro sueño de quince años finalmente se hizo realidad. Ahora sabemos que podría haberse concretado en cualquier momento durante esos quince años, si hubiéramos conocido el secreto de imaginar y cómo

vivir en el final del deseo. Pero finalmente se logró; nuestro gran deseo se materializó. Y lo mejor es que no tuvimos que invertir ni un centavo de nuestro propio dinero en ello».
—Dr. M.

A través de un sueño controlado, un estado de vigilia imaginativa, el Doctor y su esposa dieron forma a la realidad. Aprendieron a habitar la casa de sus sueños en su imaginación, y ahora disfrutan de esa realidad. Aunque la ayuda aparentemente provino desde afuera, en última instancia, el curso de los acontecimientos fue determinado por la actividad imaginativa del Doctor y su esposa. Los participantes se vieron atraídos hacia su drama imaginario porque era necesario que estuvieran allí. Su estructura imaginaria lo requería.

Todas las cosas por una ley divina
se mezclan una con la otra.
—La Filosofía del Amor. (Percy Bysshe Shelley).

La historia siguiente ilustra cómo una mujer preparó su "majestuosa morada" a través de la imaginación, durmiendo en ella o "viviendo en ella".

«Hace unos meses, mi esposo decidió poner en venta nuestra casa. El principal motivo para mudarnos, que ya habíamos discutido en numerosas ocasiones, era encontrar una casa lo suficientemente grande para nosotros dos, mi madre, mi tía, diez gatos, tres perros y un periquito. Puede sonar increíble, pero la idea de mudarnos todos juntos fue de mi esposo. Él siente un gran cariño por mi madre y mi tía, y argumentaba que, dado que yo pasaba la mayor parte del tiempo en su casa, sería mejor vivir todos juntos y compartir gastos. Aunque me gustó la idea, sabía que esta nueva casa debía ser especial en términos de tamaño, ubicación y disposición, ya que insistí en la privacidad para todos los miembros de la familia.

En ese momento, estaba indecisa sobre si vender nuestra casa actual o no, pero no discutí el tema. Basándome en mi experiencia pasada con la imaginación, sabía que nuestra casa no se vendería hasta que dejara de 'vivir' en ella a través de la imaginación. Luego de dos meses y varios agentes de bienes raíces, tanto mi esposo como los agentes se rindieron en la venta de nuestra casa. En ese momento, decidí que realmente deseaba el cambio. Durante cuatro noches, imaginativamente me dormí en la clase de casa que quería tener. Al quinto día, mientras mi esposo estaba en la casa de un amigo, conocí a alguien que casualmente buscaba una casa en las colinas. Rápidamente lo trajo a nuestra casa y, después de una breve inspección, dijo: "La compraré". Esto no nos hizo muy populares entre los agentes, pero no me preocupó, ya que estábamos contentos de mantener la comisión del corredor en la familia. Nos mudamos en diez días y nos quedamos con mi madre mientras buscábamos una nueva casa.

Enumeramos a cada agente en la zona de 'Sunset Strip' nuestros requisitos, ya que no estábamos dispuestos a mudarnos de esa área. Sin excepción, cada agente nos dijo que estábamos locos; que era completamente imposible encontrar una casa antigua de estilo inglés, con dos salas de estar separadas, apartamentos independientes, una biblioteca, construida en una loma plana con terreno suficiente para los perros grandes, y en una ubicación específica. Al mencionar el precio que estábamos dispuestos a pagar por esa casa, parecía que les daba lástima.

Les expliqué que eso no era todo lo que deseábamos. También queríamos paneles de madera en toda la casa, una gran chimenea, una vista impresionante y aislamiento de vecinos cercanos, por favor. En este punto, la agente se rio y me aseguró que no existía una casa así, y que si existiera, costaría cinco veces más de lo que estábamos dispuestos a pagar. Sin embargo, yo sabía que sí existía esa casa, porque a través de la imaginación, había estado 'viviendo' en ella durante un tiempo. Y si yo soy mi imaginación, entonces ya la había experimentado.

Para la segunda semana, habíamos visitado cinco oficinas de bienes raíces, y el señor de la sexta oficina ya nos estaba mirando con seriedad, cuando uno de sus colegas, que aún no había hablado, dijo: "¿Por qué no les muestras la propiedad en la calle King?"

Otro agente en la oficina se rio y dijo: "Esa propiedad ni siquiera está en la lista. Además, la anciana te echaría de la propiedad. Ella tiene dos acres allí, y tú sabes que no lo dividirá".

Bueno, yo no sabía a qué se referían con lo que ella no dividiría, pero mi interés se despertó por el nombre de la calle, ya que me gustaba mucho esa área en particular. Así que pregunté por qué no íbamos a verla, solo por diversión. Conducimos por la calle y salimos a un camino privado. Nos acercamos a una gran casa de dos pisos construida con madera roja y ladrillo, de apariencia inglesa, rodeada de árboles altos y asentada sola y distante en su propia loma, con vistas a la ciudad desde todas sus muchas ventanas. Sentí una peculiar emoción mientras caminábamos hacia la puerta principal y fuimos recibidos por una mujer encantadora que amablemente nos invitó a entrar.

Creo que no respiré durante los dos minutos siguientes, porque había entrado en la habitación más maravillosa que jamás había visto. Las sólidas paredes de madera roja y el ladrillo de una gran chimenea se elevaban a una altura de seis metros y terminaban en un techo arqueado unido por enormes vigas de madera roja. La habitación parecía sacada directamente de Dickens y casi podía escuchar villancicos de Navidad en el balcón del comedor de arriba que daba a la sala de estar. Una gran ventana catedral permitía ver el cielo, las montañas y la ciudad a lo lejos, y las hermosas y antiguas paredes de madera roja brillaban a la luz del sol. Nos mostraron un espacioso apartamento en el piso inferior con una biblioteca, entrada independiente y patio separado. Dos escaleras conducían hacia arriba a un largo pasillo que se abría hacia dos dormitorios y baños separados, y al final del pasillo había —sí— una segunda sala de estar que daba a un segundo patio protegido por árboles y cercas de madera roja.

Construida en dos acres de hermosos jardines, comencé a entender lo que el agente había querido decir con "ella no lo dividiría" porque en un acre había una gran piscina y un espacio con cobertizo, completamente separados de la casa principal, pero indudablemente pertenecían a ella. De hecho, parecía ser una situación imposible, ya que no queríamos dos acres de propiedad con altos impuestos, más una piscina a una cuadra de distancia de la casa.

Antes de irnos, caminé por esa magnífica sala de estar, subiendo una vez más las escaleras hasta el balcón del comedor. Me volví y, mirando hacia abajo, vi a mi marido de pie junto a la chimenea, pipa en mano, con una expresión de perfecta satisfacción en su rostro. Puse mis manos en la barandilla del balcón y lo observé por un momento.

Cuando regresamos a la oficina, los tres agentes estaban listos para irse, pero mi esposo los detuvo diciendo: "Hagámosle una oferta de todos modos. Tal vez ella dividirá la propiedad. ¿Qué podemos perder?" Uno de los agentes salió de la oficina sin decir una palabra. Otro dijo: "La idea es ridícula". Y el agente con el que hablamos originalmente, dijo: "Olvídenlo. Es un sueño imposible".

Mi esposo no se molesta fácilmente, pero cuando lo hace, no hay criatura más obstinada en la tierra. Y ahora él estaba molesto. Se sentó, golpeó su mano contra un escritorio y dijo: "Es su negocio presentar ofertas, ¿no es así?"

Ellos estuvieron de acuerdo en que esto era así y finalmente prometieron presentar nuestra oferta en la propiedad.

Nos fuimos y esa noche, en mi imaginación, me paré en el balcón del comedor y miré a mi esposo de pie junto a la chimenea. Él me miró y dijo: "Bueno, cariño, ¿te gusta nuestro nuevo hogar?"

"Me encanta", respondí.

Continué viendo esa hermosa habitación y a mi esposo en ella y "sentí" la barandilla del balcón agarrada en mis manos hasta que me dormí.

Al día siguiente, mientras cenábamos en la casa de mi madre, sonó el teléfono y el agente, con voz incrédula, me informó que acabábamos de comprar una casa. La propietaria había dividido la propiedad por la mitad, dándonos la casa y el acre en el que se encontraba por el precio que ofrecimos».

—J.R.B.

Los soñadores a menudo se recuestan en la cama despiertos, mientras sueñan cosas verdaderas.

Uno debe adoptar ya sea el camino de la imaginación o el camino de los sentidos. No es posible permanecer neutral. "El que no está conmigo, está contra mí". Cuando el individuo se identifica plenamente con su imaginación y no con sus sentidos, ha descubierto la esencia de la realidad.

A menudo, los autodenominados "realistas" me han advertido que el individuo jamás realizará su sueño simplemente imaginando que ya se ha cumplido. Sin embargo, contrariamente a esa perspectiva, sostengo que sí puede realizar su sueño simplemente imaginando que ya se ha cumplido. Eso es exactamente lo que prueba esta colección de historias. Si las personas tan solo estuvieran preparadas para vivir imaginativamente en el sentimiento del deseo cumplido y avanzaran con confianza en su ensueño controlado, entonces el poder de la imaginación respondería a su audaz fantasía. El deseo realizado se manifestaría sorprendiéndolas.

Nada es más maravilloso que los eventos cotidianos que le ocurren a alguien con una imaginación lo suficientemente despierta como para reconocer sus prodigios. Observa tus actividades imaginarias. Imagina lo mejor posible y construye un mundo mejor para ti y para los demás. Vive como si tu deseo ya se hubiera cumplido, aunque aún no lo esté, y reducirás el tiempo de espera. El mundo es imaginario, no mecánico. No es el destino ciego el que determina el curso de la historia sino, los actos imaginativos.

CAPÍTULO 3

GIRA LA RUEDA HACIA ATRÁS

Oh, deja que tu fuerte imaginación gire hacia atrás la gran rueda, hasta que Troya quede sin quemar.

Toda la vida, a lo largo de los siglos, no es nada más que la continua solución de un continuo problema sintético.
—H. G. Wells.

El estado perfectamente estable o estático es siempre inalcanzable. El fin alcanzado objetivamente siempre realiza más de lo que el individuo originalmente tenía en mente. A su vez, esto genera un nuevo conflicto interno que requiere soluciones innovadoras para continuar en el camino de la evolución creativa. "Su toque es infinito y da un lugar para todos los fines". Los eventos de hoy están destinados a perturbar el orden establecido de ayer. Una imaginación creativa y activa invariablemente perturba un estado previo de paz mental.

Puede surgir la pregunta: ¿Cómo podríamos cambiar los que parecen ser hechos inmutables del pasado, imaginando a los demás de una manera mejor de lo que realmente son, reescribiendo mentalmente una carta para adaptarla a nuestro deseo, o modificando la escena de un accidente o una entrevista con un empleador? Sin embargo, recuerda lo que digo sobre la imaginación: La imaginación crea la realidad. Lo que crea, puede deshacer. No solo es conservadora, construyendo una vida a partir de imágenes suministradas por la memoria, sino que también es creativa y transformadora, capaz de alterar un tema ya existente en el ser.

La parábola del mayordomo injusto nos da la respuesta a esta pregunta. Podemos modificar nuestra realidad mediante una cierta práctica imaginaria "ilegal"; mediante una falsificación mental de los hechos. Esto implica una modificación imaginaria intencional de lo que hemos experimentado. Todo esto se lleva a cabo en nuestra imaginación. Esta es una forma de falsificación que no solo no se condena, sino que es respaldada por las enseñanzas del evangelio. A través de tal falsificación, el individuo elimina las causas del mal y adquiere amigos. En la fuerza de esta revisión, a juzgar por los grandes elogios que el mayordomo injusto recibió de su maestro, demuestra que él merece confianza.

Ya que la imaginación crea la realidad, podemos llevar la revisión al extremo y modificar una escena que, de otro modo, sería inaceptable. Aprendemos a distinguir entre el individuo, que es pura imaginación, y los estados en los que puede encontrarse. El mayordomo injusto, al ver el sufrimiento de otro, se representará a sí mismo a ese otro de la forma en que quisiera verlo. Si él mismo estuviera en necesidad, entraría en su sueño, en su imaginación y visualizaría lo quisiera vería, cómo se verían las cosas y cómo actuaría la gente, las cosas como deberían ser. Luego, en este estado, se quedaría dormido, sintiendo lo que esperaría sentir en tal situación.

Ojalá todo el pueblo del Señor fuera un mayordomo injusto, falsificando mentalmente los hechos de la vida para liberar a las personas para siempre. Porque el cambio imaginario sigue adelante, hasta que el patrón modificado se alcanza. Nuestro futuro es nuestra actividad imaginativa en constante evolución. Imagina mejor que lo mejor que ya conoces.

Revisar el pasado es reconstruirlo con un nuevo contenido. Las personas deberían revivir diariamente el día como les hubiera gustado vivirlo, ajustando las escenas a sus ideales. Por ejemplo, supongamos que el correo de hoy trajo noticias desalentadoras. Revisa la carta. Mentalmente, reescríbela y ajústala a las noticias que desearías haber recibido. Luego, en tu imaginación, lee la carta revisada repetidamente. Al hacerlo, surgirá un sentimiento de naturalidad, y los actos imaginados se convertirán en hechos tan pronto como nos sentimos naturales en el acto.

Esta es la esencia de la revisión, y revisar es revocar. Y esto es precisamente lo que F.B. hizo:

«A finales de julio, me puse en contacto con un agente inmobiliario para vender un terreno que se había convertido en una carga financiera. La respuesta inicial del agente fue desalentadora, citando múltiples razones por las que las ventas en la zona estaban paralizadas y sugiriendo que tal situación podría extenderse hasta el próximo año.

Recibí su carta un martes, y en lugar de desanimarme, decidí reescribir mentalmente su respuesta con palabras que indicaban el entusiasmo del agente por tomar mi anuncio. Leí esta carta revisada una y otra vez, y extendí mi drama imaginario utilizando la técnica de los 'Cuatro Poderosos' de tu libro "Tiempo de Siembra y Cosecha", ejerciendo los roles del productor, autor, director y actor.

En mi escena imaginaria, como Productor sugerí el tema: 'El terreno es vendido obteniendo ganancias'.

En el papel de Autor, escribí esta escena que para mí implicaba el cumplimiento: De pie en la oficina de bienes raíces, extendía mi mano al agente, diciendo: "Gracias, señor", y él respondía: "Fue un placer hacer negocios con usted".

Luego, en la función de Director, ensayé yo mismo como actor hasta que la escena fue vívidamente real y sentí el alivio que sería mío si realmente me sacara esta carga.

Tres días después, el mismo agente, al que le escribí originalmente, me llamó por teléfono diciéndome que tenía un depósito para mi terreno al precio que yo había especificado. Al día siguiente firmé los papeles en su despacho, extendí mi mano y le dije: "Gracias, señor".

"Fue un placer hacer negocios con usted", respondió el agente.

Cinco días después de haber construido y representado una escena imaginaria, se convirtió en una realidad física y fue actuada palabra por palabra, tal como la había escuchado en mi imaginación. El sentimiento de alivio y alegría llegó, no tanto por vender la propiedad, sino por la prueba indiscutible de que funcionó mi drama imaginado» —F.B.

Si el objeto obtenido fuera todo, ¡qué inútil sería! Sin embargo, F.B. descubrió un poder en su interior capaz de crear conscientemente las circunstancias. Al falsificar mentalmente los hechos de la vida, el individuo pasa de una reacción pasiva a una creación activa. Esto rompe el ciclo de recurrencia y construye un futuro que se incrementa acumulativamente. Si no siempre crea en el sentido completo de la palabra, es porque no es fiel a su visión o porque piensa en lo que quiere en lugar de hacerlo desde su deseo cumplido.

El individuo es una síntesis tan extraordinaria, parcialmente atado por sus sentidos y parcialmente libre para soñar, lo que provoca que sus conflictos internos sean constantes. El estado de conflicto en el individuo se refleja en la sociedad.

La vida es una aventura romántica. Vivir creativamente, siempre imaginando soluciones novedosas a problemas cada vez más complejos, es mucho más noble que restringir o eliminar el deseo. Todo lo que se desea puede ser imaginado en existencia.

¿Quieres estar en un sueño y, al mismo tiempo, no dormir? Intenta revisar tu día todas las noches antes de dormirte. Intenta visualizar claramente y entrar en la escena revisada que representaría la solución imaginaria a tu problema. La estructura imaginaria revisada puede ejercer una gran influencia en otros, pero eso no es algo que te deba preocupar.

El "otro" influenciado en la siguiente historia se siente profundamente agradecido por dicha influencia. L.S.E. escribe:

«En agosto pasado, durante una cita a ciegas, conocí al hombre con el que deseaba casarme. A veces sucede eso, y en mi caso así fue. Era todo lo que había imaginado en un esposo. Sin embargo, dos días después de aquella encantadora tarde, tuve que cambiar mi lugar de residencia debido a razones laborales, y esa misma semana, el amigo en común que nos presentó se mudó de la ciudad. Me di cuenta de que el hombre que había conocido probablemente desconocía mi nueva dirección y, sinceramente, no estaba segura de que recordara mi nombre.

Después de asistir a tu última conferencia, compartí contigo esta situación. A pesar de haber tenido muchas otras citas, no podía sacar de mi mente a este hombre. Tu conferencia se basó en el tema de revisar nuestro día; y tras nuestra conversación, decidí hacer precisamente eso, revisar mi día, cada día. Antes de irme a dormir esa noche, me sentí acostada en una cama diferente, en mi propio hogar, como una mujer casada en lugar de ser una joven trabajadora compartiendo un departamento con otras tres chicas. Gire un anillo de boda imaginario en mi mano izquierda imaginaria, repitiendo una y otra vez: "¡Esto es maravilloso! ¡Realmente soy la señora J.E.!" y me dormí en lo que, un momento antes, era un sueño despierto.

Repetí esta escena imaginaria durante un mes, noche tras noche. La primera semana de octubre, él finalmente me "encontró". Durante nuestra segunda cita, supe que mis sueños estaban dispuestos correctamente. Según tus enseñanzas, debemos vivir en el cumplimiento de nuestro deseo hasta que ese deseo se convierta en "hecho". Aunque desconocía sus sentimientos hacia mí, continué noche tras noche viviendo en el sentimiento de mi sueño realizado.

¿El resultado? En noviembre, él me propuso matrimonio. Anunciamos nuestro compromiso en enero y en mayo celebramos nuestra boda. Sin embargo, la parte más hermosa de esta historia es que soy más feliz de lo que alguna vez había imaginado posible, y en mi corazón sé que él también lo es.»

—Sra. J.E.

Utilizando su imaginación de manera radical en lugar de hacerlo de manera conservadora, construyendo su mundo a partir de puros sueños de fantasía en lugar de utilizar imágenes proporcionadas por la memoria, ella logró materializar el cumplimiento de su sueño. El sentido común habría recurrido a imágenes suministradas por la memoria, perpetuando así la realidad de la carencia en su vida.

La imaginación creó lo que ella anhelaba desde un sueño de fantasía. Todos deben sumergirse por completo en el nivel de la imaginación, y esto debe hacerse de manera consciente y deliberada. Si nuestro tiempo de revisión se emplea sabiamente, no es necesario preocuparse por los resultados: nuestros anhelos más preciados se harán realidad.

¿Tierra, eres real? ¿Soy yo?
¿En qué sueño existimos? ...

No hay una permanencia inevitable en nada. Tanto el pasado como el presente continúan existiendo solo porque son sostenidos por la imaginación en algún nivel; y una transformación radical en la vida siempre es posible si se revisa la parte indeseable.

En su carta, el Sr. R.S. cuestiona este tema de influencia:

«Durante tu actual serie de conferencias, surgieron algunos problemas relacionados con la ejecución en uno de mis contratos de fideicomiso. La propiedad, la casa y el terreno estaban siendo descuidados y deteriorándose. Aparentemente, los propietarios estaban gastando su dinero en bares, mientras que sus dos niñas pequeñas, de nueve y once años, estaban notoriamente descuidadas. Sin embargo, dejando de lado las apariencias, comencé a revisar la situación.

En mi imaginación, llevé a mi esposa a la propiedad y, mientras recorríamos el lugar, le comenté: "¿No es hermoso el jardín? Está tan limpio y bien cuidado. Estas personas realmente muestran amor por su hogar. Este es un contrato de fideicomiso del que nunca tendremos que preocuparnos".

En mi imaginación, visualicé la casa y el terreno tal como quería verlos, un lugar tan encantador que me llenaba de una sensación cálida de placer. Cada vez que pensaba en esta propiedad, repetía mi escena imaginaria.

Después de practicar esta revisión durante un tiempo, la mujer que vivía en la casa sufrió un accidente automovilístico; mientras estaba en el hospital, su esposo desapareció. Los vecinos cuidaron de las niñas y yo planeaba visitar a la madre en el hospital para ofrecer ayuda si fuera necesario. Pero, ¿cómo podría hacerlo cuando mi escena imaginaria implicaba que ella y su familia eran felices, exitosos y evidentemente satisfechos? Por lo tanto, no hice más que seguir con mi revisión diaria.

Poco después, al ser dada de alta del hospital, la mujer y sus dos hijas también desaparecieron. Los pagos de la propiedad continuaron llegando y unos meses después ella regresó con un certificado de matrimonio y un nuevo esposo. En el momento que escribo esto, todos los pagos están al día. Las dos niñas parecen estar felices y bien cuidadas, y los propietarios incluso agregaron una habitación a la propiedad, lo que proporciona una mayor seguridad a nuestro contrato de fideicomiso.

Fue gratificante resolver mi problema sin amenazas, palabras desagradables, desalojos o preocupaciones por las niñas pequeñas. Sin embargo, ¿hubo algo en mi imaginación que llevó a esa mujer al hospital?»
—R.S.

Cualquier actividad imaginaria que adquiere intensidad a través de nuestra atención concentrada en la claridad del final deseado, tiende a expandirse hacia regiones más allá de nuestra situación actual. Sin embargo, debemos permitir que esta actividad imaginaria se ocupe de sí misma. Es sorprendentemente ingeniosa para adaptarse y ajustar los medios para lograr su realización. Cuando comenzamos a pensar en términos de influencia en lugar de la claridad del resultado deseado, el acto imaginativo se convierte en un esfuerzo de la voluntad, y el gran arte de la imaginación se transforma en tiranía.

En general, el pasado oculto yace más profundo de lo que nuestra mente superficial puede alcanzar. Pero afortunadamente para esta mujer, ella recordó y demostró que el pasado "hecho" también puede ser "deshecho" a través de la revisión:

«Durante treinta y nueve años había tenido problemas de espalda. El dolor aumentaba y disminuía, pero nunca desaparecía por completo. La situación había avanzado hasta el punto en que requería tratamiento médico casi constante; el médico ajustaba mi cadera correctamente por un momento, pero el dolor simplemente persistía. Una noche, te escuché hablar sobre la técnica de la revisión y me pregunté si sería posible aplicarla a una condición que llevaba casi cuarenta años afectándome. Recordé que cuando tenía tres o cuatro años, había caído de espaldas desde un columpio muy alto, lo cual me había causado una grave lesión en la cadera y me había enfermado gravemente en ese momento. Desde entonces, nunca había estado completamente libre de dolor y había gastado inútilmente grandes sumas de dinero en tratamientos médicos para aliviar mi condición.

Este año, durante el mes de agosto, el dolor se intensificó aún más, y una noche decidí ponerme a prueba y tratar de revisar ese 'antiguo' accidente que, la mayor parte de mi vida adulta, había sido la causa de tanta aflicción, tanto en términos de dolor como de costosos honorarios médicos. Pasaron varias noches antes de que pudiera "sentirme" de nuevo en la edad del juego infantil. Pero lo logré. Una noche, verdaderamente me transporté a ese columpio, sintiendo el viento mientras subía cada vez más alto. A medida que el columpio comenzaba a detenerse, salté hacia delante, pisando de manera segura y firme sobre mis pies. En la acción imaginaria, corrí hacia mi madre e insistí en que viniera a ver lo que podía hacer. Lo hice de nuevo, saltando desde el columpio y pisando con seguridad en mis dos pies. Repetí este acto imaginario una y otra vez hasta que me quedé dormida mientras lo hacía.

En dos días, el dolor en mi espalda y cadera comenzó a disminuir y en dos meses, el dolor desapareció por completo. Una condición que me había atormentado durante más de treinta y nueve años, y cuyo intento de curación me había costado una pequeña fortuna, ya no existía».

—L.H.

Nuestros mejores frutos se los debemos a las tijeras de podar de la revisión. El individuo y su pasado conforman una estructura continua. Esta estructura contiene todo el pasado que ha sido preservado y aún opera por debajo del umbral de sus sentidos para influir en el presente y el futuro de su vida. El todo lleva consigo todo su contenido; cualquier alteración del contenido dará como resultado una alteración en el presente y en el futuro. El primer acto de corrección o sanación es siempre "revisar". Si el pasado puede ser recreado en el presente, también puede ser revisado. Así, el pasado revisado se manifestó en el corazón mismo de su vida presente; no fue el destino, sino un pasado revisado lo que le trajo buena fortuna.

Pon a prueba la verdadera imaginación con los resultados y logros como prueba crucial. Así, tu confianza en el poder de la imaginación para dar forma a la realidad crecerá gradualmente a partir de tus experimentos de revisión respaldados por la experiencia. Solo a través de este proceso de experimentación puedes percibir el potencial y el poder de tu imaginación despierta y controlada.

"¿Cuánto le debes a mi amo?" Él dijo: "Cien barriles de aceite". Y le dijo:
"Toma tu cuenta y enseguida siéntate y anota cincuenta".
(Lucas 16:5-6).

Esta parábola del mayordomo infiel nos insta a falsificar mentalmente los hechos de la vida, a modificar un escenario ya existente. Mediante tales falsificaciones, una persona "adquiere amigos". Al final de cada día, revisa mentalmente los hechos de tu vida y ajústalos para que se adapten a los acontecimientos dignos de recordar; mañana retomará el patrón alterado y avanzará hasta que al final se realice en las alturas del logro.

Los lectores notarán que vale la pena seguir estas indicaciones: la construcción imaginaria de escenas que implican el deseo cumplido y la participación imaginativa en estas escenas hasta alcanzar los tonos de realidad. Estamos tratando con el secreto de la imaginación, mediante el cual el individuo despierta en un mundo completamente sujeto a su poder imaginativo.

El individuo puede entender bastante bien la recurrencia de los eventos (la construcción de un mundo a partir de imágenes suministradas por la memoria); las cosas permanecen como son. Esto le brinda un sentido de seguridad en la estabilidad de las cosas. Sin embargo, la existencia dentro de él de un poder que puede despertar y convertirse en lo que desea, alterando radicalmente su forma, entorno y circunstancias de vida, le infunde un sentimiento de inseguridad, un temor profundo hacia el futuro.

Ha llegado el momento de despertar y poner fin a todas las creaciones desagradables del ser dormido. Revisa cada día. "Permite que tu poderosa imaginación haga girar la gran rueda hacia atrás hasta que Troya quede sin quemar".

CAPÍTULO 4

NO ES FICCIÓN

La distinción entre lo que es real y lo que es imaginario no es una que pueda mantenerse finalmente... todas las cosas existentes, en un sentido inteligible, son imaginarias.
—*John S. MacKenzie.*

No es ficción. Si una actividad imaginaria puede producir un efecto físico, nuestro mundo físico debe ser esencialmente imaginario. Para probar esto, simplemente necesitamos observar nuestras actividades imaginarias y ver si producen o no los efectos correspondientes en el mundo externo. Si lo hacen, entonces debemos concluir que no es ficción. El drama imaginario de hoy, la ficción, se convierte en el hecho del mañana.

Si tuviéramos esta visión más amplia de la causalidad, que la causalidad es mental, no física, que nuestros estados mentales son causantes de los efectos físicos, entonces nos daríamos cuenta de nuestra responsabilidad como creadores e imaginaríamos solo lo mejor.

La ficción, representada como una especie de obra de teatro en la mente, es lo que causa los hechos físicos de la vida. El individuo cree que la realidad reside en los objetos sólidos que ve a su alrededor; que el drama de la vida se origina en este mundo; que los eventos emergen repentinamente en la existencia a partir de hechos físicos previos. Sin embargo, la causalidad no reside en el mundo externo de los hechos. El drama de la vida tiene su origen en la imaginación del individuo. El verdadero acto de transformación tiene lugar dentro de su imaginación y no en el exterior.

Las siguientes historias podrían definir "causalidad" como el ensamblaje de estados mentales que, al producirse, crea lo que implica el ensamblaje.

El prólogo de "Una noche para recordar" de Walter Lord ilustra mi afirmación "Imaginar crea la realidad":

«En 1898, un esforzado autor, llamado Morgan Robertson, creó una novela sobre un fabuloso trasatlántico, mucho más grande que cualquier otro construido hasta ese momento. Robertson llenó su barco con gente rica y acomodada. Luego, en una fría noche de abril, lo hizo estrellarse con un iceberg. De alguna manera, esto mostraba la futilidad de todo, de hecho, el libro se llamó 'Futilidad' cuando fue publicado ese año por la editorial M. F. Mansfield.

Catorce años después, la compañía naviera británica White Star Line construyó un barco sorprendentemente similar al descrito en la novela de Robertson. El barco tenía 66,000 toneladas; el de Robertson tenía 70,000 toneladas. El barco real medía 269 metros de longitud; el de la ficción tenía 244 metros. Ambos podían llevar aproximadamente a tres mil personas, y ambos tenían botes salvavidas para solo una fracción de esa cifra. Sin embargo, en ese momento, esto parecía no importar, ya que ambos fueron proclamados como "insumergibles".

El 19 de abril de 1912, el barco real partió de Southampton en su viaje inaugural hacia Nueva York. Llevaba consigo una copia inestimable del Rubaiyat de Omar Jayam y una lista de pasajeros cuyo valor total ascendía a doscientos cincuenta millones de dólares. En su viaje, también chocó con un iceberg y se hundió en una fría noche de abril. Robertson había llamado a su barco Titán; White Star Line llamó al suyo "Titanic".

Si Morgan Robertson hubiera conocido el poder de la imaginación para dar forma a la realidad, y que lo que consideramos ficción hoy se convierte en el hecho de mañana, ¿habría escrito la novela Futilidad? Schopenhauer escribe: "En el momento de la trágica catástrofe, se vuelve más clara que nunca la convicción de que la vida es un mal sueño del que tenemos que despertar".

Y este mal sueño es causado por la actividad imaginaria de la humanidad dormida.

Las actividades imaginarias pueden estar alejadas de su manifestación y los eventos no observados son solo apariencias. Como se ve en esta tragedia, la causalidad está en otra parte en el espacio-tiempo. Lejos de la escena de la acción, invisible para todos, estaba la actividad imaginaria de

Robertson, como un científico en una sala de control dirigiendo su misil guiado a través del espacio-tiempo.

Quien pinta un cuadro,
escribe una obra de teatro
o un libro que otros leen,
mientras él duerme en su cama.
En el otro lado del mundo, cuando ellos miran
su página, el durmiente bien podría estar muerto;
¿Qué sabe él de su lejana y no percibida vida?
¿Qué sabe él de los pensamientos que sus pensamientos están planteando?
La vida que su vida está dando, o la lucha.
En cuanto a él, ¿alguna cavilación, algún elogio?
Sin embargo, ¿cuál está más vivo,
él que está dormido,
O su rápido espíritu en algún otro lugar,
marcando otros lugares, manteniendo la atención fija y durmiendo fuera del
alcance de otros?
Cuál es "él", "él" que duerme, o "él"
que su propio "él" no puede ni sentir ni ver? ...
—Samuel Butler.

Los escritores imaginativos no transmiten simplemente su visión del mundo, sino sus actitudes, que a su vez dan lugar a su visión. Poco antes de su muerte, Katherine Mansfield le dijo a su amiga Orage: "La vida tiene tantos aspectos como actitudes hacia ella, y los aspectos cambian con las actitudes. Si cambiamos nuestra actitud, no solo veremos la vida de manera diferente, sino que la vida misma se transformará. La vida adquiere un nuevo aspecto porque hemos experimentado un cambio de actitud. Percibir un nuevo patrón es lo que yo considero una actitud creativa hacia la vida".

William Blake escribió:

En el sentido moderno de la palabra, los profetas nunca han existido. Jonás no
fue un profeta en el sentido moderno, porque su profecía sobre Nínive no se
cumplió. Cada individuo honesto es un profeta; expresa su opinión tanto sobre
lo privado como lo público. Por lo tanto: si continúas en ese camino, el resultado
será este. Nunca dice: "esto sucederá". Un profeta es un vidente, no un dictador
arbitrario.

La función del Profeta no es predecir lo inevitable, sino mostrar lo que puede ser construido a partir de las actividades imaginarias persistentes. El futuro es moldeado por las actividades imaginarias de la humanidad, en su marcha creativa, actividades que se pueden ver en "tus sueños y las visiones que has tenido en tu cama".

"Ojalá todo el pueblo del Señor fuera profeta" en el verdadero sentido de la palabra, como este bailarín que ahora, desde la cima de su ideal realizado, mira cumbres aún más altas que escalar. Después de leer esta historia, comprenderás por qué está tan seguro de que puede predestinar cualquier futuro material que desee, y por qué también está seguro de que otros le otorgan realidad a lo que, de otro modo, sería un simple producto de su imaginación. No puede existir nada fuera de la imaginación en algún nivel. Nada sigue existiendo a menos que la imaginación lo sostenga.

La mente puede hacer sustancia y la gente planetas propios con seres más brillantes que nunca, y dar aliento a formas que pueden sobrevivir toda carne.
—Lord G. Byron.

«Mi historia comienza a los diecinueve años. Era un instructor de baile moderadamente exitoso y me mantuve en ese estado durante casi cinco años. Al final de ese período, conocí a una joven que me instó a asistir a tus conferencias. Cuando escuché tus palabras "La imaginación crea la realidad" inicialmente me pareció ridículo. Sin embargo, acepté tu desafío y decidí refutar tu teoría. Compré tu libro "Fuera de este mundo" y lo leí muchas veces. Aunque no estaba convencido, me fijé una meta ambiciosa. En ese momento, trabajaba como instructor en el estudio de danza Arthur Murray y mi objetivo era obtener una franquicia y dirigir mi propio estudio de Arthur Murray.

Esto parecía lo más improbable del mundo, ya que las franquicias eran extremadamente difíciles de conseguir y, además, no contaba con los fondos necesarios para establecer un negocio de ese tipo. Sin embargo, asumí el sentimiento de mi deseo cumplido y noche tras noche, en mi imaginación, me dormía siendo el propietario de mi propio estudio.

Tres semanas después, recibí una llamada de un amigo en Reno, Nevada. Él tenía un estudio Murray allí y me propuso asociarnos, ya que enfrentaba dificultades para gestionarlo solo. Acepté emocionado; de hecho, tan emocionado que tomé prestado dinero y me mudé rápidamente a Reno, olvidando completamente tu historia sobre la imaginación.

Mi compañero y yo trabajamos arduamente y logramos un gran éxito. Sin embargo, después de un año, mi ambición seguía insatisfecha, deseaba más. Comencé a explorar formas y medios para obtener otro estudio. Todos mis esfuerzos fracasaron.

En una noche en la que me encontraba inquieto antes de dormir, decidí leer para distraerme. Mi vista recayó sobre tu delgado libro, "Fuera de este mundo". Recordé el 'absurdo disparate' que había escuchado un año antes de conseguir mi propio estudio. ¡Conseguir mi propio estudio! ¡Las palabras resonaron en mi mente como una descarga eléctrica! Esa noche leí nuevamente el libro y luego, en mi imaginación, escuché a mi superior elogiando nuestro trabajo en Reno y sugiriendo que adquiriéramos un segundo estudio, ya que había una ubicación lista para nosotros si deseábamos expandirnos. Repetí esta escena imaginaria noche tras noche sin excepción. Tres semanas después de haber comenzado mi drama imaginario, lo que había visualizado se materializó, casi palabra por palabra. Mi socio aceptó la oferta para abrir un nuevo estudio en Bakersfield y yo quedé a cargo del estudio de Reno. Ahora estaba convencido de la verdad de tu enseñanza y nunca más la olvidaré.

Deseaba compartir este asombroso conocimiento sobre el poder de la imaginación con mi equipo. Intenté transmitirles las maravillas que podían lograr, pero muchos no parecían captar el mensaje. A pesar de ello, un incidente extraordinario surgió de mis esfuerzos por comunicar esta historia. Un joven profesor expresó que creía en mi historia, pero que probablemente con el tiempo habría ocurrido de todos modos. Insistió en que toda la teoría era absurda, pero añadió que estaría dispuesto a creer si yo le contara algo increíble que realmente sucediera y del cual él pudiera ser testigo. Acepté su desafío y concebí una prueba verdaderamente fantástica.

Mi estudio en Reno era uno de los más pequeños en el sistema Murray, debido a la limitada población de la ciudad. Existen más de trescientos estudios Murray en todo el país, ubicados en ciudades mucho más grandes, por lo tanto, proporcionan mayores posibilidades de rentabilidad. Así que mi prueba fue la siguiente: le dije al profesor que en los próximos tres meses, durante una convención nacional de danza, el pequeño Estudio de Reno sería el tema principal de conversación. Con calma, él respondió que eso era prácticamente imposible.

Esa noche, cuando me acosté, me sentí a mí mismo frente a una audiencia tremenda. Hablaba sobre la "Imaginación creativa" y podía sentir el nerviosismo de estar ante una vasta audiencia, pero también sentía la maravillosa sensación de aceptación de la audiencia. Escuché el estruendo de aplausos y cuando salí del escenario, vi al Sr. Murray acercarse y estrechar mi mano. Repetí todo este drama noche tras noche. Comenzó a tomar 'tonos de realidad' y supe que ¡lo había logrado nuevamente! Mi drama imaginario se materializó hasta el último detalle.

Mi pequeño estudio de Reno fue el 'tema' de la convención y aparecí en ese escenario tal como lo había hecho en mi imaginación. Pero, incluso después de este increíble suceso, el joven profesor que me había desafiado aún no estaba completamente convencido. Afirmó que todo había ocurrido de manera natural y que estaba seguro de que habría sucedido de todos modos.

No me preocupó su actitud, ya que su desafío me había brindado otra oportunidad para demostrar, al menos para mí mismo, que la imaginación realmente crea la realidad. A partir de ese momento, persistí en mi deseo de convertirme en el dueño del estudio de danza Arthur Murray más grande del mundo. Noche tras noche, en mi imaginación, escuché cómo aceptaba la oportunidad de adquirir la franquicia de un estudio en una gran ciudad. Pasadas tres semanas, recibí una llamada del Sr. Murray quien me ofreció un estudio en una ciudad con una población de un millón y medio de personas. Ahora mi objetivo es convertir mi estudio en el más grande y espectacular de todo el sistema. Y, por supuesto, tengo plena certeza de que se materializará, gracias a mi imaginación».

—E.O.L. Jr.

Douglas Fawcett escribe: "La imaginación puede ser difícil de captar, siendo movediza se desvanece en cada una de sus transformaciones, desplegando así su magia transformadora".

Debemos mirar más allá del hecho físico hacia la imaginación que lo ha causado.

Durante un año, E.O.L. Jr. se perdió en su metamorfosis, afortunadamente, recordó 'el absurdo disparate' que había escuchado antes de adquirir su propio estudio y leer nuevamente el libro.

En el nivel humano, los actos imaginarios necesitan un cierto intervalo de tiempo para desarrollarse, pero los actos imaginarios, ya sean que se hayan plasmado en palabras impresas o se hayan conservado en el corazón de un ermitaño, con el tiempo se materializarán. Ponte a prueba, aunque sea por simple curiosidad. Descubrirás que el "Profeta" es tu propia imaginación y sabrás que "no es ficción".

> *Nunca estaremos seguros de que no fue una mujer pisando en el lagar quien comenzó ese sutil cambio en la mente de los hombres ... O que la pasión, por la cual tantos países fueron entregados a la espada, no comenzaron en la mente de algún pastor, iluminando sus ojos por un momento antes de que corriera en su camino.*
> —William Butler Yeats.

No es ficción. La imaginación se manifiesta en lo que se convierte nuestra vida. "Y se los he dicho ahora, antes de que suceda, para que cuando suceda, puedan creer".

Los griegos estaban en lo correcto: "Los dioses han descendido a nosotros en forma de hombres". Sin embargo, han caído en un sueño y no son conscientes del poder que ejercen sus actividades imaginativas. "Los sueños de los dioses son reales, y su placer fluye suavemente en un largo sueño inmortal".

E.B., una autora, es plenamente consciente de que "la ficción de hoy puede convertirse en un hecho del mañana". En esta carta, ella escribe:

«Una primavera, terminé de escribir una novela, la vendí y la olvidé. Pasaron muchos meses antes de que me sentara y comparara sorprendida algunos "hechos" en mi ficción con algunos "hechos" en mi vida. Permíteme presentarte un breve resumen de la historia que escribí. Luego, compara con mi experiencia personal.

La heroína de mi historia emprendió un viaje de vacaciones a Vermont. Concretamente viajó a la pequeña ciudad de Stowe, Vermont. Al llegar a su destino, se encontró con un comportamiento desagradable por parte de su acompañante, lo que la llevó a enfrentarse a una decisión: continuar con su patrón de vida de permitir que las demandas egoístas de otra persona la dominaran, o romper ese patrón y alejarse. Ella optó por romperlo y regresó a Nueva York. Tras su regreso, la historia continúa, los eventos se desarrollan y culminan en una propuesta de matrimonio que ella acepta felizmente.

En lo que respecta a mi parte en esta historia... a medida que los pequeños acontecimientos se desplegaban, empecé a recordar las palabras que había escrito con mi propio lápiz y la relación significativa que tenía. Esto es lo que me sucedió:

Recibí una invitación de una amiga, quien me ofreció unas vacaciones en su casa de verano en Vermont. Yo acepté y, al principio, no me sorprendí al descubrir que su casa de verano estaba ubicada en la ciudad de Stowe. Sin embargo, cuando llegué, me di cuenta de que mi amiga estaba en un estado

nervioso. Comprendí que tenía dos opciones: pasar un verano miserable o marcharme. A lo largo de mi vida, nunca había sido lo suficientemente fuerte como para ignorar lo que consideraba las demandas del deber y la amistad, pero esta vez lo hice. Sin ninguna ceremonia, regresé a Nueva York. Pocos días después de mi regreso, recibí también una propuesta de matrimonio. Sin embargo, aquí es donde la realidad y la ficción divergieron. Rechacé la propuesta. Yo sé, Neville, no existe tal cosa como la ficción»
—E.B.

Olvidadiza es la tierra verde, solo los dioses recuerdan eternamente ... Por sus grandes memorias son conocidos los dioses.

Los fines corren fieles a sus orígenes imaginarios, cosechamos el fruto de un tiempo de florecimiento olvidado. En la vida, los eventos no siempre surgen donde hemos esparcido la semilla; así que puede que no reconozcamos nuestra propia cosecha. Los acontecimientos son la aparición de una actividad imaginaria oculta. La gente es libre de imaginar lo que desee. Por eso, a pesar de todos los fatalistas y los errados profetas de calamidades, todas las personas despiertas saben que son libres. Ellas saben que están creando la realidad. ¿Hay un pasaje bíblico para apoyar esta afirmación? Sí: "Tal como nos lo había interpretado, así sucedió" (Génesis 41:13).

W. B. Yeats debe haber descubierto que "no es ficción" porque, después de describir algunas de sus experiencias en el uso consciente de la imaginación, escribe:

"Si todos los que han descrito acontecimientos como este no han soñado, deberíamos reescribir nuestras historias, ya que todas las personas, ciertamente todas las imaginativas, deben estar siempre lanzando encantamientos, espejismos, ilusiones; y todas las personas, especialmente las pasivas, quienes no tienen una vida egotista poderosa deben pasar continuamente bajo su poder. Nuestros pensamientos más elaborados, propósitos elaborados, emociones precisas, a menudo, como yo pienso, no son realmente nuestros, sino que han subido repentinamente, por así decirlo, desde el infierno o han bajado desde el cielo".

"No es ficción". Imagina mejor que lo mejor que sabes.

CAPÍTULO 5

HILOS SUTILES

Todo lo que contemplas, aunque parezca afuera, está dentro, en tu imaginación, de la cual este mundo de mortalidad no es más que una sombra.
—Blake.

Nada aparece o continúa existiendo por un poder propio. Los eventos suceden porque actividades imaginarias comparativamente estables las crearon y continúan existiendo gracias al respaldo que reciben de dichas actividades imaginarias. En esta serie de historias, se pone de manifiesto el papel que desempeña la imaginación del deseo cumplido en la consciente creación de circunstancias. Observarás cómo la narración de una historia acerca del exitoso uso de la imaginación puede actuar como estímulo y desafío para que otros lo "prueben" y "vean".

Una noche, uno de los caballeros presentes en mi audiencia se levantó y manifestó que no tenía preguntas que hacer, sino que deseaba compartir algo conmigo. Esta fue su historia:

«Cuando dejó las Fuerzas Armadas después de la Segunda Guerra Mundial, consiguió un empleo que le proporcionaba un salario de veinticinco dólares a la semana. Tras diez años, estaba ganando seiscientos dólares al mes. En ese momento, adquirió mi libro "Imaginación Despierta" y leyó el capítulo titulado 'Las Tijeras de Podar de la Revisión'. A través de la práctica diaria de la 'Revisión', tal como se describe allí, logró comunicar a mi audiencia, dos años después, que sus ingresos eran equivalentes a los del presidente de los Estados Unidos».

Entre los presentes en mi audiencia había un hombre que, según su confesión, se encontraba en bancarrota. Había leído el mismo libro, pero de pronto se dio cuenta de que no había aprovechado su imaginación para resolver su problema financiero. Decidió que intentaría imaginarse a sí mismo como el ganador del pozo 5-10 en el hipódromo de Caliente. Esto es lo que expresó:

«En este grupo, uno intenta seleccionar a los ganadores de la quinta a la décima carrera. Entonces, esto fue lo que hice: en mi imaginación, clasifiqué mis boletos y sentí que tenía a cada uno de los seis ganadores. Representé esta escena una y otra vez en mi mente, hasta que realmente sentí la "piel de gallina". Entonces 'vi' al cajero dándome una gran suma de dinero que guardé bajo mi camisa imaginaria. Ese fue todo mi drama imaginario; y durante tres semanas, noche tras noche, recreé esta escena y me dormí en la acción.

Después de tres semanas, viajé físicamente al hipódromo de Caliente, y ese día cada detalle de mi juego imaginativo se hizo realidad. El único cambio en la escena fue que el cajero me dio un cheque por un total de ochenta y cuatro mil dólares, en lugar de dinero en efectivo»

—T.K.

Después de mi conferencia, la noche en que se compartió esta historia, un hombre del público me preguntó si yo creía posible que él pudiera replicar la experiencia de T.K. Le respondí que él mismo debía decidir las circunstancias de su escena imaginaria. Sin embargo, independientemente de la escena que eligiera, debía crear un drama que resonara naturalmente con su ser y visualizar el desenlace con intensidad, infundiendo todo el sentimiento que pudiera convocar. No debía esforzarse por los medios hacia el fin, sino vivir imaginativamente el sentimiento del deseo cumplido. Un mes más tarde, me presentó un cheque por dieciséis mil dólares que había ganado en otro sorteo 5-10 en el mismo hipódromo de días anteriores. Este hombre experimentó una interesante repetición de la buena fortuna de T.K.

Con su primer triunfo, logró superar sus dificultades financieras inmediatas, no obstante, quería más dinero para la seguridad futura de su familia. Además, y aún más importante para él, deseaba demostrar que esto no había sido una "casualidad". Razonó que si su buena suerte pudiera manifestarse por segunda vez consecutiva, la llamada "ley de porcentajes" daría paso a la comprobación de que sus estructuras imaginarias estaban realmente generando esta asombrosa "realidad". Por lo tanto, decidió poner a prueba su imaginación nuevamente. Continúa su relato:

«Yo anhelaba tener una cuenta bancaria significativa, lo cual para mí se traducía en 'ver' un gran saldo en mi estado de cuenta. Así que, en mi imaginación, diseñé una escena que me llevaba a dos bancos. En cada uno, visualizaba una sonrisa agradecida en el rostro del gerente al entrar al establecimiento y escuchaba un saludo cordial del cajero. Pedía ver mi estado de cuenta. En un banco, 'veía' un saldo de diez mil dólares, mientras que en el otro, 'veía' un saldo de quince mil dólares.

Pero mi escena imaginaria no terminó allí. Inmediatamente después de visualizar mis saldos bancarios, dirigía mi atención a mi sistema de apuestas de carreras de caballos. A través de una progresión de diez pasos, aumentaba mis ganancias a 11.533 dólares, partiendo de un capital inicial de doscientos dólares. Dividía las ganancias en doce montones sobre mi escritorio. Contando el dinero con mis manos imaginarias, colocaba mil dólares en cada uno de los once montones y los restantes quinientos treinta y tres dólares en el último montón. De este modo, mi balance imaginario ascendía a 36.533 dólares, incluyendo mis saldos bancarios.

Recreaba esta escena imaginativa cada mañana, tarde y noche durante menos de un mes, y el día dos de marzo regresé al hipódromo de Caliente. Realicé mis apuestas, pero de manera curiosa y sin saber por qué, dupliqué seis boletos adicionales exactamente iguales a los seis ya hechos. Sin embargo, en la décima selección cometí un 'error' y dupliqué dos boletos. Al anunciarse los ganadores, resultó que había obtenido dos de ellos, con un pago de 16.423 dólares cada uno. También tenía seis boletos de consolación, cada uno pagando 656 dólares. La suma total combinada ascendió a 36.788 dólares. Mi saldo imaginario, un mes atrás, había sido de 36.533 dólares. Dos aspectos especialmente notables para mí fueron que, aparentemente por accidente, había marcado dos boletos ganadores de manera idéntica y también que al concluir la novena carrera (una de las principales ganadoras), el entrenador intentó retirar al caballo, pero los administradores rechazaron su solicitud»

—A.J.F.

Cuán sutiles fueron los hilos que lo llevaron a su objetivo. Los resultados deben dar testimonio de nuestra imaginación o, de lo contrario, en realidad no estamos imaginando el final en absoluto. A.J.F. fielmente imaginó el final, y todas las circunstancias colaboraron para favorecer su cosecha. Su "error" al duplicar un boleto ganador y la negativa del administrador a la solicitud del entrenador fueron sucesos engendrados por el drama imaginativo para llevar adelante el plan de los acontecimientos hacia su meta.

Belfort Bax expresó: "El azar puede definirse como ese elemento en el cambio de realidad, es decir, en la fluida síntesis de eventos que es irreducible a la ley o la categoría causal".

Para vivir con sabiduría, debemos ser conscientes de nuestras actividades imaginativas o, al menos, del propósito hacia el que apuntan. Debemos asegurarnos de que sea el fin que deseamos. La imaginación sabia se alinea únicamente con aquellas actividades que son valiosas o que prometen el bienestar.

Aunque pueda parecer que estamos interactuando con un mundo material, en verdad estamos viviendo en un mundo de imaginación. Cuando llegamos a comprender que no es el mundo físico de los hechos el que da forma a nuestra vida, sino más bien las actividades imaginativas, entonces el mundo físico deja de ser la realidad, y el mundo de la imaginación deja de ser un simple sueño.

¿Zigzaguea el camino cuesta arriba todo el trayecto?
Sí, hasta el último tramo.
¿El viaje se prolongará durante todo el día?
Desde el amanecer hasta la noche, mi amigo".
—Christina Georgina Rossetti, "Cuesta Arriba

CAPÍTULO 6

FANTASÍA VISIONARIA

> *La naturaleza de la fantasía visionaria o la imaginación, es ampliamente desconocida, y la naturaleza externa y la permanencia de sus imágenes siempre existentes es considerada menos permanente que las cosas de naturaleza vegetativa y generativa. No obstante, el roble se extingue al igual que la lechuga, pero su eterna imagen e individualidad nunca mueren, sino que se renuevan a través de su semilla; de manera similar, la imagen imaginativa retorna por la semilla del Pensamiento Contemplativo.*
> —Blake.

Las imágenes creadas por nuestra imaginación son las realidades de las cuales cualquier manifestación física es simplemente la sombra. Si somos fieles a nuestra visión, la imagen misma dará origen a la única manifestación física que tiene el derecho de materializarse. Hablamos de la 'realidad' de algo cuando nos referimos a su sustancia material. Eso es exactamente lo que un imaginador quiere decir por su 'irrealidad' o sombra.

Imaginar constituye una sensación espiritual. Entra en el sentimiento de tu deseo cumplido. A través de la sensación espiritual, utilizando los sentidos imaginarios de la vista, el sonido, el olfato, el sabor y el tacto, dotarás a tu imagen de la vivacidad sensorial necesaria para que se manifieste en tu mundo externo o mundo de sombras.

Aquí está la historia de alguien que fue fiel a su visión. F.B. siendo un verdadero imaginador, recordó lo que había oído en su imaginación y lo relata de la siguiente manera:

«Un amigo que conoce mi apasionada afición por la ópera intentó conseguir para mí, en Navidad, la grabación completa de Tristán e Isolda, interpretada por Kirsten Flagstad. En más de una docena de tiendas de discos, se encontró con la misma respuesta: "RCA Víctor no está reeditando esta grabación y no ha habido copias disponibles desde junio".

El 27 de diciembre, decidí poner a prueba tu principio una vez más, con la firme intención de obtener el álbum que anhelaba. Recostado en mi sala de estar, mentalmente entré en una tienda de discos que frecuento y le pregunté al vendedor, cuya cara y voz puedo evocar:

"¿Tiene usted la grabación completa de Isolda de Flagstad?"

"Sí, la tengo", me respondió.

Esa escena concluyó y la repetí hasta que fue 'real' para mí.

Esa misma tarde, me dirigí a esa tienda de discos para recrear físicamente la escena. Ningún detalle captado por mis sentidos me sugería que pudiera salir de la tienda con esos discos. El pasado mes de septiembre, el mismo vendedor, en esa misma tienda, me había contado la misma historia que había mencionado mi amigo antes de Navidad.

Acercándome al vendedor que había visualizado esa mañana en mi imaginación, dije:

"¿Tiene la grabación completa de Isolda de Flagstad?"

"No, no la tenemos", respondió.

Sin pronunciar palabra audible para él, en mi interior afirmé: "¡Eso no es lo que te oí decir!".

Al darme la vuelta para marcharme, noté en un estante superior lo que me pareció un anuncio de esta serie de discos, y le comenté al vendedor:

"Si no tiene el producto, no debería promocionarlo".

"Tiene razón", respondió.

Cuando se acercó para retirar el anuncio, descubrió que era un álbum completo, con los cinco discos.

Aunque la escena no se desplegó exactamente como la había construido, el resultado confirmó lo que implicaba mi escena imaginaria. ¿Cómo poder expresar mi gratitud?»

—F.B.

Después de leer la carta de F.B., coincidiremos con Anthony Eden en que: "Una asunción, aunque falsa, si se persiste se materializará en un hecho".

La fantasía de F.B. fusionándose con el campo de los sentidos de la tienda de discos, enriqueció sus aspectos y los hizo sentir como propios: lo que percibió. Nuestro futuro es nuestra imaginación en su marcha creativa. F.B. empleó su imaginación con un propósito consciente al representar la vida tal como la deseaba, ejerciendo así una influencia sobre la vida en lugar de meramente reflejarla. Tan seguro estaba de que su escena imaginaria era la realidad y que el acto físico solo era una sombra, que cuando el vendedor respondió "No, no lo tenemos", F.B. en su mente replicó: "¡Eso no es lo que te oí decir!" No solo recordó lo que había escuchado, sino que lo seguía recordando. Imaginar el deseo cumplido es la búsqueda que encuentra, la petición que recibe, la llamada a la cual se le abre. Él vio y oyó lo que deseaba ver y oír; y no aceptaría un "No, no lo tenemos" por respuesta.

El imaginador sueña mientras está despierto. No es el sirviente de su visión, sino el maestro de la dirección de su atención. La constancia imaginativa controla la percepción de los acontecimientos en el espacio-tiempo. Desafortunadamente, la mayoría de las personas son...

Siempre cambiante, como un ojo sin alegría que no encuentra ningún objeto digno de su constancia.

La Sra. G.R., también había escuchado imaginativamente lo que deseaba escuchar físicamente, y sabía que el mundo externo debía confirmar esa realidad. Esta es su historia:

«Hace un tiempo pusimos a la venta nuestra casa, un paso necesario para adquirir una propiedad más grande en la que habíamos colocado un depósito. Si bien varias personas estaban dispuestas a comprar nuestra casa de inmediato, nos vimos en la obligación de explicar que no podíamos cerrar ningún trato hasta estar seguros de si nuestra oferta por la propiedad deseada había sido aceptada o no.

En ese momento, un agente inmobiliario nos contactó y literalmente nos suplicó permitirle mostrar nuestra casa a un cliente suyo, quien tenía un interés ferviente por esta ubicación y estaba dispuesto a pagar aún más de lo que pedíamos. Explicamos nuestra situación tanto al agente como a su cliente; ambos afirmaron que estaban dispuestos a esperar hasta que resolviéramos nuestro otro trato. El agente nos solicitó que firmáramos un documento que, según él, no nos ataría de ninguna manera, pero le otorgaría la primera opción en caso de concretarse nuestro otro trato. Accedimos a firmar dicho documento, y posteriormente nos enteramos de que, según las leyes de bienes raíces de California, no podíamos haber quedado más atados. Unos días después, nuestra oferta por la nueva propiedad fracasó, así que notificamos al agente y su respuesta verbal fue: "Bueno, olvídenlo". Sin embargo, dos semanas después, el agente presentó una demanda contra nosotros por una comisión de mil quinientos dólares. Se estableció la fecha para el juicio, y solicitamos un juicio con jurado.

Nuestro abogado nos aseguró que haría lo que estuviera a su alcance, pero que la ley en torno a este asunto en particular era tan rigurosa que no veía posibilidad alguna de que ganáramos el caso. Cuando llegó la hora del juicio, mi esposo se encontraba en el hospital y no pudo estar presente para defender nuestro caso. Nosotros carecíamos de testigos, mientras que el agente llevó a la corte tres abogados y una serie de testigos contra nosotros. Nuestro abogado me comunicó que ahora no teníamos ni la menor posibilidad de ganar.

En ese momento, recurrí a mi imaginación y lo que hice fue lo siguiente: Ignorando por completo todo lo que decían los abogados, testigos y el juez, que parecían favorecer al demandante, me centré únicamente en las palabras que deseaba escuchar. En mi imaginación, presté atención y escuché al presidente del jurado pronunciar: "Encontramos al acusado, no culpable". Escuché hasta que supe que era verdad. Cerré el oído de mi mente a todo lo que se decía en esa sala y solo escuché esas palabras: "¡Encontramos al acusado, no culpable!"

El jurado deliberó desde el receso del mediodía hasta las cuatro y media de la tarde, y durante todas esas horas, permanecí en la sala del tribunal, y escuché esas palabras una y otra vez en mi imaginación. Cuando los jurados regresaron, el juez le pidió al presidente del jurado que se levantara y diera su veredicto. El presidente se levantó y dijo: "Encontramos al acusado, no culpable"»

—Sra. G.R.

"Si hubiera sueños para vender, ¿qué comprarías?" ¿No comprarías tu deseo cumplido? Tus sueños no tienen precio ni dinero. Al encerrar al jurado dentro de su imaginación, escuchando solo lo que deseaba escuchar, convocó a la unanimidad a su favor. La imaginación, siendo la realidad de todo lo que existe, permitió a la señora lograr su deseo cumplido.

La afirmación de Hebbel de que "el poeta crea desde la contemplación" también es válida para los imaginadores. Ellos saben cómo emplear sus fantasías audiovisuales para dar forma a la realidad. Nada resulta tan perjudicial como el conformismo. No debemos permitir que la férrea fijación en los hechos nos constriña. Cambia la imagen, y así cambias el hecho.

R.O. utilizaba el arte de ver y sentir para plasmar su visión en la imaginación:

«Hace un año, llevé a mis hijos a Europa y dejé mi apartamento amueblado bajo el cuidado de mi criada. Al regresar a los Estados Unidos unos meses después, descubrí que mi criada y todos mis muebles habían desaparecido. El administrador del edificio afirmó que la criada había movido mis muebles "por mi solicitud".

En ese momento, no había nada que pudiera hacer, así que nos fuimos con mis hijos a un hotel. Por supuesto, reporté el incidente a la policía y también contraté detectives privados para investigar el caso. Ambas entidades revisaron cada compañía de mudanzas y cada bodega en Nueva York, sin éxito. No había rastro alguno de mis muebles ni de mi criada.

Habiendo agotado todas las fuentes externas, recordé tus enseñanzas y decidí emplear mi imaginación en este asunto. Así que, sentada en mi habitación de hotel, cerré los ojos y me vi en mi propio apartamento, sentada en mi silla favorita, rodeada de todos mis muebles personales. Miré al otro lado de la sala, hacia el piano, donde solía tener fotos de mis hijos. Continué mirando el piano hasta que toda la sala se volvió vívidamente real para mí. Podía ver las fotos de mis hijos y realmente sentir la textura del tapizado de la silla en la cual, en mi imaginación, me encontraba sentada.

Al día siguiente, cuando salí del banco, giré para dirigirme hacia mi apartamento vacío en lugar de ir al hotel. Al llegar a la esquina, me di cuenta de mi 'error' y estaba a punto de dar la vuelta cuando noté unos tobillos muy familiares. Efectivamente, eran los tobillos de mi criada. Me acerqué a ella y la tomé del brazo. Estaba algo asustada, pero le aseguré que solo quería recuperar mis muebles. Llamé a un taxi y nos llevó al lugar donde sus amigos tenían almacenados mis muebles. En un solo día, mi imaginación encontró lo que toda una fuerza policial en la gran ciudad y los investigadores privados no habían logrado hallar en semanas».

—R.O.

Esta señora conocía el secreto de la imaginación antes de recurrir a la policía, pero la importancia de la imaginación fue eclipsada debido a que la atención se centró en los hechos. A pesar de ello, aquello que la razón no pudo hallar por medio de la fuerza, la imaginación lo encontró sin dificultad. Nada simplemente continúa, incluida la sensación de pérdida, sin el respaldo de la imaginación. Al imaginar que se encontraba sentada en su propia silla, en su propio salón, rodeada por todos sus muebles, retiró el soporte imaginario que había concedido a su sensación de pérdida y, a través de este cambio imaginativo, recuperó sus muebles perdidos y restauró su hogar. Tu imaginación es más creativa cuando imaginas las cosas como deseas que sean, construyendo una nueva experiencia a partir de un sueño de fantasía.

Para construir tal sueño de fantasía en su imaginación, F.G. empleó todos sus sentidos: la vista, el sonido, el tacto, el olfato e incluso el sabor. Esta es su historia:

«Desde niño, he soñado con visitar lugares lejanos. Las Indias Occidentales, en particular, avivaban mi fantasía y me deleitaba en la sensación de estar realmente allí. Los sueños son maravillosamente económicos, y en la adultez, continué soñando mis sueños, ya que carecía tanto de dinero como de tiempo para convertirlos en realidad.

El año pasado, tuve que ser hospitalizado para someterme a una cirugía. Había escuchado tus enseñanzas y, mientras me recuperaba, decidí intensificar mi sueño favorito, aprovechando el tiempo libre que tenía. De hecho, escribí a la línea de Barcos 'Alcoa' solicitando folletos gratuitos de viaje, y los estudié minuciosamente, hora tras hora, eligiendo el barco, la cabina y los siete puertos que más anhelaba visitar. Cerraba los ojos y, en mi imaginación, avanzaba por la pasarela del barco, sintiendo el balanceo del agua mientras el imponente navío se abría paso en el océano. Escuchaba el sonido de las olas chocando contra los costados del barco; percibía el cálido resplandor del sol tropical en mi rostro; inhalaba y saboreaba la salinidad del aire mientras todos navegábamos por las aguas azules. Durante una semana entera, confinado en una cama de hospital, viví la alegre y gratuita experiencia de estar verdaderamente en ese barco. El día antes de mi salida del hospital, guardé los folletos coloridos y los olvidé por completo. Pasaron dos meses y luego recibí un telegrama de una agencia de publicidad anunciando que había ganado un concurso. Recordé haber depositado un cupón de concurso unos meses atrás en un supermercado cercano, aunque había olvidado completamente el acto. Resultó que había ganado el primer premio y, para sorpresa mía, el premio incluía un crucero por el Caribe patrocinado por la línea de barcos 'Alcoa'. Pero la sorpresa no terminó ahí. Me asignaron el mismo camarote en el que había vivido imaginativamente mientras estaba confinado en la cama de hospital. Y para hacer una historia increíble, aún más increíble, tuve la oportunidad de viajar en el barco que había elegido, y no solo eso, sino que el barco hizo escala en los siete puertos que había deseado visitar».

—F.G.

Viajar es un privilegio no solo de los ricos, sino de los que tienen la capacidad de imaginar.

CAPÍTULO 7

ESTADO DE ÁNIMO

Vivimos en una época en la que el estado de ánimo determina el destino de las personas en lugar de que el destino determine el estado de ánimo.
—Sir Winston Churchill.

Las personas a menudo consideran sus estados de ánimo como efectos en lugar de verlos como causas. Los estados de ánimo actúan como actividades imaginarias que son esenciales para cualquier forma de creación. Afirmamos sentirnos felices porque hemos alcanzado nuestras metas, pero no siempre reconocemos que este proceso también funciona en sentido contrario: logramos nuestras metas al asumir el feliz sentimiento del deseo cumplido.

Los estados de ánimo no se limitan únicamente a ser resultado de las circunstancias de nuestras vidas; también desempeñan un papel crucial en la creación de esas circunstancias.

En "La Psicología de las Emociones", el profesor Ribot, escribe: "Una idea que se mantiene solo como una idea, no produce nada y no hace nada. Solamente actúa cuando va acompañada de un estado efectivo, cuando despierta tendencias, es decir, elementos motores".

La protagonista de la siguiente historia sintió exitosamente el sentimiento de su deseo cumplido, hizo de su estado de ánimo el carácter de la noche, cristalizado en un encantador sueño.

«La mayoría de nosotros disfrutamos la lectura de cuentos de hadas, aunque reconocemos que las narrativas sobre riquezas inverosímiles y buena fortuna son para el deleite de los más jóvenes. Pero, ¿es esto realmente así? Quiero compartir algo increíblemente maravilloso que me sucedió por el poder de mi imaginación, y te aclaro que no soy precisamente "joven" en términos de edad. Vivimos en una época que no cree en fábulas ni en magia, sin embargo, todo lo que posiblemente podría desear en mis sueños más increíbles, me fue dado por el simple uso de lo que tú enseñas: que la imaginación crea la realidad y que el sentimiento es el secreto de la imaginación.

En el momento en que me sucedió todo esto, me encontraba desempleada y no tenía familia a la cual recurrir para pedir ayuda. Necesitaba casi todo. Para encontrar un empleo digno, necesitaba un automóvil para desplazarme y, aunque poseía uno, se encontraba en tal estado de deterioro que estaba a punto de desarmarse. Estaba atrasada en el pago del alquiler, carecía de vestimenta adecuada para entrevistas laborales y, actualmente, no resulta sencillo para una mujer de cincuenta y cinco años solicitar cualquier tipo de trabajo. Mi cuenta bancaria estaba casi agotada y no había ningún amigo al que pudiera recurrir.

Había asistido a tus conferencias durante casi un año, y la desesperación me empujó a poner a prueba mi imaginación. De hecho, no tenía nada que perder. Consideré que lo más lógico sería comenzar visualizando que poseía todo lo que necesitaba. Sin embargo, las necesidades eran tantas y el tiempo tan limitado, que al final de mi lista me encontraba exhausta. En ese momento, estaba tan nerviosa que no podía dormir. En una de tus conferencias, mencionaste el caso de una artista que, en su experiencia personal, capturó el "sentimiento" o "palabra" como lo describiste, de: "¡Qué maravilloso!". Decidí aplicar esta idea a mi situación. En lugar de imaginar uno por uno todos los artículos que requería, intenté capturar el sentimiento de que algo maravilloso me estaba sucediendo; no en el futuro, sino en el presente. Me repetía a mí misma al momento de dormir: "¡Es maravilloso! ¡Algo maravilloso me está sucediendo ahora mismo!" Y mientras me dormía, experimentaba la sensación que anticiparía en tales circunstancias.

Durante dos meses consecutivos, repetí esa acción y sentimiento imaginarios, noche tras noche. Un día, a principios de octubre, me encontré con un conocido que no veía desde hace meses. Me contó que estaba a punto de viajar a Nueva York. Yo había vivido en Nueva York hace muchos años, así que conversamos un poco sobre la ciudad y luego nos despedimos. Pronto olvidé el encuentro. Un mes después, recibí una llamada de este hombre en mi apartamento, y para mi sorpresa, me entregó un cheque certificado por dos mil quinientos dólares a mi nombre. Al principio, me impactó ver mi nombre en un cheque por esa cantidad. La historia que se desencadenó parecía un sueño. Se trataba de un amigo a quien no había visto ni oído en más de veinticinco años. Resultó que este amigo de mi pasado, me enteré ahora, se había vuelto extremadamente rico durante ese tiempo. Nuestro conocido en común, quien me entregó el cheque, lo había encontrado por casualidad durante su reciente viaje a Nueva York. Durante su conversación, hablaron de mí, y por razones que aún desconozco (pues hasta el día de hoy no he tenido contacto personal con él, ni he intentado buscarlo), este antiguo amigo decidió compartir parte de su gran riqueza conmigo.

Durante los dos años siguientes, recibí cheques mensuales tan generosos que no solo cubrían mis necesidades cotidianas, sino que también me permitían disfrutar de los placeres de la vida: un automóvil, ropa, un amplio apartamento y, lo mejor de todo, la seguridad de no tener que preocuparme por ganarme el pan de cada día.

El mes pasado, llegó a mis manos una carta junto con documentos legales que requerían mi firma. Estos documentos garantizaban la continuidad de este ingreso mensual por el resto de mi vida».

—T.K.

Si el necio persistiera en su necedad, se volvería sabio.

Sir Winston nos pide que actuemos en la asunción de que ya poseemos aquello que buscamos, "asumir una virtud, si no la tenemos". ¿Acaso no es este el secreto detrás de los milagros? Tal como en el caso del hombre con parálisis, se le indicó que se levantara, tomara su camilla y caminara, actuando mentalmente como si ya estuviera sano. Cuando las acciones de su imaginación se alinearon con lo que haría físicamente si estuviera sano, ocurrió la sanación.

«Esta es una historia sobre la que algunos podrían decir, "hubiera ocurrido de todos modos", pero quienes la lean con atención encontrarán espacio para maravillarse. Comienza hace un año, cuando dejé Los Ángeles para visitar a mi hija en San Francisco. En lugar de la persona alegre que siempre había conocido, la encontré sumida en profunda angustia. Sin conocer la causa detrás de su malestar y deseando no preguntar, esperé hasta que ella misma compartió que enfrentaba un grave problema financiero y necesitaba tres mil dólares de manera inmediata. No soy una mujer con recursos limitados, pero carecía de una cantidad considerable de efectivo disponible de inmediato. Conociendo a mi hija, sabía que de todos modos habría rechazado mi ayuda económica. Propuse prestarle el dinero, pero su negativa fue rotunda. En lugar de eso, me solicitó que la ayudara "a mi manera", refiriéndose a que aplicara mi imaginación, ya que le había contado sobre tus enseñanzas y al parecer algunas de mis palabras habían resonado en ella.

De inmediato, acepté este plan con la condición de que ella me ayudaría a ayudarla. Decidimos crear una escena imaginaria que ambas pudiéramos practicar, una en la que visualizáramos dinero llegando desde todas partes. Sentíamos que el dinero fluía hacia ella desde cada rincón, hasta que quedaba rodeada por un "mar" de dinero. Siempre realizábamos esta visualización con el sentimiento de alegría para todos los involucrados, sin detenernos en los medios, sino enfocándonos en la felicidad de todos. Esta idea pareció resonar con ella y sé que fue la impulsora detrás de lo que aconteció unos días después. Efectivamente, recuperó su estado de ánimo feliz y confiado, que era natural en ella, aunque en ese momento no existieran pruebas tangibles de dinero alguno. Mientras tanto, yo regresé a mi hogar en el este.

Al llegar a casa, llamé a mi madre (una encantadora jovencita de noventa y un años) quien me pidió de inmediato que la visitara. Aunque yo deseaba un día de descanso, su impaciencia no permitía posponerlo. Por supuesto, acudí a su llamado y, tras saludarme, me entregó un cheque por tres mil dólares a nombre de mi hija. Antes de que pudiera expresar nada, me otorgó tres cheques adicionales por un total de mil quinientos dólares destinados a los hijos de mi hija. ¿La razón detrás de esto? Me explicó que súbitamente, el día anterior, decidió compartir con quienes amaba el dinero en efectivo que poseía, mientras aún se encontraba 'aquí' para presenciar su felicidad al recibirlo.

¿Habría ocurrido de todos modos? No, definitivamente no en esta forma. No en esos días de urgente necesidad para mi hija, seguida por su repentina transformación hacia la alegría. Estoy segura de que su acto imaginario provocó este maravilloso cambio, que no solo trajo una gran felicidad a quien recibió, sino también a quien dio.

P.D: Casi olvido mencionar que, entre los cheques generosamente otorgados, también había uno para mí, por tres mil dólares».

—M.B.

Las oportunidades ilimitadas se revelan al reconocer que el cambio de enfoque de la imaginación no tiene límites. No existen restricciones. La trama de la vida es una construcción imaginaria que llevamos a cabo a través de nuestros estados de ánimo, no meramente por nuestras acciones físicas. Los estados de ánimo sirven como guías que dirigen con facilidad hacia lo que afirman; podríamos decir que dan forma a las circunstancias de la vida y determinan los eventos. El estado de ánimo del deseo cumplido es la marea alta que nos levanta sin esfuerzo de la restricción de los sentidos, donde normalmente nos hallamos anclados. Si somos conscientes de nuestro estado de ánimo y dominamos este secreto de la imaginación, podemos afirmar con certeza que todo aquello que nuestro estado de ánimo sostiene, se materializará.

La siguiente es la historia de una madre que tuvo éxito en sostener un estado de ánimo aparentemente "juguetón" con resultados sorprendentes:

«Seguramente habrás oído el cuento de las 'abuelas' sobre las verrugas: eso de pedirle a alguien que compre tu verruga para que desaparezca. Conozco este relato desde mi infancia, pero no fue hasta que asistí a tus conferencias que comprendí la verdad oculta tras este antiguo cuento. Mi hijo, un chico de diez años, numerosas verrugas grandes y antiestéticas en sus piernas, causando una irritación que lo había atormentado durante años. Decidí que mi repentina 'intuición' podría emplearse en su beneficio. Por lo general, los niños tienen una gran fe en sus madres, así que le pregunté si le gustaría deshacerse de sus verrugas. Rápidamente, accedió, aunque no quería ir al médico. Le propuse jugar un pequeño juego conmigo, y que yo le pagaría una suma de dinero por cada verruga. La idea le pareció atractiva; mencionó que no veía cómo podía perder. Llegamos a un acuerdo sobre el precio y entonces le dije: "Ahora, te estoy pagando una buena cantidad de dinero por esas verrugas; ya no te pertenecen. Nunca conservas algo que pertenezca a otra persona, así que ya no puedes conservar esas verrugas. Van a desaparecer. Puede tomar un día, dos días o incluso un mes, pero ten en cuenta que las he comprado y me pertenecen".

Mi hijo se mostró encantado con nuestro juego y el resultado suena como si hubiera sido extraído de algún antiguo libro de magia. Sin embargo, te aseguro que, en un lapso de diez días, las verrugas comenzaron a desvanecerse y, al cabo de un mes, todas las verrugas en su cuerpo habían desaparecido por completo.

Esta historia tiene una continuación, ya que adquirí verrugas de muchas otras personas. Ellos también encontraron esto bastante divertido y aceptaron gustosamente mis cinco, siete o diez centavos por verruga. En cada caso, la verruga efectivamente desapareció. Sin embargo, solamente una persona me cree cuando afirmo que fue su imaginación la que eliminó las verrugas. Esa persona es mi pequeño hijo».

—J.R.

El individuo que se imagina a sí mismo en un estado de ánimo asume la responsabilidad de los resultados que ese estado conlleva. Si no se imagina a sí mismo en ese estado de ánimo, siempre permanece libre de los resultados. El gran místico irlandés George William Russell (A.E.) escribió en "El Cirio de la Visión":

Me hice consciente de un veloz eco o respuesta a mis propios estados de ánimo en circunstancias que hasta entonces habían parecido inmutables en su indiferencia... Podía profetizar, a partir del surgimiento de nuevos estados de ánimo en mí, que sin buscarlo, pronto me encontraría con personas de cierta naturaleza, y efectivamente así sucedió. Incluso los objetos inanimados estaban bajo la influencia de estas afinidades.

Sin embargo, no necesitas esperar a que surjan nuevos estados de ánimo en ti mismo; puedes crear estados de ánimo felices a voluntad.

CAPÍTULO 8

A TRAVÉS DEL ESPEJO

Cuando un hombre mira un cristal,
Puede mantener en él sus ojos;
O si lo desea, pasar a través de él
Y entonces espiar el cielo.
—George Herbert.

Para poder percibir los objetos, primero deben penetrar de alguna manera en nuestro cerebro; sin embargo, esto no implica que estemos íntimamente conectados con nuestro entorno. Aunque la conciencia habitual se enfoca en los sentidos y generalmente queda limitada por ellos, existe la posibilidad de que el individuo trascienda la fijación en los sentidos y se adentre en cualquier estructura imaginaria que conciba, ocupándola tan completamente que su vivacidad y receptividad superen aquello sobre lo que sus sentidos "mantienen sus ojos".

Si esto no fuera cierto, el ser humano sería como un autómata, reflejando la vida, en lugar de influir en ella. El individuo, que es toda imaginación, no es un simple ocupante del cerebro, sino su dueño. No tiene que conformarse con las apariencias de las cosas; puede ir más allá de la percepción para alcanzar una conciencia conceptual. La capacidad de trascender la estructura mecánica y reflejante de los sentidos es el descubrimiento más crucial que una persona puede realizar. Este descubrimiento revela al individuo como un centro de imaginación dotado de poderes de intervención que le permiten alterar el curso de los eventos observados, avanzando de éxito en éxito a través de una serie de transformaciones mentales en su propio ser.

La atención, la punta de lanza de la imaginación, puede ser atraída desde el exterior cuando los sentidos "mantienen sus ojos" o dirigida desde el interior "si así lo desea" y, a través de los sentidos, puede pasar al deseo cumplido. Para trascender de la conciencia perceptual, donde las cosas son tal como parecen, a la conciencia conceptual, donde las cosas son como deberían ser, imaginamos una representación lo más vívida y realista posible de lo que veríamos, oiríamos y experimentaríamos si estuviéramos presentes físicamente y viviéramos las circunstancias como deberían ser. Luego, participamos imaginativamente en esa escena.

La siguiente historia nos relata la experiencia de alguien que pasó "a través del cristal" y rompió las cadenas que la ataban:

«Hace dos años, me llevaron al hospital debido a un grave problema de un coágulo de sangre que aparentemente había afectado todo mi sistema vascular, causando el endurecimiento de las arterias y artritis. Un nervio en mi cabeza resultó dañado y mi tiroides aumentó de tamaño. Los médicos no lograron ponerse de acuerdo acerca de la causa de esta condición, y todos sus tratamientos resultaron completamente ineficaces. Me vi forzada a abandonar todas las actividades que solía disfrutar y a pasar la mayor parte del tiempo en cama. Desde mis caderas hasta los dedos de los pies, sentía mi cuerpo como si estuviera aprisionado y amarrado por cables tensos. No podía poner los pies en el suelo sin usar medias elásticas largas y ajustadas.

Yo tenía cierto conocimiento de tus enseñanzas y hacía un gran esfuerzo por aplicar lo que había escuchado, pero a medida que mi condición empeoraba, no pude asistir a ninguna de tus conferencias y mi desaliento se profundizó aún más. Un día, un amigo me envió una postal con una hermosa vista de una playa. La imagen era tan cautivadora que la observé una y otra vez, y empecé a rememorar días pasados de verano en la orilla del mar junto a mis padres. Por un momento, la imagen de la postal pareció cobrar vida, y los recuerdos de mí corriendo libremente por la playa inundaron mi mente. Sentí la sensación de mis pies descalzos en la arena húmeda y compacta; experimenté el agua fría corriendo entre mis dedos y escuché el suave sonido de las olas rompiendo en la orilla. Esta actividad imaginaria resultó tan placentera incluso mientras seguía postrada en la cama, que continué recreando esta maravillosa escena día tras día durante aproximadamente una semana.

Una mañana, mientras me movía de la cama a un sofá, comencé a sentarme cuando de repente fui atacada por un dolor insoportable que paralizó mi cuerpo por completo. No podía sentarme ni acostarme. Este terrible dolor duró más de un minuto, pero cuando se detuvo, ¡me liberé!

la ley y la promesa

Fue como si todos los cables que mantenían atadas mis piernas hubieran sido cortados. En un instante, pasé de estar atada a ser libre. Este cambio no se produjo de manera gradual, sino instantáneamente».
—V.H.

"Caminamos por fe, no por vista" (2 Corintios 5: 7) Cuando caminamos por vista, conocemos nuestro camino basándonos en los objetos que ven nuestros ojos. Sin embargo, cuando caminamos por fe, dirigimos nuestra vida mediante las escenas y acciones que solo la imaginación puede ver. Las personas pueden percibir a través del Ojo de la Imaginación o el Ojo del Sentido. Existen dos actitudes mentales posibles hacia la percepción: el esfuerzo creativo imaginativo que encuentra una respuesta imaginativa, o la actitud no-imaginativa que simplemente refleja lo observado.

Dentro de cada individuo coexisten los principios de vida y muerte. Uno de ellos implica la imaginación construyendo estructuras imaginarias a partir de los generosos sueños de fantasía. El otro se basa en la imaginación construyendo estructuras imaginarias a partir de imágenes reflejadas por el frío viento de los hechos. Uno crea, mientras que el otro perpetúa. Cada individuo debe elegir entre el camino de la fe y el camino de la vista. Cuando una persona construye basándose en los sueños de fantasía, está experimentando vida y, por ende, el desarrollo de la capacidad para atravesar el cristal reflectante de los sentidos representa un incremento en la vitalidad. De ello se deduce que limitar la imaginación "manteniendo los ojos" en el cristal reflectante de los sentidos equivale a una disminución de la vida.

La engañosa superficie de los hechos no revela, sino que refleja; desvía el "Ojo de la Imaginación" de la verdad liberadora. Si el "Ojo de la Imaginación" no se desvía, se posa en lo que debería estar allí, no en lo que es. Aunque la escena en la que reposa la vista pueda ser familiar, el "Ojo de la Imaginación" podría contemplar algo nunca antes observado. Este "ojo de la imaginación" y solo esto, es lo que nos puede liberar de la fijación sensorial de las cosas externas, las cuales dominan completamente nuestra existencia común y nos mantienen enfocados en el cristal reflectante de los hechos.

Es posible pasar de "pensar en" a "pensar desde"; y el punto crucial es "pensar desde", es decir, experimentar el estado. Esta experiencia implica unión, mientras que en el "pensamiento de" siempre hay un sujeto y un objeto: el individuo pensante y la cosa pensada.

El secreto es la entrega total. Debemos entregarnos al estado, amando el estado mismo; al hacerlo, viviremos la vida del estado, dejando atrás nuestro estado presente. La imaginación asume la vida del estado y se entrega a expresar la vida de dicho estado.

La fe sumada al amor es autocompromiso. No podemos comprometernos con lo que no amamos. "Nunca haríamos nada si no lo amáramos". Y para hacer el estado vivo, debemos convertirnos en él. "Yo vivo, pero no yo; es Dios quien vive en mí, y la vida que ahora vivo en la carne, la vivo por la fe de Dios, quien me amó y se entregó a sí mismo por mí".

Dios amó a la humanidad, a su creación, y se hizo humano con la fe de que esta autoentrega transformaría lo creado en creativo. Debemos ser "imitadores de Dios como hijos amados" y entregarnos a lo que amamos, como Dios que nos amó se entregó a nosotros. Debemos Ser el estado para experimentar el estado.

El centro consciente de la imaginación puede cambiar; lo que ahora son simples deseos, actividades imaginarias irrelevantes, pueden ser enfocadas intensamente y adentrarse en ellas. Al entrar, nos comprometemos con el estado. Las posibilidades de cambiar el centro de la imaginación son asombrosas. Estas actividades son en todo momento psíquicas. El cambio del centro de la imaginación no se produce por viaje espacial, sino por un cambio en lo que somos conscientes. Los límites del mundo sensorial son una barrera subjetiva. Mientras se preste atención a los sentidos, el ojo de la Imaginación se apartará de la verdad. No avanzaremos mucho a menos que los soltemos.

Esta historia ejemplifica cómo una mujer "los soltó" con resultados inmediatos y milagrosos.

«Gracias por la "llave de oro". Esta llave ha sacado a mi hermano del hospital, del dolor y de una posible muerte. Se encontraba al borde de una cuarta operación seria, con escasas esperanzas de recuperación. Yo estaba profundamente preocupada y, al intentar aplicar lo que había aprendido acerca de mi imaginación, en primer lugar, me pregunté, qué realmente deseaba mi hermano. "¿Desea continuar en este cuerpo o desea liberarse de él?" Esa pregunta dio vueltas en mi mente una y otra vez. De repente, sentí que le gustaría continuar remodelando su cocina, algo que ya había estado considerando antes de ser internado en el hospital. Entendí que mi pregunta había sido respondida y, a partir de ese punto, comencé a imaginar.

Al intentar 'visualizar' a mi hermano inmerso en la agitada actividad de remodelar, me vi de repente agarrando el respaldo de una silla de cocina que él había usado muchas veces. Justo en ese instante, algo inesperado ocurrió. Me encontré de pie junto a la cama de mi hermano en el hospital. Ese era el último lugar donde hubiera deseado estar, ni física ni mentalmente. Sin embargo, ahí estaba yo, y la mano de mi hermano se alzó y apretó la mía con firmeza, mientras oía sus palabras: "Sabía que vendrías, Jo". Era una mano sana, un apretón fuerte y seguro. Una oleada de alegría me invadió y mi voz se llenó de emoción mientras me escuchaba decir: "Tú sabes. Todo está mejor ahora". Mi hermano no respondió verbalmente, pero claramente oí una voz que me decía: 'Recuerda este momento'. Entonces, pareció como si despertara, retornando a mi propia casa.

Esto sucedió la noche después de su ingreso al hospital. Al día siguiente, su esposa me llamó por teléfono diciendo: "¡Es increíble! El médico no puede explicarlo, Jo, pero no será necesaria ninguna operación. Ha mejorado tanto que han decidido darle el alta mañana". El lunes siguiente mi hermano regresó a su trabajo y ha estado perfectamente bien desde entonces».

—J.S.

No son los hechos, sino los sueños de fantasía los que moldean nuestras vidas. No necesitó una brújula para encontrar a su hermano ni instrumentos para intervenir quirúrgicamente; solo el "ojo de la imaginación". En el reino de los sentidos, nosotros vemos lo que tenemos que ver; en el mundo de la imaginación, vemos lo que deseamos ver. Al verlo, lo creamos para que sea visto en el mundo de los sentidos. La percepción del mundo exterior es automática, pero ver lo que deseamos ver demanda un esfuerzo imaginativo, consciente y voluntario. Nuestro futuro surge de nuestra actividad imaginativa en su proceso creativo. El sentido común nos asegura que vivimos en un mundo sólido y coherente. Sin embargo, en realidad, este mundo aparentemente sólido es completamente imaginario.

La siguiente historia demuestra que es posible que una persona transfiera el centro de la imaginación en mayor o menor medida hacia un área distante. Esto no solo es factible sin moverse físicamente, sino que también puede hacerse visible para aquellos que están presentes en ese punto específico en el espacio-tiempo. Y si este caso resulta ser un sueño, entonces: "¿Todo lo que percibimos o parece que percibimos no es más que un sueño dentro de otro sueño?"

«Sentada en mi sala de estar, en San Francisco, me imaginé estar en el salón de mi hija en Londres, Inglaterra. Me rodeé completamente con los detalles de esa habitación que conocía muy bien, cuando de repente me vi realmente parada en ella. Mi hija estaba junto a la chimenea, con su rostro vuelto lejos de mí. Un momento después, se volvió y nuestros ojos se encontraron. En su rostro, percibí una expresión tan sorprendida y asustada que yo misma me sentí emocionalmente agitada. Inmediatamente, me encontré de vuelta en mi sala de estar en San Francisco.

Cinco días después, recibí una carta de mi hija por correo. Había sido escrita el día de mi experimento con el viaje imaginario. En su carta, me relataba que en ese día me había 'visto' en su sala de estar, tan real como si estuviera realmente allí en persona. Confesó sentir gran temor y que antes de que pudiera decir algo, desaparecí. La hora de esta "visita", como lo describió en su carta, coincidía exactamente con el momento en que había comenzado mi ejercicio de imaginación, teniendo en cuenta la diferencia horaria entre los dos lugares. Me explicó que le contó esta asombrosa experiencia a su esposo, quien insistió en que me escribiera de inmediato, expresando: "Tu madre puede haber fallecido o estar en su lecho de muerte". No obstante, no estaba ni 'muerta' ni 'agonizando'; en cambio, estaba muy viva y emocionada por esta extraordinaria experiencia».
—M.L.J.

Nada puede actuar sino donde reside
con todo el corazón;
pero ¿dónde reside?
—Thomas Carlyle.

El individuo es toda imaginación. Por lo tanto, debe estar donde está en la imaginación, porque su imaginación es él mismo. La imaginación está activa en y a través de cualquier estado del que sea consciente. Si tomamos en serio el cambio de conciencia, descubriremos que se presentan posibilidades asombrosas. Los sentidos mantienen al individuo en un matrimonio obligado e inarmónico, del cual se liberaría si estuviera despierto en términos imaginativos. No somos dependientes de la información sensorial. Basta con redirigir el enfoque de la conciencia para percibir las transformaciones que ocurren. Incluso con un pequeño cambio en nuestra perspectiva mental, el mundo se presentaría bajo una luz ligeramente diferente. La conciencia generalmente se desplaza en el espacio mediante el movimiento físico del organismo, pero no necesita ser tan limitada. Puede desplazarse por un cambio en lo que somos conscientes.

Estamos manifestando el poder de la imaginación, cuyos límites son indefinibles. Lo más importante es comprender que el verdadero Ser, la Imaginación, no está confinado dentro de los límites espaciales del cuerpo. La historia previa demuestra que cuando nos encontramos con una persona en el plano físico, su Ser Real no necesita estar presente en el espacio donde está su cuerpo. También muestra que la percepción sensorial puede activarse sin recurrir a los medios físicos convencionales, y que los datos sensoriales resultantes son de naturaleza similar a los de la percepción normal. Todo el proceso comenzó con la idea concreta en la mente de la madre de encontrarse en el lugar donde residía su hija. Si la madre efectivamente estaba allí y la hija estaba presente, entonces sería perceptible para ella. Solo podemos intentar comprender esta experiencia desde un enfoque imaginativo, en lugar de uno mecánico o material. La madre imaginó "otro lugar" como "aquí". Londres era "aquí" para su hija que vivía "allí", mientras que San Francisco era "aquí" para la madre que residía "allí".

Rara vez nos pasa por la mente que este mundo podría ser fundamentalmente distinto de lo que el sentido común nos hace creer de manera tan obvia. Como expresa Blake: "No cuestiono mi ojo corporal o vegetativo, así como no cuestionaría una ventana con relación a un paisaje. Miro a través de ella, no con ella".

Esta forma de mirar a través del ojo no solo traslada la conciencia a otros puntos de "este mundo" sino también a "otros mundos". Los astrónomos deberían desear indagar más profundamente en este "mirar a través del ojo"; este viaje mental que los místicos practican con facilidad.

He viajado a través de una tierra de hombres,
Una tierra de hombres y mujeres también.
Y he oído y visto cosas tan terribles.
Como los viajeros de la fría tierra nunca han conocido.

El viaje mental ha sido practicado por hombres y mujeres despiertos desde tiempos remotos. Pablo afirma:

"Conozco a un hombre en Cristo, que hace catorce años (si en el cuerpo, no lo sé; si fuera del cuerpo, no lo sé; Dios lo sabe) fue arrebatado hasta el tercer cielo"
(2 Corintios 12)

Pablo nos está diciendo que él es ese hombre y que viajó mediante el poder de la imaginación o de Cristo. En su siguiente carta a los Corintios escribe:

> *"Examínense a sí mismos. ¿No se dan cuenta de que Jesucristo está en ustedes?"*

No es necesario estar muerto para disfrutar de privilegios espirituales. "El hombre es toda imaginación y Dios es el hombre". Ponte a prueba como hizo esta madre.

Sir Arthur Eddington dijo que lo único que podemos afirmar acerca del mundo externo es que es una "experiencia compartida. Las cosas son más o menos "reales" según la medida en que pueden ser compartidas con otros o incluso con nosotros mismos en otro momento. Sin embargo, no existe una distinción clara y firme. Aceptando la definición de Eddington de la realidad como "experiencia compartida", la historia anterior es tan "real" como la tierra o un color, ya que fue compartida por la madre y la hija. El alcance de la imaginación es tan vasto que debo confesar que no sé qué límites, si es que existen, encierran su capacidad de crear realidad.

Todas estas historias nos revelan una verdad: una actividad imaginaria que implica un deseo cumplido debe originarse en la imaginación, al margen de la evidencia de los sentidos, en ese viaje que conduce a la realización del deseo.

CAPÍTULO 9

ENTRANDO

Si el observador pudiera adentrarse en estas imágenes de su imaginación, aproximándose a ellas mediante el carro ardiente de su pensamiento meditativo... podría hacer de una de estas maravillosas imágenes su amiga y compañera, siempre instándolo a dejar atrás lo mundano (como bien debería saber). Entonces, se elevaría de su sepulcro, encontraría al Señor en las alturas y experimentaría la felicidad.
- Blake.

Parece que la imaginación no materializa nada de lo que deseamos hasta que entramos en la imagen del deseo cumplido. Este "entrar en la imagen del deseo cumplido" se asemeja a lo expresado por Blake:

Hay un vacío fuera de la existencia que, si se ingresa en él, se engloba y se convierte en una matriz.

¿No es esta la verdadera interpretación de la mítica historia de Adán y Eva? ¿Representan el hombre y su emanación? ¿No son los sueños de fantasía del hombre, su emanación, su Eva, en quien "él mismo se injerta en los nervios de ella, como un labriego siembra en su tierra, y ella se convierte en su morada y jardín fructífero setenta veces?"

El secreto de la creación es el secreto de la imaginación: primero deseando y luego asumiendo el sentimiento del deseo cumplido hasta llegar al sueño de fantasía, 'el vacío más allá de la existencia', donde uno entra, se envuelve y se convierte en una matriz; una morada y un jardín fecundo. Observa que Blake nos exhorta a entrar en estas imágenes. Este 'entrar' en la imagen lo hace 'envolverse y convertirse en una matriz'. Al entrar en un estado lo impregnas y haces que cree lo que implica la unión. Blake nos dice que estas imágenes son 'vagas' para aquellos que no habitan en ellas, simples posibilidades, pero para quienes entran en ellas, parecen la única sustancia real.

«En mi camino hacia la costa oeste, hice una parada en Chicago para pasar el día con algunos amigos. Mi anfitrión se estaba recuperando de una grave enfermedad y su médico le sugirió que se mudara a una casa de un solo piso. Siguiendo el consejo del médico, había comprado una casa de una planta que se adecuaba a sus necesidades. Sin embargo, ahora se enfrentaba al problema de que parecía no haber comprador interesado en su amplia casa de tres pisos. Cuando llegué, se encontraba bastante desanimado.

Mientras trataba de explicarle la ley de la imaginación constructiva a mi anfitrión y su esposa, compartí la historia de una prominente mujer de Nueva York que me había visitado para discutir el alquiler de su apartamento. A pesar de tener un hermoso apartamento en la ciudad y una casa de campo, era esencial que alquilara su apartamento si ella y su familia deseaban pasar el verano en la casa de campo.

En años anteriores, el apartamento había sido arrendado sin problemas a principios de la primavera, pero cuando ella me visitó, la temporada de subarriendos de verano parecía haber concluido. A pesar de que había contratado a buenos agentes inmobiliarios, nadie parecía interesado en alquilarlo. Le expliqué lo que debía hacer en su imaginación. Siguió mi consejo y en menos de veinticuatro horas, su apartamento fue alquilado.

Les expliqué cómo, mediante el uso constructivo de su imaginación, había logrado alquilar su apartamento. Siguiendo mi sugerencia, antes de irse a dormir en su apartamento de la ciudad esa noche, se imaginó acostada en su cama en la casa de campo. En su imaginación, ella veía el mundo desde la casa de campo, en lugar de hacerlo desde su apartamento en la ciudad. Inhalaba el aire fresco del campo. Logró que esto fuera tan real que se durmió sintiendo que estaba realmente en el campo. Esto ocurrió un jueves por la noche. A las nueve de la mañana del sábado siguiente, me llamó desde su casa de campo y me informó que el viernes una inquilina excepcional, que cumplía con todos sus requisitos, no solo había alquilado su apartamento, sino que lo hizo bajo la condición de mudarse ese mismo día.

Les sugerí a mis amigos que construyeran una estructura imaginaria, siguiendo el ejemplo de esta mujer. Les expliqué que durmieran imaginando que estaban físicamente presentes en su nueva casa, sintiendo que ya habían vendido su antigua casa. Les expliqué la gran diferencia entre pensar en la imagen de su nueva casa y pensar desde la imagen de su nueva casa. Pensar en ella es una admisión de que no están dentro de ella; pensar desde ella es una confirmación de que ya están en ella. Entrar en la imagen daría sustancia a la imagen. La ocupación física de la nueva casa seguiría automáticamente. Les expliqué que la apariencia del mundo depende por completo de dónde se encuentra el individuo cuando realiza su observación. Y dado que es "Todo imaginación", debe estar donde está en su imaginación. Este concepto de causalidad los perturbó, ya que sonaba a magia o superstición, pero prometieron que lo intentarían.

Esa noche me fui a California y la siguiente noche, el conductor del tren en el que viajaba me entregó un telegrama que decía: "La casa se vendió anoche a medianoche".

Una semana después, me escribieron y me contaron que la misma noche en que salí de Chicago, durmieron físicamente en su antigua casa, pero mentalmente estaban en la nueva, contemplando el mundo desde su nuevo hogar, imaginando cómo 'parecerían' las cosas si eso fuera cierto. Esa misma noche fueron despertados de su sueño para informarles que la casa había sido vendida».

No es hasta que se entra en la imagen, hasta que se conoce a Eva, que el acontecimiento emerge en el mundo. El deseo cumplido debe ser concebido en la imaginación del individuo antes de que el evento pueda evolucionar a partir de lo que Blake llama "el vacío".

La siguiente historia demuestra que, al cambiar el enfoque de su imaginación, la Sra. A. F. entró físicamente donde ella había persistido estar imaginativamente:

«Poco después de nuestra boda, mi esposo y yo decidimos que nuestro mayor deseo era pasar un año en Europa. Para muchos, este objetivo podría parecer razonable, pero para nosotros, con recursos financieros limitados, no solo parecía irrazonable, sino también absolutamente descabellado. Europa bien podría haber sido otro planeta. Sin embargo, habiendo escuchado tu enseñanza, persistí en imaginarme en Inglaterra. No puedo decir con certeza por qué específicamente Inglaterra, excepto que había visto una película reciente que mostraba los alrededores del Palacio de Buckingham, y me había enamorado de la escena.

Todo lo que hice en mi imaginación fue pararme en silencio fuera de las grandes puertas de hierro y sentir el frío metal bajo mis manos mientras contemplaba el Palacio. Durante muchas noches, experimenté una profunda alegría por "estar" allí y me dormí en ese estado feliz.

Poco después, en una fiesta, mi esposo conoció a alguien que, en cuestión de un mes, jugó un papel fundamental en asegurarle una beca de enseñanza en una prestigiosa universidad. ¡Imagina mi emoción cuando escuché que la universidad estaba en Inglaterra!

¿Atrapados en una situación financiera limitada? En menos de un mes, estábamos cruzando el Atlántico y nuestras supuestas dificultades insuperables se desvanecieron como si nunca hubieran existido. Disfrutamos de nuestro año en Europa, uno de los más felices de mi vida»
—M.F.

El aspecto del mundo depende por completo de dónde está el individuo cuando hace sus observaciones. Y ya que él es toda imaginación, debe estar donde está en la imaginación. "La piedra que los constructores rechazaron, se ha convertido en la piedra angular". Esa piedra es la imaginación. Te presento este secreto y te dejo actuar o reaccionar.

Esta es la famosa piedra
Que convierte todo en oro;
Porque lo tocado y poseído por Dios
No se puede decir que sea menos.
—George Herbert.

«Mi casa es antigua, pero es mía. Deseaba pintar el exterior y redecorar el interior, sin embargo, carecía del dinero necesario para lograr ninguno de esos objetivos. Nos enseñaste a 'vivir' como si nuestro deseo ya fuera una realidad, y eso es lo que empecé a hacer: imaginé mi antigua casa con una nueva capa de pintura, muebles y decoración nuevas, y todos los detalles ornamentales. En mi imaginación, caminé por las habitaciones recién decoradas, recorrí el exterior admirando la pintura fresca y, al concluir mi acto imaginario, entregué un cheque al contratista por el pago en su totalidad. Entré fielmente en esta escena imaginaria tan a menudo como pude durante el día y cada noche antes de dormir. En dos semanas, recibí una carta certificada de la compañía de seguros Lloyd de Londres, informándome que había heredado siete mil dólares de una mujer a la que nunca había conocido. Casi cuarenta años atrás, había tenido un encuentro breve con su hermano, y hace quince años, había realizado un pequeño servicio para la señora cuando su hermano falleció en nuestro país. Ella me había escrito solicitando detalles sobre su muerte, información que pude proporcionarle. No había tenido noticias de ella desde entonces.

Aquí estaba, un cheque por siete mil dólares, más que suficiente para cubrir el costo de la renovación de mi casa, además de muchas otras cosas que había deseado»
—E.C.A.

Aquel que no se imagina en linajes
más fuertes y superiores,
y en una luz más intensa y elevada
que la que su ojo mortal y efímero puede ver,
no imagina en absoluto.
—Blake.

A menos que el individuo se imagine a sí mismo como otra persona o en otro lugar, las condiciones y circunstancias actuales de su vida seguirán existiendo y sus problemas se repetirán, ya que todos los eventos se derivan de sus imágenes constantes. Fueron creados por él, persisten debido a él, y también pueden dejar de existir gracias a él.

El secreto de la causalidad reside en las imágenes ensambladas, pero una palabra de advertencia, el ensamblaje debe tener un significado; debe implicar o no generará actividad creativa. Esto es La Palabra.

CAPÍTULO 10

COSAS QUE NO SE VEN

Lo que se ve fue hecho de lo que no se veía.
(Hebreos 11: 3)

"La historia humana, con sus sistemas de gobierno, revoluciones, guerras y, en realidad, el ascenso y la decadencia de las naciones, podría escribirse en términos del surgimiento y caída de las ideas implantadas en la mente de los hombres".
—Herbert Hoover.

El secreto de la imaginación es el más grande de todos los problemas que buscan resolver los místicos. El poder supremo, la sabiduría suprema, la dicha suprema residen en la eventual resolución de este misterio distante.
- Douglas Fawcett.

Negar el poder creativo de la actividad imaginativa invisible es un asunto demasiado profundo para ser debatido. A través de su actividad imaginativa, el individuo "llama literalmente a la existencia cosas que no existen". Mediante su actividad imaginativa, todas las cosas son creadas, y sin tal actividad, "nada de lo que ha sido hecho, fue hecho".

Esta actividad causal podría definirse como el ensamblaje de imágenes imaginarias que, al ocurrir, inevitablemente da lugar a algún evento físico. Nos corresponde a nosotros armar las imágenes de un desenlace feliz y luego abstenernos de interferir. El evento no debe ser forzado, sino permitir que ocurra.

Si la imaginación es la única fuerza actuante o existente en los seres (como creía Blake), entonces nunca podemos estar seguros de que no fue una mujer pisando el lagar quien inició ese cambio sutil en la mente de los hombres.

Esta abuela pisa diariamente el lagar para su pequeña nieta. Ella escribe:

«Esta es una de esas cosas que hacen que mi familia y amigos digan, 'simplemente no lo entendemos.' Kim tiene ahora dos años y medio. La cuidé durante un mes después de que nació, y no la volví a ver hasta hace un año, pero solo por dos semanas. Sin embargo, durante este último año, cada día, en mi imaginación, la he tomado en mi regazo, la he abrazado y he hablado con ella.

En estos actos imaginarios, repaso todas las cosas maravillosas sobre Kim: "Dios está creciendo a través de mí; Dios está amando a través de mí, etc."

Al principio, obtenía la respuesta de un niño muy pequeño. Cuando empezaba diciendo, "Dios está creciendo a través de mí", ella contestaba: "Mí". Ahora, cuando comienzo, ella completa toda la oración. Otra cosa que ha sucedido es que, con el paso de los meses, al ponerla en mi regazo, en mi imaginación, ella se ha vuelto cada vez más grande y más pesada.

En este último año, Kim ni siquiera ha visto una foto mía. Para ella, solo podría ser un nombre. Ahora, su familia me ha contado que cada día, en algún momento, ella empieza a hablar sobre mí, a nadie en particular, solo habla. A veces dura una hora, o se dirige al teléfono y finge llamar. En su monólogo hay fragmentos como: "Mi Di Di me ama. Mi Di Di siempre viene a verme todos los días.

Aunque sé lo que he estado haciendo en mi imaginación, también me ha hecho cuestionar mucho»

—U.K.

Todos los hombres y mujeres imaginativos están constantemente lanzando hechizos, mientras que aquellos hombres y mujeres pasivos que carecen de una poderosa vida imaginativa están continuamente bajo el hechizo de este poder.

Cada forma en la naturaleza es producida y sostenida por alguna actividad imaginativa. Por lo tanto, cualquier cambio en esta actividad imaginativa debe llevar a un cambio en la forma. Imaginar una imagen sustituta por un contenido no deseado o defectuoso es crearlo. Si persistimos en nuestra actividad imaginativa ideal y no nos conformamos con satisfacciones menores, lograremos la victoria.

«Cuando leí en tu libro "Tiempo de Siembra y Cosecha" la historia de la profesora de escuela que, en su revisión diaria, a través de su imaginación, transformó a una alumna conflictiva en una niña encantadora, decidí hacer algo similar con un joven de la escuela de mi esposo.

Contar todos los problemas involucrados llevaría muchas páginas, ya que mi esposo nunca había tenido un niño tan difícil ni una situación tan complicada con los padres. El chico era demasiado joven para ser expulsado, sin embargo, los profesores se negaban a tenerlo en sus clases. Para empeorar las cosas, la madre y la abuela literalmente "acamparon" en los terrenos de la escuela, causando problemas para todos.

Quería ayudar al niño, pero también a mi esposo. Así que, todas las noches, construí dos escenas en mi imaginación: (1) "vi" a un niño perfectamente normal y feliz; (2) "oí" a mi marido decir: "No puedo creerlo, querida, pero sabes que "R" ahora está actuando como un niño normal y es un paraíso no tener a esas dos mujeres alrededor". Después de dos meses de persistir noche tras noche en este acto imaginario, mi esposo llegó a casa y dijo: "La escuela es como el paraíso", no eran exactamente las mismas palabras, pero eran lo suficientemente similares.

La abuela se comprometió en algo que la sacó de la ciudad y la madre tuvo que acompañarla. Al mismo tiempo, un nuevo maestro asumió el desafío con 'R' y él estaba progresando maravillosamente bien en todo lo que había imaginado para él».
—G.B.

Es inútil mantener normas que no aplicamos. A diferencia de Portia, quien dijo: "Puedo más fácilmente enseñar a veinte qué deben hacer, que ser uno de los veinte en seguir mi propia enseñanza", G.B. siguió su propia enseñanza. Es fatalmente fácil hacer de la aceptación de la fe imaginaria un sustituto de vivir por ella.

> "Me ha enviado para vendar a los quebrantados de corazón, para proclamar libertad a los cautivos y liberación a los prisioneros"
> *(Isaías 61: 1)*

CAPÍTULO 11

EL ALFARERO

Levántate y desciende a la casa del alfarero, y allí te anunciaré mis palabras. Entonces descendí a casa del alfarero, y allí estaba él, haciendo un trabajo sobre la rueda. Y la vasija de barro que estaba haciendo se echó a perder en la mano del alfarero; así que volvió a hacer de ella otra vasija, según le pareció mejor al alfarero hacerla.
(Jeremías 18: 2-4)

La palabra traducida como "Alfarero" significa "imaginación". Del material que otros habrían desechado como inútil, una imaginación despierta, lo modifica y lo moldea como debería ser.

"Señor, tú eres nuestro padre, nosotros el barro, y tú nuestro alfarero; obra de tus manos somos todos nosotros"
(Isaías 64: 8)

Esta concepción de la creación como una obra de la imaginación, y el Señor nuestro Padre como nuestra imaginación, puede llevarnos a comprender más profundamente el misterio de la creación que cualquier otra explicación. La única razón por la que algunas personas no aceptan esta identificación entre Dios y la imaginación humana es que no están dispuestas a asumir la responsabilidad de cómo han utilizado su imaginación de manera equivocada o destructiva. La imaginación divina ha descendido al nivel de la imaginación humana, para que la imaginación humana pueda ascender a la imaginación divina. En el octavo salmo se dice que el hombre fue hecho un poco menor que Dios, no un poco menor que los ángeles, como erróneamente lo traduce la versión King James. Los ángeles representan las disposiciones emocionales del individuo y, por lo tanto, son su sirviente y no su superior, como nos dice el autor de Hebreos.

La imaginación es el verdadero ser y es Uno con Dios. La imaginación crea, conserva y transforma. La imaginación es verdaderamente creativa cuando se deshace de las actividades imaginativas basadas en la memoria. Se vuelve conservadora cuando su actividad imaginativa se nutre principalmente de imágenes suministradas por la memoria. Y es transformadora cuando varía un tema existente, altera mentalmente un hecho de la vida, excluye o reemplaza una experiencia recordada para mantener la armonía deseada.

A través del uso de su imaginación, esta talentosa joven artista ha hecho de su sueño una realidad.

«Desde que entré en el campo del arte, he disfrutado haciendo bocetos y pinturas para habitaciones infantiles. Sin embargo, recibí desalentadoras opiniones por parte de asesores y amigos que contaban con mucha más experiencia que yo en este rubro. Aunque apreciaban mi trabajo y admiraban mi talento, sostenían que este tipo de labor no me brindaría reconocimiento ni ingresos. A pesar de ello, siempre tuve una sensación interna de que podría lograrlo, pero ¿cómo?.

El otoño pasado, escuché tus conferencias y leí tus libros, y decidí dejar que mi imaginación creara la realidad que anhelaba. Esto es lo que hice diariamente: Me imaginé que estaba en una galería donde había una gran expectación en torno a mí. Mis obras adornaban las paredes en una exposición individual, y observé estrellas rojas en muchas de mis pinturas, indicando que habían sido adquiridas.

Los acontecimientos se desencadenaron de la siguiente manera: poco antes de Navidad, confeccioné un móvil para una amiga. A su vez, ella mostró mi trabajo a un amigo suyo que era propietario de una tienda de importación de arte en Pasadena. Él expresó su interés por conocerme, lo que llevó a que presentara algunas muestras de mis obras. Al observar la primera pintura, manifestó su deseo de ofrecerme una exposición individual en primavera.

Durante la inauguración el 17 de abril, un diseñador de interiores que estuvo presente mostró un gran aprecio por mi trabajo y me encargó crear un collage para la habitación de un niño pequeño. Dicho collage sería destacado en la edición de septiembre de "Good Housekeeping" como la "Casa del Año" de 1961. Más tarde, durante el evento, otro diseñador de interiores se interesó profundamente en mi trabajo. Me consultó sobre la posibilidad de organizar una reunión con los decoradores de interiores y propietarios de galerías adecuados, quienes podrían adquirir y exponer mis obras de manera adecuada. Cabe destacar que la exposición resultó ser un éxito financiero tanto para el propietario de la galería como para mí.

Lo interesante de esta historia es que estos tres individuos se cruzaron en mi camino aparentemente "de la nada". Durante el período en que me dedicaba a "imaginar", no hice ningún esfuerzo por contactar a nadie. No obstante, ahora estoy cosechando reconocimiento y contando con un mercado para mis obras. Esta experiencia me ha confirmado que no existe un "no" cuando aplicamos seriamente el principio de que la imaginación da vida a la realidad».

—G.L.

Ella realmente puso a prueba al alfarero y demostró su creatividad en el desempeño. Solo una mente indolente sería incapaz de enfrentar tal desafío. Pablo afirma: "El espíritu de Dios mora en ti", y te insta a someterte a una prueba de fe.

"Pónganse a prueba para ver si están en la fe. Examínense a sí mismos. ¿O no reconocen que Jesucristo está en ustedes, a menos que en verdad no pasen la prueba? Más espero que reconocerán que nosotros no estamos reprobados.

(2 Corintios 13: 5-6).

Si "todas las cosas fueron hechas por medio de él, y sin él nada de lo que ha sido hecho, fue hecho", no debería ser difícil ponernos a prueba para descubrir la verdadera naturaleza de este Creador dentro de nosotros. La prueba nos revelará que nuestra imaginación es la única "que da vida a los muertos y llama las cosas que no son, como si fuesen" (Romanos 4:17). La presencia del alfarero en nosotros se deduce de lo que él hace allí. No podemos considerarlo como algo ajeno a nosotros mismos. La esencia del alfarero, Jesucristo, reside en la creación, y sin él no hay creación posible.

Cada narración plasmada en este libro constituye la evidencia que Pablo exhortó a los Corintios a buscar. En verdad y de manera tangible, Dios reside en cada individuo, en cada ser humano. Dios se funde completamente con nosotros. Él no es nuestra virtud, sino nuestro Ser Real, nuestra Imaginación.

Las siguientes ilustraciones del reino mineral pueden ayudarnos a ver cómo la Imaginación Suprema y la imaginación humana pueden ser el mismo poder a pesar de ser notablemente distintas en su capacidad creativa.

El diamante es el mineral más duro del mundo. El grafito, utilizado en los lápices, es uno de los más suaves. Sin embargo, ambos minerales son carbono puro. La vasta diferencia en las propiedades de las dos formas de carbono se atribuye a una disposición única de los átomos de carbono. No obstante, independientemente de si esta diferencia proviene de una disposición distinta de átomos de carbono o no, todos concuerdan en que el diamante y el grafito comparten la misma base: el carbono puro.

El propósito de la vida es la realización creativa de los deseos. Un individuo carente de deseos no podría desenvolverse eficazmente en un mundo de retos constantes que requieren soluciones continuas. Un deseo es la conciencia de algo que nos falta o necesitamos para hacer que la vida sea más gratificante. Siempre hay un beneficio personal en juego cuando se trata de deseos. Cuanto mayor sea la ganancia anticipada, más intenso será el deseo. Ningún deseo es verdaderamente desinteresado. Aun cuando nuestro deseo sea en beneficio de otro, seguimos persiguiendo la satisfacción de ese deseo. Para alcanzar nuestro deseo, debemos imaginar escenas que impliquen su realización y representar la escena en nuestra imaginación, sintiendo una alegría genuina dentro de sus confines para que resulte natural. Es como una niña disfrazada, jugando a ser "reina". De igual manera, debemos imaginarnos siendo lo que deseamos ser. Debemos representar este papel en nuestra imaginación primero, no como espectador, sino como un actor.

Esta mujer experimentó el juego imaginativo de ser "la Reina" al estar donde quería estar en su imaginación. Se convirtió en la protagonista principal de este teatro.

«Tenía el deseo de asistir a una presentación de un renombrado mimo, que estaba actualmente deleitando al público en uno de los teatros más grandes de nuestra ciudad. Dada la minuciosidad característica de esta forma de arte, mi anhelo era ocupar un asiento de la sección de orquesta; sin embargo, carecía incluso del precio de un boleto para el balcón. En la noche en la que decidí disfrutar de este placer en mi mente, me dormí visualizando al asombroso artista. En mi acto imaginario, me ubicaba en un asiento central de la orquesta, escuchaba los aplausos al alzarse el telón y al artista aparecer en el escenario; verdaderamente sentía la intensa emoción de la experiencia.

Al día siguiente, el día de la actuación, mi situación financiera no había cambiado. En mi cartera había exactamente un dólar y treinta y siete centavos. Comprendía que necesitaba utilizar el dólar para adquirir gasolina para mi automóvil, lo que me dejaría con treinta y siete centavos. Sin embargo, sabía que había dormido fielmente en el sentimiento de estar presente en esa actuación, así que opté por vestirme para el teatro. Mientras cambiaba los artículos de un bolso a otro, encontré un billete de un dólar y cuarenta y cinco centavos ocultos en el bolsillo de mi poco usada cartera de ópera. Una sonrisa se dibujó en mi rostro, consciente de que había obtenido el dinero necesario para la gasolina; además, tendría el saldo requerido para mi boleto al teatro. Con una actitud jubilosa, culminé mi preparación y me dirigí al teatro.

De pie frente a la ventanilla, mi confianza comenzó a tambalear al examinar los precios: tres dólares con setenta y cinco centavos para asientos de orquesta. Con una sensación de consternación, di media vuelta apresuradamente y marché por la calle hacia una cafetería para disfrutar de una taza de té. Tras gastar dieciséis centavos en el té, recordé que había visto el precio de los asientos de balcón en la lista de precios en la ventanilla. Rápidamente, conté mi cambio y descubrí que aún disponía de un dólar y sesenta y seis centavos. Regresé corriendo al teatro y adquirí el asiento más económico disponible por un dólar y cincuenta y cinco centavos. Con una moneda de diez centavos en mi bolso, crucé el umbral de la entrada y el acomodador rasgó mi boleto, diciendo: "Arriba, a la izquierda, por favor". La actuación estaba a punto de comenzar, pero haciendo caso omiso de las instrucciones del acomodador, me dirigí al baño de damas en el nivel principal. Todavía decidida a sentarme en la sección de orquesta, me senté, cerré los ojos y mantuve mi 'visión' interior fija en el escenario desde la dirección de la orquesta. En ese momento, un grupo de mujeres ingresó al baño, todas hablando al unísono. Sin embargo, solo pude escuchar la conversación de una mujer que compartía con su amiga:

"Pero esperé y esperé, hasta el último momento. Entonces ella llamó y dijo que no podía venir. Yo habría regalado su boleto, pero ya es demasiado tarde. Sin darme cuenta, le entregué ambos boletos al acomodador y él los rasgó antes de que pudiera detenerlo".

Casi solté una risa audible. Me levanté y me acerqué a esta señora, preguntándole si podía utilizar el boleto adicional que tenía en lugar del asiento de balcón que había comprado.

Ella fue encantadora y amablemente me invitó a acompañarla. El boleto que me proporcionó correspondía a la sección de orquesta, asiento central, a seis filas del escenario. Tomé asiento en ese lugar apenas momentos antes de que el telón se alzara, en una representación que había presenciado la noche anterior desde ese mismo asiento, en mi imaginación».

—J.R.

En realidad, debemos Ser en la imaginación. Existe una diferencia entre pensar en el final y pensar desde el final. Pensar desde el final, representar el final, es crear la realidad. Las acciones internas deben alinearse con las acciones que tomaríamos físicamente si las circunstancias fueran como quisiéramos que fuesen. Para vivir de manera sabia, es crucial que estemos conscientes de nuestra actividad imaginativa y nos aseguremos de que esté conformando fielmente el final que deseamos. El mundo es como arcilla; nuestra imaginación es el alfarero. Siempre debemos imaginar fines que sean valiosos o que prometan el bien. "El que desea, pero no actúa, engendra la peste". Lo que se hace, fluye de lo que se imagina. Las formas exteriores revelan las imaginaciones del individuo.

«Dirijo un pequeño negocio de propiedad exclusiva, y hace unos años parecía que mi empresa terminaría en el fracaso. Durante algunos meses, las ventas habían estado cayendo constantemente, llevándome a una situación financiera crítica, junto con miles de otros pequeños empresarios, ya que este período abarcó una de las pequeñas recesiones de nuestro país. Mi deuda se acumulaba y necesitaba con urgencia al menos tres mil dólares. Los auditores me aconsejaron cerrar el negocio y tratar de salvar lo que pudiera. Sin embargo, en lugar de hacer eso, me dirigí a mi imaginación. Conocía tus enseñanzas, pero nunca las había puesto en práctica para resolver un problema. Debo admitir que era escéptico sobre la idea de que la imaginación pudiera moldear la realidad, pero la desesperación me llevó a poner tus enseñanzas a prueba. Imaginé que mi oficina recibía un pago inesperado de cuatro mil dólares. Debía provenir de nuevos pedidos, ya que nuestras cuentas por cobrar eran prácticamente inexistentes. Esto parecía poco realista, puesto que nuestras ventas en los últimos cuatro meses habían sido mínimas. A pesar de ello, durante tres días mantuve constantemente la imagen de recibir esa suma.

A primera hora de la cuarta mañana, recibí una llamada de un cliente con el que no había tenido contacto en meses. Me pidió que fuera a verlo personalmente para discutir una cotización que le había proporcionado previamente por una maquinaria que necesitaba para su fábrica. Aunque la cotización había sido hecha meses atrás, la recuperé y fui a su oficina el mismo día. Generé la orden, la cual él firmó, pero en ese momento no vi ninguna ayuda inmediata, ya que la entrega de la maquinaria tomaría de cuatro a seis meses y el pago no se realizaría hasta entonces.

Le agradecí la orden y me preparé para salir. Sin embargo, me detuvo en la puerta y me entregó un cheque por poco más de cuatro mil dólares, diciendo: "Quiero pagar por adelantado, por motivos fiscales, ¿te parece bien?". "No tengo problema", respondí.

En el momento en que tomé ese cheque en mis manos, me di cuenta de lo que había sucedido. En tan solo tres días, mi imaginación había logrado lo que no había podido conseguir en meses de dificultades

financieras. Ahora sé que esa misma facultad imaginativa podría haber traído cuarenta mil dólares a mi negocio con la misma facilidad que los cuatro mil».
—L.N.C.

"Oh Señor, tú eres nuestro padre, nosotros el barro, y tú nuestro alfarero; obra de tus manos somos todos nosotros".

CAPÍTULO 12

ACTITUDES

Las cosas mentales son las auténticas realidades; lo que llamamos corporal carece de una ubicación precisa: reside en la ilusión y su existencia es una construcción artificial. ¿Dónde podemos hallar la existencia fuera de la mente o del pensamiento? ¿Dónde sino en la mente de un ignorante?
—Blake.

La memoria, aunque defectuosa, es adecuada para mantener la coherencia. Al recordar a alguien tal como lo conocimos, lo recreamos en esa imagen, y el pasado se fusiona con el presente. Imaginar crea la realidad. Si existe espacio para mejorar, deberíamos reconstruirlo con nuevo contenido; visualizarlo como nos gustaría que fuera, en lugar de permitir que sostenga el peso de nuestros recuerdos pasados.

Cualquier cosa en la que se pueda creer es una representación de la verdad.

La siguiente historia proviene de alguien que sostiene la creencia de que la imaginación crea la realidad, y cómo al actuar según esta creencia cambió su actitud hacia un extraño, siendo testigo de este cambio manifestado en la realidad.

«Hace más de dos décadas, cuando era un campesino recién llegado a Boston para estudiar, un mendigo me solicitó dinero para comida. A pesar de que el dinero que tenía apenas alcanzaba para mis propias necesidades, le di lo que tenía en el bolsillo. Unas horas después, el mismo hombre, ahora visiblemente ebrio, se me acercó nuevamente y me pidió dinero. Me sentí tan indignado al pensar que el poco dinero que tenía había sido usado de esa manera, que me hice una promesa solemne de nunca más ceder ante las súplicas de un mendigo en la calle. A lo largo de los años, mantuve mi promesa, pero cada vez que negaba mi ayuda, mi conciencia me acosaba. Sentía una culpa tan profunda que me causaba un agudo malestar estomacal. No obstante, mi promesa se mantenía firme.

A principios de este año, mientras paseaba a mi perro, un hombre me detuvo y me pidió dinero para comprar comida. Siguiendo mi compromiso anterior, me negué. El hombre aceptó mi negativa con amabilidad. Incluso elogió a mi perro y mencionó conocer a una familia en Nueva York que criaba cocker spaniels. Esta vez mi conciencia estaba realmente remordiéndome. Mientras él continuaba su camino, decidí reconstruir esa escena de manera diferente, tal como hubiera querido que ocurriera. Me detuve allí mismo en la calle, cerré los ojos por unos instantes y representé la escena de manera diferente. Visualicé al mismo hombre acercándose a mí, pero en esta ocasión, él comenzó la conversación admirando a mi perro. Después de un breve diálogo, le pedí que dijera: "No me gusta tener que hacer esto, pero realmente necesito algo para comer. Comienzo un trabajo mañana por la mañana, pero he estado desempleado y esta noche tengo hambre". Entonces, en mi mente, saqué un billete imaginario de cinco dólares de mi bolsillo y con gusto se lo entregué. Este acto imaginario inmediatamente alivió mi sentimiento de culpa y mi malestar.

A través de tus enseñanzas, comprendo que un acto imaginario es un hecho. Por lo tanto, sabía que podía conceder lo que se me pidiera y, a través de la fe en ese acto imaginario, aceptar su realidad.

Cuatro meses después, mientras caminaba nuevamente con mi perro, el mismo hombre se me acercó y comenzó la conversación elogiando a mi perro.

"Aquí hay un perro hermoso", dijo. "Joven, quizás no me recuerdes, pero hace un tiempo te pedí dinero y, con gran amabilidad, dijiste que no. Menciono 'amabilidad' porque si me hubieras dado dinero, todavía estaría pidiendo en la calle. En lugar de eso, conseguí un trabajo al día siguiente y ahora me encuentro en una posición más sólida. Nuevamente, tengo autoestima".

Sabía que su trabajo era un hecho cuando lo imaginé esa tarde, unos cuatro meses antes, pero no puedo negar que sentir una inmensa satisfacción al verlo en persona, confirmando el cambio que se había manifestado en la realidad».

—F.B.

"No tengo plata ni oro, pero lo que tengo, te doy"
(Hechos 3: 6)

Nada debe ser descartado, todo merece ser salvado. Nuestra imaginación, remodelando la memoria, es el proceso por el cual se lleva a cabo esta salvación. Condenar a alguien por haber perdido su camino es castigar a los castigados. "Oh, ¿de quién debería compadecerme si no compadezco al pecador que se ha extraviado?" No se trata de cómo era una persona en el pasado, sino de lo que puede llegar a ser en el futuro. Esa debe ser nuestra actividad imaginaria.

¿Recuerdas a la dulce Alice, Ben Bolt?
La dulce Alicia, cuyo cabello era un tono castaño,
Quién lloró de alegría ante tu sonrisa,
Y tembló de miedo ante tu ceño fruncido.

Si no imaginamos nada peor de lo que alguien piensa de sí mismo, podría elevarse como un ser excepcional. No se trata solo del individuo en su mejor momento, sino el imaginativo ejerciendo el espíritu de perdón, lo que realiza el milagro. Imaginar con nuevo contenido transformó, tanto al hombre que pidió como al que dio. Hasta el momento, la imaginación no ha obtenido su merecido valor en las doctrinas morales o sistemas educativos. Cuando finalmente se le otorgue su importancia, se producirá "la liberación de los confinados".

Para nosotros, nada adquiere existencia, excepto a través del recuerdo que guardamos de ello. Por lo tanto, deberíamos recordarlo no tal como fue, a menos que fuera totalmente deseable, sino como aspiramos a que sea. Dado que la imaginación es creativa, nuestro recuerdo de los demás puede favorecerlos o perjudicarlos, y hace que su camino ascendente o descendente sea más fácil y más rápido.

No hay un carbón tan extinto que no brille ni queme si ligeramente se le da vuelta.

La siguiente historia muestra que la imaginación puede hacer anillos y esposos, y enviar gente a la China:

«Mi esposo, hijo de padres separados y criado por sus queridos abuelos, nunca fue cercano a su madre, ni ella tampoco a él. Ella, una mujer de sesenta y tres años, había estado divorciada durante treinta y dos años y vivía sola, sumida en amargura. Mi relación con ella se tornó tensa cuando traté de "intermediar". Confesó que anhelaba volver a casarse para tener compañía, pero creía que a su edad eso era imposible. Mi esposo solía decirme que deseaba que su madre encontrara una nueva pareja y, con gran fervor, decía:

"Tal vez podría mudarse lejos de la ciudad".

Yo compartía el mismo deseo y expresé:

"Tal vez podría mudarse a China".

Siendo consciente de mi motivación personal para este deseo, sabía que debía cambiar mi sentimiento hacia ella en mi imaginación y, al mismo tiempo, "darle" lo que ella anhelaba. Comencé a visualizarla en mi mente como una persona completamente transformada: una mujer feliz, radiante, segura y satisfecha en una nueva relación. Cada vez que pensaba en ella, la imaginaba como una mujer "renovada".

Unas tres semanas después, ella nos visitó y trajo consigo a un amigo que había conocido meses atrás. Él había quedado viudo recientemente, tenía la misma edad que ella, estaba financieramente estable, tenía hijos adultos y nietos. Nos agradó su compañía y yo me emocioné al ver que había química entre ellos. Sin embargo, mi esposo aún pensaba que era una idea imposible. Pero no lo era.

Desde ese día en adelante, cada vez que su imagen cruzaba mi mente, la veía extendiendo su mano izquierda hacia mí y yo admiraba el 'anillo' en su dedo. Un mes después, ella y su amigo vinieron de visita y, mientras nos saludábamos, extendió orgullosamente su mano izquierda. El anillo brillaba en su dedo.

Dos semanas después, se casaron y no los hemos vuelto a ver desde entonces. Ahora vive en una casa nueva, "lejos de la ciudad". Dado que a su nuevo esposo no le agrada el largo viaje hasta nuestra casa, bien podría haberse mudado a China».

—J.B.

Hay una gran diferencia entre la voluntad de resistir una actividad y la decisión de cambiarla. Quien opta por cambiar una actividad está actuando, mientras que quien resiste una actividad simplemente reacciona. Uno crea; el otro perpetúa.

La realidad no es más que los patrones imaginativos que construimos a partir de ella. La memoria, al igual que el deseo, se asemeja a un sueño lúcido. ¿Por qué convertirlo en una pesadilla? Uno solo puede perdonar si considera la memoria como un sueño lúcido y la adapta al anhelo de su corazón.

R.K. aprendió que podemos arrebatar a otros sus capacidades a través de nuestras actitudes hacia ellos. Al cambiar su actitud, cambió el resultado.

«Aunque no me dedico a prestar dinero ni a inversiones, un amigo y conocido de negocios vino a pedirme un préstamo sustancial para expandir su negocio. Dada nuestra relación personal, le otorgué el préstamo con tasas de interés justas y le otorgué el derecho de renovación después de un año. Al finalizar ese primer año, estaba atrasado en el pago de intereses y solicitó una extensión de treinta días. Concedí esta solicitud, pero al cabo de los treinta días, aún no podía cumplir con el pagaré y pidió otra extensión.

Como dije anteriormente, no estoy en el negocio de prestar dinero. Dentro de veinte días necesitaba el pago completo del préstamo para cumplir con mis propias deudas. A pesar de esto, accedí nuevamente a extender el plazo, aunque mi propio crédito estaba ahora en grave riesgo. Lo natural habría sido recurrir a medidas legales para cobrar, lo que habría hecho hace unos años. Sin embargo, recordé tu advertencia sobre "no robar a otros su capacidad", y me di cuenta de que había estado robando a mi amigo su capacidad de pagar lo que debía. Durante tres noches construí una escena en mi imaginación en la que escuchaba a mi amigo decirme que órdenes inesperadas habían inundado su escritorio, tan rápidamente, que ahora podía pagar el préstamo en su totalidad. El cuarto día recibí una llamada telefónica suya. Me comentó que, lo que él llamaba un "milagro", había traído numerosas órdenes grandes, y que ahora podía pagar la totalidad del préstamo, incluidos los intereses pendientes. De hecho, me había enviado un cheque por el monto total».

—R.K.

La distinción entre imaginar y el estado imaginado es fundamental en el secreto de la imaginación. Solo las cosas mentales son reales.

"Todo lo que puede ser creído es una imagen de la verdad".

CAPÍTULO 13

TRIVIALIDADES

El conocimiento general es un conocimiento remoto; la verdadera sabiduría y felicidad residen en los detalles particulares.
— Blake.

Utilizamos nuestra imaginación para lograr objetivos específicos, incluso si esos objetivos pueden parecer triviales. Debido a que las personas a menudo no definen ni imaginan claramente sus objetivos particulares, los resultados tienden a ser inciertos, aunque podrían ser perfectamente claros. Imaginar objetivos específicos implica una discriminación clara.

"¿Cómo distinguimos el roble de la haya? ¿El caballo del buey, sino por el contorno delimitador?"

A través de límites definidos diferenciamos y entendemos la realidad de las cosas particulares en contraste con las generalidades sin forma que inundan la mente.

La vida en la Tierra se puede considerar como un jardín de infancia para la creación de imágenes. La magnitud o insignificancia del objeto a crear no es importante en sí mismo. Como dijo Blake:

La gran regla de oro tanto para el arte como para la vida es esta: cuanto más distintivo, agudo y claro sea el contorno, más perfecta será la obra de arte; y cuanto menos agudo y marcado sea, mayor será la evidencia de una débil imitación. ¿Qué es lo que construye una casa y planta un jardín, sino el contorno definido y determinado?... Deja de lado esta línea y dejas fuera la vida misma.

Las siguientes historias se refieren a la adquisición de cosas triviales, aparentemente pequeñas, o 'juguetes' como yo los llamo, pero son importantes debido a las claras visiones imaginarias que crearon los juguetes.

La autora de la primera historia es una persona que, según se dice, "lo tiene todo". Esto es verdad. Posee seguridad financiera, estabilidad social e intelectual. Ella escribe:

«Como sabes, a través de tus enseñanzas y mi práctica de ellas, he transformado por completo mi vida y a mí misma. Hace unas semanas, cuando hablabas de 'juguetes', me di cuenta de que nunca había utilizado mi imaginación para obtener cosas y decidí que sería divertido intentarlo. Mencionaste a una joven a la que le regalaron un sombrero simplemente por usar ese sombrero en su imaginación. Lo último en la tierra que necesitaba era un sombrero, pero quería probar mi imaginación para "conseguir cosas", así que seleccioné un sombrero que se mostraba en una revista de moda. Recorté la imagen y la coloqué en el espejo de mi tocador. La estudié detenidamente. Luego cerré los ojos y, en mi imaginación, me coloqué ese sombrero en la cabeza y lo usé mientras salía de la casa. Solo lo hice una vez.

La semana siguiente me encontré con algunas amigas para almorzar, y una de ellas llevaba puesto 'el sombrero'. Todas lo admiramos. Al día siguiente, recibí un paquete por mensajería de entrega especial. Era "el sombrero". La amiga que lo llevó el día anterior me lo había enviado con una nota que decía que no estaba particularmente interesada en el sombrero y no sabía por qué lo había comprado, pero de alguna manera pensó que me quedaría bien, y que por favor lo aceptara».

—G.L.

El movimiento de los "sueños a las cosas" es el poder que impulsa a la humanidad. "Debemos vivir totalmente en el nivel de la imaginación. Y debe ser tomada consciente y deliberadamente".

«Toda mi vida me han gustado los pájaros. Disfruto observándolos, escuchando sus trinos, alimentándolos, y, en particular, siento afinidad por el pequeño gorrión. Durante muchos meses, los he alimentado con migajas de pan matutino, semillas para aves silvestres y cualquier bocado que creyera sería de su gusto. A lo largo de estos meses, he sentido frustración al constatar cómo las aves más grandes, especialmente las palomas, dominan el territorio, devorando la mayor parte de las semillas buenas y dejando las cáscaras para mis gorriones.

Utilizar mi imaginación en este problema me pareció gracioso al principio, pero cuanto más pensé en ello, más interesante se volvió la idea. Una noche, decidí 'visualizar' a los pequeños pajaritos disfrutando plenamente de las ofrendas diarias, mientras le contaba a mi esposa que las palomas ya no interferían con mis gorriones, sino que tomaban su parte como 'caballeros' y luego abandonaban el área. Continué esta acción imaginaria durante casi un mes. Una mañana, advertí que las palomas habían desaparecido. Durante unos cuantos días, los gorriones desayunaron solos; en este período, ningún pájaro más grande entró en el área. Eventualmente, las aves grandes regresaron, pero desde entonces, jamás han vuelto a invadir el espacio ocupado por mis gorriones. Permanecen juntos, comiendo lo que pongo para ellos, y ceden por completo una porción del área a mis pequeños amigos. Sabes, realmente creo que los gorriones entienden; ya no parecen tener miedo cuando yo camino entre ellos»

—R.K.

Esta historia demuestra que, a menos que nuestro corazón se involucre en la tarea, a menos que nos imaginemos a nosotros mismos en el sentimiento del deseo cumplido, no estamos allí. Nosotros somos todo imaginación y debemos estar donde está la imaginación y lo que somos en la imaginación.

«A principios de febrero, mi esposo y yo llevábamos un mes en nuestra casa nueva; un hogar más que encantador, situado en una colina con el océano como nuestro patio delantero, el viento y cielo como vecinos, y las gaviotas como invitados. Estábamos encantados. Si has experimentado la alegría y el desgaste de construir tu propia casa, comprendes que te inundas de felicidad mientras tu billetera queda exhausta. Un sinfín de objetos importantes demandaban ser adquiridos para el hogar, pero lo que ansiábamos en mayor medida era lo menos imprescindible: un cuadro. Pero no cualquier cuadro, sino una pintura magnífica que capturara la grandeza del mar dominado por un majestuoso clíper blanco. Este cuadro había ocupado nuestros pensamientos durante todo el proceso de construcción, y reservamos un tramo de la pared de la sala de estar sin revestir para darle su lugar. Mi esposo fijó faroles decorativos en tonos rojos y verdes en la pared, enmarcando así nuestro cuadro imaginario, aunque la obra en sí debía esperar. Cortinas, alfombras y todos los elementos prácticos tenían prioridad. Tal vez era lo correcto, sin embargo, ello no impidió que ninguno de nosotros dos visualizara, en la esfera de nuestra imaginación, ese cuadro en la pared.

Un día, mientras estaba de compras, entré a una pequeña galería de arte. Al cruzar el umbral, me detuve bruscamente, lo que ocasionó que un caballero que iba detrás de mí chocara contra un caballete. Me disculpé y señalé un cuadro colgado a la altura de la cabeza, al otro lado de la sala. "¡Nunca había visto algo tan maravilloso!" El hombre se presentó como el propietario de la galería y dijo: "Sí, es una obra original del mejor pintor inglés de Naves Clipper que el mundo haya conocido".

Él continuó contándome sobre el artista, pero yo no estaba escuchando. No podía apartar mis ojos de ese maravilloso barco. De pronto, experimenté algo inusual, fue solo un instante en el tiempo, pero la galería de arte pareció desvanecerse y 'vi' esa imagen en mi pared. Temo que el propietario pudo haber pensado que me sentía un tanto mareada, y en cierto modo lo estaba, sin embargo, finalmente logré regresar mi atención a su voz cuando mencionó un precio astronómico. Le sonreí y respondí:

"Tal vez algún día" ...

Él continuó hablándome sobre el pintor y también sobre un artista estadounidense, el único litógrafo vivo, capaz de replicar al gran maestro inglés. Él dijo:

"Si tienes mucha suerte, podrías adquirir una de sus réplicas. He visto su trabajo. Es perfecto en cada detalle. Muchos prefieren las reproducciones a las pinturas originales".

"Reproducción o pintura", desconocía por completo los valores de ambos, y de todas formas, lo único que deseaba era aquel cuadro.

Cuando mi esposo volvió a casa esa noche, no hice más que hablar de esa pintura y le supliqué que visitara la galería para que la viera.

"Tal vez podríamos encontrar una reproducción en algún lugar; el hombre me dijo que..."

"Sí" —interrumpió él— "pero sabes que no podemos permitirnos un cuadro en este momento".

Nuestra conversación concluyó allí, pero esa noche, después de la cena, me quedé de pie en nuestra sala de estar y "vi" ese cuadro en nuestra pared.

Al día siguiente, mi esposo tenía una cita con un cliente que no quería mantener, pero la cita se mantuvo. Mi esposo no regresó a casa, sino hasta después de oscurecer. Cuando entró por la puerta principal, yo estaba ocupada en otra parte de la casa y le saludé desde allí. Unos minutos después, escuché el sonido de martilleo y entré en la sala de estar para averiguar lo que estaba ocurriendo. Ahí estaba, en nuestra pared, mi cuadro. En ese primer momento de intensa alegría, recordé al hombre en la galería de arte diciendo: "Si tienes mucha suerte, puedes adquirir una de sus réplicas". ¿Suerte?

Bueno, aquí está la parte de mi esposo en esta historia: Manteniendo la cita mencionada anteriormente, él entró en una de las casas más modestas y humildes que había visitado. El cliente lo recibió y lo condujo a un pequeño comedor oscuro, donde ambos se sentaron a una mesa vacía. Cuando mi esposo colocó su maletín en la mesa, alzó la vista y vio el cuadro en la pared. Él me confesó que había llevado a cabo la entrevista de manera descuidada, ya que no podía apartar la mirada del cuadro. El cliente firmó el contrato y entregó un cheque como pago inicial, que mi esposo creía que estaba diez dólares por debajo de la cantidad acordada. Al mencionar esto al cliente, él respondió que el cheque era todo lo que podía permitirse, pero agregó: "He notado tu interés en ese cuadro. Estaba aquí cuando tomé este lugar. No sé de quién era, pero no lo quiero. Si agregas los diez dólares por mí, el cuadro es tuyo".

Cuando mi esposo regresó a la oficina central de su compañía, se dio cuenta de que había estado equivocado sobre la cantidad. El cheque no tenía diez dólares menos. Nuestro cuadro ahora cuelga en nuestra pared. Y no nos costó nada».

—A. A.

Respecto a R. L., quien escribió la siguiente carta, se debe señalar:

"En la fe, señora, reside un corazón alegre"
(William Shakespeare, "Mucho ruido y pocas nueces").

«Un día, durante una huelga de autobuses, me vi obligada a dirigirme al centro de la ciudad. Debía caminar diez cuadras desde mi casa hasta el autobús más cercano que estaba en funcionamiento. Antes de regresar a casa, me di cuenta de que en esta nueva ruta no había ningún mercado y que no podría comprar la cena. Tenía suficiente para manejar 'con suerte' una comida, pero necesitaría pan. Después de todo un día de compras, las diez cuadras de la ruta de autobús eran todo lo que podía caminar. Ir más lejos para comprar pan estaba fuera de consideración.

Permanecí inmóvil por un momento y permití que una imagen del pan "danzara en mi cabeza". Luego me puse en marcha para regresar a casa. Al abordar el autobús estaba tan cansada que tomé el primer asiento disponible y casi me senté sobre una bolsa de papel. Por lo general, en un autobús lleno de pasajeros agotados, la gente no se mira directamente, por lo que, movida

por la curiosidad natural, eché un vistazo dentro de la bolsa. Por supuesto, encontré una barra de pan, no cualquier pan, sino de la misma marca que siempre compro».
—R.L.

Detalles, todos detalles, pero generaron estas invaluables trivialidades. La imaginación logra estas cosas sin los medios que generalmente se consideran necesarios para lograrlas. El individuo valora la riqueza de una manera que no guarda relación con los valores reales.

"Ven, compra vino y leche sin dinero y sin costo alguno"
(Isaías. 55: 1)

CAPÍTULO 14

EL MOMENTO CREATIVO

El hombre natural no percibe las cosas que son del Espíritu de Dios, porque para él son locura, y no las puede entender, porque se han de discernir espiritualmente.
(1 Corintios 2:14)

Cada día contiene un momento que Satanás no puede encontrar, ni sus demonios tampoco, pero el hombre laborioso puede encontrar este momento y multiplicarlo. Una vez encontrado, renueva cada momento del día si es colocado correctamente.
—Blake.

Cada vez que imaginamos las cosas como deberían ser, en lugar de como parecen ser, experimentamos "El momento." Porque en ese momento el trabajo del ser espiritual se completa, y todos los grandes acontecimientos del tiempo empiezan a moldear un mundo en armonía con el patrón alterado de ese momento.

Blake escribe: "Satanás es un 'reactor'. Nunca actúa; solo reacciona". Y si nuestra actitud hacia los acontecimientos del día es 'reactiva', ¿no estamos actuando el papel de Satanás? El individuo solo está reaccionando en su estado natural o de satanás; nunca actúa o crea, solo reacciona o recrea. Un auténtico momento creativo, un sentimiento real del deseo cumplido, vale más que toda la vida natural de la reacción. En tal momento se realiza la obra de Dios. Una vez más, podemos decir con Blake: "Dios solamente actúa y se encuentra en personas o seres existentes".

Existe un pasado imaginario y un futuro imaginario. Si, al reaccionar, recreamos el pasado en el presente, entonces, al actuar sobre nuestros sueños de fantasía, podemos traer el futuro al presente. "Siento el futuro ahora mismo, en este instante".

El ser espiritual actúa, pues cualquier cosa que desee hacer, puede hacerla y la lleva a cabo de inmediato, en su imaginación. Su lema siempre es: "El momento es ahora".

"He aquí, ahora es el tiempo aceptable; he aquí, ahora es el día de salvación"
(2 Corintios 6: 2)

Nada se interpone entre el individuo y la realización de su sueño, excepto los hechos; y los hechos son creaciones de la imaginación. Si cambia su imaginación, cambiarán los hechos.

La siguiente historia narra cómo una joven mujer encontró el Momento y, al actuar sobre su sueño de fantasía, trajo el futuro al presente, sin darse cuenta de lo que había logrado hasta el desenlace final.

«El incidente que voy a relatar puede parecer una coincidencia para aquellos que no han sido expuestos a tus enseñanzas, pero estoy segura de que presencié un acto de imaginación que se solidificó en cuestión de minutos, tal vez en unos cuatro. Creo que te interesará leer este informe, redactado exactamente como ocurrió, poco después del acontecimiento real ayer por la mañana.

Conducía mi automóvil hacia el este por 'Sunset Boulevard', en el carril central del tráfico, frenando gradualmente para detenerme en un semáforo en rojo en una intersección de tres vías. En ese momento, mi atención se centró en una anciana vestida de gris que corría por la calle delante de mi auto. Alzó su brazo, indicando al conductor de un autobús que comenzaba a alejarse de la acera. Era evidente que estaba tratando de cruzar frente al autobús para detenerlo. El conductor redujo la velocidad y pensé que la dejaría pasar. Sin embargo, mientras ella saltaba a la acera, el autobús arrancó, dejándola parada justo en el momento de bajar su brazo. Ella se dio la vuelta y caminó rápidamente hacia una cabina telefónica cercana.

Cuando el semáforo cambió a verde y comencé a mover mi auto, deseé haber estado detrás del autobús para poder ofrecer llevarla. Su extrema agitación era evidente, incluso desde la distancia que nos separaba. Mi deseo se cumplió instantáneamente en un drama mental. Mientras me alejaba, la fantasía se desarrollaba en la siguiente escena: "Abrí la puerta del auto y una señora vestida de gris entró, sonriendo aliviada y muy agradecida. Estaba sin aliento por haber corrido y dijo: 'Solo tengo que ir unas pocas cuadras. Me encontraré con unos amigos y temía que se fueran sin mí después de perder mi autobús'. Dejé a mi dama imaginaria un par de cuadras más adelante, deleitándome al observar que sus amigos aún la esperaban. Agradeció nuevamente y se alejó".

Toda esta escena mental transcurrió en el tiempo que lleva recorrer una cuadra a velocidad normal. La fantasía tranquilizó mis sentimientos sobre el incidente 'real', e inmediatamente lo olvidé. Cuatro cuadras después, aun en el carril central, me detuve nuevamente debido a un semáforo en rojo. Mi atención estaba enfocada en algo interno que ahora no puedo recordar, cuando de repente alguien golpeó la ventana cerrada de mi auto. Al mirar, vi a una encantadora anciana de cabello gris, toda vestida de gris, sonriente y preguntando si podría llevarla unas cuantas cuadras, ya que había perdido su autobús. Estaba sin aliento, como si hubiera estado corriendo. Sorprendida por su repentina aparición en mi ventana en medio del ajetreo de la calle, inicialmente solo pude reaccionar físicamente. Incliné la cabeza y abrí la puerta de mi auto. Ella se subió y explicó: "Es bastante frustrante correr tanto y luego perder un autobús. No te hubiera molestado, pero tenía que reunirme con unos amigos unas cuantas cuadras más abajo. Si tengo que caminar, no llegaré a tiempo".

Seis cuadras más adelante, exclamó: "Oh, ¡qué bien! Todavía me están esperando".

La dejé salir y me agradeció nuevamente antes de alejarse.

Admito que conduje hasta mi destino en piloto automático, ya que había reconocido completamente que acababa de ser testigo de un sueño despierto que se había manifestado en acción física. Reconocí lo que estaba ocurriendo mientras sucedía. En cuanto tuve oportunidad, escribí cada aspecto del incidente y encontré una sorprendente consistencia entre el 'sueño despierto' y la posterior 'realidad'. Ambas mujeres eran ancianas, gentiles y vestían completamente de gris. Estaban sin aliento debido a la prisa por alcanzar un autobús y perderlo. Ambas deseaban reunirse con amigos que, por alguna razón, no podían esperar más. Ambas dejaron mi auto a unas pocas cuadras de distancia después de completar exitosamente su encuentro con sus amigos. ¡Quedé atónita, perpleja y maravillada. Si no hay tal cosa como una coincidencia o un accidente, entonces fui testigo de cómo la imaginación se transformó en "realidad" casi instantáneamente».

—J.R.B.

Cada día contiene un momento que Satanás no puede encontrar, ni sus demonios tampoco, pero el hombre laborioso puede encontrar este momento y multiplicarlo. Una vez encontrado, renueva cada momento del día si es colocado correctamente.
—Blake.

«Desde la primera vez que leí tu experiencia en "La Búsqueda", había anhelado experimentar una visión. Mi deseo por experimentar esto se intensificó desde que nos hablaste sobre la 'Promesa'. Quiero compartir contigo la visión que tuve, la cual fue una gloriosa respuesta a mis oraciones. Sin embargo, estoy seguro de que esta experiencia no habría ocurrido si no fuera por algo que sucedió hace dos semanas.

Tuve que estacionar mi automóvil a cierta distancia del edificio de la Universidad donde tenía programado impartir mi clase. Al salir del auto, percibí una tranquilidad a mi alrededor. La calle estaba completamente desierta; no había nadie a la vista. De repente, escuché una espantosa voz maldiciendo. Volteé hacia el sonido y vi a un hombre agitando un bastón, gritando entre palabras soeces: "Te mataré. Te mataré".

Continué avanzando mientras él se acercaba a mí. En ese momento, pensé: "Ahora puedo poner a prueba lo que he afirmado creer; si realmente creo que somos uno —el Padre, este hombre desamparado y yo— ningún mal puede sobrevenirme".

En ese instante, no sentí miedo alguno. En lugar de ver a un hombre acercándose hacia mí, percibí una luz. El hombre dejó de gritar, soltó el bastón y avanzó en silencio mientras pasamos a una distancia de menos de treinta centímetros entre nosotros.

Haber puesto a prueba mi fe en ese momento cambió mi perspectiva. Todo a mi alrededor parecía más vivo que antes: las flores más brillantes y los árboles más verdes. Experimenté un profundo sentimiento de paz y unidad con la vida que no había experimentado antes.

El viernes pasado, manejé hasta nuestra casa de campo. No hubo nada inusual durante el día ni la noche. Trabajé en un manuscrito y, dado que no me sentía cansado, no intenté dormir hasta alrededor de las dos de la madrugada. Entonces apagué la luz y me dejé llevar por esa sensación de ensoñación, no completamente dormido, sino en un estado de somnolencia, medio despierto y medio dormido, como lo describo. En este estado, a menudo aparecen ante mí encantadores rostros desconocidos. Pero esta vez, la experiencia fue distinta. Un rostro perfecto de un niño se materializó ante mí en perfil, luego giró y me sonrió. Emitía una luz brillante que parecía llenar mi propia mente con luz. Me sentía radiante y emocionado, y pensé: "Este debe ser el Cristo". Sin embargo, algo dentro de mí, sin emitir sonido, me dijo: "No, este eres tú". Siento que nunca volveré a ser la misma persona y que en algún momento podré experimentar la Promesa».

—G.B.

Nuestros sueños se harán realidad desde el momento en que comprendamos que la imaginación crea la realidad y toma acción. Sin embargo, la imaginación busca algo mucho más profundo y esencial en nosotros que simplemente crear cosas: busca el reconocimiento de su propia unidad con Dios. Lo que hace en realidad es Dios mismo actuando en el individuo y a través de él, que es Todo Imaginación.

CAPÍTULO 15

LA PROMESA

Cuatro Experiencias Místicas

En todo lo que he relatado hasta ahora, con la excepción de la visión del niño de G.B., la imaginación fue ejercida conscientemente. Hombres y mujeres crearon escenas en su imaginación que implicaban el cumplimiento de sus deseos. Luego, al imaginarse ellos mismos participando en estos dramas, dieron vida a lo que sus actos mentales sugerían. Este es un uso sabio de la ley de Dios. Pero

"Nadie es justificado ante Dios por la Ley"
(Gálatas 3.11)

Muchas personas se interesan en 'imaginar' como un modo de vida, pero no están interesadas en absoluto en el marco de fe que conduce al cumplimiento de la promesa de Dios.

"Voy a levantar a tu descendiente después de ti, el cual saldrá de tus entrañas... Yo seré Padre para él, y él será hijo para mí"
(2 Samuel 7: 12-14)

A ellos no les importa la promesa de que Dios sacará de nuestro cuerpo un hijo que "no nacerá de sangre, ni de la voluntad de la carne, ni de la voluntad del hombre, sino de Dios". Ellos buscan entender la ley de Dios, pero no su promesa. Sin embargo, este milagroso nacimiento se ha proclamado como una necesidad para toda la humanidad desde los primeros días de la comunión cristiana. "Deben nacer de nuevo".

Mi intención aquí es reiterar esta verdad y expresarla de manera tal que, a través de mis propias experiencias místicas personales, los lectores puedan apreciar que este "nacer de nuevo" va más allá de ser una parte desechable de una estructura más grande; en cambio, es el único propósito de la Creación de Dios.

Específicamente, mi objetivo al relatar estas cuatro experiencias místicas es mostrar lo que "Jesucristo, el testigo fiel, el primogénito de los muertos" (Apocalipsis 1- 5) quiso comunicar acerca de este nacer de nuevo.

"¿Cómo predicarán si no son enviados?"
(Romanos 10:15)

Hace muchos años, fui transportado espiritualmente a una Sociedad Divina, una Sociedad de hombres en quienes Dios está completamente despierto. Aunque pueda parecer extraño, los dioses realmente se reúnen. Al entrar en esta sociedad, el primero en saludarme fue la encarnación del Poder infinito. Su poder era desconocido para los mortales. Posteriormente, fui llevado a conocer al Amor infinito. Me preguntó: "¿Cuál es la cosa más grande del mundo?" Yo le respondí con las palabras de Pablo: "Fe, esperanza y amor, estos tres; pero el más grande de estos es el amor". En ese momento, me abrazó y nuestros cuerpos se fusionaron y se convirtieron en un solo cuerpo. Yo estaba unido a él y lo amaba como a mi propia alma. Las palabras, "amor de Dios", tan a menudo simples expresiones, se convirtieron en una realidad con un profundo significado. Nada imaginado por el individuo podría igualar jamás este amor experimentado a través de la unión con el Amor. Las relaciones más íntimas en la Tierra son como vivir en celdas separadas en comparación con esta unión.

En medio de este supremo deleite, una voz desde el espacio exclamó: "¡Abajo con los de sangre azul"!. En ese instante, me encontré de pie frente al que primero me saludó, el que personificaba el Poder Infinito. Me miró a los ojos y sin usar palabras ni boca, escuché lo que me transmitía: "Es hora de actuar".

Repentinamente, fui sacado de esta Sociedad Divina y regresé a la tierra. Me atormentaba la limitación de mi entendimiento, pero sabía que en ese día, la Sociedad Divina me había elegido como compañero y me había enviado a predicar a Cristo, la promesa de Dios para el individuo.

Mis experiencias místicas me han llevado a aceptar, literalmente, el dicho de que todo el mundo es un escenario, y creer que Dios interpreta todos los papeles. ¿Cuál es el propósito de esta obra? Transformar al individuo, lo creado, en Dios, el creador. Dios amó al individuo, lo creado, y se convirtió en él con la fe de que este acto de autoentrega transformaría al individuo, lo creado, en Dios, el creador.

La obra empieza con la crucifixión de Dios en la humanidad, asumiendo forma humana, y termina con la resurrección del ser humano, como Dios. Dios se encarnó como nosotros, para que nosotros seamos como Él. Dios se convierte en persona para que la persona pueda, primero, convertirse en un ser vivo, y segundo, en un espíritu vivificante que da vida.

He sido crucificado con Cristo; y ya no soy yo quien vive, sino que Cristo vive en mí, y la vida que ahora vivo en la carne, la vivo por fe en el Hijo de Dios, el cual me amó y se entregó a sí mismo por mí.
(Gálatas 2:20)

Dios tomó la forma humana y se hizo obediente hasta la muerte, incluso la muerte en cruz, siendo crucificado en el Gólgota, el cráneo humano. Dios mismo entró en la puerta de la muerte, el cráneo humano, y se recostó en la tumba del individuo para transformar al individuo en un ser vivo. La misericordia de Dios convirtió la muerte en un sueño, dando inicio a una metamorfosis asombrosa y extraordinaria del individuo, la transformación del individuo en Dios.

Sin la ayuda de la crucifixión de Dios, nadie podría cruzar el umbral hacia la vida consciente, pero ahora tenemos unión con Dios en su ser crucificado. Él vive en nosotros como nuestra maravillosa imaginación humana.

El hombre es todo imaginación, y Dios es el hombre, existiendo en nosotros y nosotros en Él. El cuerpo eterno del hombre es la imaginación, esto es, Dios mismo.
—Blake.

Cuando él se levante en nosotros seremos como él y él será como nosotros. En ese momento, todas las imposibilidades se desvanecerán en nosotros con ese toque de exaltación que su levantamiento impartirá a nuestra naturaleza.

Aquí radica el secreto del mundo: Dios murió para dar vida al individuo y para liberarlo. Sin embargo, aunque Dios está claramente consciente de su creación, esto no significa que el individuo, creado imaginativamente, sea consciente de Dios. Para llevar a cabo este milagro, Dios tuvo que morir y luego resucitar como ser humano. Nadie lo ha expresado de manera más clara que William Blake, quien hace que Jesús diga:

"A menos que muera, no puedes vivir, pero si muero, me levantaré otra vez y tú conmigo. ¿Amarías a alguien que nunca murió por ti, o alguna vez morirías por alguien que no murió por ti? Y si Dios no muere por el hombre y no se entrega eternamente por él, el hombre no podría existir".

Entonces, Dios muere, es decir, Dios se ha entregado libremente por el ser humano. Deliberadamente, toma la forma humana y se olvida de ser Dios, con la esperanza de que el ser, que ha sido creado, eventualmente se levantará como Dios. Dios se ha entregado a sí mismo tan completamente, que en la cruz del individuo clama: "Dios mío, Dios mío; ¿por qué has me has abandonado?" Ha olvidado completamente que es Dios. Pero cuando Dios resucita en una persona, esa persona dirá a sus compañeros: "¿Por qué estamos aquí temblando y pidiendo ayuda a Dios, cuando deberíamos buscar dentro de nosotros mismos, donde Dios mora?".

Este primer ser humano que resucita de entre los muertos es conocido como Jesucristo, los primeros frutos de aquellos que han dormido, el primogénito de entre los muertos. Dios murió por el ser humano, y ahora, a través de un ser humano, ha llegado la resurrección de los muertos. Jesucristo resucita a su Padre muerto al convertirse en su Padre. En Adán —el hombre universal— Dios duerme. En Jesucristo —el Dios individualizado— Dios despierta. Al despertar, el individuo, el ser creado, se convierte en Dios, el Creador, y verdaderamente puede decir: "Antes de que el mundo fuera, Yo Soy". Así como Dios, en su amor por el individuo, se identificó tan completamente con él que olvidó que era Dios, así también el individuo, en su amor por Dios, debe identificarse tan completamente con Dios que pueda vivir la vida de Dios, es decir, de manera imaginativa.

La obra de Dios que transforma al individuo en Dios se revela en la Biblia. Está llena de alegorías y simbolismo. El Nuevo Testamento está enraizado en el Antiguo Testamento, y lo antiguo se manifiesta en lo nuevo. La Biblia es una visión de la Ley de Dios y su Promesa. Nunca tuvo la intención de enseñar historia, sino de guiarnos en la fe a través de los hornos de la aflicción hacia el cumplimiento de la promesa de Dios. Su propósito es despertarnos de nuestro profundo sueño y convertirnos en Dios. Sus personajes no viven en el pasado, sino en una eternidad imaginativa. Ellos son personificaciones de los eternos estados espirituales del alma. Marcan el viaje del individuo a través de la muerte eterna hacia el despertar a la vida eterna.

El Antiguo Testamento nos habla de la promesa de Dios. El Nuevo Testamento no nos dice cómo se cumplió esta promesa, sino cómo se cumple. El tema central de la Biblia es la experiencia mística directa e individual del nacimiento del niño, el niño del que habló el profeta.

> *"Porque un niño nos ha nacido, un hijo nos ha sido dado, y la soberanía estará sobre sus hombros; y se llamará su nombre Admirable Consejero, Dios Poderoso, Padre Eterno, Príncipe de Paz. El aumento de su soberanía y de la paz no tendrán fin".*
> *(Isaías 9: 6-7)*

Cuando este niño se revela en nosotros, lo vemos y lo experimentamos. La respuesta a esta revelación se puede expresar en las palabras de Job: "He sabido de ti solo de oídas, pero ahora mis ojos te ven". La historia de la encarnación no es una fábula, una alegoría o alguna ficción cuidadosamente diseñada para esclavizar las mentes humanas, sino un hecho místico. Es una experiencia mística personal del nacimiento de uno mismo a partir del propio cráneo, simbolizado en el nacimiento de un niño, envuelto en pañales y acostado en el piso.

Hay una distinción fundamental entre simplemente escuchar sobre el nacimiento del niño desde el interior del propio cráneo, un nacimiento que ningún científico o historiador podría explicar, y realmente experimentar el nacimiento, sostener en tus propias manos y ver con tus propios ojos este milagroso niño, un niño nacido desde arriba de tu propio cráneo, un nacimiento contrario a todas las leyes de la naturaleza. La pregunta, tal como se plantea en el Antiguo Testamento:

> *"Pregunten ahora, y vean si el varón da a luz. ¿Por qué veo a todos los hombres con las manos sobre sus caderas, como mujer de parto? ¿Por qué se han puesto pálidos todos los rostros?*
> *(Jeremías 30:6-7)*

La palabra hebrea "chalats" traducida erróneamente como "lomos" en realidad significa sacar, entregar, retirar el ser. El sacarse uno mismo del propio cráneo es precisamente lo que el profeta había previsto como el necesario nacimiento desde arriba (o volver a nacer), un nacimiento que le da al individuo entrada al reino de Dios y la percepción reflexiva en los niveles más elevados del Ser. A través de los siglos:

"Lo profundo llama a lo profundo... Despierta, tú que duermes. ¿Oh Señor, por qué duermes? ¡Despierta!"

El evento registrado en los evangelios en realidad ocurre en el individuo. Sin embargo, la fecha y la hora de este momento, en el que el individuo es liberado, nadie lo conoce sino el Padre.

"No te maravilles de lo que te dije: tienen que nacer de arriba. El viento sopla por donde quiere, y oyes su sonido, pero no sabes de dónde viene ni adónde va; así es con todo aquel que es nacido del Espíritu".
(Juan: 3: 7-8)

Esta revelación del Evangelio de Juan es verdadera. Aquí está mi experiencia personal de este nacimiento desde arriba. Al igual que Pablo, no lo recibí de un ser humano ni me lo enseñaron. Vino a través de una experiencia mística genuina de nacer desde arriba. Solo aquellos que han experimentado este nacimiento pueden hablar verdaderamente de él. Antes de la experiencia, ¿quién podría creer que el niño, el Admirable Consejero, el Dios Poderoso, el Padre Eterno, el Príncipe de Paz, estaba presente en su propio cráneo? ¿Quién podría entender que su creador es también su esposo, y que el Señor de los ejércitos es su nombre? ¿Quién podría creer que el Creador entró en su propia creación, el individuo, y supo que era él mismo, y que esta entrada al cráneo del individuo, esta unión entre Dios y el individuo, dio como resultado el nacimiento de un Hijo desde el cráneo del individuo? Este nacimiento otorga vida eterna al individuo y una unión eterna con su Creador.

Lo que relato ahora no tiene la intención de imponer mis ideas a los demás, sino más bien de brindar esperanza a aquellos que, al igual que Nicodemo, se preguntan: "¿Cómo puede un hombre nacer siendo ya viejo? ¿Cómo puede entrar por segunda vez en el vientre de su madre y nacer? ¿Cómo puede ser esto?" Así es como me pasó a mí.

"Escribe la visión y grábala en tablas, para que corra el que la lea. Porque es aún visión para el tiempo señalado; se apresura hacia el fin y no defraudará. Aunque tarde, espérala; porque ciertamente vendrá, no tardará. He aquí, el orgulloso, en él su alma no es recta, más el justo por su fe vivirá".
(Habacuc 2: 2-4)

En la madrugada del 20 de julio de 1959, en la ciudad de San Francisco, tuve un sueño celestial en el que florecían las artes, pero fue repentinamente interrumpido por una intensa vibración centrada en la base de mi cráneo.

Luego, comenzó a desarrollarse un drama tan real como los que experimento cuando estoy completamente despierto. Desperté de mi sueño para encontrarme completamente sepultado dentro de mi cráneo. Intenté liberarme empujando hacia abajo desde la base de mi cráneo. Algo cedió y sentí cómo me movía hacia abajo desde la cabeza, pasando por la base de mi cráneo. Lentamente, me extraje centímetro a centímetro. Cuando casi estaba fuera, sostuve lo que creí que era el pie de la cama y saqué el resto de mí fuera de mi cráneo. Descansé brevemente en el suelo y luego me levanté para contemplar mi cuerpo en la cama. Tenía el rostro pálido, yacía de espaldas y se movía de un lado a otro, como alguien que se recupera de una experiencia profunda. Mientras lo observaba, preocupado de que pudiera caerse de la cama, noté que la vibración que había iniciado todo el episodio no solo estaba en mi cabeza, sino que también parecía emanar de una esquina de la habitación. Miré hacia esa esquina y me pregunté si esa vibración podría ser causada por un viento muy intenso, un viento lo suficientemente fuerte como para hacer vibrar la ventana. No me di cuenta de que la vibración que todavía sentía dentro de mi cabeza estaba relacionada con lo que parecía venir de la esquina de la habitación.

Mirando hacia atrás a la cama, me sorprendió descubrir que mi cuerpo había desaparecido y, en su lugar, estaban sentados mis tres hermanos mayores. El hermano mayor ocupaba la posición de la cabeza, mientras que los otros dos estaban en donde estarían los pies. A pesar de que yo estaba consciente de ellos y podía percibir sus pensamientos, ninguno parecía ser consciente de mi presencia. De pronto, me di cuenta de la realidad de mi propia invisibilidad. Noté que la vibración de la esquina de la habitación también los había perturbado a ellos. El tercer hermano, especialmente, parecía muy inquieto y se acercó para investigar la fuente de la vibración. Fue entonces cuando su atención se centró en algo en el suelo, y exclamó: "Es el bebé de Neville". Esto generó la incredulidad de los otros dos hermanos, que preguntaron cómo podía ser que Neville tuviera un bebé. El hermano que sostenía al bebé en sus brazos lo colocó en la cama. En ese momento, utilicé mis manos invisibles para tomar al bebé y le pregunté: "¿Cómo está mi amor?" El bebé me miró a los ojos, sonrió y, en ese instante, me desperté en este mundo, para reflexionar sobre esta, la más grande de mis muchas experiencias místicas.

Tennyson ofrece una poderosa descripción de la muerte como un guerrero, un esqueleto, montado en un caballo negro como la noche, emergiendo en la oscuridad de la medianoche. Sin embargo, cuando la espada de Gareth atravesó el cráneo, allí estaba en él.

"El rostro brillante de un niño en flor fresca como una flor recién nacida"
(Idilios del Rey).

Continuaré compartiendo otras dos visiones porque refuerzan mi afirmación de que la Biblia es un hecho místico, donde lo escrito acerca del niño prometido en la ley de Moisés, los profetas y los Salmos, debe ser experimentado místicamente en la imaginación de cada individuo. El nacimiento del niño es un signo y un presagio, señalando la resurrección de David, el ungido del Señor, de quien dijo:

"Mi hijo eres tú, yo te engendré hoy"
(Salmos 2: 7)

Cinco meses después del nacimiento del niño, en la mañana del 6 de diciembre de 1959, en la ciudad de Los Ángeles, experimenté una vibración similar a la que precedió a su nacimiento. Esta vez, la intensidad de la vibración se concentró en la parte superior de mi cabeza. Luego, ocurrió una explosión repentina y me encontré en una habitación modestamente amueblada. En ese lugar, apoyado contra el costado de una puerta abierta, estaba mi hijo David, el famoso personaje bíblico. Era un joven en sus primeros años de adolescencia, y lo que más destacaba era su inusual belleza, tanto en su rostro como en su figura. Como se describe en el primer libro de Samuel, él era rubio, de ojos hermosos y bien parecido. Ni por un momento dejé de sentirme yo mismo. Sin embargo, sabía que este joven llamado David era mi hijo, y él también sabía que yo era su padre. Esta comprensión se mantuvo en ambos, ya que "la sabiduría de lo alto, es sin vacilación". Mientras estaba sentado allí, contemplando la belleza de mi hijo, la visión se desvaneció y desperté.

"Yo y los hijos que el Señor me ha dado son señales y prodigios en Israel, de parte del Señor de los ejércitos, que mora en el monte Sion"
(Isaías 8:18).

Dios me dio a David como mi propio hijo.

"Levantaré a tu descendiente después de ti, el cual saldrá de tus entrañas… Yo seré padre para él, y él será hijo para mí"
(2 Samuel 7: 2, 14).

Dios no es conocido de ninguna otra manera que a través del Hijo.

> *"Nadie conoce quién es el Hijo, sino el Padre, ni quién es el Padre, sino el Hijo, y aquel a quien el Hijo lo quiera revelar".*
> *(Lucas 10: 22)*

La experiencia de ser el Padre de David es el fin de la peregrinación del individuo en la tierra. El propósito de la vida es encontrar al Padre de David, el ungido del Señor, el Cristo.

> *"Abner, ¿de quién es hijo este joven? Y Abner dijo: Por su vida, oh rey, no sé. Y el rey dijo: Pregunta de quién es hijo el joven. Cuando David regresó de matar al filisteo, Abner lo tomó y lo llevó ante Saúl, con la cabeza del filisteo en su mano. Y Saúl le dijo: Joven ¿de quién eres hijo? Y David respondió: Yo Soy hijo de su siervo Isaí el de Belén".*
> *(1 Samuel 17:55-58)*

Jesé es cualquier forma del verbo "ser". En otras palabras, Yo Soy el hijo de quien Yo Soy. Yo Soy autoengendrado, el Hijo de Dios, el Padre. Mi padre y yo somos uno. Soy la imagen del Dios invisible. Aquel que me ha visto, ha visto al Padre. La pregunta "¿De quién es hijo...?" No se refiere a David, sino al Padre de David, a quien el rey había prometido liberar en Israel. Observa que en todos estos pasajes (1 Samuel 17:55,56,58) la interrogante del rey no versa sobre David, sino sobre el Padre de David.

> *"He encontrado a David, mi siervo... Él me dirá: Tú eres mi Padre, eres mi Dios, la roca de mi salvación. Y yo lo declararé mi primogénito, el más excelso de los reyes de la tierra".*
> *(Salmos 89: 26-27)*

El individuo que nace de arriba encontrará a David y reconocerá que él es su propio hijo. Luego, preguntará a los fariseos, quienes siempre nos acompañan: "¿Qué piensan del Cristo? ¿De quién es hijo?" Cuando le respondan: "El hijo de David", él les dirá:

> *"Entonces, ¿cómo es que David en el Espíritu lo llama Señor?... Pues si David lo llama Señor, ¿cómo es su hijo?"*
> *(Mateo 22: 43, 45)*

El concepto erróneo acerca del papel del Hijo, considerándolo simplemente como un símbolo y un presagio, ha convertido al Hijo en un ídolo.

"Hijitos, aléjense de los ídolos"
(1 Juan 5: 21).

Dios despierta; y aquel individuo en quien despierta se convierte en el progenitor de su propio padre. Aquel que era el hijo de David, "Jesucristo, hijo de David" (Mateo 1:1) se ha convertido en el padre de David. Ya no clamaré a "nuestro padre David, tu siervo" (Hechos 4:25) "He encontrado a David". Él dirá: "Tú eres mi padre" (Salmo 89). Ahora sé que soy uno de los Elohim, el Dios que se convirtió en hombre, para que el hombre se convierta en Dios.

"Grande es el misterio de la piedad".
(1 Timoteo 3: 16)

Si la Biblia fuera historia, no sería un misterio. "Espera la promesa del Padre" (Hechos 1:4) es decir, por David, el Hijo de Dios, quien te revelará como el Padre. Esta promesa, dice Jesús, la oíste de mí (Hechos 1:4) y se cumplirá en ese momento en el tiempo cuando le agrade a Dios darte a su Hijo, como "tu descendencia, que es Cristo".

Una figura retórica se utiliza con el propósito de captar la atención, enfatizando e intensificando la realidad del significado literal. La verdad es literal; las palabras utilizadas son figurativas.

"El velo del templo se rasgó en dos, de arriba a abajo, y la tierra tembló, y las rocas se partieron"
(Mateo 27:51)

En la mañana del 8 de abril de 1960, cuatro meses después de que me fuera revelado que soy el padre de David, un rayo emergió de mi cráneo y me partió en dos, desde la parte superior de mi cráneo hasta la base de mi columna. Estaba hendido como un árbol alcanzado por un rayo. En ese momento, me sentí y me vi como una luz líquida dorada ascendiendo por mi columna en un movimiento serpenteante; al ingresar en mi cráneo, vibró como un terremoto.

"Probada es toda palabra de Dios; él es escudo para los que en él se refugian. No añadas a sus palabras, no sea que él te reprenda, y seas hallado mentiroso"
(Proverbios 30:5-6)

*"Y como Moisés levantó la serpiente en el desierto, así es necesario que sea
levantado el Hijo del hombre"*
(Juan 3:14)

Estas experiencias místicas contribuirán a rescatar a la Biblia de los aspectos externos de la historia, las personas y los eventos, y restaurarán su auténtico significado en la vida de las personas. Las Escrituras deben cumplirse "en" nosotros. La promesa de Dios se cumplirá. Tú tendrás estas experiencias:

*"Y serán mis testigos en Jerusalén, en toda Judea y Samaria, y hasta los
confines de la tierra".*
(Hechos 1: 8)

El círculo se amplía: Jerusalén, Judea, Samaria, los confines de la tierra. Ese es el plan de Dios.

La Promesa aún está madurando, esperando su momento y su hora señalada, aunque las pruebas que enfrentarás antes de encontrar a David, tu hijo, quien te desvelará como Dios, el Padre, serán extensas, profundas y arduas. Sin embargo, se apresura hacia el fin y no fallará. Así que espera, porque ciertamente no tardará.

*"¿Hay algo demasiado maravilloso para el Señor? Volveré a ti al tiempo señalado, por
este tiempo el año próximo, y Sara tendrá un hijo"*
(Genesis 18:14)

Master Class

5 Lecciones para Manifestar tus Deseos

LECCIÓN 1

LA CONCIENCIA ES LA ÚNICA REALIDAD

Este va a ser un curso muy práctico, por lo tanto, espero que todos en esta clase tengan una imagen muy clara de lo que desean, porque estoy convencido de que pueden realizar sus deseos mediante la técnica que recibirán en estas cinco lecciones.

Para que puedas recibir el beneficio completo de estas instrucciones, permíteme decir ahora que la Biblia no hace referencia en absoluto a personas que hayan existido o a algún evento que haya ocurrido alguna vez en la tierra. Los narradores antiguos no estaban escribiendo la historia, sino una imagen alegórica de una lección de ciertos principios básicos, los cuales vistieron con el ropaje de la historia y adaptaron estas historias a la limitada capacidad de las personas menos críticas y crédulas.

A lo largo de los siglos hemos tomado erróneamente las personificaciones por personas, la alegoría por historia, el vehículo que transmite la instrucción por la instrucción y el primer sentido burdo por el último sentido pretendido.

La diferencia entre la forma de la Biblia y su sustancia es tan grande como la diferencia entre un grano de maíz y el germen de vida dentro de ese grano. Como nuestros órganos asimilativos discriminan entre los alimentos que se pueden incorporar a nuestro sistema y los alimentos que deben ser desechados, así también nuestras facultades intuitivas despiertas descubren debajo de la alegoría y la parábola, el germen de vida psicológico de la Biblia y, alimentándonos de éste, nosotros también desechamos la forma que transmitía el mensaje.

El argumento en contra de la historicidad de la Biblia es demasiado extenso, en consecuencia, no es adecuado su inclusión en esta práctica interpretación psicológica de sus historias. Por lo tanto, no voy a perder tiempo en tratar de convencerte de que la Biblia no es un hecho histórico.

Esta noche tomaré cuatro historias y mostraré lo que los antiguos narradores intentaron que tú y yo viéramos en estas historias. Los antiguos maestros agregaron verdades psicológicas a las alegorías fálicas y solares. Ellos no sabían tanto de la estructura física del ser humano como los científicos modernos, ni tampoco sabían tanto sobre los cielos como nuestros astrónomos modernos. Pero lo poco que sabían lo utilizaron sabiamente y construyeron marcos fálicos y solares a los que ligaron las grandes verdades psicológicas que habían descubierto.

En el Antiguo Testamento encontrarás mucho del culto fálico. Como no es útil, no voy a destacarlo, solo te mostraré cómo interpretarlo.

Antes de ir al primero de los dramas psicológicos que tú y yo podemos utilizar en un sentido práctico, permíteme exponer los dos nombres sobresalientes de la Biblia: el que tú y yo traducimos como Dios o Jehová y el que llamamos su hijo, que tenemos como Jesús.

Los antiguos deletreaban estos nombres utilizando pequeños símbolos. La antigua lengua, llamada lenguaje hebreo, no era una lengua que tú usaras con la respiración. Era un lenguaje místico nunca pronunciado por el individuo. Aquellos que lo entendían, lo entendían como los matemáticos entienden los símbolos de las matemáticas superiores. No es algo que la gente utilizaba para transmitir el pensamiento como ahora uso el idioma inglés.

Decían que el nombre de Dios era deletreado YOD HE VAU HE. Voy a tomar estos símbolos y los explicaré de esta manera en nuestro practico lenguaje normal.

La primera letra en el nombre de Dios, YOD, es una mano o una semilla, no solo una mano, sino la mano del director. Si hay un órgano en el ser humano que lo diferencia y lo distingue del mundo entero de la creación, es su mano. Lo que llamamos una mano en el simio antropoide no es una mano. Es utilizada solo con el fin de llevar alimento a la boca, o para balancearse de rama en rama. La mano del ser humano da forma, moldea. No puedes realmente expresarte sin la mano. Esta es la mano del constructor, la mano del director; dirige, moldea y construye dentro de tu mundo.

Los antiguos narradores llamaron a la primera letra YOD, la mano, o la semilla absoluta de la cual saldrá toda la creación.

Para la segunda letra, HE, ellos dieron el símbolo de una ventana. Una ventana es un ojo; la ventana es para la casa lo que el ojo es para el cuerpo.

La tercera letra, VAU, la llamaron un clavo. Un clavo se utiliza con el fin de unir cosas. La conjunción «y» en la lengua hebrea es simplemente la tercera letra, o VAU. Si quiero decir "hombre y mujer" pongo VAU en el medio, uniéndolos.

La cuarta y última letra, HE, es otra ventana u ojo.

En este practico lenguaje moderno nuestro, puedes olvidarte de los ojos, las ventanas y las manos y mirarlo de esta manera. Tú estás sentado aquí ahora. Esta primera letra, YOD, es tu Yo Soy, tu conciencia. Tú eres consciente de ser consciente, esa es la primera letra. De esta conciencia vienen todos los estados de conciencia.

La segunda letra, HE, llamada un ojo, es tu imaginación, tu capacidad de percibir. Tú imaginas o percibes algo que parece ser distinto del Ser. Como si estuvieras perdido en un ensueño y contemplaras los estados mentales de una manera separada, haciendo del pensador y sus pensamientos entidades separadas.

La tercera letra, VAU, es tu capacidad de sentir que eres aquello que deseas ser. Al sentir que lo eres, te vuelves consciente de serlo. Caminar como si fueras lo que quieres ser, es sacar tu deseo del mundo imaginario y poner VAU sobre él. Has completado el drama de la creación. Yo soy consciente de algo. Luego me hago consciente de ser realmente aquello de lo que era consciente.

La cuarta y última letra en el nombre de Dios es otra HE, otro ojo, que significa el mundo objetivo visible que constantemente da testimonio de lo que soy consciente de ser. Tú no haces nada sobre el mundo objetivo, siempre se moldea a sí mismo en armonía con lo que tú eres consciente de ser.

Se te dice que este es el nombre por el cual todas las cosas son hechas, y sin el nada de lo que ha sido hecho, fue hecho. El nombre es simplemente lo que tú tienes ahora mientras estás sentado aquí. Tú eres consciente de ser, ¿no es así? Ciertamente lo eres. Tú también eres consciente de algo que es distinto a ti: la habitación, los muebles, la gente.

Ahora puedes volverte selectivo. Tal vez no quieres ser otro del que eres, o poseer lo que ves. Pero tienes la capacidad de sentir cómo sería si ahora fueras otro diferente del que eres. Cuando asumes que eres la persona que quieres ser, has completado el nombre de Dios o el YOD HE VAU HE. El resultado final, la exteriorización de tu asunción, no es tu problema. Saldrá a la vista automáticamente cuando asumas la conciencia de serlo.

Pasemos ahora al nombre del Hijo, pues él da al Hijo dominio sobre el mundo. Tú eres ese Hijo, tú eres el gran Joshua o Jesús de la Biblia.

Conoces el nombre Joshua o Jehoshua que hemos anglicanizado como Jesús.

El nombre del Hijo es casi como el nombre del Padre. Las tres primeras letras del nombre del Padre son las tres primeras letras del nombre del Hijo, YOD HE VAU, a continuación, agregas un SHIN y un AYIN, haciendo que el nombre del Hijo se lea, YOD HE VAU SHIN AYIN.

Ya has oído que las tres primeras son: YOD HE VAU. YOD significa que tú eres consciente; HE significa que eres consciente de algo, y VAU significa que te haces consciente de ser aquello de lo que eras consciente. Tú tienes dominio porque tienes la capacidad de concebir y convertirte en aquello que concibes. Ese es el poder de creación.

¿Pero por qué se pone SHIN en el nombre del Hijo? Por la infinita misericordia de nuestro Padre. Ten en cuenta que el Padre y el Hijo son uno. Pero cuando el Padre se hace consciente de ser hombre, él pone dentro de la condición llamada hombre lo que no se dio a sí mismo. Para ello pone un SHIN; que es simbolizado como un diente. Un diente es aquello que consume, que devora. Debo tener dentro de mí el poder de consumir lo que ahora me desagrada.

Yo, en mi ignorancia, doy nacimiento a ciertas cosas que ahora me desagradan y que me gustaría dejar atrás. Si no tuviera dentro de mí las llamas que lo consumen, estaría condenado para siempre a vivir en un mundo con todos mis errores. Pero hay un SHIN, o llama, en el nombre del Hijo, que permite que el Hijo se separe de los estados que anteriormente expresaba dentro del mundo. El ser humano es incapaz de ver algo que no sea el contenido de su propia conciencia.

Si ahora en la conciencia me separo de esta habitación, sacando mi atención de ella, entonces, ya no soy consciente de ella. Hay algo en mí que la devora dentro de mí. Solo puede vivir dentro de mi mundo objetivo si lo mantengo vivo dentro de mi conciencia.

Es el SHIN, o diente, en el nombre del Hijo que le da dominio absoluto. ¿Por qué esto no podría haber sido en el nombre del Padre? Por esta sencilla razón: Nada puede dejar de ser en el Padre. Incluso las cosas desagradables no pueden dejar de ser. Si yo una vez les doy expresión, por siempre y para siempre permanecen encerradas dentro del Ser dimensionalmente más grande, que es el Padre. Pero no quisiera mantener vivos dentro de mi mundo todos mis errores. Así que, Yo, en mi infinita misericordia, cuando me convertí en ser humano me di a mí mismo el poder de separarme de estas cosas que yo, en mi ignorancia, hice nacer en mi mundo.

Estos son los dos nombres que te dan dominio. Tienes dominio si, mientras caminas por la tierra, sabes que tu conciencia es Dios, la única realidad. Te haces consciente de algo que te gustaría expresar o poseer. Tienes la capacidad de sentir que eres y posees lo que un momento antes era imaginario. El resultado final —la encarnación de tu asunción— está completamente fuera de los oficios de una mente tridimensional. Nace de una manera que ninguna persona conoce.

Si estos dos nombres son claros en el ojo de tu mente, verás que son tus nombres eternos. Mientras estás aquí sentado, tú eres este YOD HE VAU HE; tú eres el YOD HE VAU SHIN AYIN.

Las historias de la Biblia se ocupan exclusivamente del poder de la imaginación. En realidad, son dramatizaciones de la técnica de la oración, porque la oración es el secreto para cambiar el futuro. La Biblia nos revela la clave por la que el individuo entra en un mundo dimensionalmente más grande con el propósito de cambiar las condiciones del mundo más pequeño en el que vive.

Una oración concedida implica que se hace algo como consecuencia de la oración, que de otro modo no se habría hecho. Por lo tanto, el individuo es la fuente de la acción, la mente que dirige y quien concede la oración.

Las historias de la Biblia contienen un poderoso desafío a la capacidad de pensar. La verdad subyacente —que son dramas psicológicos y no hechos históricos—exige ser reiterada, ya que es la única justificación de las historias. Con un poco de imaginación podemos trazar fácilmente el sentido psicológico en todas las historias de la Biblia.

> *"Y dijo Dios: Hagamos al hombre a nuestra imagen, y según nuestra semejanza; y tenga dominio sobre los peces del mar, y las aves del aire, y sobre el ganado, y sobre toda la tierra, y sobre todo lo que se arrastre sobre la tierra. Así creó Dios al hombre a su imagen, a imagen de Dios lo creó."*
> (Génesis 1:26, 27)

Aquí, en el primer capítulo de la Biblia, los antiguos maestros sentaron las bases de que Dios y el hombre son uno, y que el hombre tiene dominio sobre toda la tierra. Si Dios y el hombre son uno, entonces, Dios no puede nunca estar demasiado lejos, como tampoco estar cerca, pues cercanía implica separación.

Surge la pregunta: ¿Qué es Dios? Dios es la conciencia del individuo, su conciencia, su Yo Soy. El drama de la vida es un drama psicológico en el cual hacemos que las circunstancias ocurran por nuestras actitudes más que por nuestros actos. La piedra angular en la que se basan todas las cosas es el concepto que el individuo tiene de sí mismo. Él actúa como lo hace, y tiene las experiencias que tiene, porque su concepto de sí mismo es lo que es, y no por otra razón. Si tuviera un concepto de sí mismo diferente, actuaría de manera diferente y tendría experiencias diferentes.

Asumiendo el sentimiento del deseo cumplido el individuo altera su futuro en armonía con su asunción, ya que, si se mantienen las asunciones, aunque sean falsas, se convertirán en hechos.

A la mente indisciplinada le resulta difícil asumir un estado que es negado por los sentidos. Pero los maestros antiguos descubrieron que el sueño, o un estado próximo al sueño, ayudaba a la gente a hacer su asunción. Por lo tanto, representaron el primer acto creativo del hombre como uno en cual él estaba sumido en un sueño profundo. Esto no solo establece el patrón para todos los actos creativos futuros, sino que nos muestra que el ser humano no tiene más que una sustancia que es verdaderamente suya para usar en crear su mundo, y es él mismo.

"Y el Señor Dios (el hombre) hizo caer un sueño profundo sobre Adán y mientras éste dormía, tomó una de sus costillas y cerró la carne en su lugar. De la costilla que el Señor Dios tomó del hombre, hizo una mujer."
(Génesis 2: 21, 22)

Antes de que Dios formara a esta mujer para el hombre, le trajo a Adán las bestias del campo y las aves del cielo e hizo que les pusiera nombre. "Como Adán llamó a cada criatura viviente, ése fue su nombre".

Si tomaras una concordancia o un diccionario de la Biblia y buscaras la palabra "muslo" como se utiliza en esta historia, verás que no tiene nada que ver con el muslo. Se define como las partes blandas que son creativas en un hombre, que cuelgan sobre el muslo de un hombre. Los antiguos narradores utilizan este marco fálico para revelar una gran verdad psicológica.

Un ángel es un mensajero de Dios. Tú eres Dios, como acabas de descubrir porque tu conciencia es Dios, y tienes una idea, un mensaje. Estás luchando con una idea, porque no sabes que ya eres aquello que contemplas, ni crees que podrías llegar a serlo. Te gustaría, pero no crees que podrías.

¿Quién lucha con el ángel? Jacob. Y la palabra Jacob, por definición, significa suplantador. Te gustaría transformarte y convertirte en aquello que la razón y tus sentidos niegan. Cuando luchas con tu ideal, tratando de sentir que lo eres, esto es lo que sucede. Cuando realmente sientes que lo eres, algo sale de ti. Puedes usar las palabras: "¿Quién me ha tocado?, porque he percibido que ha salido virtud de mí".

Después de una exitosa meditación, por un momento te vuelves incapaz de continuar en el acto, como si fuera un acto creativo físico. Después de haber orado con éxito, eres igual de impotente como lo eres después del acto creativo físico. Cuando la satisfacción es tuya, ya no tienes hambre de ello. Si el hambre persiste, no explotaste la idea dentro de ti, no lograste realmente hacerte consciente de ser lo que querías ser. Todavía estaba esa sed cuando saliste de la profundidad.

Si puedo sentir que soy aquello que hace solo unos segundos sabía que no era, pero que deseaba ser, entonces ya no tengo hambre de serlo. Ya no estoy sediento porque me siento satisfecho en ese estado. Entonces, algo se encoge dentro de mí, no físicamente sino en mi sentimiento, en mi conciencia, pues eso es la creatividad del hombre. El deseo se encoge, pierde el deseo de continuar en esta meditación. Él no se detiene físicamente, simplemente no tiene deseo de continuar el acto meditativo.

"Cuando ores cree que ya has recibido, y recibirás". Cuando el acto creativo físico se ha completado, el nervio que está sobre la concavidad del muslo del hombre se encoge, y el hombre se encuentra impotente o se detiene. Del mismo modo, cuando un hombre ora con éxito, cree que ya es lo que deseaba ser, por lo tanto, no puede seguir deseando ser lo que ya es consciente de ser. En el momento de satisfacción, física y psicológica, algo sale que con el tiempo da testimonio del poder creativo del hombre.

Nuestra próxima historia se encuentra en el capítulo treinta y ocho del libro del Génesis. Aquí hay un Rey cuyo nombre es Judá, las tres primeras letras de su nombre también empiezan por YOD HE VAU. Tamar es su nuera.

La palabra Tamar significa una palmera o la más hermosa, la más bella. Es una mujer graciosa y hermosa al mirarla y es llamada palmera. Una palmera alta y majestuosa florece incluso en el desierto —dondequiera que esté hay un oasis. Cuando veas la palmera en el desierto, allí se encontrará lo que más buscas en esa tierra reseca. No hay nada más deseable para alguien que va por el desierto que la visión de una palmera.

En nuestro caso, para ser prácticos, nuestro objetivo es la palmera. Eso es aquello majestuoso y hermoso que buscamos. Lo que sea que tú y yo queramos, lo que realmente deseamos, es personificado en la historia como la hermosa Tamar.

Se nos dice que ella se vistió con los velos de una ramera y se sentó en un lugar público. Su suegro, el Rey Judá, pasa por allí y queda tan encantado con esta mujer con velo que le ofrece un cabrito por intimar con ella.

Ella le dijo: —"¿Qué me darás como prenda hasta que me des el cabrito?"

Mirando a su alrededor, él dijo: —"¿Qué quieres que te dé como prenda?"

Ella respondió: —"Dame tu anillo, tu brazalete y el báculo".

Entonces, él tomó de su mano el anillo, el brazalete y se los dio junto con su báculo. Y se acostó con ella, y ella concibió un hijo de él.

Esa es la historia; ahora la interpretación. El hombre tiene un regalo que es verdaderamente suyo para dar y es él mismo. No tiene ningún otro regalo, como se dijo en el primer acto creativo de Adán que engendró a la mujer de sí mismo. No había ninguna otra sustancia en el mundo, sino él mismo, con la cual pudiera dar forma al objeto de su deseo. Del mismo modo, Judá tenía solo un regalo que era verdaderamente suyo para dar — él mismo — como simbolizaban el anillo, el brazalete y el báculo, pues eran los símbolos de su realeza.

El hombre ofrece lo que no es él mismo, pero la vida exige que dé lo único que lo simboliza. "Dame tu anillo, dame tu brazalete, dame tu báculo". Éstos hacen al Rey. Cuando los da, se da él mismo.

Tú eres el gran Rey Judá. Antes de que puedas conocer a tu Tamar y hacerla concebir tu semejanza en el mundo, debes entrar en ella y darte a ti mismo. Supongamos que quiero seguridad. No puedo obtenerla conociendo a personas que la tienen. No puedo conseguirla moviendo los hilos. Debo hacerme consciente de ser seguro. Digamos que quiero estar sano. Las pastillas no lo conseguirán. La dieta o el clima no lo conseguirán. Debo hacerme consciente de estar sano asumiendo el sentimiento de estar sano. Tal vez quiero ser elevado en este mundo. El simple hecho de mirar a los reyes y presidentes y gente noble, y vivir en su reflejo no me hará digno. Debo llegar a ser consciente de ser noble y digno y caminar como si yo fuera ahora lo que quiero ser.

Cuando camino en esa luz me entrego a la imagen que obsesionaba mi mente, y con el tiempo ella me da un hijo; lo que significa que exteriorizo un mundo en armonía con lo que soy consciente de ser.

Tú eres el Rey Judá y también eres Tamar. Cuando te haces consciente de ser lo que quieres ser, eres Tamar. Entonces cristalizas tu deseo en el mundo que te rodea.

No importa qué historias leas en la Biblia, no importa cuántos personajes introdujeron en el drama estos antiguos narradores, hay una cosa que tú y yo siempre debemos tener en cuenta: todos ellos tienen lugar en la mente del ser individual. Todos los personajes viven en la mente del individuo.

Al leer la historia, haz que se ajuste al patrón del ser. Debes saber que tu conciencia es la única realidad. Entonces conoce lo que quieres ser.

Luego asume el sentimiento de ser lo que quieres ser y permanece fiel a tu asunción, viviendo y actuando en tu convicción. Siempre haz que se ajuste a ese patrón.

Nuestra tercera interpretación es la historia de Isaac y de sus dos hijos, Esaú y Jacob. Se señala la imagen de un hombre ciego que es engañado por su segundo hijo para que le dé la bendición que pertenecía a su primer hijo. La historia enfatiza el hecho de que el engaño se llevó a cabo a través del sentido del tacto.

> *"Entonces Isaac dijo a Jacob: Te ruego que te acerques para palparte, hijo mío, a ver si en verdad eres o no mi hijo Esaú. Y se acercó Jacob a Isaac su padre; y él lo palpó.... Y sucedió que tan pronto como Isaac había terminado de bendecir a Jacob, y apenas había salido Jacob de la presencia de su padre Isaac, su hermano Esaú llegó de su cacería"*
> (Génesis 27:21, 30)

Esta historia puede ser muy útil si la representas ahora. Nuevamente ten en cuenta que todos los personajes de la Biblia son personificaciones de ideas abstractas y deben ser realizadas en el ser individual. Tú eres el padre ciego y ambos hijos.

Isaac es viejo y ciego, y sintiendo la proximidad de la muerte, llama a su primer hijo, Esaú, un muchacho tosco y velludo, y lo manda al bosque para que traiga algún venado.

El segundo hijo, Jacob, un muchacho de piel suave, escuchó por casualidad la petición de su padre. Deseando la primogenitura de su hermano, el hijo de piel suave, Jacob, sacrificó un cabrito del rebaño de su padre y lo despellejó. Luego, vestido con la velluda piel del cabrito que había sacrificado, vino con sutileza y traicionó a su padre haciéndole creer que él era Esaú.

El padre dijo: —"Acércate mí hijo para que yo pueda palparte. No puedo ver, pero ven que yo puedo palpar".

Nótese el énfasis que se pone en el tacto en esta historia.

Se acercó y el padre le dijo: — "La voz es la voz de Jacob, pero las manos son las manos de Esaú".

Y sintiendo esta aspereza, la realidad del hijo Esaú, pronunció la bendición y se la dio a Jacob.

Se cuenta en la historia que cuando Isaac pronunció la bendición y Jacob apenas había salido de su presencia, su hermano Esaú llegó de su cacería.

Este es un versículo importante. No te sientas incómodo en nuestro acercamiento práctico a él, pues mientras estás sentado aquí, tú también eres Isaac. Esta habitación en la que estás sentado es tu presente Esaú. Este es el mundo áspero o sensorialmente conocido, conocido por razón de tus órganos corporales. Todos tus sentidos atestiguan el hecho de que estás aquí en esta sala. Todo te dice que estás aquí, pero quizás no quieras estar aquí.

Puedes aplicar esto hacia cualquier objetivo. La habitación en la que estás sentado en cualquier momento, el entorno en el que te encuentras, este es tu mundo áspero o sensorialmente conocido, o el hijo que se personifica en la historia como Esaú. Lo que quisieras en lugar de lo que tienes o eres, es tu estado de piel suave o Jacob, el suplantador.

Tú no mandas de cacería a tu mundo visible por negación, como tanta gente hace. Al decir que no existe haces que todo sea más real. En cambio, simplemente quitas tu atención de la región de la sensación que en este momento es la habitación que te rodea, y concentras tu atención en lo que quieres poner en su lugar, aquello que quieres hacer real.

Al concentrarte en tu objetivo, el secreto es traerlo aquí. Tú debes hacer que ese otro lugar esté aquí, y ahora imagina que tu objetivo está tan cerca que puedes sentirlo.

Supongamos que en este mismo momento quiero un piano aquí en esta habitación. Ver en el ojo de mi mente un piano existiendo en otro lugar no lo consigue. Pero visualizarlo en esta habitación como si estuviera aquí y poner mi mano mental sobre el piano y sentirlo sólidamente real, es tomar ese estado subjetivo personificado como mi segundo hijo, Jacob, y traerlo tan cerca que puedo sentirlo.

Isaac es llamado un hombre ciego. Tú eres ciego porque no ves tu objetivo con tus órganos corporales, no puedes verlo con tus sentidos objetivos. Solo lo percibes con la mente, pero lo traes tan cerca que puedes sentirlo como si fuera sólidamente real ahora. Cuando se hace esto y te pierdes en su realidad y lo sientes como real, abre los ojos.

¿Al abrir los ojos que pasa? La habitación que habías dejado fuera hace solo un momento, vuelve de la caza. Tan pronto como le diste la bendición —sentiste que el estado imaginario era real— el mundo objetivo, que aparentemente era irreal, regresa. No te habla con palabras como las registradas de Esaú, sino que la misma habitación que te rodea te dice con su presencia que te has autoengañado. Te dice que cuando te perdiste en la contemplación, sintiendo que ahora eras lo que querías ser, sintiendo que ahora poseías lo que deseabas poseer, simplemente te estabas engañando a ti mismo. Mira esta habitación. Esto niega que estés en otra parte.

Si conoces la ley, ahora dices: "Aunque tu hermano vino con astucia y me traicionó y tomó tu primogenitura, le di tu bendición y no puedo retractarme".

En otras palabras, permaneces fiel a esta realidad subjetiva y no le quitas la primogenitura. Le diste la primogenitura y esto se volverá objetivo dentro de este mundo tuyo. No hay lugar en este espacio limitado tuyo para que dos cosas ocupen el mismo espacio al mismo tiempo. Al hacer real lo subjetivo, resucita dentro de tu mundo.

Toma la idea que quieres encarnar y asume que ya lo eres. Piérdete sintiendo que esta asunción es sólidamente real. Cuando le das esta sensación de realidad le has dado la bendición que pertenece al mundo objetivo, y no tienes que ayudar a su nacimiento más de lo que tienes que ayudar al nacimiento de un niño o de una semilla que plantas en la tierra. La semilla que plantas crece sin la ayuda de nadie, porque contiene en sí misma todo el poder y todos los planes necesarios para la autoexpresión.

Esta noche puedes volver a representar el drama de Isaac bendiciendo a su segundo hijo y ver qué pasa en el futuro inmediato en tu mundo. Tu entorno actual se desvanece, todas las circunstancias de la vida cambian y dan paso a la venida de aquello a lo que le has dado tu vida. Cuando caminas, sabiendo que eres lo que querías ser, lo manifiestas sin ayuda de otro.

La cuarta historia está tomada del último de los libros atribuidos a Moisés. Si necesitas pruebas de que Moisés no lo escribió, lee la historia con atención. Se encuentra en el capítulo treinta y cuatro del libro de Deuteronomio. Pregunta a cualquier sacerdote o rabino, "¿quién es el autor de este libro?" y te dirán que lo escribió Moisés.

En el capítulo treinta y cuatro del Deuteronomio leerás de un hombre que escribe su propio obituario, es decir, Moisés escribió este capítulo. Un hombre puede sentarse y escribir lo que le gustaría que fuera puesto sobre su tumba, aquí hay un hombre que escribe su propio obituario. Luego muere y desaparece tan completamente que desafía a la posteridad a encontrar dónde se ha enterrado.

"Así que Moisés, el siervo del Señor, murió allí en la tierra de Moab, conforme a la palabra del Señor. Y él lo enterró en el valle, en la tierra de Moab, frente a Bet-peor; pero nadie sabe hasta hoy el lugar de su sepultura. Aunque Moisés tenía ciento veinte años cuando murió, no se habían apagado sus ojos, ni se había perdido su vigor"
(Deuteronomio 34:5-7)

Esta misma noche —no mañana— debes aprender la técnica de escribir tu propio obituario y morir tan completamente a lo que eres que nadie en este mundo pueda decirte dónde enterraste al antiguo ser. Si tú estás ahora enfermo y te pones bien, y yo te conozco por el hecho de que estás enfermo, ¿dónde puedes señalar y decirme que enterraste al enfermo? Si eres pobre y pides prestado a todos los amigos que tienes, y de repente rebozas en riqueza, ¿dónde enterraste al pobre? Borraste tan completamente la pobreza en el ojo de tu mente que no hay nada en este mundo donde puedas señalar y decir, "ahí le dejé". Una completa transformación de la conciencia hace desaparecer toda evidencia de que cualquier otra cosa distinta a esto haya existido nunca en el mundo.

La técnica más hermosa para la realización del objetivo se da en el primer versículo del capítulo treinta y cuatro del Deuteronomio:

"Y Moisés subió desde las llanuras de Moab al monte Nebo, a la cumbre del Pisga, que está enfrente de Jericó. Y el Señor le mostró toda la tierra de Galaad hasta Dan".

Tú lees ese versículo y dices, "¿y qué?" Pero toma una concordancia y busca las palabras. La primera palabra, Moisés, significa extraer, rescatar, levantar. En otras palabras, Moisés es la personificación del poder en el individuo que puede sacar de él lo que busca, porque todo viene de adentro, no de afuera. Tú sacas de tu interior lo que ahora quieres expresar como algo objetivo para ti.

Tú eres Moisés que sale de las llanuras de Moab. La palabra Moab es una contracción de dos palabras hebreas, Mem y Ab, que significan padre-madre. Tu conciencia es el padre-madre, no hay otra causa en el mundo. Tu Yo Soy, tu conciencia, es este Moab o padre-madre. Siempre estás sacando algo de ella.

La siguiente palabra es Nebo. En tu concordancia Nebo se define como una profecía. Una profecía es algo subjetivo. Si digo: "Así y así será", es una imagen en la mente; no es todavía un hecho. Debemos esperar y probar o refutar esta profecía.

En nuestro lenguaje Nebo es tu deseo, tu anhelo. Es llamado una montaña porque es algo que parece difícil de ascender y, por tanto, aparentemente imposible de realizar. Una montaña es algo más grande que tú, se eleva sobre ti. Nebo personifica lo que quieres ser en contraste con lo que eres.

La palabra Pisga, por definición, es contemplar. Jericó es un olor fragante. Y Galaad significa las colinas de los testigos. La última palabra es Dan, el Profeta.

Ahora ponlo todo junto en un sentido práctico y ve lo que los antiguos trataron de decirnos. Mientras yo estoy aquí, habiendo descubierto que mi conciencia es Dios y que puedo, simplemente sintiendo que soy aquello que quiero ser, transformarme en la semejanza de lo que estoy asumiendo que soy, ahora sé que soy todo lo que se necesita para escalar esta montaña.

Yo defino mi objetivo. No lo llamo Nebo, lo llamo mi deseo. Lo que yo quiera, eso es mi Nebo, es mi gran montaña que voy a escalar. Ahora empiezo a contemplarla, porque voy a subir a la cumbre del Pisga.

Debo contemplar mi objetivo de tal manera que obtenga la reacción que me satisface. Si no obtengo la reacción que me satisface, entonces Jericó no se ve, pues Jericó es un olor fragante. Cuando siento que soy lo que quiero ser no puedo reprimir la alegría que viene con ese sentimiento.

Siempre debo contemplar mi objetivo hasta que tenga el sentimiento de satisfacción personificado como Jericó. Yo no hago nada para hacerlo visible en mi mundo porque las colinas de Galaad, que son los hombres, las mujeres, los niños, todo el vasto mundo a mi alrededor, vienen a dar testimonio. Ellos vienen a testificar que yo soy lo que he asumido ser, y que estoy manteniendo en mi interior. Cuando mi mundo se ajusta a mi asunción la profecía se cumple.

Si ahora sé lo que quiero ser y asumo que lo soy, y camino como si lo fuera, me convierto en ello, y convirtiéndome en ello muero tan completamente a mi anterior concepto de mí mismo que no puedo señalar ningún lugar en este mundo y decir: «ahí es donde está enterrado mi antiguo ser». Yo he muerto tan completamente que desafío a la posteridad a encontrar dónde enterré a mi antiguo Yo.

Hay alguien en esta sala que se transformará tan completamente en este mundo que su círculo de amigos más cercanos no lo reconocerá.

Durante diez años yo fui bailarín, bailando en espectáculos de Broadway, en el vodevil, en clubes nocturnos y en Europa. Hubo un tiempo en mi vida que pensé que no podía vivir sin ciertos amigos en mi mundo. Todas las noches, después del teatro, poníamos una mesa y cenábamos bien. Pensaba que nunca podría vivir sin ellos. Ahora confieso que no podría vivir con ellos. Hoy no tenemos nada en común. Cuando nos encontramos, no nos vamos a propósito por el lado opuesto de la calle, pero es un encuentro casi frío porque no tenemos nada de qué conversar. He muerto tanto a esa vida que cuando me encuentro con estas personas ni siquiera pueden hablar de los viejos tiempos.

Pero hay gente que hoy siguen viviendo en ese estado, haciéndose cada vez más pobres. Siempre les gusta hablar de los viejos tiempos. Nunca enterraron a ese ser en absoluto, él está muy vivo dentro de su mundo.

Moisés tenía ciento veinte años, una edad plena y maravillosa como indica ciento veinte. Uno más dos más cero es igual a tres, el símbolo numérico de la expresión. Yo soy plenamente consciente de mi expresión. Mis ojos no se han debilitado y las funciones naturales de mi cuerpo no han perdido su vigor. Soy plenamente consciente de ser lo que no quiero ser. Pero conociendo esta ley por la cual uno se transforma a sí mismo, asumo que soy lo que quiero ser y camino en la asunción de que está hecho. Al convertirme en ello, el antiguo ser muere y todo lo que estaba relacionado con ese antiguo concepto del ser muere con él. No puedes llevar ninguna parte del antiguo ser al nuevo. No puedes poner vino nuevo en odres viejos o nuevos parches en ropa vieja. Debes ser completamente un nuevo ser.

Cuando asumes que eres lo que quieres ser, no necesitas la ayuda de otro para hacerlo. Tampoco necesitas la ayuda de nadie para enterrar al antiguo ser por ti. Deja que los muertos entierren a los muertos. Ni siquiera mires atrás, pues nadie que habiendo puesto su mano en el arado y luego mire hacia atrás es apto para el reino de los cielos.

No te preguntes cómo va a ser esto. No importa si tu razón lo niega. No importa si todo el mundo a tu alrededor lo niega. No tienes que enterrar lo viejo. "Deja que los muertos entierren a los muertos". Tu enterrarás de tal modo el pasado, permaneciendo fiel a tu nuevo concepto de ti mismo, que desafiarás a todo el vasto futuro a encontrar dónde lo enterraste. Hasta el día de hoy nadie en todo Israel ha descubierto el sepulcro de Moisés.

Estas son las cuatro historias que prometí esta noche. Debes aplicarlas cada día de tu vida. Aunque la silla en la que estás ahora sentado parezca dura y no se preste a la meditación, mediante la imaginación, puedes hacerla la silla más cómoda del mundo.

Permíteme ahora definir la técnica tal y como quiero que la emplees. Confío en que cada uno de ustedes viene aquí esta noche con una imagen clara de su deseo. No digas que es imposible. ¿Lo quieres? No tienes que utilizar tu código moral para realizarlo. Esto está totalmente fuera del alcance de tu código.

La conciencia es la única realidad. Por lo tanto, debemos formar el objeto de nuestro deseo a partir de nuestra propia conciencia.

La gente tiene la costumbre de menospreciar la importancia de las cosas simples, y la sugerencia de crear un estado próximo al sueño para ayudarte a asumir lo que la razón y tus sentidos niegan, es una de las cosas simples que podrías menospreciar. Sin embargo, esta sencilla fórmula para cambiar el futuro, que fue descubierta por los maestros antiguos y que nos fue dada en la Biblia, puede ser probada por todos.

El primer paso para cambiar el futuro es: el Deseo, es decir, definir tu objetivo, saber definidamente lo que quieres.

Segundo paso: Construye un evento que creas que encontrarías siguiendo al cumplimiento de tu deseo —un acontecimiento que implique el cumplimiento de tu deseo— algo que tendrá la acción del ser predominante.

Tercer paso: inmoviliza el cuerpo físico e induce un estado próximo al sueño. Luego, mentalmente siéntete en la acción propuesta, imaginando todo el tiempo que efectivamente estás realizando la acción aquí y ahora. Debes participar en la acción imaginaria, no simplemente estar detrás y mirar, sino sentir que realmente estás realizando la acción, para que la sensación imaginaria sea real para ti.

Es importante recordar siempre que la acción propuesta debe ser una que siga al cumplimiento de tu deseo, una que implique cumplimiento. Por ejemplo, supongamos que deseas una promoción en la oficina. Entonces, ser felicitado sería un evento que encontrarías siguiendo al cumplimiento de tu deseo.

Habiendo seleccionado esta acción como la que experimentarás en la imaginación para implicar el ascenso en el cargo, inmoviliza tu cuerpo físico e induce un estado bordeando el sueño, un estado somnoliento, pero en el que todavía eres capaz de controlar la dirección de tus pensamientos, un estado en el que estás atento sin esfuerzo. A continuación, visualiza a un amigo de pie delante de ti. Pon tu mano imaginaria en la suya. Siéntela sólida y real, y lleva a cabo una conversación imaginaria con él en armonía con el sentimiento de haber sido promovido.

No te visualices a distancia en un punto en el espacio y a distancia en un punto en el tiempo siendo felicitado por tu buena fortuna. En lugar de eso, haz que ese otro lugar sea *aquí*, y que el futuro sea el *ahora*. La diferencia entre sentirte a ti mismo en acción, aquí y ahora, y visualizarte en acción, como si estuvieras delante de una pantalla de imágenes en movimiento, es la diferencia entre el éxito y el fracaso.

La diferencia se apreciará si ahora te visualizas subiendo una escalera. Entonces, con los párpados cerrados, imagina que una escalera está justo en frente de ti y siente que realmente estás subiéndola.

La experiencia me ha enseñado a restringir la acción imaginaria que implica el cumplimiento del deseo, condensar la idea en un solo acto y representarlo una y otra vez hasta que tenga la sensación de realidad. De lo contrario, tu atención se desviará por una vía asociativa y se presentarán a tu atención una multitud de imágenes asociadas que, en pocos segundos, te llevarán a cientos de kilómetros de tu objetivo en el espacio y a años de distancia en el tiempo.

Si decides subir un particular tramo de escalones, porque ese es el acontecimiento que probablemente seguirá al cumplimiento de tu deseo, entonces debes limitar la acción a subir ese tramo de escalones en particular. Si tu atención vaga, tráela de vuelta a su tarea de subir ese tramo de escalones y sigue haciéndolo hasta que la acción imaginaria tenga toda la solidez y nitidez de la realidad.

La idea debe mantenerse en la mente sin ningún esfuerzo consciente de tu parte. Debes, con el mínimo esfuerzo, impregnar la mente con el sentimiento del deseo cumplido.

La somnolencia facilita el cambio porque favorece la atención sin esfuerzo, pero no debe ser llevada al estado de sueño en el que ya no eres capaz de controlar los movimientos de tu atención; sino un grado moderado de somnolencia en el que todavía eres capaz de dirigir tus pensamientos.

Una forma muy efectiva de encarnar un deseo es asumir el sentimiento del deseo cumplido y luego, en un estado relajado y somnoliento, repetir una y otra vez, como una canción de cuna, cualquier frase corta que implique el cumplimiento de tu deseo, como, por ejemplo, "Gracias, gracias, gracias" como si te dirigieras a un poder superior por haberte dado lo que deseabas.

Sé que cuando este curso llegue a su fin, muchos de ustedes podrán decirme que han realizado sus objetivos. Hace dos semanas, dejé el estrado y me dirigí a la puerta para darle la mano a la audiencia. Estoy seguro de que al menos treinta y cinco, de una clase de ciento treinta y cinco, me dijeron que lo que deseaban cuando se unieron a esta clase ya se había realizado. Esto ocurrió hace apenas dos semanas. No hice nada para hacer que pasara excepto darles esta técnica de oración. No necesitas hacer nada para hacer que pase, excepto aplicar esta técnica de oración.

Con los ojos cerrados y el cuerpo físico inmovilizado induce un estado similar al sueño y entra en la acción como si fueras un actor que interpreta el papel. Experimenta en la imaginación lo que experimentarías en la carne si estuvieras ahora en posesión de tu objetivo. Haz que otro lugar sea el *aquí*, y que el después sea el *ahora*. Y el «tú» más grande, utilizando un enfoque más amplio utilizará todos los medios que tiendan hacia la producción de lo que has asumido.

Eres liberado de toda responsabilidad para hacer que sea así, porque cuando imaginas y sientes que es así, tu «yo» dimensionalmente más grande determina los medios. No pienses ni por un momento que alguien va a ser perjudicado para hacer que suceda, o que alguien va a ser engañado. Eso no es asunto tuyo. Tengo que hacer hincapié en esto. Demasiados de nosotros, educados en diferentes ámbitos de la vida, estamos tan preocupados por el otro. Tú preguntas: "¿Si consigo lo que quiero no implicará un perjuicio para otro?" Hay formas que no conoces, así que no te preocupes.

Cierra tus ojos ahora, porque vamos a estar en un largo silencio. Pronto te perderás tanto en la contemplación, sintiendo que eres lo que quieres ser, que serás totalmente inconsciente del hecho de que estás en esta habitación con otros.

Recibirás un impacto cuando abras los ojos y descubras que estamos aquí. Recibirás un impacto cuando abras los ojos y descubras que en realidad no eres aquello que, un momento antes, sentías que eras o sentías que tenías. Ahora vamos a entrar en la profundidad.

(Período de Silencio)

No hace falta que te recuerde que ahora eres aquello que has asumido ser. No lo discutas con nadie, ni siquiera contigo mismo. No puedes tener pensamientos en cuanto al cómo, cuando sabes que ya eres.

Tu razonamiento tridimensional que, de hecho, es un razonamiento muy limitado, no debe entrar en este drama. Él no lo sabe. Lo que acabas de sentir que es verdad, es verdad.

Que nadie te diga que no deberías tenerlo. Lo que sientes que tienes, lo tendrás. Y te prometo que, después de haber realizado tu objetivo, al reflexionar tendrás que admitir que esta mente consciente racional tuya, nunca podría haber ideado el camino.

Tú eres eso y tienes lo que en este mismo momento te has apropiado. No lo discutas. No busques a alguien para que te anime porque la cosa podría no llegar. Ya ha llegado. Ocúpate de los asuntos de tu Padre haciendo todo con normalidad y deja que estas cosas sucedan en tu mundo.

LECCIÓN 2

LAS ASUNCIONES SE MATERIALIZAN EN HECHOS

Esta Biblia nuestra no tiene nada que ver con la historia. Algunos de ustedes esta noche todavía pueden inclinarse a creer que, aunque podamos darle una interpretación psicológica, aún podría dejarse en su forma actual y ser interpretada literalmente. No puedes hacerlo. La Biblia no hace referencia en absoluto a personas o acontecimientos, como te han enseñado a creer. Cuanto antes comiences a borrar esa imagen, mejor.

Vamos a tomar algunas historias esta noche y nuevamente voy a recordarte que debes representar todas estas historias dentro de tu propia mente.

Ten en cuenta que, aunque parezcan ser historias de personas totalmente despiertas, el drama es realmente entre tú, el dormido, el Tú más profundo y el Tú consciente despierto. Ellos son personificados como personas, pero cuando vas al punto de aplicación debes recordar la importancia del estado de somnolencia.

Como dijimos la noche anterior, toda creación tiene lugar en el estado de sueño o en ese estado próximo al sueño, el estado somnoliento.

La noche anterior dijimos que el primer hombre aún no ha despertado. Tú eres Adán, el primer hombre, todavía en el sueño profundo. El «tú» creativo es el «tú» cuatridimensional cuyo hogar es simplemente el estado al que entras cuando las personas te llaman dormido.

Nuestra primera historia para esta noche se encuentra en el Evangelio de Juan. Mientras la escuchas desarrollarse ante ti, quiero que la compares en el ojo de tu mente con la historia que oíste la noche anterior del libro del Génesis. Los historiadores afirman que el primer libro de la Biblia, el libro del Génesis, es el registro de los acontecimientos que ocurrieron en la tierra unos tres mil años antes de los acontecimientos registrados en el libro de Juan. Te pido que seas racional al respecto y veas si no piensas que el mismo escritor pudo haber escrito ambas historias. Juzga si el mismo hombre inspirado no pudo haber contado la misma historia y contarla de manera diferente.

Esta es una historia muy conocida, la historia del juicio de Jesús. En este Evangelio de Juan se registra que Jesús fue llevado ante Poncio Pilato y la multitud clamaba por su vida, querían a Jesús. Pilato se volvió hacia ellos y dijo:

> *"Pero es costumbre entre ustedes que yo suelte a alguien durante la fiesta de la Pascua. ¿Quieren, pues, que suelte al Rey de los Judíos? Entonces volvieron a gritar, diciendo: «No a ese no, sino a Barrabás». Y Barrabás era un ladrón"*
> *(Juan 18:39-40)*

Se te dice que Pilato no tenía elección en el asunto, él era solo un juez interpretando la ley, y esa era la ley. El pueblo tenía que recibir lo que pedían. Pilato no podía soltar a Jesús contra los deseos de la multitud, y por eso soltó a Barrabás y les entregó a Jesús para que lo crucificaran.

Ahora ten en cuenta que tu conciencia es Dios. No hay otro Dios. Y se te ha dicho que Dios tiene un hijo cuyo nombre es Jesús. Si te tomas la molestia de buscar la palabra Barrabás en tu concordancia, verás que es una contracción de dos palabras hebreas: BAR, que significa hija o hijo, o niño; y ABBA, que significa padre. Barrabás es el hijo del gran padre. Y Jesús en la historia es llamado el Salvador, el Hijo del Padre.

Tenemos dos hijos en esta historia. Y tenemos dos hijos en la historia de Esaú y Jacob. Ten en cuenta que Isaac era ciego, y la justicia para ser verdadera debe tener los ojos vendados. Aunque en este caso Pilato no es físicamente ciego, el papel que se le da a Pilato implica que es ciego porque es un juez. En todos los grandes edificios de la ley del mundo vemos a la mujer o al hombre que representa a la justicia con los ojos vendados.

> *"Juzga no según las apariencias, sino juzga con juicio justo"*
> *(Juan 7:24)*

Aquí encontramos que Pilato está representando el mismo papel que Isaac. Hay dos hijos. Todos los personajes que aparecen en esta historia pueden aplicarse a tu propia vida. Tú tienes un hijo que te está robando en este mismo momento lo que podrías ser.

Si vienes a esta reunión esta noche consciente de querer algo, deseando algo, has caminado en compañía de Barrabás. Porque desear es confesar que ahora no posees lo que deseas, y como todas las cosas son tuyas, te robas a ti mismo viviendo en el estado de deseo. Mi salvador es mi deseo. Cuando deseo algo estoy mirando a los ojos de mi salvador. Pero si continúo deseándolo, niego a mi Jesús, mi salvador, porque cuando yo deseo confieso que no soy. "A menos que creas que Yo Soy él, morirás en tus pecados". Yo no puedo tener y seguir deseando lo que tengo. Puedo disfrutarlo, pero no puedo seguir deseándolo.

He aquí la historia. Es la fiesta de la Pascua. Algo va a cambiar justo ahora, algo va a pasar. El individuo es incapaz de pasar de un estado de conciencia a otro a menos que se libere de la conciencia que tiene ahora, pues ella le ancla donde está.

Tú y yo podemos ir a las fiestas físicas año tras año cuando el sol entra en el gran signo de Aries, pero eso no significa nada para la verdadera Pascua mística. Para celebrar la fiesta de la Pascua, la fiesta psicológica, paso de un estado de conciencia a otro. Lo hago soltando a Barrabás, el ladrón y asaltante, quien me roba ese estado que yo podría encarnar dentro de mi mundo.

El estado que busco encarnar está personificado en la historia como Jesús el Salvador. Si me convierto en lo que quiero ser, entonces, soy salvado de lo que era. Si no me convierto en ello, continúo teniendo encerrado dentro de mí un ladrón que me roba ser lo que podría ser.

Estas historias no hacen referencia a ninguna persona que haya vivido ni a ningún evento que haya ocurrido en la tierra. Estos personajes son personajes eternos en la mente de cada persona en el mundo. Tú y yo mantenemos perpetuamente vivos a Barrabás o a Jesús. Tú sabes en cada momento a quién estás manteniendo.

No condenes a la multitud por clamar que liberen a Barrabás y crucifiquen a Jesús. No se trata de una multitud que se llama judía. Ellos no tienen nada que ver con eso.

Si somos sabios, nosotros también deberíamos clamar por la liberación de ese estado mental que nos limita de ser lo que queremos ser, que nos restringe, que no nos permite convertirnos en el ideal que buscamos y nos esforzamos por alcanzar en este mundo.

No estoy diciendo que esta noche no estás encarnando a Jesús. Solo te recuerdo que, si en este preciso momento tienes un anhelo insatisfecho, entonces estás manteniendo aquello que niega el cumplimiento del anhelo, y aquello que lo niega es Barrabás.

Para explicar la transformación mística y psicológica conocida como la Pascua, o el cruce, debes identificarte ahora con el ideal que te gustaría servir y debes permanecer fiel al ideal. Si permaneces fiel a él, no solo lo crucificas con tu fidelidad, sino que lo resucitas sin ayuda de nadie.

Como dice la historia, ningún hombre pudo levantarse lo suficientemente temprano para hacer rodar la piedra. Sin la ayuda de nadie la piedra fue removida, y el que aparentemente estaba muerto y enterrado fue resucitado, sin ayuda de nadie.

Tú caminas en la conciencia de ser lo que quieres ser, nadie lo ve todavía, pero no necesitas que nadie haga rodar los problemas y obstáculos de la vida para que tú expreses lo que eres consciente de ser. Ese estado tiene su propia manera única de encarnarse en este mundo, de hacerse carne para que el mundo entero pueda tocarlo.

Ahora puedes ver la relación entre la historia de Jesús y la historia de Isaac y sus dos hijos, donde uno sustituyó al otro, donde uno fue llamado el suplantador del otro. ¿Por qué piensas que los que recopilaron los sesenta y tantos libros de nuestra Biblia hicieron de Jacob el antepasado de Jesús?

Ellos tomaron a Jacob, que fue llamado el suplantador, y lo hicieron padre de doce, luego tomaron a Judá o alabanza, el quinto hijo, y lo hicieron antepasado de José, que se supone que, de alguna extraña manera, fue el padre de este llamado Jesús. Jesús debe suplantar a Barrabás como Jacob debe suplantar y tomar el lugar de Esaú.

Esta noche puedes sentarte aquí mismo y dirigir el juicio de tus dos hijos, uno de los cuales quieres que sea liberado. Puedes convertirte en la multitud que clama por la liberación del ladrón, y en el juez que voluntariamente suelta a Barrabás y sentencia a Jesús a ocupar su lugar. Él fue crucificado en el Gólgota, el lugar de la calavera, el asiento de la imaginación.

Para experimentar la Pascua o el paso del antiguo al nuevo concepto de ti mismo, debes soltar a Barrabás, tu actual concepto de ti mismo, que te roba ser lo que podrías ser, y debes asumir el nuevo concepto que deseas expresar.

La mejor manera de hacer eso es concentrar tu atención en la idea de identificarte con tu ideal. Asume que ya eres lo que buscas y tu asunción, aunque falsa, si se mantiene, se convertirá en hecho.

Sabrás cuando has logrado liberar a Barrabás, tu antiguo concepto de ti mismo, y cuando has crucificado exitosamente a Jesús, o fijado el nuevo concepto de ti mismo, simplemente mirando mentalmente a las personas que conoces. Si los ves como los veías anteriormente, no has cambiado tu concepto de ti mismo, pues todo cambio de concepto de uno mismo resulta en una relación modificada con tu mundo.

Siempre parecemos a los demás una encarnación del ideal que inspiramos. Por lo tanto, en la meditación, debemos imaginar que los demás nos ven como nos verían si fuéramos lo que deseamos ser.

Tú puedes liberar a Barrabás y crucificar y resucitar a Jesús si primero defines tu ideal. Luego relájate en un cómodo sillón, induce un estado de conciencia próximo al sueño y experimenta en la imaginación lo que experimentarías en la realidad si ya fueras lo que deseas ser.

Mediante este sencillo método de experimentar en la imaginación lo que experimentarías en la carne si fueras la encarnación del ideal al que sirves, liberas a Barrabás que te roba tu grandeza, y crucificas y resucitas a tu salvador, o el ideal que deseas expresar.

Pasemos ahora a la historia de Jesús en el jardín de Getsemaní. Ten en cuenta que un jardín es un terreno debidamente preparado, no es un baldío. Tú estás preparando este terreno llamado Getsemaní viniendo aquí y estudiando y haciendo algo con tu mente. Dedica diariamente un tiempo para preparar tu mente leyendo buena literatura, escuchando buena música y entrando en conversaciones que ennoblecen. Se nos dice en las Epístolas:

"Todo lo que es verdadero, todo lo honesto, todo lo justo, todo lo puro, todo lo amable, todo lo que es de buen nombre; si hay alguna virtud, y si hay alguna alabanza, piensa en esas cosas"
(Filipenses 4:8)

Siguiendo con nuestra historia, tal y como se dice en el capítulo dieciocho de Juan, Jesús está en el jardín y de pronto una multitud empieza a buscarle. Él está allí, de pie en la oscuridad y dice: — "¿A quién buscan?"

El portavoz llamado Judas responde y dice: — "Buscamos a Jesús de Nazaret"

Una voz responde: — "Yo soy"

En ese instante todos ellos cayeron a tierra, miles de ellos cayeron.

Esto en sí mismo debería detenerte justo aquí y hacerte saber que no pudo ser un drama físico, porque nadie podría ser tan audaz en su afirmación de que él es el buscado, que podría hacer que miles de los que lo buscan caigan a tierra. Pero la historia nos dice que todos ellos cayeron a tierra. Luego, cuando recuperaron la compostura, hicieron la misma pregunta.

"Jesús respondió: Les he dicho que yo soy, por tanto, si me buscan a mí, dejen ir a estos"
(Juan 18:8)

"Entonces Jesús le dijo: Lo que vas hacer, hazlo pronto"
(Juan 13:27)

Judas, que tiene que hacerlo rápidamente, sale y se suicida.

Ahora al drama. Estás en tu jardín de Getsemaní o mente preparada si, mientras estás en un estado próximo al sueño, puedes controlar tu atención y no dejar que se desvíe de su propósito. Si puedes hacer eso, definitivamente estás en el jardín.

Muy pocas personas pueden sentarse tranquilamente y no entrar en una ensoñación o en un estado de pensamiento incontrolado. Cuando puedes restringir la acción mental y permanecer fiel a tu observación, sin permitir que tu atención vague por todas partes, sino manteniéndola sin esfuerzo dentro de un campo limitado de presentación al estado que estás contemplando, entonces eres definitivamente esta presencia disciplinada en el jardín de Getsemaní.

El suicidio de Judas no es más que el cambio de tu concepto de ti mismo. Cuando sabes lo que quieres ser has encontrado a tu Jesús o salvador. Cuando asumes que eres lo que quieres ser, has muerto a tu anterior concepto de ti mismo (Judas se ha suicidado) y ahora vives como Jesús. Tú puedes separarte a voluntad del mundo que te rodea y unirte a aquello que quieres encarnar dentro de tu mundo.

Ahora que me has encontrado, ahora que has encontrado lo que te salvaría de lo que eres, deja ir lo que eres y todo lo que representa en el mundo. Sepárate completamente de ello. En otras palabras, sale y suicídate. Tú mueres completamente a lo que antes expresabas en este mundo, y ahora vives completamente a lo que nadie antes vio como verdadero en ti. Es como si hubieras muerto por tu propia mano, como si te hubieras suicidado. Te has quitado la vida separándote en conciencia de lo que antes mantenías vivo, y empiezas a vivir a lo que has descubierto en tu jardín. Has encontrado a tu salvador.

No son los hombres los que caen, no es un hombre el que traiciona a otro, sino que eres tú sacando tu atención y reenfocándola en una dirección completamente nueva. A partir de este momento caminas como si fueras aquello que antes querías ser. Permaneciendo fiel a tu nuevo concepto de ti mismo, mueres o te suicidas. Nadie te quita la vida, la entregas tú mismo.

Debes ser capaz de ver la relación de esto con la muerte de Moisés, donde murió tan completamente que nadie pudo encontrar dónde fue enterrado. Debes ver la relación con la muerte de Judas. No es un hombre que traicionó a un hombre llamado Jesús.

La palabra Judas significa alabanza, es Judah, alabar, dar gracias, estallar de alegría. No estallas de alegría a menos que estés identificado con el ideal que buscas y que quieres encarnar en este mundo. Cuando te identificas con el estado que contemplas no puedes reprimir tu alegría. Surge como el olor fragante descrito como Jericó en el Antiguo Testamento.

Estoy tratando de mostrarte que los antiguos contaron la misma historia en todos los relatos de la Biblia. Todo lo que tratan de decirnos es cómo llegar a ser lo que queremos ser. Y en todas las historias dan a entender que no necesitamos la ayuda de otro. No necesitas a otro para convertirte en lo que realmente quieres ser.

Ahora pasamos a una extraña historia del Antiguo Testamento; una que muy pocos sacerdotes y rabinos se atreverán a mencionar desde sus púlpitos. Aquí hay uno que va a recibir la promesa como tú la recibes ahora. Su nombre es Jesús, solo que los antiguos lo llamaban Joshua, Jehoshua Ben Nun, o salvador, hijo del pez, el Salvador del gran abismo. Nun significa pez, y pez es el elemento de las profundidades, el océano profundo. Jehoshua significa Jehová salva, y Ben significa la descendencia o el hijo de. Así que él fue llamado el que trajo la era del pez.

Esta historia se encuentra en el sexto libro de la Biblia, el libro de Josué. Se hace una promesa a Josué como se hace a Jesús en la forma anglicanizada en los evangelios de Mateo, Marcos, Lucas y Juan. En el evangelio de Juan, Jesús dice:

"Todo lo que me has dado viene de ti"
(Juan 17:7)

"Todo lo que yo tengo es tuyo, y todo lo que tú tienes es mío"
(Juan 17:10)

En el Antiguo Testamento, en el libro de Josué, es dicho con estas palabras:

"Todo lugar que pise la planta de su pie les he dado a ustedes"
(Josué 1:3)

No importa dónde sea; analiza la promesa y ve si puedes aceptarla literalmente. No es físicamente verdadera, sino que es psicológicamente verdadera. Dondequiera que puedas colocar tu pie en este mundo, mentalmente, eso puedes conseguir.

A Josué le obsesiona esta promesa de que dondequiera que ponga su pie (el pie es el entendimiento), dondequiera que pise la planta de su pie, eso le será dado. Él quiere el estado más deseable en el mundo, la ciudad fragante, el maravilloso estado llamado Jericó.

Él se encuentra bloqueado por los muros infranqueables de Jericó. Se encuentra afuera, así como tú te encuentras ahora afuera. Estás funcionando tridimensionalmente y parece que no puedes alcanzar el mundo cuatridimensional donde tu deseo actual ya es una realidad objetiva concreta. Parece que no puedes alcanzarlo porque tus sentidos te lo impiden. La razón te dice que es imposible, todo lo que te rodea te dice que no es cierto.

Ahora empleas los servicios de una ramera y espía, y su nombre es Rahab. La palabra Rahab simplemente significa el espíritu del padre. Race significa el aliento o espíritu, y Ab el padre. Por lo tanto, encontramos que esta ramera es el espíritu del padre, y el padre es la conciencia del individuo de ser consciente, su Yo Soy, la conciencia del individuo.

Tu capacidad de sentir es el gran espíritu del padre, y esa capacidad es Rahab en esta historia. Ella tiene dos profesiones, la de espía y la de ramera.

La profesión de espía es esta: viajar secretamente, viajar tan discretamente que no pueda ser detectado. No hay un solo espía físico en este mundo que pueda viajar tan discretamente que no sea visto en absoluto por los demás. Puede ser muy sabio en ocultar sus caminos y puede que nunca sea verdaderamente aprehendido, pero en cada momento corre el riesgo de ser detectado.

Cuando estás sentado tranquilamente con tus pensamientos, no hay nadie en el mundo tan sabio que pueda mirarte y decirte dónde estás habitando mentalmente.

Yo puedo estar aquí y situarme en Londres. Conociendo Londres bastante bien, puedo cerrar los ojos y asumir que estoy realmente en Londres. Si permanezco en este estado el tiempo suficiente, seré capaz de rodearme del entorno de Londres como si fuera un hecho objetivo sólido y concreto.

Físicamente sigo aquí, pero mentalmente estoy a miles de kilómetros de distancia y he hecho que el otro lugar sea aquí. No voy allí como un espía, sino que mentalmente hago que el otro lugar sea *aquí* y que después sea *ahora*. Tú no puedes verme habitando allí, así que piensas que solo he ido a dormir y que todavía estoy aquí en este mundo, este mundo tridimensional que es ahora San Francisco. En lo que a mí respecta, físicamente estoy aquí, pero nadie puede decir dónde estoy cuando entro en el momento de la meditación.

La otra profesión de Rahab era la de ramera, que consiste en conceder a los hombres lo que le pidan, sin cuestionar el derecho del hombre a pedirlo. Si es una ramera, como su nombre implica, entonces lo posee todo y puede conceder todo lo que el hombre pida de ella. Está ahí para servir y no para cuestionar el derecho del hombre a buscar lo que busca de ella.

En tu interior tienes la capacidad de apropiarte de un estado sin conocer los medios que se emplearán para realizar ese fin, y asumir el sentimiento del deseo cumplido sin tener ninguno de los talentos que las personas declaran que debes poseer para hacerlo. Cuando te lo apropias en conciencia, has empleado al espía, y como puedes encarnar ese estado dentro de ti mismo, efectivamente dándotelo a ti mismo, eres la ramera, pues la ramera satisface a quien la busca.

Puedes satisfacerte a ti mismo apropiándote del sentimiento de que eres lo que quieres ser. Y esta asunción, aunque falsa, es decir, aunque la razón y los sentidos la nieguen, si se persiste en ella, se convertirá en un hecho. Al encarnar realmente aquello que has asumido que eres, tienes la capacidad de sentirte completamente satisfecho. A menos que se convierta en una realidad tangible y concreta, no estarás satisfecho; te sentirás frustrado.

Se te dice en esta historia que cuando Rahab fue a la ciudad para conquistarla, la orden que se le dio fue entrar en el corazón de la ciudad, el corazón del asunto, en el centro mismo, y permanecer allí hasta que yo llegue. No ir de casa en casa, no salir de la habitación superior de la casa en la que entres. Si sales de la casa y hay sangre sobre tu cabeza, está sobre tu cabeza. Pero si no sales de la casa y hay sangre, será sobre mi cabeza.

Rahab entra en la casa, sube al piso superior y ahí permanece mientras los muros se derrumban. Esto quiere decir, debemos mantener un estado de ánimo elevado si queremos andar con lo más alto. De manera muy velada, la historia te dice que cuando los muros se derrumbaron y Josué entró, la única que se salvó en la ciudad fue la espía y ramera, cuyo nombre era Rahab.

Esta historia cuenta lo que puedes hacer en este mundo. Nunca perderás la capacidad de colocarte en otro lugar y convertirlo en *aquí*. Nunca perderás la capacidad de darte a ti mismo lo que eres suficientemente audaz para apropiarte como verdadero de ti mismo. Esto no tiene nada que ver con la mujer que interpretó ese papel.

La explicación del derrumbamiento de los muros es sencilla. Se dice que tocó la trompeta siete veces y al séptimo toque los muros se derrumbaron y entró victoriosamente en el estado que buscaba.

Siete es una quietud, un descanso, el Sabbath. Es el estado cuando el individuo está completamente imperturbable en su convicción de que la cosa existe. Cuando puedo asumir el sentimiento de que mi deseo se ha cumplido e irme a dormir despreocupado, imperturbable, estoy mentalmente en reposo, y estoy guardando el Sabbath o estoy tocando la trompeta siete veces. Y cuando alcanzo ese punto, los muros se derrumban. Las circunstancias se alteran y luego se remodelan en armonía con mi asunción. Al derrumbarse, resucito lo que me he apropiado interiormente. Los muros, los obstáculos, los problemas, caen por su propio peso, si puedo alcanzar el punto de quietud dentro de mí.

La persona que pueda fijar dentro del ojo de su propia mente una idea, aunque el mundo la niegue, si permanece fiel a esa idea, la verá manifestada. Hay una gran diferencia entre sostener la idea y ser sostenido por la idea. Llegar a estar tan dominado por una idea que ésta permanezca en la mente como si tú fueras ella. Entonces, independientemente de lo que digan los demás, estás caminando en la dirección de tu actitud mental fija. Estás caminando en la dirección de la idea que domina la mente.

Como dijimos la noche pasada, solo tienes un regalo que es verdaderamente tuyo para dar, y eres tú mismo. No hay otro regalo; debes sacarlo de ti mismo mediante apropiación. Está ahí dentro de ti ahora, pues la creación está terminada. No hay nada que pueda ser que no sea ahora. No hay nada que crear porque todas las cosas ya son tuyas, todas están terminadas.

Aunque no seas capaz de estar físicamente en un estado, siempre puedes estar mentalmente en cualquier estado deseado. Por estar mentalmente quiero decir que ahora, en este preciso momento, puedes cerrar tus ojos y visualizar otro lugar distinto al actual y asumir que efectivamente estás ahí. Puedes sentir que esto es tan real que al abrir los ojos te sorprendes al descubrir que no estás físicamente allí.

Este viaje mental al estado deseado, con su subsiguiente sentimiento de realidad, es todo lo que se necesita para lograr su cumplimiento. Tu ser dimensionalmente más grande tiene caminos que tu ser menor o tridimensional, no conoce. Además, para el tú más grande, todos los medios son buenos para promover el cumplimiento de tu asunción.

Permanece en el estado mental definido como tu objetivo hasta que tenga el sentimiento de realidad, y todas las fuerzas del cielo y la tierra se apresurarán a ayudar a su encarnación. Tu Yo más grande influirá las acciones y palabras de todos los que puedan ser utilizados para ayudar a la producción de tu actitud mental fija.

Ahora pasamos al libro de Números y aquí encontramos una extraña historia. Confío en que algunos de ustedes hayan tenido esta experiencia tal como se describe en el libro de Números. Ellos hablan de la construcción de un tabernáculo ordenado por Dios; que Dios ordenó a Israel que le construyera un lugar de adoración.

Él les dio todas las especificaciones del tabernáculo. Tenía que ser un lugar de adoración alargado y móvil, y tenía que estar cubierto de piel. ¿Es necesario decir algo más? ¿No es eso el ser humano?

"¿No saben que ustedes son el templo de Dios, y que el espíritu de Dios habita en ustedes?"
(Corintios 3:16)

No hay otro templo. No un templo hecho con las manos, sino un templo eterno en los cielos. Este templo es alargado y está cubierto de piel, y se mueve a través del desierto.

"El día que fue erigido el tabernáculo, la nube cubrió el tabernáculo, la tienda del testimonio, y al atardecer estaba sobre el tabernáculo algo que parecía de fuego, hasta la mañana. Así sucedía continuamente, la nube lo cubría de día, y la apariencia de fuego de noche"
(Números 9:15-16)

La orden dada a Israel era quedarse hasta que la nube ascendiera durante el día y el fuego de noche.

"Ya fuera que la nube se detuviera sobre el tabernáculo permaneciendo sobre él dos días, o un mes, o un año, los hijos de Israel permanecían acampados ahí y no viajaban; pero cuando se levantaba, ellos viajaban"
(Números 9:22)

Sabes que tú eres el tabernáculo, pero puedes preguntarte qué es la nube. En la meditación muchos de ustedes deben haberla visto. En meditación, esta nube, como las aguas subterráneas de un pozo artesiano, salta espontáneamente a tu cabeza y forma anillos dorados pulsantes. Luego, como un suave río, fluyen desde tu cabeza en una corriente de anillos de oro vivos.

En un estado meditativo bordeando el sueño, la nube asciende. Es en este estado somnoliento que debes asumir que eres lo que deseas ser y que ya tienes aquello que buscas, pues la nube asumirá la forma de tu asunción y creará un mundo en armonía con ello. La nube es simplemente la vestimenta de tu conciencia, y donde tu conciencia es colocada, allí estarás también en la carne.

Esta nube dorada viene en la meditación. Hay un cierto punto, cuando te acercas al sueño, en el que es muy espesa, muy líquida, y muy viva y pulsante. Comienza a ascender a medida que alcanzas el estado meditativo y somnoliento, bordeando el sueño. No se desmonta el tabernáculo, ni se mueve hasta que la nube comienza a ascender.

La nube siempre asciende cuando el individuo se acerca a la somnolencia del sueño. Porque cuando se va a dormir, lo sepa o no, se desliza de un mundo tridimensional a un mundo cuatridimensional y lo que está ascendiendo es su conciencia en un enfoque más grande; es un enfoque cuatridimensional.

Lo que ahora ves ascender es tu yo más grande. Cuando comienza a ascender, entras en el estado real de sentir que eres lo que quieres ser. Este es el momento en que reposas en el estado de ser lo que quieres ser, ya sea experimentando en la imaginación lo que experimentarías en realidad si ya fueras lo que quieres ser, o repitiendo una y otra vez la frase que implique que ya has hecho lo que quieres hacer. Una frase como: "¿No es maravilloso, no es maravilloso?", como si te hubiera ocurrido algo maravilloso.

> *"En un sueño, en una visión nocturna, cuando un sueño profundo cae sobre los hombres, mientras dormitan en sus lechos, entonces él abre el oído de los hombres y sella su instrucción"*
> *(Job 33: 15-16)*

Usa sabiamente el intervalo que precede al sueño. Asume el sentimiento del deseo cumplido y duérmete en este estado de ánimo. Por la noche, en un mundo dimensionalmente más grande, cuando el sueño profundo cae sobre los individuos, ellos ven y representan los papeles que más tarde representarán en la tierra. Y el drama está siempre en armonía con lo que su ser dimensionalmente más grande lee y actúa a través de ellos. Nuestra ilusión de libre albedrío no es sino ignorancia de las causas que nos hacen actuar.

El sentimiento que domina la mente al dormirse, aunque falso, se convertirá en un hecho. Asumir el sentimiento del deseo cumplido mientras nos dormimos es la orden para este proceso de encarnación que dice a nuestro estado de ánimo: "Sé real". De esta manera nos convertimos por un proceso natural en lo que deseamos ser.

Puedo contarte docenas de experiencias personales en las que parecía imposible ir a otro lugar, pero al colocarme mentalmente en otro lugar cuando estaba a punto de dormirme, las circunstancias cambiaban rápidamente, lo que me obligaba a hacer el viaje. Lo he hecho a través del mar colocándome de noche en mi cama como si estuviera durmiendo donde quería estar. Según transcurrían los días las cosas comenzaban a amoldarse en armonía con esa asunción y sucedían todas las cosas que debían suceder para propiciar mi viaje. Y yo, a pesar de mí mismo, debía estar preparado para ir a ese lugar en que asumí que estaba cuando me acerqué a la profundidad del sueño.

Mientras mi nube asciende yo asumo que ahora soy la persona que quiero ser, o que ya estoy en el lugar que quiero visitar. Ahora duermo en ese lugar. Entonces la vida desmonta el tabernáculo, desmonta mi entorno y reacomoda mi entorno a través de los mares o sobre la tierra y lo remodela a semejanza de mi asunción. No tiene nada que ver con hombres caminando a través de un desierto físico. Todo el vasto mundo que te rodea es un desierto.

Desde la cuna hasta la tumba tú y yo caminamos como si lo hiciéramos por el desierto. Pero tenemos un tabernáculo vivo en el que habita Dios, y está cubierto por una nube que puede ascender, y lo hace, cuando nos dormimos o estamos en un estado próximo al sueño. No necesariamente en dos días, puede ascender en dos minutos. ¿Por qué te han dado dos días? Si ahora me convierto en la persona que quiero ser, puede que mañana me sienta insatisfecho. Debería dar al menos un día antes de decidir seguir adelante.

La Biblia dice en dos días, un mes o un año: cuando decidas seguir adelante con este tabernáculo deja que la nube ascienda. A medida que asciende empiezas a moverte hacia donde está la nube. La nube es simplemente la vestimenta de tu conciencia, tu asunción. Donde la conciencia es colocada tú no tienes que llevar el cuerpo físico; éste gravita allí a pesar de ti. Las cosas suceden para obligarte a moverte en la dirección donde estás conscientemente habitando.

"En la casa de mi Padre hay muchas moradas; si no fuera así, se lo hubiera dicho. Voy a preparar un lugar para ustedes. Y si me voy y les preparo un lugar, vendré otra vez y los tomaré adonde yo voy; para que donde yo esté, allí estén ustedes también"
(Juan 14:2-3)

Las muchas moradas son los innumerables estados dentro de tu mente, porque tú eres la casa de Dios. En la casa de mi Padre hay innumerables conceptos del Yo. No podrías en una eternidad agotar lo que eres capaz de ser.

Si me siento tranquilamente aquí y asumo que estoy en otro lugar, he ido a preparar un lugar. Pero si abro los ojos, la bilocación que he creado se desvanece y estoy otra vez aquí en la forma física que dejé atrás cuando fui a preparar un lugar. Sin embargo, ya preparé el lugar y con el tiempo habitaré físicamente allí.

No tienes que preocuparte por las formas y los medios que se emplearán para moverte a través del espacio a ese lugar donde has ido y lo has preparado mentalmente. Simplemente siéntate en silencio, no importa dónde estés, y actualízalo mentalmente.

Pero te hago una advertencia, no lo tomes a la ligera, porque soy consciente de lo que le pasará a la gente que lo tome a la ligera. Yo lo tomé a la ligera una vez porque quería alejarme solamente basado en la temperatura del día. Era pleno invierno en New York y deseaba tanto estar en el clima cálido de las Indias, que aquella noche me dormí como si lo hiciera bajo las palmeras. A la mañana siguiente, cuando me desperté, aún era pleno invierno. Yo no tenía intenciones de ir a las Indias ese año, pero llegaron dolorosas noticias que me obligaron a hacer el viaje. Fue en medio de la guerra, cuando los barcos eran hundidos a diestra y siniestra, pero salí de New York en un barco, cuarenta y ocho horas después de recibir la noticia. Era la única manera de llegar a Barbados, y llegué justo a tiempo para ver a mi madre y decirle un "adiós" tridimensional.

A pesar de que no tenía ninguna intención de ir, el Ser más profundo observó dónde descendía la gran nube. Yo la coloqué en Barbados y este tabernáculo (mi cuerpo) tenía que ir y hacer el viaje para cumplir la orden. "Dondequiera que pise la planta de tu pie, te lo daré". Dondequiera que la nube descienda en el desierto, allí vuelves a montar ese tabernáculo.

Yo salí de New York a medianoche en un barco, sin pensar en submarinos ni en ninguna otra cosa. Tenía que ir. Las cosas sucedieron de una manera que yo no podía haber planeado.

Te lo advierto, no lo tomes a la ligera. No digas: "Voy a experimentar y me pondré en Labrador, solo para ver si esto funciona". Irás a Labrador y luego te cuestionarás por qué tuviste que venir a esta clase. Funcionará si te atreves a asumir el sentimiento de tu deseo cumplido cuando te vas a dormir.

Controla tus estados de ánimo cuando te vas a dormir. No encuentro mejor manera de describir esta técnica que llamarla un "sueño despierto controlado". En un sueño pierdes el control, pero intenta preceder tu sueño con un sueño despierto completamente controlado, entrando en él, como lo haces en el sueño, porque en un sueño siempre eres muy dominante, siempre desempeñas el papel. Tú siempre eres un actor en un sueño y nunca la audiencia. Cuando tienes un sueño despierto controlado, tú eres un actor y entras en el acto del sueño controlado. Pero no lo hagas a la ligera, porque luego debes recrearlo físicamente en un mundo tridimensional.

Ahora, antes de que entremos en nuestro momento de silencio, hay algo que debo dejar muy claro, y es ese esfuerzo que discutimos la noche pasada. Si hay una razón en todo este vasto mundo por la que la gente fracasa, es porque no son conscientes de una ley conocida hoy en día por los psicólogos como la ley del esfuerzo inverso.

Cuando asumes el sentimiento de tu deseo cumplido es con un mínimo esfuerzo. Debes controlar la dirección de los movimientos de tu atención, pero debes hacerlo con el menor esfuerzo. Si hay esfuerzo en el control y estás obligándolo de cierta manera, no vas a obtener resultados. Obtendrás los resultados opuestos, sean lo que sean.

Por eso insistimos en establecer la base de la Biblia como el sueño de Adán. Ese es el primer acto creativo, y no hay registro de que haya sido despertado de este profundo sueño. Mientras él duerme la creación se detiene.

Cambias tu futuro mejor cuando estás en control de tus pensamientos mientras estás en un estado próximo al sueño, porque entonces el esfuerzo es reducido al mínimo. Tu atención parece relajarse completamente y entonces debes practicar el mantener tu atención dentro de ese sentimiento, sin usar la fuerza y sin hacer esfuerzo.

No pienses ni por un momento que es la fuerza de voluntad la que lo hace. Cuando liberas a Barrabás y te identificas con Jesús, no quieres serlo, sino que imaginas que lo eres. Eso es todo lo que haces.

Ahora que llegamos a la parte vital de la noche, el intervalo dedicado a la oración, permíteme clarificar nuevamente la técnica. Debes saber lo que quieres. Luego construye un solo evento, un evento que implique el cumplimiento de tu deseo. Limita el evento a un solo acto. Por ejemplo, si yo señalo como evento estrechar la mano de una persona, entonces eso es lo único que hago. No le estrecho la mano, luego enciendo un cigarrillo y hago otras mil cosas. Simplemente imagino que en realidad estoy estrechando la mano y mantengo el acto una y otra y otra vez, hasta que el acto imaginario tenga toda la sensación de realidad.

El acto debe implicar siempre el cumplimiento del deseo. Construye siempre un evento que creas que naturalmente encontrarías siguiendo el cumplimiento de tu deseo. Tú eres el juez de qué evento realmente quieres realizar.

Hay otra técnica que les di anoche. Si no puedes concentrarte en un acto, si no puedes acurrucarte en tu silla y creer que la silla está en otro lugar —como si ese otro lugar estuviera *aquí*— entonces haz esto: Reduce la idea, condénsala a una sola frase simple como "¿No es maravilloso?" o "Gracias" o "Está hecho" o "Está terminado". No deberían ser más que tres palabras. Algo que implique que el deseo ya está realizado. "¿No es maravilloso?" o "Gracias", ciertamente implican eso. Estas no son todas las frases que puedes utilizar. Elabora con tu propio vocabulario la frase que más te guste. Pero hazla muy corta y utiliza siempre una frase que implique el cumplimiento de la idea.

Cuando tengas tu frase en mente, levanta la nube. Deja ascender la nube simplemente induciendo el estado que bordea el sueño. Simplemente empieza a imaginar y a sentir que estás somnoliento, y en ese estado asume el sentimiento del deseo cumplido. Entonces repite la frase una y otra vez como una canción de cuna. Cualquiera que sea la frase que implique que la asunción es cierta, que es concreta, que ya es un hecho y lo sabes.

Solo relájate y entra en el sentimiento de efectivamente ser lo que quieres ser. Al hacer esto estás entrando en Jericó con tu espía que tiene el poder de darlo. Estás liberando a Barrabás y condenando a Jesús a ser crucificado y resucitado. Todas estas historias las estás recreando si ahora comienzas a dejarte llevar y entrar en el sentimiento de efectivamente ser lo que quieres ser. Ahora podemos ir ….

(Periodo de Silencio)

Si tus manos están secas, y si tu boca está seca al final de esta meditación, eso es una prueba positiva de que conseguiste levantar la nube. Lo que estabas haciendo cuando se levantó la nube, es asunto tuyo. Pero has levantado la nube si tus manos están secas.

Te daré otro fenómeno que es muy extraño y que no puedo analizar. Ocurre si realmente llegas a lo profundo. Encontrarás al despertar que tienes el par de riñones más activo del mundo. He discutido esto con los médicos y no han podido explicarlo.

Otra cosa que puedes observar en la meditación es una hermosa luz azul líquida. La cosa más parecida en la tierra con la que puedo compararla es a alcohol ardiendo. Tú sabes, cuando pones alcohol en el pudin de ciruela en tiempo de Navidad y le pones una llama, la encantadora llama azul liquida que envuelve el pudin hasta que lo soplas. Esa llama es lo más cercano a la luz azul que aparece en la frente de una persona en meditación.

No te preocupes. La reconocerás cuando la veas. Es como dos tonos de azul, uno más oscuro y otro más claro en constante movimiento, exactamente igual que alcohol ardiendo, que es diferente a la llama constante de un chorro de gas. Esta llama está viva, así como el espíritu está vivo.

Otra cosa que puede venir a ti como me pasó a mí. Verás manchas ante tus ojos. No son manchas del hígado como te dirán algunas personas que no saben nada de esto. Estas son pequeñas cosas que flotan en el espacio como una malla, pequeños círculos todos pegados. Empiezan con una sola célula y vienen en grupos en diferentes patrones geométricos, como gusanos, como estelas y flotan por toda tu cara. Cuando cierras los ojos aún las ves, probando que no vienen de afuera, sino de adentro.

Cuando empiezas a expandir tu conciencia vienen todas esas cosas. Pueden ser tu corriente sanguínea manifestada por algún extraño truco del ser humano que éste no comprende lo suficiente. No niego que sea tu corriente sanguínea hecha visible, pero no te angusties pensando que son manchas del hígado o alguna otra tontería que la gente te diga.

Si te vienen esos diversos fenómenos no pienses que estás haciendo algo equivocado. Es la expansión natural y normal que viene a todas las personas que se toman a sí mismas y tratan de desarrollar el jardín de Getsemaní.

En el momento en que empiezas a disciplinar tu mente observando y vigilando tus pensamientos durante el día, te conviertes en el policía de tus pensamientos. Rehúsa entrar en conversaciones desagradables, rehúsa oír atentamente cualquier cosa que te derrumbe.

Comienza a construir dentro del ojo de tu propia mente la visión de la virgen perfecta en vez de la visión de la virgen tonta. Escucha solo las cosas que traen alegría cuando las oyes. No prestes oídos a lo desagradable, aquello que cuando lo escuchas desearías no haberlo hecho. Eso es escuchar y ver cosas sin aceite en tu lámpara, o alegría en tu mente.

Hay dos tipos de vírgenes en la Biblia: cinco vírgenes insensatas y cinco vírgenes prudentes. En el momento en que te conviertes en la virgen prudente, o haces un intento por hacerlo, descubrirás que suceden todas esas cosas. Verás estas cosas y te interesarán, de modo que no tendrás tiempo para desarrollar la visión insensata, como hace mucha gente. Espero que nadie aquí lo haga. Porque nadie que se identifique con esta gran obra puede encontrar gran alegría aún en una discusión de otro que sea desagradable.

LECCIÓN 3

PENSAR CUATRIDIMENSIONALMENTE

Hay dos perspectivas reales sobre el mundo que posee cada persona, y los antiguos narradores eran plenamente conscientes de estas dos perspectivas. Llamaron a una "la mente carnal" y a la otra "la mente de Cristo". Reconocemos estos dos centros de pensamiento en la declaración:

"El hombre natural no percibe las cosas que son del Espíritu de Dios, porque para él son locura, y no las puede entender, porque se han de discernir espiritualmente"
(1 Corintios 2:14)

Para la mente natural, la realidad se limita al instante llamado ahora, este mismo momento parece contener la totalidad de la realidad, todo lo demás es irreal. Para la mente natural, el pasado y el futuro son solamente imaginarios. En otras palabras, mi pasado, cuando utilizo la mente natural, es solo una imagen de la memoria de las cosas que fueron. Y para el enfoque limitado de la mente carnal o natural, el futuro no existe. La mente natural no cree que podría revisitar el pasado y verlo como algo que está presente, algo que es objetivo y concreto para ella misma, tampoco cree que el futuro exista.

Para la mente de Cristo, la mente espiritual, que en nuestro lenguaje llamaremos el enfoque cuatridimensional, el pasado, el presente y el futuro de la mente natural son un todo presente. Esto abarca toda la gama de impresiones sensoriales que el individuo ha encontrado, encuentra y encontrará.

La única razón por la que tú y yo funcionamos como lo hacemos hoy, y no somos conscientes de la perspectiva mayor, es simplemente porque somos criaturas de hábito, y el hábito nos vuelve totalmente ciegos a lo que deberíamos ver; pero el hábito no es una ley. Actúa como si fuera la fuerza más irresistible en el mundo, sin embargo, no es una ley.

Podemos crear un nuevo enfoque de la vida. Si tú y yo empleáramos unos minutos todos los días en retirar nuestra atención de la región de la sensación y concentrarla en un estado invisible, y permaneciéramos fieles a esta contemplación, sintiendo y percibiendo la realidad de un estado invisible, con el tiempo nos haríamos conscientes de este mundo mayor, este mundo dimensionalmente más grande. El estado contemplado es ahora una realidad concreta, desplazada en el tiempo.

Esta noche, al volver a nuestra Biblia, juzga tú mismo en qué punto te encuentras en tu desarrollo actual.

Nuestra primera historia para esta noche es del capítulo quinto del Evangelio de Marcos. En este capítulo hay tres historias contadas como si fueran experiencias separadas de los personajes dominantes.

En la primera historia se nos dice que Jesús se encontró con un hombre loco, un hombre desnudo que vivía en el cementerio y se escondía detrás de las tumbas. Este hombre le pidió a Jesús que no expulsara a los demonios que lo acosaban.

"Porque Jesús le decía: Sal de este hombre, espíritu inmundo"
(Marcos 5:8)

Así, Jesús expulsó a los demonios para que se destruyeran a sí mismos, y encontramos a este hombre, por primera vez, vestido, en su sano juicio y sentado a los pies del Maestro. Obtendremos el sentido psicológico de este capítulo cambiando el nombre de Jesús por el de razón iluminada o pensamiento cuatridimensional.

A medida que avanzamos en este capítulo se nos dice que Jesús se encuentra ahora con el Sumo Sacerdote, cuyo nombre es Jairo.

Jairo, el Sumo Sacerdote de la Sinagoga, tiene una hija que se está muriendo. Ella tiene doce años, y él pide a Jesús que vaya y cure a la niña. Jesús acepta, y mientras se dirige hacia la casa del Sumo Sacerdote, una mujer en la plaza del mercado tocó su manto.

"Y Jesús, conociendo en sí mismo el poder que había salido de él, volviéndose a la multitud dijo: "¿Quién ha tocado mi manto?"
(Marcos 5:30)

La mujer que fue sanada de un flujo de sangre que había tenido durante doce años, confesó que ella le había tocado.

"Él le dijo: Hija, tu fe te ha salvado. Vete en paz"
(Marcos 5:34)

Mientras continúa hacia la casa del Sumo Sacerdote le dicen que la niña ha muerto y no hay necesidad de ir a resucitarla. Ella no está dormida, sino que ya está muerta.

"Pero Jesús, sin hacer caso a esta palabra que se decía, dijo al principal de la sinagoga: —No temas, solo cree"
(Marcos 5:36)

"Y al entrar, les dijo: ¿Por qué hacen alboroto y lloran? La niña no está muerta, solo está dormida"
(Marcos 5:39)

Con esto la multitud entera se burlaba y se reía, pero Jesús, cerrando las puertas contra la multitud burlona, llevó consigo a la casa de Jairo a sus discípulos y al padre y la madre de la niña muerta.
Entraron en la habitación donde la niña estaba tendida.

"Y tomó la mano de la niña y le dijo: Niña, a ti te digo, levántate"
(Marcos 5:41)

Ella se despertó de este profundo sueño, se levantó y caminó, y el Sumo Sacerdote y todos los demás estaban atónitos.

"Él les mando estrictamente que nadie lo supiera y ordenó que le dieran de comer a la niña"
(Marcos 5:43)

Esta misma noche, mientras estás sentado aquí, tú eres retratado en este quinto capítulo de Marcos. Un cementerio tiene un solo propósito, es simplemente un registro de los muertos. ¿Estás viviendo en el pasado muerto?

Si estás viviendo entre los muertos, tus prejuicios, tus supersticiones y las falsas creencias que mantienes vivas son las tumbas detrás de las que te escondes. Si te niegas a dejarlos ir, estás tan loco como el loco de la Biblia que suplicaba a la razón iluminada que no los expulsara. No hay ninguna diferencia. Pero la razón iluminada es incapaz de proteger prejuicios y supersticiones contra las incursiones de la razón.

No hay una persona en este mundo que tenga un prejuicio, independientemente de la naturaleza del mismo, que pueda sostenerlo a la luz de la razón. Dime que estás en contra de una determinada nación, de una determinada raza, de un cierto "ismo", de una determinada cosa —no importa lo que sea— no puedes exponer esa creencia tuya a la luz de la razón y mantenerla viva. Para que pueda mantenerse viva en tu mundo debes esconderla de la razón. No puedes analizarla a la luz de la razón y mantenerla viva. Cuando este enfoque cuatridimensional viene y te muestra un nuevo enfoque de la vida y expulsa de tu propia mente todas esas cosas que te atormentaban, entonces eres limpiado y vestido con tu mente correcta. Y te sientas a los pies del entendimiento, llamado los pies del Maestro.

Ahora vestido y en tu mente correcta puedes resucitar a los muertos. ¿Qué muertos? La niña de la historia no es una niña. La niña es tu anhelo, tu deseo, los sueños incumplidos de tu corazón. Esta es la niña alojada dentro de la mente del individuo. Porque, como ya he señalado antes, todo el drama de la Biblia es psicológico. La Biblia no hace referencia alguna a ninguna persona que haya existido, o a ningún acontecimiento que haya ocurrido en la tierra. Todas las historias de la Biblia se desarrollan en la mente individual.

En esta historia Jesús es el intelecto despierto. Cuando tu mente funciona fuera del rango de tus sentidos actuales, cuando tu mente es sanada de todas las limitaciones anteriores, entonces ya no eres el hombre demente, sino que eres esta presencia personificada como Jesús, el poder que puede resucitar los anhelos de tu corazón.

Ahora eres la mujer con el flujo de sangre. ¿Qué es este flujo de sangre? Un útero que sangra no es un útero productivo. Ella lo tuvo durante doce años; era incapaz de concebir. No podía dar forma a su anhelo debido al persistente flujo de sangre. Se te dice que su fe lo cortó. Ahora el útero puede dar forma a la semilla o idea.

A medida que tu mente se limpia de tu anterior concepto de ti mismo, asumes que eres lo que quieres ser, y permaneciendo fiel a esa asunción, das forma a tu asunción o resucitas a tu hija. Eres la mujer limpiada del flujo de sangre y avanzas hacia la casa de la niña muerta.

La niña o estado que deseas, es ahora tu concepto fijo de ti mismo. Pero ahora, habiendo asumido que soy lo que anteriormente deseaba ser, no puedo continuar deseando lo que soy consciente de ser. Así que no lo comento. No le hablo a nadie respecto a lo que soy. Es tan obvio para mí que soy lo que quería ser, que camino como si lo fuera.

Caminando como si fuera lo que anteriormente quería ser, mi mundo de enfoque limitado no lo ve y piensa que ya no lo deseo. La niña está muerta dentro de su mundo; pero yo, que conozco la ley, digo: "La niña no está muerta". La niña no está muerta, solo dormida. Yo ahora la despierto. Yo, por mi asunción, despierto y hago visible en mi mundo lo que asumo, porque las asunciones, si se mantienen, invariablemente despiertan lo que afirman.

Cierro la puerta. ¿Qué puerta? La puerta de mis sentidos. Simplemente excluyo completamente todo lo que mis sentidos revelan. Niego la evidencia de mis sentidos. Suspendo la limitada razón del ser natural y camino en esta audaz afirmación de que soy lo que mis sentidos niegan.

Con la puerta de mis sentidos cerrada, ¿qué llevo a ese estado disciplinado? No llevo a nadie a ese estado sino a los padres de la niña y a mis discípulos. Cierro la puerta a la multitud burlona que se ríe. Ya no busco confirmación. Niego completamente la evidencia de mis sentidos que se burlan de mi asunción, y no comento con los demás si mi asunción es posible o no.

¿Quiénes son los padres? Hemos descubierto que el padre-madre de toda creación es el Yo Soy del individuo. La conciencia del individuo es Dios. Yo soy consciente del estado. Yo soy el padre-madre de todas mis ideas y mi mente permanece fiel a este nuevo concepto de mí mismo. Mi mente está disciplinada. Llevo a ese estado a los discípulos, y dejo fuera de ese estado todo lo que lo niegue.

Ahora la niña, sin ayuda de nadie, es resucitada. La condición que yo deseaba y asumía que tenía, se manifiesta dentro de mi mundo y da testimonio del poder de mi asunción.

Se tú mismo el juez, yo no puedo juzgarte. Tú estás, ya sea viviendo ahora en el pasado muerto, o estás viviendo como la mujer cuyo flujo de sangre se ha detenido. ¿Podrías realmente responderme si te hago la pregunta: "¿Crees ahora que tú, sin la ayuda de otro, solo necesitas asumir que eres lo que quieres ser para hacer real esa asunción dentro de tu mundo? ¿O crees que primero debes cumplir una cierta condición impuesta por el pasado, que debes ser de un determinado orden, o de un determinado 'algo'?"

No estoy criticando a ciertas iglesias o grupos, pero hay quienes creen que nadie fuera de su iglesia o grupo es salvado. Yo nací protestante. Si hablas con un protestante, solo hay un cristiano, el protestante. Hablas con un católico, no hay nadie en el mundo que sea cristiano sino un católico. Hablas con un judío, los cristianos son paganos y los judíos son los elegidos. Hablas con un mahometano, los judíos y los cristianos son los impíos. Hablas con alguien más, y todos ellos son los intocables. No importa con quién hables, siempre son los elegidos.

Si crees que debes ser uno de estos para ser salvado, aún sigues siendo un loco escondido detrás de esas supersticiones y esos prejuicios del pasado, y estás rogando que no te limpien.

Algunos de ustedes me dicen: — "No me pidas que renuncie a mi creencia en Jesús el hombre, o en Moisés el hombre, o en Pedro el hombre. Cuando me pides renunciar a mi creencia en estos personajes estás pidiendo demasiado. Déjame estas creencias porque me reconfortan. Puedo creer que ellos vivieron en la tierra y aun seguir tu interpretación psicológica de sus historias".

Yo digo: Sale del pasado muerto. Sale de ese cementerio y camina, sabiendo que tú y tu Padre son uno, y tu Padre, a quien las personas llaman Dios, es tu propia conciencia. Esa es la única ley creativa del mundo.

¿De qué eres consciente de ser? Aunque no puedas ver tu objetivo con el enfoque limitado de tu mente tridimensional, ahora eres aquello que has asumido que eres. Camina en esa asunción y permanece fiel a ella.

En esta dimensión de tu ser, el tiempo late lentamente y puede que, incluso después de manifestar tu asunción, no recuerdes que hubo un tiempo en que esta realidad presente no era más que una actitud mental. Debido a la lentitud del latir del tiempo, a menudo no ves la relación entre tu naturaleza interna y el mundo externo que da testimonio de ella.

Juzga tú mismo la posición que ocupas ahora en este quinto capítulo de Marcos. ¿Has resucitado a la niña muerta? ¿Sigues necesitando que se cierre esa matriz de tu mente? ¿Está aún sangrando y por lo tanto no puede ser fértil? ¿Eres ahora el loco que vive en el pasado muerto? Solo tú puedes juzgarlo y responder a estas preguntas.

Pasamos a una historia en el capítulo quinto del Evangelio de Juan. Esta te mostrará la belleza con la que los antiguos narradores hablaban de las dos distintas perspectivas de este mundo: una, el limitado enfoque tridimensional, y la otra, el enfoque cuatridimensional.

Esta historia habla de un hombre inválido que es rápidamente sanado. Jesús va a un lugar llamado Betesda, que por definición significa la Casa de los Cinco Pórticos. En estos Cinco Pórticos hay innumerables inválidos:

cojos, ciegos, paralíticos, atrofiados y otros. Según la tradición, en ciertas épocas del año un ángel descendía y agitaba el estanque que estaba cerca de estos Cinco Pórticos. Cuando el ángel agitaba el estanque, el primero en entrar era siempre sanado. Pero solo el primero, no el segundo.

"Cuando Jesús lo vio acostado y supo que llevaba mucho tiempo enfermo, le dijo: «¿Quieres ser sano?». El enfermo respondió: «Señor, no tengo a nadie que me meta en el estanque cuando el agua es agitada; pues mientras yo voy, otro desciende antes que yo». Jesús le dijo: «Levántate, toma tu camilla y anda». Y al instante el hombre quedó sano, y tomó su camilla y comenzó a andar. Y aquel día era el Sabbath"
(Juan 5:6-9)

Lees esta historia y piensas que un extraño hombre que poseía poderes milagrosos de pronto le dijo al paralítico: "Levántate y anda". No es mucho repetir que la historia, incluso cuando introduce innumerables individualidades, tiene lugar dentro de la mente de cada persona.

El estanque es tu conciencia. El ángel es una idea, llamada el mensajero de Dios. La conciencia siendo Dios, cuando tienes una idea estás albergando a un ángel. En el instante en que eres consciente de un deseo, tu estanque ha sido agitado. El deseo agita la mente. Desear algo es ser agitado.

En el preciso momento en que tienes un anhelo o un objetivo claramente definido, el estanque ha sido agitado por el ángel, que era el deseo. Se te dice que el primero que entra en el estanque agitado siempre es sanado.

Mis compañeros más cercanos en este mundo, mi esposa y mi pequeña hija, cuando me dirijo a ellas, son para mí segundas. Yo debo hablar a mi esposa como "tú eres". Debo hablar a cualquiera, no importa lo cercanos que sean, como "Tú eres". Y después de eso la tercera persona: "Él es". Solo hay una persona en este mundo con quien puedo usar la primera persona del presente y ése es mi propio ser. "Yo Soy", solo se puede decir de sí mismo, no se puede decir de otro.

Por lo tanto, cuando soy consciente de un deseo que quiero ser, pero aparentemente no soy, el estanque está siendo agitado, ¿quién puede entrar en ese estanque antes que yo? Solo yo poseo el poder de la primera persona. Yo soy ese que quiero ser. A menos que yo crea que soy lo que quiero ser, permanezco como era antes y muero en esa limitación.

En esta historia no necesitas a nadie que te meta en el estanque cuando tu conciencia es agitada por el deseo. Todo lo que necesitas hacer es asumir que ya eres lo que antes querías ser y estás en él, y nadie puede entrar antes que tú. ¿Qué persona puede entrar antes que tú cuando eres consciente de ser lo que quieres ser? Nadie puede estar antes que tú cuando solo tú tienes el poder de decir Yo Soy.

Esas son las dos perspectivas. Ahora eres lo que tus sentidos negarían. ¿Te atreves a asumir que ya eres lo que quieres ser? Si te atreves a asumir que ya eres lo que tu razón y tus sentidos ahora niegan, entonces estás en el estanque y, sin ayuda de nadie, tú también te levantarás y tomarás tu camilla y caminarás.

Se te dice que esto sucedió en el Sabbath. El Sabbath es solo el sentido místico de quietud, cuando estás despreocupado, cuando no estás ansioso, cuando no estás buscando resultados, sabiendo que las señales siguen y no preceden. El Sabbath es el día de reposo en el que no hay trabajo. Cuando no estás trabajando para hacer que suceda, estás en el Sabbath. Cuando no estás preocupado en absoluto por la opinión de los demás, cuando caminas como si ya fueras, no puedes levantar un dedo para que sea así, estás en el Sabbath. No puedo estar preocupado respecto a cómo será, y aún así decir que soy consciente de serlo. Si soy consciente de ser libre, seguro, sano y feliz, mantengo esos estados de conciencia sin esfuerzo o trabajo de mi parte. Por lo tanto, yo estoy en el Sabbath; y porque era el Sabbath él se levantó y caminó.

Nuestra siguiente historia es del cuarto capítulo del Evangelio de Juan, y es una que has escuchado una y otra vez.

> *"Vino una mujer de Samaria a sacar agua y Jesús le dijo: Dame de beber. Entonces la mujer de Samaria le dijo: ¿Cómo es que tú, siendo judío, me pides de beber a mí, que soy samaritana? (Porque los judíos no tienen tratos con los samaritanos). Jesús le respondió: Si conocieras el don de Dios y quién es el que te dice: "Dame de beber", tú le habrías pedido a él, y él te hubiera dado agua viva"*
> *(Juan 4:7-10)*

La mujer al ver que él no tiene nada con qué sacar el agua, y sabiendo que el pozo es hondo, dice:

"¿Acaso eres tú mayor que nuestro padre Jacob, que nos dio el pozo del cual bebió él mismo, y sus hijos, y sus ganados?. Jesús le respondió: Todo el que beba de esta agua volverá a tener sed, pero el que beba del agua que Yo le daré, no tendrá sed jamás, sino que el agua que Yo le daré se convertirá en él en una fuente de agua que brota para vida eterna"
(Juan 4:12-14).

Luego, él dice todo lo referente a ella y le pide que vaya a llamar a su marido.

"Ella respondió: No tengo marido. Jesús le dijo: Bien has dicho, 'No tengo marido', porque cinco maridos has tenido, y el que ahora tienes no es tu marido"
(Juan 4:16- 18)

La mujer, sabiendo que esto era cierto, va a la plaza del mercado y le dice a los demás: "He encontrado al Mesías". Ellos le preguntan: "¿Cómo sabes que has encontrado al Mesías?". Ella responde: "Porque él me ha dicho todo lo que yo he hecho". Aquí hay un enfoque que por lo menos toma todo el pasado, y le habla ahora respecto al futuro.

Continuando con la historia, los discípulos se acercan a Jesús y le dicen:

"Maestro, come algo. Pero él les dijo: Yo tengo un alimento que ustedes no conocen"
(Juan 4:31-32)

Cuando ellos hablan de una cosecha en cuatro meses, Jesús responde:

"¿No dicen ustedes: todavía faltan cuatro meses para la cosecha? He aquí, yo les digo: Alcen sus ojos y vean los campos que ya están blancos para la cosecha"
(Juan 4:35)

Él ve las cosas que la gente espera cuatro meses o cuatro años; las ve ahora en un mundo dimensionalmente más grande, que existe ahora, que tiene lugar ahora.

Volvamos a la primera parte de la historia. La mujer de Samaria es el tú tridimensional, y Jesús en el pozo es el tú cuatridimensional. La discusión comienza entre lo que tú quieres ser y lo que la razón te dice que eres. El tú mayor te dice que si te atreves a suponer que ya eres lo que quieres ser, te convertirás en ello. El tú menor, con su enfoque limitado, te dice: "Por qué no tienes un recipiente, no tienes una cuerda, y el pozo es hondo. ¿Cómo podrías alguna vez alcanzar la profundidad de ese estado sin los medios para ello?"

Tú respondes y dices: "Si solo supieras quién te pide de beber tú le pedirías a él". Si solo supieras qué es lo que en ti mismo te insta a encarnar el estado que ahora buscas, suspenderías tu corta visión y le dejarías hacerlo por ti.

Entonces él te dice que tienes cinco maridos, y tú lo niegas. Pero él sabe mucho mejor que tú que tus cinco sentidos te impregnan mañana, tarde y noche con sus limitaciones. Te dicen qué hijos tendrás esta noche, mañana y los días venideros. Porque tus cinco sentidos actúan como cinco maridos que constantemente impregnan tu conciencia, que es la gran matriz de Dios; y mañana, tarde y noche te sugieren y te dictan lo que debes aceptar como verdad.

Él te dice que el que te gustaría tener por marido no es tu marido. En otras palabras, el sexto no te ha impregnado aún. Lo que te gustaría ser es negado por estos cinco, y ellos tienen el poder, dictan lo que aceptarás como verdadero. Lo que te gustaría aceptar aún no ha penetrado en tu mente e impregnado tu mente con su realidad. Aquel al que llamas marido no es realmente tu marido. No estás dando a luz su semejanza. Dar a luz su semejanza es la prueba de que eres su esposa; al menos lo has conocido íntimamente. Tú no estás dando a luz la semejanza del sexto; estás dando a luz solo la semejanza de los cinco.

Entonces uno se dirige a mí y me cuenta todo lo que siempre he sabido. Vuelvo atrás en el ojo de mi mente y la razón me dice que a lo largo de mi vida siempre he aceptado las limitaciones de mis sentidos, los he considerado siempre como un hecho; y mañana, tarde y noche he dado testimonio de esta aceptación.

La razón me dice que solo he conocido estos cinco desde que nací. Ahora me gustaría salir de la limitación de mis sentidos, pero aún no he encontrado dentro de mí el valor para asumir que soy lo que estos cinco negarían que soy. Así que aquí permanezco, consciente de mi tarea, pero sin el valor de ir más allá de las limitaciones de mis sentidos y de lo que mi razón niega.

A estos les dice: "Yo tengo un alimento que no conocen. Yo soy el pan que desciende del cielo. Yo soy el vino." Yo sé lo que quiero ser, y porque yo soy ese pan me doy un festín. Yo asumo que soy, y en lugar de festejar el hecho de que estoy en esta habitación hablando contigo y tú me estás escuchando, y que estoy en Los Ángeles, yo festejo el hecho de que estoy en otro lugar, y camino aquí como si estuviera en otro lugar. Y gradualmente me convierto en lo que festejo.

Te contaré dos historias personales. Cuando era niño vivía en un entorno muy limitado, en una pequeña isla llamada Barbados. La comida para los animales era muy escasa y muy cara porque teníamos que importarla. Soy de una familia de diez hijos y mi abuela vivía con nosotros, haciendo trece en la mesa.

Una y otra vez recuerdo a mi madre diciéndole a la cocinera a principios de la semana: "Quiero que apartes tres patos para la cena del domingo". Esto significaba que tomaría de la bandada del patio tres patos y los encerraría en una jaula muy pequeña y los alimentaría, los atiborraba mañana, tarde y noche con maíz y todas las cosas que eran un banquete para los patos.

Se trataba de una dieta totalmente diferente a la que dábamos regularmente a los patos, porque manteníamos a esas aves vivas alimentándolas con pescado. Los manteníamos vivos y gordos con pescado porque era muy barato y abundante, pero no podías comer un ave alimentada con pescado, no como a ti y a mí nos gusta un ave.

La cocinera tomaba tres patos, los ponía en una jaula y durante siete días los alimentaba con maíz, leche agria y todas las cosas que queríamos saborear en las aves. Luego, cuando los mataban y los servían para la cena, siete días más tarde, eran deliciosas aves alimentadas con leche, alimentadas con maíz. Pero, de vez en cuando, la cocinera se olvidaba de apartar las aves, y mi padre, sabiendo que teníamos patos y creyendo que ella había llevado a cabo la orden, no enviaba nada más para cenar, y llegaban a la mesa tres pescados. No podías tocar esas aves porque eran la encarnación de lo que comieron.

El ser humano es un ser psicológico, un pensador. No es de lo que se alimenta físicamente, sino de lo que se alimenta mentalmente en lo que se convierte. Nos convertimos en la encarnación de aquello de lo que nos alimentamos mentalmente.

Ahora bien, esos patos no podían ser alimentados con maíz por la mañana, pescado por la tarde y otra cosa por la noche. Tenía que ser un cambio completo en la dieta. En nuestro caso, no podemos tener un poco de meditación por la mañana, blasfemar por la tarde y hacer otra cosa por la noche. Tenemos que seguir una dieta mental, durante una semana debemos cambiar completamente nuestro alimento mental.

"Todo lo que es verdadero, todo lo digno, todo lo justo, todo lo puro, todo lo amable; si hay alguna virtud, o algo digno de alabanza, piensen en esas cosas"
(Filipenses 4:8)

Como un hombre piensa en su corazón así es él. Si ahora pudiera señalar el tipo de alimento mental que quiero expresar dentro de mi mundo y me alimentara de ello, me convertiría en ello.

Déjame decirte por qué estoy haciendo lo que estoy haciendo hoy. Fue en el año 1933 en la ciudad de Nueva York, y mi viejo amigo Abdullah, con quien estudié hebreo durante cinco años, fue realmente el comienzo del consumo de todas mis supersticiones. Cuando acudí a él, yo estaba lleno de supersticiones. No podía comer carne, no podía comer pescado, no podía comer pollo, no podía comer ninguna de esas cosas que vivían en el mundo. No bebía, no fumaba y hacía un tremendo esfuerzo por llevar una vida célibe.

Abdullah me dijo: —"No voy a decirte «estás loco, Neville» pero lo estás. Todas esas cosas son estupideces".

Pero yo no podía creer que fueran estupideces.

En noviembre de 1933, me despedí de mis padres en la ciudad de Nueva York, cuando embarcaron para Barbados. Yo llevaba doce años en este país sin deseos de ir a Barbados. No tenía éxito y me daba vergüenza ir a casa a ver a los exitosos miembros de mi familia. Después de doce años en Estados Unidos yo era un fracaso a mis propios ojos. Estaba en el teatro y ganaba dinero un año y lo gastaba al mes siguiente. No era lo que yo llamaría, según sus estándares ni según los míos, una persona exitosa.

Te recuerdo que cuando me despedí de mis padres en noviembre, no tenía ningún deseo de ir a Barbados. El barco partió y cuando estuve en la calle algo me poseyó con el deseo de ir a Barbados.

Era el año 1933, yo estaba desempleado y no tenía otro lugar al que ir que una pequeña habitación en la calle 75. Fui directamente a ver a mi viejo amigo Abdullah y le dije:

—"Ab, tengo una extraña sensación. Por primera vez en doce años quiero ir a Barbados."

— "Si quieres ir, Neville, ya has ido" —respondió.

Eso era un lenguaje muy extraño para mí. Estoy en Nueva York en la calle 72 y él me dice que he ido a Barbados.

—"¿Qué quieres decir con que 'ya he ido', Abdullah?"

—"¿Realmente quieres ir?".

— "Sí" —respondí.

—Entonces, me dijo: "Cuando salgas por esa puerta ahora ya no estarás caminando por la calle 72, estarás caminando por las calles bordeadas de palmeras y calles bordeadas de cocoteros; esto es, Barbados. No me preguntes cómo vas a ir. Tú estás en Barbados. Tú no dices 'cómo', cuando 'estás allí'. Estás allí. Ahora camina como si estuvieras allí".

Salí de su casa aturdido. Estoy en Barbados. No tengo dinero, no tengo trabajo, ni siquiera estoy bien vestido, y sin embargo estoy en Barbados.

Abdullah no era el tipo de persona con la que podías discutir. Dos semanas después no estaba más cerca de mi objetivo que el día que le dije que quería ir a Barbados.

—Le dije: "Ab, confío implícitamente en ti, pero esta vez no puedo ver cómo esto va a funcionar. No tengo ni un centavo para mi viaje, comencé a explicarle."

¿Sabes lo que hizo? Él era tan negro como el as de picas, mi viejo amigo Abdullah, con su turbante en la cabeza. Cuando me senté en el salón de su casa, se levantó de la silla y se dirigió hacia su despacho y cerró la puerta de un golpe, lo que no era una invitación a seguirle. Cuando salió por la puerta me dijo:

— "Ya he dicho todo lo que tenía que decir".

El 03 de diciembre me presenté ante Abdullah y le dije otra vez que no estaba más cerca de mi viaje.

—Él repitió su afirmación: "Tú estás en Barbados"

El último barco que zarpaba hacia Barbados y que podía llevarme allí por la razón que yo quería, que era estar para Navidad, salía al mediodía del 06 de diciembre; el viejo Nerissa.

En la mañana del 04 de diciembre, no teniendo trabajo, ni lugar a donde ir, dormí hasta tarde. Cuando me levanté había una carta de correo aéreo de Barbados bajo de mi puerta. Al abrir la carta un pequeño trozo de papel cayó al suelo. Lo recogí y era un giro por cincuenta dólares.

La carta era de mi hermano, Víctor, y decía: "No te estoy pidiendo que vengas, Neville, esto es una orden. Nunca hemos tenido una Navidad en la que todos los miembros de nuestra familia estuvieran presentes al mismo tiempo. Esta Navidad podría hacerse si vinieras".

Mi hermano mayor, Cecil, se fue de casa antes de que naciera el más pequeño, y luego empezamos a irnos de casa en diferentes momentos, así que nunca en la historia de nuestra familia estuvimos todos juntos al mismo tiempo.

La carta continuaba: "No estás trabajando, sé que no hay ninguna razón por la que no puedas venir, por lo que debes estar aquí antes de

Navidad. Los cincuenta dólares adjuntos son para comprar algunas camisas o un par de zapatos que puedas necesitar para el viaje. No necesitas dar propinas; usa el bar si vas a beber. Yo te iré a buscar al barco y pagaré todas tus propinas y los gastos efectuados. He enviado un cable a Furness, Withy & Co. En Nueva York y les dije que te emitieran un boleto cuando te presentes en su oficina. Los cincuenta dólares son simplemente para comprar algunas cosas esenciales. Puedes firmar como desees a bordo del barco. Yo te iré a buscar y me encargaré de todos tus gastos".

Fui a Furness, Withy & Co. con mi carta y les dejé leerla. Ellos dijeron: —"Hemos recibido el cable Sr. Goddard, pero lamentablemente no nos queda ningún pasaje para el viaje del 06 de diciembre. Lo único disponible es en tercera clase entre Nueva York y Santo Tomás. Cuando lleguemos a Santo Tomás, tenemos algunos pasajeros que se bajarán, entonces usted puede viajar en primera clase de Santo Tomás a Barbados. Pero entre Nueva York y Santo Tomás debe ir en tercera clase, aunque puede tener los privilegios del comedor de primera clase y caminar por las cubiertas de primera clase"

Yo dije: —"Lo tomaré"

Volví a mi amigo Abdullah, la tarde del 04 de diciembre, y dije: —"Funcionó como un sueño"

Le dije lo que había hecho, pensando que se alegraría.

¿Sabes lo que me dijo?

Me dijo: —"¿Quién te ha dicho que vas a ir en tercera clase? ¿Te he visto en Barbados, el hombre que eres, yendo en tercera clase? Tú estás en Barbados y fuiste allí en primera clase".

No tuve un momento para volver a verle antes de que embarcara al mediodía del 06 de diciembre. Al llegar al muelle con mi pasaporte y mis papeles para subir a bordo de ese barco, el agente me dijo: —"Tenemos buenas noticias para usted, Sr. Goddard. Ha habido una cancelación y va a ir en primera clase"

Abdullah me enseñó la importancia de permanecer fiel a una idea y no transigir. Yo vacilé, pero él se mantuvo fiel a la asunción de que yo estaba en Barbados y había viajado en primera clase.

Volvamos ahora al significado de nuestras dos historias bíblicas. El pozo es hondo y tú no tienes recipiente ni cuerda. Faltan cuatro meses para la cosecha y Jesús dice: "Yo tengo una comida para comer que no conoces. Yo soy el pan del cielo"

Aliméntate con la idea, identifícate con la idea como si ya hubieras encarnado ese estado. Camina en la asunción de que eres lo que quieres ser

Si te alimentas de eso y permaneces fiel a esa dieta mental, lo cristalizarás. Te convertirás en ello en este mundo.

Cuando regresé a Nueva York en 1934, después de tres meses celestiales en Barbados, bebí, fumé e hice todo lo que no había hecho en años. Recordé lo que Abdullah me había dicho: "Después de haber comprobado esta ley te volverás normal, Neville. Saldrás de ese cementerio, saldrás de ese pasado muerto donde crees que estás siendo santo. Pues todo lo que estás haciendo realmente, estás siendo muy bueno, Neville, bueno para nada".

Volví a caminar por esta tierra como una persona completamente transformada. A partir de ese día, que fue en febrero de 1934, comencé a vivir cada vez más. Honestamente, no puedo decir que siempre he tenido éxito. Mis muchos errores en este mundo, mis muchos fracasos, me condenarían si te dijera que he dominado tan completamente los movimientos de mi atención que puedo en todo momento permanecer fiel a la idea que quiero encarnar. Pero puedo decir con el antiguo maestro que, a pesar de que parezca haber fracasado en el pasado, sigo adelante y me esfuerzo día a día por convertirme en lo que quiero encarnar en este mundo. Suspende el juicio, niégate a aceptar lo que la razón y los sentidos te dictan ahora, y si permaneces fiel a la nueva dieta, te convertirás en la encarnación del ideal al que permaneces fiel.

Si hay un lugar en el mundo que sea distinto a mi pequeña isla de Barbados es la cuidad de Nueva York. En Barbados el edificio más alto es de tres pisos, y las calles están bordeadas de palmeras y cocoteros y todo tipo de cosas tropicales. En Nueva York hay que ir a un parque para encontrar un árbol.

Sin embargo, tuve que caminar por las calles de Nueva York como si caminara por las calles de Barbados. Para la imaginación de uno todo es posible. Caminé, sintiendo que realmente estaba caminando por las calles de Barbados, y en esa asunción casi podía sentir el olor de las callejuelas bordeadas de cocoteros. Comencé a crear dentro del ojo de mi mente la atmósfera que físicamente encontraría cuando estuviera en Barbados. Mientras permanecía fiel a esta asunción, alguien canceló el pasaje y yo lo recibí. Mi hermano en Barbados, que nunca pensó en mi visita a casa, tuvo el impulso de escribirme una extraña carta. Él nunca me había escrito, pero esta vez me escribió y pensó que él originó la idea de mi visita.

Fui a casa y pasé tres meses celestiales, regresé en primera clase y traje de vuelta una buena suma de dinero en el bolsillo, un regalo. Mi viaje, si hubiera tenido que pagarlo, habría sido de tres mil dólares, pero lo hice sin un centavo en el bolsillo.

"Tengo caminos que no conoces. Mis caminos son inescrutables". El yo dimensionalmente más grande tomó mi asunción como una orden e influenció el comportamiento de mi hermano para escribir esa carta, influenció el comportamiento de alguien para cancelar el pasaje de primera clase, e hizo todas las cosas necesarias que tendieran a la producción de la idea con la que yo estaba identificado.

Yo estaba identificado con el sentimiento de estar allí. Dormía como si estuviera allí, y todo el comportamiento del hombre fue moldeado en armonía con mi asunción. Yo no tuve necesidad de ir a Furness, Withy & Co. y rogarles por un pasaje, pedirles que cancelaran a alguien que había reservado en primera clase. No necesité escribir a mi hermano y rogarle que me enviara algo de dinero o me comprara un pasaje. Él pensó que él originó el acto. En realidad, hasta el día de hoy, él cree haber iniciado el deseo de llevarme a casa.

Mi viejo amigo, Abdullah, simplemente me dijo: —"Tú estás en Barbados, Neville. Tú quieres estar allí; donde sea que quieras estar, allí estás. Vive como si estuvieras y así será".

Estas son las dos perspectivas sobre el mundo que posee toda persona. No importa quién eres. Todo hijo nacido de mujer, independientemente de la raza, nación o credo, posee dos perspectivas distintas sobre el mundo. Tú eres el ser natural, que no percibe las cosas del Espíritu de Dios, porque para ti en el enfoque natural son locura; o eres el ser espiritual que percibe las cosas fuera de las limitaciones de tus sentidos, porque todas las cosas ya son realidades en un mundo dimensionalmente más grande. No es necesario esperar cuatro meses para la cosecha. Tú eres la mujer de Samaria o Jesús en el pozo. Tú eres el hombre esperando en los Cinco Pórticos a que se produzca la agitación y que alguien lo introduzca, o eres el que puedes ordenarse a sí mismo levantarse y andar a pesar de los demás que esperan.

¿Eres el hombre detrás de las tumbas en el cementerio esperando y rogando que no te limpien, porque no quieres que te limpien de tus prejuicios? Una de las cosas más difíciles de dejar para el hombre son sus supersticiones, sus prejuicios. Se aferra a ellos como si fueran el tesoro de los tesoros. Cuando te limpias y eres libre, entonces la matriz, tu propia mente, es automáticamente sanada. Se convierte en el terreno preparado donde las semillas, tus deseos, pueden echar raíces y crecer hasta manifestarse. La niña que ahora llevas en tu corazón es tu presente objetivo. Tu presente anhelo es una niña que es como si estuviera enferma. Si asumes que ya eres lo que te gustaría ser, la niña por un momento se convierte en un muerto porque ya no hay perturbación.

No puedes ser perturbado cuando sientes que eres lo que quieres ser, porque si sientes que eres lo que querías ser, estás satisfecho en esa asunción. Para los demás, que juzgan superficialmente, tú pareces ya no desear, de modo que para ellos el deseo o la niña está muerta. Creen que has perdido tu anhelo porque ya no hablas de tu secreto anhelo. Te has ajustado completamente a la idea. Has asumido que eres lo que quieres ser. Ya sabes: "Ella no está muerta, sino dormida". "Voy a despertarla."

Camino en la asunción de que yo soy, y mientras camino, tranquilamente la despierto. Luego, cuando ella se despierte, haré lo normal, lo natural, le daré de comer. No voy a alardear de ello y decírselo a los demás. Simplemente voy y no se lo digo a nadie. Alimento ese estado que ahora me gusta con mi atención. Lo mantengo vivo dentro de mi mundo estando atento a él.

Las cosas a las que no presto atención se desvanecen y se marchitan dentro de mi mundo, independiente de lo que sean. Ellas no nacen y luego se quedan sin alimentar. Les di nacimiento por el hecho de hacerme consciente de ser ellas. Cuando las expreso en mi mundo, no es el final. Ese es el principio. Ahora soy una madre que debe mantener vivo ese estado estando atenta a él. El día que no estoy atenta, le he retirado mi leche y se desvanecerá de mi mundo, ya que pasaré a estar atenta a otra cosa en mi mundo.

Tú puedes estar atento a las limitaciones y alimentarlas y hacerlas montañas, o puedes estar atento a tus deseos; pero para estar atento debes asumir que ya eres aquello que querías ser.

Aunque hoy hablamos de un enfoque tridimensional y cuatridimensional, no pienses ni por un momento que esos maestros antiguos no eran plenamente conscientes de estos dos centros distintos de pensamiento dentro de la mente de todos los seres humanos. Ellos personificaron los dos y trataron de mostrar al individuo que lo único que le priva de ser quien podría ser, es el hábito. Aunque no es una ley, todos los psicólogos te dirán que el hábito es la fuerza más inhibidora del mundo. Restringe completamente al individuo y lo ata y lo hace totalmente ciego a lo que de otra manera debería ser.

Comienza ahora a verte y sentirte mentalmente como lo que quieres ser, y alimenta ese sentimiento mañana, tarde y noche. He buscado en la Biblia un intervalo de tiempo superior a tres días y no lo he encontrado.

"Jesús respondió y les dijo: Destruyan este templo y en tres días lo levantaré"
(Juan 2:19)

"Preparen comida, porque dentro de tres días pasarán el Jordán para entrar a poseer la tierra que el Señor su Dios les da en posesión"
(Josué 1:11)

Si pudiera saturar completamente mi mente con una sensación y caminara como si ya fuera un hecho, se me promete (y no puedo encontrar ninguna negación de ello en este gran libro) que no necesito más que una dieta de tres días si permanezco fiel a ella. Pero debo ser honesto al respecto. Si cambio mi dieta en el curso del día, extiendo el intervalo de tiempo.

Tú me preguntas: "Pero ¿cómo sé yo el intervalo?" Tú mismo determinas el intervalo.

En nuestro mundo moderno, hoy tenemos una pequeña palabra que nos confunde a la mayoría. Sé que a mí me confundió hasta que profundicé en ella. La palabra es "acción". Se supone que la acción es lo más fundamental del mundo. No es un átomo, es más fundamental. No es una parte de un átomo como un electrón, es más fundamental que eso. Lo llaman la unidad cuatridimensional. La cosa más fundamental en el mundo es la acción.

Tú preguntas: "¿Qué es la acción?". Nuestros físicos nos dicen que es energía multiplicada por tiempo. Nos quedamos más confusos y decimos: —"Energía multiplicada por tiempo, ¿qué significa eso?" Ellos responden: —"No hay respuesta a un estímulo, no importa cuán intenso sea el estímulo, a menos que perdure durante un tiempo determinado". Debe haber una duración mínima para el estímulo o no hay respuesta. Por otra parte, no hay respuesta al tiempo a menos que haya un grado mínimo de intensidad. Hoy en día lo más fundamental en el mundo se llama acción, o simplemente energía multiplicada por tiempo.

La Biblia lo da como tres días; la duración es de tres días para la respuesta en este mundo. Si ahora asumo que soy lo que quiero ser, y si soy fiel a ello y camino como si lo fuera, el tramo más largo dado para su realización es de tres días.

Si esta noche hay algo que realmente quieres en este mundo, entonces experimenta en la imaginación lo que experimentarías en la carne si realizaras tu objetivo, y cierra tus oídos y ciega tus ojos a todo lo que niegue la realidad de tu asunción.

Si haces esto serás capaz de decirme antes de que deje esta ciudad de Los Ángeles que has realizado lo que era solo un deseo cuando viniste aquí. Será mi alegría regocijarme contigo en el conocimiento de que la niña, que aparentemente estaba muerta, ahora está viva. Esta doncella realmente no estaba muerta, solo estaba dormida. Tú la alimentaste en este silencio porque tienes un alimento que nadie más conoce. Le diste alimento y se convirtió en una realidad viva resucitada dentro de tu mundo. Entonces puedes compartir tu alegría conmigo y yo puedo regocijarme en tu alegría.

El propósito de estas lecciones es recordarte la ley de tu propio ser, la ley de la conciencia; tú eres esa ley. Solo que eras inconsciente de su funcionamiento. Alimentaste y mantuviste vivas las cosas que no deseabas expresar dentro de este mundo.

Acepta mi reto y pon a prueba esta filosofía. Si no funciona, no debes utilizarla como consuelo. Si no es verdad, debes desecharla completamente. Yo sé que es verdadera. Tú no lo sabrás hasta que intentes probarla o refutarla.

Demasiados de nosotros nos hemos unido a "ismos" y tenemos miedo de ponerlos a prueba porque sentimos que podríamos fallar; y entonces, ¿dónde estamos? Al no querer saber realmente la verdad al respecto, dudamos en ser lo suficientemente audaces como para ponerlo a prueba. Dices: "Sé que funcionaría de alguna otra manera. No quiero realmente probarlo. Mientras aún no lo haya refutado, todavía puedo ser consolado por ello"

Ahora bien, no te engañes a ti mismo, no pienses por un segundo que eres sabio. Comprueba o refuta esta ley. Yo sé que, si intentas refutarla, la comprobarás, y seré más rico por tú comprobación, no en dólares, no en cosas, sino porque te convertirás en el fruto viviente de lo que yo creo que estoy enseñando en este mundo. Es mucho mejor tenerte como una persona exitosa, satisfecha después de cinco días de enseñanza, a que te vayas insatisfecho. Espero que seas lo suficientemente valiente para desafiar esta enseñanza y comprobarla o refutarla.

Ahora, antes de que entremos en el período de silencio explicaré brevemente la técnica de nuevo. Tenemos dos técnicas al aplicar esta ley. Cada uno de los presentes debe saber ahora exactamente lo que quiere. Debes saber que, si no lo consigues esta noche, mañana seguirás teniendo el mismo deseo respecto a este objetivo.

Cuando sepas exactamente lo que quieres, construye en el ojo de tu mente un evento simple y sencillo, que implique el cumplimiento de tu deseo, un evento en el que predomine el Yo. En lugar de sentarte y mirarte a ti mismo como si estuvieras en la pantalla, debes ser el actor en el drama.

Restringe el evento a una sola acción. Si vas a estrechar una mano, porque eso implica el cumplimiento de tu deseo, entonces haz eso y solo eso. No estreches la mano y luego vagues en tu imaginación a una cena o algún otro lugar. Restringe tu acción simplemente a estrechar la mano y hazlo una y otra vez, hasta que ese apretón de manos tome la solidez y la nitidez de la realidad.

Si sientes que no puedes permanecer fiel a una acción, quiero que ahora definas tu objetivo, y luego condenses la idea, que es tu deseo, en una sola frase, una frase que implique el cumplimiento de tu deseo, alguna frase como: "¿No es maravilloso?". O si me sintiera agradecido porque pensara que alguien fue decisivo para que mi deseo se cumpliera, podría decir: "Gracias", y repetirlo con sentimiento una y otra vez, como una canción de cuna, hasta que mi mente sea dominada por la sola sensación de gratitud.

Ahora nos sentaremos tranquilamente en estas sillas, con la idea que implique el cumplimiento de nuestro deseo condensada en una sola frase, o en un solo acto. Relajaremos e inmovilizaremos nuestros cuerpos físicos. Luego experimentaremos en la imaginación la sensación que nuestra frase o acción condensada afirma.

Si te imaginas a ti mismo estrechando la mano de otra persona, no uses tu mano física, déjala inmovilizada. Imagina que alojada dentro de tu mano hay una mano más sutil, más real, que puede ser extraída en tu imaginación. Pon tu mano imaginaria en la mano imaginaria de tu amigo que está ante ti y siente el apretón. Mantén tu cuerpo físico inmovilizado, aunque te vuelvas mentalmente activo en lo que vas a hacer ahora.

LECCIÓN 4

NADIE A QUIEN CAMBIAR

Permíteme un minuto para aclarar lo que se dijo anoche. Una señora pensó, debido a lo que dije, que soy anti-nación. Quiero dejar claro que no estoy en contra de ninguna nación, raza o creencia. Si utilicé el ejemplo de una nación, fue únicamente para ilustrar un punto. Lo que realmente intenté comunicar es que nos convertimos en lo que contemplamos. Tanto el amor como el odio tienen el poder de transformarnos en la semejanza de aquello que fijamos nuestra atención. Anoche, simplemente leí una noticia para mostrar que cuando creemos que podemos destruir nuestra imagen rompiendo el espejo, solo nos estamos engañando a nosotros mismos.

Cuando destruimos, ya sea a través de la guerra o la revolución, los símbolos que para nosotros personifican la arrogancia o la codicia, con el tiempo nos convertimos en la encarnación de lo que creíamos haber eliminado. Así, en la actualidad, aquellos que creían haber derrocado a los opresores, se encuentran a sí mismos en la posición que creían haber destruido.

Para evitar malentendidos, permíteme reafirmar los fundamentos de este principio. La conciencia es la única realidad. Somos incapaces de ver otra cosa que no sea el contenido de nuestra propia conciencia.

Por lo tanto, el odio nos traiciona en el momento de la victoria y nos condena a convertirnos en aquello que condenamos. Cada triunfo resulta en un intercambio de atributos, lo que significa que los vencedores se asemejan al enemigo vencido. Despreciamos a los demás por los defectos que también habitan en nosotros. Razas, naciones y grupos religiosos han vivido en estrecha enemistad durante siglos; tal es la esencia del odio, y de manera similar a la naturaleza del amor, nos transforma en lo que contemplamos.

Las naciones actúan hacia otras naciones como sus propios ciudadanos actúan entre sí. Si la esclavitud prevalece dentro de un país y esa nación emprende un ataque contra otra, lo hace con la intención de esclavizar. Cuando una feroz competencia económica impera entre ciudadanos, entonces en una guerra contra otra nación, el objetivo de la guerra es aniquilar el comercio del enemigo. Las guerras de dominación son llevadas a cabo por la voluntad de aquellos que dentro de un estado controlan las riquezas de la mayoría.

Nosotros influenciamos el mundo que nos rodea a través de la intensidad de nuestra imaginación y sentimiento. Sin embargo, en este mundo tridimensional, el tiempo fluye con lentitud. Por tanto, a menudo no advertimos la conexión entre el mundo visible y nuestra naturaleza interna.

Ahora, eso es precisamente lo que deseaba expresar. Creía haberlo comunicado. Para evitar confusiones, este es mi principio. Tú y yo podemos contemplar un ideal y convertirnos en él, enamorándonos de él. De igual modo, podemos contemplar algo que nos disgusta profundamente y al condenarlo, nos transformamos en eso. Sin embargo, debido a la lentitud del tiempo en este mundo tridimensional, cuando nos convertimos en lo que contemplamos, hemos olvidado que inicialmente decidimos adorarlo o destruirlo.

La lección de esta noche es la piedra angular de la Biblia, así que presta atención. La pregunta más importante formulada en la Biblia se encuentra en el capítulo dieciséis del Evangelio de San Mateo.

Como sabes, todas las historias de la Biblia son nuestras propias historias; sus personajes solo existen en la mente del individuo. No hacen referencia a personas que hayan existido en el tiempo y el espacio, ni a ningún evento que haya ocurrido alguna vez en la tierra.

El drama relatado en Mateo se desarrolla de esta manera, Jesús se dirige a sus discípulos y les pregunta:

"¿Quién dicen los hombres que es el Hijo del Hombre?". Y ellos respondieron: Unos dicen que eres Juan el Bautista, otros Elías; y otros, Jeremías o alguno de los profetas. Él les dijo: Pero, ¿quién dicen ustedes que soy yo? Simón Pedro respondió: Tú eres el Cristo, el Hijo del Dios viviente. Entonces Jesús le dijo: Bienaventurado eres, Simón, hijo de Jonás, porque no te lo reveló la carne ni la sangre, sino mi Padre que está en los cielos. Y yo te digo que tú eres Pedro, y sobre esta roca edificaré mi iglesia"
(Mateo 16:14-18)

Jesús dirigiéndose a sus discípulos es el individuo dirigiéndose a su mente disciplinada en la autocontemplación. Hazte tú mismo la pregunta: "¿Quién dicen los hombres que soy yo?" En nuestro lenguaje: "Me pregunto ¿qué piensan las personas de mí?"

Tú respondes: "Algunos dicen que Juan, otros dicen que Elías, otros dicen que Jeremías, y otros un profeta de la antigüedad que ha venido otra vez".

Es muy halagador que te digan que eres, o que te pareces a los grandes personajes del pasado, pero la razón iluminada no está esclavizada por la opinión pública. Solo se preocupa por la verdad, así que se hace otra pregunta: "Pero, ¿quién dicen ustedes que soy yo?" En otras palabras: "¿Quién soy yo?" Si soy lo suficientemente valiente para asumir que yo soy Cristo Jesús, la respuesta vendrá de nuevo, "Tú eres Cristo Jesús." Cuando yo puedo asumirlo y sentirlo y vivirlo valientemente, me diré a mí mismo: "La carne y la sangre no podían haberme dicho esto. Pero mi Padre que está en el Cielo me lo reveló." Entonces yo hago de este concepto de Ser la roca sobre la que establezco mi iglesia, mi mundo.

"Si no creen que yo soy Él, morirán en sus pecados"
(Juan 8:24)

Porque la conciencia es la única realidad, yo debo asumir que ya soy lo que deseo ser. Si no creo que ya soy lo que quiero ser, entonces me quedo como soy y muero en esa limitación.

La gente siempre busca un apoyo sobre el cual sostenerse. Siempre están buscando alguna excusa para justificar el fracaso. Esta revelación no da al individuo excusa para el fracaso. Su concepto de sí mismo es la causa de todas las circunstancias de su vida. Todos los cambios deben venir primero de su interior; y si no cambia en el exterior es porque no ha cambiado interiormente. Pero a él no le gusta sentir que es el único responsable de las condiciones de su vida.

> *"Desde entonces, muchos de sus discípulos volvieron atrás y ya no andaban con él. Entonces Jesús les dijo a los doce: ¿Quieren acaso irse ustedes también?. Le respondió Simón Pedro: Señor, ¿a quién iremos? Tú tienes palabras de vida eterna"*
> (Juan 6:66-68)

Puede que no me guste lo que acabo de escuchar, que debo volverme a mi propia conciencia como la única realidad, el único fundamento sobre el que se pueden explicar todos los fenómenos. Era más fácil vivir cuando podía culpar a otro. Era mucho más fácil vivir cuando podía culpar a la sociedad de mis males, o señalar con el dedo al otro lado del mar y culpar a otra nación. Era más fácil vivir cuando podía culpar al clima por la forma en que me siento. Pero decirme que yo soy la causa de todo lo que me sucede, que estoy siempre moldeando mi mundo en armonía con mi naturaleza interna, eso es más de lo que el individuo está dispuesto a aceptar. Si esto es cierto, ¿a quién acudiría? Si estas son palabras de vida eterna, debo regresar a ellas, incluso aunque parezcan tan difíciles de digerir.

Cuando se comprende plenamente esto, sabemos que la opinión pública no importa, pues los demás solo dicen quién es él. El comportamiento de las personas constantemente me dice quién he concebido que soy.

Si acepto este reto y comienzo a vivir de acuerdo con él, finalmente llego al punto que es llamado la gran oración de la Biblia. Se relata en el capítulo diecisiete del Evangelio de Juan:

> *"He acabado la obra que me diste que hiciese. Ahora, oh Padre, glorifícame tú al lado tuyo, con aquella gloria que tuve contigo antes de que el mundo fuese"*
> (Juan 17:4-5)

> *"Cuando estaba con ellos en el mundo, yo los guardaba en tu nombre; a los que me diste, yo los guardé, y ninguno de ellos se perdió, sino el hijo de perdición"*
> (Juan 17:12)

Es imposible que algo se pierda. En esta economía divina nada se puede perder, ni siquiera puede morir. La pequeña flor que ha florecido una vez, florece para siempre. Es invisible para ti aquí con tu enfoque limitado, pero florece para siempre en la dimensión más grande de tu ser, y mañana la encontrarás.

"Todos los que me diste yo los he guardado en tu nombre, y no he perdido a ninguno sino al hijo de perdición". El hijo de perdición significa simplemente la creencia en la pérdida. Hijo es un concepto, una idea.

Perdición es la pérdida. Solo he perdido verdaderamente el concepto de pérdida, pues nada se puede perder.

Puedo descender desde la esfera en la que la cosa misma vive ahora, y cuando desciendo en conciencia a un nivel inferior dentro de mí mismo, sale de mi mundo. Digo: "He perdido mi salud. He perdido mi fortuna. He perdido mi posición en la comunidad. He perdido la fe. He perdido mil cosas". Pero las cosas en sí mismas, habiendo sido reales una vez en mi mundo, nunca pueden dejar de ser. Ellas nunca se vuelven irreales con el paso del tiempo.

Yo, por mi descenso en la conciencia a un nivel inferior, hago que estas cosas desaparezcan de mi vista y digo: "Se han ido; se han acabado en lo que respecta a mi mundo". Todo lo que necesito hacer es ascender al nivel donde son eternas, y una vez más se materializan y aparecen como realidades dentro de mi mundo.

La esencia de todo el capítulo diecisiete del Evangelio de Juan se encuentra en el versículo diecinueve: "Y por ellos yo me santifico, para que también ellos sean santificados en la verdad".

Hasta ahora yo pensaba que podía cambiar a los demás mediante el esfuerzo. Ahora sé que no puedo cambiar a otro a menos que primero me cambie a mí mismo. Para cambiar a otro dentro de mi mundo, primero debo cambiar mi concepto de ese otro; y para hacerlo mejor cambio mi concepto de mí mismo. Porque era el concepto que yo tenía de mí mismo el que me hacía ver a los otros como lo hacía. Si yo hubiera tenido un concepto noble y digno de mí mismo, nunca podría haber visto lo desagradable en los demás.

En lugar de tratar de cambiar a los demás mediante discusiones y fuerza, permíteme ascender en conciencia a un nivel superior y automáticamente cambiaré a los demás cambiándome a mí mismo. No hay nadie a quien cambiar sino a uno mismo; ese uno mismo es simplemente tu conciencia; tu conciencia y el mundo en el que vive están determinados por el concepto que tienes de ti mismo. Es a la conciencia a la que debemos volvernos como la única realidad. Porque no hay una concepción clara del origen de los fenómenos, excepto que la conciencia es todo y todo es conciencia.

No necesitas ningún ayudante para conseguir lo que buscas. No creas ni por un segundo que estoy abogando por escapar de la realidad cuando te pido que simplemente asumas que eres ahora el hombre o la mujer que deseas ser. Si tú y yo pudiéramos sentir cómo sería si fuéramos ahora lo que queremos ser, y vivir en esta atmósfera mental como si fuera real, entonces, de una manera que no conocemos, nuestra asunción se convertiría en un hecho. Esto es todo lo que necesitamos hacer para ascender al nivel donde nuestra asunción ya es una realidad objetiva y concreta.

No necesito cambiar a nadie, me santifico a mí mismo y al hacerlo santifico a los demás. Para el puro todas las cosas son puras. "Nada es inmundo en sí mismo; más para el que piensa que algo es inmundo, para él lo es" (Romanos 14:14). No hay nada impuro en sí mismo, sino que tú, por tu concepto de ti mismo, ves las cosas puras o impuras.

"Yo y mi Padre somos uno"
(Juan 10:30)

"Si no hago las obras de mi Padre, no me crean. Pero si las hago, aunque no me crean a mí, crean en las obras, para que sepan y entiendan que el Padre está en mí, y yo en el Padre"
(Juan 10:37-38)

Él se hizo uno con Dios y no pensó que fuera extraño o un robo hacer las obras de Dios. Tú siempre das fruto en armonía con lo que eres. Es lo más natural del mundo para un peral dar peras, para un manzano dar manzanas, y para el individuo moldear las circunstancias de su vida en armonía con su naturaleza interna.

"Yo soy la vid, ustedes son las ramas"
(Juan 15:5)

Una rama no tiene vida a menos que esté arraigada en la vid. Todo lo que necesito hacer para cambiar el fruto es cambiar la vid.

Tú no tienes vida en mi mundo salvo que yo sea consciente de ti. Tú estás arraigado en mí y, como el fruto, das testimonio de la vid que yo soy. No hay otra realidad en el mundo sino tu conciencia. Aunque ahora te parezca que eres lo que no quieres ser, todo lo que necesitas hacer para cambiarlo, y para demostrar el cambio con las circunstancias de tu mundo, es asumir tranquilamente que eres lo que ahora quieres ser, y de una manera que no conoces llegarás a serlo.

No hay otra manera de cambiar este mundo. "Yo soy el camino". Mi Yo Soy, mi conciencia, es el camino por el cual yo cambio mi mundo. Cuando cambio mi concepto de mí mismo, cambio mi mundo. Cuando los hombres y las mujeres nos ayudan o entorpecen, ellos solo juegan el papel que nosotros, por nuestro concepto de nosotros mismos, escribimos para ellos, y lo interpretan automáticamente. Ellos deben representar los papeles que interpretan porque nosotros somos lo que somos.

Cambiarás el mundo solo cuando te conviertas en la encarnación de lo que tú quieres que el mundo sea. No tienes más que un regalo en este mundo que sea verdaderamente tuyo para dar y eres tú mismo. A menos que tú mismo seas aquello que deseas que el mundo sea, nunca lo verás en este mundo.

"Porque si no creen que yo soy él, morirán en sus pecados"
(Juan 8:24)

¿Sabes que en esta habitación no hay dos personas que vivan en el mismo mundo? Esta noche nos vamos a casa a mundos diferentes. Cerramos nuestras puertas en mundos completamente diferentes. Nos levantamos mañana y vamos a trabajar, donde nos encontramos con otros y conocemos a otros, pero vivimos en diferentes mundos mentales, en diferentes mundos físicos.

Solo puedo dar lo que soy, no tengo otro regalo para dar. Si quiero que el mundo sea perfecto —y quién no lo quiere— solo he fracasado porque no sabía que nunca podría verlo perfecto hasta que yo mismo me volviera perfecto. Si no soy perfecto no puedo ver la perfección, pero el día que llegue a serlo, embelleceré mi mundo porque lo veré a través de mis propios ojos.

"Para los puros todas las cosas son puras"
(Tito 1:15)

No hay dos personas aquí que puedan decirme que han escuchado el mismo mensaje alguna noche. Lo único que debes hacer es escuchar lo que digo a través de lo que eres. Debe ser filtrado a través de tus prejuicios, tus supersticiones y tu concepto de ti mismo. Lo que quiera que seas, debe venir a través de eso y ser coloreado por lo que eres. Si estás molesto y te gustaría que yo fuera distinto de lo que parezco ser, entonces tú debes ser lo que quieres que yo sea. Debemos convertirnos en lo que queremos que los demás sean o nunca veremos que lo sean.

Tu conciencia, mi conciencia, es el único fundamento verdadero en el mundo. Esto es lo que se llama Pedro en la Biblia, no un hombre, esta fidelidad que no puede recurrir a nadie, que no puede ser halagada cuando los hombres dicen que eres Juan que ha venido de nuevo. Eso es muy halagador, que te digan que eres Juan el Bautista que ha venido de nuevo, o el gran profeta Elías o Jeremías.

Entonces, hago oídos sordos a estas halagadoras noticias que los hombres me dan y me pregunto: "Pero, honestamente, ¿quién soy yo?" Si puedo negar las limitaciones de mi nacimiento, mi entorno, y la creencia de que no soy más que una extensión de mi árbol genealógico, y sentir dentro de mí que soy Cristo, y sostener esta asunción hasta que ocupe un lugar central y forme el centro habitual de mi energía, haré las obras atribuidas a Jesús. Sin pensar ni esforzarme, moldearé un mundo en armonía con esa perfección que he asumido y siento surgir dentro de mí.

Cuando abro los ojos de los ciegos, destapo los oídos de los sordos, doy alegría por luto y belleza por cenizas, entonces y solo entonces, he establecido verdaderamente esta vid en lo profundo. Eso es lo que haría automáticamente si fuera realmente consciente de ser Cristo. Se dijo de esta presencia, que él demostró que era Cristo por sus obras.

Nuestras comunes alteraciones de conciencia, cuando pasamos de un estado a otro, no son transformaciones, porque cada una de ellas es rápidamente sucedida por otra en sentido inverso; pero cuando nuestra asunción se hace tan estable como para expulsar definitivamente a sus rivales, entonces ese concepto habitual central define nuestro carácter y es una verdadera transformación.

Jesús, o la razón iluminada, no vio nada impuro en la mujer sorprendida en adulterio.

> *"Él le dijo: Mujer, ¿dónde están los que te acusaban? ¿Ninguno te condenó?.*
> *Ella dijo: Ninguno, Señor. Entonces Jesús le dijo: tampoco yo te condeno; vete,*
> *y no peques más"*
> *(Juan 8:10 – 11)*

No importa lo que sea llevado ante la presencia de la belleza, ésta solo ve belleza. Jesús estaba tan completamente identificado con lo bello que era incapaz de ver lo desagradable. Cuando tú y yo realmente nos hacemos conscientes de ser Cristo, también enderezaremos los brazos de los atrofiados y resucitaremos las esperanzas muertas de los demás. Haremos todas las cosas que no podíamos hacer cuando nos sentíamos limitados por nuestro árbol genealógico. Es un paso audaz y no debe tomarse a la ligera, porque hacerlo es morir. Juan, el hombre de tres dimensiones, es decapitado o pierde su enfoque tridimensional, para que Jesús, el Yo cuatridimensional, pueda vivir.

Cualquier ampliación de nuestro concepto del Ser implica una separación un tanto dolorosa con las concepciones hereditarias fuertemente arraigadas. Son fuertes las ataduras que nos mantienen en el vientre de las limitaciones convencionales. Todo lo que anteriormente creías, ya no lo crees. Ahora sabes que no hay poder fuera de tu propia conciencia. Por lo tanto, no puedes recurrir a nadie fuera de ti mismo. No tienes oídos para la sugestión de que algo más tiene poder. Tú sabes que la única realidad es Dios, y Dios es tu propia conciencia. No hay otro Dios. Por lo tanto, sobre esta roca tú construyes la iglesia eterna y audazmente asumes que eres este Ser Divino, autoengendrado porque te atreviste a apropiarte de lo que no te fue dado en la cuna, un concepto de Ser no formado en el vientre de tu madre, un concepto de ser concebido fuera de las atribuciones humanas.

La historia nos es contada bellamente en la Biblia utilizando a los dos hijos de Abraham: uno el bendito, Isaac, nacido fuera de las atribuciones del hombre, y el otro, Ismael, nacido en esclavitud.

Sara era demasiado vieja para engendrar un hijo, por lo que su esposo Abraham acudió a la sierva Agar, la peregrina, y ella concibió del anciano y le dio un hijo llamado Ismael. La mano de Ismael estaba contra todo hombre y la mano de todo hombre contra él.

Todo niño nacido de mujer nace en esclavitud, nace en todo lo que su entorno representa, independientemente de que sea el trono de Inglaterra, la Casa Blanca o cualquier otro gran lugar en el mundo. Todo niño nacido de mujer es personificado como este Ismael, el hijo de Agar.

Pero dormido en cada niño está el bendito Isaac, que ha nacido fuera de las atribuciones del hombre, y nace solo a través de la fe. Este segundo hijo no tiene padre terrenal. Es autoengendrado.

¿Qué es el segundo nacimiento? Me reconozco como un adulto, no puedo volver al vientre de mi madre, sin embargo, debo nacer por segunda vez.

"A menos que nazcas de nuevo, no puedes ver el reino de Dios"
(Juan 3:3)

Yo tranquilamente me apropio de lo que ningún hombre me puede dar, ninguna mujer me puede dar. Me atrevo a asumir que Yo Soy Dios. Esto debe ser de fe, esto debe ser de promesa. Entonces me convierto en el bendito, me convierto en Isaac.

Cuando empiezo a hacer las cosas que solo esta presencia podría hacer, sé que he nacido de las limitaciones de Ismael y me he convertido en heredero del reino. Ismael no podía heredar nada, aunque su padre era Abraham, o Dios. Ismael no tenía los dos padres del piadoso; su madre era Agar, la esclava, y por eso no podía participar de la herencia de su padre.

Tú eres Abraham y Sara, y dentro de tu propia conciencia hay uno que espera reconocimiento. En el Antiguo Testamento es llamado Isaac, y en el Nuevo Testamento es llamado Jesús, y ha nacido sin la ayuda del hombre. Ninguna persona puede decirte que eres Jesucristo, ninguna persona puede decirte y convencerte de que eres Dios. Debes jugar con la idea y preguntarte cómo sería ser Dios.

No es posible ninguna concepción clara del origen de los fenómenos, excepto que la conciencia es todo y todo es conciencia. Nada puede evolucionar a partir del individuo que no estuviera potencialmente implicado en su naturaleza. El ideal al que servimos y esperamos alcanzar nunca podría evolucionar a partir de nosotros si no estuviera potencialmente implicado en nuestra naturaleza.

Permíteme ahora relatar y enfatizar una experiencia mía impresa por mí hace dos años, bajo el título: "La Búsqueda". Creo que te ayudará a entender esta ley de la conciencia y te mostrará que no tienes que cambiar a nadie sino a ti mismo, pues eres incapaz de ver más que los contenidos de tu propia conciencia.

Una vez, en un intervalo de ocio en el mar, medité sobre "el estado perfecto", y me pregunté cómo sería si tuviera ojos demasiado puros para contemplar la iniquidad, si para mí todo fuera puro y sin condenación. Mientras me perdía en esta intensa meditación, me encontré elevado por encima del oscuro ambiente de los sentidos. Tan intensa fue la sensación que me sentía un ser de fuego habitando en un cuerpo de aire. Voces, como de un coro celestial, con la exaltación de los que habían sido vencedores en un conflicto con la muerte, estaban cantando: "Él ha resucitado, ha resucitado", e intuitivamente supe que se referían a mí.

Entonces me pareció estar caminando en la noche. Pronto me encontré con una escena que podría haber sido el antiguo estanque de Betesda, pues en este lugar había una gran multitud de gente inválida —ciegos, paralíticos, atrofiados— esperaban, no el movimiento del agua como en la tradición, sino que me esperaban a mí.

A medida que me acercaba, sin ningún pensamiento o esfuerzo de mi parte, uno tras otro fue moldeado como por el Mago de la Belleza. Los ojos, las manos, los pies, todos los miembros que faltaban, eran sacados de una reserva invisible y moldeados en armonía con esa perfección que sentía surgiendo dentro de mí. Cuando todos fueron perfeccionados, el coro exclamó: "Está terminado."

Sé que esta visión fue el resultado de mi intensa meditación sobre la idea de la perfección, porque mis meditaciones invariablemente producen una unión con el estado contemplado. Yo había estado tan completamente absorto en la idea que por un momento me convertí en lo que contemplaba, y el elevado propósito con el que me había identificado en ese momento atrajo la compañía de cosas elevadas y modeló la visión en armonía con mi naturaleza interior.

El ideal con el que nos unimos actúa por asociación de ideas para despertar un millar de estados de ánimo y crear un drama acorde con la idea central.

Mis experiencias místicas me han convencido de que no hay otra manera de lograr la perfección que buscamos que no sea la transformación de nosotros mismos. Tan pronto como logramos transformarnos a nosotros mismos, el mundo se desvanece mágicamente ante nuestros ojos y se remodela en armonía con lo que afirma nuestra transformación.

Nosotros modelamos el mundo que nos rodea por la intensidad de nuestra imaginación y sentimiento, e iluminamos u oscurecemos nuestras vidas por los conceptos que mantenemos de nosotros mismos. Nada es más importante para nosotros que el concepto que tenemos de nosotros mismos, y especialmente es cierto de nuestro concepto del Ser profundo y dimensionalmente más grande dentro de nosotros.

Aquellos que nos ayudan o nos molestan, ya sea que lo sepan o no, son los sirvientes de esa ley que moldea las circunstancias externas en armonía con nuestra naturaleza interna. Es nuestro concepto de nosotros mismos el que nos libera o nos restringe, aunque puede utilizar agentes materiales para lograr su propósito.

Ya que la vida moldea el mundo externo para reflejar la disposición interna de nuestras mentes, no hay otra forma de lograr la perfección externa que buscamos si no es mediante la transformación de nosotros mismos. Ninguna ayuda viene de afuera, las colinas a las que elevamos nuestros ojos son las de un rango interior.

Por lo tanto, es a nuestra propia conciencia a la que debemos dirigirnos como la única realidad, la única base sobre la que todos los fenómenos pueden ser explicados. Podemos confiar absolutamente en la justicia de esta ley que nos da solo lo que es de nuestra propia naturaleza.

Intentar cambiar el mundo antes de cambiar nuestro concepto de nosotros mismos es luchar contra la naturaleza de las cosas. No puede haber ningún cambio externo mientras no haya primero un cambio interno. Como es dentro, así es afuera.

No estoy abogando por la indiferencia filosófica cuando sugiero que nos imaginemos a nosotros mismos siendo lo que queremos ser, viviendo en una atmósfera mental de grandeza, en lugar de utilizar argumentos y medios físicos para lograr los cambios deseados.

Todo lo que hacemos, si no va acompañado de un cambio de conciencia, no es más que un inútil reajuste de superficies. Por mucho que nos esforcemos o luchemos, no podemos recibir más de lo que afirman nuestros conceptos del Ser. Protestar contra cualquier cosa que nos suceda es protestar contra la ley de nuestro ser y nuestro dominio sobre nuestro propio destino.

Las circunstancias de mi vida están demasiado relacionadas con mi concepto de mí mismo como para no haber sido formadas por mi propio espíritu desde algún almacén dimensionalmente más grande de mi ser. Si hay dolor para mí en estos acontecimientos, debo buscar la causa dentro de mí mismo, porque soy movido aquí y allá y hecho para vivir en un mundo en armonía con mi concepto de mí mismo.

Si nos emocionáramos tanto por nuestras ideas como por nuestros disgustos, ascenderíamos al plano de nuestro ideal tan fácilmente como ahora descendemos al nivel de nuestros odios. El amor y el odio tienen un mágico poder transformador y, a través de su ejercicio, nos hacemos semejantes a lo que contemplamos. Por la intensidad de odio creamos en nosotros mismos el carácter que imaginamos en nuestros enemigos. Las cualidades mueren por falta de atención, de modo que los estados desagradables pueden ser borrados imaginando "belleza por cenizas y alegría por luto" en lugar de atacar directamente el estado del que nos queremos librar.

"Cualquier cosa que sea amable y de buen nombre, piensa en esas cosas", pues nos convertimos en aquello con lo que estamos en sintonía. No hay nada que cambiar más que nuestro concepto de nosotros mismos. Tan pronto como consigamos transformarnos a nosotros mismos, nuestro mundo se disolverá y se moldeará en armonía con lo que nuestro cambio afirma.

Yo, al descender en conciencia, he provocado la imperfección que veo. En la economía divina nada se pierde. No podemos perder nada salvo descendiendo en conciencia desde la esfera donde las cosas tienen su vida natural.

"Y ahora, oh Padre, glorifícame tú al lado tuyo, con aquella gloria que tuve contigo antes de que el mundo fuese"
(Juan 17:5)

Cuando asciendo en conciencia, el poder y la gloria que eran míos vuelven a mí y yo también diré: "He terminado el trabajo que me diste para que hiciera". El trabajo es volver de mi descenso de conciencia, desde el nivel en donde yo creía que era un hijo del hombre, a la esfera donde sé que soy uno con mi Padre y mi Padre es Dios.

Sé, más allá de toda duda, que no hay nada que el individuo tenga que hacer sino cambiar su propio concepto de sí mismo para asumir la grandeza y sostener esta asunción. Si caminamos como si ya fuéramos el ideal al que servimos, nos elevaremos al nivel de nuestra asunción y encontraremos un mundo en armonía con nuestra asunción. No tenemos que mover un dedo para que así sea, pues ya es así. Siempre fue así.

Tú y yo hemos descendido en conciencia al nivel donde ahora nos encontramos y vemos imperfección porque hemos descendido. Cuando comenzamos a ascender, mientras estamos aquí en este mundo tridimensional, descubrimos que nos movemos en un entorno completamente diferente, tenemos círculos de amigos completamente diferentes y un mundo completamente diferente mientras seguimos viviendo aquí. Conocemos el gran misterio de la afirmación: "Estoy en el mundo, pero no soy de él".

En lugar de cambiar las cosas, les sugeriría a todos que se identificaran con el ideal que contemplan. ¿Cuál sería el sentimiento si tuvieras ojos demasiado puros para contemplar la iniquidad, si para ti todas las cosas fueran puras y sin condenación? Contempla el estado ideal e identifícate con él y ascenderás a la esfera donde tú, como Cristo, tienes tu vida natural.

Todavía estás en ese estado en el que estabas antes de que el mundo fuera. Lo único que ha caído es tu concepto de ti mismo. Ves las partes rotas que realmente no están rotas. Estás mirándolas a través de ojos distorsionados, como si estuvieras en una de esas peculiares galerías de atracciones donde un hombre camina ante un espejo y se ve alargado, sin embargo, es el mismo hombre. O se mira en otro espejo y se ve grande y gordo. Estas cosas se ven hoy en día porque el hombre es lo que es.

Juega con la idea de la perfección. No le pidas a nadie que te ayude, pero deja que la oración del capítulo diecisiete del Evangelio de Juan sea tu oración. Apropiate del estado que era tuyo antes de que el mundo fuese. Conoce la verdad de la afirmación: "Ninguno he perdido salvo al hijo de perdición". Nada se pierde en toda mi montaña sagrada. Lo único que pierdes es la creencia en la pérdida o al hijo de perdición.

"Y por ellos yo me santifico, para que también ellos sean santificados en la verdad"
(Juan 17:19)

No hay nadie a quien cambiar sino a uno mismo. Todo lo que necesitas hacer para que los hombres y las mujeres se hagan santos en este mundo es hacerte santo a ti mismo. Eres incapaz de ver nada que no sea maravilloso cuando estableces dentro del ojo de tu propia mente el hecho de que tú eres maravilloso.

Es mucho mejor saber esto que saber cualquier otra cosa en el mundo. Requiere valor, valor ilimitado, porque muchos esta noche, después de haber oído esta verdad, todavía estarán inclinados a culpar a otros de su situación. A la gente le resulta muy difícil volverse hacia sí mismo, a su propia conciencia como la única realidad. Escucha estas palabras:

"Ningún hombre puede venir a mí, si el Padre que me envió no le trajere"
(Juan 6:44)

"Yo y mi Padre somos uno"
(Juan 10:30)

"No puede el hombre recibir nada, si no le fuere dado del cielo"
(Juan 3:27)

"Por eso me ama el Padre, porque yo doy mi vida para volverla a tomar. Nadie me la quita, sino que yo mismo la doy"
(Juan 10:17-18)

"Tú no me elegiste a mí, yo te he elegido". Mi concepto de mí mismo moldea un mundo en armonía consigo mismo y atrae a las personas para que me digan constantemente con su comportamiento quién soy yo.

Lo más importante en este mundo para ti es tu concepto de ti mismo. Si te desagrada tu entorno, las circunstancias de la vida y el comportamiento de los demás, pregúntate: "¿Quién soy yo?" Tu respuesta a esta pregunta es la causa de tu desagrado.

Si no te condenas a ti mismo no habrá nadie en tu mundo que te condene. Si estás viviendo en la conciencia de tu ideal no verás nada que condenar. "Para el puro todas las cosas son puras"

Ahora, me gustaría dedicar un poco de tiempo para dejar lo más claro posible lo que yo personalmente hago cuando oro, qué hago cuando quiero lograr cambios en mi mundo. Lo encontrarás interesante y descubrirás que funciona. Nadie aquí puede decirme que no puede hacerlo. Es verdaderamente tan simple que todos pueden hacerlo. Somos lo que imaginamos que somos.

Esta técnica no es difícil de seguir, pero debes querer hacerlo. No puedes abordarlo con la actitud de: "Oh, bueno, lo intentaré". Debes querer hacerlo, porque el resorte principal de la acción es el deseo. El deseo es el resorte principal de toda acción.

Ahora, ¿qué quiero? Debo definir mi objetivo. Por ejemplo, supongamos que ahora quiero estar en otro lugar. En este preciso momento realmente deseo estar en otro lugar. No necesito cruzar la puerta, no necesito sentarme. No necesito hacer nada más que quedarme donde estoy, y con los ojos cerrados asumir que realmente estoy donde deseo estar. Entonces permanezco en ese estado hasta que tenga el sentimiento de realidad. Si estuviera en otro lugar, no podría ver el mundo como lo veo ahora desde aquí. El mundo cambia en su relación conmigo cuando yo cambio mi posición en el espacio.

Así que me quedo aquí, cierro los ojos y me imagino que estoy viendo lo que vería si estuviera allí. Permanezco en ello el tiempo suficiente para sentir que es real. Yo no puedo tocar las paredes de esta habitación desde aquí, pero cuando cierras los ojos y te quedas quieto puedes imaginar y sentir que las tocas. Puedes quedarte donde estás e imaginar que pones tu mano en esa pared. Para probar que realmente lo haces, ponla ahí y deslízala hacia arriba y siente la madera. Puedes imaginar que estás haciéndolo sin dejar tu asiento. Puedes hacerlo y realmente lo sentirás si te quedas suficientemente quieto y es suficientemente intenso.

Me quedo donde estoy y permito que el mundo que quiero ver y en el que quiero entrar físicamente se presente ante mí como si estuviera allí ahora. En otras palabras, traigo ese otro lugar aquí, asumiendo que estoy allí.

¿Está claro? Dejo que venga, no lo hago venir. Simplemente me imagino que estoy allí y entonces dejo que suceda.

Si quiero una presencia física, me imagino que está aquí y lo toco. En toda la Biblia encuentro estas sugerencias: "Él colocó sus manos sobre ellos. Él los tocó".

Si quieres consolar a alguien, ¿cuál es el sentimiento automático? Poner la mano sobre él, no puedes evitarlo. Te encuentras con un amigo y la mano se va automáticamente, le das la mano o le pones la mano sobre el hombro. Supongamos que ahora te encontraras con un amigo que no has visto durante un año, y es un amigo que aprecias mucho. ¿Qué harías? Lo abrazarías, ¿no es así? O pondrías tu mano sobre él. En tu imaginación, acércalo lo suficientemente como para poner tu mano sobre él y sentir que es sólidamente real. Limita la acción solo a eso. Te sorprenderá lo que sucede. A partir de ese momento las cosas comienzan a moverse. Tu ser dimensionalmente más grande inspirará, en todos, las ideas y acciones necesarias para ponerte en contacto físico. Funciona de esa manera.

Todos los días me pongo en estado de somnolencia; es una cosa muy fácil de hacer. Pero el hábito es una cosa extraña en el mundo del ser humano. No es una ley, pero el hábito actúa como si fuera la ley más irresistible del mundo. Somos criaturas de hábito.

Si creas un intervalo cada día en el que te pones en estado de somnolencia, por ejemplo, a las tres de la tarde, sabes que en ese momento todos los días te sentirás somnoliento. Inténtalo durante una semana y verás si no tengo razón.

Te sientas con el propósito de crear un estado próximo al sueño, como si tuvieras sueño, pero no lleves la somnolencia demasiado lejos, solo lo suficiente para relajarte y dejarte en control de la dirección de tus pensamientos. Inténtalo durante una semana, y cada día a esa hora, no importa lo que estés haciendo, difícilmente serás capaz de mantener los ojos abiertos. Si sabes la hora en que estarás libre puedes crearlo. No te sugiero que lo hagas a la ligera, porque te sentirás muy somnoliento y puedes no quererlo.

Tengo otra manera de orar. En este caso siempre me siento y me pongo en el sillón más cómodo que se pueda imaginar, o me acuesto de espaldas y me relajo completamente. Ponte cómodo. No debes estar en ninguna posición en que el cuerpo esté incómodo. Ponte siempre en una posición donde tengas la mayor comodidad. Esa es la primera etapa.

Saber lo que quieres es el inicio de la oración. En segundo lugar, construye en el ojo de tu mente un pequeño acontecimiento que implique que has realizado tu deseo. Siempre dejo que mi mente se desplace por muchas cosas que podrían seguir a la oración respondida y selecciono una que es la más probable que siga al cumplimiento de mi deseo. Una pequeña cosa simple, algo así como estrechar una mano, abrazar a una persona, la recepción de una carta, la escritura de un cheque, o lo que sea que pueda implicar el cumplimiento de tu deseo.

Después de haber decidido la acción que implica que tu deseo se ha realizado, siéntate en tu agradable y cómodo sillón, o acuéstate boca arriba, cierra los ojos, por la sencilla razón de que ayuda a inducir ese estado que bordea el sueño. En el momento que sientas ese agradable estado de somnolencia, donde sientes: "podría moverme si quisiera, pero no quiero, podría abrir los ojos si quisiera, pero no quiero". Cuando tengas esa sensación puedes estar seguro de que estás en el perfecto estado para orar exitosamente.

En esta sensación es fácil tocar cualquier cosa en este mundo. Toma la simple pequeña acción restringida que implica el cumplimiento de tu oración y siéntela o represéntala. Lo que sea, entra en la acción como si fueras un actor en el papel. No te sientes detrás y te visualices haciéndolo. Hazlo.

Con el cuerpo inmovilizado imagina que el tú más grande dentro de tu cuerpo físico está saliendo de él y que realmente estás realizando la acción propuesta. Si vas a caminar, imagina que estás caminando. No te veas caminar, siente que estás caminando. Si vas a subir escaleras, siente que estás subiendo las escaleras. No te visualices a ti mismo haciéndolo, siéntete haciéndolo. Si vas a estrechar la mano de un hombre, no te visualices estrechándole la mano, imagina que tu amigo está delante de ti y dale la mano. Pero deja tus manos físicas inmovilizadas e imagina que tu mano más grande, que es tu mano imaginaria, realmente está estrechándole la mano.

Todo lo que tienes que hacer es imaginar que lo estás haciendo. Tú estás extendido en el tiempo y lo que estás haciendo, que parece ser un ensueño controlado, es un acto real en la dimensión más grande de tu ser. En realidad, estás encontrando un evento en la cuarta dimensión, antes de que lo encuentres aquí en las tres dimensiones del espacio, y no tienes que levantar un dedo para que ese estado se cumpla.

Mi tercera manera de orar es simplemente sentirse agradecido. Si deseo algo, ya sea para mí o para otro, inmovilizo el cuerpo físico, entonces produzco el estado próximo al sueño y en ese estado simplemente me siento feliz, me siento agradecido; el agradecimiento implica la realización de lo que deseo. Asumo el sentimiento del deseo cumplido y me duermo con mi mente dominada por ese único sentimiento. No tengo que hacer nada para que así sea, porque es así. Mi sentimiento del deseo cumplido implica que está hecho.

Todas estas técnicas puedes utilizarlas y modificarlas para adaptarlas a tu temperamento. Pero debo enfatizar la necesidad de inducir el estado de somnolencia en el que puedes estar atento sin esfuerzo.

Una única sensación domina la mente, si oras con éxito. ¿Qué sentiría ahora si fuera lo que quiero ser? Cuando sé cómo sería el sentimiento, entonces cierro los ojos y me pierdo en esa única sensación, y mi Yo dimensionalmente más grande construye entonces un puente de incidentes para llevarme desde este momento presente a la realización de mi estado. Eso es todo lo que hay que hacer. Pero la gente tiene la costumbre de menospreciar la importancia de las cosas simples.

Somos criaturas de hábito y poco a poco vamos aprendiendo a renunciar a nuestros previos conceptos, pero las cosas por las que antes vivíamos siguen influyendo de alguna manera en nuestro comportamiento. Aquí hay una historia de la Biblia que ilustra mi punto de vista.

Se cuenta que Jesús dijo a sus discípulos que fueran al cruce y allí encontrarían una asna y un pollino, aún no montado por un hombre. Que los llevaran a él y que, si alguien les preguntaba: ¿Por qué llevas este pollino? Le dijeran: "El Señor lo necesita". Los discípulos fueron y encontraron el asna y el pollino, e hicieron exactamente lo que se les dijo. Ellos llevaron el pollino a Jesús y él lo montó triunfalmente en Jerusalén.

La historia no tiene nada que ver con un hombre montado en un pequeño pollino. Tú eres el Jesús de la historia. El pollino es el estado de ánimo que vas a asumir. Ese es el animal vivo que aún no has montado. ¿Cuál sería el sentimiento que tendrías si realizaras tu deseo? Un nuevo sentimiento, como un joven asno, es algo muy difícil de montar, a menos que lo montes con una mente disciplinada. Si no me mantengo fiel al estado de ánimo el joven asno me tirará al suelo. Cada vez que te haces consciente de que no eres fiel a este estado de ánimo, has sido arrojado del pollino.

Disciplina tu mente para que puedas permanecer fiel a un estado de ánimo elevado y móntalo triunfalmente en Jerusalén, que es el cumplimiento, o la ciudad de la paz.

Esta historia precede a la fiesta de la Pascua. Si queremos pasar de nuestro estado actual al de nuestro ideal, debemos asumir que ya somos lo que queremos ser y permanecer fieles a nuestra asunción, pues debemos mantener un estado de ánimo alto si queremos caminar con lo más alto.

Una actitud mental fija, un sentimiento de que está hecho, lo hará. Si camino como si lo fuera, pero de vez en cuando miro a ver si realmente es así, entonces me caigo de mi estado de ánimo o del pollino.

Si yo suspendiera el juicio como Pedro, podría caminar sobre el agua. Pedro empieza a caminar sobre el agua, pero luego comienza a mirar a su propio entendimiento y empieza a hundirse. La voz dijo: "Mira hacia arriba, Pedro". Pedro mira hacia arriba y se eleva de nuevo, y sigue caminando sobre el agua.

En lugar de mirar hacia abajo para ver si esto realmente se va a convertir en un hecho, tú simplemente debes saber que ya es así, sostiene ese estado de ánimo y montarás el joven burro hacia la ciudad de Jerusalén. Todos nosotros debemos aprender a montar el animal directamente en Jerusalén sin ayuda de nadie. No necesitas que otro te ayude.

Lo extraño es que, mientras mantenemos el ánimo alto y no caemos, otros amortiguan los golpes. Ellos extienden las hojas de palma delante de mí para amortiguar mi viaje. No tengo que preocuparme. Los golpes serán suavizados a medida que avance hacia el cumplimiento de mi deseo. Mi elevado estado de ánimo despierta en los demás las ideas y acciones que tienden hacia la encarnación de mi estado. Si caminas fiel a un estado de ánimo elevado, no habrá oposición ni competencia.

La prueba de un maestro, o de una enseñanza, se encuentra en la fidelidad del que enseña. Yo me voy de aquí el domingo por la noche. Permanece fiel a esta instrucción. Si buscas causas fuera de la conciencia del individuo, entonces no te he convencido de la realidad de la conciencia. Si buscas excusas para el fracaso siempre las encontrarás, porque encuentras lo que buscas. Si buscas una excusa para el fracaso, la encontrarás en las estrellas, en los números, en la taza de té o en cualquier otro lugar. La excusa no estará ahí, pero tú la encontrarás para justificar tu fracaso.

Los hombres y las mujeres de negocios y profesionales exitosos saben que esta ley funciona. No lo encontrarás en los grupos de chismosos, pero sí en los corazones valientes.

El viaje eterno del ser humano tiene un propósito: revelar al Padre. Él viene a hacer visible a su Padre. Y su Padre se hace visible en todas las cosas bellas de este mundo. Todas las cosas que son amables, que son de buen nombre, monta en estas cosas y no tengas tiempo para lo desagradable en este mundo, independientemente de lo que sea.

Permanece fiel al conocimiento de que tu conciencia, tu Yo Soy, tu conciencia de ser consciente de la única realidad, es la roca sobre la cual todos los fenómenos pueden ser explicados. No hay explicación fuera de eso. No conozco ninguna concepción clara del origen de los fenómenos, salvo que la conciencia es todo y todo es conciencia.

Lo que buscas está ya alojado dentro de ti. Si no estuviera ahora dentro de ti, la eternidad no podría desarrollarlo. Ninguna extensión del tiempo sería lo suficientemente larga para evolucionar lo que no está potencialmente implicado en ti.

Simplemente lo dejas nacer asumiendo que ya es visible en tu mundo, y permanece fiel a tu asunción. Se materializará en hecho. Tu Padre tiene innumerables maneras de revelar tu asunción. Fija esto en tu mente y recuerda siempre:

"Una asunción, aunque falsa, si se mantiene, se convertirá en un hecho".

Tú y tu Padre son uno, y tu Padre es todo lo que fue, es y será. Por lo tanto, lo que buscas ya lo eres, nunca puede estar tan lejos como tampoco tan cerca, pues la cercanía implica separación. El gran Pascal dijo: "No me habrías buscado si no me hubieras encontrado ya".

Lo que ahora deseas ya lo tienes, y lo buscas solo porque ya lo has encontrado. Lo has encontrado en forma de deseo. Es tan real en forma de deseo como lo será para tus órganos corporales. Ya eres eso que buscas y no tienes que cambiar a nadie más que a ti mismo para expresarlo.

LECCIÓN 5

PERMANECE FIEL A TU IDEA

Esta noche, llegamos a la quinta y última lección de este curso. En primer lugar, ofreceré un resumen de lo que hemos visto previamente. Luego, en respuesta a las peticiones de muchos de ustedes para una explicación más detallada de la lección tres, presentaré algunas ideas adicionales sobre pensar cuatridimensionalmente.

Sé que cuando alguien ve algo con claridad, puede narrarlo, puede exponerlo. Este invierno pasado en Barbados, un pescador, cuyo vocabulario no superaría las mil palabras, en cinco minutos me proporcionó más información sobre el comportamiento del delfín de la que Shakespeare podría haberme dado con su extenso vocabulario, a menos que él conociera los hábitos de estos animales.

Este pescador me contó que al delfín le encanta jugar con un trozo de madera a la deriva, y que para atraparlo uno debe retirar la madera y luego burlarlo, tal como lo harías con un niño, porque disfruta fingir que emerge del agua. Como mencioné, el vocabulario de este hombre era limitado, pero entendía a fondo a los peces y al mar. Ya que conocía bien a sus delfines podía contarme todo sobre sus hábitos y cómo atraparlos.

Cuando afirmas que sabes algo, pero no puedes explicarlo, yo sostengo que en realidad no lo sabes. Pues cuando realmente comprendes algo lo expresas naturalmente.

Si ahora te pidiera que definieras la oración y te dijera: ¿Cómo utilizarías la oración para alcanzar un objetivo, cualquier objetivo?" Si puedes decírmelo, entonces lo sabes, pero si no puedes decírmelo, entonces no lo sabes. Cuando percibes claramente en la mente, tu ser más elevado inspirará las palabras necesarias para vestir la idea y expresarla con belleza.

De hecho, expresarás la idea mucho mejor que alguien con un vasto vocabulario que no lo ve tan claramente como tú.

Si has escuchado con atención durante los últimos cuatro días, ahora sabes que la Biblia no hace referencia a ninguna persona que haya existido, ni a ningún acontecimiento que haya ocurrido alguna vez en la tierra. Los autores de la Biblia no estaban escribiendo la historia, estaban escribiendo un gran drama mental que vistieron con el ropaje de la historia, y luego lo adaptaron a la limitada capacidad de las masas crédulas e irreflexivas.

Sabes que cada historia de la Biblia es tu historia, que cuando los escritores introducen docenas de personajes en la misma historia están tratando de presentarte diferentes atributos de la mente que puedes emplear. Lo viste cuando tomé quizás una docena o más de historias y las interpreté para ti. Por ejemplo, muchas personas se preguntan cómo Jesús, el hombre más bondadoso y amoroso del mundo, podría decirle a su madre lo que se supone que le dijo, según el segundo capítulo del Evangelio de Juan. Ahí se hace que Jesús diga a su madre:

"¿Qué tengo yo que ver contigo, mujer?"
(Juan 2:4)

Tú y yo, que aún no estamos identificados con el ideal que servimos, no haríamos una declaración así a nuestra madre. Sin embargo, aquí estaba la encarnación del amor diciéndole a su madre: "¿Qué tengo yo que ver contigo, mujer?"

Tú eres Jesús, y tu madre es tu propia conciencia. Porque la conciencia es la causa de todo, por lo tanto, es el gran padre-madre de todos los fenómenos.

Tú y yo somos criaturas de hábito. Estamos en el hábito de aceptar como definitiva la evidencia de nuestros sentidos. Se necesita vino para los invitados y mis sentidos me dicen que no hay vino. Por hábito, yo estoy a punto de aceptar esa carencia como definitiva, cuando recuerdo que mi conciencia es la sola y única realidad. Por tanto, si niego la evidencia de mis sentidos y asumo la conciencia de tener suficiente vino, en cierto sentido he reprendido a mi madre o a la conciencia que sugirió la carencia; y al asumir la conciencia de tener lo que deseo para mis invitados, el vino se produce de una manera que no sabemos.

Acabo de leer aquí una nota de un querido amigo mío en la audiencia. El domingo pasado él tenía una reunión en una iglesia para una boda; el reloj le decía que llegaría tarde, todo le decía que llegaría tarde. Él estaba en una esquina esperando un tranvía. No había ninguno a la vista. Imaginó que, en lugar de estar en la esquina, estaba en la iglesia. En ese momento, un automóvil se detuvo frente a él. Mi amigo le contó al conductor su situación y el conductor le dijo: "Yo no voy en esa dirección, pero le llevaré". Mi amigo subió al automóvil y llegó a la iglesia a tiempo para el servicio. Esto es aplicar la ley correctamente, no aceptar la sugestión de retraso. No aceptar nunca la sugestión de carencia.

En este caso me digo a mí mismo: "¿Qué tengo yo que ver contigo?" ¿Qué tengo yo que ver con la evidencia de mis sentidos? Tráiganme todas las vasijas y llénenlas. En otras palabras, asumo que tengo vino y todo lo que deseo. Entonces mi Yo dimensionalmente más grande inspira, en todos, los pensamientos y las acciones que ayuden a la encarnación de mi asunción.

No es un hombre diciéndole a una madre: "Mujer ¿qué tengo yo que ver contigo?" Es cada persona que conoce esta ley que se dirá a sí misma, cuando sus sentidos sugieren carencia, "¿Qué tengo yo que ver contigo? Apártate de mí". Nunca más volveré a escuchar una voz como esa, porque si lo hago, entonces me impregnaré de esa sugestión y voy a concebir el fruto de la carencia.

Pasamos a otra historia del Evangelio de Marcos, donde Jesús tiene hambre.

> *"Y viendo de lejos una higuera que tenía hojas, fue a ver si podría encontrar algo en ella; pero cuando llegó a ella, no encontró más que hojas, porque no era tiempo de higos. Entonces, Jesús dijo a la higuera: «Nunca jamás coma nadie fruto de ti». Y sus discípulos le estaban escuchando"*
> *(Marcos 11:13-14)*

> *"Y por la mañana, cuando pasaban, vieron que la higuera se había secado desde las raíces"*
> *(Marcos 11:20)*

¿Qué árbol estoy maldiciendo? No es un árbol en el exterior. Es mi propia conciencia. "Yo soy la vid" (Juan 15:1). Mi conciencia, mi Yo Soy, es el gran árbol, y el hábito una vez más sugiere vacío, sugiere esterilidad, sugiere cuatro meses antes de que yo pueda festejar. Pero no puedo esperar cuatro meses. Me doy a mí mismo esta poderosa sugestión de que nunca más, ni siquiera por un momento, creeré que tardaré cuatro meses en realizar mi deseo. Desde este día, la creencia en la carencia debe ser estéril y nunca más reproducirse en mi mente.

No se trata de un hombre maldiciendo a un árbol. Todo en la Biblia tiene lugar en la mente del individuo: el árbol, la ciudad, la gente, todo. No hay una declaración hecha en la Biblia que no represente algún atributo de la mente humana. Todas son personificaciones de la mente y no cosas del mundo.

La conciencia es la única realidad. No hay nadie a quien podamos recurrir después de descubrir que nuestra propia conciencia es Dios. Porque Dios es la causa de todo y no hay nada más que Dios. No puedes decir que un demonio causa algunas cosas y Dios otras. Escucha estas palabras:

Así dice el Señor a Ciro, su ungido, a quien he tomado por la diestra, para someter ante él naciones, y para desatar lomos de reyes, para abrir ante él las puertas, para que no queden cerradas las entradas. Yo iré delante de ti, y allanaré los lugares escabrosos, romperé las puertas de bronce y haré pedazos sus barras de hierro. Y te daré los tesoros ocultos y las riquezas de los lugares secretos, para que sepas que yo soy el Señor, Dios de Israel, que te llama por tu nombre"
(Isaías 45:1-3)

"Yo formo la luz y creo las tinieblas, hago la paz y creo el mal. Yo soy el Señor, que hago todo esto"
(Isaías 45:7)

"Yo hice la tierra, y creé al hombre sobre ella. Yo extendí los cielos con mis manos, y di órdenes a todo su ejército. Yo lo he despertado en justicia, y allanaré todos sus caminos. Él edificará mi ciudad, y dejará libres a mis desterrados, no por precio ni por dones, dice el Señor de los ejércitos"
(Isaías 45:12-13)

"Yo Soy el Señor, y no hay ninguno otro, fuera de mí no hay Dios"
(Isaías 45:5)

Lee estas palabras cuidadosamente. No son mis palabras, son las palabras inspiradas de hombres que descubrieron que la conciencia es la única realidad. Si soy herido, yo me he herido a mí mismo. Si hay oscuridad en mi mundo, yo he creado la oscuridad y la tristeza y la depresión. Si hay luz y alegría, yo he creado la luz y la alegría. No hay nadie, sino este Yo Soy que lo hace todo.

No puedes encontrar una causa fuera de tu propia conciencia. Tu mundo es un gran espejo que te dice constantemente quién eres. Cuando te encuentras con las personas, por su comportamiento ellas te dicen quién eres.

Tus oraciones no serán menos devotas porque te diriges a tu propia conciencia en busca de ayuda. No creo que ninguna persona en oración sienta más alegría, piedad y sentimiento de adoración que yo, cuando me siento agradecido al asumir el sentimiento de mi deseo cumplido, sabiendo al mismo tiempo que es a mí mismo a quien me dirijo. En la oración eres llamado a creer que posees lo que tu razón y tus sentidos niegan. Cuando oras cree que tienes y recibirás. La Biblia lo dice de esta manera:

> *"Por eso les digo que todas las cosas por las que oren y pidan, crean que ya las han recibido, y les serán concedidas. Y cuando estés orando, perdonen si tienen algo contra alguien, para que también su Padre que está en los cielos les perdone a ustedes sus transgresiones. Pero si ustedes no perdonan, tampoco su Padre que está en los cielos perdonará sus transgresiones"*
> *(Marcos 11:24- 26)*

Eso es lo que debemos hacer cuando oremos. Si tengo algo contra alguien, ya sea una creencia de enfermedad, pobreza o cualquier otra cosa, debo soltarlo y dejarlo ir, no utilizando palabras de negación sino creyendo que él es lo que desea ser. De esta manera lo perdono completamente. He cambiado mi concepto de él. Tenía algo contra él y lo perdoné. El completo olvido es el perdón. Si no olvido, entonces no he perdonado. Solo perdono algo cuando olvido de verdad. Yo puedo decirte hasta el final de los tiempos: "Te perdono". Pero si cada vez que te veo o pienso en ti, me acuerdo de lo que tenía contra ti, no te he perdonado en absoluto. El perdón es un completo olvido.

Vas a un médico y te da algo para tu enfermedad. Él está tratando de sacarla de ti, de modo que te da algo en su lugar. Date un nuevo concepto de ti mismo por el antiguo concepto. Abandona completamente el antiguo concepto.

Una oración concedida implica que se hizo algo como consecuencia de la oración que, de otro modo, no se habría hecho. Por lo tanto, yo mismo soy el resorte de la acción, la mente que dirige y el que concede la oración. Cualquiera que reza exitosamente se vuelve hacia adentro y se apropia del estado buscado. No tienes que ofrecer ningún sacrificio. No dejes que nadie te diga que tienes que luchar y sufrir. No necesitas luchar por la realización de tu deseo. Lee lo que dice en la Biblia:

"¿Qué es para mí la abundancia de sus sacrificios?, dice el Señor. Cansado estoy de holocaustos de carneros y de sebo de ganado cebado; la sangre de novillos, corderos y machos cabríos no me complace. Cuando vienen a presentarse delante de mí, ¿quién demanda esto de ustedes, de que pisoteen mis atrios? No me traigan más sus vanas ofrendas, el incienso me es abominación. Luna nueva y día de reposo, el convocar asambleas: ¡No tolero iniquidad y asamblea solemne! Sus lunas nuevas y sus fiestas solemnes las aborrece mi alma. Se han vuelto una carga para mí, estoy cansado de soportarlas"
(Isaías 1:11-14)

"Ustedes tendrán cánticos como en la noche sagrada de fiesta, y alegría de corazón como cuando uno marcha al son de la flauta, para ir al monte del Señor, a la Roca de Israel"
(Isaías 30:29)

"Canten al Señor un cántico nuevo, y su alabanza desde los confines de la tierra"
(Isaías 42:10)

"Canten, oh cielos, porque el Señor lo ha hecho. Griten con júbilo, oh profundidades de la tierra. Prorrumpan en cántico, oh montes, el bosque y todos sus árboles, porque el Señor ha redimido a Jacob y será glorificado en Israel"
(Isaías 44:23)

"Los rescatados del Señor volverán y entrarán en Sión con canticos de júbilo. Y sobre sus cabezas habrá alegría perpetua. Alcanzarán gozo y alegría, y huirán la tristeza y el gemido"
(Isaías 51:11)

El único regalo aceptable es un corazón alegre. Vengan con cantos y alabanzas. Ese la forma de presentarse ante el Señor —tu propia conciencia. Asume el sentimiento de tu deseo cumplido y habrás traído el único regalo aceptable. Todos los estados mentales que no sean el del deseo cumplido son una abominación; son superstición y no significan nada.

Cuando te presentes ante mí, regocíjate, porque el regocijo implica que ha sucedido algo que deseabas. Ven ante mí cantando, alabando y dando gracias, pues estos estados mentales implican la aceptación del estado buscado. Ponte en el estado de ánimo adecuado y tu propia conciencia lo encarnará.

Si tuviera que definir la oración para alguna persona, y expresarlo con la mayor claridad posible, simplemente diría: —"Es el sentimiento del deseo cumplido".

Si preguntas: — "¿Qué quieres decir con eso?"

Yo diría: —"Me sentiría en la situación de la oración respondida y luego viviría y actuaría según esa convicción" Trataría de mantenerlo sin esfuerzo, es decir, viviría y actuaría como si ya fuera un hecho, sabiendo que al caminar en esta actitud fija mi asunción se materializará en un hecho.

El tiempo no me permite profundizar en el argumento de que la Biblia no es historia, pero si has escuchado atentamente mi mensaje estas últimas cuatro noches, no creo que quieras más pruebas de que la Biblia no es historia. Aplica lo que has escuchado y realizarás tus deseos.

"Y se los he dicho ahora, antes que suceda, para que cuando suceda, crean"
(Juan 14:29)

Muchas personas, entre las que me incluyo, han observado acontecimientos antes de que ocurrieran, es decir, antes de que ocurrieran en este mundo de tres dimensiones. Ya que es posible observar un acontecimiento antes de que ocurra en las tres dimensiones del espacio, entonces la vida en la tierra procede de acuerdo a un plan, y este plan debe existir en alguna parte en otra dimensión y se está moviendo lentamente a través de nuestro espacio.

Si los sucesos ocurridos no estaban en este mundo cuando fueron observados, entonces, para ser perfectamente lógico, deben haber estado fuera de este mundo. Y todo lo que está *allí* para ser visto antes de que ocurra *aquí* debe estar "predeterminado" desde el punto de vista del ser despierto en un mundo tridimensional. Sin embargo, los maestros antiguos nos enseñaron que nosotros podíamos alterar el futuro, y mi propia experiencia confirma la verdad de su enseñanza.

Por lo tanto, mi objetivo al impartir este curso es indicar las posibilidades inherentes en cada persona, para mostrar que puede alterar su futuro; pero, una vez alterado, forma de nuevo una secuencia determinada a partir del punto de interferencia —un futuro que será consistente con la alteración.

La característica más notable del futuro del individuo es su flexibilidad. El futuro, aunque esté preparado con antelación en cada detalle, tiene varios resultados. En cada momento de nuestras vidas tenemos ante nosotros la elección de cuál de los varios futuros tendremos.

Hay dos perspectivas reales del mundo que posee cada uno: una visión natural y una visión espiritual. Los maestros antiguos llamaban a una "la mente carnal" y a la otra "la mente de Cristo". Podemos diferenciarlas como la conciencia despierta ordinaria, gobernada por nuestros sentidos, y una imaginación controlada, gobernada por el deseo.

Reconocemos estos dos diferentes centros de pensamiento en la declaración:

"El hombre natural no percibe las cosas que son del Espíritu de Dios, porque para él son locura, y no las puede entender, porque se han de discernir espiritualmente"
(1 Corintios 2:14)

La visión natural limita la realidad al momento llamado *ahora*. Para la visión natural, el pasado y el futuro son puramente imaginarios. La visión espiritual, en cambio, ve los contenidos del tiempo. El pasado y el futuro son un todo presente para la visión espiritual. Lo que es mental y subjetivo para el ser natural es concreto y objetivo para el ser espiritual.

El hábito de ver solo lo que permiten nuestros sentidos nos hace totalmente ciegos a lo que, de otro modo, podríamos ver. Para cultivar la facultad de ver lo invisible, deberíamos a menudo separar deliberadamente nuestras mentes de la evidencia de los sentidos y enfocar nuestra atención en un estado invisible, sintiéndolo y percibiéndolo mentalmente hasta que tenga toda la nitidez de la realidad.

El pensamiento serio, concentrado, focalizado en una dirección particular deja fuera otras sensaciones y hace que desaparezcan. Solo tenemos que concentrarnos en el estado deseado para verlo.

El hábito de retirar la atención de la región de la sensación y concentrarla en lo invisible desarrolla nuestra perspectiva espiritual y nos permite penetrar más allá del mundo de los sentidos y ver lo que es invisible.

"Porque las cosas invisibles de él, su eterno poder y deidad, se hacen claramente visibles desde la creación del mundo"
(Romanos 1:20)

Esta visión es completamente independiente de las facultades naturales. ¡Ábrela y actívala!

Un poco de práctica nos convencerá de que, controlando nuestra imaginación, podemos remodelar nuestro futuro en armonía con nuestro deseo. El deseo es el resorte principal de la acción. No podríamos mover un solo dedo a menos que tuviéramos el deseo de moverlo. No importa lo que hagamos, seguimos el deseo que en ese momento domina nuestras mentes. Cuando rompemos un hábito, nuestro deseo de romperlo es mayor que nuestro deseo de continuar con el hábito.

Los deseos que nos impulsan a actuar son los que mantienen nuestra atención. Un deseo no es más que la conciencia de algo que nos falta y que necesitamos para hacer nuestra vida más agradable. Los deseos siempre tienen algún beneficio personal a la vista, mientras mayor sea el beneficio, más intenso es el deseo. No hay ningún deseo absolutamente desinteresado. Donde no hay nada que ganar, no hay deseo y, en consecuencia, tampoco hay acción.

El ser espiritual le habla al ser natural a través del lenguaje del deseo. La clave del progreso en la vida y de la realización de los sueños radica en la obediencia inmediata a su voz. La obediencia a su voz, sin vacilar, es una inmediata asunción del deseo cumplido. Desear un estado es tenerlo. Como dijo Pascal: "No me habrías buscado si no me hubieras encontrado ya".

Al asumir el sentimiento del deseo cumplido, y luego vivir y actuar en esta convicción, se altera el futuro en armonía con la asunción. Las asunciones despiertan lo que afirman. Tan pronto como el individuo asume el sentimiento de su deseo cumplido, su Yo cuatridimensional encuentra caminos para el logro de ese fin, descubre métodos para su realización.

No conozco ninguna definición más clara de los medios por los que realizamos nuestros deseos que: experimentar en la imaginación lo que experimentaríamos en la carne, si hubiéramos logrado nuestro objetivo. Esta experiencia imaginaria con la aceptación del fin determina los medios. El Yo cuatridimensional, con su perspectiva más amplia, construye los medios necesarios para realizar el fin aceptado.

A la mente indisciplinada le resulta difícil asumir un estado que es negado por los sentidos. Pero aquí hay una técnica que facilita "llamar a las cosas que no se ven como si se vieran", es decir, encontrar un evento antes de que ocurra. La gente tiene la costumbre de menospreciar la importancia de las cosas simples. Pero esta sencilla fórmula para cambiar el futuro fue descubierta después de años de búsqueda y experimentación.

El primer paso para cambiar el futuro es el deseo, es decir, definir tu objetivo —saber definitivamente lo que quieres.

Segundo, construir un acontecimiento que crees que encontrarías siguiendo al cumplimiento de tu deseo, un evento que implique el cumplimiento de tu deseo, algo que tenga la acción del Yo predominante.

Tercero, inmovilizar el cuerpo físico e inducir un estado próximo al sueño, imaginar que estás somnoliento. Acuéstate en una cama o relájate en una silla. Luego, con los párpados cerrados y tu atención enfocada en la acción que intentas experimentar en la imaginación, mentalmente siéntete justo en la acción propuesta, imaginando todo el tiempo que efectivamente estás realizando la acción aquí y ahora.

Siempre debes participar en la acción imaginaria, no simplemente quedarte atrás y mirar, sino sentir que efectivamente estás realizando la acción para que la sensación imaginaria sea real para ti.

Es importante recordar que la acción propuesta debe ser una que siga al cumplimiento de tu deseo. También debes sentirte en la acción hasta que tenga toda la viveza y claridad de la realidad. Por ejemplo, supongamos que deseas un ascenso en tu oficina. Ser felicitado sería un evento que podrías encontrar siguiendo al cumplimiento de tu deseo. Habiendo seleccionado esta acción como la que experimentarás en la imaginación, inmoviliza el cuerpo físico e induce un estado próximo al sueño, un estado de somnolencia, pero en el que todavía eres capaz de controlar la dirección de tus pensamientos, un estado en el que estés atento sin esfuerzo. A continuación, visualiza a un amigo delante de ti. Pone tu mano imaginaria en la suya. Siente que es sólida y real, y lleva a cabo una conversación imaginaria con él en armonía con la acción.

No te visualices a distancia en un punto en el espacio y a una distancia en un punto en el tiempo siendo felicitado por tu buena suerte. En lugar de eso, haces ese otro lugar *aquí*, y el futuro *ahora*. El evento futuro es una realidad ahora en un mundo dimensionalmente más grande; y por extraño que parezca, *ahora*, en un mundo dimensionalmente más grande, es equivalente a *aquí*, en el espacio tridimensional común de la vida cotidiana.

La diferencia entre sentirte en la acción, aquí y ahora, y visualizarte a ti mismo en la acción, como si estuviera en una pantalla de cine, es la diferencia entre el éxito y el fracaso. La diferencia se apreciará si ahora te visualizas subiendo una escalera. Luego, con los párpados cerrados, imagina una escalera justo en frente de ti y siente que realmente la subes.

El deseo, la inmovilidad física bordeando el sueño, y la acción imaginaria en la que el Yo tiene el sentimiento dominante de aquí y ahora, no solo son factores importantes para alterar el futuro, sino que también son condiciones esenciales para proyectar conscientemente el Ser espiritual.

Cuando el cuerpo físico está inmovilizado y nos apoderamos de la idea de hacer algo, si imaginamos que lo estamos haciendo *aquí y ahora* y mantenemos la acción imaginaria con sentimiento hasta que sobreviene el sueño, es probable que despertemos del cuerpo físico para encontrarnos en un mundo dimensionalmente más grande, con un enfoque dimensionalmente más grande y realmente haciendo lo que deseábamos e imaginábamos que estábamos haciendo en la carne.

Pero ya sea que despertemos allí o no, realmente estamos realizando la acción en el mundo cuatridimensional, y en el futuro la representaremos aquí en el mundo tridimensional.

La experiencia me ha enseñado a restringir la acción imaginaria, a condensar la idea que va a ser el objeto de nuestra meditación, en un solo acto, y a representarlo una y otra vez hasta que tenga la sensación de realidad. De otro modo, la atención se desviará por una vía asociativa y se presentarán a nuestra atención una multitud de imágenes asociadas que, en pocos segundos, nos llevará a cientos de kilómetros de nuestro objetivo en el espacio y a años de distancia en el tiempo.

Si decidimos subir un determinado tramo de escaleras, porque ese es el evento que probablemente seguirá a la realización de nuestro deseo, entonces debemos limitar la acción a subir ese tramo particular de escaleras. Si la atención se desvía, regrésala a su tarea de subir ese tramo de escaleras y sigue haciéndolo hasta que la acción imaginaria tenga toda la solidez y claridad de la realidad. La idea debe mantenerse en el campo de la presentación sin ningún esfuerzo sensible de nuestra parte. Debemos, con el mínimo esfuerzo, impregnar la mente con el sentimiento del deseo cumplido.

La somnolencia facilita el cambio porque favorece la atención sin esfuerzo, pero no hay que llevarla al estado de sueño, en el que ya no seremos capaces de controlar los movimientos de nuestra atención, sino a un grado moderado de somnolencia en el que todavía somos capaces de dirigir nuestros pensamientos.

Una forma muy eficaz para encarnar un deseo es asumir el sentimiento del deseo cumplido y luego, en un estado relajado y somnoliento, repetir una y otra vez, como una canción de cuna, cualquier frase corta que implique el cumplimiento de tu deseo, por ejemplo: "Gracias, gracias, gracias", hasta que solo la sensación de agradecimiento domine la mente. Di estas palabras como si te dirigieras a un poder superior por haberlo hecho por ti.

No obstante, si buscamos una proyección consciente en un mundo dimensionalmente más grande, entonces debemos mantener la acción hasta que sobrevenga el sueño. Experimentar en la imaginación con toda la nitidez de la realidad lo que sería experimentado en la carne si hubiéramos logrado nuestro objetivo y, con el tiempo, lo encontraremos en la carne como lo encontramos en nuestra imaginación.

Alimenta la mente con premisas, es decir, afirmaciones que se presumen verdaderas, porque las asunciones, aunque falsas, si se persiste en ellas hasta que tengan el sentimiento de realidad, se materializarán en hechos.

Para una asunción, todos los medios que promuevan su realización son buenos. Influye en el comportamiento de todos, inspirando en todos los movimientos, las acciones y las palabras que tienden a su cumplimiento.

Para comprender cómo el individuo moldea su futuro en armonía con su asunción —simplemente experimentando en su imaginación lo que experimentaría en la realidad si se realizara su objetivo— debemos saber lo que entendemos por un mundo dimensionalmente más grande, ya que es a un mundo dimensionalmente más grande al que vamos para alterar nuestro futuro.

La observación de un evento antes de que ocurra implica que el evento está predeterminado desde el punto de vista del individuo en el mundo tridimensional. Por lo tanto, para cambiar las condiciones aquí en las tres dimensiones del espacio, primero debemos cambiarlas en las cuatro dimensiones del espacio.

La gente no sabe exactamente lo que significa un mundo dimensionalmente más grande, y sin duda negarían la existencia de un Ser dimensionalmente más grande. Están bastante familiarizados con las tres dimensiones de longitud, anchura y altura, y creen que, si hubiera una cuarta dimensión, debería ser igual de obvia como las dimensiones de longitud, anchura y altura.

Ahora, una dimensión no es una línea. Es cualquier forma en que se puede medir una cosa, que es totalmente diferente de todas las demás formas. Es decir, para medir un sólido cuatridimensionalmente, simplemente lo medimos en cualquier dirección excepto en la de su longitud, anchura y altura. Ahora, ¿existe otra forma de medir un objeto que no sea la de su longitud, anchura y altura?

El tiempo mide mi vida sin emplear las tres dimensiones de longitud, anchura y altura. No existe tal cosa como un objeto instantáneo. Su aparición y desaparición son medibles. Perdura durante un tiempo determinado. Podemos medir su duración sin utilizar las dimensiones de longitud, anchura y altura. El tiempo es definitivamente una cuarta forma de medir un objeto.

Mientras más dimensiones tiene un objeto, más sustancial y real será. Una línea recta, que se encuentra totalmente en una dimensión, adquiere forma, masa y sustancia al añadirle dimensiones. ¿Qué nueva cualidad daría el tiempo, la cuarta dimensión, que lo haría tan superior a los sólidos, como los sólidos lo son a las superficies, y las superficies a las líneas? El tiempo es un medio para los cambios de experiencia, ya que todos los cambios requieren tiempo. La nueva cualidad es la cambiabilidad. Observa que, si bisecamos un sólido, su sección transversal será una superficie; al bisecar una superficie obtenemos una línea; y al bisecar una línea obtenemos un punto. Esto significa que un punto no es más que una sección transversal de una línea; lo que no es más que una sección transversal de una superficie; lo que no es más que una sección transversal de un sólido; lo que, si se lleva a su conclusión lógica, no es más que una sección transversal de un objeto cuatridimensional.

No podemos evitar la inferencia de que todos los objetos tridimensionales no son más que secciones transversales de los cuerpos cuatridimensionales. Lo que significa: cuando me encuentro contigo, me encuentro con una sección transversal del tú cuatridimensional —el Ser cuatridimensional que no se ve. Para ver el Ser cuatridimensional debo ver cada sección transversal o momento de tu vida, desde el nacimiento hasta la muerte, y verlos todos como coexistentes.

Mi enfoque debería abarcar completamente toda la gama de impresiones sensoriales que hayas experimentado en la tierra, más aquellas que pudieras encontrar. Debería verlas, no en el orden en que fueron experimentadas por ti, sino como un todo presente. Dado que el *cambio* es la característica de la cuarta dimensión, debería verlos en un estado de flujo, como un todo vivo y animado.

Ahora, si tenemos todo esto claramente fijo en nuestras mentes, ¿qué significa para nosotros en este mundo tridimensional? Significa que, si podemos movernos a lo largo del tiempo, podemos ver el futuro y alterarlo si así lo deseamos.

Este mundo, que nos parece tan sólidamente real, es una sombra de la cual, y más allá de la cual, podemos pasar en cualquier momento. Es una abstracción de un mundo más fundamental y dimensionalmente más grande, un mundo más fundamental abstraído de un mundo aún más fundamental y dimensionalmente aún más grande, y así sucesivamente hasta el infinito. Porque el absoluto es inalcanzable por cualquier medio o análisis, no importa cuántas dimensiones le agreguemos al mundo.

El individuo puede probar la existencia de un mundo dimensionalmente más grande simplemente enfocando su atención en un estado invisible e imaginar que lo ve y lo siente. Si permanece concentrado en este estado, su entorno actual desaparecerá y despertará en un mundo dimensionalmente más grande, donde el objeto de su contemplación se verá como una realidad objetiva concreta.

Intuyo que, si abstrajera sus pensamientos de este mundo dimensionalmente más grande y se retirara aún más adentro de su mente, volvería a provocar una exteriorización del tiempo. Descubriría que, cada vez que se retira a su mente interior y provoca una exteriorización del tiempo, el espacio se vuelve dimensionalmente más grande. Y, por tanto, concluiría que tanto el tiempo como el espacio son seriales, y que el drama de la vida no es más que la escalada de un bloque de tiempo dimensional multitudinario.

Los científicos algún día explicarán por qué existe un universo serial. Pero, en la práctica, lo más importante es cómo utilizaremos este universo serial para cambiar el futuro. Para cambiar el futuro, solo tenemos que ocuparnos de dos mundos en la serie infinita; el mundo que conocemos por nuestros órganos corporales, y el mundo que percibimos independientemente de nuestros órganos corporales.

He dicho que en cada momento del tiempo el individuo tiene la posibilidad de elegir cuál de los varios futuros tendrá. Pero surge la pregunta: "¿Cómo es esto posible cuando las experiencias del individuo despierto en el mundo tridimensional, están predeterminadas?", como implica la observación de un evento antes de que ocurra.

Esta capacidad para cambiar el futuro se verá si comparamos las experiencias de la vida en la tierra con esta página impresa. El individuo experimenta los acontecimientos en la tierra de forma individual y sucesiva, de la misma manera que tú estás experimentando ahora las palabras de esta página.

Imagina que cada palabra en esta página representa una impresión sensorial. Para tener el contexto, para entender mi significado, enfocas tu visión sobre la primera palabra en la esquina superior izquierda y luego mueves tu enfoque a través de la página de izquierda a derecha, dejándolo caer en las palabras individualmente y sucesivamente. En el momento en que tus ojos llegan a la última palabra de esta página, ya has extraído mi significado.

Pero supongamos que al mirar la página, con todas las palabras impresas en ella por igual, decides reorganizarlas. Al reorganizarlas, podrías contar una historia completamente diferente, de hecho, podrías contar muchas historias diferentes.

Un sueño no es más que pensamiento cuatridimensional incontrolado, o la reorganización de las impresiones sensoriales pasadas y futuras. Rara vez el individuo sueña con los acontecimientos en el orden en el que los experimenta cuando está despierto. Usualmente sueña con dos o más eventos que están separados en el tiempo, fusionándolos en una sola impresión sensorial; o bien reorganiza tan completamente sus impresiones sensoriales individuales que no las reconoce cuando las encuentra en su estado de vigilia. Por ejemplo: soñé que entregaba un paquete en el restaurante de mi edificio. La encargada me decía: "No puedes dejar eso ahí"; tras lo cual el ascensorista me daba unas cartas y al agradecerlas, él, a su vez, me daba las gracias. En ese momento, apareció el ascensorista del turno de noche y me saludó con la mano.

Al día siguiente, al salir de mi departamento, recogí unas cartas que habían sido dejadas en mi puerta. Al bajar, le di una propina al ascensorista y le agradecí por haberse hecho cargo de mi correo, y él me agradeció por la propina. Ese día, al volver a casa, escuché a un portero decir a un repartidor: "No puedes dejar eso ahí". Cuando me disponía a tomar el ascensor para subir a mi departamento, me llamó la atención una cara conocida en el restaurante, y al mirar hacia adentro, la anfitriona me saludó con una sonrisa. Aquella noche, acompañé a mis invitados de la cena al ascensor, y mientras me despedía de ellos, el ascensorista del turno de noche me saludó con la mano.

Simplemente reordenando algunas de las impresiones sensoriales individuales que estaba destinado a encontrar, y fusionando dos o más de ellas en impresiones sensoriales individuales, construí un sueño que difería bastante de mi experiencia de vigilia.

Cuando hayamos aprendido a controlar los movimientos de nuestra atención en el mundo cuatridimensional, seremos capaces de crear conscientemente las circunstancias en el mundo tridimensional. Aprendemos este control a través del sueño despierto, donde nuestra atención puede mantenerse sin esfuerzo, porque la atención sin esfuerzo es indispensable para cambiar el futuro. Nosotros podemos, en un sueño despierto controlado, construir conscientemente un evento que deseamos experimentar en el mundo tridimensional.

Las impresiones sensoriales que utilizamos para construir nuestro sueño despierto son realidades presentes desplazadas en el tiempo o en el mundo cuatridimensional. Todo lo que hacemos al construir el sueño despierto es seleccionar de una amplia gama de impresiones sensoriales aquellas que, cuando son ordenadas apropiadamente, implican que ya hemos realizado nuestro deseo. Con el sueño claramente definido, nos relajamos en una silla e inducimos un estado próximo al sueño; un estado que, aunque bordeando el sueño, nos mantiene en control consciente de los movimientos de nuestra atención. Luego experimentamos en la imaginación lo que experimentaríamos en la realidad si este sueño despierto fuera un hecho objetivo.

Al aplicar esta técnica para cambiar el futuro es importante recordar siempre que lo único que ocupa la mente durante el sueño despierto, es el sueño despierto —la acción predeterminada que implica el cumplimiento de nuestro deseo. De qué manera el sueño despierto se convertirá en un hecho físico, no es asunto nuestro. Nuestra aceptación como una realidad física, genera los medios para su cumplimiento.

Permíteme volver a sentar las bases de la oración, que no es más que un sueño despierto controlado:

1. Define tu objetivo —debes saber definitivamente lo que quieres.

2. Construye un evento que crees que vas a encontrar siguiendo al cumplimiento de tu deseo, algo que tenga la acción del Ser predominante, un evento que implique el cumplimiento de tu deseo.

3. Inmoviliza el cuerpo físico e induce un estado de conciencia próximo al sueño. Luego, mentalmente siéntete en la acción propuesta, hasta que solo el sentimiento de cumplimiento domine la mente, imaginando todo el tiempo que realmente estás realizando la acción *aquí y ahora*, de modo que experimentes en la imaginación lo que experimentarías en la carne si ya hubieras realizado tu objetivo.

La experiencia me ha convencido de que éste es el modo más fácil de lograr nuestro objetivo. Sin embargo, mis propios y numerosos fracasos me condenarían si dijera que he dominado totalmente los movimientos de mi atención. Pero puedo, con el antiguo maestro, decir:

"Pero una cosa hago, olvidando lo que queda atrás y extendiéndome a lo que está adelante, prosigo hacia la meta para obtener el premio"
(Filipenses 3:13-14)

Una vez más, quiero reiterarte que la carga de materializar tus deseos en este mundo no recae sobre tus hombros. No necesitas preocuparte por el cómo; al asumir que ya se ha cumplido, esta suposición se manifiesta por sí misma. Toda la responsabilidad de llevarlo a cabo se desprende de ti.

Hay una pequeña afirmación en el libro de Éxodo que confirma esto. Millones de personas que lo han leído, o se lo han mencionado a lo largo de los siglos, lo han malentendido completamente. Se dice:

"No cocerás el cabrito en la leche de su madre"
(Éxodo 23:19).

Millones de personas, malinterpretando esta afirmación, hasta el día de hoy —en la ilustrada época de 1948— no comen ningún producto lácteo con un plato de carne. Simplemente no se hace.

Ellos piensan que la Biblia es historia, y cuando dice: "No cocerás el cabrito en la leche de su madre", la leche y los productos de la leche, la mantequilla y el queso, no lo comerán al mismo tiempo que comen cabrito o cualquier tipo de carne. De hecho, incluso tienen platos separados para cocinar la carne.

Pero ahora vas a aplicarlo psicológicamente. Has hecho tu meditación y has asumido que eres lo que quieres ser. La conciencia es Dios, tu atención es como la propia corriente de vida o la leche que nutre y hace vivir aquello que mantiene tu atención. En otras palabras, lo que mantiene tu atención tiene tu vida.

A lo largo de los siglos se ha utilizado un cabrito como símbolo de sacrificio. Tú has dado nacimiento a todo en tu mundo. Pero hay cosas que ya no deseas mantener vivas, aunque las hayas engendrado y criado. Tú eres un padre celoso que puede fácilmente devorar, como Cronos, a sus hijos. Estás en tu derecho de devorar lo que expresaste anteriormente cuando no conocías algo mejor.

Ahora estás separado en conciencia de ese estado anterior. Era tu niño, era tu hijo, lo encarnabas y lo expresabas en tu mundo. Pero ahora que has asumido que eres lo que quieres ser, no mires atrás a tu estado anterior, ni te preguntes cómo desaparecerá de tu mundo. Porque si miras hacia atrás y le prestas atención, estás remojando una vez más ese cabrito en la leche de su madre.

No te digas a ti mismo: "Me pregunto si realmente estoy separado de ese estado", o "Me pregunto si esto y lo otro es cierto". Dale toda tu atención a la asunción de que la cosa es así, porque toda la responsabilidad de hacer que sea así queda completamente eliminada de tus hombros. Tú no tienes que hacer que sea así, sino que es así. Te apropias de lo que ya es un hecho y caminas en la asunción de que es así, y de una manera que tú no sabes —yo no sé, ninguna persona sabe— se manifiesta en tu mundo.

No te preocupes del cómo y no mires atrás a tu estado anterior.

"Ninguno que poniendo su mano en el arado mira hacia atrás, es apto para el reino de Dios"
(Lucas 9:62)

Simplemente asume que está hecho y suspende la razón, suspende todos los argumentos de la mente consciente tridimensional. Tu deseo está fuera del alcance de la mente tridimensional.

Asume que eres aquello que deseas ser; camina como si lo fueras y, mientras permanezcas fiel a tu asunción, se convertirá en un hecho.

Sabiduría de Ayer, para los Tiempos de Hoy

www.wisdomcollection.com

www.ingramcontent.com/pod-product-compliance
Lightning Source LLC
Chambersburg PA
CBHW032027150426
43194CB00006B/177